수능특강

국어영역 문학

기획 및 개발

김희민(EBS 교과위원)
문혜은(EBS 교과위원)
허 림(EBS 교과위원)

감수

한국교육과정평가원

책임 편집

김태현

정답과 해설은 EBS*i* 사이트(www.ebs*i*.co.kr)에서 다운로드 받으실 수 있습니다.

교재 내용 문의
교재 및 강의 내용 문의는
EBS*i* 사이트(www.ebs*i*.co.kr)의 학습 Q&A 서비스를
활용하시기 바랍니다.

교재 정오표 공지
발행 이후 발견된 정오 사항을
EBS*i* 사이트 정오표 코너에서 알려 드립니다.
교재 → 교재 자료실 → 교재 정오표

교재 정정 신청
공지된 정오 내용 외에 발견된 정오 사항이 있다면
EBS*i* 사이트를 통해 알려 주세요.
교재 → 교재 정정 신청

수능특강

국어영역 **문학**

이 책의 **특징과 구성** Structure

이 책의 특징

01 2025학년도 대학수학능력시험에 대비하여 국어영역 '문학' 과목을 충실히 공부할 수 있도록 개발한 수능 연계 교재입니다. 고등학교 교육과정 및 교과서를 바탕으로 출제된 여러 문항을 통해 다양한 제재와 유형을 학습할 수 있도록 구성하였습니다.

02 '교과서 개념 학습 → 적용 학습 → 실전 학습'의 단계를 통해 기초부터 심화까지 체계적인 학습이 가능하도록 구성하였습니다.

03 갈래별로 다양한 작품을 고루 수록하였으며, 서답형과 수능형 문항을 통해 2025학년도 대학수학능력시험 대비에 도움이 될 수 있도록 하였습니다.

일러두기

❶ 본 교재에 수록된 작품은 가급적 교과서 표기를 기준으로 삼았습니다.
❷ 대학수학능력시험 기출문제를 참고하여 고전 문학 작품을 현대어로 풀어서 수록한 경우가 있고, 현대 문학 작품도 오늘날의 표기로 고쳐서 수록한 경우가 있습니다.
❸ 문학 작품은 원문에 따라 표기함을 원칙으로 하였지만, 학습자의 수준을 고려하여 일부 현대어로 윤문하였습니다.

이 책의 구성

1부 교과서 개념 학습

[교과서 개념 익히기] '문학' 교과서와 교육과정의 주요 내용을 정리하여 '문학' 과목의 기본 개념을 익히도록 하였습니다.

[작품으로 이해하기] 기본 개념의 이해를 바탕으로 갈래별로 다양한 작품을 읽고 서답형과 수능형 문항을 해결하는 과정을 통해 '문학' 과목의 기초를 다질 수 있도록 하였습니다.

2부 적용 학습

교과서 기본 개념을 작품을 통해 구체적으로 이해하고 적용할 수 있도록 구성하였습니다. 지난 5년간 시행된 모의 평가와 수능을 철저히 분석하여 대표적인 작품을 선별하고, 출제 가능성이 높은 문항으로 개념 적용 능력을 신장할 수 있도록 하였습니다.

1 **시의 표현과 형식**

○ 형상화
정서나 교훈, 삶의 이치 등과 같이 분명한 형체로 나타나 있지 않은 것을 다양한 방법이나 매체를 통해 구체적이고 실감 나게 그려 내는 것을 뜻한다. 문학에서는 마음이나 윤리적 덕목과 같은 추상적인 대상도 구체적인 형상으로 드러낸다.

❶ 시적 표현

(1) 시적 표현의 개념
- 시의 주제나 화자의 정서를 형상화하는 데 기여하는 일체의 언어적 표현을 가리킴.
- 비유, 상징, 역설, 반어, 대구, 반복, 설의, 영탄, 도치, 열거, 점층, 우의, 풍자, 병렬 등의 표현 기법이 있음.

(2) 시적 표현의 여러 가지 효과
- 음악적인 리듬이 느껴지게 함.
- 시어의 함축성을 높여 의미를 풍부하게 함.
- 어떤 대상을 감각적으로 연상하게 함.
- 상식적인 생각을 뒤집거나 깨뜨림으로써 지적 충격을 줌.
- 재미를 느끼고 웃게 하거나 반대로 슬픈 감정을 환기하게 함.
- 일상적인 표현에 변화를 가하여 말의 묘미를 느끼게 함

01 고전 시가

[01~03] 다음 글을 읽고 물음에 답하시오.

가 흐느끼며 바라보매
이슬 밝힌 달이
흰 구름 따라 떠간 언저리에
모래 가른 물가에
기랑의 모습이올시 수풀이여.
일오내 자갈 벌에서
낭이 지니시던
마음의 갓을 좇고 있노라.
아아, **잣나무 가지**가 높아
눈이라도 덮지 못할 **고깔**이여.

3부 실전 학습

교과서 개념 학습과 적용 학습에서 익힌 내용을 바탕으로, 대학수학능력시험에 대비할 수 있도록 갈래별로 다양한 작품과 실전 문제를 실었습니다. 총 2회 분량을 제시하여 실전 감각을 익히고 '문학' 과목 학습을 마무리하도록 하였습니다.

실전 학습 1회

[01~06] 다음 글을 읽고 물음에 답하시오.

가 시와 그림은 전통적으로 서로 연관이 깊다. 시는 '소리 있는 그림'이요, 그림은 '소리 없는 시'란 말도 있다. 특히 한시는 **경물의 묘사를 통한 정의(情意)의 포착을 중시한다.** 이는 마치 화가가 화폭 위에 자신의 마음을 담아 표현하는 것과 같다. **경물**은 객관적 물상에 지나지 않는다. 여기에 어떻게 자신의 마음을 얹을 수 있는가. 화가는 말을 할 수 없으므로 경물이 직접 말하게 하지 않으면 안 된다. 이를 '**사의전신**'이라 한다. 말 그대로 경물을 통해 '뜻을 묘사하고 정신을 전달'해야 한다. 그 구체적 방법은 '**입상진의**'이니, 상세한 설명 대신 **형상**을 세워 뜻을 전달한다. 이제 몇 가지 실례를 들어 보기로 하자.

송나라 휘종 황제는 그림을 몹시 좋아하는 임금이었다. 그는 곧잘 유명한 시 가운데 한두 구절을 골라 이를 화제로 내놓곤 했다. 한번은 "어지러운 산이 옛 절을 감추었네."란 제목이 출제되었다. 깊은 산속의 옛 절을 그리되, 드러나게 그리면 안 된다는 주문이었다. 화가들은 무수한 봉우리와 계곡, 그리고 그

정답과 해설

학습한 내용을 스스로 점검할 수 있도록 자세한 해설을 제시하였습니다. 작품 해제, 주제를 제시한 후, 구성이나 전체 줄거리로 전체적인 내용을 소개하고, '정답이 정답인 이유'와 '오답이 오답인 이유'까지 모두 설명하여 깊이 있는 학습이 가능하도록 하였습니다.

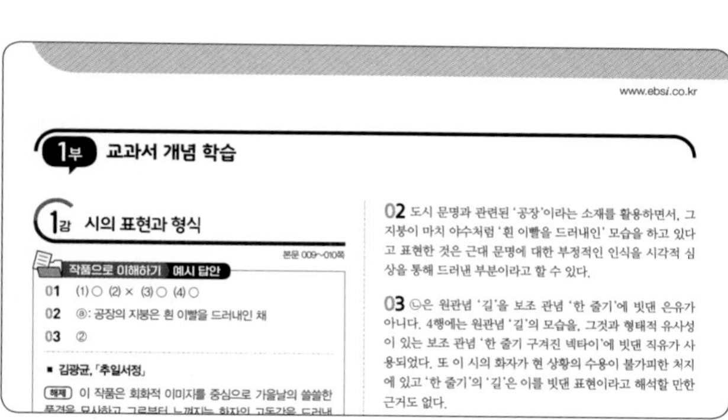

www.ebsi.co.kr

1부 교과서 개념 학습

1강 시의 표현과 형식

본문 009~010쪽

작품으로 이해하기 예시 답안

01 (1) ○ (2) × (3) ○ (4) ○

02 ⓐ: 공장의 지붕은 흰 이빨을 드러내인 채

03 ②

■ 김광균, 「추일서정」

해제 이 작품은 회화적 이미지를 중심으로 가을날의 쓸쓸한 풍경을 묘사하고, 그로부터 느껴지는 화자의 고독감을 드러내

02 도시 문명과 관련된 '공장'이라는 소재를 활용하면서, 그 지붕이 마치 야수처럼 '흰 이빨을 드러내인' 모습을 하고 있다고 표현한 것은 근대 문명에 대한 부정적인 인식을 시각적 심상을 통해 드러낸 부분이라고 할 수 있다.

03 ㉡은 원관념 '길'을 보조 관념 '한 줄기'에 빗댄 은유가 아니다. 4행에는 원관념 '길'의 모습을, 그것과 형태적 유사성이 있는 보조 관념 '한 줄기 구겨진 넥타이'에 빗댄 직유가 사용되었다. 또 이 시의 화자가 현 상황의 수용이 불가피한 처지에 있고 '한 줄기'의 '길'은 이를 빗댄 표현이라고 해석할 만한 근거도 없다.

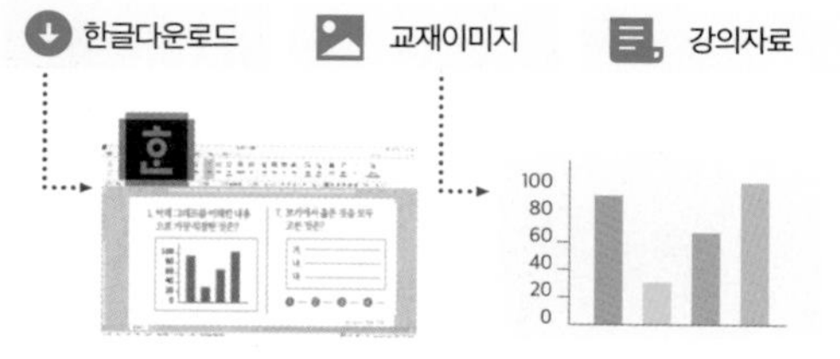

이 책의 차례 Contents

1부 교과서 개념 학습

2부 적용 학습

>>> 고전 시가

>>> 현대시

>>> 고전 산문

>>> 현대 소설

>>> 극 · 수필

이 책의 차례 Contents

>>> 갈래 복합

3부 실전 학습

교과서
개념 학습

1 시의 표현과 형식

1 시적 표현

(1) 시적 표현의 개념

- 시의 주제나 화자의 정서를 형상화하는 데 기여하는 일체의 언어적 표현을 가리킴.
- 비유, 상징, 역설, 반어, 대구, 반복, 설의, 영탄, 도치, 열거, 점층, 우의, 풍자, 병렬 등의 표현 기법이 있음.

(2) 시적 표현의 여러 가지 효과

- 음악적인 리듬이 느껴지게 함.
- 시어의 함축성을 높여 의미를 풍부하게 함.
- 어떤 대상을 감각적으로 연상하게 함.
- 상식적인 생각을 뒤집거나 깨뜨림으로써 지적 충격을 줌.
- 재미를 느끼고 웃게 하거나 반대로 슬픈 감정을 환기하게 함.
- 일상적인 표현에 변화를 가하여 말의 묘미를 느끼게 함.
- 화자의 사고나 감정, 상황 등을 강조하거나 부각함.

2 시의 형식

(1) 시의 형식의 개념과 특성

- 율격, 시행, 연 등의 요소가 시의 주제나 화자의 정서를 표현하면서 이루는 전체적인 형태나 구조를 가리킴. 크게 고정된 형식과 자유로운 형식으로 구별됨.
- 시의 형식은 문화적으로 형성된 시 고유의 체계와 관습에 기반을 두고 있음.

(2) 시의 형식의 여러 층위

- 갈래 : 민요, 시조, 가사, 자유시 등
- 담화 양식 : 독백, 대화, 편지, 전화 통화의 형식 등
- 구조 : 기승전결, 수미상관, 선경후정, 대칭, 아이러니(반어) 등
- 진술 형태 : 정형시, 자유시, 산문시, 이야기시, 극시 등
- 형태 : 시행 및 연의 배열 등
- 청자의 존재 : 독백, 대화 등
- 시상 전개 : 원경–근경, 외부 풍경–내면세계, 과거–현재–미래 등

형상화
정서나 교훈, 삶의 이치 등과 같이 분명한 형체로 나타나 있지 않은 것을 다양한 방법이나 매체를 통해 구체적이고 실감 나게 그려 내는 것을 뜻한다. 문학에서는 마음이나 윤리적 덕목과 같은 추상적인 대상도 구체적인 형상으로 드러낸다.

표현과 형식의 관계
시적 표현이라는 말의 의미는 그 폭이 매우 넓어서 형식의 의미를 포괄하는 경우가 많다. 그러므로 표현과 형식을 별도의 개념으로 인식하기보다는 형식을 표현의 한 부분으로 이해하는 것이 바람직하다.

독백과 대화
독백은 화자가 자신을 청자로 삼아 하는 말이고, 대화는 청자를 향해서 하는 말이다. 따라서 상대방을 상정하고 하는 질문, 명령, 부탁, 위로, 격려 등의 말은 형식적으로 대화에 해당한다. '~입니다' 등의 높임말도 자신에게 하는 말이 아니라는 점에서 표면적으로는 대화적 형식에 해당한다.

정답과 해설 1쪽

[01~03] 다음 글을 읽고 물음에 답하시오.

㉠낙엽은 폴―란드 망명정부의 지폐
포화(砲火)에 이즈러진
도룬 시(市)의 가을 하늘을 생각게 한다 [A]
㉡길은 한 줄기 ㉢구겨진 넥타이처럼 풀어져
㉣일광(日光)의 폭포 속으로 사라지고
조그만 담배 연기를 내어 뿜으며
새로 두 시의 급행차가 들을 달린다 [B]
포플라 나무의 근골(筋骨) 사이로
공장의 지붕은 흰 이빨을 드러내인 채
한 가닥 꾸부러진 철책이 바람에 나부끼고
그 위에 세로팡지(紙)로 만든 구름이 하나 [C]
자욱―한 풀벌레 소리 발길로 차며
호올로 황량한 생각 버릴 곳 없어
허공에 띄우는 돌팔매 하나
기울어진 ㉤풍경의 장막 저쪽에
고독한 반원을 긋고 잠기어 간다 [D]

– 김광균, 「추일서정」

[24001-0001]

01

[A]~[D]에 대한 이해로 적절하면 '○', 적절하지 않으면 '×'로 표시하시오.

(1) [A]는 이국적인 정서를 환기하는 시어를 활용하여 소재로부터 연상된 내용을 표현하고 있다. ( )
(2) [B]는 대비되는 색채어를 활용하여 계절적 배경에 따른 자연의 변화상을 구체화하고 있다. ( )
(3) [C]는 자연물을 이질적인 소재와 연관 짓는 방법으로 풍경을 묘사하고 있다. ( )
(4) [D]는 공감각적 심상과 시적 허용을 통해 화자의 행위에 담긴 정서적 의미를 부각하고 있다. ( )

정답과 해설 1쪽

[24001-0002]

02

다음은 윗글의 표현 방식과 그 효과에 관해 설명한 것이다. ⓐ에 들어갈 시구를 윗글에서 찾아 쓰시오.

이 시는 적막한 가을 풍경을 그려 내는 데에 동원한 소재들을 통해 도시 문명에 대한 인식을 보여 주고 있다. 예컨대 '____ⓐ____'(이)라는 시행은 근대 문명에 대한 부정적 인식이 야수의 모습을 환기하는 시각적 심상을 통해 드러난 부분이라고 할 수 있다.

ⓐ: ____________________

[24001-0003]

03

〈보기〉를 참고하여 ㉠~㉤을 이해한 내용으로 적절하지 않은 것은?

보기

원관념을 그와 유사성이 있는 다른 대상인 보조 관념에 빗대어 표현하는 것을 비유라고 하는데, 그중에서 가장 많이 사용되는 것은 직유와 은유이다. 직유(直喩)는 주로 '~같이, ~처럼, ~듯이' 등을 사용하여 원관념과 보조 관념 간의 유사성을 직접적으로 전달한다. 한편, 대개 'A는 B(이다.)' 또는 'A의 B' 같은 형식을 사용하는 은유(隱喩)는 문맥상의 암시를 바탕으로 비유적 의미를 전달한다. 시에서 비유는 이미지를 생성하고 환기함으로써 작품의 완성도를 높이는 데에 중요한 역할을 하는 표현 기교인데, 「추일서정」은 참신하고 개성적인 비유들을 성공적으로 사용한 작품이라고 평가받는다.

① ㉠은 외형적 유사성이 있는 '낙엽'과 '지폐'를, 'A는 B(이다.)'의 형식을 사용해 연결한 은유로, 발행 주체가 '망명정부'임을 고려하면 대상의 쓸모없음을 함의하는 표현인 것 같군.
② ㉡은 원관념 '길'을 보조 관념 '한 줄기'에 빗댄 'A는 B(이다.)' 형식의 은유로, 이어진 길이 오직 하나뿐이라는 점을 환기하여 화자에게는 현 상황의 수용이 불가피하다는 문맥상의 암시를 전달하려는 표현인 것 같군.
③ ㉢은 조사 '처럼'을 사용하여 보조 관념인 '구겨진 넥타이'와 원관념을 연결한 직유로, 구불구불하게 이어진 길의 이미지를 환기하는 표현인 것 같군.
④ ㉣은 원관념 '일광'을 보조 관념 '폭포'에 빗댄 'A의 B' 형식의 은유로, 가을날의 햇살이 눈부시게 쏟아지는 이미지를 생성하기 위한 표현인 것 같군.
⑤ ㉤은 가을날의 '풍경'을 '장막'의 모습에 빗댄 'A의 B' 형식의 은유로, 화자가 바라본 공간의 풍경을 마치 평면에 투사되거나 그려진 것인 듯이 형상화한 표현인 것 같군.

2 시의 내용

1 시적 화자의 정서

(1) 정서의 개념과 종류

- 일반적으로 사람의 마음에 일어나는 여러 가지 감정이나 기분을 가리킴. 정서에는 시적 대상이나 상황에 대한 화자의 태도가 반영됨.
- 희로애락(기쁨, 노여움, 슬픔, 즐거움)이 대표적인 정서에 해당함. 긍정적인 정서로는 사랑, 존경, 예찬, 환희, 동경, 희망, 기대 등이, 부정적인 정서로는 미움, 분노, 공포, 비애, 우수, 절망, 원망 등이 있음.

(2) 정서의 특징

- 서정시는 다른 갈래에 비해 화자의 정서가 핵심적인 내용이 되는 갈래이며, 정서는 곧 시의 주제가 되기도 함.
- 한 작품 안에는 여러 가지 정서가 공존할 수 있으며, 그중에서 지배적인 정서가 있을 수 있음.
- 화자의 정서는 주로 태도나 어조를 통해 드러남. 태도는 시적 대상이나 상황에 대해 화자가 대응하는 방식을 말하고, 어조는 목소리의 결을 가리킴. 어조는 딱딱한/부드러운, 온화한/냉정한, 거만한/겸손한, 직설적/반어적/냉소적/동정적 어조 등이 있으며, 의도나 목적에 따라 감탄/명령/부탁/간청/위로/격려/보고하는 어조 등이 있음.

서정시(抒情詩)
서정은 본래 정서를 풀어낸다는 의미를 지닌다. 서정시는 개인의 감정이나 정서를 주관적으로 표현한 시를 가리킨다. 서사시나 극시, 교술시도 있으나 대부분의 시는 서정시에 해당된다.

2 소재

(1) 소재의 개념

- 시를 창작하는 데 바탕이 되는 모든 사물, 인물, 현상, 경험 등을 뜻함. 개인적 체험, 자연, 사회 현상, 타인의 인생, 공동체의 역사 등 세상의 모든 것이 시의 소재가 됨. 한 작품 안에 있는 다양한 소재 중에서 가장 핵심적인 것을 제재라고도 함.

(2) 소재의 함축적 의미

- 시에서 쓰이는 주요 소재에 해당되는 시어는 대체로 함축적 의미를 지님. 함축적 의미는 작품 내·외적 맥락에 의해 규정된다는 점에서 지시적 의미와 구별됨. 함축적 의미는 집단적으로 전승되어 공유된 것도 있고, 시인이 개성적으로 창조해 낸 것도 있음.

함축적 의미와 지시적 의미
함축적 의미는 지시적 의미와 동떨어진 채 형성되지 않고 오히려 지시적 의미를 바탕으로 형성된다. 따라서 함축적 의미를 이해하기 위해서는 우선 그 단어의 지시적 의미를 파악한 뒤 다른 시어와의 관계를 고려해야 한다.

3 이미지

- 이미지(심상)는 감각에 의하여 획득한 현상이 마음속에서 재생된 것을 가리킴. 시각(색채, 동작 등), 청각, 후각, 미각, 촉각(열기, 냉기, 감촉 등) 등으로 세분될 수 있으며, 두 감각이 한 표현 안에 공존하는 경우도 있음.
- 이미지는 독자의 내면세계를 자극하고 독자의 정서적 반응을 유도함으로써 화자와 독자를 연결해 주는 역할을 함.

작품으로 이해하기

[01~03] 다음 글을 읽고 물음에 답하시오.

가 **백구(白鷗)**야 놀라지 마라 너 잡을 내 아니로다
성상(聖上)[*]**이 버리**시니 갈 곳 없어 예 왔노라
이제는 찾을 이 없으니 너를 **좇아** 놀리라

– 김천택

＊**성상**: 임금.

나 백초(百草)를 다 심어도 대는 아니 심을 것이
젓대[*] 울고 살대[*] 가고 그리느니 붓대로다
이 후에 **울고 가고 그리는** 대 심을 줄이 있으랴

– 작자 미상

＊**젓대**: 가로로 불게 되어 있는 관악기인 '저'를 일상적으로 이르는 말.
＊**살대**: 화살의 몸을 이루는 대.

다 개를 여남은이나 기르되 요 개같이 얄미우랴
미운 임 오면은 꼬리를 홰홰 치며 치뛰락 내리뛰락 반겨서 내닫고 **고운 임** 오면은 뒷발을 버동버동 무르락 나으락 캉캉 짖어서 **돌아가**게 한다
쉰밥이 그릇그릇 난들 너 먹일 줄이 있으랴

– 작자 미상

[24001-0004]

01 **〈보기〉의 ㉠~㉣이 (가), (나)에 대한 진술로 적절하면 '○', 적절하지 않으면 '×'로 표시하시오.**

● 보기 ●

	설명 내용	(가)	(나)
㉠	자연물을 의인화하여 화자 자신과 동일시하고 있다.		
㉡	설의적인 표현으로 화자의 의지를 드러내고 있다.		
㉢	감탄형 종결 어미를 통해 화자의 정서를 강조하고 있다.		
㉣	명시적 청자에게 말을 건네는 대화적 어조를 취하고 있다.		

정답과 해설 2쪽

[24001-0005]

02

(다)의 종장을 〈보기〉와 같이 고쳐 썼다고 할 때, 이 과정에서 고려했을 사항으로 가장 적절한 것은?

보기

이튿날 문밖에 개 사옵세 외치는 장사 가거들랑 찬찬 동여 내어 주리라

① 고운 임을 만날 때까지 어떤 고통도 감내하겠다는 화자의 의지를 더욱 강도 높은 표현으로 보여 준다.
② 얄미운 존재가 욕구 결핍을 겪도록 하는 데 그치지 않고 아예 그를 제거하고자 하는 의지를 보여 준다.
③ 고운 임을 만나지 못하는 사태에 대한 책임을 얄미운 개 대신 고운 임에게 전가하는 반전을 보여 준다.
④ 고운 임과 미운 임을 대하는 화자의 심리를 비장한 표현 대신 해학적 표현을 통해 대비적으로 보여 준다.
⑤ 미운 임이 자신을 귀찮게 하는 데 대한 원망을 한층 더 과장된 비유적 표현을 통해 실감나게 보여 준다.

[24001-0006]

03

〈보기〉의 관점에서 (가)~(다)를 감상한 내용으로 적절하지 않은 것은?

보기

심리적 방어 기제란 자아가 갈등을 겪는 상황에서 무의식적으로 자신을 속이거나 상황을 다르게 해석하여 감정적 상처로부터 자신을 보호하는 심리 의식이나 행위를 뜻한다. 방어 기제는 자아와 외부 조건 사이에서 겪게 되는 갈등에 적응하도록 하여 정신 건강에 도움을 준다는 면에서 효과적이라 할 수 있다. 하지만 갈등 자체를 변화시키는 것이 아니라 자신의 상황을 합리화하거나 문제 사태에 대한 관점만을 바꾼다는 점에서 한계가 있다. 시에서는 이러한 심리적 기제를 문학적 발상의 실마리로 활용하기도 한다.

① (가)에서 화자는 '성상이 버리'신 낭패스러운 상황을 백구를 '좇아 놀' 수 있는 기회로 해석함으로써 그 상황을 합리화하고 있군.
② (가)에서 화자는 '성상'에게 되돌아가는 일과 비교하여 '백구'와 더불어 노는 일에 더 큰 가치를 부여함으로써 자기 자신을 속이고 있군.
③ (나)에서 화자는 '울고 가고 그리는' 이별 상황이 초래된 이유를 당사자의 관계 대신 대나무를 심은 데서 찾음으로써 이별 상황에서 오는 감정적 상처로부터 자신을 보호하려 하고 있군.
④ (다)가 '고운 임'을 둔 채 부득이 '미운 임'을 만나는 상황에 대한 변명이라면, 화자는 그 책임을 개에게 미룸으로써 자신과 외부 조건 사이에서 오는 갈등에 적응하려 한 것으로 볼 수 있군.
⑤ (다)가 화자 자신을 안 만나고 '돌아가'는 '고운 임'에 대한 원망을 담고 있다면, 화자는 그 문제 사태의 책임이 '임'이 아니라 얄미운 개에게 있다는 관점을 취함으로써 감정적 상처를 다스리고 있군.

3 소설의 서술상 특성

1 소설에서의 서술

사건의 내용을 언어로 나타내는 행위와 그 결과를 뜻하며, 크게 이야기의 구성과 이야기의 전달로 나뉨. 전자는 사건과 사건의 선후 관계나 인과 관계를 짜는 방법이고, 후자는 시점과 거리, 사건과 인물 제시 방식, 문체 등에 대한 전략적 선택과 관련됨.

2 서술상의 특성을 구현하는 요소들

(1) 시점

이야기 속의 인물 및 사건을 바라보는 서술자의 위치와 이야기 전달 방법에 따라 다음과 같이 구별됨.

이야기 전달 방법 / 서술자의 위치	인물 및 사건의 내면적 분석	인물 및 사건의 외부적 관찰
서술자가 작중 인물인 경우	주인공이 자기 자신의 이야기를 서술하는 경우 → (1인칭) 주인공 시점	주인공의 주변 인물이 주인공의 이야기를 서술하는 경우 → 1인칭 관찰자 시점
서술자가 작중 인물이 아닌 경우	서술자가 이야기 외부의 전지적 존재로서 인물의 내면 심리를 서술하거나 인물 및 사건을 논평하는 경우 → (3인칭) 전지적 서술자 시점	서술자가 이야기 외부의 관찰자로서 시선에 포착되는 장면이나 겉으로 드러난 인물의 말에 국한하여 서술하는 경우 → 3인칭 관찰자 시점

초점화자
서술자가 특정 인물의 시각에 의존해서 이야기를 하는 경우가 있다. 이때 그 특정 인물을 초점 인물 혹은 초점화자(焦點化者, focalizer)라고 한다. 초점이 되는 화자(話者)라는 뜻이 아니다.

거리
거리는 소설을 매개로 한 소통에 참여하는 작가, 독자, 서술자, 인물의 사이가 가깝거나 먼 정도를 가리킨다. 대체로 1인칭 주인공 시점의 소설에서는 서술자의 주관이 생생하게 드러나기 때문에 서술자와 독자의 거리가 가깝게 느껴지고, 3인칭 관찰자 시점의 소설에서는 서술자의 객관적 태도로 인해 서술자와 독자의 거리가 멀게 느껴지는 효과가 있다.

(2) 사건과 인물 제시 방식

서술자가 사건이나 인물을 드러내는 서술 방식은 말하기(telling)와 보여 주기(showing)로 구별됨. 전자는 서술자가 자신의 목소리로 직접 사건, 인물의 성격, 상황을 설명·해설·요약·논평하는 방법이고, 후자는 서술자가 인물의 말을 직접 인용하는 등의 방법으로 심리를 묘사하거나 사건을 제시하는 방법임.

(3) 문체

작가가 언어를 구사하는 개성적인 방식을 가리킴. 구어와 문어, 관념적인 단어와 구체적인 단어, 수식어가 많은 문장과 수식어가 적은 문장, 긴 문장과 짧은 문장, 부드러운 표현과 딱딱한 표현, 직설적 표현과 함축적 표현, 표준어와 방언 중 어떤 것이 주로 구사되는지 등에 의해 결정됨.

(4) 태도와 어조

특정 인물이나 작중 현실에 대한 서술자의 인식이 반어적·풍자적·냉소적·비판적·동정적·호의적·해학적 태도 등과 이를 반영한 어조로 나타남.

[01~03] 다음 글을 읽고 물음에 답하시오.

[A] 그분의 망가진 부분이 육신보다는 정신이었다는 걸 알아차린 건 그 후였다. 우리는 그걸 서서히 알아차리게 됐다. 처음엔 아이들 이름을 헷갈려 부르는 정도였다. 노인들이 흔히 그러는 걸 봐 온지라 대수롭지 않게 알았다. 그러나 바로 가르쳐 드려도 믿지를 않고 한사코 자기가 옳다고 주장하는 건 묘하게 신경에 거슬렸다. 숫제 치지도외*하기로 했다. 어쩌면 나는 그걸 기화*로 그때까지도 그분이 한사코 움켜쥐고 있던 살림 권리를 빼앗을 수 있어서 은근히 기뻤는지도 모르겠다. 그러니까 그분의 노망을 근심하는 소리는 집 안에서보다 집 밖에서 먼저 났다. 오래간만에 고모님을 뵈러 온 당신 조카한테 당신 누구요? 하며 낯선 얼굴을 해서 조카를 당황하게 하더니 어찌어찌해서 그가 조카라는 걸 알아보고 나서 아이가 몇이냐고 물었다. 아들이 둘이라고 하자 아이구 대견해라 일찌거니 농사 잘 지었구나라고 정상적인 대답을 했다. 그러나 곧 똑같은 질문을 하고 똑같은 덕담을 했다. 똑같은 질문은 한없이 되풀이됐다. 그는 내가 애써 차려 준 점심을 뜨는 둥 마는 둥 진저리를 치며 달아나 버렸다. 그렇게 해서 그분이 노망났다는 소문은 그분의 친정 쪽으로부터 먼저 퍼졌다.

집에서도 같은 말의 되풀이가 점점 심해졌다. 그 대신 그분의 주된 관심사에서 제외된 어휘는 급속도로 잊혀지는 것 같았다. 쌀 씻어 놓았냐? 빨래 걷었냐? 장독 덮었냐? 빗장 걸었냐? 등 주로 의식주에 관한 기본적인 관심이 온종일 되풀이되는 대화 내용이었다. 하루 이틀도 아니고 허구한 날 같은 말에 같은 대꾸를 해야 된다는 것도 쉬운 일은 아니었다. 더구나 그 빈도가 하루하루 잦아지고 있었다. "쌀 씻어 놓았냐?" "네." "쌀 씻어 놓아라. 저녁때 다 됐다." "네, 씻어 놓았다니까요." "쌀 씻어 놓았냐?" "씻어 놓았대두요." "쌀 씻어 놓았냐?" "쌀 안 씻어 놓으면 밥 못 할까 봐 그러세요. 진지 안 굶길 테니 제발 조용히 좀 계세요." 이렇게 짜증이 나게 마련이었다. 그렇다고 그 줄기찬 바보 같은 질문이 조금이라도 뜸해지거나 위축되는 것도 아니었다. 남들은 몇 년씩 똥오줌 싸는 노인도 있는데 그만하면 곱게 난 망령이라고 나를 위로했지만 나는 온종일 달달 볶이고 있는 것처럼 신경이 피로했다. 차라리 똥오줌 치는 게 온종일 같은 말 대꾸하는 것보다 덜 지겨울 것 같았다.

[중략 부분 줄거리] 시어머니의 치매는 갈수록 심해지고, 그에 따라 '나'의 피로와 시어머니에 대한 증오도 커진다. 견딜 수 없을 만큼이 되어 '나'는 시어머니를 시설에 맡기고자 하고, 남편과 함께 시설을 찾아 한 시골 마을을 찾아간다.

[B] "라면이라도 하나 끓여 달랠까요?" / "당신 시장하오?"

"아뇨, 당신 술안주 하게요." / "안주는 무슨……."

나는 주인을 찾아 가게 터 뒤로 돌아갔다. 좀 떨어진 데 초가가 보였다. 초가지붕 위엔 방금 떠오른 보름달처럼 풍만하고 잘생긴 박이 서너 덩이 의젓하게 자리 잡고 있었다.

"여보, 저 박 좀 봐요. 해산 바가지 했으면 좋겠네."

나는 생뚱한 소리로 환성을 질렀다.

"해산 바가지?"

남편이 멍청하게 물었다.
"그래요. 해산 바가지요."

실로 오래간만에 기쁨과 평화와 삶에 대한 믿음이 샘물처럼 괴어 오는 걸 느꼈다.

내가 첫애를 뱄을 때 시어머님은 해산달을 짚어 보고 섣달이구나, 좋을 때다, 곧 해가 길어지면서 기저귀가 잘 마를 테니, 하시더니 그해 가을 일부러 사람을 시켜 시골에 가서 해산 바가지를 구해 오게 했다.

"잘생기고, 여물게 굳고, 정한 데서 자란 햇바가지여야 하네. 첫 손자 첫국밥 지을 미역 빨고 쌀 씻을 소중한 바가지니까."

이러면서 후한 값까지 미리 쳐주는 것이었다. 그럴 때의 그분은 너무 경건해 보여 나도 덩달아서 아기를 가졌다는 데 대한 경건한 기쁨을 느꼈었다. 이윽고 정말 잘 굳고 잘생기고 정갈한 두 짝의 바가지가 당도했고, 시어머니는 그걸 신령한 물건인 양 선반 위에 고이 모셔 놓았다. 또 손수 장에 나가 보얀 젖빛 사발도 한 쌍을 사다가 선반에 얹어 두었다. 그건 해산 사발이라고 했다.

나는 내가 낳은 첫아이가 딸이라는 걸 알자 속으로 약간 켕겼다. 외아들을 둔 시어머니가 흔히 그렇듯이 그분도 아들을 기다렸음 직하고 더구나 그분의 남다른 엄숙한 해산 준비는 대를 이를 손자를 위해서나 어울림 직했기 때문이다. 그러나 퇴원한 나를 맞아들이는 그분에게서 섭섭한 티 따위는 조금도 찾아볼 수 없었다. 그 잘생긴 해산 바가지로 미역 빨고 쌀 씻어 두 개의 해산 사발에 밥 따로 국 따로 퍼다가 내 머리맡에 놓더니 정성껏 산모의 건강과 아기의 명과 복을 비는 것이었다. 그런 그분의 모습이 어찌나 진지하고 아름답던지, 비로소 내가 엄마 됐음에 황홀한 기쁨을 느낄 수가 있었고, 내 아기가 장차 무엇이 될지는 몰라도 착하게 자라리라는 것 하나만은 믿어도 될 것 같은 확신이 생겼다. 대문에 인줄을 걸고 부정을 기(忌)하는 삼칠일 동안이 끝나자 해산 바가지는 정결하게 말려서 다시 선반 위로 올라갔다. 다음 해산 때 쓰기 위해서였다. 다음에도 또 딸이었지만 그 희색이 만면하고도 경건한 의식은 조금도 생략되거나 소홀해지지 않았다. 다음에도 딸이었고 그다음에도 딸이었다. 네 번째 딸을 낳고는 병원에서 밤새도록 울었다. 의사나 간호사까지 나를 동정했고 나는 무엇보다도 시어머니의 그 경건한 의식을 받을 면목이 없어서 눈물이 났다. 그러나 그분은 여전히 희색이 만면했고 경건했다. 다음에 아들을 낳았을 때도 더도 아니고 덜도 아닌 똑같은 영접을 받았을 뿐이었다. 그분은 어디서 배운 바 없이, 또 스스로 노력한 바 없이도 저절로 인간의 생명을 어떻게 대접해야 하는지를 알고 있는 분이었다. 그분이 아직 살아 있지 않은가. 그분의 여생도 거기 합당한 대우를 받아 마땅했다. 나는 하마터면 큰일을 저지를 뻔했다. 그분의 망가진 정신, 노추한 육체만 보았지 한때 얼마나 아름다운 정신이 깃들었었나를 잊고 있었던 것이다. 비록 지금 빈 그릇이 되었다 해도 사이비 기도원 같은 데 맡겨 있지도 않은 마귀를 내쫓게 하는 수모와 학대를 당하게 할 수는 없는 일이었다.

나는 남편이 막걸릿병을 다 비우기도 전에 길을 재촉해 오던 길을 되돌아섰다. 암자 쪽을 등진 남편은 더 이상 땀을 흘리지 않았다. 시어머님은 그 후에도 삼 년을 더 살고 돌아가셨지만 그동안 힘이 덜 들었단 얘기는 아니다. 그분의 망령은 여전히 해괴하고 새록새록해서 감당하기 힘들었지만 나는 효부인 척 위선을 떨지 않음으로써 조금은 숨구멍을 만들 수가 있었다. 너무 속상할 때는 아이들이나 이웃 사람의 눈치 볼 것 없이 큰 소리로 분풀이도 했고 목욕시키거나 옷 갈아입힐 때는 아프지 않을 만큼 거칠게 다루기도 했다. 너무했다 뉘우쳐지면 즉각 애정 표시에도 인색하지 않았다.

– 박완서, 「해산 바가지」

＊ **치지도외(置之度外)**: 내버려두고 문제 삼지 않음.
＊ **기화(奇貨)**: 뜻밖의 이익을 얻을 수 있는 물건. 또는 그런 기회.

[24001-0007]

01 [A]와 [B]의 서술상 특징을 비교한 것으로 적절한 것은?

① [A]와 [B]는 모두 이야기 속 인물이 자신이 직접 경험하지 않은 사건을 전달하고 있다.
② [A]와 [B]는 모두 이야기 밖 서술자가 이야기 속 인물의 시각에 의존하여 사건을 전달하고 있다.
③ [A]는 서술자의 주관을 노출하지 않고 사건을 제시하고 있고, [B]는 사건에 대한 주관적 논평이 제시되어 있다.
④ [A]는 특정 인물의 행동을 희화화하여 서술하고 있고, [B]는 서술자 자신의 행동을 비판적으로 서술하고 있다.
⑤ [A]는 서술자의 목소리로 직접 사건을 전달하고 있고, [B]는 주로 등장인물의 대화를 인용하는 방식으로 사건을 전달하고 있다.

[24001-0008]

02 윗글에 대한 이해로 적절하면 '○', 적절하지 않으면 '×'로 표시하시오.

(1) 시어머니는 '나'가 아들이 아닌 딸을 낳았다는 사실에 더 기뻐하였다. ……………… (　　)
(2) '나'는 시어머니가 치매에 걸렸다는 사실을 시어머니의 조카를 통해 알게 되었다. …………………………………………………………………………………………………… (　　)
(3) '나'는 치매에 걸린 시어머니의 수발에 육체적인 측면보다 정신적인 측면에서 더 힘들어했다. ……………………………………………………………………………………………… (　　)

[24001-0009]

03 윗글의 '나'가 〈보기〉의 밑줄 친 '잘못'을 하게 된 이유가 무엇인지 윗글에서 찾아 쓰시오.

보기

이 작품에서 '나'는 치매에 걸린 시어머니로 인해 피로함과 괴로움을 느낀다. 하지만 시어머니를 맡길 시설을 찾아가는 길에 해산 바가지로 쓰기에 좋을 '박'을 보고, 과거 자신의 해산을 정성껏 돌봤던 시어머니에 대한 기억을 떠올린다. 이를 통해 '나'는 자신의 잘못을 뉘우치고 집으로 돌아가 시어머니가 돌아가시는 날까지 그녀를 정성껏 돌본다.

소설의 내용 구성 요소

1 인물 및 성격

(1) 인물 및 성격의 개념

- 인물은 성격(캐릭터, character)과 서로 혼용되곤 하지만 개념적으로는 차이가 있음. 인물은 외부에서의 관찰 대상을, 성격은 그 인물의 내적 속성을 가리킴. 이때 성격은 작품에서 인물이 수행하는 고유한 역할을 통해 드러나는 개성을 뜻함. 소설 작품에 등장하는 모든 인물이 성격을 가지는 것은 아님.
- 인물의 성격은 어떤 사건 속에서 보이는 그의 말과 생각, 행동, 그리고 인물에 대한 서술자의 목소리를 통해 드러남.

(2) 인물의 말과 생각, 행동

- 인물의 말과 생각에는 그의 자연관, 인간관, 처세관 등의 가치관이 담겨 있음. 인물의 말과 생각은 직접 인용의 형식으로 제시되기도 하고 간접 인용의 형식으로 제시되기도 함.
- 인물의 행동 또한 그의 가치관을 표상하며 어떤 의도나 상황의 산물임. 행동은 서술자의 말로도 드러나고 인물의 말로도 드러남.

◎ 서사(敍事)
서사는 본래 '일을 순서대로 행하다.', '일을 차례대로 펼치다.'라는 의미이다. 서사 문학은 두 가지 이상의 사건이 선후 관계와 인과 관계를 맺고 있다. 서사 문학에는 여러 갈래가 있으며, 소설은 서사 문학의 가장 대표적인 갈래이다.

2 사건

(1) 사건의 개념

작품 속에서 발생하고 진행되는 온갖 일들을 가리킴. 대개 한 사건은 다른 사건들과 결합되어 연속적으로 전개됨. 인물들의 행동을 유발하기도 하고, 인물들의 행동이 곧 사건으로 제시되기도 함.

(2) 사건의 연쇄

- 시간 순서대로 일어나는 사건들은 선후 관계만을 맺기도 하고 인과 관계를 맺기도 함.
- 사건의 인과 관계를 바탕으로 플롯이 만들어지고, 플롯은 일반적으로 '발단–전개–위기–절정–결말'의 단계를 갖춤.

◎ 스토리와 플롯
여러 사건을 시간적 순서에 따라 나열한 것을 '스토리(story)'라고 하고, 여러 사건이 인과 관계를 맺고 있는 상태를 '플롯(plot, 구성)'이라고 한다. 뒤에 일어난 사건을 먼저 일어난 사건보다 더 앞에 배치할 수도 있으므로, 하나의 스토리도 서로 다른 플롯으로 제시될 수 있다.

3 배경

(1) 배경의 개념

- 공간적 배경은 사건이 일어나는 곳의 지리적 위치나 구체적인 장소, 시간적 배경은 인물의 행동이 연출되고 사건이 벌어지는 시대, 시기, 계절, 밤/낮 등의 시간을 말함.
- 사회 현실이나 역사적인 상황을 나타내는 사회적 배경, 작중 인물의 심리 상태를 의미하는 심리적 배경, 어떤 상황을 상징적으로 나타내는 상징적 배경도 있음.

(2) 배경의 기능

인물의 행동과 사건에 개연성을 부여하기 위한 장치로서, 작품의 분위기를 조성하고 작품의 주제 구현에 기여함. 또한 독자로 하여금 작품의 생동감을 느끼게도 하며, 배경 자체가 상징적 의미를 지니기도 함.

[01~03] 다음 글을 읽고 물음에 답하시오.

[앞부분 줄거리] 평안도 관찰사의 아들이 관기인 자란(옥소선)과 친밀하게 지내다가 한양으로 돌아가게 된다. 이때 아버지는 둘의 관계를 걱정하며 아들을 불러 자란에 대한 의향을 묻는다.

"사내대장부가 좋아하는 것이면 아비라 해도 자식더러 하지 말라고 가르칠 순 없는 법이란다. 그러니 나도 마음대로 막을 수가 있겠느냐. 너와 자란이 정이 이미 돈독해져 헤어지기도 어려울 것 같고, 그렇다고 아직 장가도 안 든 네가 그 애와 함께 지냈다간 혼인하는 데 방해가 될까 염려되는구나. 다만 남자가 첩을 두는 건 세상에 흔히 있는 일이니, 네가 만약 그 애를 사랑하여 도저히 잊을 수 없다면, 비록 사소한 일이 앞길에 방해가 되더라도 어쩔 수 없지 않겠느냐? 네 뜻에 따라 결정할 터이니 너는 숨기지 말고 다 이야기하거라."

그러자 아들은 즉시 대답하였다.

"아버님께서는 어찌 불초자가 별것 아닌 기생 계집 하나와 헤어지기 아쉬워 상사병으로 몸이라도 상할까 걱정하시옵니까? 제가 비록 한때 눈이 현란하여 한눈을 팔았지만, 이제 그 애를 버리고 돌아가기는 마치 해진 짚신을 버리는 일과 같사옵니다. 어찌 연연해하며 잊지 못하는 마음을 두겠습니까? 바라옵건대 아버님께서는 다시는 걱정하지 마옵소서."

관찰사와 부인은 기뻤다.

"우리 아이가 진짜 대장부로구나."

이렇게 해서 관찰사 일행은 떠나게 되었다. 자란은 눈물을 삼키며 목이 메어 차마 쳐다보지 못하였으나, 생은 조금도 아쉬워하거나 연연해하는 기색이 없었다. 이를 지켜본 감영 안의 관속(官屬)과 비장(裨將)들은 그의 남다른 의연함에 탄복하지 않은 이가 없었다. 그와 자란이 함께 생활한 지 5, 6년이고 그동안 하루도 서로 떨어져 본 일이 없었기에, 세상에 둘도 없는 이별을 하면서 이렇게 쾌활하게 말을 하고 쉽게 떠날 줄은 몰랐기 때문이다.

관찰사는 평양 감사직을 마치고 대사헌이 되어 조정으로 복귀하였고, 생도 부모님을 따라 서울로 돌아오게 되었다. 그런데 점점 자신이 자란을 그리워하고 있다는 사실을 깨닫게 되었다. 그러나 감히 말이나 얼굴엔 드러낼 수 없었다.

이런 즈음 감시과(監試科)를 본다는 방이 나붙었다. 아버지의 명대로 생은 친구 두셋과 함께 산사로 들어가 과거를 준비하게 되었다. 산사에 있던 어느 날 밤, 친구들은 모두 잠자리에 들었을 때다. 생도 잠자리에 들었지만 잠을 이룰 수가 없었다. 홀로 일어나 뜰 앞을 서성였다. 때는 한겨울이고 눈 내린 밤 달빛이 눈부시게 환한 데다가 깊은 산속의 고요한 밤이라 온갖 소리마저 잦아들었다. 생은 달을 바라보며 자란을 그리워하다 구슬픈 마음이 절로 일었다. 얼굴 한번 봤으면 하는 마음을 누를 수 없어 정신을 잃고 미쳐 버릴 것만 같았다. 그러나 밤은 아직 반이나 남아 있었다. 급기야 그는 서 있던 뜰에서 곧장 평양을 향해 길을 떠났다.

[중략 부분 줄거리] 고생 끝에 평양에 도착한 생은 예전에 알던 구실아치를 통해 신임 관찰사의 자제를 모시고 있는 자란을 만난 후 둘이서 멀리 도망가서 정착하여 산다. 어느 날 생은 자란의 권유로 3년간 과거 공부에 전념한다.

이때 마침 나라에서 알성과(謁聖科)를 치른다는 소식이 들렸다. 자란은 마침내 건량(乾糧)을 준비하고 여행 채비를 단단히 하여 생에게 과거를 치러 떠나라고 하였다. 생은 걸어서 서울에 올라와 성균관의 과장(科場)으로 들어갔다. 어가(御駕)가 친히 행차하여 표제를 내었다. 표제를 받은 생은 샘솟듯 하는 생각을 일필휘지로 금세 다 써서 제출하고 나왔다. 방이 나오고 임금이 어좌에서 뜯어보게 하였더니, 장원은 생이었다. 생의 아버지는 이조 판서로서 어탑 앞에 입시해 있었다. 임금은 이조 판서를 불러서 물었다.

"지금 장원을 한 자가 경의 자식인 것 같은데, 다만 자기 아버지의 직함을 '대사헌'이라고 썼으니 이 무슨 까닭인고?"

그러면서 시지(試紙)를 꺼내 이조 판서에게 보여 주도록 하였다. 생의 아버지는 살펴보더니 자리에서 물러나 눈물을 흘리면서 아뢰었다.

"이자는 신의 자식이 맞사옵니다. 3년 전에 친구들과 함께 산사에서 글을 읽다가 하룻밤 사이에 갑자기 종적을 감추어 끝내 찾을 수 없었나이다. 필시 맹수에 물려 죽었거니 하고 절 뒤편에다 허장을 쓰고 지금은 이미 탈상을 마쳤나이다. 신에게는 다른 자식은 없고 이 아이 하나뿐이었는데 재주와 품성이 뛰어난 편이었사옵니다. 천만뜻밖에 자식을 잃고 나서 슬픈 심정은 지금도 여전하옵니다. 지금 이 시지를 보니 과연 제 아이의 필적이 맞사옵니다. 아이를 잃었을 때 신의 직함이 외람되게도 대사헌이었기에 그렇게 쓴 것으로 사료되옵니다. 하지만 이놈이 3년 동안 어디서 살다가 이번 시험에 응시했는지는 실로 모르겠나이다."

임금은 이 말을 듣고 참 신기한 일이라고 하여 곧바로 생을 불러들여 인견(引見)하였다.

– 임방, 「눈을 쓸며 옥소선을 엿보다」

[24001-0010]

01 **윗글의 내용에 대한 이해로 적절하지 <u>않은</u> 것은?**

① 생의 부모는 생이 거짓말을 하는 줄 알면서도 일부러 속아 넘어갔다.
② 생은 한밤중임에도 밝은 달빛에 의지하여 산사를 떠나 밤길을 나섰다.
③ 생은 아버지와 헤어져 있는 동안 아버지가 이조 판서가 된 것을 모르고 있었다.
④ 임금은 생이 아버지의 직함을 잘못 알고 있는 것을 의아하게 생각했다.
⑤ 생의 아버지는 시지의 필적을 보고 아들이 생존해 있을 것으로 짐작했다.

[24001-0011]

02

〈보기〉는 '생'의 인물됨에 대한 설명이다. (㉠)에 들어갈 말을 찾아 쓰고, 맥락을 고려하여 (㉡)에 들어갈 말을 쓰시오.

보기

이 이야기에서 '생'은 다면적인 성격의 소유자이다. 그는 가까이 지낸 여인과 헤어지는 일을 '(　㉠　)'을/를 버리는 일에 빗댄다는 점에서 야멸찬 성격을 보여 주는 한편, 그리운 여인을 만나기 위해 안온한 생활을 포기하고 고난의 길을 선택한다는 점에서 (　㉡　)의 가치를 숭상하는 인물이다.

㉠: ____________________

㉡: ____________________

[24001-0012]

03

〈보기〉를 참고하여 윗글을 고쳐 쓰고자 한다. 고쳐 쓰기 계획에서 (㉠), (㉡)에 들어갈 적절한 말을 쓰시오.

보기

「눈을 쓸며 옥소선을 엿보다」는 조선 후기의 야담집에 수록되어 있다. 야담은 본격적인 소설에 비해 인물의 심리를 포함한 서사적 상황을 단순화하거나 생략하는 경향이 있다. 그리하여 야담의 편찬자들은 ⓐ서사적 상황의 입체화를 도모하는 방향으로 작품을 윤색하기도 하였다.

고쳐 쓰기 계획
▶ 자란과 냉정하게 이별하는 생을 의연하다고 칭찬하는 사람과 함께 생을 (　㉠　)하는 사람들의 반응도 언급한다면 ⓐ와 같은 효과가 있겠어.
▶ 생이 과장에 들어갔을 때 혹시나 하고 아버지를 찾는 장면을 추가하면서 자신이 저지른 불효를 염두에 둔 채 (　㉡　) 마음에 긴장된 표정을 묘사한다면 ⓐ와 같은 효과가 있겠어.

㉠: ____________________

㉡: ____________________

5 극의 특성과 극 문학의 구성 요소

1 극의 특성

- 극은 희곡이나 시나리오를 대본으로 삼아 인간의 갈등을 배우의 대사와 행동으로 표현하므로 '행동의 문학' 또는 '현재화된 인생 표현'으로 불림.
- 극은 배우와 무대, 촬영 기법, 관객 등의 요소를 염두에 두고 구성되고 연행됨.
- 극은 갈등의 예술이라 할 정도로 한 인물의 내면적 갈등이나 인물 간 갈등의 생성, 전개, 해결 또는 해소가 극의 전개에서 중요한 축이 됨.
- 극에서 갈등은 개성적 혹은 전형적 성격을 지니고 무엇인가를 추구하는 주동 인물과 그를 방해하거나 혼란스럽게 하는 반동 인물 사이에서 주로 일어남. 주동 인물과 반동 인물의 대사와 행동을 통해 갈등이 제시되어야 극적인 효과가 선명하게 드러남.

2 희곡과 시나리오의 구성 요소

(1) 대사

- 등장인물의 말을 가리킴. 대사는 다음과 같이 구별됨.
  ① **대화**: 인물 사이에서 주고받는 말
  ② **독백**: 상대역이 없는 가운데 등장인물이 혼자 자신의 내면을 드러내는 말
  ③ **방백**: 연극에서 무대 위 다른 인물은 듣지 않는 것으로 약속된 상태에서 등장인물이 자신의 의도나 생각을 관객에게 전달하는 말
- 등장인물의 성격과 생활 환경, 신분 등을 드러내고, 플롯을 진전시킴과 동시에 인물 간의 관계를 드러내는 수단이 됨. 무대에 재현되지 않는 사건도 대사에 의해서 드러날 수 있음.

(2) 행동

- 극에서 등장인물은 대사를 구사함과 동시에 몸을 움직여 상황을 만들고 의사를 표현함. 대사 없이 행동만으로 상황과 정서가 표현되는 경우도 있음.
- 등장인물의 행동과 표정, 어조는 지시문을 통해 알려 줌.

지시문(지문)
희곡에서 지시문은 행동 지시와 무대 지시로 구분된다. 행동 지시는 등장인물의 동작, 표정, 어조, 위치 등에 관한 지시이고, 무대 지시는 무대 장치의 변화, 소도구의 처리, 음향, 조명 등에 관한 지시이다. 시나리오에서는 지시문이 촬영 현장의 여러 가지 상황이나 촬영 기법, 편집 방식을 드러내기도 한다.

3 희곡과 시나리오의 비교

희곡	시나리오
• 연극의 대본 • 무대에서 연행된다는 조건으로 인해 시간적·공간적으로 제약이 크고, 등장인물의 수도 제한됨. • 한번 고정되면 비교적 안정적으로 지속됨.	• 영화나 텔레비전 드라마의 대본 • 시간과 공간의 제약에서 상대적으로 자유롭고, 등장인물의 수에서도 제약을 덜 받음. • 촬영 현장에서 바뀌는 경우가 있음.

[01~03] 다음 글을 읽고 물음에 답하시오.

[앞부분 줄거리] 곰치는 선주와 불리한 조건의 계약을 맺고 아들 도삼과 딸 슬슬이의 애인 연철과 함께 물고기를 잡기 위해 배를 타고 나가지만 풍랑에 배가 뒤집히고 곰치만 겨우 구조되어 돌아온다.

어부 A: 한나절 되도록 제대로 고기 잡은 배는 없었어! 돛이 머여? 돛대가 부러질 듯 바람을 타는 판에 배는 뒤집어질 것같이 뱅글뱅글 돌기만 하고…… 그랑께 우리가 고기 잡기는 다 틀렸다고 배를 돌릴 때였든갑만! 그때 처음으로 곰치 배를 봤네!

구포댁: (다급하게) 그래서라우?

어부 A: (기가 맥히다는 듯) 아, 그란디 이 곰치 놈 좀 보게! 글씨 쌍돛을 달고는 부서 떼를 쫓아 한정 없이 깊이만 백혀 든다마시!

성삼: 므, 뭇이라고? 쌍돛?

구포댁: 시상에! 므, 믄 일이끄나!

슬슬이: (곰치를 측은하게 바라보다 말고, 곰치 곁에 가서 사지를 주무르기 시작한다.)

어부 B: 아암! 꼭 자동차같이 미끄러져 백히는디 아무리 돛 내리라고 소락때기를 쳐야 곰치란 놈은 뉘 집 개가 짖나 하고는 들은 신청도 않데!

구포댁: 아니, 눈이 뒤집혀도 분수가 있제, 그랄 수가 있을끄라우? / 성삼: 미친놈!!

어부 B: 하다하다 못 하겄어서 우리도 곰치를 따라갔지 뭔가? 쌍돛단배하고 우리 배하고 같어? 따라가다 못 하겄어서 우리는 그냥 되돌아와서 바람 안 타는 동구섬 앞에다 그물 놓고 주저앉었제! 저녁나절까지 그물 담궜등가?…… (기가 맥히다는 듯) 아, 그러다가 봉께는 믄 배 한 척이 팔랑개비같이 놈시러 떠밀리는 것이 멀리 뵈데!

성삼: (곰치를 멀거니 쳐다보며) 쯧쯧! 미친놈, 열두 불로 미친노옴. (다시 어부 A, B에게) 그래서?

구포댁: 시상에 으짝꼬! 그 배가 바로 저 냥반 배구먼? / 슬슬이: 으째사 쓰꼬!

어부 A: 여북 있오? 저놈 배제……그래도 그때는 돛을 내렸드만…… 배 노는 것이 첫눈에 만선이여…….

성삼: ⓐ(신음처럼) 만선……!

구포댁: (간이 타게) 그랬는디?!

어부 B: (비통하게) 오리 물길도 못 저어 갔지라우! (손바닥을 뒤집으며) 그냥 팔딱 해 버립디다!

구포댁: 음매 으짝고! (마루를 텅텅 쳐 대며) 시상에! 시상에!

슬슬이: (황급히 구포댁을 부축하며) 엄니이!

어부 A: ……그때부터 지금까지 저놈 건지느라고…… (비통하게) 후유—.

어부 B: ⓑ그나저나 곰치 저놈 지독한 놈이여! 그 산채 같은 물결 속에서 장작 쪽만 한 나무판자 하나 딱 보듬고는 그 통에도 호령이시! 곰치는 안 죽네, 느그 아니어도 곰치는 사네! 이람시러는…… (처절하게) 그나저나 뱃놈 한세상은 너머나 드러워! 개 목숨만도 못한 놈의 숨줄! (침을 퉤 뱉으며) 이고 더러워!

구포댁: (바싹 다가앉으며) 그람 우리 도삼이는 은제 건졌오? 예에?

어부 A: (민망스러운 표정으로 어부 B와 성삼의 눈치만 살핀다.)

성삼: (절규하듯) 그, 다음은 말하지 말어! 말하지 말어어! (얼굴을 감싸 버리며) 안 돼! 말해서는 안 돼에—.

슬슬이: (용수철 튀듯 일어서며 목석처럼 움직일 줄을 모른다.)

곰치: (몸뚱이를 한두 번 뒤적거리며) 내, 내 부, 부서…… 부, 부서 으디 갔어어!

성삼: (우악스럽게 곰치를 잡아 흔들며) 이놈! 이놈 곰치야? (처절하게) 말을 해! 정신을 채리고 말을 해!

구포댁: (미친 사람처럼 어부 A에게) 우리 도삼이는? 예에? (어부 B에게 매달리며 비명처럼) 예에? 우리 도삼이는?

어부 B: ⓒ모, 못 봤지라우? / 구포댁: (정신이 나가 기절할 듯) 므, 뭇이라고?

슬슬이: (황급히 구포댁을 부축하며) 오빠! 오빠! (흐느낀다.)

구포댁: (실성한 사람처럼) 뭇이여? 뭇이여?

어부 A: (울먹이는 소리로) 도삼이도, 연철이도 다 다아 못 봤지라우!

슬슬이: 아아! 아아! (점점 심한 오열로 변해 간다.)

구포댁: (칼날처럼 날카롭게) 뭇이여? 내 도삼이를 못 봐?

어부 A, B 머뭇머뭇 망설이며 안절부절못하다가 도망치듯 퇴장. 몸을 뒤치든 곰치, 별안간 벌떡 일어나 앉아 사방을 두리번거린다.

곰치: (미친 사람처럼) 내 부서! 부서! 으디 갔어? 응? (미친 듯이 마당에 내려선다.) 아니 배가 터지는 만선이었는디 내 부서! 부서는 으디 갔어!

(중략)

성삼: (어리둥절해서) 아니, 갑자기 믄 일잉가?

곰치: (퉁명스럽게) 내버려둬!

성삼: ⓓ얼굴이 사색인디?

곰치: 미친것! 흥! 곰치는 안 죽어! 내가 죽나 봐라!

성삼: 자네 그 소리 좀 고만허게! 아짐씨도 오죽허면 저래? 시상에 한나 남은 도삼이까지 물속에다 처박었으니…… (손바닥을 털며) 말이 아니여!

곰치: 일일이 눈물 쏟음시러 살려면 한정 없어! 뱃놈은 어차피 물속에 달린 목숨이여!

성삼: 자네도 그만 고집 버릴 때도 됐어!

곰치: (불만스럽게) 고집?

성삼: (못을 박아) 아니고 뭇잉가?

곰치: (꼿꼿이 서선) 나는 고집 부리는 것이 아니다! 뱃놈은 그렇게 살어사 쓰는 것이여! 누구는 아들 잃고 춤춘다냐? (무겁게) 내 속은 아무도 몰라! 이 곰치 썩는 속은 아무도 몰라…… (회상에 잠기며) 내 조부님이 그러셨어, 만선이 아니면 노 잡지 말라고…… 우리 아부지도 만선 될 고기 떼는 파도가 집채 같어도 쌍돛 달고 쫓아가라 하셨어! (쓸쓸하게) 내 형제 위로 셋, 아래로 한나 남은 동생 놈마저

죽고 말었제…… 어…… (허탈하게) 독으로 안 살먼 으찌께 살어?

성삼: ⓔ그래. 조부님이나 춘부장 말씀대로만 하실 참잉가?

곰치: (단호하게) 내일이라도 당장 배 탈 참이다! 흥! 임 영감 배 아니면 탈 배 없어?

성삼: 도삼이 생각도 안 나서?

곰치: (격하게) 시끄럿! (침착하게) 또 있어! 아들은 또 있어…….

성삼: 갓난쟁이? (고개를 설레설레 내저으며) 후유— 지독한 놈!

곰치: …… 그놈도…… 그놈도…… 열 살만 묵으면 그물 말어…….

– 천승세, 「만선」

[24001-0013]

01 **ⓐ~ⓔ의 연기에 대해 윗글을 공연하려는 연출자가 배우에게 요청할 수 있는 내용으로 가장 적절한 것은?**

① ⓐ: 곰치가 만선했다는 사실에 시기심을 느끼듯 연기해 주세요.
② ⓑ: 곰치의 용기와 능력을 부러워하는 듯이 연기해 주세요.
③ ⓒ: 난처한 질문을 회피하고자 하는 태도로 연기해 주세요.
④ ⓓ: 상대가 관심을 가질 만한 내용을 알려 주듯 연기해 주세요.
⑤ ⓔ: 상대가 내릴 결정에 대해 호기심을 느끼는 듯 연기해 주세요.

[24001-0014]

02 **윗글의 내용에 대한 이해로 적절하면 '○', 적절하지 않으면 '×'로 표시하시오.**

(1) 어부 A는 바다에 빠진 곰치를 구조해 내었다. ………………………………………… (　　)
(2) 곰치는 아들 도삼이 죽었다는 사실을 모르고 있다. ………………………………… (　　)
(3) 구포댁은 도삼이 돌아오지 못했다는 사실에 큰 충격을 받았다. ……………………… (　　)

[24001-0015]

03 **〈보기〉와 윗글을 참고하여 이 작품의 제목에 내포된 '아이러니'가 무엇인지 설명하시오.**

보기

이 작품은 자신의 욕망을 좇는 한 어부의 삶을 통해 다양한 갈등과 좌절을 보여 주고 있다. 특히 이 작품은 인물의 욕망과 현실의 결과가 반대된다는 점에서 아이러니적 구조를 보여 주고 있는데, 이는 작품의 제목인 '만선'을 통해 잘 드러난다.

교술 문학의 특성과 구성 요소

◎ 수필

수필(隨筆)은 '붓 가는 대로 쓴 글'이라는 뜻으로, 본래는 어떤 글의 갈래를 지칭하는 말이 아니었다. 문학의 분류에 대한 이론이 발전하면서 서정, 서사, 극을 제외한 나머지 산문적인 글을 대표하는 갈래 명칭으로 굳어져 쓰이고 있다.

1 교술 문학의 특성

- 자유로운 형식과 다양한 표현 방식을 가진 문학 갈래로서, 전문적인 작가가 아닌 사람들도 비교적 쉽게 쓸 수 있음. '수필'로 지칭되는 글이 대표적인 교술 문학임.
- 실제 체험을 바탕으로 하기 때문에 글쓴이의 자기 성찰과 사유가 분명히 드러나고, 작품 속의 '나'는 원칙적으로 글쓴이 자신임.
- 깨달음이나 가르침[교(敎)], 설명이나 알림[술(述)]을 목적으로 창작되며, 다른 갈래에 비해 글쓴이의 가치관이 더 분명히 드러남.

2 교술 문학의 구성 요소

(1) 형식

- 교술 문학의 형식은 하나로 통일되어 있지 않음.
- 과거에는 기(記), 설(說), 논(論) 등 다양한 형식이 있었고, 현재는 일반적인 서술 형식 외에도 일기, 편지, 기행문, 이야기 등의 형식이 차용되기도 함.

(2) 표현과 문체

- 비유(의인화 포함), 상징, 역설, 반어 등의 수사법은 물론이고 설명, 논증, 묘사 등의 기법도 동원하여 글쓴이 자신의 사상과 감정을 표현함.
- 대화를 삽입하여 소설이나 극의 형식을 취하면서 다른 사람의 말을 인용하기도 함.
- 다양한 표현 자질은 어휘의 종류, 문장의 길이 등에 의해 형성되는 문체적 특성과 결합하여 작품의 전체적인 분위기를 형성함.

(3) 주제

- 교술 문학의 내용과 주제는 일상적 경험에서 얻는 주관적인 감상에서부터 인간의 삶에 대한 깊이 있는 사유와 성찰에 이르기까지 매우 다양함.
- 교술 문학의 주제에는 글쓴이의 개성적인 안목을 바탕으로 포착된 인간의 삶에 대한 진실이 함축되어 있음.
- 교술 문학은 다른 갈래에 비해 주제가 더 명시적으로 나타난다는 특징이 있음.

[01~03] 다음 글을 읽고 물음에 답하시오.

[A] 연경당 넓은 대청에 걸터앉아 세상을 바라보면 마치 연보랏빛 필터를 낀 카메라의 눈처럼 세월이 턱없이 아름다워만 보인다. 이렇게 담담하고 청초하게 때를 활짝 벗은 우리 것의 아름다움 앞에 마주 서면, 아마 정말 마음이 통하는 좋은 친구를 만났을 때처럼 세상이 저절로 즐거워지는 까닭인지도 모른다.

아마도 왕자의 금원 속에 깊숙이 자리 잡고 있으니 어딘가 거추장스러운 위엄이나 호사가 물들었을 것 같기도 하고 **궁원다운 요염**이 깃들일 성도 싶지만 연경당에는 도무지 그러한 티가 없다. 다만 그다지 넓지도 크지도 않은 조촐한 서재 차림의 큰 사랑채 하나가 조용하고 밝은 뜰에 감싸여 이미 태곳적부터 있었던 것처럼 편안하고 자연스럽게 놓여 있을 뿐이다. 여기에는 수다스러운 공포도 단청도 그리고 주책없는 니스 칠도, 일체 속악한 것이 발을 붙일 수 없는 곳이다.

[B] 다만 미끈한 굴도리* 팔작집*에 알맞은 방주*, 간결한 격자 덧문과 용자(用字) 미닫이, 그리고 순후하게 다듬어진 화강석 댓돌들의 부드러운 감각이 조화되어서 이 건물 전체의 통일된, 간결한 아름다움을 가누어 주고 있는 듯싶다.

정면 여섯 칸, 측면 두 칸의 큼직한 이 남향판 대청마루에 앉아서 보면 동에는 석주를 세운 높직한 마루방, 서에는 주실인 널찍한 장판방, 서재가 있어서 복도를 거치면 안채로 통하게 된다. 지금은 모두 빈방이 되었지만 보료와 의자 등속, 그리고 문갑 · 연상 · 사방탁자 · 책탁자 · 수로 같은 **세련된 문방 가구들**이 알맞게 이 장판방에 곁들여졌을 것을 생각하면 [연경당]의 아름다움은 지금, 아마 그만치 반실이 되어 버린 것인지도 모른다.

이 연경당이 세워진 것은 순조 28년(1828)이다. 이 무렵은 추사 선생이 40대에 갓 들어선 창창한 시절이었고, 바야흐로 지식인 사회는 주택의 세련과 문방 정취에 신경을 쓰던 시대였으니, 이 연경당의 아름다움은 이만저만한 만족이 아님을 알 수 있다.

[C] 으레 지내보면 이 연경당의 아름다움은 5월보다 11월이 더 좋다. 어쩌다가 가을 소리 빗소리에 낙엽이 촉촉이 젖는 하오, 인적도 새소리도 끊긴 비원을 찾으면 빈숲을 등진 연경당은 마치 젊은 미망인처럼 담담하고 외롭다. 알맞게 무겁고 미끄러운 기와지붕의 곡선, 사뿐히 고개를 든 두 처마 끝이 그의 지붕 밑에 배꽃처럼 소박하고 무던한 한국의 마음씨들을 감싸안고 있다. 밝고 은은한 창과 창살엔 쾌적한 비율이 깃을 드리웠고 장대(壯大)나 화미(華美) 따위는 발을 붙일 수도 없는 질소(質素)의 미덕이 시새움도 없이 여러 궁전들과 함께 가을비를 맞는다.

자연에서 번져 와서 자연 속으로 이어진 것 같은 이 연경당의 고요 속엔 아마도 가을의 정기가 주름을 잡는 것일까. 낙엽을 밟고 뜰 앞에 서면 누구의 슬픔인지도 모를 적요가 나를 엄습해 온다. 춘녀사 추사비(春女思秋士悲)라 했는데 나의 이 슬픔은 아마도 뜻을 못 이룬 한 범부의 쓸쓸한 눈물일 수만 있을 것인가.

나는 가끔 이 연경당이 내 것이었으면 하는 공상을 할 때가 있다. 그리고 친구들에게 곧잘 나의 평생 소원은 연경당 같은 집을 짓고 그 속에 담겨 보는 것이라는 농담을 해 본다. 그러나 이것은 진정 숨김없는 나의 현실적인 소망이면서도 또한 영원히 이루어질 수 없는 허전한 꿈이기도 하다. 세상에 진정 잊을 수 없는 연인이 두 번 다시 있을 수 없는 것과 같이 아마 세상에는 정말 못 잊을 집도 다시 있기는 힘들지도 모른다.

그 육간대청에 스란치마를 끌고 싶었던 심정과 그 밝고 조용한 서재의 창가에서 책장을 부스럭이고 싶은 심정이 이제 모두 다 지나간 꿈이라면 나는 아마도 **평생 잊을 수 없는 여인**과 연경당의 영상을 안고 먼 산을 바라보며 살아가야 된다는 말이 되는지도 모른다.

어쨌든 연경당은 충분히 아름답고 또 한국 문화의 결정 같은 것이라고 나는 생각한다. 한국과 한국 사람이 낳은 조형 문화 중에 우리가 몸을 담고 살아온 이 주택 문화처럼 실감 나게 한국의 개성을 드러내는 것이 또 없고, 그중에서도 가장 세련된 예의 하나가 바로 이 연경당인 것이다. 민족의 이름으로 세련시켜 온 한국의 주택 2천 년 역사는 아마도 **이 아름다운 결정체** 하나를 낳기 위해서 존재했던 것인지도 모른다.

다른 부문의 미술도 그러하지만 조선 시대에 들어서면서부터 한국의 주택은 한층 한국적인 양식을 갖추게 되었고, 한국의 아름다움이 마치 한국인의 체취처럼 자연스럽게 몸에 배게끔 되었던 것이라고 믿는다.

그러나 19세기 말 이후 한국에는 문명개화의 구호와 함께 밀려든 어중간한 왜식 · 양식의 생활 양식이 분별없이 스며들어 오면서부터 아름다운 조선의 주택 문화는 발육을 멈춘 것이다.

추한 것이 진정 아름다운 것들을 짓밟는 행패 속에 얼마 안 남은 우리 주택 건축사의 결정들은 지금 이 순간에도 하나하나 그 아름다운 자취를 감추어 가고 있다. 물론 세계의 각 지역 간에 문화 교류가 활발해지고 있는 오늘날 현대 한국인의 생활에서 오로지 주택 문화만은 고격을 고수하자는 것은 아니다. 그러나 비판 없이 남의 것만을 새롭고 곱게 보려는 풍조는 우리 민족처럼 틀이 잡힌 문화 전통을 가진 사회에서는 있을 수 없는 일이라고 생각한다.

[D] 우리의 일반 미술이나 문화가 당당한 관록을 보여 왔듯이 우리의 조선 시대 주택은 우리 민족이 쌓아 온 생활 문화의 기념탑이라고 할 수 있는 것이다. 그리고 이 조선 주택은 아직도 우리의 생활에 가장 가까울 뿐만 아니라 아직도 새롭고 또 앞으로도 새로울 수 있는 한국미의 요소를 담뿍 지니고 있다. 이 고유한 한국 주택의 풍성한 아름다움은 우리의 현대 주택에 충분히 도입되어야 하고, 또 뛰어난 재래 주택들은 살아 있는 민족 문화재로서 길이 보존되어야 마땅하다.

(중략)

조선의 주택, 그중에서도 가장 매력적인 것은 사랑채의 효용과 그 평면의 묘에 있다. 이 연경당이야말로 서재풍으로 된 가장 전형적인 큰 사랑채 하나의 부분으로는 절묘한 작품이라고 해야겠다. 동쪽 뜰 기슭으로 **선향재**라는 나지막한 서고를 거느렸고, 또 이 선향재의 뒤 언덕 위에는 난간을 두른 아기자기한 단칸 정자 **농수정**을 둔 것은 담담하기만 한 이 연경당의 분위기에 한 가닥의 풍류를 더하기 위한 것이라고 할까. 어쨌든 **설계자**는 이 연경당 한 채가 주위의 자연 속에서 어떻게 멋지게 바라보일까를 먼저 계산하고 있는 것이다.

정답과 해설 5쪽

지금 우리는 이 연경당을 설계하고 감역한 건축가의 이름을 모른다. 그러나 우리는 19세기에 있어서 어느 나라 어느 민족의 뛰어난 건축가의 심미안에도 뒤설 수 없는 멋진 눈의 주인공들을 적잖게 가졌던 것을 자랑해야겠다.

[E] 한국미의 증징, 그리고 한국미의 주체, 이것은 에누리 없이 우리 조선 주택 속에 너무나 뚜렷하게 너무나 멋있게 표현되어 있는 것이다. 비록 목조 건축의 전통이 2천 년 전 한족의 중국 문화에서 받아들였다고는 하지만 한국의 주택은 벌써 제 발걸음을 한 지 오래인 것이다. 그리고 이 속에서 한국 사람들의 꿈이 자라나고 노래가 자라나고 미술이 자라나고 또 아름다운 아들딸들이 자라났다. 연경당, 이것은 우리 주택 문화의 영원한 상징이 아닐 수 없다.

– 최순우, 「연경당에서」

* 굴도리: 서까래를 받치기 위하여 기둥 위에 건너지르는 나무로 둥근 모양을 한 것.
* 팔작(八作)집: 네 귀에 모두 추녀를 달아 지은 집.
* 방주(方柱): 네모진 기둥.

[24001-0016]

01 **[A]~[E]에 대한 이해로 적절하면 '○', 적절하지 않으면 '×'로 표시하시오.**

(1) [A]: 색채 이미지와 비유적 표현을 통해 건축물이 지어졌을 당시의 상황을 묘사하고 있다. ( )

(2) [B]: 촉각적 이미지와 열거를 통해 건축물을 구성하는 부분들의 조화를 드러내고 있다. ( )

(3) [C]: 계절을 나타내는 표현과 의인화된 표현을 통해 건축물이 환기하는 수수한 분위기를 드러내고 있다. ( )

(4) [D]: 함축적인 어구와 당위적인 진술을 통해 한국 건축의 문화적 가치를 강조하고 있다. ( )

(5) [E]: 역설적인 표현과 반복적인 표현을 통해 한국 건축이 지닌 전통을 강조하고 있다. ( )

정답과 해설 5쪽

[24001-0017]

02 **연경당을 중심으로 윗글을 감상한 내용으로 적절하지 않은 것은?**

① 글쓴이는 '연경당'이 궁궐에 속해 있지만 '궁원다운 요염'을 드러내지는 않는다고 생각한다.
② 글쓴이는 '세련된 문방 가구들'이 남아 있었다면 '연경당'의 아름다움이 더 돋보였을 것이라 여긴다.
③ 글쓴이는 '연경당'을 소유하여 그곳에서 '평생 잊을 수 없는 여인'과 함께 생활하겠다고 다짐한다.
④ 글쓴이는 '이 아름다운 결정체'라는 표현을 통해 '연경당'이 한국의 개성을 가장 세련되게 보여 주는 건축 문화재라는 인식을 드러낸다.
⑤ 글쓴이는 '설계자'가 의도한 바에 맞게 '연경당' 주위의 '선향재'와 '농수정'이 배치되었으리라고 추측한다.

[24001-0018]

03 **〈보기〉에서 ㉠에 해당하는 8어절의 구절을 윗글에서 찾아 쓰시오.**

보기

이 작품에는 전통 건축에 대한 글쓴이의 체험과 사유의 과정이 담겨 있다. 글쓴이는 연경당이 자신에게 주는 느낌과 함께 전통 건축물로서 연경당이 가지는 가치를 서술한다. 나아가서 전통 건축이 우리 사회에서 지니고 있는 위상을 돌아보며 ㉠사회 구성원들이 문화를 대하는 태도에 관한 비판적 관점을 드러낸다.

작품의 작가 및 독자 맥락

1 작가 맥락

(1) 자기표현으로서의 문학

- 작가는 불행한 일, 부끄러운 일, 자랑스러운 일, 감격적인 일 등 어떤 사건을 보거나 겪었을 때 소통의 욕구나 치유의 의지 등을 바탕으로 이를 작품으로 형상화함. 따라서 문학 작품은 작가의 체험, 사상, 감정의 표현물로 볼 수 있음.
- 이때 작가의 창작 동기, 전기적 사실, 심리 상태 등이 작품 이해의 주요한 단서가 될 수 있음. 독자는 '누가, 그 사람의 어떤 시기에, 어떤 상황에서, 왜 썼는가?' 하는 물음을 통해 작품에 접근할 수 있음.

○ 표현론
작가 맥락을 중심으로 문학 작품에 접근하는 관점을 '표현론'이라고 한다. 문학 작품에 대한 외재적 관점 중의 하나이다.

(2) 작가 맥락의 요소

- **작가의 사회적 정체성:** 작가의 가정 환경을 포함한 성장 환경, 생애 주기별 역사적 사건, 직업 등의 사회적 경험, 동일 세대의 문화적 기억 등
- **작품의 창작 동기:** 작가가 작품을 창작하게 된 특정한 계기나 상황

2 독자 맥락

(1) 문학의 미적, 인식적, 윤리적 효용

- 독자는 자신의 입장에서 문학 작품을 감상함으로써 정서적인 감흥과 미적인 감동을 얻고, 인간사에 대한 새로운 진실을 발견하며 윤리적 교훈을 얻기도 함.
- 독자는 때때로 과거의 어느 독자가 경험한 감동과 교훈에 대한 기록을 바탕으로 작품에 대한 이해와 감상을 도모할 수 있음. 이때 과거의 독자와 현재의 독자는 대화적 관계를 형성함.

○ 효용론
작품과 독자 맥락의 관계를 중시하는 관점을 '효용론'이라고 한다. 문학 작품에 대한 외재적 관점 중의 하나이다.

(2) 독자 맥락의 요소

- **독자의 개인적 취향:** 작품 및 작가에 대한 선호 등
- **독자의 개인적 발달 수준:** 경험의 폭과 깊이, 지적 수준, 감수성, 공감 능력 등
- **독자의 사회적 정체성:** 독자의 세대적, 성적, 지역적, 계층적 특성 등

작품으로 이해하기

[01~03] 다음 글을 읽고 물음에 답하시오.

밖에서 들어오니, 아내가 어둡고 추운 방에 혼자 앉았다가 대뜸 근심스런 어조로, 좀 전에 이 댁 노파가 나와 이 방을 비워 달라더라고 한다. 이유는 이제 구공탄을 들이는데 이 방(실은 헛간)을 사용하여야겠다는 것이다. 그러나 그날로 아내가 이 댁 식모한테서 들은 말은 이와는 아주 다른 것이었다.

아까 낮에 예의 노파 한 패가 몰려왔는데, 그중 한 노파가 이쪽 뜰 구석 다복솔 뒤에 감춘 거적닢을 발견했다는 것이다. 이런 때는 늙어서 눈 안 어두운 것도 탈이었다. 그게 무엇인가 싶어 가까이 가 들여다보고는 홱 고개를 돌리며, 애퉤퉤! 대체 이런 데다 뒷간을 만들다니 될 말인가. 그 달음으로 이 댁 노파에게, 정원에다 그런 변소를 내다니 아우님도 환장을 했는기요? 여기서 주인 노파도 한바탕, **거지 떼**란 할 수 없다느니, 사람이 사람 모양만 했다고 사람이냐고 사람의 행실을 해야 사람이 아니냐느니, 자기네 집이 피난민 수용소가 아닌 바에 당장 내보내고 말아야겠다느니, 야단법석을 했다는 것이다. 그러고는 아내한테 나와 ⓐ<u>방</u>을 비워 줘야겠다는 영을 내린 것이었는데, 그래도 이 노파가 우리한테 나와서는 거기다 뒷간을 만들었으니 나가 달라는 말은 못 하고, 이제 구공탄을 들이게 됐으니 방을 비워 줘야겠다고 한 것이었다. 실은 이 점이 이 노파로 하여금 자신이 말한 인간은 인간다운 행실을 해야 한다는 것을 몸소 실천해 뵈는 대목이 아닌가 한다. 왜냐하면, 노파 자신이 우리들에게 **안뜰 변소를 사용치** 못하게 하고, 거기다 거적닢을 치게끔 분부를 해 놓았으니, 진드기 아닌 우리가 오줌똥 안 눌 수는 없고, 실로 면목이 없는 행실이나 거기 대소변을 보지 않을 수 없었다는 걸 잊지 않은 점에서. 그리고 한 걸음 더 나아가 지금 우리가 들어 있는 곳이 실은 사람이 살 방이 아니라, 구공탄이나 들일 ⓑ<u>헛간</u>이라는 걸 밝혀 준 점에서.

이쯤 되어, 변호사 댁 헛간에서 쫓겨난 우리 초라하기 짝이 없는 **황순원 가족** 부대는 대구 시내를 전전하기 수삼차, 드디어 삼월 하순께는 **부산으로 흘러 내려**오게까지 되었다.

[중략 부분 줄거리] 부산 피난 생활에서도 '나'와 가족들은 방을 구하기가 쉽지 않았다. 우선 급한 대로 처제의 방에 신세를 지게 되지만 그곳에서의 사정도 순탄치는 않았다. 결국 대구에서처럼 방을 비워 달라는 통보를 받게 되고 '나'와 아내는 어떻게든 이를 해결하고자 한다.

내가 이리로 옮겨 온 지 사흘째 되는 날 저녁, 아내와 나는 의논한 결과, 어쩌면 주인댁에서 타협을 받아 줄는지도 모른다는 생각에서, 아내가 한 달 방세를 가지고 가서 다시 사정을 해 보기로 했다. 그래, 가지고 갈 방세의 금액이 문제였는데, 이만 원, 삼만 원으로는 말이 통하지 않을 것 같고, 사만 원으로 할까 하다가, 에라 모르겠다 하고 오만 원으로 결정을 했다. 방세 오만 원씩을 물고 우리가 어떻게 살아가나 하는 생각도 들었으나, 들리는 말에 다다미 한 장에 만 원씩이란 말도 있고, 정하고 있던 방세를 올릴 참으로 방을 비워 달라는 수가 비일비재란 말이 있는 데다, 더욱이 우리는 변호사 영감의 말대로 법적으로 해결을 지어서 노상이나 여관으로 쫓겨 나가는 날이면 큰일이라, 이런 방세나마 내고 타협을 얻은 후 마음 놓고 나가 열심히 장사를 해 살아 나갈 변통을 하는 게 나을 성싶었던 것이다. 그리고 사실

우리는 벌써 장사를 시작하고 있었다. 아내는 남은 옷가지를 갖고 국제 시장으로 나가고, 큰애 둘은 서면에 가서 미군 부대 장사를 시작한 것이다. 지금의 오만 원도 아내의 장삿돈에서 떼어 낸 돈이었다.

안방에 들어갔다 좀 만에 아내가 돌아왔다. 손에 돈이 들려 있지 않다. 그러면 됐나 보다 했다. 그러나 아내의 말은 그렇지가 않았다. 아무래도 이 방을 비워 달란다는 것이다. 영감과 큰아들은 다다미 여덟 장 방에서 자고, 큰 온돌방에는 작은아들과 부인이 각각 자고 있는데, 그러고는 좁아서 못 견디겠다는 말은 못 하겠던지, 장발한 딸들의 말이 할머니 코 고는 소리에 도시 잠을 잘 수 없으니 기어코 그 방을 할머니 방으로 쓰게 내 달라더라는 것이다. 여기서 아내는 또 우리가 어떻게든 할머니 주무실 자리를 넉넉히 내어 올릴 테니 그렇게 하자고 해도, 그렇게는 못 하겠다더라는 것이다. 그리고 부인이 한다는 말이, 자기네 딸 친구가 있어 방 하나만 구해 주면 **금 손목시계를 프레젠트**하겠다는 것도 못 하고 있단다는 것이다. 나는 간이 서늘해 옴을 느꼈다. 금 손목시계라니 문제가 좀 큰 것이다. 그래, 가지고 갔던 돈은 어쨌느냐니까, 좌우간 딸들 책이라도 한 권 사 보라고 놓고 오긴 했다고 한다. 그 돈만 돌아오지 않으면, 하는 것이 희망이었다. 그러나 이튿날 그 돈은 도로 돌아오고 말았다.

그리고 그날 저녁이었다. 나는 학교 나가는 날은 학교로 해서, 그렇지 않은 날은 아침에 직접 남포동 부모가 계신 곳에 가 하루를 보낸다. 이곳 피난민들은 대개 담배 장사를 하느라고 애들만 남기고 모두 나간다. 부모도 그 축의 하나였다. 나는 여기서 서면 간 내 큰애들이 돌아오길 기다려 국제 시장엘 들러 애들 엄마를 만나 가지고 집으로 돌아가는 게 한 일과였다. 그날도 그랬다.

우리가 저녁에 모여 들어가니, 방 안에 말 같은 처녀 둘이 와서 버티고 섰다. 이 댁 딸들인 것이다. 누가 형이고 동생인 것도 구별 안 되는, 좌우간 큰딸은 시내 모 여학교 졸업반이라는 것이고, 작은딸은 사학년이라는 처녀들이었다. 이들이 오늘 저녁엔 이 방에 와 자야겠다는 것이다. 나는 이 두 말 같은 처녀 중의 누가 친구한테 방 하나만 구해 주면 금 손목시계를 프레젠트 받을 수 있는 아가씨일까 생각해 보았다. 그러면서 나는 이 자리를 피해야 할 걸 느꼈다.

그러는데 이 말 같은 두 처녀가 누구에게랄 것 없이, 이삼일 내로 반드시 방을 내놓으라는 말과 함께, 나에게 시선을 한 번씩 던지고 나가 버렸다. 그 시선들이 **멸시에 찬 눈초리였든 어쨌든 그것은 벌써 아무래도 좋았다.** 그저 이들의 전법이 그 효과에 있어서 내게는 이들의 오빠 되는 청년이 내 따귀를 몇 번 갈기는 것보다 더 컸다는 것만은 자인하지 않을 수 없었다.

그러지 않아도 아침이면 나가는 나는 이날은 어서 이곳을 나가고만 싶었다. 이날은 학교 가는 날이기도 했다.

풍경 달린 현관문을 열고 나서니, 응접실 앞 거기 꽃이 진 동백나무 이편에 변호사 영감이 허리를 구부리고 서서 회양목인지를 매만져 주고 있다. 첫눈에도 여간 그것들을 아끼고 사랑하는 태가 아니었다. 좋은 취미다. 인생이란 이렇듯 한 포기의 조목까지도 아끼고 사랑하면서 유유자적할 수 있는 생활을 해야 할 종류의 것인지도 모른다. 나는 무엇에 쫓기듯이 그곳을 빠져나왔다.

– 황순원, 「곡예사」

[24001-0019]

01

ⓐ, ⓑ와 관련하여 윗글을 이해한 내용으로 적절하지 않은 것은?

① ⓐ와 ⓑ는 표면적으로 다른 의미이지만 실제로 가리키는 공간은 동일하다.
② ⓐ를 ⓑ로 쓰겠다는 것은 방을 비워 달라는 요구를 하기 위해 노파가 내세운 구실이다.
③ ⓐ는 현재 '나'와 가족들이 거처하는 공간이지만, 실은 ⓑ의 용도로서 사람이 살 만한 공간은 아니다.
④ ⓑ와 같은 공간이라 하더라도 ⓐ로 쓸 수밖에 없을 만큼 '나'와 가족들은 절박한 상황에 놓여 있다.
⑤ ⓑ로 쓰고자 ⓐ를 비워 달라는 요구가 생존에 불가피했던 것임을 '나'는 대구를 떠난 이후에야 알게 되었다.

[24001-0020]

02

〈보기〉를 참고하여 윗글을 감상한 내용으로 적절하지 않은 것은?

> **보기**
>
> 「곡예사」는 6 · 25 전쟁 당시 작가가 직접 겪은 대구와 부산에서의 피난살이의 경험을 자전적 서사 형식을 통해 표현한 소설로, 개인의 체험과 역사적 현실을 연결함으로써 사건의 진실성을 효과적으로 드러낸다. 이야기는 몰인정한 대구의 변호사 집에서 겪게 되는 수모와 부산의 변호사 집에서 마주한 원 거주민의 멸시와 천박하고 경솔한 그들의 태도를 주축으로 전개되고 있다. 작가는 전쟁의 잔혹성과 폭력성, 좌절감을 직접적으로 묘사하지 않는 대신 전쟁과 같은 상황이 개인의 윤리와 사람 사이의 정을 얼마나 피폐하게 만드는지, 피난 생활을 하는 한 가족의 일상이 얼마나 처절한지를 형상화하고 있다.

① '나'의 가족을 두고 '거지 떼'라고 표현한 것을 통해, 몰인정한 노파로부터 '황순원 가족'이 수모를 겪었음을 알 수 있군.
② 세 들어 사는 집의 '안뜰 변소를 사용치' 못하여 거적닢으로 임시 변소를 만들 수밖에 없는 상황을 통해, 대구에서 '황순원 가족'의 상황이 매우 처절했음을 알 수 있군.
③ 세 든 집에서 쫓겨 나갈 것을 걱정하는 '나'의 아내에게 '금 손목시계를 프레젠트' 받을 수 있는데도 못 하고 있음을 언급하는 것을 통해, 원 거주민의 천박하고 경솔한 태도를 알 수 있군.
④ '황순원'으로 명명된 '나'와 그의 가족이 '부산으로 흘러 내려'오는 피난의 상황을 통해, 자전적 서사의 형식을 활용하여 역사적 현실을 작가 개인의 경험과 연결함으로써 사건의 진실성을 효과적으로 드러내고 있음을 알 수 있군.
⑤ '나'가 처녀들의 시선에 대해 '멸시에 찬 눈초리였든 어쨌든 그것은 벌써 아무래도 좋았다'고 생각하는 것을 통해, 차가운 멸시에도 불구하고 결국 방을 내놓지 않아도 되는 상황에 대해 '황순원'이 안도감을 느끼고 있음을 알 수 있군.

정답과 해설 6쪽

[24001-0021]

03 **다음은 윗글에 대한 독자의 반응이다. (　　)에 들어갈 내용을 하나의 어구로 〈조건〉에 맞게 서술하시오.**

소설을 읽고 난 다음 제목이 왜 '곡예사'인지를 생각해 보다가 '곡예'라는 어휘를 국어사전에서 찾아보았다. 어휘의 뜻을 살펴보니, '줄타기, 곡마, 요술, 재주넘기, 공 타기 따위의 연예를 통틀어 이르는 말.'이라는 뜻과, '아슬아슬할 정도로 위태로운 동작이나 상태.'라는 뜻이 있었다. '황순원 가족'에게 일어난 사건들을 떠올려 보면, 살 집은커녕 남루한 공간에서 쫓겨나거나 방을 어서 비울 것을 강요받는 등 살아가는 데 있어 쉽게 마음을 놓을 수 없는, (　　　　　)에 처해 있다는 생각이 들었다. 그래서 제목을 '곡예사'로 지은 것이 아닐까 싶다.

조건

○ '나'가 처해 있는 상황에 대해 서술하되, 어휘 뜻풀이를 참고할 것.

8 작품의 문학사적, 상호 텍스트적 맥락

1 문학사적 맥락

(1) 문학사적 맥락의 개념과 특징

- 문학 작품의 존재 방식을 규정하는 문학 갈래의 존속, 공동체의 정신과 상상력, 풍속과 사회상 등 문학의 역사와 관련된 사실과 배경을 가리킴.
- 한 편의 문학 작품은 일정한 언어문화의 지평 안에서 여러 가지 문학적 관습을 매개로 하여 작가와 독자 사이에서 소통됨. 한 작품은 선행하는 다른 작품들의 영향을 받아 창작되고 동시대의 수많은 다른 작품과 공존하면서 문학사적 맥락을 구성함.
- 독자는 문학사적 맥락을 고려하여 작품을 읽음으로써 작품을 거시적인 안목으로 조망할 수 있음.

(2) 문학사적 맥락의 요소

- **역사적 갈래의 전개 과정**: 문학 작품들은 특정한 갈래로 분류되는데, 그 갈래는 역사적으로 생성과 소멸의 과정을 겪게 됨. 각각의 갈래에는 내용, 형식, 표현의 측면에서 다른 갈래와 구별되는 고유의 문학적 관습이 있음.
- **문학사적 영향 관계**: 문학 작품은 앞선 시대의 문학 작품이 지닌 내용, 형식, 표현의 영향을 받음. 그 영향은 가시적으로 나타날 수도 있고 잠재되어 있을 수도 있음. 특정한 문학적 요소들은 온전하게 보존되기도 하고 발전적으로 변모되기도 함.
- **사회 · 문화적 상황, 역사 · 시대적 상황**: 문학 작품은 그 작품이 창작되고 향유되는 시기의 사회 · 문화적 상황을 반영하게 되며, 개별적인 역사적 사건과 시대적 상황에 대한 대응으로 산출됨.

이론적 갈래와 역사적 갈래
서정, 서사, 극, 교술은 어떤 문화권에나 보편적으로 존재한다는 점에서 '이론적 갈래'라고 한다. 이에 비해 특정한 역사적 시기에 특정한 문화권에 존속했던 문학 양식을 가리켜 '역사적 갈래'라고 한다. 가령 시조는 한국의 문학사에 자리 잡고 있는 역사적 갈래의 명칭이지만, 이론적 갈래로는 주로 서정 갈래에 포함된다.

2 상호 텍스트적 맥락

- 모든 문학 작품은 잠재적으로나 현상적으로나 다른 작품의 영향을 받게 되는데, 이때 그 영향을 주고받는 관계에서 상호 텍스트성이 성립함.
- 패러디된 작품에서와 같이 주어진 작품 안에 다른 작품이 명시적으로 드러나 있는 경우가 상호 텍스트적 맥락의 대표적인 사례임.
- 상호 텍스트성은 직접적인 영향 관계의 유무와 무관하게 독자가 스스로 발견하거나 구성할 수도 있음. 이 경우 각 작품에 담긴 모티프, 이미지, 소재, 주제 등의 유사점과 차이점에 주목하여 읽음으로써 작품에 대한 이해를 확장하거나 심화할 수 있음.

[01~03] 다음 글을 읽고 물음에 답하시오.

[앞부분 줄거리] 고구려 평강왕 시절 사냥꾼 온달은 꿈에서 어떤 여인을 만나 백년가약을 맺는다. 그날 정치적 이유로 궁을 쫓겨나 암자로 가던 공주는 어려서부터 들어 왔던 온달을 만나고, 그의 아내가 되기를 청한다. 온달은 공주가 꿈속의 여인임을 알게 된다. 온달과 혼인한 공주는 남편을 정성껏 내조하였고, 온달도 열심히 노력하여 뛰어난 무공을 지니게 된다. 장수가 된 온달은 신라군이 국경을 침범하자 자처하여 싸움터에 나갔으나 죽음을 맞이한다. 부하들이 온달을 장사 지내고자 하나 관이 움직이지 않고, 이 소식을 들은 공주가 죽은 남편을 찾아온다.

공주: 장군, 비록 어제까지 장군이 치닫던 벌판이라 하나, 이제 누구를 위해 여기 머물겠다고 이렇게 떼를 쓰십니까? 장군의 마음을 내가 알고 있으니 집으로 돌아가십시다. 고구려는 내 아버지의 나라. 당신의 원수를 용서치 않으리다. 평양성에 가서 반역자들을 모조리 도륙을 합시다. 자, 돌아가십시다. (손짓을 한다.)

의병장들, 관 뚜껑을 닫고 관을 올려놓은 받침의 채*를 감는다.

공주: 들어 올려라.

올라오는 관. 모두 놀라는 소리.

공주: 가자, 평양성으로. 그곳에서 잔악한 반역자들을 샅샅이 가려내어 목을 베리라. (공주, 움직인다.)

공주, 시녀, 관, 군사들, 서서히 퇴장. 부장과 장수 몇 사람만 무대에 남는다.

장수 1: (부장에게) 공주의 노여워하심이 두렵습니다.
장수 2: 필시 무슨 기미를 알아보셨음이 틀림없습니다.
부장: 어떻게 알 수 있단 말인가?
장수 3: 투구를 벗으라고 하신 것이 증거가 아닙니까?
부장: 어떻게 알았을까? (둘러보고) 너희들 중에 배반하는 자가 있으면 행여 온전히 상금을 누릴 목숨이 있거니는 생각 말라.
장수들: 무슨 말씀입니까. 억울합니다.
부장: 그렇겠지. 이것을 문제 삼는다 치더라도 (투구를 벗는다. 머리를 처맸다. 피가 배어 있다.) 이것이 어쨌단 말인가. 이토록 신라 놈들과 싸운 것이 군법에 어긋난단 말인가? (음험한 웃음) 두려워 말라. 공주보다 더 높은 분이 우리 편이야.
장수들: (비위 맞추는 너털웃음)
부장: ㉠<u>가자, 평양성으로. 그곳에서 과연 누구의 목이 먼저 떨어지는가를 보기로 하자.</u>

(중략)

공주, 비(婢) 뒤를 따른다. 이때 많은 사람들이 가까이 오는 기척. 장교, 군사 여럿 등장. 들어가던 사람들이 멈춰 서다가 다시 나온다.

대사: (장교를 알아보고) 오, 당신이군. 웬일이시오?
공주: 웬일인가?
장교: 왕명을 받들어 공주를 모시러 왔소.
공주: 나를?
장교: 그러하오.
공주: 나는 여기서 살기로 했느니라.
장교: 돌아오시라는 분부시오.
공주: ㉡내 일은 내가 알아서 할 것이니 돌아가서 그렇게 여쭈어라.
장교: 아니 됩니다.
공주: 무엇이라? 네 이놈. 네가 실성을 했느냐?
장교: 실성한 것도 아니오.
공주: 아니 이놈이…….
장교: 온달 장군이 돌아가신 이 마당에 공주는 궁을 지키지 않고 왜 함부로 거동하셨소?
온모(온달의 모친): ㉢무엇이? 온달이, 온달이…….
장교: (그쪽을 보고 웃으며) 모르고 계셨습니까? 온달 장군은 한 달 전에 세상을 떠났습니다.
온모: (쓰러진다. 비, 공주, 붙든다.) 온달이, 온달이…….
공주: 이놈, 네 이 무슨 짓이냐? 네가 어떻게 죽고 싶어서 이다지 방자하냐?
장교: 방자? (껄껄 웃는다.) ㉣세상이 바뀐 줄도 모르시오? 온달 없는 공주가 누구를 어떻게 한다는 말이오?
대사: 이게 어찌 된 일이오. (장교에게) 지나치지 않은가?
장교: 가만히 비켜 서 있거라.
대사: 오!
장교: 아니, 이놈을 끌어가라.

병사들 일부, 대사를 끌고 퇴장.

장교: (공주에게) 자, 걸으시오.
공주: 네가 정녕 내 말을 듣지 못하겠느냐?
장교: 내 말을? 왕명을 받들고 온 사람에게?
공주: 이놈이 정녕 실성했구나. 내가 돌아가면 어찌 될 줄을 모르느냐? 나는 이곳에 머물기로 하고 이미 아버님께도 여쭙고 오는 길, 누가 또 나를 지시한단 말이냐? 정 그렇다면 근일 중에 내가 궁에 갈 것이니 오늘은 물러가라.
장교: 정 안 가시겠소?
공주: 내가? 말을 어느 귀로 듣느냐? ㉤네가 아마 잘못 알고 온 것이니, 그대로 돌아가면 오늘의 허물을

정답과 해설 7쪽

내가 과히 묻지 않으리라.

장교: (들은 체를 않고) 정 소원이라면 평안하게 모셔 오라는 명령이었다. 잡아라.

병사들, 공주의 팔을 좌우에서 잡는다.

공주: 어머니.

장교: 편하게 해 드려라.

병사 1, 칼을 뽑아 공주를 앞에서 찌른다. 공주, 앞으로 쓰러진다. 붙잡았던 병사들, 서서히 땅에 눕힌다.

장교, 손으로 지시한다. / 병사 2, 큰 비단 보자기로 공주의 시체를 싼다.

장교, 또 지시한다. / 병사들, 공주를 들고 퇴장. 장교, 뒤따라 퇴장. 공주의 살해에서 퇴장까지의 동작은 마치 의전(儀典) 동작처럼, 기계적으로 마디 있게 처리.

대사: 공주, 좋은 세상에서 또다시 만납시다.

온모, 사건이 진행되는 동안 전혀 움직이지 않고 서 있다가 모두 퇴장한 다음 무대 정면으로 조금씩 움직여 나온다. 밝은 진홍색 배자와 성성한 백발이 강하게 대조되게, 날이 저물 무렵, 이 조금 전, 병사들의 퇴장 무렵부터 눈이 조금씩 내리기 시작. 흰 눈, 진홍색 배자, 백발이 이루는 색채의 덩어리를 인상적으로 나타낼 수 있도록 조명을. 온모 소리는 없이 입속에서 중얼거리는 표정.

온모: (얼굴을 약간 쳐들어 눈발을 보며) 눈이 오는군…… 오늘은…… 산에서…… 자는 날도 아닌데…… 왜…… 이렇게 늦는구? (계속 내리는 눈발 속에)

– 막 –

– 최인훈, 「어디서 무엇이 되어 만나랴」

＊채: 가마, 들것, 목도 따위의 앞뒤로 양옆에 대서 메거나 들게 되어 있는 긴 나무 막대기.

[24001-0022]

01 **윗글에 대한 이해로 적절하면 '○', 적절하지 않으면 '×'로 표시하시오.**

(1) 공주는 온달의 죽음이 평양성에 있는 반역자와 관련이 있다고 짐작하였다. ……… (　　)

(2) 부장은 자신을 돌봐 주는 높은 분이 있다고 말하며 장수들의 동요를 막으려 하였다. ……… (　　)

(3) 대사는 장교를 도와 공주에게 순순히 왕명을 따라 궁으로 돌아가도록 설득하였다. ……… (　　)

정답과 해설 7쪽

[24001-0023]

02 **㉠~㉤의 연기에 대해 윗글을 공연하려는 연출자가 배우에게 요청할 수 있는 내용으로 적절하지 않은 것은?**

① ㉠: 당당한 태도와 자신만만한 표정이 드러나도록 연기해 주세요.
② ㉡: 체념하는 듯한 표정과 낮고 떨리는 목소리로 연기해 주세요.
③ ㉢: 큰 충격을 받은 듯 휘청거리는 동작과 함께 연기해 주세요.
④ ㉣: 공주를 똑바로 보면서 비아냥대는 듯한 표정과 말투로 연기해 주세요.
⑤ ㉤: 분을 삭이고 상대를 타이르는 듯 목소리를 낮추어 연기해 주세요.

[24001-0024]

03 **〈보기〉를 바탕으로 할 때, 감상 활동 결과의 ⓐ, ⓑ에 들어갈 적절한 내용을 쓰시오.**

보기

〈감상 활동〉

- 목적: 현대 희곡인 「어디서 무엇이 되어 만나랴」는 온달 설화를 모티프로 삼아 재창작한 작품이다. 이 작품에서 원작을 계승한 내용과 새롭게 상상으로 삽입한 내용을 파악하여, 작가가 작품을 창작한 의도를 알아보려고 한다.

- '온달 설화'의 전체 줄거리: 고구려 평강왕은 어린 공주에게 농담으로 미천한 신분의 온달에게 시집보내겠다고 놀렸는데, 공주는 성장하여 아버지의 명을 어기고 궁에서 나와 온달과 혼인하였다. 공주는 정성껏 남편을 내조하였고, 뛰어난 무공을 지니게 된 온달은 장수가 되었다. 온달은 외적을 물리쳐 공을 세우고, 이 일로 평강왕은 온달을 사위로 인정했다. 신라군이 국경을 침범하자 온달은 신라군을 물리치지 못하면 돌아오지 않겠다고 맹세한 후 전쟁터로 떠났다. 그러나 온달은 전투 중 신라군이 쏜 화살에 맞아 죽었고, 부하들이 온달의 장례를 지내려는데 관이 땅에서 떨어지지 않았다. 그러던 중, 공주가 와서 관을 쓰다듬으며 생사가 이미 정해졌으니 돌아가라 하자 관이 움직여 장사 지냈다.

- 감상 활동 결과: 이 작품에는 설화와 마찬가지로 온달과 공주가 신분의 차이를 극복하고 부부가 되지만 예기치 못한 온달의 죽음으로 영원히 이별하는 사건이 제시되는데, 이는 (ⓐ)(이)라는 주제를 계승하려고 한 것으로 볼 수 있다. 그런데 이 작품에는 설화와 달리 (ⓑ)이/가 추가되어 있다. 이는 공주의 억울한 죽음을 보여 주는 것으로, 권력의 암투에 의해 희생되는 개인의 비극성이라는 새로운 주제를 드러낸 것이라 할 수 있다.

ⓐ: ______________________

ⓑ: ______________________

9 작품의 사회·문화적, 역사적 맥락

1 사회 · 문화적 맥락

(1) 사회 · 문화적 맥락의 개념

- 한 사회에서 같은 문화를 누리며 살고 있는 사람들을 둘러싼 사회적 제도나 질서, 그들이 지닌 보편적인 정신세계나 태도의 총체적 연관성을 가리킴. 문학 작품에는 이러한 사회 · 문화적 맥락이 반영됨.
- 독자들은 사회 · 문화적 맥락을 고려하여 작품을 읽음으로써 작품의 주제 의식을 깊이 있게 이해할 수 있고, 삶의 보편성과 다양성에 대한 이해를 도모할 수 있음.

(2) 사회 · 문화적 맥락의 요소

- **당대의 다양한 이념이나 사상:** 문학 작품은 작가가 살아가는 특정한 시기, 특정한 사회의 다양한 이념이나 사상을 반영할 뿐만 아니라, 이에 대해 비판적인 질문을 제기하기도 함.
- **당대의 사회 제도, 문화적 관습:** 문학 작품은 특정한 시기, 특정한 사회의 사회 제도, 문화적 관습을 반영하기도 하고, 이에 대해 비판적인 질문을 제기하기도 함.
- **사회 질서에 대응하는 화자나 인물의 삶의 방식:** 작품 속 화자나 인물들은 사회 질서에 대해 대항, 순응, 회피 등의 태도를 보임.

반영론
문학 작품을 현실 세계의 반영이라 보고, 재현의 대상이 된 현실을 중심으로 문학 작품에 접근하는 관점을 '반영론'이라고 한다. 사회 · 문화적 상황, 역사적 배경 등이 작품의 현실을 구성하는 요소들이다.

2 역사적 맥락

(1) 역사적 맥락의 개념

- 한 작품을 창작하는 계기가 되거나 그 작품의 배경이 되는 특정한 시기의 역사적 사건을 가리킴.
- 독자는 역사적 맥락을 고려하면서 작품을 읽음으로써 작품에 담긴 주제 의식을 더 깊이 있게 이해하고, 역사에 대응하는 인간의 다양한 모습을 확인할 수 있음.

(2) 역사적 맥락의 요소

- **역사적 사건:** 왕조 교체, 정치적 분쟁, 식민 통치, 전쟁 등 국가 및 민족 단위의 사건은 물론이고 한 공동체 구성원들의 관심이 집중되는 사회적 사건이 작품의 배경이나 소재가 됨.
- **특정한 역사적 시기의 물질적 · 정신적 환경:** 새로운 문물의 도입이나 생성, 기존 문물의 소멸 등에 따른 물질적 · 정신적 환경의 변화를 포함하여 인간 생활의 변화가 작품에 반영됨.

사회 · 문화적 맥락과 역사적 맥락의 관계
두 종류의 맥락이 분명한 차이를 보이는 것은 아니다. 다만 사회 · 문화적 맥락에 비해 역사적 맥락은 구체적이다. 그래서 종종 사회 · 문화적 배경은 드러나더라도 구체적인 역사적 맥락은 숨어 있는 경우가 있다. 가령 일제 강점기에 창작된 김유정의 「봄 · 봄」에는 전통적인 농촌의 사회 · 문화적 맥락은 나타나지만 일제 강점기라는 역사적 맥락은 거의 드러나지 않는다. 반대로 역사적 맥락이 드러나는 작품에서는 사회 · 문화적 맥락도 자연스럽게 드러난다.

[01~03] 다음 글을 읽고 물음에 답하시오.

㉠왜 나는 조그마한 일에만 분개하는가
저 왕궁 대신에 왕궁의 음탕 대신에
50원짜리 갈비가 기름 덩어리만 나왔다고 분개하고
옹졸하게 분개하고 설렁탕집 돼지 같은 주인년한테 욕을 하고
옹졸하게 욕을 하고

한번 정정당당하게
붙잡혀 간 소설가를 위해서
언론의 자유를 요구하고 **월남 파병**에 반대하는
자유를 이행하지 못하고
20원을 받으러 세 번씩 네 번씩
찾아오는 야경꾼*들만 증오하고 있는가

옹졸한 나의 전통은 유구하고 이제 내 앞에 정서(情緖)로
가로놓여 있다
이를테면 이런 일이 있었다
부산에 **포로수용소의 제14야전병원**에 있을 때
정보원이 너스들과 스펀지를 만들고 거즈를
개키고 있는 나를 보고 포로경찰이 되지 않는다고
남자가 뭐 이런 일을 하고 있느냐고 놀린 일이 있었다
너스들 옆에서

지금도 내가 반항하고 있는 것은 이 스펀지 만들기와
거즈 접고 있는 일과 조금도 다름없다
개의 울음소리를 듣고 그 비명에 지고
머리에 피도 안 마른 애놈의 투정에 진다
떨어지는 은행나무 잎도 내가 밟고 가는 가시밭

아무래도 나는 비켜서 있다 **절정 위**에는 서 있지
않고 암만해도 **조금쯤 옆으로 비켜서** 있다
그리고 조금쯤 옆에 서 있는 것이 조금쯤
비겁한 것이라고 알고 있다!

정답과 **해설 8쪽**

그러니까 이렇게 옹졸하게 반항한다
이발쟁이에게
땅주인에게는 못 하고 이발쟁이에게
구청 직원에게는 못 하고 동회 직원에게도 못 하고
야경꾼에게 20원 때문에 10원 때문에 1원 때문에
우습지 않으냐 1원 때문에

모래야 나는 얼마큼 적으냐
바람아 먼지야 풀아 나는 얼마큼 적으냐
정말 얼마큼 적으냐……

– 김수영, 「어느 날 고궁을 나오면서」

＊**야경꾼**: 밤사이에 화재나 범죄가 없도록 살피고 지키는 사람.

[24001-0025]

01

작품 전체의 내용에 비추어 ㉠을 분석한 것으로 적절하면 '○', 적절하지 않으면 '×'로 표시하시오.

(1) '왜'라는 의문 부사를 사용한 물음의 표현으로 시를 시작한 것은, 화자가 자신의 '분개'에 어떤 이유가 있는지 순차적으로 깨달아 가는 과정을 따라 시상이 전개된다는 점과 조응한다. ……… (　　)

(2) '나'는 뒤에 열거되는 여러 가지 행위의 주체이자, 그 행위들에 대해 성찰하는 주체에 해당한다. ……… (　　)

(3) '조그마한 일'은 부정한 권력의 전횡을 상징하는 '왕궁의 음탕'과 대조되는 말로, 약자들의 소극적 저항을 의미한다. ……… (　　)

(4) 배타와 한정의 의미를 드러내는 보조사 '만'의 사용은 자신의 '분개'가 제한적이고 선택적이라는 점에 대한 화자의 인식을 부각한다. ……… (　　)

정답과 해설 8쪽

[24001-0026]

02

〈보기〉를 참고할 때, 윗글에 대한 이해로 적절하지 않은 것은?

● 보 기 ●

「어느 날 고궁을 나오면서」에는 이 작품이 창작되던 1965년 당시의 역사적 상황이 잘 담겨 있다. 6·25 전쟁의 경험으로 인한 상처는 치유되지 못한 채 우리 민족 구성원 저마다의 삶에 영향을 끼치고 있었고, 독재를 끝내자는 4·19 혁명은 온전한 결실을 거두지 못했으며, 군사 정변을 통해 새로 권력을 잡은 세력은 경제 발전과 사회 안정을 빌미로 자유와 민주에 대한 민중의 열망을 억압하였다. 아울러 한·일 협정 체결이나 월남 파병 같은 중요 사안들도 이에 반대하는 이들의 의사를 무시한 채 권력층의 일방적인 의지에 따라 강행되었다. 이런 분위기 속에서, 정의를 위해 크나큰 희생을 감내하고자 했던 소수를 제외한 시민 대부분은 소시민적 삶의 태도에 젖어 사회적 이슈에는 침묵하는 일상을 영위하고 있었다.

① 화자의 관점에서 볼 때, '붙잡혀 간 소설가'는 '언론의 자유'가 보장되지 못하는 사회에서 정의를 위해 희생을 감내하게 된 이에 해당할 것 같아.
② 권력층이 '자유를 이행'하려는 소수를 통제하려는 목적에서 일방적인 의지로 '월남 파병'을 강행했기 때문에 화자가 그에 대한 반대 의사를 표했던 것 같아.
③ '포로수용소의 제14야전병원'에서 '정보원'이 했던 말은 화자에게 6·25 전쟁의 경험으로 인한 심리적 상처 중 하나가 되었던 것 같아.
④ 화자는 자신이 사회적 이슈에 침묵하는 일상을 영위하는 것을 두고 '절정 위'가 아니라 '조금쯤 옆으로 비켜서' 있다고 표현한 것 같아.
⑤ 화자는 '바람아 먼지야 풀아'라고 호명한 대상에게 '나는 얼마큼 적으냐'라고 물음으로써 자신의 소시민적 삶의 태도에 대한 부끄러움을 드러낸 것 같아.

[24001-0027]

03

〈보기〉는 학생의 발표 내용이다. ⓐ, ⓑ에 들어갈 시구를 윗글에서 찾아 쓰시오.

● 보 기 ●

학생: 여러분, 지난주 문학 시간에 배운 내용을 기억하시나요? 문학 작품에는 그 작품이 창작된 시대의 사회상이 반영되기 마련이라는 것이었지요. 저는 그 점을 염두에 두고 이 시를 감상해 보았습니다. 그랬더니 '(　ⓐ　)'(이)라는 시구를 통해 남자가 할 일과 여자가 할 일은 서로 종류가 다르다는 차별적 인식이 당시 사회에 팽배해 있었음을 파악할 수 있었습니다. 그리고 '(　ⓑ　)'(이)라는 시구의 내용을 오늘날의 상황과 비교해 봄으로써 당시의 물가 수준이나 화폐 가치 등에 대해 간접적으로나마 짐작해 볼 수 있었습니다.

ⓐ: ______________________

ⓑ: ______________________

2부

적용 학습

01 고전 시가

[01~03] 다음 글을 읽고 물음에 답하시오.

가 흐느끼며 바라보매
이슬 밝힌 달이
흰 구름 따라 떠간 언저리에
모래 가른 물가에
기랑의 모습이올시 수풀이여.
일오내 자갈 벌에서
낭이 지니시던
마음의 갓을 좇고 있노라.
아아, **잣나무 가지**가 높아
눈이라도 덮지 못할 **고깔**이여.

– 충담사, 「찬기파랑가」

나 **옥거울 갈고 다듬어 벽공**[*]에 걸었더니
밝은 빛 **화장**할 때 비춰 보기 딱 알맞네
복비와 직녀가 서로 갖겠다 다투다가
㉠반쪽은 구름 사이에 반쪽은 물속에.

玉鏡磨來掛碧空
明光正合照粧紅
宓妃織女爭相取
半在雲間半水中

– 이양연, 「반월」

* **벽공(碧空)**: 푸른 하늘. 여기서는 '푸른 밤하늘'을 이름.

[24001-0028]

01

'달'을 중심으로 (가)와 (나)를 감상한 내용으로 적절하지 않은 것은?

① (가)와 (나)의 '달'은 작품의 도입 부분에서 화자가 주목하는 시적 대상에 해당한다.
② (가)와 (나)의 '달'은 대상을 비추는 존재로 대상과 주위를 밝게 만드는 속성을 지니고 있다.
③ (가)와 (나)의 도입 부분에서 '달'을 올려다보던 화자의 시선은 이후 아래 방향으로 바뀌고 있다.
④ (가)와 (나)는 '달'의 모습이나 형태가 달라지는 상황과 관련지어 '달'의 심미적 가치를 드러내고 있다.
⑤ (나)는 (가)와 달리 작품의 도입부터 마무리 부분까지 '달'과 관련된 행위나 상황에 초점을 맞추고 있다.

[24001-0029]

02

〈보기〉를 참고하여 ㉠을 감상한 내용으로 가장 적절한 것은?

> **보 기**
>
> '복비(宓妃)'는 복희씨의 딸로 황하 수신(水神) 하백의 처이다. 낙수에 빠져 죽어 수신이 되었다고 한다. '직녀'는 하느님의 손녀로 견우와 떨어져 은하수 서쪽 하늘에 산다. 일 년에 한 번 칠석날, 오작교를 건너 견우를 만난다고 한다.

① 구름 사이에 떠 있는 반달을 통해 견우에 대한 직녀의 사랑을, 물속에 들어 있는 반달을 통해 하백에 대한 복비의 사랑을 표현하고 있군.

② 복비와 직녀가 옥거울을 두고 다투는 모습을 상상한 후, 보름달의 충만함을 느끼지 못하는 아쉬움을 쪼개진 거울의 이미지로 제시하고 있군.

③ 구름 사이에 반달이 있고 물속에 반달이 있는 상황을, 하늘에 사는 직녀와 수신이 된 복비가 서로 갖겠다고 다툰 결과인 것처럼 그려 내고 있군.

④ 하늘에 뜬 달의 반쪽과 물속에 들어 있는 달의 반쪽이 서로 합쳐져 완전한 보름달이 되는 합일의 상황을 오작교에서의 만남을 통해 드러내고 있군.

⑤ 반달이 구름 사이에 숨어 있고, 물에도 거의 비치지 않아 자연을 완상하기 어려운 상황과 그에 대한 안타까움을 복비와 직녀의 상실감을 활용하여 형상화하고 있군.

정답과 해설 10쪽

[24001-0030]

03 **〈보기〉와 관련지어 (가), (나)를 감상한다고 할 때, 독자의 감상 과정에 대한 설명으로 적절하지 않은 것은?**

● 보기 ●

비유와 상징은 보조 관념을 활용하여 어떠한 사물, 사상, 개념 따위의 속성이나 특징을 드러내는 표현 방식이다. 비유는 보조 관념과 원관념이 모두 표면에 나타나지만, 상징은 원관념 없이 보조 관념만 표면에 나타나는 형태이다. 상징은 하나의 보조 관념이 하나 이상의 의미와 연결되어 다양한 의미를 함축적으로 드러낼 수 있다는 점에서 비유와 다르다. 또한 상징은 비유와 달리 보조 관념과 원관념 사이에 뚜렷한 공통점 없이도 성립할 수 있다. 상징은 주어진 맥락 안에서 새로운 의미를 부여할 수 있다는 특징이 있다.

① (가)의 독자가 '흰 구름'을 두고 '맑고 깨끗함', '욕심 없음', '유유자적함', '허망함' 등을 떠올렸다면, '흰 구름'이라는 보조 관념에 연결할 수 있는 함축적 의미를 다양하게 떠올려 본 것이군.

② (가)의 독자가 '잣나무 가지'의 속성을 '높이 솟은 고귀한 것'으로 이해하고 '기랑'의 속성과 유사하다고 판단했다면, '잣나무 가지'는 보조 관념으로 '기랑'은 원관념으로 인식한 것이군.

③ (가)의 독자가 '고깔'이라는 시어를 두고, '고깔'이 무엇인지 몰라도 주어진 맥락 안에서 '기랑의 드높은 절개와 지조'를 드러내는 것이라고 판단했다면, '고깔'에 상징적 의미를 부여한 것이군.

④ (나)의 독자가 '옥거울'과 '벽공'이라는 표현을 보고, 하늘에 뜬 둥근달을 빗댄 것이라고 판단했다면, 보조 관념 '옥거울'과 원관념 '달' 사이에 '둥그렇다'라는 공통적 속성이 있다고 인식한 것이군.

⑤ (나)의 독자가 '화장'이라는 행위에 담긴 속성이 '갈고 다듬'는 행위와 유사한 것이라고 판단했다면, '화장'이라는 보조 관념을 통해 '옥거울'의 특징을 드러낸 비유적 표현으로 인식한 것이군.

02 고전 시가

[01~03] 다음 글을 읽고 물음에 답하시오.

가 ㉠호미도 날이지마는
낫같이 들 리도 없습니다
아버님도 어버이시지마는
위 덩더둥셩
㉡어머님같이 괴실 이 없어라
아소 님이시여 어머님같이 괴실 이 없어라

– 작자 미상, 「사모곡」

나 나뭇조각으로 작은 당닭 만들어
집게로 집어 벽의 홰에 앉혔네
㉢이 닭이 꼬끼오 울며 시간을 알릴 제야
㉣어머님 얼굴 비로소 지는 해와 같으리

木頭雕作小唐鷄
筯子拈來壁上栖
此鳥膠膠報時節
慈顏始似日平西

– 문충, 「오관산」

다 아버지는 하늘이요 어머니는 땅으로서 나를 낳으시느라 애쓰셨도다
젖으로 기르시고 의리로 가르치셨으니 큰 은혜 갚으려네
대밭에서 눈물 흘리니 죽순이 나고, 얼음을 두드리니 고기가 튀어 올라*
지극한 정성 귀신을 감동시켰으니
㉤아아, 늙은 부모 봉양하는 광경 그 어떠합니까?
[엽(葉)*] 증삼 민자* 두 선생의 증삼 민자 두 선생의
아아, 혼정신성*하는 광경 그 어떠합니까?

父爲天 母爲地 生我劬勞
養以乳 敎以義 欲報鴻恩
泣竹笋生 扣氷魚躍 至誠感神
위 養老ㅅ景 긔 엇더ᄒᆞ니잇고
葉 曾參閔子兩先生의 曾參閔子兩先生의
위 定省ㅅ景 긔 엇더ᄒᆞ니잇고

〈제2장〉

– 작자 미상, 「오륜가」

* **대밭에서 ~ 튀어 올라**: 중국의 효자인 맹종과 왕상의 옛일에서 비롯한 말. 죽순을 좋아하시는 어머니를 위해 맹종이 겨울에 죽순을 찾았지만 찾지 못하여 슬퍼하니 눈 속에서 죽순이 돋아났으며, 겨울에 잉어를 드시고 싶어 하는 어머니를 위해 왕상이 언 강으로 가니 얼음이 절로 갈라지면서 잉어가 튀어 올랐다고 함.
* **엽**: 옛 향악곡의 한 악절을 가리키는 국악 용어로, 본곡의 뒤에 따로 추가된 악절을 뜻함.
* **증삼 민자**: 증삼과 민자는 공자의 제자로서 효행으로 유명함.
* **혼정신성**: 자식이 밤에는 부모의 잠자리를 보아 드리고 이른 아침에는 부모의 밤새 안부를 물음.

[24001-0031]

01 **(가)~(다)의 공통점으로 가장 적절한 것은?**

① 과거와 현재를 대비하여 변해 가는 것에 대한 슬픔의 정서를 나타내고 있다.
② 인물의 도덕적 실천 사례를 제시하여 대상에 대한 송축의 태도를 드러내고 있다.
③ 유사한 성격의 소재를 대등하게 나열하여 상황에 대한 긍정적 인식을 드러내고 있다.
④ 자연물이나 사물을 비유적 소재로 사용하여 대상에 대한 사랑의 감정을 나타내고 있다.
⑤ 사회의 질서가 조화롭게 갖춰진 세계를 묘사하여 이상향에 대한 염원을 나타내고 있다.

[24001-0032]

02 **㉠~㉤에 대한 설명으로 적절하지 않은 것은?**

① ㉠: 사물의 구체적 속성을 제시하여 추상적 대상에 대한 인식을 드러내고 있다.
② ㉡: ㉠에 담긴 화자의 생각을 직설적 표현을 사용해 부각하고 있다.
③ ㉢: 현실에서 이루어질 수 없는 일을 선행 조건으로 제시하고 있다.
④ ㉣: ㉢과 연결되어 대상 인물에 대한 화자의 소망을 나타내고 있다.
⑤ ㉤: 자신이 실천한 일에 대한 화자의 자부심을 드러내고 있다.

[24001-0033]

03 **〈보기 1〉을 참고하여 (다)와 〈보기 2〉를 비교해 감상한 내용으로 적절하지 않은 것은?**

● 보기 1 ●

경기체가 「오륜가」와 '오륜가' 계열의 연시조는 모두 유학에서 가르치는 인간의 도리를 제재로 다루고 있지만, 창작 시기와 갈래가 서로 다른 데서 비롯한 일정한 차이가 둘 사이에서 발견된다. 경기체가 「오륜가」는 조선 초기의 진취적 분위기 속에서 창작된 작품답게 바람직한 가치가 실현된 세계를 장면화하여 보여 주고, 그것을 확인함으로써 생겨나는 고양된 감정과 그러한 세계의 실현에 대한 염원을 드러낸다. 반면, '오륜가' 계열의 연시조는 성리학이 융성하기 시작한 조선 중기에 창작되어, 교화의 수단으로써 오륜을 강조하며 당위적 가치에 대한 권고 내지 촉구의 태도가 두드러진다. '오륜가' 계열 연시조의 특징을 잘 보여 주는 작품에 주세붕의 「오륜가」와 김상용의 「오륜가」가 있다.

● 보기 2 ●

어버이 자식 사이 하늘 삼긴 지친(至親)이라
부모곧 아니면 이 몸이 있을쏘냐
오조(烏鳥)도 반포(反哺)를 하니* 부모 효도하여라 〈제1수〉

– 김상용, 「오륜가」

* **오조도 반포를 하니**: '오조'는 까마귀임. '반포'는 까마귀 새끼가 다 자란 뒤에 늙은 어미에게 먹을 것을 물어다 줌을 뜻하는 말로, 부모의 은혜를 갚는 효성을 일컬음. '반포지효'라고도 함.

① (다)와 〈보기 2〉는 창작 시기와 갈래가 서로 다르지만, 둘 다 부모와 자식의 관계가 하늘이 정한 것임을 언급하고 있군.

② (다)와 〈보기 2〉는 모두 부모와 자식의 관계에 대한 유학의 가르침을 제시하기 위해 자식을 낳은 부모의 은혜를 강조하고 있군.

③ (다)는 의문형 표현을 통해 고양된 감정을, 〈보기 2〉는 의문형 표현을 통해 교화의 태도를 나타내고 있군.

④ (다)는 부모의 은혜를 갚으려는 염원을 나타내고, 〈보기 2〉는 부모의 은혜에 보답할 것을 권고하고 있군.

⑤ (다)는 지향하는 가치가 실현된 장면을 제시하고, 〈보기 2〉는 자연물을 근거로 삼아 지향하는 가치의 당위성을 강조하고 있군.

03 고전 시가

[01~03] 다음 글을 읽고 물음에 답하시오.

가 **구름이 무심탄** 말이 아마도 허랑하다
중천에 떠 있어 임의로 다니면서
구태여 광명한 날빛을 따라가며 덮느냐

– 이존오

나 말 없는 **청산**이오 태(態) 없는 **유수**로다
값 없는 청풍이오 임자 없는 명월이라
이 중에 병 없는 이 몸이 분별없이 늙으리라

– 성혼

다 대천 바다 한가운데 중침 세침* 빠지거다
여남은 사공 놈이 끝 무딘 상앗대를 끝끝이 둘러메어 일시에 소리치고 **귀* 꿰어 내단 말**이 이셔이다 임아 임아
온 놈이 **온 말**을 하여도 임이 짐작하소서

– 작자 미상

* **중침 세침**: 중치 바늘과 작은 바늘.
* **귀**: 바늘귀.

[24001-0034]

01 **(가)와 (나)의 공통점에 대한 설명으로 가장 적절한 것은?**

① 색채 이미지를 대비하여 대상의 긍정적인 모습을 부각하고 있다.
② 자연물의 일반적인 특징을 부각하여 그에 대한 화자의 태도를 드러내고 있다.
③ 말을 건네는 방식을 통해 대상의 행동이 우호적으로 변화하기를 기대하고 있다.
④ 의문의 방식을 사용하여 부정적 현실에 대한 화자의 극복 의지를 강조하고 있다.
⑤ 시간의 경과에 따라 대상이 이동하는 모습을 제시하여 화자의 심경 변화를 보여 주고 있다.

[24001-0035]

02 (다)의 화자에 대해 이해한 내용으로 가장 적절한 것은?

① '대천 바다 한가운데'를 자신이 해결해야 할 문제 발생의 근원지로 간주한다.
② 바다에 빠진 '중침 세침'을 손쉽게 건져 내기 위한 자신만의 방법을 강구한다.
③ '여남은 사공'들이 동시에 협력해야 목표를 이루게 될 가능성이 커진다고 믿는다.
④ '끝 무딘 상앗대'를 사용함으로써 난관을 효율적으로 극복할 수 있다고 전망한다.
⑤ '임'에 대해서는 화자 자신을 믿어 주기를 바라는 심정을 하소연할 대상으로 여긴다.

[24001-0036]

03 〈보기〉를 참고하여 (가)~(다)를 감상한 내용으로 적절하지 않은 것은?

보기

'말'을 소재로 다룬 시조에서 세속의 언어를 부정적으로 보고 자연의 침묵을 미덕으로 삼는 것에는, 사람들의 이해관계가 상충하는 삶의 공간인 세속과 그 언어가 지니는 허위성에 대한 반감이 담겨 있다. 이러한 경우 자연은 현실의 반대 항에 자리하며, 자연의 침묵이 선망의 대상이 된 것은 말로써 시비를 따지는 일로부터 초월하고 싶은 인간적 욕망과 관련되어 있다. 또한 이때의 자연은 단순히 경물이 아니라, 인간과 분리되지 않은 채 인간이 일체감을 느끼는 대상이자 인간이 추구하는 도덕적 표상으로서의 자연이라 할 수 있다.

① (가)의 '구름이 무심탄' 사람들의 말에서 화자는 세속의 언어가 지니는 허위성을 발견하고 있군.
② (나)의 '청산'은 침묵의 미덕을 지닌 것으로 그려져 화자가 추구하는 도덕적 표상이라고 할 수 있군.
③ (나)의 '유수'는 화자와 분리되지 않은 채 '이 중'에 포함되어 현실의 반대 항에 자리한다고 볼 수 있군.
④ (다)의 '귀 꿰어 내단 말'에는 세속의 언어에서 초월하고 싶은 화자의 인간적 욕망이 담겨 있다고 할 수 있군.
⑤ (다)의 '온 말'은 인간의 이해관계가 상충하는 세속의 언어로, 이에 대해 화자는 시비를 따져야 할 대상으로 인식하고 있군.

[01~03] 다음 글을 읽고 물음에 답하시오.

가 **마음**이 어린 후이니 하는 일이 다 어리다
만중운산(萬重雲山)에 어느 님 오리마는
지는 잎 부는 바람에 행여 **그**인가 하노라

– 서경덕

나 연(蓮) 심어 실을 뽑아 긴 **노끈** 비비어 걸었다가
사랑이 그쳐갈 제 찬찬 **감아** 매오리다
우리는 **마음**으로 맺었으니 그칠 줄이 있으랴

– 김영

다 **마음**이 **지척**이면 **천리**라도 지척이오
마음이 천리오면 지척도 천리로다
우리는 각재(各在) 천리오나 지척인가 하노라

– 작자 미상

라 **가슴**에 **구멍을 둥시렇게 뚫**고 왼새끼*를 눈 길게 너슷너슷* 꼬아
그 구멍에 그 **새끼줄** 넣고 **두 놈**이 두 끝 마주 잡아 이리로 훌근 저리로 훌적 **훌근훌적 할 적**에는 나나 남이나 다 그는 **아무쪼록** 견디려니와
아마도 임 여의고 살라면 그는 **그리 못하리라**

– 작자 미상

* **왼새끼**: 왼쪽으로 꼰 새끼.
* **너슷너슷**: 느슨하게.

[24001-0037]

01

(가)~(라)의 표현상 특징에 대한 설명으로 가장 적절한 것은?

① (가)와 (나)는 공간의 특성과 연관 지어 화자의 생각에 대한 근거를 밝히고 있다.
② (가)와 (라)는 대구적 표현을 활용하여 화자의 인식 변화 과정을 드러내고 있다.
③ (나)와 (다)는 대비되는 의미를 지닌 시어를 사용하여 과거와 달라진 상황에 대한 화자의 안도감을 드러내고 있다.
④ (나)와 (라)는 연속적으로 이어지는 행동을 제시한 후, 부정적 상황에 대처하는 화자의 의지를 드러내고 있다.
⑤ (다)와 (라)는 대상이 유발할 수도 있는 극단적인 상황을 통해 화자의 변함없는 의지를 강조하고 있다.

[24001-0038]

02 (라)와 〈보기〉의 [A]를 비교하여 감상한 내용으로 적절하지 않은 것은?

보 기

선생님 : (라)는 『청구영언』에 수록되어 있는 사설시조로, 사랑을 방해하는 어떠한 시련 속에서도 임에 대한 사랑은 변하지 않을 것임을 노래하고 있습니다. 그런데 (라)의 내용과 유사한 노래가 『대은선생실기(大隱先生實記)』에 전해지고 있습니다. '대은'은 고려 시대의 무신인 변안열의 호로, 변안열은 고려에 대한 충절을 끝까지 지킨 무신이었습니다. 이 책에 따르면 당시 고려를 무너뜨리고 조선 건국을 계획하고 있던 이성계는 자신의 생일에 변안열을 비롯한 고려의 신하들을 초대했습니다. 이날 이성계의 아들인 이방원이 고려의 신하들을 회유하기 위한 노래를 부르자 변안열은 다음과 같은 노래를 부르며 고려에 대한 변함없는 마음을 표현했다고 합니다. 그럼 남녀 간의 사랑을 노래한 (라)와 고려에 대한 변함없는 충절을 노래한 변안열의 노래를 비교하여 감상해 봅시다.

> 내 가슴에 말[斗]만 한 **구멍** 뚫고 / 길고 긴 새끼줄 꿰어
> **앞뒤로 끌고 당**겨 갈고 쓸지라도 / **네**가 하는 대로 내 **마다치 않겠으나** [A]
> 내 임 빼앗고자 한다면 / 이런 일엔 내 **굽히지 않으리라**

① (라)의 '구멍'은 임에 대한 화자의 사랑이 흔들리는 상황을, [A]의 '구멍'은 고려에 대한 화자의 충절이 약해지는 상황을 의미하겠군.

② (라)의 '두 놈'과 [A]의 '네'는 각각 임에 대한 사랑과 고려에 대한 충절을 보여 주기 위해 화자가 설정한 인물로 볼 수 있겠군.

③ (라)의 '훌근훌적 할 적'과 [A]의 '앞뒤로 끌고 당'기는 것은 모두 화자가 자신의 마음을 지키기 위해 겪어야 할 시련의 수준을 나타내겠군.

④ (라)의 '아무쪼록'에서는 임에 대한 사랑을 지키기 위해, [A]의 '마다치 않겠으나'에서는 고려에 대한 충절을 지키기 위해 어떠한 시련도 견딜 수 있다는 화자의 마음을 엿볼 수 있겠군.

⑤ (라)의 '그리 못하리라'는 임과 헤어질 수 없다는 화자의 의지를, [A]의 '굽히지 않으리라'는 상대의 회유에 넘어가지 않겠다는 화자의 충절을 나타내겠군.

정답과 해설 14쪽

[24001-0039]

03 〈보기〉를 참고하여 (가)~(라)를 이해한 내용으로 적절하지 않은 것은?

보기

고전 시가에서 화자의 정서나 태도를 형상화하는 일반적인 방법은 구체적인 시적 상황을 제시하는 것이다. 또한 창의적 발상을 통해 추상적인 개념을 구체적 대상으로 형상화하거나 변형하기 어려운 대상을 변형이 가능한 대상으로 형상화하는 방법도 자주 사용된다. (가)~(라)에서는 이러한 방법을 활용하여 사람의 심리와 관련된 추상적 개념인 '마음'이나 '사랑', 신체의 일부인 '가슴'을 형상화하며 화자의 정서나 태도를 드러내고 있다.

① (가)에서는 '지는 잎 부는 바람'을 '그'라고 착각한 시적 상황을 제시하며 자신의 '마음'을 어리석다고 여기는 화자의 자책을 드러내고 있다.
② (나)는 '사랑'을 '노끈'으로 '감아' 맬 수 있다는 발상을 통해 '사랑'을 자신의 노력으로 지속시킬 수 있다는 화자의 인식을 드러내고 있다.
③ (나)는 '마음'이 맺어지기도 하고 끊어지기도 한다는 발상을 통해 화자와 임의 '마음'이 지닌 차이점을 부각하고 있다.
④ (다)는 '지척'과 '천리'라는 시어를 활용하여 화자와 임의 '마음'을 시각적으로 확인할 수 있는 대상으로 형상화하고 있다.
⑤ (라)는 '구멍을 둥시렇게 뚫'은 후 '새끼줄'을 넣을 수 있다는 발상을 통해 변형이 어려운 화자의 '가슴'을 변형이 가능한 대상으로 형상화하여 제시하고 있다.

05 고전 시가

[01~03] 다음 글을 읽고 물음에 답하시오.

장부의 하올 사업 아는가 모르는가
효제충신(孝悌忠信)밖에 하올 일이 또 있는가
어즈버 인도(人道)에 하올 일이 다만 인가 하노라 〈제1장〉

남산에 많던 **솔**이 어디로 갔단 말고
난(亂) 후 부근(斧斤)*이 그다지도 날랬시고
두어라 **우로(雨露)***곧 깊으면 다시 볼까 하노라 〈제2장〉

창밖에 세우(細雨) 오고 뜰 가에 ⓐ제비 나니
적객*의 **회포**는 무슨 일로 **끝이 없어**
저 제비 비비(飛飛)*를 보고 **한숨 겨워하**나니 〈제3장〉

적객에게 벗이 없어 공량(空樑)*의 ⓑ제비로다
종일 하는 말이 무슨 사설 하는지고
어즈버 내 풀어낸 시름은 널로만 하노라 〈제4장〉

인간(人間)에 유정한 벗은 **명월**밖에 또 있는가
천리를 멀다 아녀 간 데마다 따라오니
어즈버 반가운 옛 벗이 다만 넨가 하노라 〈제5장〉

설월(雪月)에 **매화**를 보려 잔을 잡고 창을 여니
섞인 꽃 여윈 속에 잦은 것이 **향기**로다
어즈버 **호접(蝴蝶)**이 이 향기 알면 애 끊일까 하노라 〈제6장〉

– 이신의, 「단가육장」

* **부근**: 큰 도끼와 작은 도끼를 통틀어 이르는 말.
* **우로**: 비와 이슬을 아울러 이르는 말.
* **적객**: 귀양살이하는 사람.
* **비비**: 날아다니는 모습을 의미하는 의태어.
* **공량**: 건축물의 공간에 얹는 보.

[24001-0040]

01 윗글에 대한 설명으로 가장 적절한 것은?

① 〈제1장〉은 물음의 방식을 통해 기존의 통념에 대한 의문을 제기하고 있다.
② 〈제2장〉은 상징적 자연물을 통해 화자가 처한 상황을 변화시키기 위한 의지를 드러내고 있다.
③ 〈제3장〉은 〈제4장〉과는 달리 말을 건네는 방식을 통해 대상과의 친밀함을 강조하고 있다.
④ 〈제4장〉은 청각적 이미지를 통해, 〈제6장〉은 후각적 이미지를 통해 자연물의 특성을 부각하고 있다.
⑤ 〈제5장〉은 〈제6장〉과는 달리 행동 묘사를 통해 자연물과 교감하고자 하는 화자의 적극적인 모습을 나타내고 있다.

[24001-0041]

02 ⓐ와 ⓑ에 대한 이해로 가장 적절한 것은?

① ⓐ와 ⓑ는 모두 다가올 상황에 대한 긍정적인 전망을 이끌어 내는 대상이다.
② ⓐ와 ⓑ는 모두 문제의 원인을 외부에서 내면으로 인식하게 만드는 대상이다.
③ ⓐ는 화자의 입장에 공감하는 대상이고, ⓑ는 화자의 정서를 자극하는 대상이다.
④ ⓐ는 화자의 시름을 깊게 만드는 대상이고, ⓑ는 화자가 시름을 풀어내는 대상이다.
⑤ ⓐ는 화자와 유사한 상황에 놓인 대상이고, ⓑ는 화자와 대비되는 상황에 놓인 대상이다.

[24001-0042]

03 〈보기〉를 바탕으로 윗글을 감상한 내용으로 적절하지 않은 것은?

보 기

「단가육장」은 귀양살이를 하는 작가의 삶에 대한 성찰과 미래에 대한 불안감, 귀양지에서의 답답함과 외로움 등 복잡한 심경이 잘 드러난 작품이다. 이신의는 정치적 격변기를 살아가면서 임진왜란 당시에는 의병 활동에 앞장섰으며, 전란 이후에는 목민관으로서 덕망을 떨치기도 하였다. 이 작품은 광해군을 지지하는 대북파가 영창 대군의 어머니인 인목 대비를 유폐하자는 의론을 제기하자 강직한 태도로 이에 반대하는 글을 올려 유배를 간 귀양지에서 창작한 작품으로 추정된다.

① 인간의 도리를 '효제충신'이라고 한 것에서 인목 대비를 유폐하자는 의견에 반대의 목소리를 내고, 의병 활동과 목민관 등 나라를 위한 일에 책임을 다했던 작가의 삶의 태도가 반영된 것으로 볼 수 있겠군.

② '난 후 부근'으로 인해 사라진 '솔'을 '우로'가 깊으면 다시 볼 수 있다고 믿는 것은, 임진왜란 참전 경험을 바탕으로 당면한 문제를 극복하고자 하는 태도가 반영된 것으로 볼 수 있겠군.

③ 적객의 '회포'가 '끝이 없어' '한숨 겨워하'는 화자의 모습은 귀양살이를 하는 작가의 삶에 대한 성찰과 미래에 대한 불안감 등이 반영된 것으로 볼 수 있겠군.

④ 귀양지에서 느끼는 심리적 거리감을 '천리'로 나타내고, 먼 곳까지 따라오는 대상이 '명월' 밖에 없는 상황은 귀양지에서의 외로운 작가의 처지가 반영된 것으로 볼 수 있겠군.

⑤ '호접'의 애가 끊어질 정도로 창밖 '매화'의 '향기'가 짙다는 것은 작가의 강직한 태도가 상징적으로 반영된 것으로 볼 수 있겠군.

06 고전 시가

[01~04] 다음 글을 읽고 물음에 답하시오.

어찌 생긴 몸이 이토록 우활*한가
우활도 우활할샤 그토록 우활할샤
이봐 ⓐ벗님네야 우활한 말 들어 보소
이내 젊었을 때 우활함이 그지없어
이 몸 생겨남이 금수와 다르므로
㉠애친경형* 충군제장* 내 분수로 여겼더니 [A]
㉡하나도 못 이루고 세월이 늦어지니
평생 우활은 날 따라 길어 간다
아침이 부족한들 저녁을 근심하며
한 칸 초가집이 비 새는 줄 알았던가
현순백결(懸鶉百結)*이 부끄러움 어이 알며
어리석고 미친 말이 미움받을 줄 알았던가
우활도 우활할샤 그토록 우활할샤
봄 산의 꽃을 보고 돌아올 줄 어이 알며
여름 정자에 잠을 들어 꿈 깰 줄 어이 알며
가을 하늘에 달 맞아 밤드는 줄 어이 알며
㉢겨울 눈에 시흥(詩興) 겨워 추움을 어이 알리 [B]
사시가경에 어찌할 줄 모르도다
㉣말로(末路)에 버린 몸이 무슨 일을 염려할까
세속의 시비 듣도 보도 못하거든
이 몸의 처지에 백년을 근심할까
우활할샤 우활할샤 그토록 우활할샤
아침에 누웠고 낮에도 그러하니
하늘이 준 우활을 내 설마 어이하리
그래도 애달프다 고쳐 앉아 생각하니
이 몸이 늦게 태어나 애달픈 일 많고 많다
일백 번 다시 죽어 옛사람 되고 싶네 [C]
태평성대에 잠깐이나 놀아 보면
요순* 일월(日月)을 잠시나마 쬘 것을
순박한 풍속이 경박하게 되었도다
번잡한 정회(情懷)를 누구에게 이르려는가
태산에 올라가 온 세상이나 다 바라보고 싶네

성현 살던 세상 두루 살펴 **학업 닦던 자취 보고 싶**네
주공(周公)*은 어디 가고 꿈에도 뵈지 않는가
매우 심한 나의 삶을 슬퍼한들 어이하리
만리에 눈뜨고 태고에 뜻을 두니
우활한 마음이 가고 아니 오는구나
세상에 혼자 깨어 누구에게 말을 할까
ⓜ축타*의 말솜씨를 이제 배워 어이하며
송조*의 미모를 얽은 낯에 잘할는가
산에 나는 풀과 열매* 어디서 얻어먹으려뇨
미움받고 사랑받지 못함이 다 우활의 탓이로다
이리 헤아리고 저리 헤아리고 다시 헤아리니
평생의 모든 일이 우활 아닌 일 없도다
이 우활 거느리고 백년을 어이하리
ⓑ아이야 잔 가득 부어라 취하여 내 우활 잊자

– 정훈, 「우활가」

* **우활**: 사리에 어둡고 세상 물정을 잘 모름.
* **충군제장**: 임금에게 충성하고 어른에게 공손함.
* **요순**: 요순시대를 이름.
* **주공**: 주나라 문왕의 아들이자 무왕의 동생. 주나라 건국 초기에 큰 공을 세운 충신.
* **축타**: 위나라의 대부로서 종묘 제사를 관장하는 벼슬을 지낸 사람. 교묘한 말솜씨로 유명함.
* **송조**: 송나라의 공자. 엄청난 미남으로 알려짐.
* **산에 나는 풀과 열매**: 원문은 '우첨산초실'임. 우첨산초(右詹山草)는 옥황상제의 딸이 변한 것으로, 이 열매를 먹으면 다른 사람이 나를 좋아할 수 있게 만든다고 함.
* **애친경형**: 어버이를 사랑하고 형을 공경함.
* **현순백결**: 옷이 해어져 백 군데나 기웠다는 뜻.

[24001-0043]

01

[A]~[C]에 대한 설명으로 적절하지 않은 것은?

① [A]에서 화자는 넉넉하지 못한 형편과 관련하여, 자신의 우활함을 드러내고 있다.
② [B]에서 화자는 각 계절의 아름다움을 즐기지 못하는 상황과 관련하여, 자신의 우활함을 드러내고 있다.
③ [C]에서 화자는 자신의 염원을 이루지 못하는 상황과 관련하여, 자신의 우활함을 어쩔 수 없는 것이라 체념하는 모습을 드러내고 있다.
④ [A]~[C]에서 화자는 다양한 상황과 관련지어, 자신의 우활함이 매우 심한 상태에 이르렀음을 드러내고 있다.
⑤ [A]~[C]에서 화자는 평생토록 자신을 괴롭혀 온 일들과 관련지어, 자신의 우활함이 '하늘이 준' 운명임을 드러내고 있다.

[24001-0044]

02 **〈보기〉를 바탕으로 요순에 대한 화자의 인식을 설명한 내용으로 적절하지 않은 것은?**

보기

'요순시대'는 중국 상고 시대의 성군인 요임금과 순임금이 다스리던 시대를 통칭하는 말로, 이상적인 정치가 베풀어져 백성들이 평화롭게 살았던 태평성세를 뜻한다.

① 자신 또한 '요순' 일월을 쬘 수 있었다면, '이 몸이 늦게 태어나' 겪는 수많은 '애달픈 일'이 조금이나 줄었을 것이라 여기고 있다.
② 현재의 애달픔은 이번 생에는 해결할 수 없으므로 차라리 죽어서라도 '요순시대'와 같은 태평성대에 다시 태어나고 싶다는 바람을 드러내고 있다.
③ '요순시대'의 순박했던 풍속이 경박하게 변하여 '번잡한 정회'를 털어놓을 데가 없게 된 오늘날의 상황에 대해 한탄하고 있다.
④ '요순시대'처럼 자신이 살펴보고 싶은 시대로 '성현 살던 세상'을 언급하면서, '학업 닦던 자취 보고 싶'다는 바람을 고백하고 있다.
⑤ '요순시대'를 회복하지 못한다고 해도 '만리에 눈뜨고 태고에 뜻을 두'면, '미움받고 사랑받지 못'하던 자신의 문제가 해결될 것이라 판단하고 있다.

[24001-0045]

03 **ⓐ와 ⓑ에 대한 설명으로 가장 적절한 것은?**

① ⓐ가 화자를 위로하는 대화의 상대방으로 설정되었다면, ⓑ는 화자의 숨겨진 욕망을 간청하기 위해 떠올린 대상으로 설정되었다.
② ⓐ가 화자의 속마음을 털어놓기 위한 청자로 설정되었다면, ⓑ는 삶에 대한 화자의 태도를 드러내며 시상을 마무리하기 위한 청자로 설정되었다.
③ ⓐ가 화자의 의사에 반하여 갈등을 심화시키는 인물로 설정되었다면, ⓑ는 화자의 속내를 살피며 적극적으로 반응하여 화자를 만족시키는 인물로 설정되었다.
④ ⓐ가 우활하게 살아온 화자의 처지를 이미 잘 알고 있는 이웃으로 설정되었다면, ⓑ는 화자의 곁에서 화자의 시중을 들기 위해 이웃이 보낸 하인으로 설정되었다.
⑤ ⓐ가 화자가 부러워하는 인물로 화자의 삶을 대비적으로 드러내기 위해서 설정되었다면, ⓑ는 화자에게 복종하던 인물로 화자의 결심이 잘못된 것임을 드러내기 위해서 설정되었다.

[24001-0046]

04 **〈보기〉를 바탕으로 ㉠~㉤을 이해한 내용으로 적절하지 않은 것은?**

보기

이 작품이 창작된 조선 중기, 제도권 중심부에 놓여 있던 사족(士族)들과 주변부에 놓여 있던 사족들은 경제적 여건이나 사회적 위상에서 적잖은 차이가 있었다. 제도권 주변부에 놓여 있던 사족들의 경우, 벼슬이나 명성을 높여 자신의 이름을 세상에 드러낼 기회를 얻지 못하고 자연에 은거하며 지내는 경우가 많았는데, 자신의 불우한 처지를 자연에 대한 애착으로 치환하면서 유교적 이념이나 가치관을 고수하는 태도를 보이기도 했다. 이러한 사람들 중에는 추후 벼슬길에 나갈 기회를 얻어 자신의 이상을 실현하겠다는 포부를 버리지 않는 이들도 적지 않았다.

① ㉠은 평소 유교적 이념이나 가치관을 추종하는 태도를 지니고 있었음을 밝힌 것으로 볼 수 있군.

② ㉡은 나이가 들어서도 문관으로서 성취할 기회를 얻지 못한 것에 대한 안타까움을 드러낸 표현으로 볼 수 있군.

③ ㉢은 자연 속에 은거하며 지내고 있는 자신의 삶을 자연에 대한 애착으로 치환하여 드러낸 것으로 볼 수 있군.

④ ㉣은 경제적 여건이 좋지 않고 사회적 위상도 높지 않은 불우한 처지를 극단적으로 표현한 것으로 볼 수 있군.

⑤ ㉤은 수양을 계속해도 벼슬길에 나가 이상을 실현할 능력을 갖추지 못할 것에 대한 염려를 드러내는 표현으로 볼 수 있군.

[01~03] 다음 글을 읽고 물음에 답하시오.

㉠가노라 옥주봉아 있거라 경천대야
요양* **만릿길이 멀어야 얼마 멀며**
그곳에서의 일 년이 오래라고 하랴마는
상봉산 별천지를 처음에 들어올 때
노련의 분노* 탓에 속세를 아주 끊고
발 없는 구리솥 하나 전나귀에 싣고서
추풍 부는 돌길로 와룡강 찾아와서
천주봉 석굴 아래 초가 몇 칸 지어 두고
고슬단 행화방에 정자 터를 손수 닦아
낮에야 일어나고 새 달이 돋아 올 때
지도리 없는 거적문과 울 없는 가시사립
적막한 산골에 손수 일군 마을이 더욱 좋다
생애는 내 분수라 담박한들 어찌하리
밝은 세상 한 귀퉁이에 버린 백성 되어서
솔과 국화 쓰다듬고 잔나비와 학을 벗하니
어와 이 강산이 경치도 좋고 좋다
높다란 금빛 절벽 허공에 솟아올라
구암을 앞에 두고 경호 위에 선 모양은
삼신산 제일봉이 여섯 자라 머리*에 벌인 듯
붉은 놀, 흰 구름에 곳곳이 그늘이요
유리 같은 온갖 경치 빈 땅에 깔렸으니
용문(龍門)을 옆에 두고 펼쳐진 모래밭은
여덟 폭 돌병풍을 옥난간에 두른 듯
맑은 모래 흰 돌이 굽이굽이 경치로다
그중에 좋은 것이 무엇이 더 나은가
구암이 물을 굽혀 천백 척 솟아올라
구름 위로 우뚝 솟아 하늘을 괴었으니
어와, 경천대야, 네 이름이 과연 헛된 것 아니로다
[A]

(중략)

시비 영욕 다 버리고 갈매기와 늙자더니
무슨 재주 있다고 나라에서 아시고
쓸데없는 이 한 몸을 찾으시니 망극하구나

상주 십이월에 심양* 가라 부르시니
어느 누구 일이라 잠시인들 머물겠는가
임금 은혜 감격하여 행장을 바삐 챙기니
삼 년 입은 옷가지로 이불과 요 겸하였네
남쪽의 더운 땅도 춥기가 이렇거든
한겨울 깊은 때에 우리 임 계신 데야
다시금 바라보고 우리 임 생각하니
이국(異國)의 겨울 달을 뉘 땅이라 바라보며
타국 풍상을 어이 그리 겪으신가
높은 언덕에 뻗은 칡이 삼 년이 되었구나*
굴욕이 이러한데 꿇은 무릎 언제 펼까
조선에 사람 없어 오랑캐 신하 되었으니
삼백 년 예악 문물 어디로 갔단 말고
오늘날 포로들이 다 옛날 관주빈이라*
태평 시절 막히고 찬란한 문물 사라지니
동해 물 어찌 퍼 올려 이 굴욕 씻을런가
오나라 궁궐에 섶을 쌓고 월나라 산에 쓸개 매다니*
임금이 굴욕당하면 신하는 죽어야 고금의 도리인데
하물며 우리 집이 대대로 은혜 입었으니
아무리 힘들다고 대의를 잊겠는가 [B]
어리석은 계략으로 거센 물결 막으려니
재주 없는 약한 몸이 기운 집을 어찌할까
방 안에서 눈물 내면 아녀자의 태도로다
이 원수 못 갚으면 무슨 얼굴 다시 들까
악비의 손에 침을 뱉고 조적의 노에 맹세하니*
내 몸의 생사야 깃털처럼 여기고
동서남북 만리 밖에 왕명 좇아 다니리라
㉡있거라 가노라 가노라 있거라
무정한 갈매기들은 맹세 기약 웃지마는
성은이 망극하니 갚고 다시 돌아오리라

– 채득기, 「봉산곡」

* **요양**: 청나라 태조 누르하치가 도읍으로 삼았던 곳. 훗날 요양에서 심양으로 천도함.
* **노련의 분노**: 주나라를 버리고 진나라 왕을 천자로 부르려는 것에 대한 노련의 분노. 여기서는 명나라를 버리고 청나라를 섬기는 것에 대한 분노를 말함.

*여섯 자라 머리: 발해 동쪽 바다에 떠 있는 다섯 선산을 떠받치고 있다는 여섯 마리 큰 자라의 머리.
*심양: 선양. 지금의 요령성 성도. 북경으로 천도하기 전까지 청나라가 도읍으로 삼은 곳.
*높은 ~ 되었구나: 병자호란 때 조선이 청나라에 굴욕을 당한 지 삼 년이 되었음을 나타낸 구절임.
*오늘날 ~ 관주빈이라: '관주빈'은 중국에 사신으로 간다는 말. '현재 청나라에 인질로 끌려간 사람들이 예전에는 중국에 사신으로 갔던 사람들'이라는 뜻임.
*오나라 ~ 매다니: 섶에 누워 자고 쓸개를 맛보면서 복수를 다짐한다는 '와신상담'을 가리킴. 중국 춘추 시대 오나라의 왕 부차가 원수를 갚기 위하여 장작더미 위에서 잠을 자며 복수할 것을 맹세하고, 월나라의 왕 구천이 쓸개를 핥으면서 복수를 다짐한 데서 유래한 말임.
*악비의 ~ 맹세하니: 악비와 조적의 고사를 인용하여 청나라에 당한 치욕을 씻으려는 작가의 의지를 표현한 구절임. 중국 송나라 고종 때의 충신인 악비는 손에 침을 뱉어 맹세하면서 금나라와의 강화를 반대했고, 중국 동진 원제 때 조적은 유민들을 거느리고 강을 건너면서 중원을 회복할 것을 맹세했음.

[24001-0047]

01 [A]와 [B]에 대한 설명으로 가장 적절한 것은?

① [A]가 자연을 완상하는 즐거움에 주목하며 예찬적 태도를 드러내고 있다면, [B]는 왕명을 받은 신하로서 충성을 다하려는 태도를 드러내고 있다.
② [A]가 경물들의 아름다움을 평가한 후 순위를 매겨 소개하고 있다면, [B]는 화자 자신이 맡게 된 일 중 시급한 일들을 순서에 따라 제시하고 있다.
③ [A]가 시선의 이동을 중심으로 공간적 배경이 지닌 다양한 특징을 서술하고 있다면, [B]는 공간의 이동을 중심으로 해당 공간에 대한 화자의 평가가 달라진 이유를 서술하고 있다.
④ [A]가 눈앞에 펼쳐진 경물에 주목하여 아름다움을 느끼게 하는 요소를 밝히고 있다면, [B]는 자연이 지겨워진 상황과 관련하여 자신이 나라의 부름에 응하게 된 까닭을 밝히고 있다.
⑤ [A]가 아름다운 자연 풍경을 포착하여 구체적 수치와 감각적 시어로 표현하고 있다면, [B]는 시간이 지나면서 자연에 은거했던 신하가 임금에게 인정을 받게 되는 과정을 단계적으로 설명하고 있다.

[24001-0048]

02 ㉠과 ㉡에 대한 설명으로 적절하지 않은 것은?

① ㉠과 ㉡은 대구의 형식을 활용해 화자의 아쉬운 마음을 형상화하고 있다.
② ㉠과 ㉡을 통해 떠나야 하는 화자와 그 자리에 남아 있을 자연이 대비적으로 나타나고 있다.
③ ㉠과 ㉡에는 떠나고 싶지 않은 화자에게 그대로 머물 것을 권하는 청자의 모습이 제시되고 있다.
④ ㉠은 ㉡과 달리 청자를 호명하는 방식을 활용해 화자가 관심을 둔 공간적 배경을 드러내고 있다.
⑤ ㉠과 ㉡에는 동일한 시어가 활용되고 있지만 ㉡은 ㉠과 달리 시어의 제시 순서에 변화를 주고 있다.

[24001-0049]

03 〈보기〉와 관련하여 화자의 심리나 상황을 설명한 내용으로 적절하지 않은 것은?

보기

병자호란은 1636년(인조 14) 청나라가 친명 정책을 유지하던 조선을 침입하여 일어난 전쟁을 말한다. 전쟁에 패배한 인조는 삼전도에서 청나라 태종에게 군신의 관계를 선언하는 굴욕적 예식을 치러야 했고, 청나라는 소현 세자, 봉림 대군과 척화파 등을 볼모로 붙잡아 갔다. 「봉산곡」은 작가인 채득기가 볼모로 잡혀간 세자와 대군을 모시러 청나라의 심양으로 떠나던 1638년에 지은 작품으로, 작품 속 화자의 상황은 작가의 실제 삶과 관련이 깊다.

① 화자는 왕명을 받아 청나라로 떠나는 자신의 상황을 염두에 두고 '요양 만릿길'이 '멀어야 얼마 멀'겠냐 말하며 스스로의 마음을 다잡고 있다.

② 화자는 조선이 병자호란에서 패배하고 청나라에 항복한 사건을 떠올리며, 그로 인해 자신이 '밝은 세상 한 귀퉁이에 버린 백성'이 되었음을 밝히고 있다.

③ 화자는 삼전도에서 인조가 청나라 태종에게 군신의 관계를 선언한 사건을 두고 '조선에 사람 없어 오랑캐 신하' 된 일이라 평가하고 있다.

④ 화자는 청나라에 볼모로 붙잡혀 간 소현 세자 등을 '한겨울 깊은 때에 우리 임'으로 제시하며, 그들이 심양에서 겪은 어려움에 대한 안타까움을 드러내고 있다.

⑤ 화자는 굴욕적인 사건들을 그냥 지켜보아야 했던 과거의 상황을 아쉬워하며, '어리석은 계략으로 거센 물결 막'아 낼 수 있다는 자신감을 드러내고 있다.

08 고전 시가

[01~03] 다음 글을 읽고 물음에 답하시오.

십이월은 계동(季冬)이라 소한 대한 절기로다
설중(雪中)의 봉만(峯巒)들은 해 저문 빛이로다
세전에 남은 날이 얼마나 걸렸는고
집안의 여인들은 세시 의복 장만하고
무명 명주 끊어 내어 온갖 무색 들여 내니
자주 보라 송화색에 청화 갈매 옥색이다
일변으로 다듬으며 일변으로 지어 내니
상자에도 가득하고 횃대에도 걸었도다
입을 것 그만하고 음식 장만하오리라
떡쌀은 몇 말이며 술쌀은 몇 말인고
콩 갈아 두부하고 메밀쌀 만두 빚소
세육은 계를 믿고 북어는 장에 사서
납평 날 창애 묻어 잡은 꿩 몇 마리인고
아이들 그물 쳐서 참새도 지져 먹세
깨강정 콩강정에 곶감 대추 생률이라
주준에 술 들으니 돌 틈에 새암 소리
앞뒷집 타병성은 예도 나고 제도 나네
새 등잔 새발심지 장등하여 새울 적에
윗방 봉당 부엌까지 곳곳이 명랑하다
초롱불 오락가락 묵은세배하는구나
어와 내 말 듣소 [농업]이 어떠한고
종년 근고한다 하나 그중에 낙이 있네
위로는 **국가 봉용** 사계로 제선 봉친
형제 **혼상 대사 먹고 입고 쓰는 것이**
토지 소출 아니라면 돈 지당을 어이할꼬
예로부터 이른 말이 **농업이 근본이라**
배 부려 선업하고 **말 부려 장사하기**
전당 잡고 빛 주기와 장판에 체계 놓기
술장사 떡장사며 술막질 가게 보기
아직은 흔전하나 한 번을 뒤뚝하면
파락호 빚꾸러기 살던 곳 터도 없다
농사는 믿는 것이 내 몸에 달렸느니

절기도 진퇴 있고 연사도 풍흉 있어
수한 풍박 잠시 재앙 없다야 하랴마는
극진히 힘을 들여 가솔이 일심하면
아무리 살년에도 아사를 면하느니
제 시골 제 지키어 소동(騷動)할 뜻 두지 마소
황천(皇天)이 인자하사 노하심도 일시로다
자네도 헤어 보아 십 년을 가량(假量)하면
칠분은 풍년이요 삼분은 흉년이라
천만 가지 생각 말고 농업을 전심하소
하소정(夏小正)* 빈풍시(豳風詩)*를 성인이 지었으니
이 뜻을 본받아서 대강을 기록하니
이 글을 자세히 보아 힘쓰기를 바라노라

– 정학유, 「농가월령가」

* **하소정**: 옛 중국의 기후 관련 저서로 농사와 목축 및 어업 활동에 대해 기록하였으며 『예기(禮記)』에 실려 있음.
* **빈풍시**: 주나라 주공이 백성들의 농사짓는 어려움을 인식시키기 위하여 지은 시편으로 『시경(詩經)』에 실려 있음.

[24001-0050]

01 윗글에 대한 설명으로 적절하지 않은 것은?

① 특정한 시기의 공간적 배경을 묘사하여 계절감을 조성하고 있다.
② 옷감 마련을 위해 일한 결과를 여러 가지 색상으로 나열하여 보여 주고 있다.
③ 다양한 음식 재료를 준비하는 방법과 음식을 만드는 과정을 감각적으로 제시하고 있다.
④ 마을 사람들이 풍속에 따라 의식을 이행하기 위해 이동하는 모습을 동적으로 묘사하고 있다.
⑤ 공동체의 구성원들이 말을 주고받는 장면을 제시하여 일하면서 겪는 어려움을 직접적으로 노출하고 있다.

[24001-0051]

02 농업에 대한 화자의 생각을 이해한 내용으로 적절하지 않은 것은?

① 노동을 고생스럽게 여기면서도 그 안에서 즐거움을 찾을 수 있다고 생각한다.
② 농사 중 자연재해를 겪더라도 끝까지 포기하지 않고 극복해야 한다고 생각한다.
③ 하늘의 뜻이 인간에게 우호적이라 믿으면서 인간의 노력에 성패가 달려 있다고 생각한다.
④ 가족의 구성원들 모두가 한마음 한뜻으로 힘을 합쳐서 정성을 다하여 노동해야 한다고 생각한다.
⑤ 농사 과정에서 한 번의 실수가 삶의 터전을 잃게 할 수도 있으므로 항상 주의해야 한다고 생각한다.

정답과 해설 19쪽

[24001-0052]

03 〈보기〉를 바탕으로 윗글을 감상한 내용으로 적절하지 않은 것은?

보기

「농가월령가」에는 국가와 개인을 떠받치는 물적 토대가 농업에 있음을 강조하며 농사의 주체들에게 직접적으로 다가가려고 한 작가의 노력이 반영되어 있다. 이는 상품 화폐 경제가 발달함에 따라 자본의 증식에 대한 사람들의 욕구가 증대되어, 더 많은 이익을 창출할 수 있는 도시로 농촌의 인구가 빠져나가면서 농촌 공동체가 불안정해지던 당시의 사회상과 관련이 깊다. 향촌 사회가 동요되면 향촌 사족들은 존재 기반을 상실하게 되므로 작가는 이 노래를 지어 지주들의 입장을 대변하고, 사회 변화를 막기 위한 반동적 대응의 방편으로 삼은 것이다. 이 작품에서 성실한 노동이 이루어지고 그 결과 공동체의 구성원들이 각종 유희를 행하며 즐겁게 살아가는 세상을 그린 것은 향촌민들을 농업으로 유도하여 향촌 사회를 안정시키려는 목적을 담은 것이라 할 수 있다.

① '국가 봉용'과 '혼상 대사 먹고 입고 쓰는 것이 / 토지 소출'에서 비롯된다고 노래한 것은 국가와 개인을 떠받치는 물적 토대가 농업에 있음을 강조한 것이라 할 수 있군.

② '제 시골 제 지키어 소동할 뜻 두지 마소'라는 말은 도시로 농촌의 인구가 빠져나가는 것을 문제로 인식하고 그것을 막아 보려 한 반동적 대응의 목소리라 할 수 있군.

③ '말 부려 장사하기 / 전당 잡고 빚 주기와 장판에 체계 놓기'는 상품 화폐 경제가 발달함에 따라 자본의 증식에 대한 사람들의 욕구가 증대된 사회적 실상을 보여 주는 것이라 할 수 있군.

④ '자네도 헤어 보아 십 년을 가량하면 / 칠분은 풍년이요 삼분은 흉년이라'고 말한 것은 농사에 미숙한 향촌 사족들도 성실히 노동에 동참하기를 바라는 지주들의 입장을 대변한 것이라 할 수 있군.

⑤ '농업이 근본이라'는 말을 떠올리며 '천만 가지 생각 말고 농업을 전심하소'라고 요청하는 화자의 목소리에는 향촌민들을 농업으로 유도하여 향촌 사회를 안정시키려는 목적이 담겨 있다고 할 수 있군.

고전 시가

[01~03] 다음 글을 읽고 물음에 답하시오.

가 형님 온다 형님 온다 분고개로 형님 온다
형님 마중 누가 갈까 형님 동생 내가 가지
㉠<u>형님 형님 사촌 형님 시집살이 어떱데까</u>
이애 이애 그 말 마라 시집살이 개집살이
앞밭에는 당초 심고 뒷밭에는 고추 심고
고추 당초 맵다 해도 시집살이 더 맵더라
둥글둥글 수박 식기 밥 담기도 어렵더라
도리도리 도리소반 수저 놓기 더 어렵더라
오 리 물을 길어다가 십 리 방아 찧어다가
아홉 솥에 불을 때고 열두 방에 자리 걷고 [A]
외나무다리 어렵대야 시아버니같이 어려우랴
나뭇잎이 푸르대야 시어머니보다 더 푸르랴
시아버니 호랑새요 시어머니 꾸중새요
동세 하나 할림새*요 시누 하나 뾰족새요
시아지비 뾰중새요 남편 하나 미련새요
나 하나만 썩는 샐세 [B]
㉡<u>귀먹어서 삼 년이요 눈 어두워 삼 년이요</u>
<u>말 못 해서 삼 년이요 석삼년을 살고 나니</u>
배꽃 같은 요내 얼굴 호박꽃이 다 되었네
삼단 같은 요내 머리 비사리춤*이 다 되었네
백옥 같은 요내 손길 오리발이 다 되었네
열새 무명 반물치마 눈물 씻기 다 젖었네
두 폭 붙이 행주치마 콧물 받기 다 젖었네 [C]
울었던가 말았던가 베갯머리 소(沼) 이루겠네
그것도 소이라고 거위 한 쌍 오리 한 쌍
쌍쌍이 떠들어오네

— 작자 미상, 「시집살이 노래」

* **할림새**: 남의 허물을 잘 고해바치는 사람.
* **비사리춤**: 비를 엮는 싸리 묶음.

나 저 건너 [꽁생원]은 제 아비의 덕분으로
돈천이나 가졌더니 술 한잔 밥 한술을

친구 대접 하였던가
주제넘게 아는 체로 음양 술수 탐혼하야
당발복 구산하기* 피란곳 찾아가며
올 적 갈 적 행로상(行路上)에 처자식을 흩어 놓고
있는 사람들의 도움이 아니면 끼니조차 잇지 못한다
남을 속여 재물을 차지하려 해도 두 번째는 아니 속고
공납범용(公納犯用)* 하자 하니 일갓집에 부자 없고
뜬재물 경영하고 경향(京鄕) 없이 쏘다니며
재상가에 청(請)질하다 봉변하고 물러서고
남의 골에 검태* 갔다 혼검에 쫓겨 와서
혼인 중매 혼자 들다 무렵 보고 뺨 맞으며
가대문서(家垈文書) 구문 먹기 핀잔먹고 자빠지기
불리 행세 찌그렁이 위조문서 비리호송
ⓒ부자나 후려 볼까 감언이설 꾀어 보세
엇막이며 보막이며* 은점(銀店)이며 금점(金店)이며
대로변에 색주가(色酒家)며 노름판에 푼돈 떼기
남북촌에 뚜장이로 인물 초인(招引) 하여 볼까
산진매 수진매에 사냥질로 놀러 갈 제
대종손(大宗孫) 양반 자랑 산소나 팔아 볼까
혼인 핑계 어린 딸은 백 냥짜리 되었구나
아낙은 친정살이 자식들은 고생살이
일가의 눈이 희고 친구의 손가락질
부지거처(不知去處) 나가더니 소문이나 들어 볼까
산 너머 꾕생원은 그야말로 하우(下愚)로다
ⓔ거들어서 한 말 자랑 대장부의 결기로다
동네 존장 몰라보고 이소능장(以少凌長)* 욕하기와
옷을 찢고 갓 부수며 사람 치고 맞았다고 떼쓰기와
남의 과부 겁탈하기 투장(偸葬)간 곳 떡 달라 청하기
친척 집의 소 끌기와 주먹다짐 일쑤로다
부잣집에 긴한 체로 친한 사람 이간질과
월숫돈 일숫돈 장변리(長邊利)* 장체계(場遞計)*며
제 부모에 몹쓸 행사
투전꾼은 좋아하며 손목 잡고 술 권하며
제 처자는 몰라보고 노리개로 정표 주며

[D]: 올 적 갈 적 행로상(行路上)에 ~ 가대문서(家垈文書) 구문 먹기 핀잔먹고 자빠지기
[E]: 동네 존장 몰라보고 ~ 제 부모에 몹쓸 행사

자식 노릇 못하면서 제 자식은 귀히 알며
며느리는 들볶으며 봉양 잘못 호령한다
기둥 베고 벽 떠러라 천하 난봉 자칭하니
부끄럼을 모르고서 주리 틀려 경친 것을
옷을 벗고 자랑하며
술집이 안방이요 투전방이 사랑이라
늙은 부모 병든 처자 손톱 발톱 제쳐 가며
잠 못 자고 길쌈한 것 술 내기로 장기 두고
책망(責望) 없이 버린 몸이 무슨 생애 못하여서
누이 자식 조카자식 색주가로 환매하며
부모가 걱정하면 와락더라* 부르대며
아낙이 사설하면 밥상 치고 계집 치기
도망산에 뫼를 썼나* 저녁 굶고 또 나간다
㉤포청 귀신 되었는지 듣도 보도 못헐레라

– 작자 미상, 「우부가(愚夫歌)」

* 당발복 구산하기: 복을 위하여 명당을 찾아다님. '당발복'은 '당대발복(當代發福)'의 오기로 추정됨.
* 공납범용: 국고를 허락 없이 마음대로 쓰는 것.
* 검태: 걸태질. 염치나 체면을 돌보지 않고 재물을 긁어 들이는 짓.
* 엇막이며 보막이며: 엇막이는 논에 물을 대기 위해 막는 둑, 보막이는 보를 막기 위해 둑을 막거나 고치는 일.
* 이소능장: 젊은 사람이 나이 많은 사람에게 무례한 언행을 함.
* 장변리: 돈이나 곡식 등을 꿔 주고 한 해에 본전의 절반을 이자로 받는 고리대금.
* 장체계: 장에서 돈을 비싼 이자로 꿔 주고 장날마다 본전의 일부와 이자를 거두어들이는 일.
* 와락더라: 모지락스럽고 악독하게.
* 도망산에 뫼를 썼나: '역마살이 끼었나.'라는 뜻으로, '역마살'은 '늘 분주하게 이리저리 떠돌아다니게 된 액운.'을 의미함.

[24001-0053]

01 **㉠~㉤에 대한 이해로 적절하지 않은 것은?**

① ㉠: '형님'에게 말을 건네는 방식을 통해 시집살이에 대한 궁금증을 직접적으로 드러내고 있다.
② ㉡: 시간을 나타내는 동일한 시어를 반복하여 '나'의 시집살이가 오랫동안 지속되었음을 부각하고 있다.
③ ㉢: '꽁생원'의 생각을 인용하는 방식을 통해 '꽁생원'의 행위에 담긴 의도를 제시하고 있다.
④ ㉣: 반어적인 표현을 활용하여 '꾕생원'의 행실에 대한 부정적 평가를 나타내고 있다.
⑤ ㉤: 비현실적 존재를 언급하며 '꾕생원'의 행실이 전례를 찾아보기 어렵다는 점을 강조하고 있다.

정답과 해설 20쪽

[24001-0054]

02

(나)를 통해 확인할 수 있는 꽁생원과 찡생원의 공통점으로 가장 적절한 것은?

① 말재주가 좋아 사람들을 속이면서 재산을 갈취한다.
② 아버지의 재산을 믿고 동네 사람들을 함부로 대한다.
③ 경제적인 능력이 없어 동냥을 통해 자신의 끼니를 해결한다.
④ 권력을 가진 이들에게 아부하며 신분에 따라 사람들을 차별한다.
⑤ 가족들을 돌보는 일에는 관심 없이 집 밖에 나다니는 것을 좋아한다.

[24001-0055]

03

〈보기〉를 참고하여 [A]~[E]를 이해한 내용으로 적절하지 않은 것은?

> 보 기
>
> 여러 가지 사물이나 행위, 사건 등을 낱낱이 죽 늘어놓는 방식을 통해 표현하고자 하는 대상의 특징을 강조하는 표현 기법을 '열거'라고 한다. 이러한 열거는 이질적인 대상들 사이에 존재하는 유사성을 드러낼 때 활용되기도 하지만, 동질적으로 간주되던 사물이나 행위, 사건들 사이의 차이를 드러내는 역할을 하기도 한다. (가)와 (나)는 이러한 열거의 방식을 활용하여 각각 시집살이의 어려움과 '꽁생원'과 '찡생원'이라는 인물의 부정적 면모를 드러내고 있다.

① [A]에서 화자가 하는 농사일과 집안일은 모두 화자가 겪는 시집살이에 해당한다는 점에서, 집 안과 집 밖에서 화자가 하는 이질적인 행위들 사이의 유사성을 드러내는 열거를 확인할 수 있다.
② [B]에서 화자가 시집 식구들을 비유한 새가 모두 부정적 속성을 지니고 있다는 점에서, 시집살이의 고통을 주는 인물들 사이의 유사성을 드러내는 열거를 확인할 수 있다.
③ [C]에서 화자가 시집살이로 변해 버린 자신의 모습을 다양한 사물에 비유하고 있다는 점에서, 일상에서 접할 수 있는 사물들 사이의 차이를 드러내는 열거를 확인할 수 있다.
④ [D]에서 화자가 언급한 공간에서 일어나는 행위들은 '꽁생원'에 대한 비판적 시각과 관련이 있다는 점에서, 다른 공간에서 행해지는 이질적인 행위들 사이의 유사성을 드러내는 열거를 확인할 수 있다.
⑤ [E]에서 화자가 언급한 인물들에 대한 '찡생원'의 행위들은 인륜에 어긋나 공동체의 질서를 위협할 수 있다는 점에서, 다른 대상에게 행해지는 이질적인 행위들 사이의 유사성을 드러내는 열거를 확인할 수 있다.

10 고전 시가

[01~03] 다음 글을 읽고 물음에 답하시오.

만첩산중(萬疊山中) 늙은 범 살진 암캐를 물어다 놓고 에— 어르고 노닌다
광풍(狂風)의 낙엽처럼 벽허(碧虛)* 둥둥 떠나간다
일락서산(日落西山) 해는 뚝 떨어져 월출동령(月出東嶺)에 달이 솟네
만리장천(萬里長天)에 울고 가는 저 기러기
제비를 후리러 나간다 제비를 후리러 나간다
복희씨(伏羲氏) 맺은 그물을 두루쳐 메고서 나간다
망탕산으로 나간다 우이여— 어허어 어이고 저 **제비 네 어디로 달아나노**
백운(白雲)을 박차며 흑운(黑雲)을 무릅쓰고 반공중(半空中)에 높이 떠
우이여— 어허어 어이고 달아를 나느냐
내 집으로 훨훨 다 오너라
양류상(楊柳上)에 앉은 꾀꼬리 제비만 여겨 후린다
아하 이에이 에헤이 에헤야 네 어디로 행하느냐
공산야월(空山夜月) 달 밝은데 **슬픈 소래 두견성(杜鵑聲)**
슬픈 소래 두견제(杜鵑啼) 월도천심(月到天心) 야삼경(夜三更)에
그 어느 **낭군이** 날 **찾아오리**
울림비조(鬱林飛鳥)* **뭇 새들은 농춘화답(弄春和答)*에 짝을 지어**
쌍거쌍래(雙去雙來) 날아든다
말 잘하는 앵무새 춤 잘 추는 학 두루미
문채(紋彩) 좋은 공작 공기 적다 공기 뚜루루루루룩
숙궁 접동 스르라니 호반새 날아든다
기러기 훨훨 방울새 떨렁 다 날아들고
제비만 다 어디로 **달아나**노
[A: 울림비조(鬱林飛鳥)부터 제비만 다 어디로 달아나노까지]

– 작자 미상, 「제비가」

* **벽허**: 푸른 하늘.
* **울림비조**: 울창한 숲에서 나는 새.
* **농춘화답**: 봄을 희롱하며 서로 지저귀는.

[24001-0056]

01 윗글의 표현상 특징으로 적절하지 않은 것은?

① 동일한 시구를 반복해서 제시하여 대상을 향한 주체의 행위를 강조하고 있다.
② 서로 유사한 의미를 가진, 한자어와 순우리말을 함께 사용하여 의미를 중첩시키고 있다.
③ 현재 시제의, 의문형과 평서형 종결 표현을 반복적으로 사용하여 운율감을 조성하고 있다.
④ 색채 어휘를 사용하여 명암의 대비를 이룸으로써 그와 관련된 소재의 역동성을 부각하고 있다.
⑤ 사설의 내용과 의미상 연결되는 여음구를 반복적으로 사용하여 화자의 자족감과 흥취를 드러내고 있다.

[24001-0057]

02 〈보기〉를 참고하여 [A]와 [B]를 이해한 내용으로 가장 적절한 것은?

보기

잡가의 특징 중의 하나는 다른 작품들과의 교섭이 활발하게 일어난다는 점인데, 「제비가」의 경우 「새타령」과 사설을 공유한다. 다음은 「새타령」의 일부분이다.

새가 날아든다 왼갖 잡새가 날아든다
새 중에는 봉황새 만수문전(萬壽門前)에 풍년새
산고곡심무인처(山高谷深無人處)* 울림비조 뭇 새들이
농춘화답에 짝을 지어 쌍거쌍래 날아든다

말 잘하는 앵무새 춤 잘 추는 학 두루미
소탱이 쑤꾹 앵매기 뚜리루 대천에 비우(飛羽) 소루기
남풍 좇아 떨쳐나니 구만리장천(長天) 대붕
문왕(文王)이 나 계시사 기산조양(岐山朝陽)의 봉황새
무한기우 깊은 밤 울고 남은 공작이 [B]

*산고곡심무인처: 산이 높고 골이 깊고 사람 없는 곳.

① [A]에는, [B]에 나타난 새들을 그대로 둔 채 일부 새들을 새롭게 추가하였다.
② [B]에 사용된 시구를 [A]에 그대로 차용하여 가사로 삼은 경우는 나타나지 않는다.
③ [A]와 [B] 모두 음성 상징어를 활용하여 새의 소리와 함께 동작을 다채롭게 표현하고 있다.
④ [A]와 [B]에 모두 나타나는 새의 경우 같은 종류의 새일지라도 그 특징을 [A]와 [B]에서 다르게 묘사하기도 하였다.
⑤ [A]와 [B] 모두 특정 새의 특징과 관련된 설명에 덧붙여 그 새의 종류를 제시하는 구성 방식을 일관되게 유지하고 있다.

[24001-0058]

03 **〈보기〉를 참고하여 윗글을 감상한 내용으로 적절하지 않은 것은?**

보 기

「제비가」는 여러 노래들의 가사 중 일부분이 함께 모여, 또 하나의 노래로 이루어진 것이다. 그런 까닭에 이 노래는 가사의 내용이 긴밀히 얽혀 있지 않아, 구절들이 서로 연관이 없어 보이기까지 한다는 점에서 '비유기성'을 큰 특징으로 갖는다고 할 수 있다. 하지만 노랫말의 계열화를 통해 정서나 이미지상의 공통점과 유사점을 추출하고 노랫말의 연원에 따른 맥락을 추론하면, 비록 욕망의 주체는 다르지만 '욕망의 추구'와 그 '욕망의 좌절'을 그린다는 공통점 때문에 하나의 노래로 합성을 이루게 된 것임을 알 수 있다.

① '만첩산중 늙은 범'과 '양류상에 앉은 꾀꼬리'는 욕망을 추구하는 주체라는 공통점으로 합성을 이루는 것으로 볼 수 있군.

② '만리장천에 울고 가는 저 기러기'와 '슬픈 소래 두견성'은 처량함의 정서를 환기한다는 유사점을 통해 욕망이 좌절된 이미지를 그린 것으로 볼 수 있군.

③ '제비를 후리러 나간다'는 주체가 욕망을 추구하는 모습을, '제비 네 어디로 달아나노'는 주체가 욕망의 좌절을 느끼는 모습을 나타낸 것으로 볼 수 있군.

④ '낭군이' '찾아오'기를 기다리는 나는 '농춘화답에 짝을 지어' 날아든 '뭇 새들'과 대비를 이룸으로써 고독의 정서를 환기하며, 짝을 욕망하는 주체로 볼 수 있군.

⑤ '기러기 훨훨 방울새 떨렁 다 날아들고'는 '제비만' '달아나'는 상황과 대조되어 원하는 것은 오지 않고, 원하지 않는 것들만 찾아와 욕망이 좌절되는 상황을 나타낸 목소리로 볼 수 있군.

11 고전 시가

[01~04] 다음 글을 읽고 물음에 답하시오.

가 예 놀던 길가에 초가집 짓고서　　結廬臨古道
날마다 큰 강물을 바라만 본단다.　　日見大江流
㉠거울에 새긴 난새*는 혼자서 늙어 가고　　鏡匣鸞將老
꽃동산의 나비도 가을 신세란다.　　花園蝶已秋
쓸쓸한 모래밭에 기러기 내리고　　寒沙初下鴈
저녁 비에 조각배 홀로 돌아오는데,　　暮雨獨歸舟
하룻밤에 비단 창문 닫긴 내 신세니　　一夕紗窓閉
㉡어찌 **옛적 놀이**를 생각이나 하랴.　　那堪憶舊遊

– 허난설헌, 「기녀반(寄女伴)*」

* **난새**: 중국 전설에 나오는 상상의 새. 모양은 닭과 비슷하나 깃은 붉은빛에 다섯 가지 색채가 섞여 있으며, 소리는 오음(五音)과 같다고 함.
* **기녀반**: 처녀 적 친구들에게 부침.

나 앞 못에 든 고기들아 네 와 든다 뉘 너를 몰아다가 엿커를 잡히여 든다
북해 청소(北海淸沼)* 어디 두고 이 못에 와 든다
㉢들고도 못 나는 정(情)이야 네오 내오 다르랴

– 작자 미상

* **북해 청소**: 북해의 맑은 연못.

다 **불같이도 더운 날**에 **뫼같이도 험한 밭**을
한 골 매고 두 골 매고 삼세 골로 매고 나니
㉣땅이라 내려다보니 먹물로 품은 듯하고
하늘이라 쳐다보니 별이 총총 나왔구나
행주치마 떨쳐입고 집이라고 돌아오니
시어머니 하신 말씀
아가 아가 며늘아가 **무슨 일로 그렇게 늦게 했느냐**
친정어머니 죽었다고 부고 왔다
(중략)
아이고 답답 울 엄마요 **살아생전 못 본 얼굴**
뒷세상에서나 보려 했더니
하마 행상길을 가는군요
서른둘 행상꾼아 잠시 조금 멈춰 주소

우리 엄마 얼굴 **주검이나마** 한번 봅시다
아이고 아이고 울 어머니
㉤<u>들은 체도 아니 하고 상두꾼 황천길로 가는구나</u>

– 작자 미상, 「밭매는 소리」

[24001-0059]

01

(가)~(다)에 대한 설명으로 가장 적절한 것은?

① (가)와 (다)는 화자의 정서와 대조를 이루는 계절적 배경을 제시하여 애상적 분위기를 극대화하고 있다.
② (나)와 (다)는 화자와 유사한 상황에 놓인 자연물을 활용하여 동병상련의 정서를 드러내고 있다.
③ (가)는 (다)와 달리 화자가 머문 공간적 배경을 색채 대비를 활용하여 감각적으로 드러내고 있다.
④ (나)는 (다)와 달리 화자와 대화를 주고받은 상대의 말을 인용하여 장면을 구체적으로 전달하고 있다.
⑤ (다)는 (가)와 달리 공간의 이동이 드러나며 공간에 따라 달라지는 화자의 처지가 부각되고 있다.

[24001-0060]

02

㉠~㉤에 대한 이해로 적절하지 <u>않은</u> 것은?

① ㉠: 거울 속에 비친 자신의 모습을 난새에 빗대어 늙어 가는 처지를 제시하고 있다.
② ㉡: 과거와 달라진 현재의 상황에 대한 안타까움을 나타내고 있다.
③ ㉢: 화자와 유사한 처지에 놓인 대상과 비교하여 뜻대로 할 수 없는 상황에 대한 탄식을 드러내고 있다.
④ ㉣: 땅과 하늘의 이미지를 대조하여 노동이 시작되는 시간적 배경을 구체적으로 묘사하고 있다.
⑤ ㉤: 대상의 행동을 언급하며 어머니의 주검을 떠나보내는 자식의 서러움을 드러내고 있다.

[24001-0061]

03 〈보기〉를 참고하여 (나)를 감상한 내용으로 가장 적절한 것은?

보 기

선생님: (나)는 작자 미상의 시조입니다. 전하는 기록으로는 조선 시대 궁녀일 것이라는 추측을 하기도 합니다. 궁녀는 궁궐 안에서 왕과 왕비를 가까이 모시는 내명부를 통틀어 이르는 말입니다. 궁녀의 생활은 엄격한 법과 규칙으로 통제되었는데, 환관 이외의 남자들과 절대로 접촉하지 못하고 평생을 수절해야만 했습니다. 외부와의 접촉이 철저히 차단된 채 궁 안에서 살아야만 했던 궁녀들의 삶에 대한 이해를 바탕으로, (나)의 작가를 궁녀라고 생각하고 작품을 감상해 봅시다.

① 앞 못에 든 고기에게 관심을 갖고 대화를 시도하는 것은 궁 안에서 갇힌 생활을 하는 자신의 상황을 변화시키고자 하는 의지를 드러낸 것이겠군.
② 고기들을 앞 못에 몰아다 넣은 대상을 궁금해하는 것은 신분 제도로 인해 궁녀에게 엄격하게 적용될 법에 대한 두려움이 반영된 것이겠군.
③ 앞 못에 든 고기들이 북해 청소를 떠나왔다고 생각하는 이유는 궁녀의 삶을 억압하는 사회 규범에 대한 분노와 관련 있는 것이겠군.
④ 들어오고도 못 나가는 심정은 외부와 차단된 생활을 하고자 한 자신의 노력을 한심하게 여기는 마음을 드러낸 것이겠군.
⑤ 못에 갇힌 고기들이 자신의 처지와 다르지 않다고 말하는 것은 궁녀의 바깥출입을 엄격하게 통제했던 당시의 제도로 인한 고충을 드러낸 것이겠군.

[24001-0062]

04 **〈보기〉를 바탕으로 (가), (다)를 감상한 내용으로 적절하지 않은 것은?**

보기

조선 시대는 '내외법'이 철저하게 지켜졌다. '내외'의 의미는 단순한 남녀유별(男女有別)이었지만, 실제로는 남녀에게 동등하게 적용되지 않았고, 주로 여성들의 삶을 규제함으로써 문제가 발생하지 않게 하였다. 가령, 여성들은 가능한 한 문밖출입을 자제해야 했고, 결혼을 하면 친구들과의 놀이는 물론이고 친정 나들이까지도 특별한 경우를 제외하고는 금기가 되었다. 또한 가난한 서민 여성의 경우는 남녀의 역할 분담에서 가사뿐만 아니라 생계유지까지 이중적 역할을 감당해야 했다. (가)와 (다)는 이러한 제약이 많았던 사회에서 결혼한 여성 화자가 등장한다. (가)는 방 안의 공간에서 외로움을 느끼는 여성의 목소리를, (다)는 밭에서 노동을 하는 여성의 목소리를 담은 작품이다.

① (가)에서 '옛적 놀이'를 생각하는 것은 결혼하기 전 친구들과 함께 놀이하던 시절에 대한 그리움을 나타낸 것이군.

② (가)에서 '꽃동산의 나비'를 가을이 되어 나타나지 않는 것으로 표현한 것은 방 안의 공간에서 화자가 느끼는 외로움을 반영한 것이겠군.

③ (다)에서 '불같이도 더운 날'에 행주치마 떨쳐입은 채 '뫼같이도 험한 밭'을 매는 것은 가사뿐만 아니라 생계유지를 위한 농사일까지 감당하는 여성의 모습이라고 할 수 있겠군.

④ (다)에서 '친정어머니 죽었다고 부고'를 받은 후에 '살아생전 못 본 얼굴'을 '주검이나마' 보겠다고 하는 것을 통해 결혼을 한 후에 친정어머니를 자유롭게 만나지 못했음을 짐작할 수 있겠군.

⑤ (다)에서 시어머니가 '무슨 일로 그렇게 늦게 했느냐'고 며느리를 다그치는 것은 내외법으로 남성에 비해 여성에게 규제가 더욱 엄격하게 적용되었던 상황의 한 단면이라고 할 수 있겠군.

01 현대시

[01~03] 다음 글을 읽고 물음에 답하시오.

가 산산이 부서진 이름이여!
허공중에 헤어진 이름이여!
불러도 주인 없는 이름이여!
부르다가 내가 죽을 이름이여!

심중에 남아 있는 말 한마디는
끝끝내 마저 하지 못하였구나.
사랑하던 그 사람이여!
사랑하던 그 사람이여!

붉은 해는 서산마루에 걸리었다.
사슴이의 무리도 슬피 운다.
떨어져 나가 앉은 ㉠산 위에서
나는 그대의 **이름을 부르**노라.

설움에 겹도록 부르노라.
설움에 겹도록 부르노라.
부르는 소리는 비껴가지만
하늘과 땅 사이가 너무 넓구나.

선 채로 이 자리에 돌이 되어도
부르다가 내가 죽을 이름이여!
사랑하던 그 사람이여!
사랑하던 그 사람이여!

– 김소월, 「초혼(招魂)」

나 **뭐락카노,** 저편 ㉡강기슭에서
니 뭐락카노, **바람에 불려서**

이승 아니믄 저승으로 떠나는 뱃머리에서
나의 목소리도 **바람에 날려서**

뭐락카노 뭐락카노
썩어서 동아밧줄은 삭아 내리는데

하직을 말자 하직 말자
인연은 갈밭을 건너는 바람

뭐락카노 뭐락카노 뭐락카노
니 흰 옷자라기만 펄럭거리고……

오냐. 오냐. 오냐.
이승 아니믄 저승에서라도……

이승 아니믄 저승에서라도
인연은 갈밭을 건너는 바람

뭐락카노, 저편 강기슭에서
니 음성은 바람에 불려서

오냐. 오냐. 오냐.
나의 목소리도 바람에 날려서.

– 박목월, 「이별가」

[24001-0063]

01 **(가)와 (나)의 공통점으로 가장 적절한 것은?**

① 자연 현상과 인간의 삶을 대비하여 주제 의식을 부각하고 있다.
② 영탄적 표현을 통해 과거의 삶에 대한 화자의 회한을 드러내고 있다.
③ 계절감이 드러나는 시어를 통해 화자가 느끼는 무상감을 표현하고 있다.
④ 동일한 시어나 시구를 반복하여 대상에 대한 화자의 정서를 나타내고 있다.
⑤ 점층적 구조를 통해 화자의 내적 갈등이 심화되는 양상을 형상화하고 있다.

정답과 해설 25쪽

[24001-0064]

02

㉠과 ㉡에 대한 설명으로 가장 적절한 것은?

① ㉠은 화자 스스로 찾은 수직적 공간이고, ㉡은 화자가 타의에 의해 도달하게 된 수평적 공간이다.
② ㉠은 화자의 태도가 급격히 전환되는 공간이고, ㉡은 화자의 태도가 일관되게 유지되는 공간이다.
③ ㉠은 화자의 정서가 드러난 가상적 공간이고, ㉡은 화자가 추억을 환기하는 실제적 공간이다.
④ ㉠과 ㉡은 모두 서로 다른 세계에 존재하고 있는 대상과의 소통이 시도되고 있는 장소이다.
⑤ ㉠과 ㉡은 모두 화자가 공간의 특성을 활용하여 자신의 미래를 예측하고 있는 장소이다.

[24001-0065]

03

〈보기〉를 참고하여 (가), (나)를 감상한 내용으로 적절하지 <u>않은</u> 것은?

> **보 기**
>
> 김소월의 「초혼」과 박목월의 「이별가」는 모두 지인의 죽음으로 인한 화자의 그리움과 처절한 슬픔을 노래하고 있는 작품이다. 두 작품의 화자는 모두 저승에 있는 지인과의 소통을 시도하고 인연을 이어 가고자 하는 소망을 드러내지만, 이승과 저승의 세계가 단절되어 있음을 확인하고 나름의 방식으로 지인의 죽음이라는 부정적 상황에 대응하고 있다.

① (가)의 '부르다가 내가 죽을', '설움에 겹도록 부르노라'에는 지인의 죽음으로 인한 화자의 처절한 슬픔이 형상화되어 있다고 볼 수 있군.
② (나)의 화자가 '뭐락카노'라는 질문을 반복적으로 던지는 행위는 이승과 저승이라는 단절된 세계 사이의 소통을 시도하는 것이라고 볼 수 있군.
③ (나)의 '바람에 불려서'와 '바람에 날려서'는 이승에 있는 화자와 저승에 있는 지인과의 소통이 이루어지지 않는 이유를 드러내는 표현이라고 볼 수 있군.
④ (가)의 '부르는 소리는 비껴가지만'과 (나)의 '썩어서 동아밧줄은 삭아 내리는데'에는 모두 이승과 저승이 단절되어 있다는 화자의 인식이 나타난다고 볼 수 있군.
⑤ (가)의 '선 채로 이 자리에 돌이 되어도'와 (나)의 '이승 아니믄 저승에서라도'에는 모두 죽은 지인과의 인연을 이어 가고자 하는 화자의 기대가 담겨 있다고 볼 수 있군.

02 현대시

[01~03] 다음 글을 읽고 물음에 답하시오.

가 목숨이란 마—치 **깨어진 뱃조각**
여기저기 흩어져 마을이 한구죽죽한 어촌보다 어설프고
삶의 티끌만 오래 묵은 포범(布帆)*처럼 달아매었다.

남들은 기뻤다는 젊은 날이었건만
밤마다 내 꿈은 서해를 밀항하는 짱크*와 같애
소금에 절고 조수(潮水)에 부풀어 올랐다.

㉠항상 흐릿한 밤 암초를 벗어나면 태풍과 싸워 가고
전설에 읽어 본 산호도(珊瑚島)는 구경도 못하는
그곳은 남십자성이 비쳐 주도 않았다.

쫓기는 마음! 지친 몸이길래
그리운 지평선을 한숨에 기오르면
㉡시궁치*는 열대 식물처럼 발목을 에워쌌다.

새벽 **밀물에 밀려온 거미**인 양
다 삭아 빠진 **소라 껍질**에 나는 **붙어 왔다**
머—ㄴ 항구의 노정(路程)에 흘러간 생활을 들여다보며

– 이육사, 「노정기(路程記)」

* **포범**: 베로 만든 돛.
* **짱크**: 중국 연해나 하천에서 사람과 짐을 실어 나르는 배.
* **시궁치**: 더러운 물이 잘 빠지지 않고 썩어서 질척질척하게 된 도랑의 근처.

나 아주 오랜 세월이 흐른 뒤에
힘없는 책갈피는 이 종이를 떨어뜨리리
㉢그때 내 마음은 너무나 많은 공장을 세웠으니
어리석게도 그토록 기록할 것이 많았구나
구름 밑을 천천히 쏘다니는 개처럼
지칠 줄 모르고 공중에서 머뭇거렸구나 [A]
나 가진 것 탄식밖에 없어
㉣저녁 거리마다 물끄러미 청춘을 세워 두고

살아온 날들을 신기하게 세어 보았으니
그 누구도 나를 두려워하지 않았으니
내 희망의 내용은 질투뿐이었구나
ⓜ그리하여 나는 우선 여기에 짧은 글을 남겨 둔다
나의 생은 미친 듯이 사랑을 찾아 헤매었으나
단 한 번도 스스로를 사랑하지 않았노라

– 기형도, 「질투는 나의 힘」

[24001-0066]

01 ㉠~㉤에 대한 이해로 적절하지 않은 것은?

① ㉠: 자연물과 자연 현상을 활용하여 화자의 고단했던 삶을 표현하고 있다.
② ㉡: 비유적 표현을 통해 고통에서 벗어나기 어려운 현실을 드러내고 있다.
③ ㉢: 상징적 시어를 통해 혼란스러웠던 화자의 내면 심리를 표현하고 있다.
④ ㉣: 추상적 대상을 구체화하여 화자의 반복적 행위의 대상을 나타내고 있다.
⑤ ㉤: 접속어를 통해 화자가 주체적 삶의 의지를 갖게 되었음을 나타내고 있다.

[24001-0067]

02 (나)의 [A]에 대한 설명으로 가장 적절한 것은?

① 특정한 사건에 대한 화자의 심리가 전환되고 있다.
② 미래의 시점을 가정하여 현재의 삶을 되돌아보고 있다.
③ 공간의 이동을 통해 화자의 심리 변화를 나타내고 있다.
④ 불가능한 상황의 설정을 통해 화자의 바람을 드러내고 있다.
⑤ 화자가 가지고 있는 내면 의식이 외부 세계로 확장되고 있다.

[24001-0068]

03 〈보기〉를 바탕으로 (가), (나)를 감상한 내용으로 적절하지 않은 것은?

보 기

이육사의 「노정기」와 기형도의 「질투는 나의 힘」은 모두 화자가 고통스러웠던 자신의 삶을 회고하며 부정적 자기 인식을 드러내고 있는 작품이다. 이육사의 「노정기」에서 '노정'이란 '거쳐 지나가는 길이나 과정'이라는 의미를 지닌 말로, 화자는 자신의 지나온 삶을 회고하며 부조리한 현실 속에서 경험해야만 했던 불안과 고통, 절망을 드러내고 있다. 따라서 '노정기'라는 제목은, 화자가 살아온 고단한 삶에 대한 기록을 의미한다. 한편 '질투는 나의 힘'이라는 제목에는, 화자가 삶을 지속할 수 있었던 동력이 결국 타인에 대한 질투였다는 의미가 담겨 있다. 화자는 자신의 삶을 성찰하며, 자신이 살아온 삶이 자신의 정체성을 찾지 못한 채 타인을 깎아내리고 시기하는 일에만 몰두하는 과정이었음을 아프게 자각하며 부정적 자기 인식을 드러내고 있다.

① (가)의 '밀물에 밀려온 거미'처럼 '소라 껍질'에 '붙어 왔다'라는 표현을 통해 화자의 고단한 삶이 부조리한 현실에 의해 이끌려 온 것임을 알 수 있군.
② (나)의 '내 희망의 내용은 질투뿐이었구나'에는 화자가 추구했던 것들이 결국 타인을 깎아내리고 시기하는 일이었다는 아픈 자각이 드러나 있다고 볼 수 있군.
③ (나)의 '단 한 번도 스스로를 사랑하지 않았노라'를 통해 화자가 자신의 삶보다는 타인의 삶에 몰두하는 삶을 살아온 것을 자랑스럽게 생각해 왔음을 알 수 있군.
④ (가)의 '깨어진 뱃조각'과 (나)의 '구름 밑을 천천히 쏘다니는 개'에는 화자가 자신의 삶을 회고하는 과정을 통해 얻게 된 부정적 자기 인식이 드러나 있다고 볼 수 있군.
⑤ (가)의 '소금에 절고 조수에 부풀어 올랐다.'와 (나)의 '나 가진 것 탄식밖에 없어'에는 모두 화자가 경험해야 했던 고통스러운 삶이 드러나 있다고 볼 수 있군.

03 현대시

[01~04] 다음 글을 읽고 물음에 답하시오.

가 삽살개 짖는 소리
ⓐ눈보라에 얼어붙는 섣달 그믐
밤이
얄궂은 손을 하도 곱게 흔들길래
술을 마시어 불타는 소원이 이 **부두**로 왔다

걸어온 길가에 찔레 한 송이 없었대도
나의 아롱범*은
자옥 자옥을 뉘우칠 줄 모른다
어깨에 쌓여도 **하얀 눈**이 무겁지 않고나

철없는 누이 고수머릴랑 어루만지며
우라지오*의 이야길 캐고 싶던 밤이면
울 어머닌
서투른 마우재 말*도 들려 주셨지
졸음졸음 귀밝히는 누이 잠들 때꺼정
등불이 깜박 저절로 눈감을 때꺼정
[A]

다시 내게로 헤여드는
어머니의 입김이 무지개처럼 어질다
ⓑ나는 그 모두를 살뜰히 담았으니
어린 기억의 새야 귀성스럽다*
거사리지 말고 마음의 은줄에 작은 날개를 털라

드나드는 배 하나 없는 지금
부두에 호젓 선 나는 ㉠멧비둘기 아니건만
날고 싶어 날고 싶어
머리에 어슴푸레 그리어진 그곳
우라지오의 바다는 얼음이 두텁다

㉡등대와 나와
서로 속삭일 수 없는 생각에 잠기고
ⓒ밤은 얄팍한 꿈을 끝없이 꾀인다

가도오도 못할 우라지오

– 이용악, 「우라지오 가까운 항구에서」

※아롱범: 표범.
※마우재 말: 러시아 말.
※우라지오: 러시아의 블라디보스토크.
※귀성스럽다: 수수하면서도 마음을 끄는 맛이 있다.

나 **내 유년의 7월**에는 **냇가** 잘 자란 미루나무 한 그루 솟아오르고 또 그 위 ⓓ파란 하늘에 뭉게구름 내려와 어린 눈동자 속 터져나갈 듯 가득 차고 찬물들은 **반짝이는 햇살** 수면에 담아 쉼 없이 흘러갔다. 냇물아 흘러 흘러 어디로 가니, **착한 노래**들도 물고기들과 함께 큰 강으로 헤엄쳐 가버리면 과수원을 지나온 달콤한 바람은 미루나무 손들을 흔들어 차르르 차르르 내 겨드랑에도 간지러운 새 잎이 돋고 물 아래까지 헤엄쳐가 누워 바라보는 하늘 위로 삐뚤삐뚤 헤엄쳐 달아나던 미루나무 한 그루. **달아나지 마** 달아나지 마 미루나무야, 귀에 들어간 물을 뽑으려 햇살에 데워진 둥근 돌을 골라 귀를 가져다 대면 ⓔ허기보다 먼저 온몸으로 퍼져오던 따뜻한 오수*, [B]점점 무거워져 오는 눈꺼풀 위로 멀리 누나가 다니는 분교의 풍금소리 쌓이고 미루나무 그늘 아래에서 7월은 더위를 잊은 채 깜빡 잠이 들었다.

– 정일근, 「흑백 사진 – 7월」

※오수: 낮에 자는 잠.

[24001-0069]

01 [A]와 [B]에 대한 설명으로 적절하지 않은 것은?

① [A]는 [B]와 달리 동일한 시구를 반복하여 음악적 효과를 자아내고 있다.
② [B]는 [A]와 달리 계절이 드러나는 시어를 통해 화자가 처한 상황을 나타내고 있다.
③ [A]와 [B]는 모두 화자의 공간 이동에 따른 풍경 변화를 묘사하고 있다.
④ [A]와 [B]는 모두 음성 상징어를 활용하여 대상의 모습을 구체화하고 있다.
⑤ [A]는 활유법을 활용하여 시간의 경과를, [B]는 활유법을 활용하여 화자와 자연의 일체감을 드러내고 있다.

[24001-0070]

02 ㉠과 ㉡에 대한 이해로 가장 적절한 것은?

① ㉠은 화자에게 시련을 주는 존재이고, ㉡은 화자의 성숙을 이끄는 존재이다.
② ㉠은 화자의 소망을 환기하는 존재이고, ㉡은 화자의 처지가 투영된 존재이다.
③ ㉠은 화자의 미래를 상징하는 존재이고, ㉡은 화자의 과거를 상징하는 존재이다.
④ ㉠은 화자에게 상실감을 주는 존재이고, ㉡은 화자에게 기대감을 주는 존재이다.
⑤ ㉠은 화자의 아픔을 해소하는 존재이고, ㉡은 화자의 아픔을 심화하는 존재이다.

정답과 해설 28쪽

[24001-0071]

03 (가)와 (나)의 시어를 비교하여 이해한 내용으로 가장 적절한 것은?

① (가)의 '삽살개 짖는 소리'는 과거와 현재를 이어 주는 매개체로, (나)의 '착한 노래'는 화자의 심경에 변화를 일으키는 매개체로 작용한다.
② (가)의 '얄궂은 손을 하도 곱게 흔'드는 '밤'은 화자가 고독감을 느끼는 시간이고, (나)의 '내 유년의 7월'은 화자가 공동체적 연대감을 느끼는 시간이다.
③ (가)의 '부두'는 고향으로 돌아가고 싶은 화자의 바람이 표출되는 현재의 공간이고, (나)의 '냇가'는 화자가 보냈던 유년의 평화로움을 보여 주는 과거의 공간이다.
④ (가)의 '하얀 눈'은 화자가 동경했던 삶을 표상하고, (나)의 '반짝이는 햇살'은 이상을 실현한 화자의 밝은 미래를 표상한다.
⑤ (가)의 '날고 싶어'에는 현실의 굴레에서 벗어나고자 하는 화자의 바람이, (나)의 '달아나지 마'에는 자신에게 주어진 운명을 담담하게 수용하려는 화자의 의지가 담겨 있다.

[24001-0072]

04 〈보기〉를 바탕으로 할 때, (가), (나)에 대한 감상으로 적절하지 않은 것은?

보기

고향은 인간이 유년을 보내며 정체성을 형성하는 곳이다. 고향은 그곳을 떠난 이들에게 돌아가고 싶은 욕망을 불러일으키는 장소이며, 많은 작가들에게 창작의 원천이 되는 공간이다. 고향으로 쉽게 돌아갈 수 없거나 현실의 삶이 힘겨울수록 고향을 향한 마음은 더욱 간절해지며, 작품 속에 복원되는 고향은 정서적 충만감을 주는 곳으로 재현된다. 고향에서의 유년기 체험은 대개 회상과 기억을 통해 현재적 의미를 부여받으며, 혈연적 유대감이나 공동체적 삶의 모습, 혹은 자연물과 함께하는 모습으로 형상화되는 경우가 많다.

① (가)의 ⓐ는 고향에 돌아가기 힘든 상황에서 화자가 현재의 삶에서 겪는 힘겨움을 나타낸 것으로 볼 수 있겠군.
② (가)의 ⓑ는 화자가 떠올린 유년 시절의 행복한 기억을 나타낸 것으로 볼 수 있겠군.
③ (가)의 ⓒ는 고향으로 돌아갈 수 없는 현실 속에서도 귀향에 대한 미련을 버리지 못한 화자의 상황을 나타낸 것으로 볼 수 있겠군.
④ (나)의 ⓓ는 자연과 함께하는 모습으로 자연에 대해 화자가 가진 친밀감이 표출된 것으로 볼 수 있겠군.
⑤ (나)의 ⓔ는 화자가 유년 시절 고향에서 혈연적 유대를 매개로 하여 정서적 충만감을 얻은 모습을 나타낸 것으로 볼 수 있겠군.

04 현대시

[01~03] 다음 글을 읽고 물음에 답하시오.

가 산 밑까지 내려온 **어두운 숲**에
몰이꾼의 날카로운 소리는 들려오고,
쫓기는 사슴이
눈 위에 흘린 따뜻한 핏방울.

골짜기와 비탈을 따라 내리며
넓은 언덕에
㉠<u>밤 이슥히 횃불은 꺼지지 않는다.</u>

뭇짐승들의 등 뒤를 쫓아
며칠씩 산속에 잠자는 **포수**와 사냥개,
나어린 사슴은 보았다
㉡<u>오늘도 몰이꾼이 메고 오는</u>
<u>표범과 늑대.</u>

어미의 상처를 입에 대고 핥으며
어린 사슴이 생각하는 것
그는
어두운 골짝에 밤에도 ㉢<u>잠들 줄 모르며 솟는 샘과</u>
<u>깊은 골을 넘어 눈 속에 하얀 꽃 피는 약초.</u>

아슬한 참으로 아슬한 곳에서 쇠북 소리 울린다.
죽은 이로 하여금
죽는 이를 묻게 하라.

길이 돌아가는 사슴의
두 뺨에는
맑은 이슬이 내리고
눈 위엔 아직도 따뜻한 핏방울……

– 오장환, 「성탄제」

(나) 1.
하늘에 깔아 논
바람의 여울터에서나
속삭이듯 서걱이는
나무의 그늘에서나, 새는
㉣노래한다. 그것이 노래인 줄도 모르면서
새는 그것이 사랑인 줄도 모르면서
두 놈이 부리를
㉤서로의 쭉지에 파묻고
다스한 체온을 나누어 가진다.

2.
새는 울어
뜻을 만들지 않고,
지어서 교태로
사랑을 가식하지 않는다.

3.
—**포수**는 한 덩이 납으로
그 **순수**를 겨냥하지만,

매양 쏘는 것은
피에 젖은 한 마리 상한 새에 지나지 않는다.

– 박남수, 「새 1」

[24001-0073]

01 **(가)와 (나)에 대한 설명으로 가장 적절한 것은?**

① (가)는 (나)와 달리 대구적 표현을 사용하여 대상의 긍정적 가치를 강조하고 있다.
② (가)는 (나)와 달리 색채 이미지가 대비되는 소재를 통해 비극적 분위기를 형상화하고 있다.
③ (나)는 (가)와 달리 공간의 이동에 따라 변화하는 화자의 정서를 제시하고 있다.
④ (가), (나) 모두 영탄법을 사용하여 부정적 현실을 극복하려는 의지를 드러내고 있다.
⑤ (가), (나) 모두 계절감이 드러나는 시어를 활용하여 대상의 부정적 처지를 부각하고 있다.

[24001-0074]

02 ㉠~㉤에 대한 이해로 적절하지 않은 것은?

① ㉠의 밤새 꺼지지 않는 '횃불'은 사슴을 노리는 포수의 추격이 집요함을 나타낸다.
② ㉡의 '표범과 늑대'는 포수가 힘센 짐승까지도 사냥할 수 있는 강력한 힘을 지닌 존재임을 드러낸다.
③ ㉢의 '샘'과 '약초'는 어미의 소생을 바라는 어린 사슴의 간절함을 드러내는 기능을 한다.
④ ㉣의 '노래'는 자유를 억압하는 외부 세계에 대해 저항하려는 새의 강한 의지를 의미한다.
⑤ ㉤의 '체온'은 연약한 존재인 새들이 서로를 배려하는 순수한 사랑을 상징한다.

[24001-0075]

03 〈보기〉를 바탕으로 (가), (나)를 감상한 내용으로 적절하지 않은 것은?

보기

(가)와 (나)는 외부의 폭력에 의해 파괴되는 자연물을 통해 인간 문제를 비판하고 있다. (가)에서는 순수하고 연약한 존재가 파괴되는 모습을 통해 일제 강점기에 조선 민중을 유린하는 일제의 폭력성을 드러내며, 나아가 생존마저 위협당하는 조선 민중이 생명의 길을 찾기 바라는 소망을 표현하고 있다. (나)에서는 순수성을 지닌 자연물이 죽임을 당하는 모습을 통해 인위적이지 않은 순수한 존재를 파괴하는 인간 문명의 폭력성을 비판하고자 했다. 특히 (나)에서는 자연물이 강하고 포악한 존재에 의해 물리적으로 죽음을 맞이하지만 그들이 지닌 순수의 가치는 말살되지 않으리라는 점이 강조되고 있다.

① (가)의 '어두운 숲'과 '어두운 골짝'은 자연물이 희생당하는 살육의 공간을, (나)의 '바람의 여울터'와 '나무의 그늘'은 순수한 자연물이 자유로운 삶을 영위하는 공간을 나타낸 것이로군.
② (가)의 '포수'는 조선 민중을 억압하고 유린하는 일제를, (나)의 '포수'는 순수한 존재를 파괴하는 인간 문명을 상징하는 것이로군.
③ (가)의 '죽은 이로 하여금 / 죽는 이를 묻게 하라'는 것은, 어미 사슴은 이미 죽음의 세계에 있으므로 어린 사슴만이라도 생명의 길을 찾아야 한다는 의미를 나타내는 것이로군.
④ (나)의 '뜻을 만들지 않고' '사랑을 가식하지 않는다'는 것은, 순수한 존재를 파괴하는 인간 문명의 폭력성을 비판하면서도 이에 순응할 수밖에 없다는 현실 인식을 드러낸 것이로군.
⑤ (나)에서 포수가 쏘는 것이 '순수'가 아니라 '피에 젖은 한 마리 상한 새에 지나지 않는다'는 것은, 자연물이 물리적으로 죽을 수 있지만 그들이 지닌 순수의 가치는 말살되지 않을 것임을 나타내는 것이로군.

[01~04] 다음 글을 읽고 물음에 답하시오.

가 벌목정정(伐木丁丁)*이랬거니 아람드리 큰 솔이 베어짐 직도 하이 ㉠골이 울어 메아리 소리 쩌르렁 돌아옴 직도 하이 다람쥐도 좇지 않고 멧새도 울지 않아 ㉡깊은 산 고요가 차라리 뼈를 저리우는데 ㉢눈과 밤이 종이보다 희고녀! 달도 보름을 기다려 흰 뜻은 한밤 이 골을 걸음이란다? **웃절 중**이 여섯 판에 여섯 번 지고 웃고 올라간 뒤 **조찰히*** **늙은 사나이**의 남긴 내음새를 줍는다? 시름은 바람도 일지 않는 고요에 심히 흔들리우노니 오오 견디란다 **차고 올연(兀然)히*** **슬픔도 꿈도** 없이 장수산(長壽山) 속 ⓐ겨울 한밤내—

– 정지용, 「장수산 1」

* **벌목정정**: 『시경(詩經)』의 '소아(小雅) 벌목(伐木)' 편에 있는 구절. 커다란 나무를 산에서 벨 때 쩡 하고 큰 소리가 난다는 뜻.
* **조찰히**: 맑고 그윽하게.
* **올연히**: 홀로 우뚝하게.

나 북한산(北漢山)이
다시 **그 높이**를 **회복**하려면
다음 겨울까지는 기다려야만 한다.

밤사이 눈이 내린,
그것도 백운대(白雲臺)나 인수봉(仁壽峰) 같은
높은 봉우리만이 ㉣엷은 화장을 하듯
가볍게 눈을 쓰고

왼 산은 차가운 수묵(水墨)으로 젖어 있는,
어느 ⓑ겨울날 이른 아침까지는 기다려야만 한다.

신록(新綠)이나 단풍,
골짜기를 피어오르는 **안개**로는,
눈이래도 **왼 산을 뒤덮는 적설(積雪)로는 드러나지 않는,**

심지어는 ㉤장밋빛 햇살이 와 닿기만 해도 변질하는,
그 고고한 높이를 회복하려면

백운대와 인수봉만이 가볍게 눈을 쓰는
어느 겨울날 이른 아침까지는
기다려야만 한다.

– 김종길, 「고고(孤高)」

[24001-0076]

01 **(가)와 (나)의 표현상 특징을 비교한 내용으로 가장 적절한 것은?**

① (가)는 (나)와 달리 단정적 진술 방식을 활용하여 주제를 부각하고 있다.
② (가)는 (나)와 달리 현대 일상어에서 잘 안 쓰는 어미를 통해 예스러운 분위기를 조성하고 있다.
③ (나)는 (가)와 달리 연쇄법을 활용하여 리듬감을 형성하고 있다.
④ (나)는 (가)와 달리 감탄사를 사용하여 화자의 고조된 감정을 드러내고 있다.
⑤ (가)와 (나)는 모두 동일한 문장을 반복하여 화자의 태도를 강조하고 있다.

[24001-0077]

02 **ⓐ와 ⓑ에 대한 이해로 가장 적절한 것은?**

① ⓐ는 화자가 향수에 잠기는 시간이고, ⓑ는 화자가 회상을 시작하는 시간이다.
② ⓐ는 화자가 다짐을 되새기는 시간이고, ⓑ는 화자가 자괴감을 느끼는 시간이다.
③ ⓐ는 화자가 경험을 청자와 공유하는 시간이고, ⓑ는 화자가 자아를 성찰하는 시간이다.
④ ⓐ는 화자에게 후회의 대상이 되는 시간이고, ⓑ는 화자에게 원망의 대상이 되는 시간이다.
⑤ ⓐ는 화자가 인내의 태도를 드러내는 시간이고, ⓑ는 화자가 고대하는 대상이 나타나는 시간이다.

정답과 해설 31쪽

※ 〈보기〉를 바탕으로 03번과 04번, 두 물음에 답하시오.

보기

(가)와 (나)는 산(山)을 공간적 배경이자 중심 대상으로 삼아 Ⓐ탈속의 경지를 정밀하게 형상화한 작품이라는 공통점이 있다. (가)는 속세와 단절된 절대 고요의 공간인 장수산에서 일제 강점기 말의 정신적 고통을 이겨 내려는 동양적 은일(隱逸) 정신을 담은 시이고, (나)는 북한산 봉우리들의 모습을 매개로 고고함, 즉 세상일에 초연하여 홀로 고상한 경지를 언급함으로써 속된 것들과 차별화되고자 하는 정신적 지향을 보인 시이다. 한편, Ⓑ이러한 주제를 형상화하는 과정에서 감각적 이미지를 효과적으로 활용하고 있다는 것도 (가)와 (나)의 공통점으로 꼽을 수 있다.

[24001-0078]

03

Ⓐ와 관련하여 (가), (나)를 이해한 내용으로 적절하지 않은 것은?

① (가)에서 '조찰히 늙은 사나이'로 지칭되는 '윗절 중'이 승패에 초연한 듯이 여유와 무욕의 태도를 보여 주는 모습은 장수산이 지닌 탈속적 성격과 조화를 이루는 것 같아.

② (가)에서 '차고 올연히'는 겨울 장수산의 모습에 대한 표현인 동시에, 세속적인 감정이나 열망에 해당하는 '슬픔도 꿈도' 버리고 정신적 고통을 이겨 내려는 화자의 의지를 환기하는 표현이기도 한 것 같아.

③ (나)에서 '그 높이'로 표상되는 고고함을 다시 '회복'하는 것에 대해 언급하는 것으로 볼 때, 화자는 이전에도 북한산의 모습으로부터 세상일에 아랑곳하지 않는 경지를 환기하는 모습을 발견한 적이 있었던 것 같아.

④ (나)에서 북한산의 고고함이 '왼 산은 차가운 수묵으로 젖어 있'어야 하는 데다가 '왼 산을 뒤덮는 적설로는 드러나지 않는'다고 한 것을 볼 때, 화자가 생각하는 고고함은 특정 조건이 충족되지 않으면 발현하기 어렵다는 속성을 지닌 것 같아.

⑤ (나)에서 '신록이나 단풍' 또는 '안개'는 북한산이 고고함을 갖추기 위해 필요한 소재들로 볼 수 있으므로, 속된 것들과 차별화되려는 화자의 정신적 지향을 상징하는 것 같아.

[24001-0079]

04

Ⓑ를 참고하여 ㉠~㉤에 대해 설명한 내용으로 적절하지 않은 것은?

① ㉠: 의성어를 활용한 청각적 이미지를 통해 일제 강점기의 정신적 고통을 상징하고 있다.

② ㉡: 촉각적 이미지를 통해 장수산의 절대 고요를 강조하고 있다.

③ ㉢: 다른 대상과의 비교를 활용한 시각적 이미지를 통해 장수산을 세속과 거리가 먼, 순수성을 간직한 공간으로 느껴지게 하고 있다.

④ ㉣: 직유를 활용한 시각적 이미지를 통해 북한산의 고상한 경지를 구성하는 요소인 봉우리의 모습을 제시하고 있다.

⑤ ㉤: 색채어를 활용한 시각적 이미지를 통해 북한산의 고고함을 훼손할 수도 있는 대상을 형상화하고 있다.

06 현대시

[01~04] 다음 글을 읽고 물음에 답하시오.

가 검은 벽에 기대선 채로 ┐
해가 스무 번 바뀌었는디 [A]
내 기린(麒麟)은 영영 울지를 못한다 ┘

그 가슴을 퉁 흔들고 간 노인의 손
지금 어느 끝없는 향연(饗宴)에 높이 앉았으려니
땅 우의 외론 기린이야 하마 잊어졌을라

바깥은 **거친 들 이리떼**만 몰려다니고
사람인 양 꾸민 잔나비떼들 쏘다니어
내 기린은 맘둘 곳 몸둘 곳 없어지다

문 아주 굳이 닫고 벽에 기대선 채 ┐
해가 또 한 번 바뀌거늘 [B]
이 밤도 내 기린은 맘 놓고 울들 못한다 ┘

– 김영랑, 「거문고」

나 아흐레 강진장 지나
장검 같은 도암만 걸어갈 때
겨울 바람은 차고
옷깃을 세운 마음은 더욱 춥다
ⓐ황건 두른 의적 천만이 진을 친 듯
바다갈대의 두런거림은 끝이 없고
후두둑 바다오리들이 날아가는 하늘에서
그날의 창검 부딪는 소리 들린다
ⓑ적폐의 땅 풍찬노숙의 길을
그 역시 맨발로 살 찢기며 걸어왔을까
스러져 가는 국운, 해소 기침을 쿨럭이며
바라본 산천에 찍힌 소금 빛깔의
허름한 불빛 **부릅뜬 눈 초근목피**
어느덧 귤동 삼거리 주막에 이르면
얼굴 탄 주모는 생굴 안주에 막걸리를 내오고

ⓒ그래 한잔 들게나 다산
혼자 중얼거리다 문득 바라본
벽 위에 빛 바랜 지명수배자 전단 하나
가까이 보면 낯익은 얼굴 몇 있을까
나도 모르는 사이에 하나하나 더듬어 가는데
누군가 거기 맨 나중에
덧붙여 적은 뜨거운 인적사항 하나

정다산(丁茶山) 1762년 경기 광주산
깡마른 얼굴 날카로운 눈빛을 지님
전직 암행어사 목민관
기민시 애절양 등의 애민을 빙자한
ⓓ유언비어 날포로 민심을 흉흉케 한
자생적 공산주의자 및 천주학 수괴

바람은 차고 바람 새에
톱날 같은 눈발 섞여 치는데
일박 사천 원 뜨겁게 군불이 지펴진
주막 방에 누워도 잠이 오지 않았다
사람을 사랑하고 시대를 사랑하고
스스로의 양심과 지식을 사랑하여
ⓔ끝내는 쇠사슬에 묶이고 찢긴
누군가의 신음 소리가 문풍지에 부딪쳤다.

– 곽재구, 「귤동리 일박」

[24001-0080]

01

(가)와 (나)의 공통점으로 가장 적절한 것은?

① 수미상관의 방식을 활용하여 구조적 안정감을 얻고 있다.
② 시간 경과를 드러내는 표현으로 계절의 변화를 보여 주고 있다.
③ 사물에 화자의 감정을 이입하여 애상적 분위기를 부각하고 있다.
④ 대조의 방식을 활용하여 자신의 삶에 대한 반성적 태도를 나타내고 있다.
⑤ 감각적 이미지를 활용하여 현실 상황에 대한 화자의 인식을 드러내고 있다.

[24001-0081]

02 [A]와 [B]에 대한 이해로 적절하지 않은 것은?

① [A]의 '검은 벽'은 [B]에서 '이 밤'으로 전환되어 화자 내면의 갈등이 심화되어 가는 상황을 나타내고 있다.
② [A]의 '벽에 기대선 채'는 [B]에서 '문 아주 굳이 닫고 벽에 기대선 채'로 구체화되어 외부 세계를 부정적으로 인식하며 이를 적극적으로 거부하는 화자의 태도를 드러내고 있다.
③ [A]의 '해가 스무 번 바뀌었는디'는 [B]에서 '해가 또 한 번 바뀌거늘'로 연결되어 화자를 둘러싼 상황이 나아지지 않고 있음을 나타내고 있다.
④ [A]에서 '기린'이 '울지를 못'하는 것과 [B]에서 '기린'이 '울들 못'하는 것은 화자로 하여금 슬픔과 비애의 감정을 야기하는 상황이라고 볼 수 있다.
⑤ [A]의 '영영'은 부정적 상황이 개선되지 못할 것이라는 암담함을, [B]의 '맘 놓고'는 억압의 강도가 심한 상황임을 드러내고 있다.

[24001-0082]

03 〈보기〉를 바탕으로 (나)를 이해한 내용으로 적절하지 않은 것은?

보기

선생님: 곽재구의 「귤동리 일박」은 현재 시점의 화자가 역사적 인물들, 즉 관군에 맞서 싸웠던 의적들과 강진으로 유배 간 정약용을 등장시켜 현재의 상황과 과거의 인물이나 사건을 자연스럽게 연결하고 있습니다. 이런 관점에서 ⓐ~ⓔ를 이해해 봅시다.

① ⓐ: 현재 시점의 화자가 바다갈대와 바다오리의 모습을 보며 과거의 의적들이 봉기를 일으켜 관군들과 싸웠던 모습을 떠올리고 있다.
② ⓑ: 화자는 자신이 걷고 있는 길을 걸었던 과거의 역사적 인물을 떠올리며 그가 겪었을 고통을 짐작하고 있다.
③ ⓒ: 실제로는 혼잣말이지만 역사 속 인물인 다산에게 화자가 말을 건네는 것처럼 표현하여 힘든 삶을 살아온 다산을 위로하려는 마음을 드러내고 있다.
④ ⓓ: 과거 다산의 행적을 현재를 살고 있는 지명 수배자의 죄목과 연결 지어 다산의 죄목에 대한 현재의 평가를 드러내고 있다.
⑤ ⓔ: 다산이 부정한 권력자로 인해 내는 고통의 신음 소리가 현재의 화자에게 들리는 것으로 표현하여 화자가 살고 있는 현실이 다산이 살았던 시대와 별반 다르지 않다는 것을 나타내고 있다.

정답과 해설 33쪽

[24001-0083]

04 **〈보기〉를 참고하여 (가), (나)를 감상한 내용으로 적절하지 않은 것은?**

보 기

(가)와 (나)는 모두 시대 상황에 대한 화자의 인식을 드러낸 작품이다. (가)는 1939년에 발표된 작품으로 일제 강점 아래에서 민족 해방의 희망을 불러일으킨 삼일 운동 이후 20년이 지났지만 변하지 않는 현실에 대한 좌절감을 표출함과 동시에 폭압을 휘두르는 일제와 자신의 이익을 위해 민족을 배반한 이들에 대한 분노를 담고 있다. (나)는 탐관오리의 학정에 고통받는 백성들의 삶을 누구보다 아파했던 실학자 정약용을 떠올리며 양심적인 지식인이 갖추어야 할 모습과 양심적인 지식인들이 탄압받는 현실에 대한 비판적인 인식을 표출하고 있다.

① (가)에서 '그 가슴을 퉁 흔들고 간 노인의 손'은 우리 민족이 해방되리라는 희망으로 일제에 저항했던 3·1 운동을 비유한 것으로 볼 수 있겠군.

② (가)의 '거친 들 이리떼'와 '사람인 양 꾸민 잔나비떼'는 우리 민족을 억압했던 일제와 자신의 이익을 위해 민족을 배반한 무리를 가리키는 것으로 볼 수 있겠군.

③ (나)의 '초근목피'는 고통받는 백성들의 삶을, '부릅뜬 눈'은 고통받는 백성들의 삶은 아랑곳하지 않는 탐관오리의 탐욕을 나타낸 것으로 볼 수 있겠군.

④ (나)의 '바람은 차고 바람 새에 / 톱날 같은 눈발 섞여 치는'은 양심적인 지식인이 탄압을 받는 부정적 현실을 나타낸 것으로 볼 수 있겠군.

⑤ (나)의 '사람을 사랑하고 시대를 사랑하고 / 스스로의 양심과 지식을 사랑하'는 것은 다산의 모습으로, 양심적인 지식인이 갖춰야 할 바람직한 모습을 형상화한 것으로 볼 수 있겠군.

현대시

[01~04] 다음 글을 읽고 물음에 답하시오.

가 아득한 옛날에 나는 떠났다
부여(扶餘)를 숙신(肅愼)을 발해(渤海)를 여진(女眞)을 요(遼)를 금(金)을
흥안령(興安嶺)을 음산(陰山)을 아무우르를 숭가리를*
㉠범과 사슴과 너구리를 배반하고
송어와 메기와 개구리를 속이고 나는 떠났다

나는 그때
자작나무와 이깔나무의 슬퍼하던 것을 기억한다
갈대와 장풍*의 붙드던 말도 잊지 않았다
㉡오로촌*이 멧돌*을 잡아 나를 잔치해 보내던 것도
쏠론*이 십릿길을 따라 나와 울던 것도 잊지 않았다

나는 그때
아무 이기지 못할 슬픔도 시름도 없이
다만 게을리 먼 앞대*로 떠나 나왔다
㉢그리하여 따사한 햇귀에서 하이얀 옷을 입고 매끄러운 밥을 먹고 단 샘을 마시고 낮잠을 잤다
밤에는 **먼 개소리에 놀라**나고
아침에는 **지나가는 사람마다에게 절**을 하면서도
나는 **나의 부끄러움을 알지 못했다**

㉣그동안 돌비는 깨어지고 많은 은금보화는 땅에 묻히고 가마귀도 긴 족보를 이루었는데
㉤이리하여 또 한 아득한 새 옛날이 비롯하는 때
이제는 참으로 이기지 못할 슬픔과 시름에 쫓겨
나는 나의 옛 하늘로 땅으로 — 나의 태반(胎盤)으로 돌아왔으나

이미 해는 늙고 달은 파리하고 바람은 미치고 보래구름*만 혼자 넋 없이 떠도는데

아, 나의 조상은 형제는 일가친척은 정다운 이웃은 그리운 것은 사랑하는 것은 우러르는 것은 **나의 자랑은 나의 힘은 없다 바람과 물과 세월과 같이 지나가고 없다**

— 백석, 「북방에서 – 정현웅에게」

* **흥안령을 ~ 숭가리를**: 중국 북부에 위치한 산맥과 강 등을 일컬음.
* **장풍**: 창포. 천남성과의 여러해살이풀로, 뿌리는 약용하고 단오에 창포물을 만들어 머리를 감거나 술을 빚음.

※ **오로촌**: 오로촌족. 중국의 동북 지방에 거주하는 소수 민족의 하나.
※ **멧돝**: 멧돼지.
※ **쏠론**: 솔론족. 중국의 동북 지방에 거주하는 소수 민족의 하나.
※ **앞대**: 평북 내지 평안도를 벗어난 남쪽 지방. 황해도 · 강원도에서부터 제주도까지에 이르는 각지.
※ **보래구름**: 보랏빛 구름.

나 지금 저기 보이는 시푸런 강과 또 산을 넘어야 진종일을 별일 없이 보낸 것이 된다. 서녘 하늘은 장밋빛 무늬로 타는 큰 눈의 창을 열어…… 지친 날개를 바라보며 서로 가슴 타는 그러한 거리(距離)에 숨이 흐르고.

모진 바람이 분다.
그런 속에서 피비린내 나게 싸우는 **나비 한 마리**의 **생채기. 첫 고향의 꽃밭에 마즈막까지 의지하려**는 강렬한 바라움의 향기였다.

앞으로도 저 강을 건너 산을 넘으려면 몇 '마일'은 더 날아야 한다. 이미 날개는 피에 젖을 대로 젖고 시린 바람이 자꾸 불어 간다 목이 빠삭 말라 버리고 숨결이 가쁜 여기는 아직도 싸늘한 적지.

벽, 벽…… 처음으로 나비는 벽이 무엇인가를 알며 피로 적신 날개를 가지고도 날아야만 했다. 바람은 다시 분다 얼마쯤 날으면 아방(我方)*의 따시하고 슬픈 철조망 속에 안길,

이런 마즈막 **'꽃밭'을 그리며 숨은 아직 끝나지 않았다** 어설픈 표시의 벽. 기(旗)여……

– 박봉우, 「나비와 철조망」

※ **아방**: 우리 쪽.

[24001-0084]

01

(가), (나)에 대한 설명으로 가장 적절한 것은?

① (가)는 의인화한 자연물을 통해 화자의 괴로운 심리를 드러내고 있다.
② (나)는 계절의 변화에 따라 화자의 현실 인식 태도가 달라짐을 드러내고 있다.
③ (가)는 (나)와 달리 열거법을 사용하여 시적 공간의 낭만적 분위기를 형상화하고 있다.
④ (나)는 (가)와 달리 수미상관의 구성을 활용하여 주제 의식을 강조하고 있다.
⑤ (가)와 (나) 모두 과거와 현재 상황을 대비하여 미래에 대한 낙관적 전망을 부각하고 있다.

[24001-0085]

02 ㉠~㉤에 대한 이해로 가장 적절한 것은?

① ㉠에서 '배반하고'와 '속이고'는 '나'가 북방을 떠난 원인이 타의에 의한 것임을 드러낸다.
② ㉡에서 '잔치'와 '울던 것'은 북방 사람들이 '나'에 대해 감사와 원망의 마음을 모두 가지고 있었음을 드러낸다.
③ ㉢에서 '매끄러운 밥', '단 샘', '낮잠'은 '나'가 새로 정착한 곳에서 떠나온 북방을 그리워하고 있음을 드러낸다.
④ ㉣에서 '돌비'가 깨지고 '가마귀'가 '긴 족보를 이루었'다는 것은 '나'가 북방을 떠난 지 매우 오래되었음을 드러낸다.
⑤ ㉤에서 '한 아득한 새 옛날'은 자신이 떠났을 때와 달라진 북방을 본 '나'의 절망감을 드러낸다.

[24001-0086]

03 〈보기〉를 바탕으로 (나)를 이해한 내용으로 적절하지 않은 것은?

보기

선생님: (나)에서는 '나비'가 시적 대상이지만, 부분적으로 나비의 시점에서 보고 생각하고 느낀 내용이 표현되어 있습니다. 이는 독자가 나비의 입장에서 당시 상황을 보고 느끼게 하려는 작가의 의도를 드러낸 것으로도 볼 수 있습니다. 이제 나비의 관점에서 작품을 감상해 볼까요?

① 1연에서 나비가 보고 있는 '시푸런 강과 또 산'은 나비가 극복해야 할 장애물을 상징한다고 볼 수 있어.
② 1연에서 나비가 바라보는 '장밋빛 무늬'는 과거에 당했던 사건으로 인해 생긴 정신적 상처를 의미한다고 볼 수 있어.
③ 3연에서 나비가 더 날아야 한다고 생각하는 '몇 '마일''은 나비가 도달해야 할 아방의 철조망까지의 거리를 뜻한다고 볼 수 있어.
④ 3연에서 나비가 '바람'이 자꾸 분다고 느끼는 것은 자신의 처지가 긍정적이지만은 않다는 나비의 생각을 드러낸 것으로 볼 수 있어.
⑤ 5연에서 나비가 '벽'을 어설프다고 여기는 것은 나비가 '벽'을 언젠가는 넘을 수 있는 대상으로 인식함을 드러낸 것으로 볼 수 있어.

정답과 해설 35쪽

[24001-0087]

04 **〈보기〉를 바탕으로 (가), (나)를 감상한 내용으로 적절하지 않은 것은?**

보 기

(가)와 (나)는 모두 특정 공간을 통해 우리 민족이 겪고 있는 아픔에 대한 통렬한 성찰을 형상화하고 있다. (가)의 화자는 광활한 영토를 떠나 유랑했던 상황을 떠올리며, 삶의 터전을 빼앗기는 비극적 현실에 무기력하게 순응하며 살아왔던 삶에 대해 자책하고 있다. 그래서 진취적인 조상의 역사가 있는 땅으로 돌아왔음에도 여전히 힘없는 나라의 설움을 느끼고 있다. 작가는 이런 화자를 통해 일제 강점기에 우리 민족이 겪었던 식민지인으로서의 상실감을 드러내고자 한다. (나)의 화자는 상처 입은 나비가 아픈 상처를 딛고 결국 철조망을 넘으려는 상황을 그리고 있다. 작가는 우리 민족을 상징하는 나비를 통해 어떤 시련 속에서도 분단과 대치의 상황을 끝내고 마침내 통일과 평화를 맞이하겠다는 강한 소망과 의지를 드러내고자 한다.

① (가)에서 '먼 개소리에 놀라'고 '지나가는 사람마다에게 절'하고 살면서도 '나의 부끄러움을 알지 못했다'는 것은 불안정한 삶을 살면서도 현실에 안주하며 살았던 과거의 삶에 대한 자책을 드러낸 것이로군.

② (가)에서 '이미 해는 늙고 달은 파리하고 바람은 미치고 보래구름만 혼자 넋 없이 떠'돈다는 것은 우리 민족이 광활한 영토를 떠나 유랑했던 상황을 형상화한 것이로군.

③ (가)에서 '나의 자랑은 나의 힘은 없다 바람과 물과 세월과 같이 지나가고 없다'는 것은 일제 강점기 삶의 터전을 잃고 유랑하며 살아가던 우리 민족의 상실감을 표현한 것이로군.

④ (나)에서 '생채기'를 입은 '나비 한 마리'가 '첫 고향의 꽃밭에 마즈막까지 의지하려'고 한다는 것은 분단과 대치의 상황이 종식된 평화로운 세상에서 살고 싶다는 소망을 나타낸 것이로군.

⑤ (나)에서 '모진 바람이' 불고 '벽, 벽……'에 부딪치면서도 "꽃밭'을 그리며 숨은 아직 끝나지 않았다'는 것은 어떤 시련이 닥쳐도 통일에 대한 염원을 잃지 않겠다는 의지를 표출한 것이로군.

08 현대시

[01~03] 다음 글을 읽고 물음에 답하시오.

가 실눈을 뜨고 **벽에 기대**인다 아무것도 생각할 수가 없다

짧은 여름밤은 **촛불 한 자루**도 못다 녹인 채 사라지기 때문에 섬돌 우에 문득 **석류꽃**이 터진다

꽃망울 속에 새로운 우주가 열리는 파동! 아 여기 태고(太古)적 바다의 소리 없는 물보래가 꽃잎을 적신다

㉠방안 하나 가득 석류꽃이 물들어 온다 **내가 석류꽃 속으로 들어가 앉는다 아무것도 생각할 수가 없다**

– 조지훈, 「화체개현(花體開顯)」

나 누에들은 **은수자(隱修者)***다. 자승자박의 흰 ㉡동굴로 들어가 문을 닫고 조용히 몸을 감춘다. 혼자 **웅크린 번데기의 시간**에 **존재의 변모**는 시작된다. 세포들이 다시 배열되고 없었던 날개가 창조된다. **이 신비로운 변모가 꿈의 힘 없이 가능했을까.** 어느 날 해맑은 아침의 얼굴이 동굴을 열고 나온다. **회저(壞疽)*처럼 고통스러**웠던 연금술의 긴 밤을 지나 비로소 **하늘 백성**의 **날갯짓이 시작**되는 것이다. **밖에서 구멍을 뚫어주는 누에의 왕**은 없다. 누에들은 언제나 자신들이 벽을 뚫어야 하며 **안쪽에서 뚫어야 한다**는 것을 잘 알고 있다.

– 최승호, 「누에」

* 은수자: 숨어서 도를 닦는 사람.
* 회저: '괴저'의 비표준어로, 살점이 문드러져 떨어져 나가는 병을 일컬음.

[24001-0088]

01 **(가)와 (나)에 대한 설명으로 가장 적절한 것은?**

① (가)와 (나)는 모두 계절감이 드러나는 시어를 통해 시적 분위기를 조성하고 있다.
② (가)와 (나)는 모두 색채의 대비를 통해 화자 내면의 갈등이 고조되는 양상을 표현하고 있다.
③ (가)는 시구의 반복을 통해, (나)는 물음의 형식을 통해 시적 의미를 부각하고 있다.
④ (가)는 상승의 이미지를, (나)는 하강의 이미지를 통해 대상의 역동성을 강조하고 있다.
⑤ (가)는 외부 세계에서 내면으로, (나)는 내면에서 외부 세계로 시선을 이동하며 시상을 전개하고 있다.

정답과 해설 36쪽

[24001-0089]

02 ㉠과 ㉡에 대한 이해로 가장 적절한 것은?

① ㉠은 화자가 '실눈'을 뜨고 꽃이 피는 것을 관찰하는 공간이고, ㉡은 누에가 '밖에서 구멍을 뚫어주는' 존재를 기다리는 공간이다.
② ㉠은 화자가 '벽에 기대'어 자신의 삶을 회고하는 공간이고, ㉡은 누에가 '은수자'가 되어 시련을 감내하려는 의지를 보이는 공간이다.
③ ㉠은 화자가 '짧은 여름밤'을 아쉬워하는 공간이고, ㉡은 누에가 '누에의 왕'이 되려는 욕망을 실현하기 위해 노력하는 공간이다.
④ ㉠은 화자가 '촛불 한 자루'를 켜고 날이 밝아 오기를 기다리는 공간이고, ㉡은 누에가 '하늘 백성'이 되려는 꿈을 꾸는 공간이다.
⑤ ㉠은 화자가 '석류꽃'과 합일되는 충만감을 느끼는 공간이고, ㉡은 누에가 고통 속에서 '존재의 변모'를 이루어 내는 공간이다.

[24001-0090]

03 〈보기〉를 바탕으로 (가), (나)를 감상한 내용으로 적절하지 않은 것은?

보 기

소멸과 탄생은 대자연의 법칙으로, 이에서 자유로울 수 있는 존재는 없다. 소멸은 탄생으로 이어지는데, 생명의 탄생은 온 우주의 기운이 모여 하나의 새로운 우주가 만들어지는 것이지만 생명 탄생 주체의 자발적 노력이 필요하기에 인고의 시간을 거쳐 이루어지기도 한다. (가)와 (나)는 생명 탄생의 순간을 바라보며 얻은 깨달음, 그리고 생명 탄생의 순간의 신비와 화자의 감동을 형상화하고 있다.

① (가)의 '내가 석류꽃 속으로 들어가 앉는다'는 생명의 소멸과 탄생이라는 대자연의 법칙으로부터 화자를 포함한 인간이 자유롭지 않다는 인식을 표명하는 것으로 볼 수 있겠군.
② (나)의 '웅크린 번데기의 시간'은 새로운 존재로 태어나기 위해 거쳐야만 하는 인고의 시간을 나타내는 것으로 볼 수 있겠군.
③ (나)의 '회저처럼 고통스러'운 시간이 끝난 후에 '날갯짓이 시작'된다는 점에서 소멸이 생성으로 이어지는 것으로 볼 수 있겠군.
④ (가)의 '꽃망울 속에 새로운 우주가 열'린다는 것은 생명의 탄생이 온 우주의 기운이 모여 하나의 새로운 우주가 만들어지는 것임을, (나)의 '안쪽에서 뚫어야 한다'는 것은 생명의 탄생이 타자가 아닌 주체의 힘에 의해 이루어지는 것임을 나타내는 것으로 볼 수 있겠군.
⑤ (가)의 '아무것도 생각할 수가 없다'는 생명이 탄생하는 순간의 신비와 감동을, (나)의 '이 신비로운 변모가 꿈의 힘 없이 가능했을까'는 생명 탄생의 순간에서 얻은 깨달음을 나타내는 것으로 볼 수 있겠군.

09 현대시

[01~03] 다음 글을 읽고 물음에 답하시오.

가 가야 할 때가 언제인가를
분명히 알고 가는 이의
뒷모습은 얼마나 아름다운가.

봄 한철
격정을 인내한
나의 사랑은 지고 있다.

분분한 낙화……
결별이 이룩하는 축복에 싸여
㉠지금은 가야 할 때,

무성한 **녹음(綠陰)**과 그리고
머지않아 **열매** 맺는
가을을 향하여

나의 청춘은 꽃답게 죽는다.

헤어지자
섬세한 손길을 흔들며
하롱하롱 꽃잎이 지는 어느 날

나의 사랑, 나의 결별,
㉡샘터에 물 고이듯 성숙하는
㉢내 영혼의 슬픈 눈.

– 이형기, 「낙화」

나 과목에 과물(果物)들이 무르익어 있는 **사태**처럼
나를 **경악**케 하는 것은 없다.

뿌리는 **박질(薄質)*** 붉은 황토에
가지들은 한낱 **비바람들** 속에 뻗어 출렁거렸으나

모든 것이 멸렬(滅裂)[*]하는 가을을 가려 그는 홀로
황홀한 빛깔과 무게의 은총을 지니게 되는

과목에 과물(果物)들이 무르익어 있는 사태처럼
나를 경악케 하는 것은 없다.

㉣— 흔히 시를 잃고 저무는 한 해, 그 가을에도
㉤나는 이 과목의 기적 앞에 시력(視力)을 회복한다.

— 박성룡, 「과목」

* **박질**: '메마른 성질'이라는 의미로 시인이 새로 만든 말.
* **멸렬**: 찢기고 흩어져 완전히 형태를 잃음.

[24001-0091]

01 (가)와 (나)를 비교한 내용으로 가장 적절한 것은?

① (가)는 (나)와 달리 색채어를 통해 대상의 속성을 지시하고 있다.
② (가)는 (나)와 달리 작품의 표면에 드러난 화자가 자신의 감회를 표출하고 있다.
③ (나)는 (가)와 달리 동일한 문장을 반복하여 화자의 정서를 강조하고 있다.
④ (가)와 (나) 모두 음성 상징어를 활용하여 대상의 모습을 묘사하고 있다.
⑤ (가)와 (나) 모두 설의적 표현을 사용하여 화자가 말하고자 하는 바를 부각하고 있다.

[24001-0092]

02 ㉠~㉤에 대한 이해로 적절하지 않은 것은?

① ㉠: 이별을 순리로 받아들이려는 화자의 태도가 반영되어 있다.
② ㉡: 성숙이 점진적이고 필연적인 과정이라는 점을 함의하고 있다.
③ ㉢: 깊은 고통으로 인해 화자의 영혼이 맞이할 비극적 결과를 환기하고 있다.
④ ㉣: 상실과 조락을 환기하는 시간적 배경을 언급하고 있다.
⑤ ㉤: 대상에 대한 인식을 계기로 화자에게 일어난 변화를 상징적으로 표현하고 있다.

[24001-0093]

03 〈보기〉를 바탕으로 (가), (나)를 이해한 내용으로 적절하지 않은 것은?

● 보기 ●

선생님 : 생장과 소멸을 아우르는 자연의 변화가 낱낱의 직선 운동이 아니라, 반복과 순환을 본질로 하는 커다란 원운동의 일부라는 사실을 인지하게 되면, 인간은 자기 존재에 대한 안정감을 느끼게 됩니다. 예컨대 누군가가 날이 밝고 저무는 일이나 계절이 흐르는 것, 그리고 그에 따라 꽃이 피었다 지거나 잎이 무성했다 떨어지고 열매가 맺히는 것 같은 자연의 순환적 리듬을 파악했다고 해 봅시다. 그리고 유추적 상상력을 동원하여 자연의 섭리가 자신에게도 적용됨을 인지하게 되었다고 해 보죠. 그럼 그는 살면서 부정적으로 여겨질 수 있는 조건이나 변화, 사건을 경험할 때, 그것 또한 자신의 내적인 성장과 결실로 이어질 것이며 이런 일련의 과정이 삶에서 반복되리라는 걸 알 테니까 쉽게 허무와 절망에 빠지지 않겠지요.

이와 같은 내용을 효과적으로 형상화하기 위해 (가)는 자연의 변화와 인간사를 중첩하는 방식을 사용하고 있고, (나)는 자연의 모습에 대한 평범한 관찰 내용을 생경하게 드러내는 방식을 사용하고 있습니다.

① (가)에서 '나의 사랑은 지고 있다'처럼 낙화라는 자연의 변화와 이별이라는 인간사를 중첩한 맥락을 고려하면, '섬세한 손길을 흔들며'라는 시구는 꽃이 지는 모습으로도, 그리고 떠나는 사람의 행위로도 해석될 수 있겠군.

② (가)에서 '결별이 이룩하는 축복'이라는 역설적 표현을 통해 영혼의 성숙 가능성을 환기한 것은, '녹음'과 '열매'로 이어지는 순환적 리듬의 차원에서 낙화를 이해하는 관점에 바탕을 둔 것이라고 할 수 있겠군.

③ (나)에서 과목의 변화를 '사태'로, 그에 대한 감회를 '경악'으로 표현한 것은, 유추적 상상력을 통해 자연의 섭리를 인간에게 적용하여 인간 삶의 부정적인 사건에 대한 경험을 지칭한 것이라고 할 수 있겠군.

④ (나)에서 과목이 '박질'인 토양에 뿌리를 박고 '비바람들'에 가지가 출렁거리는 부정적 조건을 이겨 낸 점을 제시한 것은, 순환적 리듬을 근거로 허무와 절망에 빠지지 않는 인간의 태도에 대한 주목과 관련이 있다고 할 수 있겠군.

⑤ (나)에서 과목이 '모든 것이 멸렬하는' 부정적 변화에도 '황홀한 빛깔과 무게의 은총'을 지니는 점을 언급한 것은, 인간의 내적인 성장과 결실에 대한 기대와 연관 지을 수 있겠군.

[01~03] 다음 글을 읽고 물음에 답하시오.

가 이상하게도 내가 사는 데서는
새벽녘이면 산들이
학처럼 날개를 쭉 펴고 날아와서는
종일토록 먹도 않고 말도 않고 엎댔다가는
해 질 무렵이면 기러기처럼 날아서
틀만 남겨 놓고 먼 산속으로 간다 [A]

산은 날아도 새둥이나 꽃잎 하나 다치지 않고
짐승들의 굴속에서도
흙 한 줌 돌 한 개 **들썽거리지 않**는다
새나 벌레나 짐승들이 놀랄까 봐
지구처럼 **부동의 자세로 떠** 간다
그럴 때면 새나 짐승들은
기분 좋게 엎대서
사람처럼 날아가는 꿈을 꾼다

산이 날 것을 미리 알고 사람들이 달아나면
언제나 사람보다 앞서 가다가도
고달프면 쉬란 듯이 정답게 서서
사람이 오기를 기다려 같이 간다
산은 **양지바른 쪽에 사람을 묻고**
높은 꼭대기에 신을 뫼신다

산은 사람들과 친하고 싶어서
기슭을 끌고 마을에 들어오다가도
㉠사람 사는 꼴이 어수선하면
달팽이처럼 대가리를 들고 슬슬 기어서
도로 험한 봉우리로 올라간다

㉡산은 나무를 기르는 법으로
벼랑에 오르지 못하는 법으로
사람을 다스린다

산은 **울적하면 솟아서 봉우리가 되고**
물소리를 듣고 싶으면 내려와 깊은 계곡이 된다

산은 한 번 신경질을 되게 내야만
고산(高山)도 되고 명산(名山)도 된다

산은 언제나 기슭에 봄이 먼저 오지만
조금만 올라가면 여름이 머물고 있어서
㉢한 기슭인데 두 계절을
사이좋게 지니고 산다

– 김광섭, 「산」

나 떡갈나무 숲을 걷는다. **떡갈나무 잎**은 떨어져
너구리나 오소리의 따뜻한 털이 되었다. 아니면,
쐐기 집이거나, 지난여름 풀 아래 자지러지게
울어 대던 **벌레들의 알의 집이 되**었다.

이 숲에 그득했던 풍뎅이들의 혼례(婚禮),
그 눈부신 날개짓 소리 들릴 듯 한데,
텃새만 남아
산(山) 아래 콩밭에 뿌려 둔 노래를 쪼아
아름다운 목청 밑에 **갈무리한다.**

나는 떡갈나무 잎에서 노루 발자국을 찾아본다.
그러나 벌써 노루는 더 깊은 골짜기를 찾아,
㉣겨울에도 얼지 않는 파릇한 산울림이 떠내려오는
골짜기를 찾아 떠나갔다.

나무 등걸에 앉아 하늘을 본다. 하늘이 깊이 숨을 들이켜
나를 들이마신다. 나는 가볍게, 오늘 밤엔
이 떡갈나무 숲을 온통 차지해 버리는 별이 될 것 같다.

떡갈나무 숲에 남아 있는 열매 하나.
㉤어느 산(山)짐승이 혀로 핥아 보다가, 뒤에 오는

제 새끼를 위해 남겨 놓았을까? 그 순한 산(山)짐승의
젖꼭지처럼 까맣다.

나는 떡갈나무에게 외롭다고 쓸쓸하다고
중얼거린다.
그러자 떡갈나무는 슬픔으로 부은 내 발등에 [B]
잎을 떨군다. 내 마지막 손이야. 뺨에 대 봐,
조금 따뜻해질 거야, 잎을 떨군다.

– 이준관, 「가을 떡갈나무 숲」

[24001-0094]

01

[A]와 [B]에 대한 설명으로 가장 적절한 것은?

① [A]는 [B]와 달리 동일한 시구를 반복하여 특정 공간의 애상적 분위기를 강조하고 있다.
② [B]는 [A]와 달리 직유법을 사용하여 시간의 흐름에 따라 변화하는 대상의 모습을 나타내고 있다.
③ [A]와 [B]는 모두 현재형 진술을 사용하여 화자의 부정적 처지를 생생하게 묘사하고 있다.
④ [A]는 시각적 심상을 사용하여, [B]는 촉각적 심상을 사용하여 화자의 고독한 처지를 형상화하고 있다.
⑤ [A]는 독백의 방식을 활용하여, [B]는 대화하는 방식을 활용하여 자연물에 대한 화자의 인식을 드러내고 있다.

[24001-0095]

02

㉠~㉤에 대한 이해로 적절하지 않은 것은?

① ㉠: 세속에서의 삶처럼 자연에서의 삶도 고될 수 있다는 화자의 생각을 드러내고 있다.
② ㉡: 화자가 산을 인간의 삶에 큰 영향을 미치는 존재로 인식하고 있음을 드러내고 있다.
③ ㉢: 화자가 두 계절이 공존하는 산의 모습을 보며 산의 포용성에 대해 인식하고 있음을 드러내고 있다.
④ ㉣: 떡갈나무 숲이 곧 노루가 살아가기 힘든 공간이 될 것이라는 화자의 생각을 드러내고 있다.
⑤ ㉤: 떡갈나무 숲에 사는 생명체들이 따뜻한 마음을 지니고 있을 것이라는 화자의 추측을 드러내고 있다.

[24001-0096]

03 〈보기〉를 바탕으로 (가), (나)를 감상한 내용으로 적절하지 않은 것은?

보기

복잡한 세속의 삶에 지친 사람들은 세속을 떠나 자연 속에서 살기를 꿈꾼다. 자연이 복잡한 현실의 도피처가 될 수도 있고, 인간이 지녀야 할 바람직한 삶의 모습이 존재하는 이상향이 될 수도 있기 때문이다. (가)에서 산은 인간을 좋아하는 친근한 존재로 그려지기도 하고, 인간이 추구하는 덕성을 지니고 있어 경외감을 주는 존재로 그려지기도 한다. (나)에서 계절의 변화에 따라 달라진 떡갈나무 숲은 바람직한 덕성을 발견할 수 있는 공간이자 자연과 교감하며 일체감을 느낄 수 있는 공간으로 그려지고 있다.

① (가)에서 산이 '들썽거리지 않'고 '부동의 자세로 떠' 가는 것이나, (나)에서 '떡갈나무 잎'이 '쐐기 집이거나', '벌레들의 알의 집이 되'는 것은 다른 존재를 배려하는 자연의 덕성을 나타낸 것이로군.

② (가)에서 산이 '양지바른 쪽에 사람을 묻고 / 높은 꼭대기에 신을 뫼'시고 산다는 것은 인간이 자연을 지친 삶에서 잠시 벗어날 수 있는 공간이자 이상을 실천할 수 있는 공간으로 여기고 있음을 나타낸 것이로군.

③ (가)에서 산이 '울적하면 솟아서 봉우리가 되고 / 물소리를 듣고 싶으면 내려와 깊은 계곡이 된다'는 것은 경외의 대상인 산이 인간적인 면모도 지니고 있어 우리에게 친근감을 주기도 한다는 점을 나타낸 것이로군.

④ (나)에서 '이 숲에 그득했던 풍뎅이들'이 사라지고 '텃새만 남아' 노래를 '갈무리한다'는 것은 생명력 넘쳤던 여름날의 모습이 사라지고 이제는 차분해진 가을 떡갈나무 숲의 모습을 나타낸 것이로군.

⑤ (나)에서 하늘이 '나를 들이마'셔 자신이 '이 떡갈나무 숲을 온통 차지해 버리는 별이 될 것 같다'는 것은 화자가 떡갈나무 숲에서 자연과 교감하며 일체감을 느끼고 있음을 나타낸 것이로군.

11 현대시

[01~04] 다음 글을 읽고 물음에 답하시오.

가 ㉠설악산 대청봉에 올라
발아래 구부리고 엎드린 작고 큰 산들이며
떨어져 나갈까 봐 잔뜩 겁을 집어먹고
언덕과 골짜기에 바짝 달라붙은 마을들이며
다만 무릎께까지라도 다가오고 싶어
안달이 나서 몸살을 하는 바다를 내려다보니
온통 세상이 다 보이는 것 같고
또 **세상살이 속속들이 다 알 것도 같다**
그러다 **속초에 내려와** 하룻밤을 묵으며
㉡중앙시장 바닥에서 다 늙은 함경도 아주머니들과
노령노래* 안주해서 소주도 마시고
피난민 신세타령도 듣고
다음 날엔 원통으로 와서 ㉢뒷골목엘 들어가
지린내 땀내도 맡고 악다구니도 듣고
싸구려 하숙에서 마늘 장수와 실랑이도 하고
젊은 군인 부부 사랑싸움질 소리에 잠도 설치고 보니
세상은 아무래도 산 위에서 보는 것과 같지만은 않다
지금 우리는 혹시 세상을
너무 멀리서만 보고 있는 것은 아닐까 아니면 [A]
너무 가까이서만 보고 있는 것은 아닐까

– 신경림, 「장자를 빌려 – 원통에서」

*** 노령노래**: 함경도 지방의 민요.

나 **잦은 바람** 속의 겨울 감나무를 보면, 그 가지들이 가는 것이나 굵은 것이나 아예 실가지거나 우듬지* 거나, 모두 다 서로를 훼방 놓는 법이 없이 제 숨결 닿는 만큼의 ㉣찰랑한 허공을 끌어안고, 바르르 떨거나 사운거리거나 건들대거나 휙휙 후리거나, **제 깜냥껏 한세상을 흔들거**린다.

그 모든 것이 웬만해선 흔들림이 없는 한 집의
주춧기둥 같은 둥치에서 뻗어 나간 게 새삼 신기한 일.

더더욱 그 실가지 하나에 앉은 **조막만한 새의 무게**가 둥치를 타고 내려가, ㉤칠흑 땅속의 그중 깊이 뻗은 실뿌리의 흙살에까지 미쳐, 그 무게를 견딜 힘을 다시 우듬지에까지 올려 보내는 땅심의 배려로, 산

가지는 어느 것 하나라도 **어떤 댓바람에도 꺾이지 않는 당참**을 보여 주는가.

아, 우린 너무 감동을 모르고 살아왔느니. [B]

– 고재종, 「나무 속엔 물관이 있다」

＊ 우듬지: 나무의 꼭대기 줄기.

[24001-0097]

01 (가)와 (나)의 공통점으로 가장 적절한 것은?

① 특정 어미를 반복적으로 사용하여 운율감을 형성하고 있다.
② 인격화된 사물을 청자로 설정하여 화자의 소망을 드러내고 있다.
③ 음성 상징어를 활용하여 대상의 모습을 역동적으로 나타내고 있다.
④ 계절감이 드러나는 표현을 활용하여 시의 분위기를 조성하고 있다.
⑤ 공간의 이동에 따라 화자의 시선에 포착된 대상들을 묘사하고 있다.

[24001-0098]

02 [A]와 [B]에 대한 이해로 가장 적절한 것은?

① [A]는 [B]와 달리 화자가 지향하는 삶의 모습이 자연물을 통해 형상화되고 있다.
② [B]에서는 [A]에서와 달리 이상과 현실의 괴리로 인해 촉발된 내면의 갈등이 해소되고 있다.
③ [A]와 [B]에는 모두 자신에게 주어진 운명을 담담하게 받아들이려는 화자의 의지가 표출되고 있다.
④ [A]와 [B]는 모두 화자의 체험을 바탕으로 한 깨달음을 인간 보편의 삶에 대한 성찰적 태도로 확장하고 있다.
⑤ [A]에는 타인과 소통하려는 화자의 노력이, [B]에는 타인과 소통이 단절된 상황에 대한 화자의 안타까움이 드러나 있다.

[24001-0099]

03 ㉠~㉤에 대한 설명으로 적절하지 않은 것은?

① ㉠: 높은 곳에 위치해 있어 화자로 하여금 세상을 멀리서 바라볼 수 있게 하는 공간이다.
② ㉡: 평범한 사람들이 삶의 터전으로 삼고 있는 곳으로 그들의 삶의 애환을 느낄 수 있는 세속적 공간이다.
③ ㉢: 화자가 편견에 휩싸여 다른 이들의 삶에 대해 부정적인 판단을 내렸던 공간이다.
④ ㉣: 감나무의 가지들이 욕심내지 않고 다른 가지들과 서로 공존하며 공유하는 공간이다.
⑤ ㉤: 감나무의 실가지가 자신에게 생명을 기대고 있는 존재의 무게를 견디게 하는 힘을 얻는 공간이다.

정답과 해설 41쪽

[24001-0100]

04 **〈보기〉를 참고하여 (가), (나)를 감상한 내용으로 적절하지 않은 것은?**

● 보기 ●

시는 일상적이거나 평범해 보이는 것들에 담겨 있는 의미를 찾아내는 활동이라고 할 수 있다. 이를 위해서는 관찰이 필요한데, 관찰 대상의 모습은 감각적 이미지로 형상화되어 그 의미가 구체화되기도 한다. 『장자(莊子)』의 「추수(秋水)」 편에 나오는 '대지관어원근(大知觀於遠近 : 큰 지혜는 멀리서도 볼 줄 알고 가까이서도 볼 줄 아는 것이다.)'이라는 글귀에서 영감을 얻어 창작된 (가)는 멀리서 세상을 바라볼 때와 가까이에서 다른 사람들의 삶을 바라볼 때의 화자의 인식의 변화 과정을 통해 성급하게 삶의 이치를 깨달으려는 태도를 경계하며, 세상을 바라보는 바람직한 태도에 대한 깨달음을 역설하고 있다. (나)는 겨울바람 속에서 흔들리는 감나무에 주목하여 중심을 잡으며 생명을 지탱할 수 있는 힘을 가진 존재를 통해 생명의 이치에 대해 얻은 깨달음을 전달하고 있다.

① (가)에서 '세상살이 속속들이 다 알 것도 같다'고 생각했던 화자가 '세상은 아무래도 산 위에서 보는 것과 같지만은 않다'라고 하는 것은 화자의 인식이 변화하고 있음을 드러낸 것으로 볼 수 있겠군.

② (나)에서 '조막만한 새의 무게'는 감나무의 실가지가 '어떤 댓바람에도 꺾이지 않는 당참'이 있는 힘을 가졌음을 보여 주는 존재로 볼 수 있겠군.

③ (가)의 '안달이 나서 몸살을 하는 바다'는 삶의 이치를 빨리 깨우치고자 하는 성급함을 지닌 화자의 모습을, (나)의 흔들림이 없는 '주춧기둥 같은 둥치'는 외부의 상황 변화에 동요됨이 없이 생명을 지탱하는 여유를 가진 존재로 볼 수 있겠군.

④ (가)의 '속초에 내려와'는 타인의 삶을 가까이에서 관찰하는 계기가, (나)의 '잦은 바람'은 감나무 가지가 흔들리는 원인이 된다는 점에서 화자가 겨울 감나무의 모습을 주목하여 관찰하는 계기가 된다고 볼 수 있겠군.

⑤ (가)의 '젊은 군인 부부 사랑싸움질 소리'는 인간적인 삶의 모습을 청각화한 것으로, (나)의 '제 깜냥껏 한세상을 흔들거'리는 모습은 저마다 가치 있는 존재로 살아가는 모습을 시각화한 것으로 볼 수 있겠군.

01 고전 산문

[01~04] 다음 글을 읽고 물음에 답하시오.

가 **[앞부분 줄거리]** 중국의 천자가 권위를 과시하기 위해 조선에 인재가 있는지 시험한다는 명목으로, '중국 땅 전체를 덮을 바람막이 포장*과 두만강의 물을 담을 가마를 바치라'는 명을 내린다. 조정에서 해결책을 찾지 못해 임금님이 근심한다는 소식을 듣고, 정승의 아들인 열두 살배기 아이가 임금님을 찾아가 뵌다.

"그러니 그거 아는 인재가 우리 조선 땅에 있느냐?"

그러니까는 그 열두 살 먹은 정승의 아드님이 하는 소리가,

"제가 가겠습니다." / 그랬어요.

"그러면 **가마**를 얼마나 크게 궈 주랴. 그러면 **포장**을 얼마나 크게 해 주랴?"

그러니까는,

"가마도 싫고 포장도 싫고, **자** 하나하구 **주발*** 하나하구만 주십시오."

그랬어요. 그래서 그거를 참 다 임금님께서 해 주시니깐 그거를 이 도포 소매 안에다 넣어 가지고 중국을 건너갔에요. 그래 중국을 건너가 중국 천자한테로 들어서니까는,

"조선서 들어온 사신입니다— 사신입니다."

하고 아뢰니,

"아, 그러냐?"고.

"그러면 내가 첩서(牒書)* 내린 거를 알고 왔느냐?"

"예 알고 왔습니다."

"그러면 뭐를 해 가지고 왔느냐? 가마 궈 가지고 왔느냐?"

"예." / "그러면 포장도 해 가지고 왔느냐?"

"예." / "그러면 가지고 들어오너라."

하니까는, 이 도포 소매에서 자 하나하고 주발 하나하고 내놔 줬어.

"그래 이게— 이걸루 어떻게 두만강을 재치며 이 바람을 막느냐?"라고 하니깐,

"제아무리 천재라도 중국 땅이 몇 자 몇 치가 되는 줄 알아야 포장을 똑같이 지어 올 겁니다. 제아무리 천재래도…… 두만강에 물이 몇 백에 몇 말이 되는 거를 재 주십시오. 글쎄 이 자로는 재서 적어 주시고, 두만강은 이 주발로 퍼서 물을 재 주신다면, 제가 우리 조선에 나가서 그와 같이 똑같이 해 가지고 들어오겠습니다."

그러니깐 천자가 무릎을 딱 치면서,

"아, 조선도 인재가 있구나!"

그러고 그때 벼슬을 줬대는 거예요.

– 작자 미상, 「천자를 이긴 아이」

* **포장**: 베, 무명 따위로 만든 휘장.
* **첩서**: 옛날에 쓰던 공문서의 하나.
* **주발**: 놋쇠로 만든 밥그릇.

나 성주(星州) 김 진사 댁에 득거리(得巨里)란 이름의 하인이 있었는데 매우 교활한 놈이었다. 하루는 김 진사가 어디 긴히 볼일이 있어 득거리에게 말고삐를 잡히고 길을 떠나, 날이 저물어서 여점(旅店)에 들었다. 득거리가 상전의 밥상을 보니 진수성찬이 상에 가득히 차려져 있었다. 물론 식욕이 동해 군침을 흘렸지만 상전은 **단 한 숟가락도 베풀어 주지 않**았다. 이에 분한 마음이 들어서 '㉠내게 좋은 꾀가 있다. 내일 아침은 상전이 숟가락을 들지도 못하게 만들고 내 다 뺏어 먹으리라.'라고 혼자 다짐하였다.

득거리가 이튿날 아침에 부엌으로 들어가니 여점 아낙이 마침 밥상을 차리는 중이었다. **날씨가 몹시 추워 수저에도 얼음이 붙어 있**었다.

"㉡우리 샌님은 수저가 차면 잡숫지 않고 역정을 몹시 내시니 아무래도 뜨겁게 해야겠소."

득거리가 그 아낙에게 이렇게 말하고는, **수저를 숯불에 묻었다가 상에 올**리는 것이었다. 김 진사는 상을 받아 놓고 앉아 숟가락을 들다가 뜨거워서 저도 모르게 소리쳤다.

"드거라*!" / 그때 마침 득거리가 옆에서 시중들고 섰다가 잽싸게

"㉢예이! 득거리 여기 있습니다요."

하며, 상전의 밥상을 들고 툇마루로 나와서 날름 먹어 치웠다.

"네놈을 부른 게 아니라, 수저가 너무 뜨거워서 나도 모르게 '드거라' 하고 소리친 것이다. 나는 밥 한술도 뜨지 않았는데, 네놈이 어찌 감히 당돌하게 주인 밥상을 들고 나가서 냉큼 먹어 치운단 말이냐?"

"쇤네는 샌님께서 이 밥상을 물려주시려고 쇤네 이름을 부른 줄로 알았습죠. 참으로 죽을죄를 지었습니다요."

상전은 여점 아낙을 불렀다.

"너는 어찌하여 내 수저를 불에 달구어 놓았느냐?"

"쇤네가 한 짓이 아닙니다. 나리 댁 하인이 부엌에 들어와 제게 샌님은 수저가 차면 진지를 잡숫지 않는다고 제멋대로 수저를 가져다가 숯불에 달군 것입니다. 쇤네는 정말로 아무 잘못도 없습니다."

김 진사가 다시 득거리를 꾸짖자 득거리가 아뢰었다.

"㉣쇤네는 수저에 얼음이 얼어붙어 있기에 차서 들지 못하시겠다 싶어 불에 쬐어 녹여, 나리께서 잡숫기 편하게 하려 한 것이었습니다. 이처럼 죄를 짓게 될 줄은 몰랐사옵니다."

김 진사는 **더 어찌할 도리가 없**었다. 밥상을 종놈에게 빼앗기고 다시 한 상을 시켜서 먹을 수밖에 없었다.

그러고 나서 다시 길을 떠나 10여 리를 갔다. 김 진사는 갑자기 목이 심히 말라 종놈에게 돈을 주고 술을 사 오도록 하였다. 득거리는 술을 사 오다가 저도 마시고 싶은 생각이 불쑥 일어났다. 그래서 길에 한참 서서는 손가락으로 술을 휘저었다.

"너 지금 뭘 하는 짓이냐?"

"㉤콧물이 술에 떨어져 꺼내지 않을 수 없기에 이렇게 건져 내고 있습니다요."

김 진사는 구역질이 나서 "난 안 마신다. **네놈이나 실컷 처먹어라.**"라고 소리 질렀다.

– 작자 미상, 「종놈이 상전을 속이다」

* **드거라**: 방언에 '뜨겁다'는 말을 '드거라'라고 하기도 함.

[24001-0101]

01 (가)와 (나)의 인물에 대한 이해로 가장 적절한 것은?

① (가)의 정승의 아들은 조력자의 도움을 받지 못했고, (나)의 하인은 조력자의 도움을 받았다.
② (가)의 정승의 아들은 자신의 실수 때문에, (나)의 하인은 타인의 실수 때문에 곤경에 처했다.
③ (가)의 정승의 아들은 집단의 문제 해결을 위해, (나)의 하인은 개인의 욕망 실현을 위해 행동했다.
④ (가)의 정승의 아들과 (나)의 하인은 둘 다 자발적으로 길을 떠났다.
⑤ (가)의 정승의 아들과 (나)의 하인은 둘 다 자신의 목적을 이루기 위해 어리석은 척했다.

[24001-0102]

02 〈보기〉를 참고하여 (가)의 대화를 분석한 내용으로 적절하지 않은 것은?

보기

「천자를 이긴 아이」는 주인공이 논리적 대화법을 통해 상대방이 자신의 주장과 모순되는 대답을 하도록 유도하여 스스로 잘못을 인정하게 하는 이야기이다. 이러한 이야기는 설화의 한 유형을 이루는데, 이 유형의 설화에서 인물 간의 대화는 보통 다음과 같은 단계로 구성된다.

단계	발화자	발화 내용
ⓐ	상대방	자신의 지위나 나이를 이용해 상대방에게 비합리적인 주장이나 요구를 함.
ⓑ	주인공	자신에게 불리한 상황을 뒤집기 위해 새로운 질문이나 요구를 상대방에게 함.
ⓒ	상대방	자신이 처음에 한 주장이나 요구와 논리적으로 모순되는 대답을 함.
ⓓ	주인공	반문을 통해 상대방의 첫 번째 발화와 두 번째 발화의 상호 모순을 지적함.
ⓔ	상대방	자신의 주장이나 요구가 비합리적인 것이었음을 인정함.

① ‘포장’과 ‘가마’를 바치라는 천자의 요구는 ⓐ에 해당한다.
② 정승의 아들이 천자에게 ‘자’와 ‘주발’을 주면서 ⓐ를 수용하기 위한 선결 조건으로 중국 땅의 크기, 두만강 물의 양을 재어 달라고 요구한 것은 ⓑ에 해당한다.
③ ⓒ는 ‘중국 땅의 크기와 두만강 물의 양을 재는 것은 불가능하다.’라는 내용의 발화일 것이나 대화에는 제시되어 있지 않다.
④ ⓓ에 해당하는 발화가 제시되지 않은 이유는 상대방이 ⓒ에 해당하는 발화를 유보하며 자신의 모순을 인정하지 않았기 때문이다.
⑤ “아, 조선도 인재가 있구나!”라는 천자의 말은 ⓔ에 해당하는 발화 내용을 함축한다.

[24001-0103]

03 〈보기〉의 관점에서 (가)의 인물과 사건을 이해한 내용으로 적절하지 않은 것은?

보 기

(가)와 같은 민담에 등장하는 지혜로운 아이를 신화에 등장하는 영웅들의 어린 시절 모습과 비교해 보는 것은 구비 문학의 전통과 계승의 차원에서 의미 있는 일이다. 민담 속 지혜로운 아이는 남다른 능력을 발휘한다는 점에서 신화 속 영웅의 유년기 모습과 비슷하다. 그러나 신화와 비교할 때 민담은 인물들이 일부 세속화된 모습으로 형상화된다는 점에서 차이가 있다. 가령 신화에서 아이와 대결하는 신적 존재는 민담에서 세속적 권력관계의 우위에 있는 인물로 나타날 때가 많다. 아이에게 주어지는 시험이나 대결도 민담에서는 주로 힘과 지위를 과시하려는 권력자의 세속적인 욕구에서 촉발된다. 아이의 능력도 신적 능력이 아니라 인간적 재능 정도로 나타난다. 능력이 입증된 아이는 신화에서는 건국이나 왕위 계승을 통해 세상을 다스리는 주인공이 되지만 민담에서는 높은 지위나 재산을 얻어 세속적으로 성공하는 존재로 그려진다.

① 정승의 아들이 벼슬을 얻은 것은 자신의 능력을 입증하여 얻은 세속적 성공으로 볼 수 있겠군.

② 정승의 아들이 상대하는 천자는 유년기의 영웅과 대결하는 신화 속 신적 존재에 대응한다고 볼 수 있겠군.

③ 자신의 권위를 과시하려는 천자의 세속적 욕망이 정승의 아들이 겪는 대결 상황을 초래했다고 볼 수 있겠군.

④ 정승의 아들이 지닌 뛰어난 능력은 세속적 권력관계에서 우위에 있는 인물과 대결하면서 얻게 된 인간적 재능으로 볼 수 있겠군.

⑤ 정승의 아들은 남다른 능력을 발휘한다는 점에서 영웅 신화에 등장하는 영웅의 어린 시절 모습과 유사성이 있다고 볼 수 있겠군.

[24001-0104]

04 **〈보기〉를 바탕으로 ㉠~㉤을 이해한 내용으로 적절하지 않은 것은?**

보기

「종놈이 상전을 속이다」의 득거리는 설화의 인물 유형 중 하나인 트릭스터(trickster)에 해당한다. 트릭스터는 목표를 이루기 위해 남을 속이는 행동을 서슴없이 하지만 그것이 지배층의 부적절한 행동에 대한 풍자적 대응의 성격을 띠는 경우가 많아 오히려 웃음과 통쾌함을 주기도 한다. 트릭스터는 '말하기'를 통해 원하는 바를 성취하는데, 그의 '말하기'는 세 가지 측면에서 특징적 면모를 보인다. 첫째는 거짓말을 자유롭게 활용하는 것이다. 트릭스터의 거짓말은 대담하고 교묘하여 상대방은 깜빡 속아 넘어가거나 알면서도 당하게 된다. 둘째는 언어의 다의성이나 말소리의 유사성을 적절히 활용하는 것이다. 셋째는 뻔뻔함으로 밀어붙이는 것이다. 이는 '억지 쓰기'에 해당하여 상대방은 부당함을 느끼지만 트릭스터의 몰염치함에 기가 막혀 반박을 못 하게 된다.

① ㉠은 김 진사의 행동에 대한 득거리의 심리적 반응으로, 김 진사를 속여 음식을 뺏어 먹겠다고 득거리가 다짐한 데에는 '단 한 숟가락도 베풀어 주지 않'은 김 진사의 부적절한 행동이 영향을 미쳤다.
② ㉡은 득거리가 여점 아낙에게 한 거짓말로, '날씨가 몹시 추워 수저에도 얼음이 붙어 있'는 상황을 교묘하게 활용한 것이어서 여점 아낙은 그 거짓말에 속아 넘어갔다.
③ ㉢은 김 진사가 뜨거운 숟가락을 들다가 낸 소리와 득거리의 이름 사이에 있는 말소리의 유사성을 활용해 득거리가 보인 반응으로, 득거리는 '수저를 숯불에 묻었다가 상에 올'릴 때 예상했던 사건의 전개에 따라 계획된 행동을 했다.
④ ㉣은 김 진사에게 거짓말이 탄로 난 득거리가 억지 쓰기를 통해 상황을 모면하려고 한 말로, 김 진사는 이에 부당함을 느꼈지만 득거리의 뻔뻔함에 '더 어찌할 도리가 없'어 반박을 못했다.
⑤ ㉤은 득거리가 김 진사에게 한 거짓말로, 득거리는 이를 통해 김 진사에게 '네놈이나 실컷 처먹어라.'라는 말과 같은 기대했던 반응을 이끌어 냄으로써 목표를 성취했다.

02 고전 산문

[01~04] 다음 글을 읽고 물음에 답하시오.

가 「수성지(愁城誌)」는 '근심의 성에 관한 기록'이란 뜻으로, 임금인 천군(天君)에게 근심이 생긴 과정과 그 귀결을 허구적으로 구성하여 서술한 한문 소설이다. 「수성지」는 전통적인 의인체 서사인 가전(假傳)의 양식을 계승했지만, '마음'을 의인화한 것이 특징이기에 '천군 소설'로 분류된다. 천군 소설이란 '마음'이나 '감정'의 변화를 의인화한 소설로, 천군은 인간의 마음을, 신하는 인 · 의 · 예 · 지와 같은 사단(四端)과 관련된 마음씨나 기쁨 · 노여움 · 슬픔 · 즐거움 · 사랑 · 미움 · 욕심과 같은 칠정(七情)의 감정을 의미한다. 이때 칠정을 의인화한 인물은 천군의 마음을 혼란하게 하고, 사단과 관련된 마음씨를 의인화한 인물은 천군을 도와 천군이 겪는 마음의 혼란을 회복하는 역할을 수행한다. 천군 소설은 이러한 인물들의 대립에 의해 마음의 '화평 – 혼란 – 회복'의 서사 구조를 이루게 된다.

「수성지」에서 천군은 자신을 찾아온 중국 전국 시대 초나라의 충신인 굴원이 성을 쌓을 수 있도록 청하자 이를 허락하는데, 성이 축조된 후 원한과 시름을 안고 죽은 인물들이 성안으로 모여든다. 천군은 성안의 사람들로 인해 시름에 잠기게 되고, 이에 굴원이 쌓은 '근심의 성'을 나라의 우환으로 지목한 후 국양을 보내 '근심의 성'을 평정한다. 이러한 점에서 「수성지」는 천군 소설의 서사 구조를 따르면서도, 사단 이외에도 마음을 화평하게 하는 작가의 방안을 확인할 수 있는 작품으로 평가받고 있다.

[A] 한편, 「수성지」는 수많은 전고(典故), 즉 역사적 전례(典例)와 고사(故事)를 활용하고 있으며, 의도적으로 동일한 음(音)이 있는 한자를 사용하였기 때문에 의미가 중의적으로 해석되는 구절이 많다. 따라서 전고에 대한 배경지식뿐만 아니라 동일한 음이 있는 한자가 어떤 맥락에서 사용되었는가를 파악해야 각 구절의 의미를 정확하게 파악할 수 있다.

나 주인옹이 글을 올리자 천군이 비답을 내렸다.

"내가 비록 부덕하지만 간언에 대해서만은 물 흐르듯이 따르고자 한다. 국 장군을 영접하는 일을 모두 주인옹에게 일임하니 힘써 주선하라!" / 주인옹이 말했다.

"공방*이 국 장군과 친분이 있으니 불러올 만합니다." / 천군은 즉시 공방을 불러 말했다.

"네가 가서 나를 위해 잘 말해서 인재를 갈망하는 내 뜻에 부응하도록 하라."

공방이 천군의 명을 받들고 그 무리 백문과 함께 지팡이를 짚고 길을 나서 강촌과 산촌을 두루 다녔지만 국양*을 찾지 못했다. 목동 하나가 도롱이를 걸친 채 소를 타고 오는 것을 보고 공방이 물었다.

"국양 장군은 지금 어디에 사느냐?" / 목동은 웃으며 말했다.

"여기서 멀지 않습니다. 저기 바라보이는 곳에 계십니다."

목동은 녹양촌 안의 붉은 살구꽃이 핀 담장을 가리켰다. 공방은 즉시 풀이 우거진 시냇가 오솔길을 따라가서 담장 앞에 이르렀다. ㉠<u>과연 국양이 푸른 깃발 아래 목로주점의 미인을 데리고 앉아 있다가 공방이 오는 것을 보고 백안(白眼)으로 대하며 말했다.</u>

"힘들게 먼 곳을 찾아오셨는데 제가 무엇으로 보답하지요?" / 공방이 꾸짖으며 말했다.

"금초로 바꾸어 오기를 바라오? 서량을 바라는 게요?* 왜 이리 나를 경멸하시오? 복초 임금께서 '근심의 성' 때문에 힘겨워하시다가 장군이 세상의 불평한 일을 제거하는 것을 자기 임무로 삼는 데 뜻을 두고 있다는 말을 들으셨소. 그리하여 아침저녁으로 장군이 오기를 바라며 임금을 올바른 길로 인도해 달라는 부탁을 내리고자 하시오. 내가 장군과 대대로 교분이 있기에 특별히 보내 맞아 오게 하셨거늘, 어찌 이처럼 무례하오?"

국양은 그제야 백안을 감추고 청안(青眼)을 보이더니 채준이 좋아하던 투호를 하며 말했다.

"근심이 있고 없는 건 오직 자기에게 달려 있소이다."

국양이 진귀한 천금구를 입고 오화마를 타고 병사를 일으켜 뇌주에 이르니, 이때는 3월 15일이었다. 천군은 모영을 보내 이렇게 위로하게 했다.

「㉡고주를 버리지 않고 병을 거느리고 왔으니, 이 기쁜 마음을 어찌 헤아릴 수 있겠는가? 경과 같은 큰 그릇이 바야흐로 후설을 맡으니, 우선 경을 옹주 · 병주 · 뇌주의 삼주 대도독 겸 구수대장군으로 임명하노라. 도성 안은 과인이 맡을 테니, ㉢도성 밖은 장군이 맡아 진퇴의 시기를 짐작하여 병을 기울여 토벌하라.

지금 중서랑 모영을 보내 내 뜻을 전하는 한편 장군 곁에 두어 장서기로 삼게 하니, 잘 살펴 시행하라.」

국양은 즉시 모영을 시켜 천군에게 감사하는 ⓐ표(表)를 지어 올렸다.

「복초 2년 3월 모일, 옹주 · 병주 · 뇌주 삼주 대도독 겸 구수대장군 국양은 황공하여 백번 절하고 아뢰니다.

저는 곡식을 먹지 않고 정기를 단련하며 병 속의 해와 달을 길이 보전하고, 어지러움을 평정할 성인을 기다리다 마침내 벼슬을 내리시는 은택을 입게 되었으니, 스스로 돌아보매 마음 아프고 분수를 헤아려 보건대 실로 외람된 일입니다.

엎드려 생각하건대 저는 곡성의 후예요 조계의 유파로서, 왕탄지와 사안을 따라 노닐며 강동의 풍류를 뽐냈고, 혜강과 유령의 풍치를 함께 즐겨 한적한 정을 죽림에 깃들였습니다. ㉣반평생 동안 드나든 곳은 오직 유리종과 앵무잔뿐이요, 백 년 동안의 사귐은 오직 습가지와 고양의 술꾼뿐이었습니다. 제 행동이 예법에 맞지 않아 오랫동안 강호에 떠다니는 신세였거늘, 전하께서 저를 버리시지 않고 정벌의 임무를 맡기실 줄 어찌 알았겠습니까? 저 같은 광생이 어찌 큰 벼슬을 감당할 수 있겠습니까?

현인을 등용하면 대적할 자가 없고, 근심을 공격하는 데에는 방책이 있습니다. 전하께서는 제가 가진 한 가지 작은 재주를 들어 의심치 않고 등용하시며, 뭇사람의 입에 오르내리는 것을 저 홀로 결단하라 하시고, 마침내 얕은 재주를 바다 같은 도량으로 포용해 주시니, 감히 맑은 절개를 한층 더하고 향기를 더욱 발하지 않을 수 있겠습니까? 비록 술잔으로 병권을 내려놓게 한 조보의 계책에는 미치지 못하지만, 가슴 속에 일만 병사를 간직한 범중엄의 위엄을 따르고자 합니다.」

천군이 표를 읽고는 몹시 기뻐하며 즉시 서주 역사를 영적 장군으로 임명하여 도독의 휘하에 두었다.

이때 해는 저물어 연기가 피어오르고 산들바람에 제비가 지저귀는데, 양쪽 진영에서는 화살에 매단 격문을 서로 쏘아 보내고 북소리와 피리 소리는 사기를 북돋고 있었다. 장군은 조구에 올라 주허후 유장에게 분부를 내렸다.

"군령이 지엄하니 네가 군령을 담당하여 기둥을 찌르는 교만한 장수와 술을 피해 달아나는 노병이 없게 하라."

그러자 군중이 엄숙해져 감히 떠드는 자가 없었고, 나아가고 물러서는 데 질서가 있었으며, 공격하여 전투를 벌이는 데 법도가 있었다. 진법은 육화진법을 본받았으니, 이것은 해바라기 모양을 본떠 만든 것이다. 옛날 이정이 고구려를 공격할 때 산이 험준해서 제갈공명의 팔진법을 쓸 수 없었으므로 육화진법을 대신 썼던 것인데, 지금 이 진법을 쓴 것이다.

장군은 옥주를 타고 주지를 건너면서 칼로 삿대를 치며 맹세했다.

"반드시 '근심의 성'을 소탕하고 돌아올 것을 이 물에 걸고 맹세하노라."

이윽고 해구에 배를 정박한 뒤 즉시 장서기 모영을 불러 당장 격문을 짓게 했다. ⓑ격문은 다음과 같다.

「모월 모일, 옹주 · 병주 · 뇌주 대도독 겸 구수대장군은 '근심의 성'에 격문을 보내노라.

잠시 머물렀다 가는 하늘과 땅 사이, 나그네처럼 흘러가는 시간 속에서 장수하든 요절하든 매한가지 꿈이거늘, ㉤살아서 시름겹고 한스러운 것이 해골의 즐거움만 못하니 어찌 슬프지 않으랴?

너희 '근심의 성'이 우환이 된 지 오래다. 임금에게 쫓겨난 신하, 근심에 잠긴 아낙, 절개 있는 선비와 시인들이 '근심의 성'을 찾아와 거울 속의 얼굴이 쉽게 시들고 머리카락이 서리처럼 하얗게 세니, 그 세력을 더 키워 제압하기 어려운 지경에 이르게 해서는 안 될 줄 안다.

지금 나는 천군의 명을 받아 신풍의 병사를 통솔하여, 서주 역사를 선봉으로 삼고, 합리와 해오를 비장으로 삼았으니, 제갈공명이 진을 벌여 풍운진을 펴고 초패왕 항우가 고금 제일의 용맹을 떨친다 한들 우리 앞에서는 아이들 장난에 불과하거늘, 어찌 우리를 당해 내겠느냐? 하물며 초나라에서 홀로 취하지 않은 굴원쯤이야 개의할 게 무엇 있겠느냐? 격문을 받는 날로 어서 백기를 들라!」

출납관으로 하여금 소리 높여 격문을 읽어 '근심의 성' 안에 두루 들리게 했다. 그러자 성안 가득한 사람들이 모두 항복할 마음이 생겼지만, 오직 굴원만이 굴복하지 않고 머리를 풀어 헤치고 달아나 어디로 갔는지 알 수 없었다. 장군이 해구로부터 병 안의 물을 쏟아붓듯이 기세등등하게 파죽지세로 내려오니, 공격하지 않아도 성문이 저절로 열렸고 싸우지 않고도 온 성이 항복했다. 장군은 무용을 뽐내고 위세를 드날리며 군사를 흩어 외곽을 포위하기도 하고 군사를 모아 내부에 진을 치기도 하니, 바다에 밀물이 몰려오고 강가의 성곽에 비가 퍼부어 범람하는 듯했다.

천군이 영대에 올라 바라보니 구름이 사라지고 안개가 걷히며, 온화한 바람이 불고 봄날의 따뜻한 햇빛이 비쳤다. 지난날 슬퍼하던 자는 기뻐하고, 괴로워하던 자는 즐거워하고, 원망하던 자는 원망을 잊고, 한을 품었던 자는 한이 녹아 버리고, 분을 품었던 자는 분이 사라지고, 노여워하던 자는 기뻐하고, 근심하던 자는 환희하고, 답답해하던 자는 마음이 탁 트이고, 신음하던 자는 노래 부르고, 팔뚝을 내지르며 분개하던 자는 발을 구르며 춤을 추었다.

– 임제, 「수성지」

＊**공방 · 국양**: 각각 돈과 술을 의인화한 인물.

＊**금초로 ~ 바라는 게요?**: 더 존귀한 대우를 바라는 것이냐는 뜻. '금초'는 벼슬아치를 뜻하는 말이며, '서량'은 '술이 솟는 샘'이라는 뜻을 지닌 지명인 '주천(酒泉)'을 도읍으로 했던 나라의 이름임.

[24001-0105]

01 **윗글의 인물에 대한 이해로 가장 적절한 것은?**

① 천군은 자신의 부덕함을 감추기 위해 국양의 영접을 주인옹에게 맡겼다.
② 주인옹은 자신과 국양의 친분을 내세우며 공방을 천군에게 추천하였다.
③ 공방은 천군이 자신에게 한 부탁을 언급하며 국양의 무례함을 질책하였다.
④ 국양은 군사들의 사기를 북돋기 위해 육화진법을 선택하여 전투를 벌였다.
⑤ 굴원은 훗날을 위해 무리와 함께 행색을 바꾼 후 달아나 자취를 감추었다.

[24001-0106]

02 **ⓐ와 ⓑ에 대한 이해로 가장 적절한 것은?**

① ⓐ에 나타난 자신의 능력에 대한 국양의 겸손함은 ⓑ에서 굴원의 행적을 비판하는 근거로 전환된다.
② ⓐ에 나타난 임무 수행에 대한 국양의 자신감은 ⓑ에서 굴원에게 항복을 권유하는 행위로 이어진다.
③ ⓐ에 나타난 천군에 대한 국양의 고마움은 ⓑ에서 천군의 명에 대한 당위성을 주장하는 근거가 된다.
④ ⓐ에 나타난 과거 행적에 대한 국양의 회고는 ⓑ에서 자신의 삶에 대해 한탄하고 슬퍼하는 계기로 작용한다.
⑤ ⓐ에 나타난 정기 수행을 위한 국양의 방책은 ⓑ에서 병사를 통솔하고 장수를 등용하는 방책으로 확장된다.

[24001-0107]

03 **(가)를 참고하여 (나)를 감상한 내용으로 적절하지 않은 것은?**

① 천군이 '근심의 성' 때문에 힘겨워한다는 점에서 '근심의 성'에서 저항하는 굴원은 칠정의 감정과 관련된 인물에 해당하겠군.
② 주인옹은 천군을 위해 글을 올린 후 국양을 영접하는 일을 주도한다는 점에서 사단과 관련된 마음씨를 의인화한 인물에 해당하겠군.
③ 국양이 천군의 명을 받아 '근심의 성'으로 인한 혼란을 제거한다는 점에서 술을 마시는 것은 마음을 화평하게 하기 위한 작가의 방안에 해당하겠군.
④ 국양과 굴원이 '근심의 성'의 밖과 안에서 격문을 주고받으며 대치하는 상황은 사단의 마음과 칠정의 감정을 의인화한 인물이 대립하는 것에 해당하겠군.
⑤ 국양이 '근심의 성'을 함락하자 슬퍼하던 자가 기뻐하고, 괴로워하던 자가 즐거워하게 되었다는 점은 마음의 혼란이 사라지고 평온함이 회복된 것에 해당하겠군.

정답과 해설 45쪽

[24001-0108]

04 **(가)의 [A]와 〈보기〉를 바탕으로 (나)의 ㉠~㉤을 이해한 내용으로 적절하지 <u>않은</u> 것은?**

보기

다음은 (나)에 사용된 전고 및 동일한 음이 있는 한자의 일부를 정리한 것이다.

[전고]

○ 백안(白眼): 동진의 완적이 좋은 사람은 푸른 눈[青眼]으로 바라보고, 싫은 사람은 눈의 흰자위[白眼]를 드러내고 맞이했다는 고사에서 유래한 말.

○ 유리종(琉璃鐘)·습가지(習家池): '유리종'은 당나라 시인인 이하의 시「장진주」에 나오는 술잔의 이름. '습가지'는 중국 동진 사람인 산간이 늘 술을 마시며 지냈다는 습씨 가문의 연못 이름.

○ 해골의 즐거움: 장자(莊子)가 길에 버려진 해골을 보고 안타까워했는데, 꿈에 그 해골이 나타나서 '죽은 자의 세계에는 위로는 군주가 없고 아래로는 신하가 없으니 자유롭고, 지상의 수고로운 일도 없으니 즐겁기만 하다.'라고 말했다는 이야기가『장자』「지락」편에 나옴.

[동일한 음이 있는 한자의 뜻]

○ 고주: '외로운 군주[孤主]' 또는 '시장에서 파는 술[沽酒]'의 의미로 해석이 가능함.

○ 병: '군인이나 군대[兵士]' 또는 '액체를 담는 데 쓰는 그릇[瓶]'의 의미로 해석이 가능함.

① ㉠: 국양이 공방의 방문을 꺼려 했다는 의미로, 국양의 말을 들은 공방이 국양을 꾸짖는 이유를 알 수 있겠군.

② ㉡: 천군이 병사를 이끌고 자신을 도우러 온 국양을 환대했다는 의미뿐만 아니라 병에 술을 담아 왔다는 의미로도 해석할 수 있겠군.

③ ㉢: 천군이 국양에게 '근심의 성'에 있는 세력들의 토벌을 맡긴다는 의미뿐만 아니라 마음속의 근심은 술을 통해 없앨 수 있다는 의미로도 해석할 수 있겠군.

④ ㉣: 국양이 술을 마시며 세월을 보냈다는 의미로, 천군에게 등용되기 전까지 국양이 강호를 떠다니는 신세로 지냈다는 점을 알 수 있겠군.

⑤ ㉤: 인생의 즐거움은 '근심의 성' 밖에서 찾을 수 있다는 의미로, 국양이 '근심의 성' 안에 있는 사람들의 저항을 안타까워하는 이유를 알 수 있겠군.

03 고전 산문

[01~04] 다음 글을 읽고 물음에 답하시오.

위생이 이 말을 듣고는 놀라 눈물을 흘리더니 잠시 마음을 가다듬고 작은 목소리로 말했다.

"부모님께서는 저를 낳으시어 정성을 다해 길러 주셨습니다. 하늘 같은 그 은혜에 보답하고자 하나, 소자가 불초하여 증삼*과 같은 효성은 본받지 못하고 결국 자하*의 아픔만 끼쳐 드리고 말았으니 불효막심한 죄가 이승과 저승에 쌓일 것입니다. 바라옵건대 제 속마음을 모두 말씀드려 유감이 없도록 했으면 합니다.

지난날 친구와 함께 좋은 절기를 맞아 배에 술을 싣고 남쪽 지방을 유람한 일이 있습니다. 이때 그만 소상국 댁에 잘못 들어가 경박한 행동으로 담장을 엿보는 죄를 범했으니 만 번 죽어 마땅할 것입니다. 붉은 누각에서 한번 이별하고 나서는 만리 강물에 산길도 험하여 소식을 통할 방도가 없었습니다. 오직 그 한 가지 생각이 가슴에 맺혀 결국 미친병이 생겼으니, 죽은 뒤에야 편안해질 것이요 다른 방법은 없는 듯합니다." / 부모가 손으로 눈물을 훔치고는 눈을 크게 뜨고 말했다.

"우리가 그런 사정을 일찍 알았다면 너를 이 지경으로 만들었겠느냐?"

급히 늙은 하인을 불러 소상국 댁에 보내며, 혼인을 청하여 혼례 날짜를 정하고 오도록 분부하였다. 하인이 미처 문을 나서다 말고 허둥지둥 뛰어 들어오더니 기쁜 목소리로 외쳤다.

"상국 댁에서 보낸 심부름꾼이 먼저 도착했습니다요!"

위생의 부친이 급히 사랑채로 나가 심부름꾼을 불러들였다. 붉은 관을 쓰고 쇠로 만든 띠를 찬 팔 척 장신의 남자가 뜰에서 두 번 절하고는 무릎을 꿇고 상국의 편지를 바쳤다. 산호로 만든 함 속에 얇은 비단 몇 폭과 함께 좋은 종이에 쓴 [편지 한 통]이 들어 있었다. 편지의 내용은 다음과 같았다.

「저는 대대로 높은 벼슬을 지낸 가문의 사람으로, 조정에서 벼슬하여 재상의 지위에 오르고 부귀도 누렸습니다. 지금은 여생을 편안히 보내기 위해 벼슬에서 물러나 집에서 쉬면서 멀리 고적을 답사하기도 하며 지내고 있습니다. 물고기와 새를 벗으로 삼고 꽃과 대나무를 즐기며 맑은 흥취를 돋기도 하고, 손님을 맞아 술자리를 열고는 하루를 보내기도 합니다. 지난날 아드님께서 아름다운 경치를 따라 우연히 저희 집에 들른 일이 있었습니다. 제 딸아이가 정이 많아 문득 그 미천한 몸으로 꽃이 이슬에 젖듯 달이 구름을 헤치듯, 홀로 지내며 생긴 원한을 떨치지 못하였으니, 모든 것이 이 늙은 애비의 죄입니다. 일이 이미 이렇게 되고 말았으니 후회한들 어찌겠습니까? 초나라의 진귀한 옥*이 이미 깨지고 진나라의 난새는 모여들지 않으니*, 이별의 한이 결국 병이 되어 남은 목숨이 실낱과 같습니다. 난새가 죽으면 봉황새도 스러지나니, 만일 부부의 정을 가로막는다면 천지가 다하도록 부모의 마음이 어떻겠습니까?

속히 좋은 날을 잡아 혼례를 올리게 해 주시기 바랍니다. 모쪼록 귀댁에서 저희 집의 한미함을 탓하지 말아 주시기를 빕니다.」

편지를 다 읽자, 심부름꾼이 두 번 절한 다음 저간의 사정을 아뢰었다.

"저희 집 아씨가 귀댁의 아드님과 헤어진 뒤로 늘 꽃밭 가운데서 기다리다가 며칠 전 어린 종 하나를 강촌으로 보내 아드님의 소식을 수소문하게 했습니다. 그랬더니 마을 사람이 이렇게 답했다고 합니다.

'접때 젊은이 두 사람이 건강부*에서 와 호숫가에 배를 대고 한바탕 즐기다가 돌아갔는데, 그 뒤로는 못 봤구려.'

돌아와 들은 대로 알리자 아씨는 마침내 자리에 누워 일어나지 못했습니다. 주인 어르신께서는 아씨의 마음을 헤아리지 못하고 계셨는데, 어느 날 아씨가 잠든 틈을 타 아씨의 비단 상자를 들춰 보다가 '그리움'을 노래한 시 몇 수를 발견하시게 되었습니다. 이 일을 가지고 아씨에게 캐묻자 아씨도 더는 숨기지 못하고 모든 사정을 남김없이 털어놓았습니다. 주인 어르신께서 이 말을 듣고는 즉시 말을 달려 혼인을 청하고 오라는 명을 내리셨기에 감히 귀댁에 오게 된 것입니다."

심부름꾼은 손수 파란색 주머니를 열더니 시를 적은 종이를 꺼내 책상에 올려놓으며 말했다.

"아씨가 지은 시입니다." / 위생의 부친이 종이를 펼쳐 보았다.

버드나무 한들한들 연못엔 물 가득
꽃떨기 우거진 속에 꾀꼬리 지저귀네.
슬퍼서 「상사곡」 연주하노라니
곡조는 금슬인데 이제 줄이 끊어졌네.

[중략 부분 줄거리] 위생과 소숙방은 좋은 날을 가려잡아 혼례를 행하였다. 이해 팔월에 왜적이 조선을 침략하였는데, 황제는 위생의 부친을 정토제군사(장군)에 임명하여 병사 삼만 명을 거느리고 요양으로 부임케 하였다. 위생의 부친은 위생을 급히 불러 함께 참전하게 되었다.

소숙방은 집 밖까지 따라 나가 통곡하다가 혼절했는데, 한참 뒤에야 깨어났다. 보는 이들이 모두 가련히 여겼다. / 위생이 말을 달려 집에 이르러 보니, 장군은 북을 울리며 군사를 막 출발시키려던 참이었다. 위생은 간신히 그 뒤를 따랐다.

위생은 마음이 극도로 허한 데다 산을 넘고 강을 건너며 바람과 서리를 맞다 보니, 잠도 제대로 자지 못하고 밥도 제대로 먹을 수 없어 결국 예전의 병이 재발하고 말았다. 낯선 땅 낯선 곳에서 돌아갈 생각만 더욱 간절하여, 보는 것마다 마음을 슬프게 할 뿐이요 사람을 마주해도 아무 말이 없었다. 이런 위생을 보고 있자니 장군의 근심 또한 매우 컸다.

어느 날 밤 군대가 홍부*에 이르렀다. 병이 매우 위독해져 잠을 이룰 수 없던 위생은 침상에 기대앉은 채 시 한 편을 써서 벽에 붙였다. 그 시는 다음과 같다.

서리 가득한 외로운 성에 군대 머무니
지는 달빛 아래 뿔피리 소리 군막에 울리네.
등불 앞에서 괴로이 강남의 밤 생각노라니
기러기는 울며 초나라로 돌아가누나.

[B]

군막 안에 김생이란 사람이 있었는데, 그 또한 글재주가 뛰어난 인물이었다. 김생은 위생의 병이 위독한 것을 보고는 곁을 떠나지 않고 우스갯소리로 위생의 마음을 편안하게 해 주었다. 그러던 중에 위생의 금란선을 빼앗아 부채 위에 시 한 편을 썼다. 그 시는 다음과 같다.

힘차게 우는 백마 타고서
용검 휘둘러 누란* 쳐부술 날 그 언제런가.
가을바람은 만리 밖 변방에 불고
피리 소리에 강남의 조각달 서늘하구나. [C]

위생이 웃으며 말했다.

"자네의 시는 이렇게 호방한데 나는 슬프고 괴로운 소리만 내니, 우리 생각이 참으로 다르구만."

이러구러 몇 달이 지났다. 위생의 맥이 실낱같아 금방이라도 목숨이 끊어질 듯하자 부하 한 사람이 급히 장군에게 소식을 알렸다.

– 권필, 「위경천전」

* **증삼**: 효자로 이름 높은, 공자의 제자 증자(曾子).
* **자하**: 문학에 뛰어났던 공자의 제자. 아들이 일찍 죽자 너무 슬퍼한 나머지 실명했다고 함.
* **초나라의 진귀한 옥**: 초나라 형산에서 얻었다는 화씨벽(和氏璧)이라는 진귀한 옥을 말함.
* **진나라의 난새는 모여들지 않으니**: 진나라의 소사와 농옥이 통소를 불면 봉황새가 날아들었다는 고사를 염두에 두고 한 말임. '난새'는 봉황새의 일종임.
* **흥부**: 흥화부, 즉 의주에 있던 진을 가리키는 것으로 추정됨.
* **건강부**: 남경이 있는 강소성 일대.
* **누란**: 한나라 때 서역의 나라 이름.

[24001-0109]

01 **편지 한 통**에 대한 설명으로 가장 적절한 것은?

① 위생과 소숙방의 이별에 당위성을 부여하고 있다.
② 위생과 소숙방의 첫 만남에 개연성을 높이고 있다.
③ 소숙방 부친의 삶의 내력을 요약하여 정보를 제시하고 있다.
④ 역사적 사실의 정당성을 언급하며 상대방의 혼례 의사를 확인하고 있다.
⑤ 위생과 소숙방의 결연 과정에서 양가 집안의 갈등 관계를 극대화하고 있다.

[24001-0110]

02 윗글의 내용에 대한 이해로 적절하지 않은 것은?

① 위생은 효를 다하지 못한 자신의 행동을 자책하며 부모님께 잘못을 고백하였다.
② 소숙방은 자신과 인연을 맺었던 위생을 매일 기다리며 그리워하다 끝내 병을 얻었다.
③ 위생의 부모는 소숙방의 부친이 보낸 편지를 받은 후 마음을 돌려 위생과 소숙방의 만남을 허락하였다.
④ 소숙방의 부친은 소숙방에게 직접 사정을 듣고 나서야 소숙방의 마음을 알게 되어 위생의 집에 혼인을 청하게 되었다.
⑤ 상국의 심부름꾼은 위생의 부친에게, 위생과 이별한 이후에 소숙방에게 일어난 일들과 심부름을 하게 된 경위를 밝혔다.

정답과 해설 46쪽

[24001-0111]

03 **[A]~[C]에 대한 이해로 가장 적절한 것은?**

① [A]는 소숙방이 처한 상황을 암시하는 비유를 통해 비밀이 알려질 것을 걱정하는 마음을 나타낸다.
② [B]는 위생의 정서를 직접적으로 제시하여 이별하던 당시에 느낀 비애감을 강조한다.
③ [C]는 비극적 상황에 놓인 위생과 대조되는 상황에서 느끼는 김생의 우월감을 부각한다.
④ [B]는 [A]와 달리 자연물의 모습을 통해 타지에서 고향을 그리워하는 위생의 정서를 드러낸다.
⑤ [C]는 [B]와 달리 위생이 머물고 있는 격렬한 전쟁터의 상황을 묘사하여 긴장된 분위기를 조성한다.

[24001-0112]

04 **〈보기〉를 바탕으로 윗글을 감상한 내용으로 적절하지 않은 것은?**

보기

「위경천전」은 전쟁을 배경으로 펼쳐지는 남녀 간의 비극적 사랑을 보여 주는 애정 전기 소설이다. 등장인물은 상대방을 향한 마음을 솔직하게 표현하며 개인의 의지를 통해 사랑을 성취하는 것을 긍정하는 모습을 보이기도 하고, 예기치 못한 운명 앞에 절망하는 모습을 보이기도 한다. 두 남녀 주인공이 사랑의 밀회를 가진 후 여러 난관을 넘어서고 합법적인 부부로 인연을 맺지만, 뜻하지 않은 전란으로 인해 사랑의 성취가 좌절된다는 줄거리는 애정 전기 소설의 익숙한 서사 구조이다. 이는 남녀 주인공의 만남과 이별이 반복되는 구조 속에서 확인할 수 있다.

ⓐ 소상국 집에서의 만남. ⇨ ⓑ 붉은 누각에서 이별함. ⇨ ⓒ 혼례를 통한 만남. ⇨ ⓓ 전쟁 참전으로 인해 이별함.

① ⓐ가 위생의 의지를 통해 이루어진 것이라면, ⓒ는 위생이 예기치 못한 운명을 수용하여 이루어진 결과이다.
② ⓑ와 달리 ⓓ는 개인의 의지로는 피할 수 없는 역사적 비극으로, 두 주인공의 비극적 사랑을 현실적으로 보여 주는 장치이다.
③ 위생은 부친의 요청에 따라 함께 전쟁에 참전함으로써 ⓒ를 지속하지 못하게 되고, 결국 ⓓ로 인해 병을 얻는다.
④ ⓑ에서 ⓒ로 이어지는 과정에서 소숙방의 부친이 위생의 부모에게 전한 편지에는 위생과 소숙방이 합법적인 부부로 인연이 맺어질 수 있게 하려는 의도가 담겨 있다.
⑤ ⓑ와 ⓓ로 인해 아프게 된 위생은 부모의 근심을 사지만, ⓓ와 달리 ⓑ에서는 양가 부모의 도움으로 위기를 극복한다.

04 고전 산문

[01~04] 다음 글을 읽고 물음에 답하시오.

[앞부분 줄거리] 선조 33년 봄, 파담자는 암행어사가 되어 충주를 순시하던 중 달천 강가에 수북이 쌓인 임진왜란 희생자들의 뼈를 보고, **죽은 병사들**의 원혼을 위로하며 달천 전투 패배에 책임이 있는 신립 장군을 풍자하는 시를 여러 편 짓는다. 그 후 어느 날 파담자는 꿈에서 한 무리의 참혹하게 죽은 병사들의 혼백을 보고, 그들의 대화를 엿듣는다.

그중에 있던 ㉠한 귀신이 미소 지으며 말했다.

"너무 쩨쩨하게 굴지 말게. 속세에서 오신 손님이 지금 엿듣고 있으니."

파담자는 자신의 존재를 눈치채이자 급히 나아가 인사했다. 그러자 귀신들이 일어나 공손히 읍하고 말했다.

"그대는 지난번 여기에 오셨던 분 아니십니까? 그때 우리에게 주신 시를 삼가 잘 받았습니다. 고시와 율시는 풍자하는 의미가 깊고 절구는 처절해서 차마 읽을 수 없을 지경이었으니, 이른바 귀신을 울린다는 것이 바로 그 시들을 두고 하는 말입니다. 오늘 밤이 어떤 밤이기에 군자를 만나게 되었는지 모르겠습니다. 지난 일은 구름과 같아 자세히 다 이야기할 수 없지만, 그중 한두 가지 이야기할 만한 것을 말씀드릴 테니, 세상에 전해 주시면 참으로 다행이겠습니다."

그러고는 이야기를 시작했다.

[A] "장수는 삼군(三軍)의 목숨을 담당하는 자리에 있고, **병사는 장수 한 사람의 통제에 따르는 존재**입니다. 그러니 만일 장수가 현명하지 못하면 반드시 일을 망치는 것이지요.

충주의 지세는 실로 남쪽 지방과 접한 요충지요, 조령은 하늘이 내려 준 최고의 요새이며, 죽령은 믿고 의지하기에 충분한 지형을 가지고 있습니다. 이 때문에 한 사람이 관문을 지키면 일만 병사도 길을 뚫지 못하니 저 험하다는 촉도보다도 험난하고, 백 사람이 요새를 지키면 일천 사람이 지날 수 없으니 그 좁고 험하다는 정형구만큼이나 험준합니다. 이곳에 나무를 베어다 목책을 만들고 바위를 늘어세우면 북방의 군대가 어찌 날아 넘어올 것이며, 남풍 구슬픈 소리가 어찌 예까지 흘러올 수 있겠습니까? 편안히 앉아 피로한 적을 기다리니 장수와 병졸이 베개를 높이 베고 편히 잘 것이요, **주인의 입장에서 객을 제압하니 승리가 분명했을** 겁니다.

애석하게도 **신 공***은 이런 계책을 세우지 않고 자기 위엄을 내세워 ㉡제 고집만 부리며 남의 말을 듣지 않았습니다. 김 종사의 청이 어찌 근거가 없었겠으며, 이 순변의 말이 참으로 이치에 맞는 것이었건만, 신 공은 귀담아듣지 않고 감히 **자기 억측만으로 결정**했습니다. 신 공은 이렇게 말했지요.

'배에서 내린 적은 거위나 오리처럼 걸음이 무거울 것이요, 이틀 길을 하루에 달려온 적은 개나 돼지처럼 책략이 없을 것이다. 이런 적이라면 너른 벌판에서 한 번의 공격으로 박살 낼 수 있거늘, 무엇하러 높은 산 험준한 고개에서 군사를 두 길로 나누어 지킨단 말인가?'

마침내 탄금대로 물러나 진을 치고는 용추 물가에 척후병을 보낸 뒤 거듭 자세히 명령하며 북을 울리고 오위의 군사에게 재갈을 물렸습니다*.

(중략)

마침내 관문을 훌쩍 뛰어넘고 수레의 끌채를 끼고 달릴 만한 용력과 큰 쇠뇌를 쏘고 쇠뿔을 뽑을 만한 힘을 가진 **병사들이 비분강개한 마음을 품은 채 핏덩이가 되고 말았**으니, 당시의 일을 차마 입에 올릴 수 있겠습니까? 장수는 싸움에 능했지만 병사가 싸움에 능하지 못했다면 **우리의 목이 베인들 억울할 게 없**습니다. ㉢불세출의 재주로 불세출의 공을 세웠다더니 우리가 여기서 죽음을 당한 건 어째서입니까?"

말을 마치고는 근심스러운 얼굴로 비 오듯 눈물을 쏟았다.

잠시 후 실의에 빠진 한 **사내**가 얼굴 가득 부끄러운 빛을 띤 채 고개를 떨구고 머뭇머뭇 발걸음을 주저하며 입을 우물거리다가 읍하고 말했다.

"**고아가 된 자식들과 과부가 된 아내들의 원망**이 모두 나 한 사람에게 모였군요. 제가 비록 죄를 지었지만 오늘의 이야기에 대해 변명하지 않을 수 없습니다.

[B] 저는 본래 장수 집안의 후예요, 귀한 가문 출신입니다. 기운은 소를 삼킬 만하고 말달리기를 좋아해서, 삼대가 장군을 지내서는 안 된다는 경계를 모르고 병법을 배웠습니다. 그리하여 무과에 급제했는데 장원이 못 된 것은 한스러웠지만, 백 보 밖에서 버들잎을 꿰뚫을 정도로 활을 잘 쏘아 실로 이광*의 활 솜씨를 이었다고 할 만했습니다. 그러다 **현명한 임금**께 제 재주가 잘못 알려져 외람되이 변경을 지키는 **장수가 되는 은혜를 입**었습니다. 북방의 여진족이 준동하던 시절에 서쪽 요새에 우뚝 성을 쌓고, 한칼로 번개처럼 내리쳐 적의 우두머리를 모조리 해치우니, 삼군이 우레처럼 떨쳐 일어나 ㉣여진의 소굴을 완전히 소탕했습니다. 장료의 이름만 들어도 두려워 강동의 아이들이 울음을 그치고, 이목의 위세에 굴복해서 북쪽 변방의 말이 감히 나아가지 못했던 것과 같았습니다*. 세운 공은 미약했지만 보답을 후히 받아서 지위가 높아지니 득의만만했습니다. 이 강 저 강을 누비며 황금 띠를 허리에 찼고, 임금의 측근 신하들이 숙직하는 곳에 드나들며 임금의 칭찬을 받았습니다.

변경에 적이 침입해서 석 달 동안 봉화가 그치지 않아 **임금께서 수레를 밀어 주시니 싸움터에서 죽겠다고 결심했**습니다. 어전에서 간절히 아뢰자 임금께서 감동하시어 도성 밖에서 장수들을 통솔하는 대장군의 권한을 저에게 일임하셨습니다. 오랑캐들의 실태를 꿰뚫어 보고 군대를 운용하는 일이 내 손 안에 있다고 쉽게 여겨서, 처음에는 적장의 맨 어깨를 드러내고 갑옷 위에 채찍질할 일만 생각했지, 문을 열어 적을 끌어들였다는 것은 깨닫지 못했습니다. 내 의견만 고집하면 작아진다는 ㉤옛사람의 가르침을 잊었고, 적을 가벼이 여기면 반드시 패한다는 점에서 마복군의 아들 조괄*과 같은 잘못을 범했습니다. 사람의 계책만 나빴던 게 아니라 하늘도 돕지 않았습니다. 어리진(魚麗陳)*을 펼치기도 전에 적의 매서운 선제공격을 받았습니다. '먼저 북산을 점거한 자가 이긴다'는 말처럼 유리한 지형을 가지고 있었거늘, 병사들이 앞다투어 강물로 뛰어들기에 이르렀으니 대사를 이미 그르치고 말았습니다.

아아! 어디로 돌아가리? 나 홀로 무엇을 한단 말인가? 마침내 팔 척 내 몸을 만 길 강물에 던지고 말았습니다. 성난 파도와 무시무시한 물결이 넘실넘실 치솟아도 이 수치를 씻기 어렵습니다. 맑은 강과 급한 여울은 슬피 울고, 원망하고, 부르짖으며 제 마음을 하소연합니다. 계곡 어귀에 구름이 잠기고 연못에 달이 비칠 때면 제 넋은 외로이 기댈 데가 없고, 제 그림자 또한 외로이 스스로를 조문합니다.

시간이 쏜살같이 흘러도 제 답답한 마음을 펴지 못했거늘, 다행히 그대를 만나 속마음을 토로할 수 있었습니다. 아아! 항우는 산을 뽑는 힘과 온 세상을 뒤덮는 기개를 가지고 백전백승했지만 끝내 오강에서 패했고, 제갈공명은 와룡의 재주와 몇 사람 몫의 지혜를 가지고 다섯 번이나 군사를 일으켰지만 결국 기산에서 아무런 소득도 얻지 못했습니다. **하늘이 그렇게 정한 일이니 인간의 힘으로 어찌하겠습니까?** 누구를 원망하고 누구를 탓하겠습니까? 저 하늘은 유유하기만 하거늘!"
사내는 서글피 노래하고 눈물을 흘리며 몸을 가누지 못했다.

– 윤계선, 「달천몽유록」

※ **신 공**: 조선 중기의 무신 신립. 신립은 용맹한 장수로 이름이 높았지만, 임진왜란 때 충주 탄금대에서 배수진을 치고 왜군을 막다가 크게 패하고 스스로 목숨을 끊었음.
※ **재갈을 물렸습니다**: 공격할 때 소리를 내지 않기 위해 군졸의 입에 나무를 물리던 일을 말함.
※ **이광**: 중국 한나라 때의 장군. 활을 잘 쏘았던 것으로 유명함.
※ **장료의 ~ 같았습니다**: 장료와 이목은 모두 옛 중국의 용맹한 장수임. 장수로서 자신의 용맹함을 중국의 유명한 장수들에 빗대어 드러낸 표현임.
※ **마복군의 아들 조괄**: 마복군은 중국 전국 시대 조나라의 명장 조사를 가리킴. 조사의 아들인 조괄은 평소 전쟁을 가볍게 여겨 아버지의 근심을 샀는데 훗날 조괄이 장군이 된 후 진나라와의 전쟁에서 참패하고 죽었음.
※ **어리진**: 물고기가 떼를 지어 앞으로 나아가는 것처럼 둥글고 긴 대형이나 진법.

[24001-0113]

01

윗글에 제시된 장면에서 파담자의 서사적 기능에 대한 설명으로 가장 적절한 것은?

① 이야기 밖 서술자로서 배경 묘사를 통해 앞으로 일어날 일을 암시하고 있다.
② 적극적 참여자로서 인물에 대한 논평을 제시하면서 문제의 원인을 밝히고 있다.
③ 중립적 중재자로서 역사적 사례를 근거로 들어 인물들 사이의 갈등을 조정하고 있다.
④ 소극적 참여자로서 대상과 객관적 거리를 유지하면서 자신이 들은 이야기를 전달하고 있다.
⑤ 대화의 촉진자로서 질문으로 인물들의 대화를 유도하여 사건을 새로운 국면으로 전환하고 있다.

[24001-0114]

02

㉠~㉤에 대한 이해로 적절하지 않은 것은?

① ㉠은 파담자가 귀신들의 대화에 함께하게 되는 계기이다.
② ㉡은 죽은 병사들의 혼백이 생각하는 전투 패배의 원인이다.
③ ㉢은 대상 인물에 대한 죽은 병사들의 판단이 바뀌게 되는 근거이다.
④ ㉣은 사내가 임금에게 장수로서의 능력을 인정받게 되는 계기이다.
⑤ ㉤은 사내가 인정한 자신의 실수이자 전투 패배의 원인이다.

[24001-0115]

03

[A]와 [B]에 대한 설명으로 가장 적절한 것은?

① [A]는 파담자가 꿈속 세계에서, [B]는 현실 세계에서 듣는 말이다.
② [A]는 전란의 원인에 대해, [B]는 전란의 결과에 대해 하는 말이다.
③ [A]는 중심 사건에 대한 비판을 위해, [B]는 반성과 해명을 위해 하는 말이다.
④ [A]는 의문점에 대해 질문하기 위해, [B]는 그에 대해 답변하기 위해 하는 말이다.
⑤ [A]는 전란으로 인해 목숨을 잃은 이들이, [B]는 전란에서 살아남은 이가 하는 말이다.

정답과 해설 48쪽

[24001-0116]

04 〈보기〉를 참고하여 윗글을 감상한 내용으로 적절하지 않은 것은?

보기

17세기 소설이 임병양란의 경험을 문학적으로 수용하는 것은 주로 '고통의 기억'을 부각하거나 '기억의 변형'을 시도하는 방향에서 이루어졌다. 고통의 기억을 부각하려는 작가의 의도는 평범한 개인이 전란에 휘말려 겪게 되는 삶의 파괴와 불행을 형상화하는 것으로 구체화된다. 소설 창작을 통한 기억의 변형은 17세기 조선의 지배층이 당면했던 문제, 곧 실패한 전쟁의 역사를 어떻게 극복할 것인가와 관련된다. 이 문제를 해결하기 위해 당대의 지배층은 전쟁 실패의 책임을 국가가 아닌 일부 개인에게 묻고, 총명한 군주의 후원이 있었음에도 전쟁에서 패배한 이유를 불가피한 운명에서 찾는 소설 구도를 탄생시켰다. 아울러 국가주의적 전쟁 관념을 강화하여, 전쟁에 직면한 백성은 적에 대한 굴종을 거부하고 목숨을 바쳐 임금과 지휘관에게 복종하며 국가에 헌신할 것이 소설 작품을 통해 요구되었다.

① '병사는 장수 한 사람의 통제에 따르는 존재'이므로 장수의 명령을 좇아 싸우다가 '우리의 목이 베인들 억울할 게 없'다는 '죽은 병사들'의 발언에서, 국가주의적 전쟁 관념을 바탕으로 전쟁에 직면한 백성이 목숨을 바쳐 국가, 임금, 지휘관에 헌신할 것을 요구하는 17세기 소설의 특징을 찾아볼 수 있군.

② '주인의 입장에서 객을 제압하니 승리가 분명했을' 전쟁에서 장수인 '신 공'이 '자기 억측만으로 결정'하여 패배한 것을 억울해하는 '죽은 병사들'의 발언에서, 개인에게 책임을 물어 전쟁 실패에 관한 국가의 책임을 회피하려는 17세기 소설의 특징을 찾아볼 수 있군.

③ '병사들이 비분강개한 마음을 품은 채 핏덩이가 되고 말았'다고 말하며 전쟁이 초래한 개인의 불행을 언급하는 '죽은 병사들'의 발언과 '고아가 된 자식들과 과부가 된 아내들의 원망'을 말하며 전쟁이 야기한 가족의 고통을 언급하는 '사내'의 발언에서, 전쟁에서 비롯한 고통의 기억을 부각하여 전란의 경험을 문학적으로 수용하는 17세기 소설의 특징을 찾아볼 수 있군.

④ '현명한 임금'에게 '장수가 되는 은혜를 입'고, '임금께서 수레를 밀어 주시니 싸움터에서 죽겠다고 결심했'다는 '사내'의 발언에서, 총명한 군주의 후원이 있었음을 부각하여 전쟁 실패에 관한 군주의 책임을 회피하려는 17세기 소설의 특징을 찾아볼 수 있군.

⑤ '하늘이 그렇게 정한 일이니 인간의 힘으로 어찌하겠습니까?'라는 말로 전쟁 실패의 불가피함을 강조하는 '사내'의 발언에서, 전쟁 패배의 원인을 국가가 아닌 운명에서 찾는 17세기 소설의 특징을 찾아볼 수 있군.

05 고전 산문

[01~04] 다음 글을 읽고 물음에 답하시오.

[앞부분 줄거리] 중국 송나라 문제 때 충신 조 승상이 이두병의 참소로 죽는다. 후에 문제가 죽고 간신 이두병이 태자의 왕위를 찬탈하자 조 승상의 아들인 조웅은 어머니와 함께 도망쳐 고난을 겪던 중 어머니를 한 절에 모신 후 세상으로 나와 한 노인을 만난다.

"그대 이름이 웅이냐?"

대 왈,

"웅이옵거니와 존공은 어찌 소자의 이름을 아시나니이까?"

노옹 왈,

"자연 알거니와, 하늘이 보검을 주시매 임자를 찾아 전코자 하여 사해 팔방을 두루 다니더니, 수개월 전에 장성(將星)*이 강호에 비치거늘, 찾아와 수개월을 기다리되 종시 만나지 못하매, 극히 괴이하여 밤마다 천기를 보니 강호에 떠나지 아니하고, 그대의 행색이 짝 없이 곤박하매 분명 유리걸식하는 줄 짐작하였거니와, 찾을 길이 없어 방을 써 붙이고 만나기를 기다렸나니, 그대 만남이 어찌 이리 늦은가?"

하며 칼을 내어 주거늘, 웅이 머리를 조아리며 고맙다고 인사하고 칼을 받아 보니, 길이 삼 척이 넘고 칼 가운데 금자(金字)로 새겼으되, '조웅검'이라 하였거늘, 웅이 다시 절하고 왈,

"귀중한 ㉠보검을 거저 주시니 은혜 백골난망이라. 어찌 갚사오리이까?"

노옹 왈,

"그대의 보배라. 나는 전할 따름이니 어찌 은혜라 하리오?"

하고 웅을 데리고 수일을 유하고 못내 사랑하다가 이별하여 왈,

"훌훌하거니와 그대 갈 길이 바쁘니 부디 힘써 ⓐ대명(大命)을 이루게 하라."

웅 왈,

"어디로 가면 어진 선생을 얻어 보오리까?"

노옹 왈,

"이제 남방으로 칠백 리를 가면 관산이란 뫼가 있고 그 산중에 철관 도사 있나니, 정성이 지극하면 만나보려니와, 그렇지 아니하면 낭패할 것이니 각별히 살펴 선생을 정하라."

(중략)

이때 철관 도사 산중에 그윽이 앉아 그 거동을 보더니, 벽상에 글 쓰고 감을 보고 마음에 불쌍히 여겨 급히 내려와 벽의 글을 보니, 그 글에 하였으되,

기작십년객(幾作十年客)이 / 영견만리외(迎見萬里外)라
몽택(夢澤)에 용유비(龍有飛)어늘 / 시성(是誠)이 미달야(未達也)라.
(십 년을 지내 온 ⓑ나그네가 / 만리 밖에서 찾아보도다.
흐린 연못에 ⓒ용이 있어 날아오르거늘 / 이 정성이 도달하지 않는구나.)

도사 보기를 다하매 대경하여 급히 동자를 산 밖에 보내어 청하니, 웅이 동자를 보고 문 왈,

"선생이 왔더니까?"

동자 왈,

"이제야 와서 청하시나이다."

웅이 반겨 동자를 따라 들어가니 도사가 시문에 나와 웅의 손을 잡고 흔연 소 왈,

"험난한 산길에 여러 번 고생하도다."

하고 동자로 하여금 석반을 재촉하여 주거늘 웅이 먹은 후에 치사 왈,

"여러 날 주린 창자에 선미(善味)를 많이 먹으니 향기가 배에 가득한지라 감사하여이다."

"그대 먹는 양을 어찌 알아서 권하였으리오?"

하고 책 두 권을 주며,

"이 글을 보라."

하거늘, 웅이 무릎을 꿇고 펼쳐 보니 이는 성경현전(聖經賢傳)*이라. 다 본 후에 다른 책을 청하니, 도사가 웃고 육도삼략(六韜三略)*을 주기에 받아 가지고 큰 소리로 읽으니, 도사 더욱 기특히 여겨 천문도(天文圖) 한 권을 주거늘, 받아 보니 기묘한 법이 많은지라. 도사의 가르치는 ㉡술법을 배우니 의사(意思) 광활하고 눈앞의 일을 모를 것이 없더라.

일일은 석양이 서쪽으로 기울고 새들이 자려고 숲으로 들어갈 제, 광풍이 대작하며 무슨 소리 벽력같이 산악을 울리거늘 웅이 대경하여 왈,

"이곳에 어찌 짐승이 있나니까?"

한대, 도사 왈,

"다름이 아니라 내 집에 심히 늙은 암말을 두었으되 수척하여 날이 새면 산중에 놓아기르더니 하루는 천지진동하며 산중이 요란하거늘, 괴이하여 말을 찾아 마장(馬場)에 들어가니 오색구름이 만산하여 지척을 분별치 못하고 말이 없더니, 이윽하여 뇌성이 그치고 구름이 걷혀 오며 말이 몸을 적시고 정신없이 섰거늘, 진정하여 이끌고 집에 와 여물과 죽을 먹여 두었더니 새끼를 배어 낳은 후 몇 달이 못 되어 어미는 죽고 새끼는 살았으되, 사람이 임의로 이끌지 못하고 점점 자라나매 사람이 근처에 가지 못하고 날이 새면 산중에 숨고 밤이면 구유 아래 자고 새벽바람에 고함치고 가니 사람이 상할까 염려라."

하거늘, 웅이 다시 보니 높고 높은 층암절벽으로 나는 듯이 오르고 내리기는 비호(飛虎)라도 당치 못할러라. 이윽하여 들어오거늘 웅이 내달아 소리를 크게 지르니 그 말이 이윽히 보다가 머리를 들고 굽을 치며 공순하거늘 웅이 경계하여 왈,

"말이 사람과 마찬가지라. 임자를 모르는다?"

그 말이 고개를 들고 냄새를 맡으며 꼬리를 치며 반기는 듯하거늘 웅이 크게 기뻐 목을 안고 굴레를 갖추어 마구간에 매고 도사에게 청하여 왈,

"이 말의 값을 의논컨대 얼마나 하나이까?"

도사 왈,

"하늘이 ⓓ용마(龍馬)를 내시매 반드시 임자 있거늘, 이는 그대의 말이라. 남의 보배를 내 어찌 값을 의논

하리오? 임자 없는 말이 사람을 상할까 염려하더니, 오늘 그대에게 전하니 실로 다행이로다."

웅이 감사 배(拜) 왈,

"도덕문(道德門)에 구휼하옵신 은덕 망극하옵거늘, 또 ㉢천금준마를 주시니 은혜가 더욱 난망이로소이다."

도사 왈,

"곤궁(困窮)함도 ⓔ그대의 운수요, 영귀(榮貴)함도 그대의 운수라. 어찌 나의 은혜라 하리오?"

웅이 도사를 더욱 공경하여 ㉣도업(道業)을 배우니 일 년이 지나자 신통 묘술을 배워 달통하니 진실로 괄목상대(刮目相對)러라.

– 작자 미상, 「조웅전」

* 장성: 어떤 사람에게 응한 별.
* 성경현전: 성인들과 현인들이 지은 책.
* 육도삼략: 중국의 병서. 『육도』와 『삼략』을 아울러 이르는 말로, 중국 고대 병학(兵學)의 최고봉인 '무경칠서(武經七書)' 중 두 가지의 책.

[24001-0117]

01 윗글의 내용에 대한 이해로 가장 적절한 것은?

① 철관 도사는 웅이 먹는 밥의 양을 보고 비범한 인물임을 알아차렸다.
② 철관 도사는 웅의 정성이 부족하다고 생각하여 처음에 자신의 모습을 감추었다.
③ 철관 도사는 늙은 암말이 낳은 말의 행동을 보고 사람을 다치게 할까 걱정하였다.
④ 웅은 철관 도사가 기르던 말의 값이 자신의 예상보다 높다는 것을 알고 좌절하였다.
⑤ 웅은 말이 사람을 상하게 할 때를 대비하여 말에 굴레를 씌워 마구간에 감금하였다.

[24001-0118]

02 ㉠~㉣에 대한 설명으로 가장 적절한 것은?

① 노옹은 웅에게 ㉠을 주기 전에 고난을 통해 웅의 영웅성을 시험하였다.
② 철관 도사는 웅에게 ㉡을 전수하기 위해 향기 가득한 밥상을 차려 주었다.
③ 웅은 철관 도사가 자신을 위해 ㉢을 아끼며 키운 것에 감사함을 표하였다.
④ 웅은 ㉡을 통해 ㉢을 공순하게 길들여 자신에게 복종하게 하였다.
⑤ 웅은 ㉡과 ㉣을 적극적으로 배워서 신묘한 능력을 갖추게 되었다.

정답과 해설 50쪽

[24001-0119]

03 ⓐ~ⓔ에 대한 이해로 적절하지 않은 것은?

① 노옹이 웅에게 ⓐ를 이루라고 말한 것에서 웅이 하늘로부터 받은 사명을 수행한다는 것을 알고 있음이 드러난다.

② 웅이 철관 도사를 ⓑ라고 지칭한 것에서 상대의 위상을 낮추고자 하는 의도가 드러난다.

③ 웅이 자신을 흐린 연못에 있는 ⓒ에 비유한 것에서 자신의 능력에 대한 확신이 드러난다.

④ 철관 도사가 웅이 탈 말을 ⓓ라고 말하는 것에서 웅의 능력과 비범함을 인정하고 있음이 드러난다.

⑤ 철관 도사가 웅의 감사 인사에 대해 ⓔ라고 대답하는 것에서 웅의 운명을 알고 있음이 드러난다.

[24001-0120]

04 〈보기〉를 참고하여 윗글을 감상한 내용으로 적절하지 않은 것은?

> **보 기**
>
> 영웅 소설은 일반적으로 비범한 능력을 가진 인물이 여러 가지 곤경을 뚫고 지력이나 무력으로 악인을 제압한 후 성공에 이르는 과정을 그려 낸다. 그런데 「조웅전」의 주인공 조웅은 초월적인 대상과의 조응을 비롯하여 조력자의 도움 등 외부적 환경에만 의존하지 않고, 스스로의 성장을 위해 자발적인 노력을 게을리하지 않는 인물이라는 특징이 있다. 그는 개인적으로는 아버지를 자결에 이르게 한 원수이자 국가적으로는 왕위를 찬탈한 반역자인 이두병과 그 일파를 처단하기 위해 자신의 능력을 갈고닦는다.

① 노옹이 밤마다 천기를 보며 조웅이 유리걸식하는 줄을 짐작한 것은, 초월적인 존재가 웅의 운명에 조응하고 있음을 보여 주는군.

② 웅이 소리를 크게 지르자 말이 웅에게 머리를 들고 굽을 치며 순응하는 행동을 한 것은, 영웅으로서의 웅의 비범한 모습을 보여 주는군.

③ 웅이 철관 도사에게 적극적으로 책들을 청하며 도사의 가르침을 빠르게 받아들이는 것은, 웅이 비범한 능력에 더하여 자발적인 노력을 통해서 스스로 성장하는 인물임을 말해 주는군.

④ 웅이 노옹에게 보검을 건네받고 철관 도사에게 말을 얻은 것은, 웅이 개인적으로는 원수에게 복수를 하고 국가적으로는 반역자를 처단하는 데 필요한 무력을 미리 확보한 것이겠군.

⑤ 노옹과 철관 도사가 웅에게 각각 보검과 말을 넘겨주면서도 그 은혜를 부정한 것은, 조력자로서의 역할이 끝났으니 웅이 이제부터 자력으로 자신의 미래를 개척해 가라는 뜻을 함축하고 있군.

06 고전 산문

[01~04] 다음 글을 읽고 물음에 답하시오.

차설. 왕희의 아들 석연이 길일을 당하매 노복과 가마를 갖추어 장미동에 나아가니, 이때 야색이 삼경이라. 노복이 들어가 소저를 납치하고자 하더니, 이때 소저가 등촉을 밝히고 예기(禮記)를 보더니, **외당**에서 사람들이 떠드는 소리가 들리거늘, 소저가 마음에 놀라 시비 난향을 불러 왈,

"외당에서 사람 소리가 요란하니, 네 가만히 나가 그 동정을 보라."

난향이 나아가 보고 급히 돌아와 고 왈,

"왕 승상의 아들이 노복과 가마꾼을 거느려 외당에서 머뭇거리고 있더이다."

소저가 대경 왈,

"저 즈음께 왕희 청혼하였거늘, 내 허락지 아니하고 중매하는 사람을 물리쳤더니 오늘 밤 작당하여 옴이 분명 나를 납치하고자 함이라. 일이 급박하니 장차 어찌하리오?"

하고 죽으려 하거늘, 난향이 고 왈,

[A] "소저는 잠깐 진정하소서. 소저가 만일 목숨을 함부로 여기시면 부모 제사와 낭군의 원수를 누가 갚으리잇고? 바라건대 소저는 소비(小婢)와 의복을 바꾸어 입고 소비가 소저 모양으로 앉았으면 저 사람들이 반드시 소비를 소저로 알지니, 소저는 급히 남자 옷으로 갈아입으신 후 후원을 넘어 피신하옵소서."

소저가 왈,

"네 말이 당연하나 내 몸이 규중에서 자라 능히 문밖을 알지 못하거늘 어디로 갈 바를 알리오? 차라리 내 방에서 죽으리라."

하고 슬프게 우니, 난향이 다시 고 왈,

"천지는 넓고 광활하며 인명은 하늘에 달려 있으니, 어디 가 몸을 보전치 못하리오? 일이 가장 급하오니 소저는 천금과 같이 귀한 몸을 가볍게 버리지 마옵소서."

하며 급히 도망하기를 재촉하니, 소저가 눈물을 흘리며 슬피 울면서 왈,

"난향아, 만일 네 행색이 탄로 나면 왕희의 손에 네 목숨을 보전치 못하리니, 한가지로 도망함이 어떠하뇨?"

난향이 왈,

"소비 또한 이 마음이 있으되, 왕가 노복이 소저를 찾다가 없으면 근처로 흩어져 기를 쓰고 찾을 것이니, 소저가 어찌 화를 면하려 하시나잇고? 빨리 행하시고 지체하지 마옵소서."

소저가 하릴없이 의복을 벗어 난향을 주고 남자 옷을 입고 후원 문으로 나가 수리(數里)를 행하니라.

차시 난향이 소저의 의복을 입고 서안에 의지하여 앉았더니, 이윽고 왕 공자가 노복과 시녀를 거느려 **내정(內庭)**에 돌입하여 시녀를 명하여,

"소저 빨리 모셔라."

하니, 시녀가 명을 듣고 들어가 소저를 보고 문안하니, 난향이 들은 체 아니 하거늘, 시녀가 다시 고 왈,

"왕 공자 내림하였사오니, 소저는 백년가약을 맺으소서. 이 또한 하늘이 정한 연분이오니 이런 좋은 때를 잃지 마옵소서."

하고 가마에 오르기를 재촉하거늘, 난향이 속으로 우습고 분한 마음이 들어 꾸짖어 왈,

"내 집이 비록 가난하고 변변치 않으나 조정 중신의 집이거늘, 너희가 외람되이 무단 돌입하여 어찌하고자 하나뇨? 내 어찌 더러운 욕을 보리오?"

하고 비단 수건으로 목을 조르니, 왕가 노복 등이 많은지라 강약이 부동(不同)하니 어찌 당하리오? 하릴없이 가마에 올라 **장안**으로 향하여 갈 때, 동으로 벽파장 이십 리에 다다르니 동방이 밝는지라. 벽파장 노소인민이 다 구경하며 하는 말이,

"장 한림의 여아 애황 소저와 승상의 자제가 정혼하여 신행(新行)하신다." / 하더라.

난향이 **승상의 집**에 다다르니, 잔치를 배설하고 대소 빈객이 구름같이 모였더라. 난향이 가마에서 내려 안채의 대청으로 들어가니, 모든 부인이 모여 앉았다가 난향을 보고 칭찬 왈,

"어여쁘다, 장 소저여! 진실로 공자의 짝이로다."

하며 칭찬이 분분할새, 난향이 일어나 **외당**으로 나아가니 내외 빈객이 크게 놀라는지라. 난향이 승상 앞에 나아가 좌우를 돌아보며 왈,

[B] "나는 장미동 장 한림 댁 소저의 시비 난향이러니 외람이 소저의 이름을 띠고 승상을 잠깐 속였거니와, 왕희는 나라의 녹을 받는 중신으로 명망이 일국에 으뜸이요, 부귀 천하에 제일이라. 네 자식의 혼사를 이룰진대, 매파를 보내어 예의를 갖추어 인연을 맺음이 당연하거늘, 네 무도불의(無道不義)를 행하여 깊은 밤에 노복을 보내어 가만히 사대부가의 내정에 돌입하여 규중처자를 납치함은 무슨 뜻이뇨? 우리 소저는 너의 모욕을 피하여 계시나 결단코 자결하여 원혼이 되었을 것이니 어찌 통분치 않으리오?"

말을 마치고 슬피 통곡하니, 승상이 대경하여 난향을 위로 왈,

"소저는 백옥 같은 몸으로서 천한 난향에게 비(比)하니 어찌 이런 말을 하나뇨?"

하고 시비로 하여금 **내당**으로 보내고 소저의 진가(眞假)를 분별치 못하여 장준을 청하여 보라 한데, 장준이 들어가 보니 과연 질녀가 아니요 난향이라. 대경하여 바삐 승상께 고하니, 왕희 대로하여 난향을 죽이려 한대, 만좌 빈객이 말려 왈,

"난향은 진실로 충성스러운 시녀이니, 그 죄를 용서하소서."

승상이 크게 부끄러워 장준을 크게 꾸짖고 난향을 보내니라.

각설. 장 소저가 그날 밤에 도망하여 남으로 향하여 정처 없이 가더니, 수일 만에 **여람 땅**에 이르러 이름을 고쳐 장계운이라 하고 한 집에 가 밥을 빌더니, 이 집은 **최 어사 집**이라. 어사는 일찍 죽고 부인 희 씨 한 딸을 데리고 집안 살림을 잘 다스려 집의 형편이 넉넉하더라. 부인이 문을 사이에 두고 장 소저의 거동을 보니, 인물이 비범하고 풍채 준수하거늘, 부인이 소저에게 왈,

"차인의 행색을 보니 본대 걸인이 아니라."

하고, 시비로 하여금 **서헌**으로 청하여 앉히고, 부인이 친히 나와 소저를 향하여 문 왈,

"공자는 어디 살며 나이 몇이나 되고, 이름은 무엇이라 하나뇨?"

소저가 대 왈, / "본대 기주 땅에 사는 장계운이라 하옵고 나이는 십육 세로소이다."

부인이 또 문 왈, / "부모는 다 살아 계시며, 무슨 일로 이곳에 이르시나뇨?"

소저가 대 왈, / "일찍 부모를 여의고 의탁할 곳이 없어 여기저기 떠돌아다니나이다."

부인 왈, / "공자의 모양을 보니 걸인으로 다니기는 불쌍하니, 공자는 아직 내 집에 있음이 어떠하뇨?"
소저가 사례 왈,
"부인이 소생의 가족 없는 외로움을 생각하사 존문에 두고자 하시니, 하해 같은 은혜를 어찌 다 갚으리잇고?"
부인이 희열하여 노복을 명하여 **서당**을 깨끗이 닦고 서책을 주며 왈,
"부디 학업을 힘써 공명을 취하라."
소저가 서책을 받아 보니, 성경현전(聖經賢傳)과 손오병서라. 소저가 학업을 공부할새 낮이면 시서 백가를 읽고, 밤이면 손오병서와 육도삼략을 습독하여 창검 쓰는 법을 익히니, 부인이 각별히 사랑하여 친자식같이 여기더라.
세월이 흘러 삼 년이 지나니, 장 소저가 나이 십구 세라. 재주는 능히 풍운조화를 부리고 용력은 능히 태산을 끼고 북해를 뛸 듯하더라.

– 작자 미상, 「이대봉전」

[24001-0121]

01 윗글의 인물에 대한 이해로 가장 적절한 것은?

① 왕희는 난향의 충절을 이유로 애황의 행방에 대한 추적을 중단하였다.
② 난향은 하늘의 뜻을 이유로 함께 도망가자는 애황의 제안을 거절하였다.
③ 석연은 매파의 청혼 승낙을 이유로 가마를 갖추어 장미동을 방문하였다.
④ 애황은 자신의 성장 환경을 이유로 난향의 제안을 수락하는 것을 주저하였다.
⑤ 희 씨는 애황의 비범함을 이유로 애황에게 자신의 딸을 돌봐 줄 것을 부탁하였다.

[24001-0122]

02 윗글에 제시된 공간에 대한 설명으로 적절하지 않은 것은?

① 애황의 '외당'은 애황을 향한 위협을 난향이 확인하는 공간이고, 왕희의 '외당'은 애황을 향했던 위협을 빈객들이 확인하는 공간이다.
② 애황의 '내정'은 애황에 대한 석연의 처분이 난향에 의해 좌절되는 공간이고, 왕희의 '내당'은 난향에 대한 왕희의 처분이 빈객들에 의해 좌절되는 공간이다.
③ '장안'은 애황을 대신하여 난향이 향하는 곳이고, '여람 땅'은 난향의 권유로 인해 애황이 향하는 곳이다.
④ '최 어사 집'은 '승상의 집'과 대비되어 고난을 피하기 위해 애황이 자발적으로 찾아간 곳이다.
⑤ '서헌'은 애황이 희 씨의 제안을 수락하는 공간이고, '서당'은 애황이 희 씨의 당부를 실현하기 위해 노력하는 공간이다.

정답과 해설 51쪽

[24001-0123]

03 **[A]와 [B]에 대한 이해로 적절하지 않은 것은?**

① [A]는 [B]와 달리 가족 간의 인륜을 근거로 상대방의 행동 변화를 촉구하고 있다.
② [A]는 [B]와 달리 위기 상황에 대한 해결책을 제시하며 상대방의 행동을 만류하고 있다.
③ [B]는 [A]와 달리 상대방의 신분을 언급하며 상대방의 잘못을 지적하고 있다.
④ [A]와 [B]는 모두 물음의 방식을 활용하여 상대방에게 자신의 생각을 전달하고 있다.
⑤ [A]와 [B]는 모두 인물의 행적을 요약적으로 제시하며 상대방의 과거를 환기하고 있다.

[24001-0124]

04 **〈보기〉를 참고하여 윗글을 감상한 내용으로 적절하지 않은 것은?**

보기

「이대봉전」은 제목이 남성 주인공의 이름으로 되어 있으나, 작품 내에서 여성 주인공인 장애황의 활약이 크게 나타난다는 점에서 여성 영웅 소설로 평가받기도 한다. 여성 영웅 소설의 주인공은 자신에게 닥친 위기를 극복한 후 영웅성을 획득하게 되는데, 이 과정에서 남장(男裝) 모티프가 활용되는 경우가 많다. 이때 남장 모티프는 여성 주인공의 사회 진출을 위한 수단이 될 뿐만 아니라 여성 주인공의 위기를 극복하는 데 활용되거나 새로운 사건이 발생하는 계기가 되기도 한다.

① 석연과의 혼인을 거부하기 위해 애황이 자신의 집을 떠나 방랑하는 상황이 일어난다는 점에서, 왕희의 청혼은 여성 주인공의 위기를 초래하는 원인에 해당하겠군.
② 애황이 난향의 제안에 따라 남장을 하고 집을 떠남으로써 위험에서 벗어난다는 점에서, 남장 모티프가 여성 주인공의 위기 극복에 활용된다는 점을 확인할 수 있겠군.
③ 왕희가 장준의 도움으로 애황의 진가를 판별하여 난향이 목숨을 잃을 위기에 처하는 모습에서 남장 모티프가 새로운 사건이 발생하는 계기가 된다는 점을 확인할 수 있겠군.
④ 애황이 남성이라고 생각하여 학업에 힘써 공명을 취하라며 서책을 주는 희 씨의 모습에서 여성의 사회 진출을 위한 수단으로 남장 모티프가 활용되고 있음을 확인할 수 있겠군.
⑤ 애황이 풍운조화의 재주를 부리고 뛰어난 용력을 지니게 된 것은 위기를 극복한 여성 주인공이 영웅성을 획득하는 과정에 해당하겠군.

07 고전 산문

[01~04] 다음 글을 읽고 물음에 답하시오.

사또가 수노를 불러 묻는 말이,

"기생 점고* 다 되어도 춘향은 안 부르니 퇴기냐?"

수노 여쭈오되, / "춘향 어미는 기생이되 춘향은 기생이 아닙니다."

사또 묻기를, / "춘향이가 기생이 아니면 어찌 규중에 있는 아이 이름이 그리 유명한가?"

수노 여쭈오되,

"원래 기생의 딸이옵죠. 덕색(德色)이 있는 까닭에 권문세족 양반네와 일등재사(一等才士) 한량들과 내려오신 관리마다 구경코자 간청하지만 춘향 모녀 거절하옵니다. 양반 상하 막론하고 한동네 사람인 소인들도 십 년에 한 번쯤이나 얼굴을 보되 말 한마디 없었더니, 하늘이 정한 연분인지 구관 사또 자제 이 도련님과 백년가약 맺사옵고, 도련님 가실 때에 장가든 후에 데려가마 당부하고, 춘향이도 그렇게 알고 수절하여 있습니다."

사또가 화를 내어,

"이놈. 무식한 상놈인들 무슨 소리냐? 어떠한 양반이라고 엄한 아버지가 계시고 장가도 들기 전인 도련님이 시골에서 첩을 얻어 살자 할꼬? 이놈 다시 그런 말을 입 밖에 내면 죄를 면치 못하리라. 이미 내가 저 하나를 보려는데 못 보고 그냥 두랴. 잔말 말고 불러오라."

춘향을 부르란 명령이 나는데, 이방과 호장이 여쭈오되,

"춘향이가 기생도 아닐 뿐 아니오라 전임 사또 자제 도련님과 맹세가 중하온데, 나이는 다르다 하지만 같은 양반이라. 춘향을 부르면 사또 체면이 손상할까 걱정하옵니다."

사또 크게 성을 내어,

"만일 춘향을 늦게 데려오면 호장 이하 각 부서 두목들을 모두 내쫓을 것이니 빨리 대령하지 못할까?"

육방이 소동하고, 각 부서 두목이 넋을 잃어,

"김 번수야 이 번수야. 이런 별일이 또 있느냐. 불쌍하다 춘향 정절, 가련케 되기 쉽다. 사또 분부 지엄하니 어서 가자 바삐 가자."

사령과 관노가 뒤섞여서 춘향 집 앞에 당도하니, 이때 춘향이는 사령이 오는지 관노가 오는지 모르고 주야로 도련님만 생각하여 우는데, 망측한 환을 당해 놓았으니 소리가 화평할 수 있으리오.

(중략)

사또 매우 혹하여, / "책방에 가 회계 나리님을 오시라고 하여라."

회계 보는 생원이 들어오던 것이었다. 사또 매우 기뻐,

"자네 보게. 저게 춘향일세."

"하 그 계집 매우 예쁜 것이 잘생겼소. 사또께서 서울 계실 때부터 '춘향 춘향' 하시더니 한번 구경할 만하오."

사또 웃으며, / "자네가 중매하겠나?"

이윽히 앉았더니,

"사또가 당초에 춘향을 부르시지 말고 중매쟁이를 보내어 보시는 게 옳았을 것을, 일을 좀 경솔하게 하였소만은 이미 불렀으니 아마도 혼인할밖에 다른 수가 없소."

[A]

사또 매우 기뻐 춘향더러 분부하되,

"오늘부터 몸단장 바르게 하고 수청을 거행하라."

"사또 분부 황송하나 일부종사(一夫從事) 바라오니 분부 시행 못 하겠소."

사또 웃으며 말한다.

"아름답도다. 계집이로다. 네가 진정 열녀로다. 네 정절 굳은 마음 어찌 그리 어여쁘냐. 당연한 말이로다. 그러나 이수재(李秀才)*는 서울 사대부의 자제로서 명문 귀족의 사위가 되었으니, 한순간 사랑으로 잠깐 기생질하던 너를 조금이라도 생각하겠느냐? 너는 원래 정절 있어 정절을 지키다가 고운 얼굴 늙어 가고 백발이 난무하여 강물 같은 무정한 세월을 한탄할 때 불쌍코 가련한 게 너 아니면 누구랴? 네 아무리 수절한들 열녀 칭찬 누가 하랴? 그것은 다 버려두고 네 고을 사또에게 매임이 옳으냐 어린놈에게 매인 게 옳으냐? 네가 말을 좀 하여라."

춘향이 여쭈오되,

"충신불사이군(忠臣不事二君)이요 열녀불경이부(烈女不更二夫)*라. 절개를 본받고자 하옵는데 계속 이렇게 분부하시니, 사는 것이 죽는 것만 못하옵고 열녀불경이부오니 처분대로 하옵소서."

이때 회계 나리가 썩 나서 하는 말이,

"네 여봐라. 어 그년 요망한 년이로고. 사또 일생 소원이 천하의 일색이라. 네 여러 번 사양할 게 무엇이냐? 사또께옵서 너를 추켜세워 하시는 말씀이지 너 같은 기생 무리에게 수절이 무엇이며 정절이 무엇인가? 구관은 전송하고 신관 사또 영접함이 법도에 당연하고 사리에도 당연커든 괴이한 말 하지 말라. 너희 같은 천한 기생 무리에게 '충렬(忠烈)' 두 자가 웬 말이냐?"

이때 춘향이 하도 기가 막혀 천연히 앉아 여쭈오되,

"충효 열녀(忠孝烈女)도 상하 있소? 자세히 들으시오. 기생으로 말합시다. 충효 열녀 없다 하니 낱낱이 아뢰리다. 해서 기생 농선이는 동선령에 죽어 있고, 선천 기생은 아이로되 칠거지악(七去之惡) 능히 알고, 진주 기생 논개는 우리나라 충렬로서 충렬문(忠烈門)에 모셔 놓고 길이길이 받들고, 청주 기생 화월이는 삼층각(三層閣)에 올라 있고, 평양 기생 월선이도 충렬문에 들어 있고, 안동 기생 일지홍은 살았을 때 열녀문 지은 후에 정경부인 명성이 있사오니 기생 모함 마옵소서."

춘향이 다시 사또에게 여쭈오되,

"당초에 이수재 만날 때에 산과 바다를 두고 맹세한 굳은 마음, 소첩의 한결같은 정절을 맹분(孟賁) 같은 용맹이라도 빼어 내지 못할 터요, 소진(蘇秦)과 장의(張儀)*의 입담인들 첩의 마음 옮겨 가지 못할 터요, 공명 선생의 높은 재주로 동남풍은 빌었으되* 일편단심 소녀의 마음은 굴복지 못하리라. 기산의 허유(許由)는 요임금의 천거를 거절했고, 서산(西山)의 백이숙제 두 사람은 주나라 곡식을 먹지 않고 굶어 죽었으니, 만일 허유가 없었으면 속세 떠난 선비 누가 되며, 백이숙제 없었으면 간신 도적 많으리라. 첩의 몸이 비록 천한 계집이나 이들을 모르리까. 사람의 첩이 되어 남편을 배반하는 것은 벼슬하는 관장님네 나라를 배반하는 것과 같사오니 처분대로 하옵소서."

사포 크게 화를 내어,
"이년 들어라. 모반과 대역하는 죄는 능지처참하고, 관장을 조롱하는 죄는 율법에 적혀 있고, 관장을 거역하는 죄는 엄한 형벌과 함께 귀양을 보내느니라. 죽는다고 설워 마라."

– 작자 미상, 「춘향전」

* **점고**: 명부에 일일이 점을 찍어 가며 사람의 수효를 조사함.
* **이수재**: 이몽룡을 가리킴. '수재'는 미혼 남자를 뜻하는 말.
* **충신불사이군이요 열녀불경이부**: 충신은 두 임금을 섬기지 않고, 열녀는 두 지아비를 섬기지 않음.
* **소진과 장의**: 중국의 전국 시대에 활약한 유세가들로 언변이 매우 뛰어났음.
* **공명 선생의 높은 재주로 동남풍은 빌었으되**: 『삼국지연의』에서 제갈공명이 동남풍을 불게 하여 적벽 대전을 승리로 이끈 일을 말함.

[24001-0125]

01 윗글의 특징에 대한 설명으로 가장 적절한 것은?

① 춘향이 자신의 집에서 사또의 거처로 이동함에 따른 공간의 변화를 묘사하여 전환된 사건의 분위기를 암시하고 있다.
② 춘향과 사또의 발언에서 유사한 통사 구조를 반복적으로 사용하여 율격을 조성하고 인물이 말하고자 하는 바를 강조하고 있다.
③ 춘향과 도령이 인연을 맺은 과거의 사건 장면을 삽입하는 역순행적 전개를 통해 인물 간 갈등의 원인 요소를 선명하게 부각하고 있다.
④ 서술자가 작품 안에 개입하여 사령과 관노의 입장에 동조하며 그들에게 공감하는 말을 건넴으로써 독자가 사건을 판단하는 데에 도움을 주고 있다.
⑤ 인물 사이의 갈등이 고조되는 상황에서 고사 속의 인물이 등장하는 비현실적인 사건 요소를 삽입하여 독자가 흥미를 느낄 수 있는 장치를 마련하고 있다.

[24001-0126]

02 윗글의 내용에 대한 이해로 가장 적절한 것은?

① 사또는 기생 점고를 계기로 하여 춘향의 존재를 알게 된다.
② 사또는 춘향의 미모보다 인격에 감격하여 춘향에게 수청을 요구한다.
③ 춘향은 자신에게 도령이 남긴 약속을 신뢰하며 도령과의 재회를 기다린다.
④ 춘향은 절개를 지키는 일이 나라에 충성하는 것보다 더 중요하다고 생각한다.
⑤ 사또는 춘향의 무죄함을 인정하면서도 자기 위신을 지키려고 춘향을 죄인으로 취급한다.

정답과 해설 53쪽

[24001-0127]

03 [A]에 나타난 인물의 말하기 방식에 대한 설명으로 적절하지 않은 것은?

① 사또는 춘향에게 일어날 수 있는 불행한 일을 가정하여 춘향의 마음을 움직이려 하고 있다.
② 사또는 미리 답을 정해 놓고 두 가지 방법 중에서 어떤 선택을 할 것인지 춘향에게 묻고 있다.
③ 회계 나리는 법과 제도에 근거하여, 춘향이 자기 의지를 꺾고 사또의 뜻에 순종하도록 설득하고 있다.
④ 춘향은 자기 입장을 분명히 밝히면서 다양한 사례를 근거로 하여 회계 나리의 주장을 반박하고 있다.
⑤ 춘향은 공명을 비롯한 고사에 나오는 여러 인물의 행적을 본보기로 삼아 자신의 신념이 정당함을 주장하고 있다.

[24001-0128]

04 〈보기〉를 참고하여 윗글을 이해한 내용으로 적절하지 않은 것은?

보 기

「춘향전」의 서사에서 계층 간의 갈등은 매우 중요하게 다뤄진다. 그 갈등은 춘향의 신분에 대한 작중 인물들 간의 인식이 서로 충돌하면서 발생하고 심화되는 양상으로 전개된다. 춘향의 신분은 서술자의 서술에서 규정된 '명목적 신분' 외에도, 작중 인물들이 춘향을 어떻게 인식하느냐와 관련된 '인식적 신분', 이러한 현실적인 신분과는 달리 춘향이 이상으로 추구하는 사회적 · 윤리적 가치와 이념의 근간을 이루는 신분적 정체성인 '이념적 신분'으로 나누어 살필 수 있다. 특히 '인식적 신분'과 '이념적 신분' 간의 괴리와 모순은 사건이 전개되는 과정에서 갈등 형성의 주요한 원인이 되므로 작품 해석의 주안점으로 삼을 만하다.

① 수노가 인식하는 춘향의 '인식적 신분'은 기생이 아니라 기생의 딸이며, 이러한 수노의 춘향에 대한 신분 인식은 사또가 수노에게 분노하는 원인이 되고 있다.
② 이방과 호장이 인식하는 춘향의 '인식적 신분'은 기생이 아니며, 그들은 전임 사또 자제 도련님과 춘향의 맹세를 중하게 여김으로써 춘향이 추구하는 '이념적 신분'에 동조하고 있다.
③ 회계 나리가 인식하는 춘향의 '인식적 신분'은 천한 기생이며, 이는 정절을 지키려고 애쓰는 춘향의 '이념적 신분'과 충돌하게 되면서 두 사람 사이의 갈등이 심화되는 원인이 되고 있다.
④ 사또가 인식하는 춘향의 '인식적 신분'과, 회계 나리가 인식하는 춘향의 '인식적 신분'은 일치를 보이고 있기 때문에 두 사람 사이에는 인식의 충돌이 일어나지 않음은 물론 갈등도 나타나지 않고 있다.
⑤ 춘향이 스스로가 이상으로 추구하는 '이념적 신분'에 따라 수청을 거부하자, 사또는 본인이 인식하는 춘향의 '인식적 신분'에 따라서는 춘향에게 수청을 강요할 수 없음을 깨닫고 심리적 동요로 인한 내적 갈등을 겪고 있다.

[01~04] 다음 글을 읽고 물음에 답하시오.

사령이 떠나자고 하니, 서생이 말하였다.

"늙은 놈이 여러 해 동안 병으로 집 안에 틀어박혀 있어서 다리 힘이 없으니, 먼 길 걷는 것은 실로 감당하기가 어렵습니다. 감히 청하건대, 노새를 타고 가다가 관아에 이르러서야 법대로 잡아들여 주시면, 실낱같은 남은 목숨일지언정 관아에 가기까지는 보전할 수 있을 것이옵니다. 잘 모르겠습니다만, 사령님의 뜻은 어떠한지요?"

사령은 후한 대접을 받았고 게다가 뇌물까지 받았기 때문에 어쩔 수 없이 그렇게 하도록 허락했다.

[A] 서생은 머리를 조아리며 고맙다고 인사하고 안으로 들어가 세수 목욕하고는 가느다란 망건에 옥관자 달고, 정주 탕건관에 풍잠 찌르고, 대구 허리띠에 누런 주머니 달고, 흰 비단 땀받이에 초록 토시 끼고, 공단 홑바지, 왜단 장옷, 옥색 조끼, 여우 가죽의 갖옷, 명주 낭의, 흰색의 모시 솜옷, 우단 건, 돼지털로 만든 쓰개, 은으로 된 갓끈, 호박 구슬, 붉은 융사로 감싼 가는 줄의 띠, 중의 머리처럼 꼭지가 둥근 부채, 병투서, 이궁정 현추와 같이* 이리 매고 저리 매고 하여 든든히 몸단장을 끝내고 **노새를 타고 앉았**는데, 옷차림은 사치스럽고도 화려하고 거동은 **기세당당하**여, 의젓하고 점잖기가 **부잣집의 자제와 같**았다. 말 앞에서 끄는 마부나 뒤따르는 **심부름꾼**들도 옷차림이 화려하였다. **어린 쥐 하나**가 편발에 기름을 바르고, 푸른 도포에 검은 띠를 매고, 가슴팍을 꾹 눌러 질근 **통영 서랍장을 동여매고**는 **삼등초를 김해 동래의 좋은 담뱃대에 넣어** 법도 있게 손에 들고서 주인을 부축하여 가는 것이 마치 겸종과도 같았다.

관아의 문이 점점 가까워지자, 사령은 미리 관문 앞에 가서 서 있었다. 서생이 말을 달리게 하여 관문에 도착하니, 사령이 서생을 잡아 내려 관대를 벗기고 문밖에서 결박하였다. 그러고는 급히 형리에게 알리니, 형리가 다시 바로 원님께 아뢰었다. 원님이 크게 화를 내며 '즉시 잡아들이라.' 하니, 사령이 상투를 틀어쥐고 나는 듯이 재빠르게 서대주*를 잡아가는데 발이 땅에 닿지도 않았다. 머리칼이 바람에 흩날려 더펄거린 채 넋을 잃고, **심한 두려움이 온몸에 엄습하여 덜덜 떨며 앉**았는데, 뾰쪽한 입이 오물거리고 두 귀가 발쪽거리며 두 눈이 깜작거리는 것이 죽은 것도 같고 산 것도 같았다.

원님이 성난 목소리로 물었다. / "네가 서대주냐?"

대주가 정신을 수습하여 얼굴빛이 조금도 변하지 않은 채 대답하였다.

"참으로 그 이름이 적실하옵니다."

원님이 죄상을 막 심문하려 할 즈음, 형리가 앞으로 나아와 고하였다.

"날이 이미 저물어서 심문하기가 어려우니 잠깐 하옥하였다가, 날이 밝기를 기다려 심문하는 채비를 차리시되, 둘 모두 잡아들여서 상세히 조사하여 물어보시는 것이 사리에 맞고 또 마땅하옵니다."

원님이 말하였다. / "그러면 옥에 넣어 엄히 가두어라! 내일 심문하겠다."

형리가 사령을 불러 말하였다. / "서생 놈을 칼을 씌워 하옥하라."

사령이 형리의 분부를 받고 큰칼을 씌우고, 그 몸을 검은 포승줄로 묶고, 수족에다 차꼬*를 채워 갔다. 서생을 모시고 따라온 쥐들은 일시에 슬피 탄식하고, 길가에서 보는 자들은 크게 비웃지 않은 자가 없으니, 차마 보기가 딱한 광경이었다. 사령이 데리고 가서 옥졸에게 넘겨주자, 옥졸이 옥에 끌고 들어가 단단히 가두고 나서 '돈 내라.'고 괴롭히니, 서대주는 **가지고 온 물건**을 옥졸에게 많이 주었다. 옥졸들이 매우 기뻐하고는 큰칼을 풀어 편히 쉬게 하면서 마치 부리는 하인처럼 돌봐 주니, 돈이라도 많으면 존귀해진다고 할 수 있는 것이었다. ㉠서대주가 피로에 지쳐 누워 있는데, 대서는 그 손을 주무르고, 중서는 그 다리를 안마하고, 동서는 그 허리를 밟으며* 대주의 심란한 마음을 위로하고 약간의 대추와 밤 등속으로 시장기를 면케 하면서 밤을 새우니, 보는 자가 배를 움켜잡고 웃지 않는 사람이 없었다.

다음 날, 원님이 심문할 채비를 크게 차리고는 둘 모두를 잡아들여서 동서로 나누고 꿇어앉히고, 고소장에 근거하여 크게 꾸짖었다.

"변변하지 못하고 조그마한 네놈이 간악하기가 매우 심하여 남의 물건을 하룻밤 사이에 모두 훔쳐 갔다는데, 과연 그러하냐? 사실 그대로 말할 것이되, 조금이라도 거짓이 있다면 당장에 엄한 형벌로 무겁게 다스릴 것이다."

[중략 부분 줄거리] 형리가 큰 소리로 꾸짖어 혼을 내자 서대주는 자신이 지은 죄가 드러날까 속으로 벌벌 떨렸으나 겉으로는 태연한 척하면서 자신이 공훈이 있는 가문의 후예임을 강조한 후, **자신의 운수가 순탄하지 못하여 자녀들을 모두 잃고 부인이 곧 죽을 만큼 아픈 상황임**을 늘어놓는다.

[B]

"이런 신세라서 차라리 돌연 죽고자 했지만 죽지 못했습니다. **여러 해 동안 쌓인 한스러움에 만념이 모두 재처럼 식어** 버렸으니, **타인의 물건을 훔쳐 가는 일을 할 겨를**이 어디에 있었겠습니까? 저놈이 올린 고소야말로 어찌 윗분을 속인 것이 아니겠습니까? 하물며 또한 **근년 이래 흉년이 극심**하여 살아 나갈 길이 없는 터에 어떻게 **알밤을 갈무리해 둘 수**가 있겠습니까? 이것은 더욱 아주 맹랑한 말이옵니다.

저는 **본시 대대로 부유하**여 이와 같은 흉년에 한 홉조차 다른 것들한테 꾸지 않아도 되는데, 빌어먹는 놈의 밤을 훔쳤다는 것이 어찌 옳겠습니까? **이놈의 평상시 소행**을 제가 하나하나 다 아뢰겠나이다. 매년 봄여름이 되면 농사 잘 짓는 자들을 널리 구하여 밤낮으로 가을걷이를 한 후에는, 그들 중에서 절름발이, 도둑놈, 귀머거리, 맹인, 쓸모없는 늙은 할미는 방 가운데에 가두어 두고, 그 밖의 자들은 쫓아내어 흩어지게 하였는데, 또 봄여름이면 이와 같이 그대로 하였습니다. 매년 겨울이 되면 방에 가둔 자들을 마을에 떠돌아다니는 거지가 되게 하여, 보는 자가 차마 볼 수 없고 들을 수 없는 짓을 행하였기 때문에 분개하는 바가 있었습니다. 마침 사냥하러 나갔을 때, 소토산 왼편의 용강산 기슭에서 만나고도 **인사조차 하지 않**기에 그 **행실머리 없음을 아주 심하게 꾸짖었**습니다.

그 후로 자기의 잘못을 스스로 알지 못한 채 항상 분노의 마음을 품고는, 사리에 맞지 아니한 터무니없는 말로 저를 얽어매는, 도리에 어긋난 간악한 송사를 꾀했으니, 세상천지에 이와 같은 맹랑하고 무뢰한 놈이 있겠습니까? 제가 비록 매우 졸렬하기는 하지만 역시 대대로 공훈이 있는 가문의 후손으로서, 이러한 무도하고 못난 놈한테 구차하게 고소를 당하여 선조의 공훈에 더럽힘을 끼치고 관정을 소란스럽게 하오니, 죽으려고 하여도 죽을 만한 곳이 없어서 사는 것이 죽는 것만 못하옵니다. 밝게 살피시는 원님께 엎드려 바라건대, 사정을 살피시어 원한을 풀어 주옵소서."

㉡서대주가 옷섶을 고쳐 여미며 단정히 꿇어앉았는데, 뾰족한 입이 오물거리고 두 귀가 발쪽거리며 두 눈이 깜작거리면서 두 손 모아 슬피 빌고 눈물이 흘러내려 옷깃을 적시니, 보는 자가 더할 나위 없이 애처롭고 불쌍하다고 할 만한 것이었다.

원님이 서대주의 진술하는 말을 들으니 말마다 사리에 꼭 들어맞고, 형세가 본디부터 그러하여 죄를 주기도 어려워, 결박한 것을 풀고 씌운 큰칼을 벗겨 주고는, 술을 내려 주어 놀랜 바를 진정케 하고 특별히 놓아 주었다. 타남주*는 도리에 어긋난 간악한 소송을 한 죄로 몽둥이 세 대를 맞고 멀리 떨어진 외딴섬으로 귀양을 가니, 서대주가 거듭거듭 절하고 머리를 조아리며 갔다.

– 작자 미상, 「서대주전」

* 중의 머리처럼 ~ 병투서(屛套書), 이궁정(離宮丁) 현추(懸墜)와 같이: '투서'는 '인장'이고, '이궁정'은 '동궁의 호위 무사'를 뜻함. '현추'는 '매달아 늘어뜨려 꾸미는 것'을 말함. 부채, 인장 등으로 화려하게 꾸며 장식하였다는 뜻임.
* 서대주: '쥐'를 의인화한 인물을 이름.
* 차꼬: 나무토막을 맞대어 구멍 사이에 죄인의 두 발목을 넣고 자물쇠를 채우게 한 형구(刑具).
* 대서는 ~ 밟으며: 대서(大鼠)는 '커다란 쥐', 중서(中鼠)는 '중간 쥐', 동서(童鼠)는 '어린 쥐'를 각각 이름.
* 타남주: '다람쥐'를 의인화한 인물을 이름.

[24001-0129]

01 〈보기〉와 관련지어 인물들의 행위를 설명한 내용으로 적절하지 않은 것은?

보기

조선 시대의 소송의 절차는 다음과 같다. 당시의 소송은 대개 피해를 입었다고 주장하는 원고가 오늘날의 고소장에 해당하는 '민장(民狀)'을 제출하면서 시작되었다. 민장이 들어오면 수령은 소송의 대상자인 피고를 재판장에 출두시켜, 심리를 진행하였다. 이때 피고가 재판장에 오지 않으면 수령은 사령이나 형리를 시켜 피고를 붙잡아 온 후, 원고와 피고의 대질 조사를 통해 각각의 주장을 듣고 판결을 내렸다. 이러한 소송의 과정을 끝내고 수령이 내린 판결의 결과를 '제사'라 하였다.

① '사령'은 '서생'에게 뇌물을 받은 후 피고의 편의를 봐주고 있는데, 이는 피고를 붙잡아 오는 과정에서 불공정한 태도를 드러낸 것이군.
② '형리'는 '서생'과 '타남주'를 모두 잡아들여서 상세히 조사하자고 말하고 있는데, 이는 소송의 절차를 이용해 피고에게 유리한 상황을 이끌어 내려 한 것이군.
③ '옥졸'들은 피고인 '서대주'를 괴롭히다가 뇌물을 받고 나서야 쉬게 해 주고 있는데, 이는 소송의 과정에서 부당한 이득을 취하려는 부패한 관리들의 모습을 드러내고 있군.
④ '서대주'는 '타남주'가 올린 고소장의 내용을 듣고 '타남주'가 거짓 소송을 벌였다고 주장하는데, 이는 대질 조사 과정에서 수령을 속여 자신에게 유리한 판결을 얻어 내기 위한 것이군.
⑤ '원님'은 '서대주'의 진술만을 듣고 유죄와 무죄를 판단한 후 원고였던 '타남주'에게 형벌을 내리고 있는데, 이는 잘못된 제사를 내린 것이라 평가할 수 있군.

[24001-0130]

02 [A]와 관련하여 사건의 전개 과정을 이해한 내용으로 적절하지 않은 것은?

① [A]의 '서생'은 다양한 물건을 갖추고 행차 길에 오르고 있는데, '가지고 온 물건'은 옥에 갇힌 후 옥졸들에게 나누어 주는 뇌물이 된다는 점에서 '서생'의 영악함을 드러내고 있다.
② [A]의 '서생'은 사치스럽고 화려하면서도 의젓하게 행동하여 '부잣집의 자제와 같'은 모습을 보여 주는데, 이러한 행동은 재판에서 자신이 '본시 대대로 부유하'였음을 강조하려고 할 때 근거로 사용될 수 있다.
③ [A]에서 '노새를 타고 앉'아서 '기세당당하'게 재판장에 갔던 '서생'이 막상 원님 앞에서는 '심한 두려움이 온몸에 엄습하여 덜덜 떨며 앉'아 있는데, 이는 겉으로 태연한 척하던 '서생'도 막상 송사가 진행되면 부담감과 두려움을 느낄 수밖에 없다는 것을 드러내고 있다.
④ [A]에서 '서생'이 대동한 '심부름꾼'과 '어린 쥐' 등은 '서생'이 감옥에 갇힌 후에도 계속 몸종 역할을 하고 있는데, 이는 서대주와 같이 재산이 많은 자들은 송사를 겪는 중에도 자신의 안락함을 포기하지 않으려 하였음을 나타내고 있다.
⑤ [A]에서 '어린 쥐 하나'는 '통영 서랍장을 동여매고', '삼등초를 김해 동래의 좋은 담뱃대에 넣어' 손에 들고 가는데, 이를 원님께 바치는 뇌물로 활용하려 한다는 점에서 재판에서 이기기 위해 '서생'이 치밀한 준비를 하였음이 드러나고 있다.

[24001-0131]

03 〈보기〉를 참고하여 [B]에 나타난 오류를 이해한 내용으로 적절하지 않은 것은?

• 보기 •

논증을 구성하거나 추론을 진행하는 데 있어 타당하지 않은 방식을 사용하는 것을 논리적 오류라 한다. 대표적인 오류로 다음과 같은 것들이 있다. '동정에 호소하는 오류'는 논점과 관련 없이 상대로 하여금 불쌍한 마음이 들게 하여 주장을 펼침으로써 발생하는 오류이다. '논점 일탈의 오류'는 논쟁에서 논점을 흐리거나 주의를 전환시키면서 화제를 바꾸거나 지엽적인 문제를 물고 늘어지는 오류이다. '성급한 일반화의 오류'는 적절한 증거가 부족함에도 성급하게 결론을 내리거나 판단을 하는 오류이다. '인신공격의 오류'는 논쟁에서 어떤 사람의 주장에 대해 '주장'이 아니라 '사람'을 문제 삼아 논박하는 오류이다. '피장파장의 오류'는 다른 사람의 잘못을 들어 자기의 잘못을 정당화하려고 하는 오류이다.

① 서대주는 '자신의 운수가 순탄하지 못하여 자녀들을 모두 잃고 부인이 곧 죽을 만큼 아픈 상황임'을 늘어놓았는데, 이는 쟁점과 무관하게 상대방에게 불쌍한 마음이 들게 하여 상대를 설득하려 한다는 점에서 '동정에 호소하는 오류'를 저지른 것이라 할 수 있다.
② 서대주는 '여러 해 동안 쌓인 한스러움에 만념이 모두 재처럼 식어' '타인의 물건을 훔쳐 가는 일을 할 겨를'이 없었다고 주장하고 있는데, 이는 서대주가 실제로 도둑질을 했는지의 여부와 무관하다는 점에서 논점을 흐리는 '논점 일탈의 오류'를 저지른 것이라 할 수 있다.
③ 서대주는 '근년 이래 흉년이 극심'한 상황이라 타남주가 '알밤을 갈무리해 둘 수' 없었을 거라며 타남주가 거짓말을 한다고 주장하고 있는데, 이는 적절한 증거가 충분히 마련되지 않았음에도 성급하게 결론을 내리고 있다는 점에서 '성급한 일반화의 오류'를 저지른 것이라 할 수 있다.
④ 서대주는 '이놈의 평상시 소행'에 문제가 많았음을 이야기하며 타남주가 터무니없는 말로 자신을 무고했다고 주장하고 있는데, 이는 타남주의 주장 자체가 아닌 상대방의 인성 문제를 드러내어 주장을 논박하려 한다는 점에서 '인신공격의 오류'를 저지른 것이라 할 수 있다.
⑤ 서대주는 '인사조차 하지 않'는 등 '행실머리 없음을 아주 심하게 꾸짖었'기에 타남주가 앙심을 품고 거짓 송사를 꾀한 것이라 주장하고 있는데, 이는 논점 자체를 다룬 것이 아니라 다른 사람의 잘못을 들어 자기가 저지른 잘못을 정당화하고 있다는 점에서 '피장파장의 오류'를 저지른 것이라 할 수 있다.

[24001-0132]

04 ㉠과 ㉡에 대한 설명으로 적절하지 않은 것은?

① ㉠은 서대주와 그의 무리가 하는 행동을, ㉡은 서대주의 행동을 주로 드러내고 있다.
② ㉠이 서대주가 심문을 받기 전날 밤의 상황과 그러한 상황에 대한 인식을 드러낸 것이라면, ㉡은 판결을 기다리는 서대주의 상황과 그러한 상황에 대한 인식을 드러낸 것이다.
③ ㉠에는 동물을 의인화하여 인간처럼 행동하는 것을 묘사한 부분이, ㉡에는 의인화된 동물이 원래 동물의 행위를 하는 것처럼 드러낸 부분이 있다.
④ ㉠과 ㉡은 모두 송사를 당한 주인공의 고달픔을 드러내어 해당 인물에 대한 비판적 인식을 약화하고 있다.
⑤ ㉠의 '보는 자가 ~ 없었다.'와 ㉡의 '보는 자가 ~ 것이었다.'는 모두 '보는 자'를 활용하여 서대주에 대한 사람들의 반응이나 태도를 드러내고 있다.

09 고전 산문

[01~04] 다음 글을 읽고 물음에 답하시오.

[A] 하루는 기운이 쇠진하여 죽기에 임하였더니 문득 해산하니 여러 날 굶은 산모가 어찌 살기를 바라리오. 정신을 수습하여 태어난 아이를 보니 이 곧 남자이거늘 일희일비하여 탄식하고 한탄하기를,

"박명한 죄로 금섬이 죽고 월매 또한 죽기에 이르렀으니 어찌 참혹하지 아니하리오?"

하여 아이를 안고 이르되, / "네가 살면 내 원수를 갚으려니와 이 지함 속에 들었으니 뉘라서 살리리오?"

하며 목이 메어 탄식하니 그 부모의 참혹함과 슬픔을 이루 측량치 못할러라.

(중략)

원수가 이에 청총마를 채찍질하여 필마단기로 삼 일 만에 황성에 득달하니라.

이때 조 씨가 다시 형틀을 차리고 월매를 잡아내어 형틀에 올려 매고 엄히 치죄하며 유 부인의 간 곳을 묻되 종시 승복하지 아니하고 죽기를 재촉하는지라. 조 씨가 치다 못하여 그치고 차후에 혹 탄로할까 겁을 내어 가만히 수건으로 목을 매어 거의 죽게 되었더니 뜻밖에 승상이 필마로 들어와 말에서 내려 정히 들어오더니 문득 보니 한 여자가 백목으로 목을 매었거늘 놀라 자세히 보니 바로 월매라.

바삐 끌러 놓고 살펴보니 몸에 유혈이 낭자하여 정신을 모르는지라. 즉시 약을 흘려 넣으니 이슥한 후 정신을 차려 눈물을 흘리며 인사를 차리지 못하니 승상이 불쌍히 여겨 이에 약물로 구호하매 쾌히 정신을 진정하거늘 원수가 연고를 자세히 물으니 월매가 이에 금섬이 죽은 일과 유 부인이 화를 피하여 지함 속에 계심을 자세히 고하니 승상이 분하여 급히 월매를 앞세우고 구렁에 가 보니 ㉠<u>유 부인이 월매의 양식에 의지하여 겨우 목숨을 보전하다가 해산하매 복중이 허한 중 월매가 옥중에 곤하매 어찌 양식을 이으리오?</u> 여러 날을 절곡하매 기운이 쇠진하고 지기가 일신에 사무치니 몸이 부어 얼굴이 변형되어 능히 알아볼 수 없는지라. ㉡<u>그 가련함을 어찌 다 측량하리오?</u> 아이와 부인을 월매로 하여금 보호하라 하고 내당에 들어가 왕비께 뵈오니 왕비가 크게 반겨 승상의 손을 잡고 말하기를,

"만리 전장에 가 대공을 세우고 무사히 돌아오니 노모의 마음이 즐겁기 측량없도다. 그러나 네가 출전한 후 가내에 불측한 일이 있으니 그 통한한 말을 어찌 다 형언하리오?"

하고 충렬부인의 자초지종을 말하니 승상이 고하기를, / "모친은 마음을 진정하옵소서. 처음에 충렬의 방에 간부 있음을 어찌 알았으리오." / "노모의 서사촌 복록이 와서 이리이리하기로 알았노라."

승상이 대로하여 복록을 찾으니 복록이 간계가 발각될까 두려워하여 벌써 도주하였거늘 승상이 외당에 나와 형틀을 배설하고 옥졸을 잡아들여 [국문]하되,

"너희들이 옥중의 죽은 시신이 충렬부인이 아닌 줄 어찌 알았으며 그 말을 누구더러 하였느냐? 은휘*치 말고 바른대로 아뢰라." / 하는 소리 우레와 같으니 옥졸들이 황겁하여 고하기를,

"소인들이 어찌 알았겠습니까마는 염습할 때에 보니 얼굴과 손길이 곱지 못하여 부인과 다름을 소인 등이 의심하여 서로 말할 적에 정렬부인의 시비 금련이 마침 지나다가 듣고 묻기에 소인이 안면에 얽매여 말하고 행여 누설치 말라 당부하올 뿐이요, 후일은 알지 못하나이다."

승상이 들은 후 대로하여 칼을 빼어 서안을 치며 좌우를 꾸짖어 / "금련을 바삐 잡아들이라."

호령하니 노복 등이 황황하여 금련을 잡아다 계하에 꿇리니 승상이 고성으로 묻기를,

"너는 옥졸의 말을 듣고 누구에게 말하였느냐?"

금련이 혼비백산하여 아뢰기를 정렬부인이 금은을 많이 주며 계교를 가르쳐 남복을 입고 충렬부인 침소에 들어가 병풍 뒤에 숨었던 일과 정렬부인이 거짓 병든 체하매 충렬부인이 놀라 문병하고 탕약을 갈아 드려 밤이 깊도록 간병하시니 정렬부인이 병이 잠깐 낫다 하고 충렬부인더러 '그만 침소로 가소서.' 하니 충렬부인이 마지못하여 침실로 돌아가신 후 조 부인이 성복록을 청하여 금은을 주고 왕비 침전에 두세 번 참소하던 말을 자초지종을 낱낱이 고하니 왕비가 하늘을 우러러 탄식하고 통곡하여 말하기를,

"내 불명하여 악녀의 꾀에 빠져 애매한 충렬을 죽일 뻔하였으니 무슨 낯으로 현부를 대면하리오?"

하고 슬퍼하니 승상이 고하기를,

"이는 모친의 허물이 아니옵고 소자가 집안을 다스리지 못한 죄오니, 바라옵건대 모친은 심려치 마소서."

[B] 왕비가 눈물을 거두고 침석에 누워 일어나지 아니하니 승상이 재삼 위로하고 즉시 조 씨를 잡아들여 계하에 꿇리고 크게 꾸짖어 말하기를,

"네 죄는 하늘 아래 서지 못할 죄니 입으로 다 옮기지 못할지라. 죽기를 어찌 일시나 용서하리오마는 사사로이 죽이지 못하리니 천자께 주달하고 죽이리라."

조 씨가 애달파 가로되, / "첩의 죄상이 이미 탄로되었으니 상공이 임의대로 하소서."

승상이 노하여 큰칼을 씌워 궁 옥에 가둔 후 상소를 지어 천정에 올리니 그 글에 쓰여 있기를,

「승상 정을선은 돈수백배하옵고 성상 탑전에 올리나이다. 신이 황명을 받자와 한번 북 쳐 서융에게 항복받고 백성을 진무하온 후 회군하려 하옵더니 신의 집에 급한 소식을 듣고 바삐 올라와 본즉 여차여차한 가변이 있사오니 어찌 부끄럽지 아니하겠습니까? 이 일이 비록 신의 집 일이오나 스스로 처단하지 못하여 이 연유를 자세히 상달하옵나니 원하옵건대 폐하는 극형으로 국법을 쓰시어 죄인을 밝히 다스리시고 신의 집 시비 금섬이 상전을 위하여 죽었사오니 그 원혼을 표창하시기 바라나이다.」

하였고 그 끝에 유 씨가 지함에 들어 해산하고 월매의 충의를 힘입어 연명 보전하였음을 세세히 주달하였더라. 상이 본 후에 대경하사 가라사대,

"승상 정을선이 국가의 대공을 여러 번 세운 짐의 주석지신*이라. 가내에 이런 해괴한 변이 있으니 어찌 한심치 아니리오." / 이에 왕명을 내려 말씀하시기를,

"정렬과 금련의 죄상이 전고에 짝이 없으니 당장에 참수하라." / 하시니 여러 신하들이 아뢰기를,

"이 여인의 죄가 중하오나 조왕의 딸이요, 승상의 부인이니 참형을 쓰심이 너무 과하오니 다시 전교하사 집에서 사사하심이 옳을까 하나이다." / 천자가 옳게 여기사 비답을 내리시되,

「짐이 덕이 부족하여 경사는 없고 변괴가 일어나니 매우 참괴도다. 비록 그러하나 정렬은 일국 승상의 부인이니 특별히 약을 내려 집에서 죽게 하나니 경은 그리 알고 처리하라. 금섬과 월매는 고금에 없는 충비니 충렬문을 세워 후세에 이름이 나타나게 하라.」

하시니 승상이 사은하고 퇴궐하여 즉시 조 씨를 수죄하여 사약한 후 금련은 머리를 베고 그 나머지 죄인은 경중을 분간하여 다스리고 금섬은 다시 관곽을 갖추어 예로써 장례하고 제 부모는 속량*하여 의식을 후히

주어 살게 하고 충렬문을 세워 주고 사시로 향화를 받들게 하고 월매는 금섬과 같이하여 충렬부인 집 안에 일좌 대가를 세우고 노비 전답을 후히 주어 일생을 편케 제도하니라.

– 작자 미상, 「정을선전」

＊은휘: 꺼리어 감추거나 숨김.
＊속량: 노비의 신분을 풀어 주어서 양민이 되게 하던 일.
＊주석지신: 나라에 중요한 구실을 하는 신하.

[24001-0133]

01 [A]와 [B]에 대한 설명으로 가장 적절한 것은?

① [A]가 고통스러운 현실을 견디기 위한 인물의 각오를 강조하고 있다면, [B]는 누명을 쓰고 위기에 처한 인물의 억울함을 강조하고 있다.
② [A]가 부군에게 버림받아 인생이 망가져 버린 여인의 한계를 드러내고 있다면, [B]는 하늘이 정한 운명을 거스를 수 없는 인간의 한계를 드러내고 있다.
③ [A]가 연달아 일어나는 비극적 상황에 대한 인물의 안타까움을 드러내고 있다면, [B]는 진실이 모두 밝혀진 이후 여러 인물이 보인 반응을 드러내고 있다.
④ [A]가 죽음을 눈앞에 두고도 자식을 먼저 생각하는 부모의 사랑을 강조하고 있다면, [B]는 가족을 위해 자기 잘못을 선뜻 인정하는 윗사람의 배려를 강조하고 있다.
⑤ [A]가 자식을 통해서라도 원수를 갚고 싶은 인물의 속내를 드러내고 있다면, [B]는 부모를 위해서 사랑하던 사람의 죄상을 밝히기로 결심한 인물의 속내를 드러내고 있다.

[24001-0134]

02 〈보기〉를 바탕으로 ㉠과 ㉡을 설명한 내용으로 가장 적절한 것은?

보기

고전 소설에는 서술자가 직접 개입하는 경우가 많이 있다. 서술자는 인물의 행위나 상황에 대해 가치 판단, 감정 표출 등의 반응을 보이기도 하며, 현재까지의 줄거리를 요약하거나 앞에서 벌어진 사건들을 정리해 주기도 하고, 미래에 일어날 사건을 간략히 제시하기도 한다. 또한 서사의 흐름을 의도적으로 차단하면서 이야기 전개의 속도를 조절하기도 한다.

① ㉠이 상황에 대한 서술자의 가치 판단을 드러낸 것이라면, ㉡은 미래에 일어날 사건을 암시하기 위한 것이다.
② ㉠이 이전에 벌어진 상황을 요약하기 위한 것이라면, ㉡은 인물의 상황에 대한 서술자의 감정을 표출하기 위한 것이다.
③ ㉠이 서사의 흐름을 의도적으로 차단하여 지연하기 위한 것이라면, ㉡은 앞에서 벌어진 사건들을 정리해 주기 위한 것이다.
④ ㉠이 인물의 행위에 대한 가치 판단을 직접 드러내기 위한 것이라면, ㉡은 이야기의 전개 속도를 조절하기 위한 것이다.
⑤ ㉠이 미래에 일어날 사건을 간략히 제시하는 것이라면, ㉡은 인물의 행위에 대한 서술자의 감정을 표출하기 위한 것이다.

[24001-0135]

03

국문에 대한 인물들의 생각을 추측한 내용으로 적절하지 않은 것은?

① 월매는 국문을 통해 진실이 밝혀지고 충렬부인의 누명이 벗겨지기를 바랐을 것이다.
② 성복록은 국문 과정에서 간계가 발각되면 목숨이 위태로워질 것이라 염려했을 것이다.
③ 옥졸들은 국문에서 사실대로 고해야 자신들의 무죄함이 밝혀질 것이라 판단했을 것이다.
④ 왕비는 국문 과정에서 충렬부인에 대한 자신의 판단이 그릇되었음이 드러나 민망했을 것이다.
⑤ 조 씨는 국문 결과에 승복해도 조왕의 딸이자 정렬부인인 자신이 처벌되지 않으리라 자신했을 것이다.

[24001-0136]

04

〈보기〉와 관련지어 '금섬'과 '월매'를 이해한 내용으로 적절하지 않은 것은?

보기

「정을선전」의 서사는 남자 주인공인 '정을선'과 '충렬부인 유추연'의 애정 성취와 가정의 안녕 추구로 진행되는데, 전반부는 전처의 소생을 계모가 학대하는 내용이 담긴 계모형 가정 소설의 구조로, 후반부는 일부다처제의 문제로 인한 여인들의 갈등이 나타나는 쟁총형 가정 소설의 구조로 구성된다. 이 과정에서 '계모 노씨'와 '정렬부인 조씨'는 갈등을 주도하는 악인으로 등장한다. 「정을선전」에서는 주인공들을 둘러싼 보조 인물들의 활약이 두드러지는데, 악행을 돕던 인물들과 주인공을 돕는 인물들이 맞이하는 결말의 차이를 통해 '권선징악'이라는 주제 의식이 구현된다.

① '금섬'과 '월매'는 주인공 '충렬부인'을 직접적으로 돕는 보조 인물에 해당한다.
② '금섬'과 '월매'는 '정렬부인'의 계교를 따르는 '금련', '충렬부인'을 참소하는 '성복록'과는 대비되는 인물이다.
③ '금섬'과 '금련'은 주인을 위하다 죽음을 맞이한다는 점에서, '월매'와 '성복록'은 주인을 위해 거짓을 고한다는 점에서 유사하다.
④ '금섬'과 '월매'의 충성스러움을 당시 천자가 직접 언급하고 치하하고 있다는 점에서, 두 사람 모두 본받을 만한 인물로 제시되고 있다.
⑤ 승상이 '금섬'의 부모를 속량한 후 의식을 후히 주어 살게 하고, '월매'에게 노비 전답을 후히 주어 일생을 편케 한 것을 통해 '권선징악'이라는 주제 의식이 구현되고 있다.

10 고전 산문

[01~04] 다음 글을 읽고 물음에 답하시오.

두 낭자가 좌우에 모시고 앉아 다시 술을 권할새, 벽도 낭자 왈,

"㉠오늘 즐거움이 평양 객점(客店)에서 홍 · 류 두 문생(門生)을 데리고 경학 강론(經學講論)하시는 것과 어떠하시니잇고?" / 이생이 기쁜 낯빛으로 왈,

"㉡온자한 재미는 있거니와 몹시 흥겨운 풍취야 어찌 이만하오리오!" / 또 문(問) 왈,

"두 문생의 온화 정대하옴이 저희 두 첩과 어떠하니잇고?" / 답 왈,

"차이가 없을 듯하여이다." / 또 문 왈,

"낭군이 항상 허황한 일을 믿지 아니하시거니와, 만일 홍 · 류 두 문생이 일조(一朝)에 남화위녀*하여 평생을 모신다 하오면 낭군은 어찌하시리잇고?" / 이생이 추연(惆然)* 왈,

"그럴 이치가 없으나 두 문생은 나의 지기지우(知己之友)라. 평생을 함께 지내기로 서로 약속하여 잠시 이별을 하였으니, 만일 범절(凡節)과 모양이 그러한 여자 있으면 어찌 아름답지 아니하리오! 그러나 낭자가 속객(俗客)*을 대하여 **조롱이 심하도다.**"

이에 두 낭자가 비녀를 빼어 일시에 바닥에 엎드려 사죄 왈,

"백 년을 함께 사는 일이 지중(至重)하여 천첩(賤妾)이 대군자께 중죄를 지었사오니 차생차세(此生此世)에 어찌 다 속죄하오며, 대군자의 하늘 같은 대덕(大德)을 세세생생(世世生生)에 어찌 다 갚사오리까? 일월(日月) 같으신 군자의 안광(眼光)으로 어찌 몰라 보시리잇가? 첩들을 어여삐 여기사 용서하심인가 하나이다. 당초에 **여화위남*하여 몇 달 모실 때**와 평생을 배운다 하여 모시고 내려올 때는 혹 분변(分辨)치 못하실 듯하옵고 첩들의 죄상도 오히려 용서하심을 바라려니와, 허황한 휼계(譎計)로 선녀를 가탁(假託)하여* 정대하오신 군자를 산 위로 유인하여 연분(緣分)을 맺는다 하옴은 그 죄상이 만 번 죽어도 아쉽지 않으리라. 그러하오나 하향(遐鄕)의 천첩들이 대군자의 권고지택(眷顧之澤)*을 받자오니 오늘 죽어도 한이 없을지라. ㉢엎드려 삼가 바라건대 대군자 서방님께옵서 용서하옵소서. 오늘 이후 첩들의 사생영욕(死生榮辱)이 서방님께 달렸사오니 강과 바다와 같은 은혜를 바라나이다."

하거늘, 이생이 청파(聽罷)에 정신이 어지러워 꿈인지 생시인지 깨닫지 못하다가 한참 후에 왈,

"㉣말씀이 하도 맹랑하여 믿지 못하겠으니 자세히 해명하라. 중원(中原)에서 밤에 홍도 낭자 만날 때에는 홍생이 성천에 간 자취가 분명하고, 이번은 류생이 안주에 간 일이 확실하거늘 어찌 그러하리오?"

두 낭자가 머리를 조아리며 사죄하여 왈,

"조그마한 천첩들이 하늘이 내신 대군자를 기망하올 때에 무슨 꾀를 아니 쓰리잇고? '성천이나 안주에 간다' 하고 지척에 있은들 서방님 눈에 띄지 않으면 어찌 알으시며, 자고로 소인과 천인은 얕은꾀가 많사와 군자를 모함할 때 도리를 벗어난 악한 짓을 갖가지로 하는 법이옵고, 군자는 정직한 심장과 정대한 행세가 평생 거짓된 일과 사곡(邪曲)한 꾀는 아주 모르시니 어찌 요량하시리잇고? 그런고로 왕왕히 소인의 모함에 빠져도 요행으로 면할 궁리를 아니 하나니, 서방님께옵서 천성이 고상하시와 부귀번화를 좋아하지 않으시고, 세상에 태어나 이십팔 년 동안 정대한 성인(聖人)의 책만 읽으시어 정대한 마음과 정대한 일만 아시고 바깥 사람들과 접촉하지 않으시니, 어찌 권변술수(權變術數), 사모기계(邪謀奇計)를 아시리잇

고? 맹자 말씀이 '군자는 가기이기방(可欺以其方)이라*' 하시오니, **첩들의 백 가지 휼계를 어찌 측량하시리잇고?"**

하고, 전후 사실을 일일이 이야기하온대, 이생이 다만 두 사람의 입만 보고 아무 말도 아니 하다가, 다시 꿇어앉으며 왈, / "도무지 **학생*의 공부가 차지 못한 연고이니, 누구를 원망하리오."**

[중략 부분 줄거리] 기생 홍도화, 류지연은 이생의 엄숙한 태도를 보고, 그동안 그를 속인 자신들의 행동을 반성한다. 이생은 두 낭자를 불러 그들의 거짓된 말과 행동을 꾸짖는 한편, 앞으로의 삶에 대한 두 낭자의 생각을 묻는다.

이생이 사색(辭色)*을 내리고 왈,

"㉤내 너희를 버리거나 두는 것은 내게 달렸거니와, 만일 너희들과 백 년을 함께할 지경에는 너희 생각에 어찌하고자 하는고?" / 두 낭자가 꿇어 고(告) 왈,

"이왕 죄상은 만 번 죽어도 아깝지 않사오나, 하해 같으신 홍량대덕(洪量大德)으로 첩들을 거두실진데 첩들이 분골쇄신하고 부탕도화(赴湯蹈火)*라도 사양치 않을 것이어늘 어찌 스스로 편안코자 하리잇고?"

이생이 왈,

"그런 게 아니라 내 명색이 경학하던 선비로 기생첩을 엽렵히 세고 들어가면 우선 아우들의 모양이 어찌 되며, 또 너희들을 데려다가 규중에 가두고 나는 도로 공부할 지경이면 너희들의 적막함은 고사하고 **내 일도 쓸데없는 짓이라.** 공연히 식구만 보탬이니 무슨 효험이 있으리오! **너희들 편함이 곧 나의 편함이니 좋은 도리로 의논하라** 함이요, 너희들을 겁주려 하옴은 아니라. 그러므로 예부터 선비 된 자의 조심하기 어려움이 이러한 연고로다." / 두 낭자가 그제야 안색에 화기가 돌아오고 공경 대(對) 왈,

"서방님께옵서 은택을 드리우사 첩들의 중죄를 용서하옵시고, 천금같이 귀하신 몸이 친히 왕림하실 지경에는 첩들의 재물이 수천 석이오니 무슨 도리를 못 하오리까? 좋을 대로 주선하올 터이옵고 일동일정(一動一靜)을 서방님께 여쭈어 하올 것이어니와, 우선 압경(壓驚)*이나 하사이다." / 이생 왈,

"오죽 못난 놈이 무당의 서방 되며, 여간 잡놈이 기생의 모가비*가 되겠느냐? 너희 생각대로 하라."

– 작자 미상, 「삼선기」

* **남화위녀**: 남자가 변화하여 여자가 됨.
* **추연**: 처량하고 슬프게.
* **속객**: '속세에서 온 손님'이라는 뜻으로 이생(이춘풍) 자신을 가리키는 말. 여기서 이생은 홍도화, 류지연 두 여자를 선녀로 착각하여, 그 둘과 달리 자신은 속세의 인간이라는 뜻으로 '속객'이라는 표현을 씀.
* **여화위남**: 여자가 변화하여 남자가 됨. 여기서는 여자가 남장을 하고 남자처럼 행동한 것을 가리킴.
* **허황한 ~ 가탁하여**: 허황하게 남을 속이는, 간사하고 능청스러운 꾀로 선녀인 척하여.
* **권고지택**: 돌보아 준 은혜.
* **군자는 가기이기방이라**: '군자는 도에서 어긋난 그럴듯한 꾀로 속일 수 있다.'라는 뜻으로, 『맹자』에 나오는 말.
* **학생**: '학문을 닦는 사람'이라는 뜻으로, 이생(이춘풍)이 자신을 가리키는 말.
* **사색**: 말과 얼굴빛.
* **부탕도화**: '끓는 물이나 타는 불에라도 들어간다.'라는 뜻으로, 윗사람의 명령을 따르기 위해 어떤 어려움도 피하지 않는다는 말임.
* **압경**: 놀란 마음을 진정시킴. 보통 술을 마시게 함.
* **모가비**: 사당패 또는 산타령패 따위의 우두머리. 여기서는 기생 학교인 교방(敎坊)의 우두머리를 뜻함.

[24001-0137]

01

전후 사실에 해당하는 것으로 적절한 것은?

① 두 낭자는 이생을 산 위로 유인하기 위해 선녀인 척했다.
② 두 낭자는 이생과 잠시 이별하여 각각 성천과 안주에 다녀왔다.
③ 두 낭자는 이생의 총애를 얻기 위해 이생의 다른 문생들과 경쟁했다.
④ 두 낭자는 모함을 당한 이생을 돕기 위해 남장을 하고 그의 문생이 되었다.
⑤ 두 낭자는 과거 이생에게 죄를 짓고 용서받은 적이 있지만 다시 죄를 지었다.

[24001-0138]

02

〈보기〉는 윗글의 앞뒤 내용을 정리한 것이다. 이를 참고하여 윗글을 이해한 내용으로 적절하지 않은 것은?

보기

〈앞의 내용〉

[1] 이생(이춘풍)은 명문가의 후손으로 부귀공명에 뜻을 두지 않고, 여색을 멀리하며 학문에 전념한다.
[2] 홍도화, 류지연은 평안도의 유명한 기녀로, 평생의 반려자가 될 이상적 남성을 찾아 한양에 간다.
[3] 홍 · 류 두 여자는 이생을 보고, 그가 자신들이 찾던 이상적 남성이라 판단한다.

〈뒤의 내용〉

[1] 이후 이생은 도학자의 삶을 버리고, 홍 · 류 두 여자와 함께 평양에 남아 대규모로 교방을 운영하면서 학식과 덕을 바탕으로 교방 문화의 격을 높인다.
[2] 이생이 모함을 당해 귀양을 가고, 교방은 폐쇄된다.
[3] 무고함이 밝혀져 귀양에서 풀려난 이생은 여생을 홍 · 류 두 여자와 함께 행복하게 산다.

① 홍도화, 류지연이 지닌 수천 석의 재물은 이생이 평양에서 교방을 운영하는 데 사용되었겠군.
② 홍도화, 류지연이 이생에게 휼계를 사용한 까닭은 그를 자신들의 반려자로 삼기 위해서였겠군.
③ 이생이 도학자로서 성인의 책만 읽고 정대한 마음만 알고자 했던 것은 도학자의 삶을 버린 이후에도 긍정적으로 작용했겠군.
④ 이생이 선비 된 자의 조심하기 어려움을 언급한 까닭은 자신이 홍도화, 류지연이 찾던 이상적 남성이 아니라고 판단했기 때문이겠군.
⑤ 이생이 아우들을 곤란하게 하거나 홍도화, 류지연에게 피해를 입혀서는 안 된다고 생각한 것은 그가 자신의 집으로 돌아가지 않고 평양에 남은 이유가 되었겠군.

[24001-0139]

03 ㉠~㉤에 대한 설명으로 적절하지 않은 것은?

① ㉠은 자신이 감추고 있는 사실을 상대방이 모를 것이라고 생각하면서 하는 말이다.
② ㉡은 상대방이 감추고 있는 사실을 모르는 상태에서 하는 말이다.
③ ㉢은 자신이 감추고 있는 사실을 상대방에게 들켜서 하는 말이다.
④ ㉣은 상대방이 밝힌 사실을 받아들이기 어려워서 하는 말이다.
⑤ ㉤은 상대방이 밝힌 사실을 받아들이고 나서 하는 말이다.

[24001-0140]

04 〈보기〉를 바탕으로 윗글을 감상한 내용으로 적절하지 않은 것은?

보기

훼절 소설은 뚜렷한 도덕관을 지닌 상층 남성이 아름답고 영리한 기녀의 속임수에 빠져 자신의 도덕적 신념을 깨뜨리는 내용의 이야기이다. '속이는 자'로서 기녀가 상층 남성에 접근하는 방식은 작품에 따라 자신의 신분을 그대로 노출하는 경우와 기녀의 신분을 감추고 다른 신분으로 위장하는 경우로 나뉜다. '속임을 당하는 자'로서 상층 남성의 도덕적 신념은 타인의 의도가 작용해 깨뜨려지기도 하고 자신의 취약성 때문에 무너지기도 하며, 타인의 의도와 자신의 취약성이 함께 작용해 훼손되기도 한다. 훼절의 결과로 상층 남성은 대부분 도덕적 위선이 드러나 조롱과 풍자의 대상이 된다. 그러나 훼절을 경험한 후 관념적 가치에 얽매인 삶에서 벗어나 삶에 대해 보다 유연한 인식을 보여 주게 되는 경우도 있다.

① '조롱이 심하도다.'라는 발언에서, '속이는 자'의 속임수가 성공하여 '속임을 당하는 자'가 조롱과 풍자의 대상으로 격하되었음을 알 수 있겠군.
② '여화위남하여 몇 달 모실 때'라는 발언에서, '속이는 자'가 자신의 신분을 감추고 '속임을 당하는 자'에게 접근했음을 알 수 있겠군.
③ '첩들의 백 가지 휼계를 어찌 측량하시리잇고?'라는 발언에서, '속임을 당하는 자'의 도덕적 신념이 타인의 의도가 작용해 깨뜨려졌음을 알 수 있겠군.
④ '학생의 공부가 차지 못한 연고이니, 누구를 원망하리오.'라는 발언에서, '속임을 당하는 자'의 훼절이 '속임을 당하는 자'의 취약성 때문에 일어난 면도 있음을 알 수 있겠군.
⑤ '내 일도 쓸데없는 짓이라.', '너희들 편함이 곧 나의 편함이니 좋은 도리로 의논하라'는 발언에서, '속임을 당하는 자'가 훼절을 경험한 후 삶의 방식이나 태도를 바꾸고자 함을 알 수 있겠군.

[01~04] 다음 글을 읽고 물음에 답하시오.

무심자(無心子)*는 이렇게 말한다. 예전에 있었던 일이다. 나는 해진 베옷을 입고 여윈 말을 타고 노복도 없이 혼자 전주성 서쪽을 따라 얼음 고개*를 오르고 있었다. 그때는 봄이고 삼월 상순이라 복사꽃과 자두꽃이 온 성안에 가득 피어 있었다. 저 멀리 어떤 장부 한 사람이 보였다. 대지팡이를 등에 지고 허름하고 짤막한 베옷을 입은 그는 마음껏 노래하며 천천히 걸어가고 있었는데, 그 살쩍과 머리칼이 눈처럼 희었다. 그의 노래를 들어 보니 이러했다.

"강호에 기약 두고 십 년을 분주하니 / 그 모르는 백구(白鷗)는 더디 온다 하건마는 / 성은이 지중(至重)하시니 갚고 갈까 하노라."*

내가 탄 말 바로 앞에 다가와 그제야 자세히 보았더니, 바로 서울의 옛 악사* 송경운이었다. 무심자는 예전에 그와 교분이 있었기에 웃으며 이렇게 말했다.

"대지팡이를 짚은 건 늙어서일 테고, 짤막한 베옷을 걸친 건 가난해서일 테고, 그냥 걸어가는 건 말이 없어서일 텐데, ㉠그렇게 마음껏 노래하는 건 어째서인가?"

경운은 이내 활짝 웃는 표정으로 대답했다.

"쇤네 이제 나이가 일흔이 넘었습니다. 그리고 쇤네는 예전에 음악을 좋아했지요. 그러니 쇤네는 늙은 악사입니다. 노래란 음악 중에 으뜸가는 것이지요. 늙은 악사로서 봄날의 흥에 겨워 노래가 나오는 것입니다. 선생님은 이게 이상하신지요? 쇤네가 알기로 선생님은 옛날에 임금님을 가까이서 모시던 분인데, 수놓은 비단옷을 해진 베옷으로 바꿔 입고 멋진 청총마(青驄馬) 대신 여윈 말을 타고설랑 그 많던 뒤따르던 종들은 어찌하시고 노복 하나도 없이 서울의 큰길 대신 산길을 가고 계시는지요? 어째서 이렇게 고생을 사서 하고 계십니까? 쇤네는 선생님이 유독 이상해 보입니다."

그리하여 마침내 서로 즐겁게 노닐며 한나절을 보냈던 것이다.

송경운은 서울 사람이다. 자기 말로는 옛날에 이 절도사(李節度使)의 노복이었는데 민첩하고 재주가 있어 특별히 노비 장부에서 빠져나올 수 있었고 마침내 군공(軍功)으로 사과(司果)* 벼슬까지 얻었다고 한다. 체구가 훤칠하게 컸고, 풍채가 좋고 피부가 희었으며, 가느스름한 눈은 별처럼 빛나는 데다, 수염이 아름답고 담소를 잘했으니, 말하자면 참으로 호남자였다.

그는 타고나길 유독 음률을 잘 알았다. 아홉 살 때 비파를 배웠는데 노력하지 않고도 잘하게 되어 지극한 경지에 이르렀고, 열두어 살에는 서울과 그 근방까지 이름이 났다. 아로새긴 대들보 아래 화려한 잔치 자리가 그의 거처였고 금인(金印)과 옥관자를 한 고위 관료가 그의 동반자였다. 꽃 장식을 하고 구름같이 풍성하게 머리를 올린 기녀들이 그의 좌우에 있었고, 둥둥 울리는 장구와 삘릴리 하는 피리가 그의 위의를 도왔다. 강물 같은 술에 산과 같은 안주, 일천 속(束)의 비단과 일만 관(貫)의 돈이 그 잔치의 비용으로 쓰였다. 누구의 집에서도 그에게 밥을 주었고 누구든지 그에게 옷을 주었다. 하루가 이렇게 지나갔고 한 달이 이렇게 지나갔다. 한 해가 이렇게 지나갔거니와, 반평생 역시 이렇게 지나간 것이다. 사람들이 어깨를 부딪고 말들이 서로 발굽을 밟으며 서로 밀 틈조차 없을 정도로 북적거리는 연회석에서는 이런 말이 나오곤 했다.

"㉡송 악사 어딨나?" / "아무 궁가(宮家)*에서 불러 갔다지."

"송 악사 어딨나?" / "아무개 상공(相公)이 불러 갔다는군."

그가 이미 한 군데에 불려 가 버리고 나면 남은 자리가 쓸쓸해져 즐거워하는 이가 드물었다. 온 도성 사람들이 모두 그랬다.

온갖 기예들, 이를테면 글씨 쓰기나 활쏘기, 말타기, 그림, 바둑, 장기, 투호 놀이 같은 것을 하는 이들은 서로의 지극한 경지를 칭찬할 때 다들 자기 친구에게 "㉢어째 송경운의 비파 같네!"라고 했고, 나무하고 소 먹이는 아이들이 모여 놀다가 누가 몹시 재미있는 말을 했을 때도 자기 친구에게 "어째 송경운의 비파 같네!"라고들 했으며, 말을 배우는 두어 살 된 어린애들조차도 아무 상관없는 것을 가리키며 '㉣어째 송경운의 비파 같네!'라고 하는 것이었다. 당시 송경운의 이름이 알려진 것이 대략 이러하였다. **(중략)**

전주는 큰 도회지이다. 인물이 많기로는 우리나라에서 제일가지만 백성들이 살기에는 어려움이 많고 화려한 것을 숭상하지 않는 풍속이 있었기에 관가에서 말고는 그 경내에 음악 소리가 들린 적이 전혀 없었다. 그런데 경운이 전주에 와서 살고부터 이곳 사람들은 그의 음악을 듣고 모두들 즐거워하게 되어 밀려오는 파도인 양 잔뜩 몰려들었다. 손님이 찾아올 때마다 경운은 비록 무슨 일을 하던 중이더라도 어김없이 서둘러 그만두고 비파를 가져오는 것이었다. 그의 말은 이러했다.

"쇤네같이 하찮은 것을 귀하께서 좋게 보아 주시는 이유는 쇤네의 손에 있습지요. 쇤네 어찌 감히 손을 더디 놀릴 수 있겠으며 쇤네 어찌 감히 마음을 다하지 않을 수 있겠습니까?"

그러고는 곡조를 갖추어 비파를 타기 시작하여, 듣는 사람의 마음이 흡족하게 되었다는 것을 알고서야 연주를 끝냈다. 비록 별 볼 일 없는 하인 같은 사람들이 찾아와도 이렇게 응대하지 않는 경우가 없었다. 이러기를 20여 년에 이르도록 게을리하지 않았으니 이로써 전주 사람들의 마음을 기쁘게 해 줄 수 있었다. 전주 사람들은 이렇게 말했다.

"전주는 큰 도회지라 인물도 적지 않은데 사람들 하나하나마다 그 마음을 다해 기쁘게 해 주다니, ㉤송경운은 아마 보통 사람은 아닐 것이야."

항상 수십 명의 제자를 거느리고 있었는데, 그 행동거지의 범절이나 스승을 사랑하고 존경하는 방식은 유교에서 인륜을 가르치는 경우와 다름이 없었다. 그래서 그의 명성은 나이가 들수록 더욱 성대해졌다. 근방의 고을 수령이나 절도사 등이 틈을 보아 먼저 데려가려고 다툴 지경이었으므로 그가 집에 있는 경우는 드물었다.

언젠가 그와 함께 음악 이야기를 한 적이 있었는데, 경운은 이런 말을 했다.

[A] "비파는 옛 곡조와 요즘 곡조가 다른데, 지금 사람은 대체로 옛 곡조를 내치고 요즘 곡조를 숭상하고 있지요. 유독 저는 옛 곡조에 뜻을 두고 있습니다. 그래서 소리를 낼 때 전부 옛 곡조로 채우고 요즘 곡조가 끼어들지 못하게 하면 저의 마음에 흡족하고 이야말로 음악답다고 여겨집니다. 그렇게 하여 조급하지도 천박하지도 않으며 넉넉하게 여유가 있는 소리를 낸다면 말세의 사악한 소리를 씻어 내고 저 훌륭한 옛날의 바른 음악을 회복할 수 있을 것 같고, 내 평생을 그런 음악을 하여 후세까지 전하는 것이 마땅하다고 생각하고 있습니다. 그렇지만 저의 연주를 듣는 이들은 모두가 평범한 사람들인지라 그렇게 연주를 하면 그다지 기뻐하지도 않고 잘 이해를 못해 즐거워하지 않더군요. 가만히 생각해 보니 음악에서 중요한 건 사람을 기쁘게 하는 일인데 만약 음악을 듣고도 즐겁지 않다면 비록 안회(顔回)나 증

점(曾點)이 여기서 거문고를 연주한다 한들* 또한 사람들에게 무슨 유익함이 있겠는가 싶습니다. 이 때문에 저는 다만 저의 곡조를 변주하여 요즘 곡조를 간간이 섞음으로써 사람들이 기뻐할 수 있도록 만들었습니다."

– 이기발, 「송경운전」

* 무심자: 이 글의 작가인 이기발의 호(號).
* 얼음 고개: 전라북도 전주에 있는 한 지역의 명칭.
* "강호에 ~ 갊고 갈까 하노라.": 조선 중기의 문신 정구가 쓴 시조.
* 악사: 음악가를 이르는 말. 혹은 조선 시대 아악서(雅樂署) · 전악서(典樂署) · 장악원(掌樂院)의 악공(樂工)이나 악생(樂生) 중에서 우두머리 구실을 하였던 원로 음악인들로서 잡직(雜職)을 담당하였던 벼슬아치를 가리키는 말.
* 사과: 정6품 무관직. 송경운은 임진왜란 무렵 군공을 세워 노비 신분에서 벗어나 무인의 지위를 획득했음.
* 궁가: 대원군, 왕자군, 공주, 옹주 등 왕족이 사는 집.
* 안회나 ~ 한들: 안회와 증점은 공자의 제자로서 곤궁하게 지내면서도 거문고를 타며 도를 즐긴 사람들임. 여기서는 고매한 정신으로 거문고를 연주하지만 평범한 청중에게 다가가지 못하는 상황을 비유함.

[24001-0141]

01 윗글의 내용에 대한 이해로 적절하지 않은 것은?

① 송경운은 서울에서 태어나서 살다가 나중에 전주로 이주했다.
② 송경운은 음악가의 집안에서 태어나 어릴 적부터 음악에 재능을 보였다.
③ 송경운은 상대방 신분의 높고 낮음에 관계없이 동등하게 음악을 들려주었다.
④ 송경운의 명성이 더욱 높아지는 데 제자들의 올바른 품행이 긍정적으로 작용했다.
⑤ 송경운이 전주에서 펼친 음악 활동은 그 지역 사람들이 음악을 대하는 태도에 영향을 미쳤다.

[24001-0142]

02 무심자에 대한 설명으로 적절하지 않은 것은?

① 주인공의 외양 묘사를 통해 그의 긍정적 면모를 부각하고 있다.
② 주인공과 관련된 일화들을 제시하여 그의 성격을 드러내고 있다.
③ 작중 서술자로 등장하여 주인공의 행적을 요약적으로 제시하고 있다.
④ 주인공이 부른 노래의 가사를 인용하여 그의 내적 갈등을 암시하고 있다.
⑤ 주인공의 말 상대로 등장하여 주인공의 말을 이끌어 냄으로써 주제 의식을 드러내고 있다.

[24001-0143]

03 ㉠~㉤을 설명한 내용으로 적절하지 않은 것은?

① ㉠: 송경운의 늙고 초라한 모습을 보면서 느낀 안타까움에서 비롯한 질문이다.
② ㉡: 화려한 잔치 자리에는 송경운이 있을 것이라는 사람들의 기대에서 비롯한 말이다.
③ ㉢: 송경운의 비파 연주가 지극히 훌륭하다는 사람들의 인식에서 비롯한 표현이다.
④ ㉣: 송경운의 이름이 널리 알려져 있었던 상황에서 비롯한 표현이다.
⑤ ㉤: 송경운의 음악 실력과 사람을 대하는 태도에 대한 사람들의 긍정적 인식에서 비롯한 말이다.

[24001-0144]

04 [A]를 참고할 때, 윗글의 '송경운'이 〈보기〉의 '유우춘'에게 해 줄 수 있는 말로 가장 적절한 것은?

보기

저(=유우춘)는 해금을 배우기 시작한 지 3년 만에 재주를 이루었는데, 그러는 동안 다섯 손가락에 모두 굳은살이 박였습니다. 그런데 기예는 더욱 높아졌으나 살림이 나아지지 않았으니, 사람들이 갈수록 내 음악을 이해하지 못하게 됐기 때문입니다.

그런데 저 거지는 못 쓰는 해금 하나를 주워다가 몇 달을 다루고 나면 그 소리를 듣는 사람들이 우르르 모여듭니다. 연주를 마치고 돌아가면 그 뒤를 따라다니는 자가 수십 명은 되지요. 거지는 그렇게 해서 하루에 쌀 한 말은 얻고 벙어리*에 돈까지 거둬 갑니다. 그 이유는 다름이 아니라 그 음악을 이해하는 자가 많기 때문입니다.

지금 '유우춘의 해금'이라 하면 온 나라 사람들이 모두 압니다. 그러나 그 이름을 듣고 알 뿐이지 그 해금 소리를 듣고 이해하는 자야 몇 사람이나 되겠습니까?

– 유득공, 「유우춘전」

* 벙어리: 푼돈을 모으는 질그릇.

① 음악에서 중요한 것은 바른 음악을 회복하는 일입니다. 사람들이 '유우춘의 해금'을 즐거워하지 않더라도 사람들의 이해를 구하려 하지 말고 당신의 기예를 높여 나가기 바랍니다.
② 음악에서 중요한 것은 사람을 기쁘게 하는 일입니다. 사람들이 '유우춘의 해금'을 이해하지 못하는 것이 안타깝더라도 사람들을 음악으로써 기쁘게 할 수 있는 방법을 찾아보기 바랍니다.
③ 음악에서 중요한 것은 청중의 감상 능력입니다. '유우춘의 해금'을 이해하지 못하는 평범한 사람들에게 맞추어 음악을 변화시키지 말고 그들의 감상 능력이 높아질 때까지 당신의 음악을 지켜 나가기 바랍니다.
④ 음악에서 중요한 것은 음악가 자신의 만족감입니다. '유우춘의 해금'이 사람들에게 널리 알려지지 않은 것을 슬퍼하지 말고 당신이 연주하는 음악이 청중이 아닌 자신의 마음에 흡족하게 되도록 노력하기 바랍니다.
⑤ 음악에서 중요한 것은 경제적 보상입니다. '유우춘의 해금'이 널리 알려졌음에도 당신의 살림에는 유익함이 없으니, 사람들이 이해하지 못하는 곡조는 쓰지 말고 지금 사람들을 기쁘게 하는 요즘 곡조로 채워 경제적 이익이 되는 음악을 하기 바랍니다.

01 현대 소설

[01~04] 다음 글을 읽고 물음에 답하시오.

"아, 일본 갔다 오시는 분은 모두 그런 양복을 입으십디다그려."
하며 [궐자]*는 외투 위로 내다보이는 학생복 깃에 달린 금글자를 바라보고 웃었다. **일본 유학생**이 더구나 합병 이후로는 신시대, 신지식의 선구인 듯이 쳐다보이는 때라, 이 촌 청년도 부러운 눈으로 나를 자꾸 쳐다보며 이것저것 묻고 싶으나 무얼 물을지 몰라서 망설이는 모양 같다.

"당신은 무엇을 하슈?"

나는 대답 대신에 딴소리를 하였다.

"네에, 갓[笠] 장사를 다니는 장돌뱅이입니다."

그는 자비(自卑)하듯이 웃지도 않으며 자기 입으로 장돌뱅이라 한다.

"갓이오? 그래 요새두 갓이 잘 팔리나요?"

"그저 그렇지요. 촌에서들은 그래두 여전히 갓을 쓰니까요."

나는 좀 의외로 생각하였다. 두 사람은 잠깐 말을 끊었다가, 나는 다시 물었다.

"그러나 당신부터 왜 머리는 안 깎으우? 세상이 바뀌었을 뿐 아니라 귀찮고 돈도 더 들지 않소?"

"웬걸요, 촌에서 머리를 깎으려면 더 페롭고 실상 돈도 더 들죠. …… 게다가 머리를 깎으면 형장네들 모양으로 **'내지어(內地語)'도 할 줄 알고 시체 학문(時體學問)도 있**어야지 않겠나요. 머리만 깎고 내지 사람을 만나도 말대답 하나 똑똑히 못 하면 관청에 가서든지 순사를 만나서든지 더 성이 가신 때가 많지요. 이렇게 망건을 쓰고 있으면 요보*라고 해서 좀 잘못하는 게 있어도 웬만한 것은 용서를 해 주니까 그것만 해도 깎을 필요가 없지 않아요."
하며 껄껄 웃어 버린다.

"그두 그럴듯하지마는 같은 조선 사람끼리라도 머리만 깎고 양복을 입고 개화장을 휘두르고 하면 대접이 다른 것같이, 역시 **머리라도 깎**는 것이 저 사람들에게 **천대를 덜 받지 않**소. 언제까지든지 함부로 훌뿌리는 대로 꿉적꿉적하고 요보란 소리만 들으려우?"

나는 궐자의 말이 일리가 있다고 동정은 하면서도, 무어라고 하나 들어 보려고 이렇게 물었다.

"훌뿌리거나 요보라고 하거나 천대는 받을 때뿐이지마는, 머리나 깎고 모자를 쓰고 개화장이나 짚고 다녀 보슈. 가는 데마다 시달리고 조금만 하면 뺨따귀나 얻어맞고 유치장 구경을 한 달에 한두 번쯤은 할 테니! 당신네들은 내지어나 능통하시지요? 하지만 우리 같은 놈이야 맞으면 맞았지 별수 있나요!"

[A] 천대를 받아도 얻어맞는 것보다는 낫다! 그도 그럴 것이다. 미친 체하고 떡 목판에 엎드러진다는 세음으로 미친 체하고 어리광 비슷한 수작을 하거나, 스라소니 행세를 하거나 하여, 어떻든지 저편의 호감을 사고 저편을 웃기기만 하면 목전에 닥쳐오는 핍박은 면할 것이다. 속으로는 요놈 하면서라도 얼굴에만 웃는 빛을 띠면 당장의 급한 욕은 면할 것이다. 공포, 경계, 미봉, 가식, 굴복, 도회, 비굴…… **이러한 모든 것에 숨어 사는 것이 조선 사람의 가장 유리한 생활 방도**요, 현명한 처세술이다. 실상 생각하면 우리의 이러한 생활 철학은 오늘에 터득한 것이 아니요, 오랫동안 봉건적 성장과 관료 전제 밑에서 더께가 앉고 굳어 빠진 껍질이지마는, 그 껍질 속으로 점점 더 파고들어 가는 것이 지금의 우리 생활이다.

"어떻든지 그저 내지인과 동등한 대우만 해 주면 나중엔 어찌 되든지 살아갈 수 있겠죠."

청년은 무엇에 쫓겨 가는 사람처럼 차 안을 휘휘 돌려다 보고 나서 목소리를 한층 낮추어서 다시 말을 잇는다.

[중략 부분 줄거리] '나'는 서울에 도착해 머물다가 아내의 초상을 치른다. 그리고 동경에서 교분을 나누었던 카페 여급 정자에게서 일을 그만두고 대학에 입학하게 되었다는 편지를 받고 답장을 쓴다.

모든 것이 순조로이 해결되어 가고 학교에 들어가시게 되었다 하오니 얼마나 반가운지 모르겠습니다. ㉠과거 반년간의 쓰라린 체험이 오늘의 신생을 위한 커다란 준비 시기이셨던 것을 생각하면, 그동안 나의 행동이 부끄럽지 않을 수 없습니다마는, 한편으로는 내 생애에 있어서도, 다만 젊은 한때의 유흥 기분만에 그치지 아니하였던 것을 감사하며 기뻐합니다. 그러나 뒷날에 달콤하고 아름다운 추억으로 남아 있으리라고 생각할 뿐이라면 이렇게 섭섭한 일도 없고, 당신은 또 자기를 모욕하였다고 노하실지도 모르나, 언제까지 그런 기쁨과 행복에 잠겨 있도록 이 몸을 안온하고 자유롭게 내버려두지 않으니 어찌하겠습니까. 나도 스스로를 구하지 않으면 아니 될 책임을 느끼고, 또 스스로의 길을 찾아가야 할 의무를 깨달아야 할 때가 닥쳐오는가 싶습니다. …… 지금 내 주위는 마치 공동묘지 같습니다. ㉡생활력을 잃은 백의(白衣)의 백성과, 백주에 횡행하는 이매망량(魑魅魍魎)* 같은 존재가 뒤덮은 이 무덤 속에 들어앉은 나로서 어찌 '꽃의 서울'에 호흡하고 춤추기를 바라겠습니까. 눈에 보이는 것, 귀에 들리는 것이 하나나 내 마음을 부드럽게 어루만져 주고 용기와 희망을 돋우어 주는 것은 없으니, 이러다가는 이 약한 나에게 찾아올 것은 질식밖에 없을 것이외다. ㉢그러나 그것은 장미꽃 송이 속에 파묻히어 향기에 도취한 행복한 질식이 아니라, 대기에서 절연된 무덤 속에서 화석(化石) 되어 가는 구더기의 몸부림치는 질식입니다. 우선 이 질식에서 벗어나야 하겠습니다. ……

㉣소학교 선생님이 사벨(환도)을 차고 교단에 오르는 나라가 있는 것을 보셨습니까? 나는 그런 나라의 백성이외다. ㉤고민하고 오뇌하는 사람을 존경하시고 편을 들어 주신다는 그 말씀은 반갑고 고맙기 짝이 없습니다. 그러나 스스로 내성(內省)하는 고민이요 오뇌가 아니라, 발길과 채찍 밑에 부대끼면서도 **숨이 죽어 엎디어 있는** 거세된 존재에게도 존경과 동정을 느끼시나요? 하도 못생겼으면 가엾다가도 화가 나고 미운증이 나는 법입넨다. 혹은 연민의 정이 있을지 모르나, 연민은 아무것도 구하는 길은 못 됩니다. …… 이제 구주의 천지는 그 참혹한 살육의 피비린내가 걷히고 휴전 조약이 성립되었다 하지 않습니까. 부질없는 총칼을 거두고 제법 인류의 신생(新生)을 생각하려는 것 같습니다. 그러나 이 땅의 소학교 교원의 허리에서 그 장난감 칼을 떼어 놓을 날은 언제일지? 숨이 막힙니다. ……

우리 문학의 도(徒)는 **자유롭고 진실된 생활**을 찾아가고, 이것을 세우는 것이 그 본령인가 합니다. 우리의 교유, 우리의 우정이 이것으로 맺어지지 않는다면 거짓말입니다. 이 나라 백성의, 그리고 당신의 동포의, 진실된 생활을 찾아 나가는 자각과 발분을 위하여 싸우는 신념 없이는 우리의 우정도 헛소리입니다. ……

┌ 나는 형님이 떠날 제 초상에 쓰고 남은 것이라고, 동경 갈 노자와 함께 책값이며 용돈으로 내놓고 간

[B] 삼백 원 속에서 백 원을 이 편지와 함께 부쳐 주었다. 혹시는 다른 의미나 있는 줄로 오해할 것이 성가시기도 하나, 동경에서 떠날 제 선사받은 것도 있으려니와, 정자의 새출발을 축하하는 의미라고 한마디 쓰고, 다소 부조가 될까 하여 보낸 것이다. 실상은 동경 가는 길에 들르지 않겠다는 결심을 다시 하였기 때문에, 아주 이것으로 마감을 하여 버리고, 나도 이 기회에 가뜬한 몸이 되고 싶었던 것이다.

– 염상섭, 「만세전」

* **궐자**: 삼인칭 '그'를 낮잡아 이르는 말.
* **요보**: 일제 강점기에 일본인들이 조선인을 멸시하여 이르던 말.
* **이매망량**: 온갖 도깨비. 산천, 목석의 정령에서 생겨난다고 함.

[24001-0145]

01

[A]와 [B]의 서술 방식에 대한 설명으로 가장 적절한 것은?

① [A]에서는 타인의 내면 상태를 추리하고 있고, [B]에서는 타인의 외양과 행동을 묘사하고 있다.
② [A]에서는 현재 벌어지는 상황의 의미를 분석하고 있고, [B]에서는 미래에 벌어질 상황을 비판하고 있다.
③ [A]에서는 자신이 살아온 이력을 설명하고 있고, [B]에서는 자신이 살아갈 방향에 대한 다짐을 드러내고 있다.
④ [A]에서는 타인의 언행에 대한 주관적 판단을 드러내고 있고, [B]에서는 자신의 행동에 담긴 의도를 서술하고 있다.
⑤ [A]에서는 과거에 자신이 저지른 과오를 고백하고 있고, [B]에서는 과거에 경험했던 혼란한 시대상을 회상하고 있다.

[24001-0146]

02

궐자에 대한 이해로 적절하지 않은 것은?

① 장을 돌아다니면서 사람들에게 갓을 파는 일을 한다.
② 요보라는 말을 들으며 무시당하는 것에 개의치 않는다.
③ '나'가 차려입은 모습을 보고서 일본에서 오는 길이라고 여긴다.
④ 일인들에게 핍박을 받는 상황에서는 내지어도 쓸모가 없다고 여긴다.
⑤ 촌에서 머리를 신식으로 깎으면 순사를 만났을 때 곤란을 겪는 일이 많아진다고 생각한다.

[24001-0147]

03 ㉠~㉤에 대한 설명으로 적절하지 않은 것은?

① ㉠: 과거와 현재의 대비를 통해 상대방이 역경을 극복하고 이룬 성취를 치하하고 있다.
② ㉡: 직유적 표현으로 현재에 안주하려는 자신의 모습을 드러내고 있다.
③ ㉢: 시각적 이미지의 묘사를 통해 자신이 느낄 깊은 절망감을 부각하고 있다.
④ ㉣: 질문의 형식으로 자신이 처한 현실의 폭압성을 부각하고 있다.
⑤ ㉤: 상대방의 말을 인용하며 상대방이 자신에게 보인 호의에 감사하고 있다.

[24001-0148]

04 〈보기〉를 참고하여 윗글을 감상한 내용으로 적절하지 않은 것은?

보기

둘 이상의 이질적인 사회나 집단에 동시에 속하여 양쪽의 영향을 함께 받으면서도, 그 어느 쪽에도 완전하게 속하지 아니하는 사람을 경계인이라고 하는데, 경계인은 서로 다른 문화의 경계에 서기 때문에 심한 정서적 불안을 겪을 수 있다. 이 작품의 '나'는 경계인으로서의 자의식을 드러내며 갈등하는 모습을 보인다. '나'는 일본에서 근대 문물을 경험한 지식인으로서 조선 민중에 대해 우월적 태도를 드러내고 그들의 생활 방식을 냉소하지만, 한편으로 스스로가 식민 지배를 받는 민족의 일원일 수밖에 없음을 자각하고 고뇌한다. 그러면서 지식인으로서의 정체성을 바탕으로 갈등 해소의 실마리를 모색한다.

① '나'는 조선 사람이면서 "내지어'도 할 줄 알고 시체 학문도 있'는 '일본 유학생'이라는 점에서, 두 이질적인 사회의 영향을 함께 받는 인물이라고 볼 수 있겠군.
② '머리라도 깎'으면 '천대를 덜 받지 않'느냐고 하는 '나'의 말은, 갓 장수가 경계인으로서 겪는 정서적 불안에 대응할 수 있는 방법을 제안한 것이겠군.
③ '이러한 모든 것에 숨어 사는 것이 조선 사람의 가장 유리한 생활 방도'라는 서술에서, 조선 민중의 생활 방식에 대한 '나'의 냉소적 태도가 드러나는군.
④ '나' 스스로가 '숨이 죽어 엎디어 있는' 존재임을 토로하는 모습에서, 자신이 식민 지배를 받는 민족의 일원일 수밖에 없음을 자각하고 고뇌하는 경계인의 자의식이 드러나는군.
⑤ 문학도로서 백성의 '자유롭고 진실된 생활'을 모색해야 함을 정자에게 역설하는 대목에서, '나'가 지식인으로서의 정체성을 바탕으로 내적 갈등 해소의 실마리를 모색하고 있는 상황을 확인할 수 있군.

[01~04] 다음 글을 읽고 물음에 답하시오.

응칠이는 모든 사람이 저에게 그 어떤 경의를 갖고 대하는 것을 가끔 느끼고 어깨가 으쓱거린다. 백판 모르던 사람도 데리고 앉아서 몇 번 말만 좀 하면 대번 구부러진다. 그렇게 장한 것인지 그 일을 하다가, 그 일이라야 **도적질**이지만, 들어가 욕보던 이야기를 하면 그들은 눈을 커다랗게 뜨고

"아이구, 그걸 어떻게 당하셨수!" / 하고 저으기 놀라면서도

"그래 그 돈은 어떡했수?" / "또 그럘 생각이 납디까유?"

"참, **우리 같은 농군에 대면 호강살이**유!"

하고들 한편 썩 부러운 모양이었다. 저들도 그와 같이 진탕 먹고살고는 싶으나 주변 없어 못 하는 그 울분에서 그런 이야기만 들어도 다소 위안이 되는 것이다. 응칠이는 이걸 잘 알고 그 누구를 논에다 거꾸로 박아 놓고 달아나다가 붙들리어 경치던 이야기를 부지런히 하며

"㉠자네들은 안적 멀었네, 멀었어." / 하고 흰소리를 치면 그들은, 옳다는 뜻이겠지, 묵묵히 고개만 꺼떡꺼떡하며 속없이 술을 사 주고 담배를 사 주고 하는 것이다.

[A]

그런데 이번 벼를 훔쳐 간 놈은 응칠이를 마구 넘보는 모양 같다.

이렇게 생각하면 응칠이는 더욱 괘씸하였다. ㉡그는 물푸레 몽둥이를 벗 삼아 논둑길을 질러서 산으로 올라간다. / 이슥한 그믐은 칠야……. / 길은 어둡고 흐릿한 언저리만 눈앞에 아물거린다.

그 논까지 칠 마장은 느긋하리라. 이 마을을 벗어나는 어귀에 고개 하나를 넘는다. 또 하나를 넘는다. 그러면 그담 고개와 고개 사이에 수목이 울창한 산 중턱을 비겨대고 몇 마지기의 논이 놓였다. 응오의 논은 그중의 하나이었다. 길에서 썩 들어앉은 곳이라 잘 뵈도 않는다.

[중략 부분 줄거리] 벼 도둑이라는 의심을 받는 상황에 처한 응칠은 진범을 잡기 위해 응오의 논으로 향한다.

[B]

얼마나 되었는지 몸을 좀 녹이고자 일어나 서성서성할 때이었다. 논으로 다가오는 희미한 그림자를 분명히 두 눈으로 보았다. 그러고 보니 피로고, 한고이고 다 딴소리다. ㉢고개를 내대고 딱 버티고 서서 눈에 쌍심지를 올린다.

흰 그림자는 어느 틈엔가 어둠 속에 사라져 보이지 않는다. 그리고 다시 나올 줄을 모른다. 바람 소리만 왱왱 칠 뿐이다. 다시 암흑 속이 된다. 확실히 벼를 훔치러 논 속으로 들어갔을 것이다. 여깽이 같은 놈이 궂은 날씨를 기화 삼아 맘껏 하겠지. 의리 없는 썩은 자식, **격장*****에서 같이 굶는** 터에…… 오냐 대거리만 있어라. 이를 한번 부윽 갈아붙이고 차츰차츰 논께로 내려온다.

응칠이는 논께로 바특이 내려서서 소나무에 몸을 착 붙였다. 섣불리 서둘다간 낫의 횡액을 입을지도 모른다. 다 훔쳐 가지고 나올 때만 기다린다. 몽둥이는 잔뜩 힘을 올린다.

한 식경쯤 지났을까, 도적은 다시 나타난다. 논둑에 머리만 내놓고 사면을 두리번거리더니 그제야 기어 나온다. 얼굴에는 눈만 내놓고 수건인지 뭔지 헝겊이 가리었다. 봇짐을 등에 짊어 메고는 허리를 구붓이 빵소니를 놓는다. 그러자 응칠이가 날쌔게 달려들며 / "이 자식, 남우 벼를 훔쳐 가니!"

하고 대포처럼 고함을 지르니 논둑으로 고대로 데굴데굴 굴러서 떨어진다. 얼결에 호되이 놀란 모양이었다.

응칠이는 덤벼들어 우선 허리께를 내리조겼다. 어이쿠쿠, 쿠 하고 처참한 비명이다. 이 소리에 귀가 번쩍

띄어 그 고개를 들고 팔부터 벗겨 보았다. ㉣그러나 너무나 어이가 없었음인지 시선을 치걷으며 그 자리에 우두망찰한다. / 그것은 무서운 침묵이었다. 살똥맞은 바람만 공중에서 북새를 논다.

한참을 신음하다 도적은 일어나더니 / "성님까지 이렇게 못살게 굴기유?"

제법 눈을 부라리며 몸을 홱 돌린다. 그리고 느끼며 울음이 복받친다. 봇짐도 내버린 채

"내 것 내가 먹는데 누가 뭐래?" / 하고 데퉁스러이 내뱉고는 비틀비틀 논 저쪽으로 없어진다.

형은 너무 꿈속 같아서 멍하니 섰을 뿐이다.

그러다 얼마 지나서 한 손으로 그 봇짐을 들어 본다. 가뿐하니 끽 말가웃이나 될는지. 이까짓 걸 요렇게까지 해 가려는 그 심정은 실로 알 수 없다. 벼를 논에다 도로 털어 버렸다. 그리고 아내의 치마이겠지, 검은 보자기를 척척 개서 들었다. 내 걸 내가 먹는다. 그야 이를 말이랴. 하나 **내 걸 내가 훔쳐야 할 그 운명**도 얄궂거니와 형을 배반하고 이 짓을 벌인 아우도 아우이렷다. 에이 고얀 놈, 할 제 볼을 적시는 것은 눈물이다. 그는 주먹으로 눈물을 쓱 비비고 머리에 번쩍 떠오르는 것이 있으니 두리두리한 ⓐ황소의 눈깔. 시오 리를 남쪽 산속으로 들어가면 어느 집 바깥뜰에 밤마다 늘 매여 있는 투실투실한 그 황소. 아무렇게 따지든 칠십 원은 갈데없으리라. 그는 부리나케 아우의 뒤를 밟았다.

공동묘지까지 거반 왔을 때에야 가까스로 만났다. 아우의 등을 탁 치며

"얘, 존 수 있다. 네 원대로 돈을 해 줄게 나구 잠깐 다녀오자."

씩씩한 어조로 기쁘도록 달랬다. 그러나 아우는 입 하나 열려 하지 않고 그대로 실쭉하였다. 뿐만 아니라 어깨 위에 올려놓은 형의 손을 부질없단 듯이 몸으로 털어 버린다. 그리고 삐익 달아난다. 이걸 보니 하 엄청이 나고 기가 콱 막히었다. / "이눔아!" / 하고 악에 받치어

"명색이 성이라며?" / 대뜸 몽둥이는 들어가 그 볼기짝을 후려갈겼다. 아우는 모로 몸을 꺾더니 시나브로 찌그러진다. 뒤미처 앞정강이를 때렸다. 등을 팼다. **일지 못할 만치 매**는 내리었다. 체면을 불고하고 땅에 엎드리어 엉엉 울도록 매는 내리었다.

홧김에 하긴 했으되 그 꼴을 보니 또한 마음이 편할 수 없다. ㉤침을 퉤 뱉어 던지곤 팔자 드센 놈이 그저 그렇지 별수 있냐. 쓰러진 아우를 일으키어 등에 업고 일어섰다. 언제나 철이 날는지 딱한 일이었다. 속 썩는 한숨을 후 하고 내뿜는다. 그리고 어청어청 고개를 묵묵히 내려온다.

– 김유정, 「만무방」

* 격장(隔牆): 담 하나를 사이에 두고 이웃함.

[24001-0149]

01 [A]와 [B]에 공통적으로 드러나는 서술 방식으로 가장 적절한 것은?

① 현재형 어미를 활용하여 인물의 행동을 현장감 있게 보여 주고 있다.
② 시간적 배경을 제시하여 사건을 둘러싼 시대적 맥락을 드러내고 있다.
③ 역순행적으로 장면을 배치하여 사건의 전모를 입체적으로 보여 주고 있다.
④ 감각적 이미지로 공간을 묘사하여 인물이 절망에 빠지게 된 계기를 부각하고 있다.
⑤ 이야기 속 인물인 서술자의 서술을 통해 내적 갈등이 심화되는 양상을 드러내고 있다.

정답과 해설 63쪽

[24001-0150]

02 ㉠~㉤에서 드러나는 응칠의 심리를 이해한 내용으로 적절하지 않은 것은?

① ㉠: 자신의 이야기를 듣고 있는 사람들을 의식하며 우쭐한 기분을 드러내고 있다.
② ㉡: 응오의 논에서 벼를 훔쳐 간 자에게 분함을 느끼며 그자를 응징하려 하고 있다.
③ ㉢: 자신의 눈에 띈 도둑의 정체가 누구인지 확인하기 위해 집중하고 있다.
④ ㉣: 도둑으로 밝혀진 응오가 손쉽게 제압당한 것에 허탈감을 느끼고 있다.
⑤ ㉤: 힘없이 얻어맞은 응오에게 미안한 마음과 함께 동정심을 느끼고 있다.

[24001-0151]

03 ⓐ에 대한 이해로 가장 적절한 것은?

① 응칠은 응오를 설득하여 함께 ⓐ를 훔치기로 공모하였다.
② 응칠은 응오가 ⓐ를 기르지 않아 곤경에 처했다고 여겼다.
③ 응칠은 응오가 ⓐ의 가치를 이해하지 못하여 화를 내었다.
④ 응칠은 ⓐ가 어디에 매여 있을지를 응오가 알 것이라고 짐작했다.
⑤ 응칠은 응오가 훔친 벼보다 ⓐ가 응오에게 더 도움이 될 것이라고 여겼다.

[24001-0152]

04 〈보기〉를 참고하여 윗글을 감상한 내용으로 적절하지 않은 것은?

보기

예상 밖의 결과가 빚은 모순이나 부조화를 아이러니라고 한다. 우리는 일탈적인 삶을 사는 사람에 비해 사회의 질서를 준수하며 사는 사람이 정당한 보상을 받을 것이라 예상한다. 그런데 「만무방」에는 막되게 살아가는 사람이 배척의 대상이 아닌 존경의 대상이 되는 상황, 성실한 농군이 노동의 대가를 얻기는커녕 자기 논의 벼를 도둑질해야만 하는 처지에 놓인 상황이 나타난다. 이러한 상황에서 발생하는 아이러니는 윤리적으로 살고자 하던 사람도 일탈적인 선택을 할 수밖에 없게끔 하는 일제 강점하 농촌 질서의 부조리함을 부각하며, 그러한 질서 속에서 고통받으며 살아가는 농민들에 대한 연민을 환기한다.

① 응칠이 마을 사람들에게 '도적질'을 하던 일을 떠벌리는 모습을 통해 그가 사회에서 일탈적인 삶을 사는 사람임을 확인할 수 있군.
② 마을 사람들이 오히려 응칠에게 '우리 같은 농군에 대면 호강살이'를 한다며 대접을 하고 경의를 표하는 상황에서 아이러니가 드러난다고 볼 수 있군.
③ 응칠이 응오의 논에서 벼를 훔쳐 간 자도 '격장에서 같이 굶는' 처지에 있다고 생각하는 대목에서 응칠이나 마을 사람들 모두 일제 강점하 농촌 질서 속에서 고통받고 있음을 짐작할 수 있군.
④ 응오가 '내 걸 내가 훔쳐야 할 그 운명'에 처한 이유는 윤리적으로 살고자 하던 사람도 일탈적인 선택을 할 수밖에 없게끔 하는 부조리한 현실 때문이겠군.
⑤ 응오가 '일지 못할 만치 매'를 맞는 장면에서 성실하던 농군이 사회의 질서를 깨뜨렸다는 이유로 정당한 보상은커녕 징벌을 받는 모순적인 상황이 드러나는군.

03 현대 소설

[01~04] 다음 글을 읽고 물음에 답하시오.

"저녁거리가 없지?"

범수는 할 수 없으면 양복이라도 잡혀야겠어서 떼어 입고 나가기를 주저하는 것이다.

"㉠번연한 속이지 물어서는 무얼 허우?"

영주는 풀 죽은 대답을 한다.

"그럼 저 양복이라두 잽혀 오구려." / "그것마저 잽히구 어떡헐랴구 그러우?"

"그리 긴하게 양복을 입구 출입을 헐 일은 무엇 있나?"

영주는 그래도 느긋한 희망을 지니고 있었다. 남편이 몇 군데 이력서를 보내 두었으니 그런 데서 갑자기 오라는 기별이 올지도 모르는 터에 양복을 잡혀 버리면 일껏 된 취직도 낭패가 되고 말 것이다.

그리고 또 남편이 밖에 나가 있는 동안만은 행여 무슨 **반가운 소식**이나 가지고 돌아오나 해서 **한심한 기대**를 하는 터였었다.

"㉡천하 없어두 그건 안 잽혀요."

"거참 괘사스런 성미도 다 보겠네!" / 하고 범수는 더 우기려 하지 아니했다.

[A]

"정말 큰일 났수! 하두 막막한 때는 죽어 바리기라두 하구 싶지만 자식들을 생각하면 그럴 수두 없구…… 글쎄 왜 학교는 안 보내려 드우? 우리는 이 지경이 되었으니 자식이나 잘 가르켜야지?"

영주는 아이들이 생각나자 가슴을 찢고 싶게 보풀증이 나는 것이다. 범수와 영주 사이에 제일 큰 갈등은 아이들의 교육 문제인 것이다.

영주는 아이들을 공부를 시켜서 장래의 희망을 거기다 붙이자는 것이다. 그는 하다 못하면 자기가 몸뚱이를 팔아서라도 아이들의 뒤는 댄다고 하고 또 그의 악지로 그만 짓을 못할 것도 아니었었다.

그러나 범수는 듣지 아니했다. 섣불리 공부를 시켰자 허리 부러진 말처럼 아무짝에도 쓸데없는 반거충이가 될 것이요, 그러니 그것이 아이들 자신 장래에 불행하게 할 뿐 아니라, 따라서 부모의 기쁨도 되지 아니한다고 내내 우겨 왔던 것이다. 그러면서 그는 자기가 보통학교의 교과서 같은 것을 참고해 가며 **산술이니 일어니 또 간단한 지리 역사**니를 우선 가르치고 있었다.

그러나 영주가 보기에는 그것이 도무지 시원찮고 미덥지가 못했다.

범수는 아내에게 너무도 번번이 듣는 푸념이라 그 대답을 또다시 되풀이하기가 성가시어 아무 말도 아니하려 했으나 아내는 오늘은 기어코 요정을 낼 듯이 기승을 부리려 든다.

"글쎄 여보! 당신은 당신이 희망하는 일이나 있어서 그런다구 나는 어쩌라구 그리우?"

"낸들 희망을 따루 가지구 그리는 건 아니래두 그래! 자식들이 장래에 잘되어 잘살게 하자는 생각은 임자허구 꼭 같지만 단지 내가 골라낸 방법이 옳으니까 그러는 거지……."

"나는 그 말 믿을 수 없어…… 공부 못한 놈이 막벌이 노동자나 되어 남의 하시나 받지 잘될 게 어데 있드람!"

"그건 이십 년 전 사람이 하든 소리야. 번연히 눈앞에 실증을 보면서 그래?"

"무어가 실증이란 말이요?"

"허! 그것참…… 여보 **임자도 여자 고보를 마쳤**지? **나도 명색 대학을 마쳤**지? 그런데 시방 우리 둘이 살어가는 꼴을 좀 보지 못해?" / "그거야 공부한 게 잘못이요? 당신 잘못이지……."

"세상 탓이야……." / "이런 세상에서두 **남은 제가끔 공부를 해 가지구 잘들 살어**갑디다."

"㉢그건 우연이고 인제 세상은 갈수록 우리 같은 인간이 못살게 돼요…… 내 마침 생각이 났으니 비유를 하나 허께 들어 볼려우?"

"듣기 싫여요."

영주는 말로는 언제든지 남편을 못 당하는지라 또 무슨 묘한 소리를 해서 올가미를 씌우나 싶어 톡 쏘아 버렸다.

"하따 그러지 말구 들어 보아요…… 자, 시방 내가 돈이 일 원이 있다구 헙시다. 그런데 그놈 돈을 어떻게 건사하기가 만만찮거든…… 돈을 넣을 것이 없단 말이야. 알겠수?" / "말해요."

"그래 척 상점에 가서 일 원짜리 돈지갑을 사잖았수?" / "일 원밖에 없는데 일 원짜리 지갑을 사?"

영주는 유도를 받아 무심코 이렇게 대꾸를 한다.

"㉣거봐! 글쎄……." / 하고 범수는 싱글벙글 웃는다.

"우리가 시방 공부를 한다는 것이 그렇게 일 원 가진 놈이 일 원을 넣어 두랴고 일 원을 다 주구 지갑을 사는 셈이야." / "어째서?"

"지갑을 쓸데가 있어야지?" / "두었다가 돈 생기면 넣지?"

"그 두었다가가 문제여든…… 그 지갑에 돈이 또 생겨서 넣게 될 세상은 우리는 구경도 못 해…… 알겠수?" / "난 모를 소리요."

"못 알아듣기도 괴이찮지…… 그렇지만 세상은 부자 사람허구 노동자의 세상이지, 그 중간에 있는 인간들은 모다 허깨비야."

(중략)

"㉤이게 몇 돈쭝이지요?"

범수는 아까 눈독 들인 금비녀를 빼어 손바닥에 놓고 촐싹거려 보며 묻는다.

점원이 그것을 받아 저울에 달고 있는 동안에 범수는 다른 놈을 두어 개 빼어 가지고는 어림하는 듯이 양편 손바닥에 올려놓고 촐싹거려 본다.

이것이 기회인 것이다. 그는 그 기회를 이용하려고 다뿍 긴장이 되어서 점원이

"닷 돈 두 푼쭝입니다."

[B] 하는 소리도 귀에 들어오지 아니했다.

점원이 저울질을 하는 잠깐 동안에 손 빠르게 한 개를 요술하듯이 소매 속에든지 어디든지 감추었어야 할 것을 막상 닥뜨리고 보니 범수에게는 그러한 재치도 없고 기술도 없으려니와 또한 담보의 단련도 없다.

첫 시험은 실패를 하고 그담에는 가락지를 가지고 시험을 해 보았다.

그러나 역시 실패를 하고 말았다.

그는 점원의 멸시하는 시선을 뒤통수에 받으면서 금은상을 나와 화신 앞으로 건너왔다. 그는 혼자 속

으로 생각했다.

보통학교부터 쳐서 대학까지 십육 년이나 공부를 한 것이 조그마한 금비녀 한 개 감쪽같이 숨기는 기술을 배우니만도 못하다고.

그렇다면…… 그렇다면…… 하고 그는 그 뒤를 생각하다가 도스토옙스키의 『죄와 벌』의 라스콜니코프가 도끼를 높이 들어 전당쟁이 노파를 내리찍는 장면을 생각하고 오싹 등허리가 추워 눈을 감았다.

그는 허우대가 이만이나 하고 명색이 대학까지 마쳐 소위 교양이 있다는 사람으로 **도적질을 하려고 한 자기를 나무라** 보았다.

그러나 그는 바로 자기 자신에게 항거를 한다. / 도적질을 하는 것이 왜 나쁘냐고.

이 말에는 자기로서도 자기에게 대답할 말이 나오지 아니한다.

– 채만식, 「명일」

[24001-0153]

01 [A]와 [B]에 대한 설명으로 가장 적절한 것은?

① [A]와 [B]에는 모두 공간의 이동을 통해 사건의 국면이 전환되는 양상이 드러나고 있다.
② [A]와 [B]에는 모두 인물의 과거 행위에 대한 요약적 설명을 통해 인물이 위기 상황에 처하게 된 계기가 드러나고 있다.
③ [A]에는 이야기 밖 서술자의 서술을 통해, [B]에는 이야기 속 인물인 서술자의 서술을 통해 인물의 가치관이 드러나고 있다.
④ [A]에는 외양 묘사를 통해 인물의 성격이, [B]에는 행동 묘사를 통해 인물의 심리가 간접적으로 드러나고 있다.
⑤ [A]에는 대화를 통해 두 인물 간의 갈등 상황이, [B]에는 내면에 대한 서술을 통해 인물의 내적 갈등 상황이 드러나고 있다.

[24001-0154]

02 ㉠~㉤에 대한 이해로 적절하지 않은 것은?

① ㉠: 뻔한 사실을 묻는 남편을 책망하고 있다.
② ㉡: 양복을 잡히라는 남편의 제안에 대해 거부감을 드러내고 있다.
③ ㉢: 자신의 관점을 고수하면서 아내를 설득하려 하고 있다.
④ ㉣: 아내가 자기 생각을 따르기로 한 것에 흡족해하고 있다.
⑤ ㉤: 물건을 훔칠 기회를 엿보면서 점원의 주의를 다른 곳으로 돌리려 하고 있다.

정답과 해설 64쪽

[24001-0155]

03

일 원과 지갑에 대한 범수의 생각으로 가장 적절한 것은?

① '일 원'은 '지갑'을 사기에 부족한 금액이다.
② '일 원'으로 산 '지갑'은 쓸모가 여러 가지이다.
③ '일 원'으로 '지갑'을 사는 것은 어리석은 행위이다.
④ '지갑'을 채우기 위하여 '일 원'이 필요하다.
⑤ '지갑'에 '일 원'보다 적은 돈이라도 생길 가능성이 있다.

[24001-0156]

04

〈보기〉를 참고하여 윗글을 감상한 내용으로 적절하지 않은 것은?

보기

일제가 식민지 체제의 일환으로 도입한 근대적 교육 제도하에서 고등 교육까지 받은 사람은 체제를 유지하는 데 기여하는 경우가 아니라면 일자리를 기대하기가 극히 어려웠다. 이러한 상황에서 실업자로 전락한 「명일」의 주인공은 지식의 무용함을 인식하고 교육 제도의 기만성을 간파하면서도 지식인으로서의 자존심과 윤리의식을 버리지 못하는 자신의 모습 때문에 갈등한다. 작가는 주인공의 이러한 모순적인 모습을 풍자적으로 드러내면서, 궁극적으로는 양심 있는 지식인이 자아를 실현할 수 없게끔 하는 당대 현실을 비판하고 있다.

① '반가운 소식'을 기다리는 영주의 '한심한 기대'는 범수가 일제 식민지 체제를 유지하는 데 기여하는 경우가 아니라면 이루어지기 어렵겠군.
② '산술이니 일어니 또 간단한 지리 역사'는 범수가 자식들이 지식인으로서 자아를 실현하기 위해 갖추어야 할 소양이라고 판단한 것들이겠군.
③ '임자도 여자 고보를 마쳤'고 '나도 명색 대학을 마쳤'다고 하는 범수의 말을 통해, 범수와 영주가 모두 일제의 근대적 교육 제도하에서 높은 수준의 교육을 받았음을 알 수 있군.
④ '남은 제가끔 공부를 해 가지구 잘들 살어'간다는 말을 하는 영주는 당대의 교육 제도가 지닌 기만성을 간파하지 못하고 있군.
⑤ '도적질을 하려고 한 자기를 나무라'는 범수는 지식의 무용함을 인식하고 있으면서도 지식인으로서의 자존심과 윤리의식을 버리지 못하고 있군.

04 현대 소설

[01~04] 다음 글을 읽고 물음에 답하시오.

현은 집을 팔지는 않았다. 구라파에서 제이 전선이 아직 전개되지 않았고 태평양에서는 일본군이 아직 라바울을 지킨다고는 하나 멀어야 이삼 년이겠지 하는 심산으로 집을 최대한도로 잡혀만 가지고 서울을 떠난 것이다. 그곳 공의(公醫)*를 아는 것이 반연으로 **강원도 어느 산읍**이었다. 철도에서 팔십 리를 버스로 들어오는 곳이요, 예전엔 현감이 있던 곳이나 지금은 면소와 주재소뿐의 한적한 구읍이다. 어느 시골서나 공의는 관리들과 무관하니* 무엇보다 그 덕으로 징용이나 면할까 함이요, 다음으로 잡곡의 소산지니 **식량 해결**을 위해서요, 그러고는 가까이 임진강 상류가 있어 낚시질로 세월을 기다릴 수 있음도 현이 그곳을 택한 이유의 하나였다.

[A] 그러나 와서 실정에 부딪쳐 보니 이 세 가지는 하나도 탐탁한 것은 아니었다. 면사무소엔 상장(賞狀)이 십여 개나 걸려 있는 모범 면장으로 나라에선 상을 타나 백성에겐 그만치 원망을 사는 이 시대의 모순을 이 면장이라고 예외일 리 없어 성미가 강직해 바른말을 잘 쏘는 공의와는 사이가 일찍부터 틀린 데다가, 공의는 육 개월이나 장기간 강습으로 이내 서울 가 버리고 말았으니 징용 면할 길이 보장되지 못했고 그 외에 아는 사람이라고는 공의의 소개로 처음 지면한* 향교 직원으로 있는 분인데 일 년에 단 두 번 춘추 제향 때나 고을 사람들의 기억에서 살아나는 '김 직원님'으로는 친구네 양식은커녕 자기 식구 때문에도 손이 휜, 현실적으로는 현이나 마찬가지의, 아직도 상투가 있는 구식 노인인 선비였다.

낚시터도 처음 와 볼 때는 지척 같더니 자주 다니기엔 거의 십 리나 되는 고달픈 길일 뿐 아니라 하필 주재소 앞을 지나야 나가게 되었고 부장님이나 순사 나리의 눈을 피하려면 길도 없는 산등성이 하나를 넘어야 되는데 하루는 우편국 모퉁이에서 넌지시 살펴보니 가네무라라는 조선 순사가 눈에 띄었다. 현은 낚시 도구부터 질겁을 해 뒤로 감추며 ㉠<u>한 걸음 물러서 바라보니</u> 촌사람들이 무슨 나무껍질 벗겨 온 것을 면서기들과 함께 점검하는 모양이다. 웃통은 속옷 바람이나 다리는 각반*을 치고 칼을 차고 회초리를 들고 이 사람 저 사람에게 거드름을 부리고 있었다. 날래 끝날 것 같지 않아 현은 이번도 다시 돌아서 뒷산등을 넘기로 하였다. / 길도 없는 가닥숲을 젖히며 비 뒤의 미끄러운 비탈을 한참이나 헤매어서 비로소 펑퍼짐한 중턱에 올라설 때다. 멀지 않은 시야에 곰처럼 시커먼 것이 우뚝 마주 서는 것은 순사 부장이다. 현은 산짐승에게보다 더 놀라 들었던 두 손의 낚시 도구를 이번에는 펄썩 놓아 버리었다.

"당신 어데 가오?" / ㉡<u>현의 눈에 부장은 눈까지 부릅뜨는 것으로 보였다</u>. / "네, 바람 좀 쏘이러요."

[B] 그제야 현은 대팻밥모자를 벗으며 인사를 하였으나 부장은 이미 딴 쪽을 바라보는 때였다. 부장이 바라보는 쪽에는 면장도 서 있었고 자세 보니 남향하여 큰 정구 코트만치 장방형으로 새끼줄이 치어져 있는데 부장과 면장의 대화로 보아 신사(神社) 터를 잡는 눈치였다. 현은 말뚝처럼 우뚝 섰을 뿐 어찌해야 좋을지 몰랐다. 놓아 버린 낚시 도구를 집어 올릴 용기도 없거니와 집어 올린댔자 새끼줄을 두 번이나 넘으면서 신사 터를 지나갈 용기는 더욱 없었다. 게다가 부장도 면장도 무어라고 쑤군거리며 가끔 현을 돌아다본다. 꽃이라도 있으면 한 가지 꺾어 드는 체하겠는데 패랭이꽃 한 송이 눈에 띄지 않는다. 얼마 만에야 부장과 면장이 일시에 딴 쪽을 향하는 틈을 타서 수갑에 채였던 것 같던 현의 손은 날쌔게 그 [시국에 태만한 증거물]들을 집어 들고 허둥지둥 그만 집으로 내려오고 만 것이다.

"㉢아버지 왜 낚시질 안 가구 도루 오슈?"

현은 아이들에게 대답할 말이 미처 생각나지도 않았거니와 그보다 먼저 현의 뒤를 따라온 듯한 이웃집 아이 한 녀석이, / "너이 아버지 부장한테 들켜서 도루 온단다." / 하는 것이었다.

낚시질을 못 가는 날은 현은 책을 보거나 그렇지 않으면 김 직원을 찾아갔고 김 직원도 현이 강에 나가지 않았음직한 날은 으레 찾아왔다. ㉣상종한다기보다 모시어 볼수록 깨끗한 노인이요, 이 고을에선 엄연히 존경을 받아야 옳을 유일한 인격자요 지사였다. 현은 가끔 기인여옥(其人如玉)*이란 이런 이를 가리킴이라 느끼었다. 기미년 삼일 운동 때 감옥살이로 서울에 끌려왔었을 뿐, 조선이 망한 이후 한 번도 자의로는 총독부가 생긴 서울엔 오기를 피한 이다. 창씨를 안 하고 견디는 것은 물론, 감옥에서 나오는 날부터 다시 상투요 갓이었다. 현과는 워낙 수십 년 연장인 데다 현이 한문이 부치어 그분이 지은 시를 알지 못하고 그분이 신문학에 무관심하여 현대 문학을 논담*하지 못하는 것엔 서로 유감일 뿐, **불행한 족속**으로서 억천 암흑 속에 일루의 광명을 향해 남몰래 더듬는 그 **간곡한 심정**의 촉수만은 말하지 않아도 서로 굳게 잡히고도 남아 한두 번 만남으로 서로 간담을 비추는 사이가 되었다.

하룻저녁은 주름 잡히었으나 정채* 돋는 두 눈에 눈물이 마르지 않은 채 찾아왔다. 현은 아끼는 촛불을 켜고 맞았다. / "내 오늘 다 큰 **조카자식**을 **행길에서 매질**을 했소."

김 직원은 그저 손이 부들부들 떨며 있었다. 조카 하나가 면서기로 다니는데 그의 매부, 즉 이분의 조카사위 되는 청년이 일본으로 징용당해 가던 도중에 도망해 왔다. 몸을 피해 처가에 온 것을 이곳 면장이 알고 그 처남더러 잡아 오라 했다. 이 기미를 안 매부 청년은 산으로 뛰어올라 갔다. 처남 청년은 경방단의 응원을 얻어 산을 에워싸고 토끼 잡듯 붙들어다 주재소로 넘기었다는 것이다.

"강박한 처남이로군!" / 현도 탄식하였다.

"잡아 오지 못하면 네가 대신 가야 한다고 다짐을 받었답디다만 대신 가기루서 제집으로 피해 온 명색이 매부 녀석을 경방단들을 끌구 올라가 돌풀매질을 하면서꺼정 붙들어다 함정에 넣어야 옳소? 지금 젊은 놈들은 쓸개가 없습넨다!" / "㉤그러니 지금 세상에 부모기로니 그걸 어떻게 공공연히 책망하십니까?"

"분해 견딜 수가 있소! 면소서 나오는 놈을 노상이면 어떻소. 잠자코 한참 대설대가 끊어져 나가도록 패주었지요. 맞는 제 놈도 까닭을 알 게고 보는 사람들도 아는 놈은 알었겠지만 알면 대사요."

이날은 현도 우울한 일이 있었다. 서울 문인 보국회(文人報國會)*에서 **문인 궐기 대회**가 있으니 올라오라는 전보가 온 것이다. 현에게는 엽서 한 장이 와도 먼저 알고 있는 주재소에서 장문전보가 온 것을 모를 리 없고 일본 제국의 흥망이 절박한 이때 문인들의 궐기 대회에 밤낮 낚시질만 다니는 이자가 응하느냐 안 응하느냐는 주재소뿐 아니라 일본인이요 방공 감시 초장인 우편국장까지도 흥미를 가진 듯, 현의 딸아이가 저녁때 편지 부치러 나갔더니, 너의 아버지 내일 서울 가느냐 묻더라는 것이다.

김 직원은 처음엔 현더러 문인 궐기 대회에 가지 말라 하였다. 가지 말라는 말을 들으니 현은 가지 않기가 도리어 겁이 났다. 그랬는데 다음 날 두 번째 그다음 날 세 번째의 좌우간 답전을 하라는 독촉 전보를 받았다. 이것을 안 김 직원은 그날 일찍이 현을 찾아왔다.

"우리 따위 노혼한 것들이야 새 세상을 만난들 무슨 소용이리까만 현 공 같은 젊은이는 어떡하든 부지했다가 그예 한몫 맡아 주시오. 그러자면 웬만한 일이건 과히 뻗대지 맙시다. 지용만 면헐 도리를 해요."

그리고 이날은 **가네무라 순사**가 나타나서, 이틀밖에 안 남았는데 언제 떠나느냐, 떠나면 여행증명을 해 가지고 가야 하지 않느냐, 만일 안 떠나면 참석 안 하는 이유는 무엇이냐, 나중에는, 서울 가면 자기의 회중시계 수선을 좀 부탁하겠다 하고 갔다. 현은 역시,

'살고 싶다!' / 또 한번 **비명을 하**고 하루를 앞두고 가네무라 순사의 수선할 시계를 맡아 가지고 궂은비 뿌리는 날 서울 문인 보국회로 올라온 것이다.

– 이태준, 「해방 전후」

* **공의**: 예전에, 의료법에 따라 의사가 없는 지역에 배치되어 공공 의료 업무에 종사하던 의사.
* **무관하니**: 서로 허물없이 가까우니.
* **지면한**: 처음 만나서 서로 알게 된.
* **각반**: 걸음을 걸을 때 발목 부분을 가뜬하게 하기 위하여 발목에서부터 무릎 아래까지 돌려 감거나 싸는 띠.
* **기인여옥**: 인품이 옥과 같이 맑고 깨끗한 사람.
* **논담**: 사물의 옳고 그름 따위를 논하여 말함.
* **정채**: 정묘하고 아름다운 빛깔.
* **문인 보국회**: 조선 문인 보국회를 이르는 것으로, 1943년 결성된 반민족적 친일 문학 단체.

[24001-0157]

01 [A]와 [B]에 나타나는 서술상의 특징으로 가장 적절한 것은?

① [A]와 [B]는 모두 인물들 간의 갈등 상황을 세부적으로 진술하여 특정 인물에 대한 서술자의 반감을 드러내고 있다.
② [A]와 [B]는 모두 상황에 따라 다르게 나타나는 중심인물의 구체적 행동을 통해 추후에 일어날 사건의 반전을 암시하고 있다.
③ [A]와 [B]는 모두 대립 관계에 있는 인물들 간의 과거와 현재의 대비를 통해 중심인물이 처해 있는 현재 상황을 부각하고 있다.
④ [A]는 중심인물의 처지와 관련한 인물들의 특성을 언급하고 있으며, [B]는 중심인물의 행동과 내면 심리를 인물이 처한 상황을 중심으로 제시하고 있다.
⑤ [A]는 희화화를 통해 다양한 인물들의 부정적 측면을 풍자하고 있으며, [B]는 인과적 서술을 통해 중심인물의 일관된 태도가 지닌 긍정적 측면을 강조하고 있다.

[24001-0158]

02 ㉠~㉤에 대한 이해로 적절하지 않은 것은?

① ㉠: 놀란 마음을 가라앉힌 후 다른 인물을 관찰하는 행동이다.
② ㉡: 상대방에게 나무람을 듣는 상황에 놓일까 봐 겁먹은 데서 오는 반응이다.
③ ㉢: 상대방과 동행하다 자신은 도중에 돌아온 것이 못마땅하다는 감정을 내포한다.
④ ㉣: 가까이에서 볼수록 상대방에게 느끼게 되는 호감과 긍정적 평가가 커짐을 보여 준다.
⑤ ㉤: 상대방의 행동이 정도가 지나친 것일 수 있다는 생각을 드러낸다.

정답과 해설 66쪽

[24001-0159]

03 시국에 태만한 증거물에 대해 이해한 내용으로 적절하지 않은 것은?

① '현'이 순사의 눈을 피하려는 것이나 순사 부장을 보고 놀라는 것과 연관된다.
② '현'이 낚시터로 가던 길을 돌려 결국 집으로 돌아오게 되는 상황과 연관된다.
③ '현'이 생각하기에 일정한 때를 기다리는 데 도움이 된다고 여기는 행위와 연관된다.
④ 다른 사람들이 보기에 일본 제국의 흥망이 절박한 상황과는 어울리지 않는 것일 수 있다.
⑤ '김 직원'으로부터 시국과 관련된 뼈아픈 충고를 듣게 되는 직접적 계기를 제공하고 있다.

[24001-0160]

04 〈보기〉를 참고하여 윗글을 감상한 내용으로 적절하지 않은 것은?

보기

해방 이후의 자전적 소설들은 일제 강점기 현실을 제시함으로써 민족은 있으나 국가는 존재하지 않던 상황, 감시와 강요가 심해지던 시기에 작가들이 겪은 불안과 고민, 의식주와 같은 현실적인 생활의 곤란함 등을 형상화하였다. '한 작가의 수기'라는 부제가 붙어 있는 「해방 전후」 역시 1946년에 발표된 자전적 소설로서, 주인공인 작가 '현'을 통해 일제의 탄압이 최고조에 달한 때의 작가로서의 고뇌와, 해방을 전후하여 나타나는 인물의 의식 변모 양상을 보여 준다. 특히 해방 전의 상황을 서술한 부분에는 일제 강점기 말의 폭압 아래 우리 민족이 처한 현실이 잘 드러나 있으며, 행동과 결심의 선택 폭이 좁은 상황을 마주한 지식인의 내면 의식이 중점적으로 드러난다.

① 현이 '강원도 어느 산읍'을 거주지로 선택한 이유 중 하나가 '식량 해결'이라는 점은, 의식주와 같은 현실적인 생활의 곤란함을 나름대로 해결하고자 하는 모습을 보여 주는 것이겠군.
② 김 직원과 현이 '불행한 족속'으로서 '간곡한 심정'을 공통적으로 갖게 되었다는 것은, 민족은 있으나 국가는 존재하지 않았던 상황에서 느끼는 인물들의 심정을 표현한 것이겠군.
③ 김 직원이 '조카자식'을 '행길에서 매질'한 것은, 살아남기 위해서는 후회할 행동이라도 할 수밖에 없었던 김 직원을 통해 일제 강점기 말 우리 민족의 현실을 구체적으로 보여 주는 것이겠군.
④ 현이 '문인 궐기 대회'에 참석하는 것을 두고 '가네무라 순사'가 찾아와 여러 질문을 하는 것은, 피지배인들에 대한 감시가 강화되고 요구 사항에 대한 압박이 거세어진 일제 강점기 말의 상황을 보여 주는 것이겠군.
⑤ 김 직원의 말을 듣고 결국 문인 궐기 대회에 참석하게 된 현이 '살고 싶다'와 같은 '비명을 하'며 괴로워하는 것은, 행동과 결심의 선택 폭이 좁은 상황을 맞닥뜨린 지식인의 내면을 표현하는 것이겠군.

05 현대 소설

[01~04] 다음 글을 읽고 물음에 답하시오.

[앞부분 줄거리] 6·25 전쟁 중 낙오된 국군 '양'과 인민군 소년 '장'은 우연히 산속에서 마주치게 된다. 이후 서로 해치지 않을 것을 약속하고 동굴 안에서 하룻밤을 같이 보내게 된다.

둘은 총 묶음을 기대고 어깨와 어깨를 비볐다. 레이숀*의 모닥불은 거의 꺼져 가고 있는데 동굴 밖 설경은 어스름 달밤 속에 고요히 잠들고 있었다.

장의 가느다란 코 고는 소리를 들으면서 반잠을 자고 있던 양은 깜박 떨어진 지 얼마가 되었을까 갑자기 확! 세차게 가슴을 윽박지르는 충격에 소스라쳐 일어나자 ㉠가슴을 쥐어 잡은 장의 두 손을 날쌔게 뿌리쳤다.

"이 자식이."

그의 주먹이 기우는 장의 얼굴에서 터졌다.

"우악!"

하고 장은 땅바닥에 쓰러졌다.

"너 이 새끼."

장은 쓰러진 채 우우우 신음하면서 손으로 땅바닥을 더듬었다.

"너 죽인다."

전신에 돋았던 소름이 걷히며 양은 어느만큼 마음을 가라앉힐 수 있었다.

[A] 장은 신음 소리를 내며 좀처럼 일어나지를 못했다. 양은 조심성 있게 성냥을 그어 레이숀 곽의 조각에 불을 붙였다. 그는 그 불길을 땅바닥을 더듬고 있는 장의 얼굴 가까이로 가져갔다. 장의 코에서 피가 흘러내리고 있었다.

불길을 의식한 장은 힘없이 두 눈을 뜨고 조금 부신 듯이 얼굴을 찡그리더니 어어어 하고 헛소리를 틀어 냈다.

"이 새끼야 너!"

그 소리에 장은 '예' 하고 정신을 거두었다. 양은 장의 멱살을 잡아 치켜올렸다.

"이 죽일 놈의 새끼." / "예?"

장은 언뜻 ㉡흩어진 시선을 모두며 양의 노여움에 찬 얼굴을 건너보았다.

"요 쥐 같은 새끼 날 죽여 볼려구?" / "예? 무어요?"

"너 고런 수작을……."

양은 장의 몸을 힘껏 밀어젖히며 멱살을 잡았던 손을 놓았다. 장은 뒤로 쓰러지며 ㉢넋 없는 표정을 지었다.

양은 그것을 한번 노려보고 레이숀 껍데기를 긁어모아 모닥불을 만들기 시작했다. ㉣흥분이 가라앉으며 으스스 몸이 떨렸다.

"ⓐ장 이리 가까이 와."

장은 흐르는 코피를 손등으로 닦아 내며 황급히 모닥불 가까이로 다가왔다.

"너 그런 짓이 되리라 여겼나?" / "예?"

"예라니 내 목을 조르려 했지?" / "아뇨, 무슨 말씀예요?"

"왜, **가슴을 쥐어박**았어?" / "아뇨, 전 그저 꿈을, 꿈을 꾸었을 뿐예요."

"꿈?" / "예, 무슨 꿈인지 잊었는데 아주 무서운 꿈을 꾸고 그만 놀래서……."

순간 양의 전신을 쭉 소름이 스쳤다. 소름은 연거푸 파상적으로 그의 전신을 스쳐 갔다. 가슴에서 뭉클하고 어떤 커다란 뜨거운 덩어리가 치밀어 올랐다.

"장!"

양은 그 덩어리를 간신히 목구멍에서 삼켜 버렸다.

양은 소용돌이치는 마음을 가누며 장한테로 가까이 가서 손으로 그의 얼굴을 젖히고 장갑을 뒤집어 그것으로 **코피를 닦아 주**었다.

"장, 난 그것을 모르고 자네가 날……."

"아뇨, 제 잘못이죠, 퍽 놀라셨겠어요." / "아냐, 장."

양은 깡통 속에서 휴지를 꺼내 그것을 조그맣게 말아 그의 콧구멍에 찔러 주었다.

"ⓑ장, 좀 더 가까이 다가앉어 불을 쪼여, 좀 있으면 날이 밝겠지."

장은 모닥불 옆에 다가와서 다리를 꺾으며 쪼그리고 앉았다.

양은 한참 동안 종이가 타는 조그만 불길을 넋 잃은 사람처럼 물끄러미 쳐다보았다.

그는 혼잣말처럼 중얼거렸다. 그 음성은 신음에 가까웠다.

"정말 그들을 죽이고 싶네." / "예?"

"**전쟁을 일으킨 놈들을** 말야."

[B] 양은 일어서서 동굴 밖으로 나갔다. 희뿌연 하늘을 올려보고 또 흰 눈이 깔린 골짜구니를 굽어보았다. 한번 크게 숨을 내어 쉬었다.

날이 밝자 뜬눈으로 드새운 양이 레이숀의 모닥불을 피우고 반합에 눈을 넣어 물이 끓도록 장은 총 묶음에 기대어 자고 있었다.

볼과 인중에는 아직 여기저기 코피가 말라붙어 있었다. 양이 가만히 그의 어깨를 두드려 깨웠을 때 장은 ⓜ멋쩍은 듯이 얼굴에 미소를 지어 보였다.

둘은 눈으로 얼굴을 닦고 나서 **아침을 먹**었다. 장은 따뜻이 데운 통조림과 양이 끓여 낸 커피를 먹으며 퍽 이나 즐겨 했다.

"장 너, 저 레이숀을 모두 가져." / "아 저걸 다 어떻게요."

"난 한 통이면 돼, 집어넣을 수 있는 대로 가져가지그래."

장이 갑자기 시무룩해졌다.

"이전 헤어지게 됐군요?"

"**안 만났던 것만 못하군**, 코언저리가 아프지?"

"아뇨, 괜찮아요."

식사를 끝낸 둘은 저마다 짐을 꾸렸다.

"자 탄환을 받아."

양은 레이숀 한 통을 꾸려 들고, 장은 두 통을 꾸려 메었다.

둘은 함께 **동굴**을 나섰다.
"장!" / "예?"
"잘 가라니 못 가라니 인사를 말기로 해. 자네는 저리로 가고 난 이리로 갈 뿐이야. 뒤도 돌아보지 마."
양은 동굴을 내려서서 눈을 헤치며 골짜구니를 향해 비탈을 더듬었다.
장은 그것을 한참 보고 섰더니 저편 골짜구니로 발을 옮겼다.

– 선우휘, 「단독 강화」

＊**레이숀**: 군인들에게 지급되는 전투 식량으로, 그 갑(곽)을 모아 불을 피우기도 함.

[24001-0161]

01 [A]와 [B]의 서술상의 특징으로 가장 적절한 것은?

① [A]는 인물들의 행동을 순차적으로 제시하고 있으며, [B]는 시간적 배경의 변화를 나타내고 있다.
② [A]는 사건의 인과 관계를 밝혀 인물의 태도가 변화하는 계기를 제시하고 있으며, [B]는 시간의 역전적 구성을 활용하여 인물의 현재 상황을 강조하고 있다.
③ [A]는 공간적 배경에 대한 묘사를 바탕으로 사건이 벌어진 상황의 분위기를 보여 주고 있으며, [B]는 구체적인 시대를 언급하여 사건이 벌어진 상황의 역사적 맥락을 제시하고 있다.
④ [A]는 인물의 내면 심리를 구체적으로 서술하여 상황에 대한 인물의 반응을 드러내고 있으며, [B]는 인물의 행동을 객관적으로 언급하여 사건에 대처하는 인물의 행동을 희화화하고 있다.
⑤ [A]는 다양한 인물들의 외양 묘사를 통해 인물들이 처한 고달픈 처지를 부각하고 있으며, [B]는 연속적으로 이어지는 짧은 문장들을 통해 인물들이 경험한 다양한 사건들을 긴박감 있게 제시하고 있다.

[24001-0162]

02 ㉠~㉤에 대한 이해로 적절하지 <u>않은</u> 것은?

① ㉠: 자신에 대한 공격이라고 생각한 충격에 재빠르게 대응하고 있다.
② ㉡: 갑작스러운 상대방의 행동에 놀랐다가 겨우 정신을 차리고 있다.
③ ㉢: 상대방의 분노가 사그라든 사실을 재차 확인한 후 안도하고 있다.
④ ㉣: 불시에 벌어진 상황에 대한 놀라움과 흥분된 감정이 진정되고 있다.
⑤ ㉤: 상대방을 대하며 다소 어색하고 쑥스러운 듯 웃음을 보이고 있다.

정답과 해설 67쪽

[24001-0163]

03 **ⓐ와 ⓑ에 대한 이해로 가장 적절한 것은?**

① ⓐ는 상대방의 잘못을 따지려는 모습을, ⓑ는 상대방에 대한 호의를 드러내고 있다.
② ⓐ는 상대방의 언행을 직접 응징하려는 모습을, ⓑ는 상대방에 대한 오해를 보여 주고 있다.
③ ⓐ, ⓑ는 모두 정치적 신념을 적극적으로 드러내려는 목적을 표현하고 있다.
④ ⓐ, ⓑ는 모두 특정한 상황에 놓인 상대방을 위로하려는 태도를 나타내고 있다.
⑤ ⓐ, ⓑ는 모두 미래에 대한 긍정적 전망을 상대방에게 전달하려는 의도를 제시하고 있다.

[24001-0164]

04 **〈보기〉를 참고하여 윗글을 감상한 내용으로 적절하지 않은 것은?**

보기

「단독 강화」는 6·25 전쟁을 배경으로 삼고 있는 전후 소설이다. 제목인 '단독 강화'의 사전적 의미는 '한 나라가 동맹국에서 이탈하여 상대국과 단독으로 맺는 강화'로, 이 작품에서는 두 병사의 상황을 빗대어 표현한 것이다. 두 병사는 국가 권력이나 이데올로기로부터 격리된 것이라고 할 수 있는 공간 속에서, 서로 대립하던 처음과 달리 총을 내려놓은 채 대화를 나누며 같이 밤을 보낸다. 마치 이념의 진공 상태와 같은 공간인 동굴 속에서 군인으로서가 아닌 인간 대 인간으로 만나 공존하게 되는 것이다. 그 과정에서 인물들이 느끼는 불안과 정신적 상처, 전쟁 상황의 비극성 또한 잘 드러나 있다. 작가는 이와 같이 이데올로기의 대립이 빚어낸 갈등을 조금씩 극복해 가는 모습을 제시함으로써 남과 북의 대립 해소 가능성을 모색하였다.

① 양의 '가슴을 쥐어박'는 행동을 할 정도로 장이 무서운 꿈을 꾸게 된 것은 전쟁에 참전한 군인인 장이 불안을 느끼고 있는 것과 관련이 있겠군.
② 양이 장의 '코피를 닦아 주'는 행위나, 헤어짐의 상황에서 '장이 갑자기 시무룩해'하는 것은 두 병사 간의 대립이 사라지고 화해와 공존이 이루어진 모습으로 볼 수 있겠군.
③ '전쟁을 일으킨 놈들을' 죽이고 싶다며 양이 신음에 가까운 음성으로 말하는 것을 통해 전쟁 상황에 처해 있는 인물의 괴로움과 불만을 드러내고 있다고 볼 수 있겠군.
④ 양과 장이 함께 밤을 보낸 후 '아침을 먹'는 공간인 '동굴'을 통해 이념의 대립과 갈등보다는 인간으로서의 공존이 우선시되는 공간이 제시되고 있다고 볼 수 있겠군.
⑤ '안 만났던 것만 못하군'이라는 양의 말을 통해 헤어짐의 아쉬움보다는 처음에 서로 대립하던 상태를 상기하며 적대감을 드러내고 있다고 볼 수 있겠군.

06 현대 소설

[01~04] 다음 글을 읽고 물음에 답하시오.

1964년 겨울을 서울에서 지냈던 사람이라면 누구나 알 수 있겠지만, 밤이 되면 거리에 나타나는 선술집—오뎅과 군참새와 세 가지 종류의 술 등을 팔고 있고, 얼어붙은 거리를 휩쓸며 부는 차가운 바람이 펄럭거리게 하는 포장을 들치고 안으로 들어서게 되어 있고, 그 안에 들어서면 카바이드 불의 길쭉한 불꽃이 바람에 흔들리고 있고, 염색한 군용 잠바를 입고 있는 중년 사내가 술을 따르고 안주를 구워 주고 있는 그러한 선술집에서, 그날 밤, 우리 세 사람은 우연히 만났다. 우리 세 사람이란 나와 도수 높은 안경을 쓴 안(安)이라는 대학원 학생과 정체는 알 수 없지만, 요컨대 가난뱅이라는 것만은 분명하여 **그의 정체를 알고 싶다는 생각은 조금도 나지 않는** 서른대여섯 살짜리 사내를 말한다.

먼저 말을 주고받게 된 것은 나와 대학원생이었는데, 뭐 그렇고 그런 자기소개가 끝났을 때는 나는 그가 안씨라는 성을 가진 스물다섯 살짜리 대한민국 청년, 대학 구경을 해 보지 못한 나로서는 상상이 되지 않는 전공을 가진 대학원생, 부잣집 장남이라는 걸 알았고, 그는 내가 스물다섯 살짜리 시골 출신, 고등학교는 나오고 육군 사관 학교를 지원했다가 실패하고 나서 군대에 갔다가 임질에 한 번 걸려 본 적이 있고 지금은 구청 병사계(兵事係)에서 일하고 있다는 것을 아마 알았을 것이다.

자기소개들은 끝났지만 그러고 나서는 서로 할 얘기가 없었다. 잠시 동안은 조용히 술만 마셨는데 나는 새카맣게 구워진 군참새를 집을 때 할 말이 생겼기 때문에 마음속으로 군참새에게 감사하고 나서 얘기를 시작했다.

"안 형, 파리를 사랑하십니까?"

"아니오, 아직까진……." 그가 말했다. "김 형은 파리를 사랑하세요?"

"예."라고 나는 대답했다. "날 수 있으니까요. 아닙니다. 날 수 있는 것으로서 동시에 내 손에 붙잡힐 수 있는 것이니까요. 날 수 있는 것으로서 손안에 잡아 본 적이 있으세요?"

"가만 계셔 보세요." 그는 안경 속에서 나를 멀거니 바라보며 잠시 동안 표정을 꼼지락거리고 있었다. 그리고 말했다. "없어요, 나도 파리밖에는……."

[A] 낮엔 이상스럽게도 날씨가 따뜻했기 때문에 길은 얼음이 녹아서 흙물로 가득했었는데 밤이 되면서부터 다시 기온이 내려가고 흙물은 우리의 발밑에서 다시 얼어붙기 시작했다. 소가죽으로 지어진 내 검정 구두는 얼고 있는 땅바닥에서 올라오고 있는 찬 기운을 충분히 막아 내지 못하고 있었다. 사실 이런 술집이란, 집으로 돌아가는 길에 잠깐 한잔하고 싶은 생각이 든 사람이나 들어올 데지, 마시면서 곁에 선 사람과 무슨 얘기를 주고받을 만한 데는 되지 못하는 곳이다. 그런 생각이 문득 들었지만 그 안경잡이가 때마침 나에게 기특한 질문을 했기 때문에 나는 '이놈 그럴듯하다'고 생각되어 추위 때문에 저려 드는 내 발바닥에게 조금만 참으라고 부탁했다.

[중략 부분 줄거리] 아무런 의미가 없는 대화를 주고받던 '나'와 안은 외교원* 일을 하는 사내를 만난다. 사내는 '나'와 안에게 자신과 함께 있어 주기를 청하고, 세 사람은 중국집으로 자리를 옮겨 대화를 나눈다.

"말씀드리고 싶은 게 있는데요." 마음씨 좋은 아저씨가 말하기 시작했다. "들어 주셨으면 고맙겠습니다…… 오늘 낮에 제 아내가 죽었습니다. 세브란스 병원에 입원하고 있었는데…….” 그는 이젠 슬프지도 않다는 얼굴로 우리를 빤히 쳐다보며 말하고 있었다.

“네에에.” “그거 안되셨군요.”라고, 안과 나는 각각 조의를 표했다.

“아내와 나는 참 재미있게 살았습니다. 아내가 어린애를 낳지 못하기 때문에 시간은 몽땅 우리 두 사람의 것이었습니다. 돈은 넉넉하진 못했습니다만, 그래도 돈이 생기면 우리는 어디든지 같이 다니면서 재미있게 지냈습니다. 딸기 철엔 수원에도 가고, 포도 철엔 안양에도 가고, 여름이면 대천에도 가고, 가을엔 경주에도 가 보고, 밤엔 함께 영화 구경, 쇼 구경하러 열심히 극장에 쫓아다니기도 했습니다…….”

“무슨 병환이셨던가요?” 하고 안이 조심스럽게 물었다.

“급성 뇌막염이라고 의사가 그랬습니다. 아내는 옛날에 급성 맹장염 수술을 받은 적도 있고, 급성 폐렴을 앓은 적도 있다고 했습니다만 모두 괜찮았었는데 이번의 급성엔 결국 죽고 말았습니다…… 죽고 말았습니다.”

사내는 고개를 떨구고 한참 동안 무언지 입을 우물거리고 있었다. 안이 손가락으로 내 무릎을 찌르며 우리는 꺼지는 게 어떻겠느냐는 눈짓을 보냈다. 나 역시 동감이었지만 그때 **사내가 다시 고개를 들고 말을 계속했기 때문에 우리는 눌러앉아 있을 수밖에 없었다.**

“아내와는 재작년에 결혼했습니다. 우연히 알게 됐습니다. 친정이 대구 근처에 있다는 얘기만 했지 한 번도 친정과는 내왕이 없었습니다. 난 처갓집이 어딘지도 모릅니다. 그래서 할 수 없었어요.” 그는 다시 고개를 떨구고 입을 우물거렸다.

“뭘 할 수 없었다는 말입니까?” 내가 물었다.

그는 내 말을 못 들은 것 같았다. 그러나 한참 후에 다시 고개를 들고 마치 애원하는 듯한 눈빛으로 말을 이었다.

“아내의 시체를 병원에 팔았습니다. 할 수 없었습니다. 난 서적 월부 판매 외교원에 지나지 않습니다. 할 수 없었습니다. 돈 사천 원을 주더군요. 난 두 분을 만나기 얼마 전까지도 세브란스 병원 울타리 곁에 서 있었습니다. 아내가 누워 있을 시체실이 있는 건물을 알아보려고 했습니다만 어딘지 알 수 없었습니다. 그냥 울타리 곁에 앉아서 병원의 큰 굴뚝에서 나오는 희끄무레한 연기만 바라보고 있었습니다. 아내는 어떻게 될까요, 학생들이 해부 실습하느라고 톱으로 머리를 가르고 칼로 배를 찢고 한다는데 정말 그러겠지요?”

우리는 입을 다물고 있을 수밖에 없었다. 사환이 단무지와 파가 담긴 접시를 갖다 놓고 나갔다.

“기분 나쁜 얘길 해서 미안합니다. 다만 누구에게라도 얘기하지 않고서는 견딜 수 없었습니다. 한 가지만 의논해 보고 싶은데, 이 돈을 어떻게 하면 좋을까요? 저는 오늘 저녁에 다 써 버리고 싶은데요.”

“쓰십시오.” 안이 얼른 대답했다.

“이 돈이 다 없어질 때까지 함께 있어 주시겠어요?” 사내가 말했다. 우리는 얼른 대답하지 못했다. “함께 있어 주십시오.” 사내가 말했다. 우리는 승낙했다.

“멋있게 한번 써 봅시다.”라고 사내는 우리와 만난 후 처음으로 웃으면서 그러나 **여전히 힘없는 음성**으로 말했다.

[B] 중국집에서 거리로 나왔을 때는 우리는 모두 취해 있었고, 돈은 천 원이 없어졌고 사내는 한쪽 눈으로는 울고 다른 쪽 눈으로는 웃고 있었고, 안은 도망갈 궁리를 하기에도 지쳐 버렸다고 내게 말하고 있었고, 나는 "악센트 찍는 문제를 모두 틀려 버렸단 말야, 악센트 말야."라고 중얼거리고 있었고, **거리는 영화 광고에서 본 식민지의 거리처럼 춥고 한산했고,** 그러나 여전히 소주 광고는 부지런히, 약 광고는 게으름을 피우며 반짝이고 있었고, 전봇대의 아가씨는 '그저 그래요.'라고 웃고 있었다.

– 김승옥, 「서울 1964년 겨울」

* **외교원(外交員)**: 은행이나 회사에서 교섭이나 권유, 선전, 판매를 위하여 고객을 방문하는 일이 주된 업무인 사원.

[24001-0165]

01 [A]와 [B]를 비교한 내용으로 가장 적절한 것은?

① [A]는 사건을 시간의 순서에 따라 서술하고 있고, [B]는 사건을 인과적 순서에 따라 배열하고 있다.
② [A]는 인물의 심리 상태를 서술자가 추측하여 전달하고 있고, [B]는 인물의 행동 묘사를 통해 인물의 성격을 드러내고 있다.
③ [A]는 시 · 공간에 대한 묘사를 통해 사건의 방향을 암시하고 있고, [B]는 인물들 사이의 갈등을 서술하여 사건의 성격을 나타내고 있다.
④ [A]는 인물의 내면적 갈등을 바탕으로 인물 사이의 관계를 드러내고 있고, [B]는 요약적 진술을 통해 인물의 과거 행적을 보여 주고 있다.
⑤ [A]는 배경과 인물의 상황을 묘사함으로써 인물의 심리를 드러내고 있고, [B]는 짧은 문장을 연결하여 다양한 장면을 제시함으로써 특정 공간에서의 상황을 입체적으로 형상화하고 있다.

[24001-0166]

02 윗글의 내용에 대한 이해로 적절하지 않은 것은?

① '나'는 대학에 진학하지 못하고 직장을 다니고 있다.
② '나'는 사내가 마음씨가 좋은 사람이라고 생각하고 있다.
③ 사내는 아내가 죽기 전 그녀와 좋은 관계를 유지하고 있었다.
④ 사내는 죽은 아내의 시체를 병원에 팔았다는 사실에 괴로워하고 있다.
⑤ '나'는 안이 자신과 비슷한 삶을 살고 있다는 점에 흥미를 느끼고 있다.

정답과 해설 69쪽

[24001-0167]

03 선술집과 중국집에 대한 설명으로 가장 적절한 것은?

① 선술집은 '나'와 안이 사내와 갈등하는 공간이고, 중국집은 '나'와 안이 사내와 화해하는 공간이다.
② 선술집은 '나'와 안이 의견 일치에 도달하는 공간이고, 중국집은 '나'와 안이 의견의 차이를 확인하는 공간이다.
③ 선술집은 '나'와 안과 사내가 외로움을 느끼는 공간이고, 중국집은 '나'와 안과 사내가 동질감을 느끼는 공간이다.
④ 선술집은 '나'와 안과 사내가 만나는 공간이고, 중국집은 사내가 '나'와 안에게 자신의 이야기를 털어놓는 공간이다.
⑤ 선술집은 '나'가 안과 사내에게 인간적 유대를 느끼는 공간이고, 중국집은 사내가 '나'와 안에게 소외감을 느끼는 공간이다.

[24001-0168]

04 〈보기〉를 바탕으로 윗글을 감상한 것으로 적절하지 않은 것은?

보기

이 작품의 시대적 배경이 되는 '1964년 겨울'은 정치적·사회적 부조리가 팽배한 시기였다. 4·19 정신을 좌절시킨 군사 정부는 굴욕적인 외교를 거듭했고, 이에 항의하는 민주 인사들을 억압하였다. 이와 같은 상황에서 당대의 사람들은 무력감에 빠져 사회에 대한 짙은 회의를 나타냈다. 이는 타인에 대한 무관심이나 개인주의의 풍조를 만연하게 했으며, 내면적 교감이나 연대에 대한 당대의 시대적 요구는 외면당하는 결과를 초래하였다. 「서울 1964년 겨울」은 이와 같은 시대적 분위기를 반영한 작품이다.

① '그의 정체를 알고 싶다는 생각은 조금도 나지 않는'다는 '나'의 말에 타인에 대해 무관심한 당대 사람들의 모습이 반영되어 있군.
② '사내가 다시 고개를 들고 말을 계속했기 때문에 우리는 눌러앉아 있을 수밖에 없었다.'는 억압받는 당대 민주 인사들의 모습을 환기해 주는군.
③ '이 돈이 다 없어질 때까지 함께 있어 주시겠어요?'라는 사내의 말에서 내면적 교감과 연대에 대한 당대 사람들의 요구를 읽을 수 있군.
④ '여전히 힘없는 음성'은 현실을 어쩌지 못하는 당대 사람들의 내면에 자리 잡은 무력감을 상징하는 것으로 이해할 수 있군.
⑤ '거리는 영화 광고에서 본 식민지의 거리처럼 춥고 한산했고'는 시대 현실에 대한 당대 사람들의 짙은 회의가 반영된 인식으로 볼 수 있군.

07 현대 소설

[01~04] 다음 글을 읽고 물음에 답하시오.

"자네더러 동림 산업 사원 전체의 의사를 대변해 달라고는 안 했어. 최소한 우리 과의 의사만이라도 전달했어야만 될 게 아닌가. 통과가 되고 안 되고는 문제가 아냐. 책임을 맡았으면 적어도 그 책임을 이행하려는 자세만이라도 보여 주는 게 도리라고 생각해."

[A] "회의가 시작되자마자, 똑똑히 잘 들어 달라면서 기획 실장이 자기네가 작성한 초안을 낭독했어. 낭독을 끝내더니 잘들 들었냐고 물어. 잘 들었다고 끄덕거릴 수밖에. 그랬더니 질문 있으면 하라는 거야. 모두들 어안이 벙벙해서 앉아 있는 판인데 실장이 씨익 웃어. 그러면서 하는 말이, 질문이 없다는 건 원안에 전적으로 찬성하는 것으로 믿고 수정 없이 실행에 옮기겠다고, 회사 발전을 위한 중요 사업에 이처럼 만장일치로 협조해 줘서 고맙다고 이러는 거야. 용가리 통뼈라도 손가락 하나 까딱 못할 상황이었다니까."

"장 선배님 말에 좀 어폐가 있는 것 같습니다. 회의는 랑데부가 아닙니다. 특히 노사 간의 회의는 회의라는 형식을 빌린 전쟁입니다. 사용자 측에서 수단 방법을 다해서 계획을 밀고 나가려 하는 건 당연합니다. 필요하다면 피용자 측에서 용가리 통뼈 아니라 통뼈 할아버지라도 돼서 따질 건 따지고 반대할 건……."

"그러게 내 첨부터 뭐랬어. 난 그런 일에 적임이 아니니까 우 군이 맡으라고 했잖아!"

"이미 끝난 일이야. 지금 와서 아무리 떠들어 대 봤자 제복은 벌써 우리 몸에 절반쯤이나 입혀져 있어."

민도식이 나서서 험악해진 분위기를 간신히 가라앉혔다.

[B] "준비 위원회를 구성하고 회의를 소집한 건 처음부터 요식 행위에 지나지 않았던 거야. 경영자 독단으로 처리하지 않고 사원들의 의사를 물어서 전폭적인 지지를 얻어 가지고 결정했다는 인상을 대내외에 풍길 필요가 있었던 거야. 이제 길은 두 가지뿐야. 나머지 절반을 찾아서 마저 몸에 꿰든가, 아니면 기왕 우리 몸에 입혀진 절반을 아예 벗어 버리든가 각자가 알아서 결정할 일이야. 저기 좀 보라고. 저 사람이 아까부터 우릴 비웃고 있어. 제복 얘기 앞으로는 그만하기로 하지."

생산부 공원 복장을 한 사내가 엇비뚜름한 자세로 이쪽을 돌아다보며 야릇한 웃음을 입가에 물고 있었다. ㉠<u>그를 보더니 장상태가 화를 벌컥 내면서 큰 소리로 미스 윤을 불렀다.</u>

"이봐, 저기 앉은 저 사람 내가 좀 보잔다구 전해!"

눈이 휘둥그레진 미스 윤이 종종걸음으로 그에게 다가가기 전에 그쪽에서 자진해서 먼저 일어섰다. 그가 충분히 알아들을 수 있을 정도로 장의 목소리가 컸던 것이다.

"저를 부르셨습니까?"

여전히 웃음기를 입에 문 얼굴이 장을 정면으로 상대했다.

"당신 뭐야? 뭔데 어제부터 남의 얘길 엿듣고 비웃지, 비웃길?"

"비웃음으로 보셨다면 용서하십쇼. 엿듣고 싶은 생각은 없었습니다. 가만히 앉아 있어도 들릴 정도로 선생님들 말소리가 컸습니다. 말씀 내용이 동림 산업에 계신 분들 같아서 저도 모르게 관심이 컸나 봅니다."

"오오라, 그러고 보니 당신도 동림 가족의 일원이 분명하군. 부서가 어디야?"

"생산부 제1 공장입니다. 거기서 잡역부로 근무하고 있습니다."

"이름은?"

"권입니다."

"이름이 권이다? 그럼 성까지 아주 짝을 채워 보게."

"성이 권입니다."

만만한 상대를 만난 장은 권 씨를 노리갯감으로 삼아 화풀이할 작정임을 분명히 하면서 동료들에게 은밀히 눈짓을 보냈다. 함께 놀이에 끼어들라는 뜻일 것이다. ㉡그러나 도식이 보기엔 첫눈에 결코 만만한 상대가 아니었다. 그는 참을성 좋게 여전히 웃고 있었다. 그것은 생산부 공원들이 본사의 사무직을 대할 때 일반적으로 갖는 비굴한 표정이 아니었다. 그렇다고 적대감도 아닌 그것은 일종의 자신감의 표현임이 분명했다. 두툼한 입술과 커다란 눈이 얼핏 눈에 띄는 특징이었다. ㉢장상태하고 비교해서 둘이 서로 어금어금할 정도로 작은 체구였다. 실제 나이는 장보다 두세 살쯤 위일 것 같은데 적어도 이삼십 년은 더 세상을 살아냈을 법한 관록 같은 게 엿보이는 얼굴이었고, 그것이 교양이라는 것하고도 연결되어 잡역부라던 자기소개가 아무래도 믿어지지 않는 그런 사람이었다.

"짝을 채우기 싫다 이거지? 좋았어. 그런데 자네가 하는 잡역일하고 무슨 상관이 있어서 우리 얘기에 이틀 동안이나 관심을 갖지?"

"물론 상관은 없습니다. 그렇지만 한쪽에선 작업 중에 팔이 뭉텅 잘려져 나간 사람이 있고 그 팔값을 찾아 주려고 투쟁하는 사람들이 있는 반면에 다른 한쪽에선 몸에 걸치는 옷 때문에 거기에 자기 인생을 걸려는 분들도 계시구나 하는 생각이 들어서 그냥 지나칠 수가 없었습니다."

그 순간 장상태의 얼굴색이 하얗게 질리는 것 같았다.

[중략 부분 줄거리] 회사 창업 기념일 행사를 앞두고 모든 직원들의 제복을 맞추기 위한 절차가 진행되지만, 민도식과 우기환 둘은 이를 거부하기로 의기투합한다. 이에 두 사람은 사장과 면담을 하게 되는데, 사장은 두 사람을 다독이면서 회사의 뜻에 따라 줄 것을 요구한다.

사장실로 들어서기 무섭게 권 씨는 민도식을 향해 눈자위를 하얗게 부릅떠 보였다. 우기환의 돌연한 행동에 초벌 놀랐던 도식은 권 씨의 험악한 표정에 재벌 놀라면서 엉거주춤 궁둥이를 들었다. 빨리 자리를 비켜 달라는 권 씨의 무언의 협박이 빗발치고 있었다.

"죄송해요, 사장님. 한사코 안 된다는데두 부득부득 우기면서 이 사람이……."

뒤쫓아 들어온 여비서를 손짓으로 내보낸 다음 사장이 말했다.

"어서 오게, 권 군."

자기보다 더 사정이 절박한 사람을 위해서 민도식은 사장실에서 물러나지 않을 수 없었다.

"잘 생각해서 스스로 결정을 내리도록 하게."

도어가 채 닫히기 전에 사장의 껄껄한 목소리가 도식의 등 뒤에 따라붙는다.

"장 선생 집에 전화 걸었더니 부인이 받데요. 새로 맞춘 유니폼 입구 아침 일찍 출근했다구요."

아내의 바가지 긁는 소리로 창업 기념일의 아침은 시작되었다. 체육 대회가 열리는 제1 공장까지 가자면 다른 날보다 더 일찍 나서야 되는데도 여전히 밍기적거리고만 있는 남편 곁에서 아내는 시종 근심스런 눈초리를 거두지 않았다. 제복 때문에 총각 사원 하나가 사표를 던졌다는 소문을 아내는 믿지 않았다. ㉣사표를 제출한 게 아니라 강제로 모가지가 잘린 거라고 굳게 믿고 있었다.

"까짓것 난 필요 없어. 거기 아니면 밥 빌어먹을 데 없는 줄 알아? 세상엔 아직도 유니폼 안 입는 회사가 수두룩하단 말야!"

㉤거듭되는 재촉에 이렇게 큰소리로 대거리는 했지만 결국 민도식은 뒤늦게나마 집을 나서고 말았다.

시내를 멀리 벗어나서 교외에 널찍하게 자리 잡은 제1 공장 앞에 당도했을 때는 벌써 개회식이 시작된 뒤였다. 공장 정문 철책 너머로 검정 곤색 일색의 운동장을 넘어다보는 순간 민도식은 **갑자기 숨이 턱 막혀 옴을 느꼈**다. 새로 맞춘 제복으로 단장한 남녀 전 사원이 각 부서별로 **군대처럼 질서 정연하게 도열해 서**서 연단에 선 지휘자의 손끝을 우러러보며 사가(社歌)를 제창하기 직전의 예비 운동으로 목청을 가다듬는 헛기침들을 하고 있었다. 이윽고 공장 일대를 한바탕 들었다 놓는 우렁찬 노래가 터지기 시작했다. 노래 부르는 사원들 **모두가 작당해서 지각한 사람을 야유하는 듯한 기분**이 들었다. 검정 곤색의 제복들이 일치단결해 가지고 사복 차림으로 꽁무니에 따라붙으려는 유일한 사람을 완강히 거부하는 듯한 기분에 사로잡혔다. 세상 전체가 **온통 제복투성이인 가운데 저 혼자만 외돌토리**로 떨어져 있는 셈이었다. 자기 **한 사람쯤 불참한다 해도 아무렇지도 않게 체육 대회 개회식은 진행될 수 있다**는 사실이 민도식을 무척 화나면서도 그지없이 외롭게 만들었다. 정문으로 들어서지도 못하고 그렇다고 뒤돌아서서 나오지도 못한 채 그는 일단 멈춘 자리에 붙박여 버린 듯 언제까지고 움직일 줄을 몰랐다.

– 윤흥길, 「날개 또는 수갑」

[24001-0169]

01 [A]와 [B]에 대한 설명으로 가장 적절한 것은?

① [A]와 [B]는 모두 개인적으로 처했던 처지를 주장의 근거로 삼고 있다.
② [A]와 [B]는 모두 인물의 행동을 묘사하여 타인을 비판하는 근거로 삼고 있다.
③ [A]와 [B]는 모두 자신의 판단이 윤리적으로 정당함을 말하며 상대방을 설득하고 있다.
④ [A]는 사안의 진행 과정을 순차적으로 제시한 후 자신을 변호하고 있고, [B]는 사안의 의미를 분석한 후 자신의 주장을 제시하고 있다.
⑤ [A]는 사안의 추이를 요약적으로 제시한 후 일의 책임 소재를 분석하고 있고, [B]는 체면 유지의 중요성을 말하며 논의의 중단을 강요하고 있다.

[24001-0170]

02 **㉠~㉤에 대한 설명으로 적절하지 않은 것은?**

① ㉠: 타인에 대한 인물의 반응을 언급하여 인물의 불편한 심리를 드러내고 있다.
② ㉡: 타인에 대한 인물의 판단을 언급하여 서사적 긴장감을 고조시키고 있다.
③ ㉢: 인물이 관찰한 타인의 외모를 설명하며 갈등 해결의 실마리를 암시하고 있다.
④ ㉣: 인물이 처한 상황을 설명하기 위해 타인에게 신뢰를 얻지 못하고 있음을 드러내고 있다.
⑤ ㉤: 인물이 타인에게 보인 반응을 설명하며 갈등에 대처하는 인물의 태도를 보여 주고 있다.

[24001-0171]

03 **'권 씨'에 대한 설명으로 가장 적절한 것은?**

① 자신에 대한 장상태의 거부감을 간파하고 이를 상대방에게 먼저 확인하고 있다.
② 사무직 직원들의 적대적인 감정을 눈치 빠르게 파악하고 이 사실을 문제 삼고 있다.
③ 사무직 직원들의 태도를 비굴하다고 생각하여 제복 논쟁에 대한 반대를 표하고 있다.
④ 사무직 직원의 추궁에 생산직과 사무직의 처지를 대비하여 지켜보았음을 말하고 있다.
⑤ 자신의 사정이 민도식의 것보다 더 절박하다고 면담을 요구하며 사장을 협박하고 있다.

[24001-0172]

04 **〈보기〉를 참고하여 윗글을 감상한 내용으로 적절하지 않은 것은?**

보기

윤흥길의 「날개 또는 수갑」은 회사의 일방적인 지침에 따라 제복을 입게 된 사원들이 겪는 갈등을 그리고 있다. 주인공 민도식을 중심으로 한 부서 동료들은 회사의 제복 방침이 드러내는 전체주의적이고 강압적인 방식에 거부감을 가지고 불만스러움을 공유하기도 하고 회사에 저항할 방법을 두고 갈등하기도 한다. 하지만 결국 대다수의 동료들은 회사의 지침에 복종하게 되어, 혼자 남겨진 도식은 외로움과 무기력감을 느끼게 된다. 소설 속에서 사무직과 생산직 공원 사이의 갈등이 그려진 대목, 그리고 결국 제복으로 통일된 사원들이 모인 창업 기념식의 일사불란함을 나타낸 대목은 사무직 사원들이 자신들의 안녕을 위해 적극적으로 회사 권력에 저항하지 못하는 모습을 단적으로 드러내고 있다.

① 제복을 입은 사람들을 보며 '갑자기 숨이 턱 막혀 옴을 느'끼는 민도식의 모습에서 전체주의적 문화에 대한 거부감을 엿볼 수 있군.
② 제복을 입고 '군대처럼 질서 정연하게 도열해 서' 모인 사람들의 모습은 사원들이 자신들의 불만을 저항으로 이어 가지 못하고 회사에 복종하였음을 그리고 있군.
③ 사원들을 보며 '모두가 작당해서 지각한 사람을 야유하는 듯한 기분'을 느낀 민도식은 전체주의 문화에 대한 불만이 생겨 회사에 반발심을 품기 시작하는군.
④ '온통 제복투성이인 가운데 저 혼자만 외돌토리'가 되었다고 생각하는 민도식은 제복을 거부하는 행동을 함께할 동료들이 없어 외로움을 느끼고 있군.
⑤ '한 사람쯤 불참한다 해도 아무렇지도 않게 체육 대회 개회식은 진행될 수 있다'고 느낀 민도식은 개인의 저항이 회사의 힘 앞에 무력하다고 느끼고 있군.

08 현대 소설

[01~04] 다음 글을 읽고 물음에 답하시오.

[앞부분 줄거리] 한때 특종을 여러 개 터뜨릴 만큼 유능한 기자였던 박영하는 최근 들어 어쩐지 사회 현실에 흥미를 잃어 취재도 기사 쓰기도 시큰둥하다. 변두리 동네로 이사 온 박 기자는 동네일에 사사건건 간섭을 해 대는 동네 어르신들을 보고 그들과 엮이지 않으려 피해 다닌다. 그러던 차에 동네 어르신들이 박 기자를 불러 동네의 한 불효자의 악행을 신문에 내 줄 것을 부탁하고, 이야기 중 당사자가 나와 어르신들과 말다툼이 일어난다.

"젊은 순경, 봤지요? 저렇게 **자기 허물을 뉘우칠 줄 모르고 큰소리만 치고 있**으니 개가 짖지 않고 배기겠소? 정부에서도 충효(忠孝) 어쩌고 했으면, 저런 작자들부터 묶어 가야 할 게 아니요? 그리고 박 기자, 어떻소. 이런 사람을 신문에 안 내면 뭣을 신문에 낸단 말이요?"

털보 영감이 이번에는 영하를 물고 들어갔다.

"뭐요? 신문에 내다니, 뭣을 신문에 낸단 말이요?"

사내가 털보 영감 말을 채뜨리며 시퍼렇게 악을 쓰고 나섰다.

"임자 같은 사람을 신문에 안 내면 뭣을 신문에 낸단 말이여? 개는 짖으라고 있고 신문은 나팔을 불라고 있는 것인데, 개도 못 봐서 짖는 일을 신문 기자가 손 개 얹고 있으란 말이여? 신문 기자가 개만도 못한 줄 알아?"

여태 말이 없던 굴때장군이 깡, 내질렀다. 민 영감은 배실배실 웃고만 있었다.

"영감들이 괜히 나를 못 잡아먹어서 환장이지 내가 어째서 신문에 난단 말이요?"

사내는 신문 이야기가 나오자 제정신이 아니었다.

"두고 봐. 신문에 나는가 안 나는가 두고 보라구."

"잡것, 어떤 놈이든지 신문에만 내 봐라. 그때는 저 죽고 나 죽고 정말 사생결단을 하고 말 것이다."

작자는 이를 악물며 들떼놓고* 을러멨다*. 영하는 **소한테 물린 것처럼 헤프게 웃고만 있**었다.

"신문 기자가 그렇게 만만한 줄 아나?"

"만만 안 하면 신문 기자 배때기에는 철판 깐 줄 아슈?"

"허허, 잘 논다."

"생사람을 못 잡아먹어 환장을 하더니 나중에는 신문 기자까지 끌어다 대는구만."

"환장? 그게 어디다 대고 하는 말버릇이야?"

좁쌀영감이 소리를 질렀다.

"그럼 환장이 아니고 뭡니까?"

사내가 좁쌀영감한테 삿대질을 하며 악을 썼다. 순간 왕왕, 셰퍼드가 짖었다. 스피츠와 포인터도 덩달아 짖고 나섰다.

"또철아, 또철아, 가만있어, 가만!"

개들이 다시 누그러졌다.

"방금은 저 개들이 왜 짖은 줄 알아? 제 주인한테 대드니까 짖었어. 개는 까닭 없이는 안 짖어. 사람 못된 것들은 할 소리 안 할 소리 자발없이 씨부렁대지만, 개는 짖을 놈만 봐서 꼭 짖을 때만 짖어. 저 시퍼런 눈

봐. 저 눈으로 **사람 못 보는 데까지 훤히 꿰뚫어 보고 꼭 짖을 놈만 찾아 짖**는단 말이야."

털보 영감이 능청을 떨었다.

"뭐가 어쩌고 어째요? 저 영감이 시키니까 짖지 개가 뭣을 알아 짖는단 말이오. 저 개한테 붙인 또철이란 이름이 뉘 이름이요. 개한테 멀쩡한 사람 이름을 가져다 붙인 것부터가 속내가 환한데, 시키지도 않는데 제 사날*로 짖는단 말이요?"

사내는 이를 앙다물며 좁쌀영감을 노려봤다. 작자는 이만저만 끈질긴 성미가 아니었다. 이쯤 했으면 진력이 날 법도 한데 기어코 물고 늘어졌다.

"또철이가 뉘 이름이냐 이 말인가? 아까도 말했듯이 그것은 임자 이름인 것 같기도 하지만 저 개 이름이기도 해. 임자가 또철이란 이름을 지을 때 누구한테 허락 맡고 지었나? 나도 내 맘대로 지었는데, 어째서 시비야? 또철이란 이름은 임자 혼자 이름이라고 전세 내서 등기라도 해 두었어?"

좁쌀영감이 차근하게 따졌다.

"일부러 내 이름을 개한테 붙인 것이 아니고 뭐요?"

"저 사람이 남의 말 들을 귀에 말뚝을 박았나? 대한민국에 또철이가 임자 혼자뿐이 아닌데 어째서 그게 임자 혼자 이름이란 말이야?"

영감이 삿대질을 하자 또 셰퍼드가 컹 짖었다. 영감 말이 옳다는 소리 같았다.

"이 골목에 사는 또철이는 나 하나뿐이니, 나 들으라고 지은 이름이 아니고 뭡니까? 바둑이 · 도크 · 쫑 · 검둥이, 세상에 쌔고 쌘 개 이름 놔두고, 아무런들 개한테 사람 이름을 붙여 허구한 날 또철아, 또철아, 도대체 이런 법도 있습니까?"

사내는 순경을 돌아보며 입에 거품을 물었다. 그가 소리를 지르자 또 개가 으르렁거렸다.

"개한테 그런 이름을 붙이면 안 된다는 무슨 법조문이라도 있단 말이야? 있으면 가져와 봐. 이놈은 일본 총독 이토, 이놈은 인규, 이놈은 아민, 이놈은 또철이, 또 이놈은 뭔 줄 아나? 모를 게야. 아직 안 짓고 아껴 뒀어."

(중략)

비싼 나무를 사다가 잘 손질한 정원은 인위적으로 정돈된 바로 그만큼 자연의 질서와 조화에서는 어긋나 있는 것이 아니겠는가 하는 생각이 들며 매미가 붙어 있는 오동나무가 새삼 대견스럽게 여겨졌다.

저 오동나무는 **통새암거리 노인들** 같다는 생각이 들었다. 그 노인들은 저 오동나무처럼 거침없이 살다가 구김 없이 늙으며, 어디서나 자기 할 소리 하며 자기 분수껏 이 세상에 나온 자기 몫을 하고 죽어 갈 사람들이었다.

화단 한쪽 햇볕에 내놓은 ㉠분재로 눈이 갔다. 오동나무에 비기면 저게 뭔가? 봄이 되어도 가지 하나를 뻗고 싶은 대로 뻗지 못하고, 뿌리는 또 비좁은 화분 속에서 얼마나 궁색스럽게 비틀리고 얽혀서 뻗어야 하는가? 저렇게 최소한의 생존 조건 속에서 생명을 부지해야 사랑받고, 그 생존 조건의 극한점이 올라가면 올라갈수록 가치도 그에 비례하는 것이 분재였다.

통새암거리 노인들이 오동나무라면 나는 뭔가? 저 분재일까? 그렇게 빗대어 놓고 보니 너무 신통하게 들어맞는 것 같았다. 영하는 멀겋게 웃었다.

울음을 그쳤던 ㉡매미가 또 찌이, 장대 같은 소리를 내질렀다. 거침없이 내지르고 있는 매미 소리는, 더위에 내려앉을 것 같은 여름 한낮에 하늘로 치솟아 오르는 한 줄기 시원한 분수였다.

매미는 지상의 생애 1주일 혹은 3주일을 살려고 땅속에서 7년 내지 17년을 유충으로 기다린다는 것이다. 적어도 7년에서 17년을 별러 태어나 7일을 살다 죽는, 그 7일로 응축된 매미의 생애가 이상한 감상을 불러왔다. 찌이 하는 울음소리가 단순한 곤충의 울음으로 들리지 않았다. 그 기나긴 기간을 땅속에서 벼르고 별렀던 자신의 무슨 절실한 의지를 저렇게 단음으로 표출하고 있는 것이 아닌가 싶었다. 저 크고 우람한 소리는 그 짧은 생애 한순간 한순간을 아껴 내지르는 뭔가 그만큼 절실한 삶의 표출일 것이다.

매미 소리에 취해 있던 영하는 책상머리로 갔다. 아까 그 기사를 써야겠다고 생각했다. 매미처럼 무슨 거창한 소리를 지르자는 것이 아니고 매미 소리를 듣다 보니 뭔가 끄적거리고 싶었다.

– 송기숙, 「개는 왜 짖는가」

* **들떼놓고**: 꼭 집어내어 바로 말하지 않고.
* **을러메다**: 위협적인 언동으로 을러서 남을 억누르다.
* **사날**: 제멋대로만 하는 태도.

[24001-0173]

01 윗글의 서술상 특징으로 가장 적절한 것은?

① 이야기 밖 서술자가 객관적인 위치에서 사건을 관찰하고 서술하고 있다.
② 이야기 밖 서술자가 이야기 속 모든 인물의 내면을 인지하고 서술하고 있다.
③ 이야기 밖 서술자가 이야기 속 특정 인물의 시각에서 관찰하고 서술하고 있다.
④ 이야기 속 인물을 서술자로 설정하여 제한적으로 사건을 관찰하고 서술하고 있다.
⑤ 이야기 속 여러 인물을 서술자로 설정하여 사건에 대해 번갈아 가며 서술하고 있다.

[24001-0174]

02 윗글에 등장하는 인물에 대한 설명으로 적절하지 않은 것은?

① 털보 영감은 사내와의 갈등에 영하를 끌어들이고 있다.
② 사내는 비속어를 사용하여 영하에게 위협을 가하고 있다.
③ 좁쌀영감은 개를 명명하는 방식으로 사내를 조롱하고 있다.
④ 사내는 순경에게 자신의 억울한 상황에 대해 호소하고 있다.
⑤ 영하는 사내가 영감들을 대하는 태도에 분노를 드러내고 있다.

정답과 해설 72쪽

[24001-0175]

03 ㉠과 ㉡의 서사적 기능으로 가장 적절한 것은?

① ㉠은 인물 사이의 갈등을 조장하고, ㉡은 인물 사이의 갈등을 해소하게 한다.
② ㉠은 인물이 선망하는 대상을 나타내고, ㉡은 인물이 극복하고자 하는 대상을 나타낸다.
③ ㉠은 인물이 자신을 성찰하게 하고, ㉡은 행동을 하고자 하는 인물의 의욕을 자극하고 있다.
④ ㉠은 갈등이 일어난 공간의 분위기를 조성하고, ㉡은 갈등이 일어난 시간적 배경을 제시한다.
⑤ ㉠은 앞으로 일어날 사건의 방향을 암시하고, ㉡은 이전에 일어난 사건 이해에 단서를 제공한다.

[24001-0176]

04 〈보기〉를 바탕으로 윗글을 감상한 것으로 적절하지 않은 것은?

보기

1980년, 쿠데타로 권력을 잡은 신군부는 이전 정부와 마찬가지로 권위적인 방식으로 국가를 통제하였다. 국민은 정의로운 사회를 갈망하였지만 신군부 세력은 그런 국민의 갈망을 억압하였고, 그 결과 불의가 횡행하였다. 이런 상황에서 권력을 견제해야 할 책무를 지닌 언론 역시 권력에 의해 표현의 자유를 억압당한 채 무기력한 모습을 보이고 있었다. 송기숙의 「개는 왜 짖는가」는 이러한 현실과 언론의 행태를 비판하고 있는 작품이다.

① '자기 허물을 뉘우칠 줄 모르고 큰소리만 치고 있'는 사내는 불의한 세력을 상징하는 것이겠군.
② '소한테 물린 것처럼 헤프게 웃고만 있'는 영하의 모습은 현실의 문제에 무기력한 모습을 보인 당대 언론의 모습을 나타내는 것이겠군.
③ '사람 못 보는 데까지 훤히 꿰뚫어 보고 꼭 짖을 놈만 찾아 짖'는 것은 권력을 견제해야 하는 언론의 책무를 상기시키는 것이겠군.
④ '일부러 내 이름을 개한테 붙인 것이 아니고 뭐요?'라는 말은 언론의 자유를 억압하는 부정적 현실에 대한 항변이라고 할 수 있겠군.
⑤ 사내의 악행을 신문에 내달라고 요구하는 '통새암거리 노인들'은 정의를 갈망하는 국민의 모습을 형상화한 것이겠군.

[01~04] 다음 글을 읽고 물음에 답하시오.

"까짓거 몸 돌보지 않고 열심히만 하면 농사꾼보다야 낫겠거니 했지요. 처음에는 땅 판 돈이 좀 있어서 생선 장사를 하다가 밑천 잘라먹고 농사꾼 출신이라 고추 장사는 자신 있지 싶어 덤볐다가 아예 폭삭 망했어요."

㉠밥그릇 비우는 솜씨도 일솜씨 못지않아서 임 씨는 그가 반도 비우기 전에 벌써 숟가락을 놓았다. 그리고 은하수 한 개비를 물었다.

"밑천 댈 돈이 없으니 그다음부터는 닥치는 대로죠. 서울서 밑천 털리고 부천으로 이사 온 게 한 육 년 되나. 이 바닥서 안 해 본 게 없어요. 얼음 장수, 채소 장수, 개장수, 번데기 장수, 걸리는 대로 했으니까요. 장사를 하려면 단돈 천 원이라도 밑천이 들게 마련인데 이게 걸핏하면 밑천 까먹기라 이겁니다. 좀 되는가 싶어도 자식새끼가 많다 보니 쓰이는 돈도 많고. 그래서 재작년부터는 몸으로 벌어먹는 노가다 일을 주로 했지요. 뺑기쟁이, 미쟁이, 보일러쟁이 뭐 손 안 댄 게 없어요. 잡부가 없다면 잡부로 뛰고, 도배쟁이가 없다면 도배도 해요. 그러다 겨울 닥치면 공터에 연탄 부려 놓고 연탄 배달로 먹고살지요."

키 작은 하청일과 키 큰 서수남이 재잘재잘 숨넘어가게 가사를 읊어 대는 노래가 생각날 만큼 그가 주워섬기는 직업 또한 늘어놓기 힘들 만큼 많았다. ㉡그렇게 많은 일을 했다면서 아직도 요 모양 요 꼴인가 싶으니 견적에서 돈 남기고 공사에서 또 돈 남기는 재주는 임 씨가 막판에 배운 못된 기술인지도 몰랐다.

[A] "연탄 배달이 그래도 속이 젤로 편해요. 한 장 배달에 얼마, 이렇게 금새가 매겨져 있으니 한철에 얼마큼만 나르면 입에 풀칠은 하겠다는 계산도 나오구요. 없는 살림에는 애들 크는 것도 무서워요. 지하실에 꾸며 놓은 단칸방에 살면서 하루에 두 끼는 백 원짜리 라면으로 때우게 되더라구요. 그래도 농사질 때는 명절 닥치면 떡 한 말쯤이야 해 놓을 형편이었는데……. **시골서 볼 때는 돈이란 돈은 왼통 도시에 몰려 있**는 것 같읍서도 정작 나와 보니 돈 구경하기 힘들데요."

그는 또 공사 맡아서 주인 속여 남긴 돈은 다 뭣 하누 하는 생각에 임 씨 얼굴을 다시 보게 된다. 하기야 임 씨 같은 뜨내기 인부에게 일 맡길 집주인도 흔치 않겠지 하고 어림하다 보니 스스로가 바보가 된 것 같아서 그는 입맛이 썼다.

[중략 부분 줄거리] 당초 예상보다 이르게 목욕탕 수리를 마무리한 임 씨는 '그'와 '그'의 아내에게 집에 더 손볼 곳이 있으면 봐 주겠다고 제안을 하고, 임 씨가 수리비 비용을 과하게 청구할까 봐 불안했던 '그'는 옥상 방수 공사를 추가로 부탁한다. 임 씨를 도와 옥상 방수 공사를 늦은 시간까지 하면서 '그'는 집수리 일이 생각보다 어렵다는 것을 알게 된다. 또, 임 씨의 정직한 계산서를 받고 자신이 임 씨를 오해했음에 부끄러움을 느낀다.

"좋수다. 형씨. 한잔하십시다." / 임 씨가 호기를 부리며 소리 나게 잔을 부딪쳤다.

"그렇지, 그렇지. 다 같은 토끼 새끼 주제에 무슨 얼어 죽을 사장이야!"

그의 허세도 임 씨 못지않았으므로 이윽고 두 사람은 주거니 받거니 술잔을 비우기 시작하였다.

"내가 이래 봬도 자식 농사는 꽤 지었지요."

임 씨는 자신의 아들딸이 네 명이란 것, 큰놈은 국민학교 4학년인데 공부를 썩 잘하고 둘째 딸년은 학교 대표 농구 선수인데 박찬숙 못지않을 재주꾼이라고 자랑했다.

"그놈들 곰국 한번 못 먹인 게 한이오, 형씨. 내 이번에 가리봉동에 가면 그 녀석 멱살을 휘어잡아야지."

임 씨가 이빨 사이로 침을 찍 뱉었다. 뭐 맛있는 거나 되는 줄 알고 김 반장의 발발이 새끼가 쪼르르 달려왔다. / "가리봉동에 가면 곰국이 나와요?"

임 씨가 따라 주는 잔을 받으면서 그는 온몸을 휘감는 술기운에 문득 머리를 내둘렀다. ㉢아까부터 비 오는 날에는 가리봉동에 간다는 임 씨의 말이 술기운과 더불어 떠올랐다.

"곰국만 나오나. 큰놈 자전거도 나오고 우리 농구 선수 운동화도 나오지요. 마누라 빠마값도 쑥 빠집니다요. 자그마치 팔십만 원이오, 팔십만 원. 제기랄. 쉐타 공장 하던 놈한테 일 년 내 연탄을 대 줬더니 이놈이 **연탄값 떼어먹고 야반도주**했어요. 공장이 망했다고 엄살을 까길래, 내 마음인들 좋았겠소. 근데 형씨, 아, 그놈이 가리봉동에 가서 **더 크게 공장을 차**렸지 뭡니까. 우리네 노가다들, 출신이 다양해서 그런 소식이야 제꺼덕 들어오지, 뭐." / "그럼 받아야지, 암. 받아야 하구 말구."

그는 딸꾹질을 시작했다. 임 씨에게 술을 붓는 손도 정처 없이 흔들렸다. 그에 비하면 임 씨의 기세 좋은 입만큼은 아직 든든하다.

[B] "누군 받기 싫어 못 받수. 줘야 받지. 형씨, 돈 있는 놈은 죄다 도둑놈이오. 쫓아가면 지가 먼저 울상이네. 여공들 노임도 밀렸다, 부도가 나서 그거 메우느라 마누라 목걸이까지 팔았다고 지가 먼저 성깔내." / "죽일 놈."

그는 스웨터 공장 사장을 눈앞에 그려 본다. 빤질빤질한 상판에 배는 툭 불거져 나왔겠지.

"그게 작년 일인데 형씨, 올여름에 비가 오죽 많았소. 비만 오면 가리봉동에 갔지요. 비만 오면 갔단 말이오." / "아따, 일 년 삼백육십오 일 비 오는 날은 쌔고 쌨는디 머시 그리 걱정이당가요?"

김 반장이 맥주를 새로 가져오며 임 씨를 놀려 먹었다.

"시끄러, 임마. 비가 와야 가리봉동에 가지, 비가 와야……."

"해 뜨는 날은 돈 벌어서 좋고, 비 오는 날은 돈 받아서 좋고, 조오타!"

김 반장이 젓가락으로 장단까지 맞추자 임 씨는 김 반장 엉덩이를 찰싹 갈긴다.

"형씨, 형씨는 [집]이 있으니 걱정할 것 없소. 토끼띠면 어쩔 거여. 집이 있는데, 어디 집값이 내리겠소?"

"저런 것도 집 축에 끼나……."

이번엔 또 무슨 까탈을 일으킬 것인지, 시도 때도 없이 돈을 삼키는 허술한 집이라고 대꾸하려다가 임 씨의 말에 가로채여서 그는 입을 다물었다.

"난 말요. 이 토끼띠 사내는 말요, 보증금 백오십만 원에 월세 삼만 원짜리 지하실 방에서 여섯 식구가 살고 있소. 가리봉동 그 새끼는 곧 죽어도 맨션아파트요, 맨션아파트!"

임 씨는 주먹을 흔들며 맨션아파트라고 외쳤는데 그의 귀에는 꼭 **맨손** 아파트처럼 들렸다.

"돈 받으러 갈 시간도 없다구. 마누라는 마누라대로 벽돌 찍는 공장에 나댕기지, 나는 나대로 이 짓 해서 벌어야지. 그래도 달걀 후라이 한 개 마음 놓고 못 먹는 세상!"

임 씨의 목소리가 거칠어졌다. ㉣술이 너무 과하지 않나 해서 그는 선뜻 임 씨에게 잔을 돌리지 못하고 있었다.

"돌고 돌아서 돈이라고? 돌고 도는 돈 본 놈 있음 나와 보래! 우리 같은 신세는 평생 이 지랄로 끝장이야. 돈? 에이! 개수작 말라고 해."

임 씨가 갑자기 탁자를 내리쳤다. 그 바람에 기우뚱거리던 맥주병이 기어이 바닥으로 나뒹굴면서 요란한 소리를 내었다. / "참고 살다 보면 나중에는……." / "모두 다 소용없는 일이야!"

㉤임 씨의 기세에 눌려 그는 또 말을 맺지 못하고 입을 다물었다. 나중에는 임 씨 역시 맨션아파트에 살게 되고 달걀 프라이쯤은 역겨워서, 곰국은 물배만 채우니 싫어서 갖은 음식 타박에 비 오는 날에는 양주나 찔끔거리며 사는 인생이 될 것이다, 라고 말할 수는 없었다. 천 번 만 번 참는다고 해서 이 **두터운 벽**이, 오를 수 없는 저 꼭대기가 발밑으로 걸어와 주는 게 아님을 모르는 사람이 그 누구인가.

그는 임 씨의 핏발 선 눈을 마주 보지 못하였다. 엉터리 견적으로 **주인 속이는 일꾼이라고 종일토록 의심**하며 손해 볼까 두려워 궁리를 거듭하던 꼴을 눈치채이지는 않았는지, 아무래도 술기운이 확 달아나 버리는 느낌이었다.

– 양귀자, 「비 오는 날이면 가리봉동에 가야 한다」

[24001-0177]

01 [A]와 [B]에 대한 설명으로 가장 적절한 것은?

① [A]는 [B]와 달리, '그'의 행동을 묘사하여 '그'와 임 씨의 대립 관계를 드러내고 있다.
② [A]는 [B]와 달리, 임 씨의 말을 인용하여 '그'의 의도를 의심하는 이유를 드러내고 있다.
③ [A]는 [B]와 달리, '그'와 임 씨의 가치관을 대비하여 '그'가 자신을 성찰하고 있음을 드러내고 있다.
④ [B]는 [A]와 달리, '그'의 내면 심리를 드러내어 '그'가 임 씨에게 공감하고 있음을 드러내고 있다.
⑤ [B]는 [A]와 달리, '그'의 말을 인용하여 '그'가 임 씨에게 불만스러워했었던 사실을 드러내고 있다.

[24001-0178]

02 ㉠~㉤에 대한 설명으로 적절하지 않은 것은?

① ㉠: '그'가 임 씨의 행동들을 비교해 보며 받은 인상을 서술하고 있다.
② ㉡: '그'가 임 씨의 처지와 성격에 대해 추측한 것을 서술하고 있다.
③ ㉢: '그'가 임 씨의 말에 의심을 품기 시작한 시점을 서술하고 있다.
④ ㉣: '그'가 임 씨에게 보인 행동의 이유를 설명하고 있다.
⑤ ㉤: '그'가 임 씨 앞에서 말을 이어 가지 못한 이유를 설명하고 있다.

정답과 해설 73쪽

[24001-0179]

03

집에 대한 이해로 적절하지 않은 것은?

① '그'는 자신이 소유한 집에 불만족스러워하고 있다.
② '그'는 임 씨의 수고에도 불구하고 하자가 다시 발생했음을 말하려 한다.
③ 임 씨는 집을 언급하는 것으로 자신의 어려운 처지를 설명한다.
④ 임 씨는 공장 사장의 부유함을 추측하여 집의 형태를 언급하며 자신과 비교한다.
⑤ 임 씨는 '그'가 집을 소유했다는 근거를 들어 자신보다 나은 처지에 있다고 말한다.

[24001-0180]

04

〈보기〉를 참고하여 윗글을 감상한 내용으로 적절하지 않은 것은?

• 보 기 •

1970~80년대 우리나라는 급속한 경제 성장이 이루어져 표면적으로는 과거보다 풍요로운 환경을 이룩했으나 부(富)의 편중에서 비롯된 상대적 박탈감으로 사회적 갈등이 확대되기도 하였다. 대도시 위주의 성장이 이루어지자 농업을 포기하고 도시로 왔던 사람들은 결국 도시 빈민으로 전락하기 일쑤였고, 빈익빈 부익부 현상은 갈수록 더해졌으며, 물질 중심주의적 가치관이 횡행하면서 윤리의식이 마비된 채 비도덕적 행동을 합리화하는 경향도 강해졌다. 「비 오는 날이면 가리봉동에 가야 한다」에서 작가는 생활비에 부담을 느껴 공사 비용에 대한 의심과 불신을 보이는 '그', 농토를 떠나 도시 빈민으로 살아가고 있는 임 씨, 가리봉동 공장 사장의 이야기를 그려 내어 상대적 박탈감, 빈부 격차로 인한 절망감, 윤리적 마비 등의 사회 문제를 제기하고 있다.

① '시골서 볼 때는 돈이란 돈은 왼통 도시에 몰려 있'다고 보았던 임 씨는 도시로 오며 부(富)를 기대했던 인물이라고 볼 수 있군.
② '연탄값 떼어먹고 야반도주'한 후 '더 크게 공장을 차'린 인물 때문에 괴로워하는 임 씨의 모습을 통해 윤리적 마비로 인한 사회 문제를 그려 낸 것이라고 볼 수 있군.
③ 임 씨가 맨션아파트라고 외치는 것에 대해 '맨손'을 떠올리는 '그'의 모습은 부를 얻기 위해 비도덕적 선택을 해야만 하는 인물에 대한 문제를 제기하는 것이군.
④ 임 씨에게 참고 살아 보라 격려하지 못하고 '두터운 벽'을 극복하기 어려울 것이라고 생각하는 '그'의 모습은 빈부의 격차는 개인이 넘어서기 어려운 사회 문제라고 보는 것이군.
⑤ 임 씨를 두고 '주인 속이는 일꾼이라고 종일토록 의심'하며 공사 비용을 손해 볼까 전전긍긍했던 '그'의 모습은 경제적 부담 때문에 의심의 눈초리로 타인을 보게 되는 사람들의 모습을 그린 것이군.

10 현대 소설

[01~04] 다음 글을 읽고 물음에 답하시오.

안마당 정원에 철쭉꽃이 활짝 핀 5월 초순 어느 날이었다. 길중이가 오전반 공부를 끝내고 돌아와, 길수까지 합쳐 네 식구가 점심밥을 먹고 나서였다. ⓐ어머니는 나를 불러 재봉틀 앞에 앉히더니, 재봉틀 서랍에서 돈을 꺼내어 내 앞에 밀어 놓았다.

"얼만가 세어 봐라."

돈을 세어 보니 80환으로, 공작 담배로 따지면 네 갑을 살 수 있었다. 나는 어머니가 무슨 심부름을 시키려는 줄 알았다. 어머니는 나를 빤히 바라보았다.

"길남아, 내 말 잘 듣거라. 니는 인자 **애비 읎는 이 집안의 장자**다. 가난하다는 기 무신 죈지, 그 하나 이유로 **이 세상이 그런 사람한테 얼매나 야박하게 대하는지** 니도 알제? 난리 겪으며 배를 철철 굶을 때, 니가 아무리 어렸기로서니 두 눈으로 가난 설움이 어떤 긴 줄 똑똑히 봤을 끼다. 오직 성한 몸뚱이뿐인 사람이 이 세상 파도를 이기고 살라 카모 남보다 갑절은 노력해야 겨우 입에 풀칠한다. 니는 위채에 사는 학생들과 처지가 다른 기라. 양친 부모 있고, 집 있고, 묵을 것 넉넉하이까 저들이사말로 머가 부럽겠노. **지만 열심히 공부하모 좋은 대학 졸업하고 좋은 직장을 가지겠제.** 돈 있고 집안 좋으이 남보다 출세도 빨리할 끼라. 니가 위채 학생들보다 갑절로 노력해서 어른이 되더라도 그 차이는 하나 달라지지 않고 지금 처지와 똑같을란지 모른다. 그렇다고 ㉠가뭄 심한 농사철에 농사꾼이 하늘만 쳐다본다고 어데 양식이 그저 생기겠나. 앞으로도 지금처럼 늘 위채를 올려다보고 살게 되더라도, 니는 니대로 우짜든동 힘자라는 대로 노력해 보는 길밖에 더 있겠나. 내사 인제 너그 성제간 잘 크고 남한테 눈총 안 받으며 사람 구실 하고 사는 기나 바라보고 살아갈 내리막 인생길 아인가……."

어머니 목소리에 물기가 느껴졌다. 머리 숙이고 있던 나는 눈을 조금 치켜떠 어머니를 보았다. 어머니 속눈썹에 눈물이 묻어 있었다. 아직 마흔 살도 안 된 나이에 어머니는 노인 티를 내고 있었다. 사실 어머니는 전쟁이 나고 서너 해 사이 나이를 곱절로 먹은 듯 ㉡윤기 흐르던 탱탱한 살결은 어디에도 찾아볼 수 없었다. 어머니는 손수건에 물코를 풀곤 말을 이었다.

"길남이 니는 앞길이 구만리 같은 창창한 세월이 남았잖나. 그러이 지금부터라도 악심 묵고 살아야 하는 기라. 내가 보건대 지금 우리 처지에서 니 장래는 두 가지 길밖에 읎다. 한 가지는, 공부 열심히 해서 배운 바 실력이 남보다 월등하여 훌룽한 사람이 되는 길이다. 평양댁 정민이 학생 봐라. 아부지 읎이 저거 엄마가 군복 장수해도 공부를 얼매나 잘하노. 위채 학생 둘 가르쳐서 번 돈을 가용에 보태고, 12시 넘어까지 호롱불 켜 놓고 자기 공부를 안 하나. 그러이 반장하고 늘 일등이라 안 카나. 갸는 반드시 판검사나 대학교 교수가 될 끼다. 또 한 가지, 니가 이 세상 파도를 무사히 타 넘고 이기는 길은, 세상살이를 몸으로 겪어 갱험을 많키 쌓는 길이다. 재주 읎고 공부하기 싫으모 부지런키라도 해야제. ㉢준호 아부지는 한 팔이 읎어도 묵고살겠다고 매일 아침에 집을 나서잖나, 남자는 그렇게 밥숟가락 놓자마자 밥상을 걸터 넘고 나서서 부랄이 요령 소리 나도록 뛰댕겨야 제 식구를 믹이 살린다. 그러이 내 하는 말인데, 니도 이렇게 긴 해를 집에서마 보내기 오죽 심심하겠나. 그래서 내가 궁리를 짜낸 끝에 그 돈을 니한테 주는 기다."

"이 돈으로 멀 우째 하라고예?"

나는 어리둥절하여 손에 쥔 돈을 내려보았다.

"길남아, 그 80환으로 신문을 받아서 팔아 봐라. 신문 팔아 돈을 얼매만큼 벌는 기 문제가 아이라, 니 힘으로 돈벌이해 보모, 돈이 얼매나 귀한 줄 알 수 있을 끼다. 이 세상으 쓴맛을 알라 카모 그런 갱험이 좋은 약이 될 테이께. 초년고생은 돈 주고도 몬 산다는 속담도 있느니라……."

내가 감히 거역할 수 없는 어머니의 옹이 박인 말이었다.

지금 생각해 보면, 어머니 그 말씀은, 입학기가 지난 뒤 나를 대구로 불러올렸을 때 이미 예정해 둔 계산임이 분명했다. 시골서 내놓은 망아지로 지내며 초등학교나마 근근이 마치고 올라왔으니 한 해 동안 도시 물정이나 익히게 하며, 제가 벌어 제 학비를 조달할 수 있는 길을 뚫게 해 주자. 어머니는 그런 궁리를 해 두었고, 내가 대구시로 나온 지 열흘쯤 지나자 드디어 실행의 용단을 내렸음에 틀림없었다.

나는 돈 80환을 주머니에 넣고 막막한 심정으로 집을 나섰다.

"ⓔ신문을 팔지 몬하겠거덩 그 돈으로 차비해서 다시 진영으로 내려가 술집 중노미*가 되든 장돌뱅이가 되든 니 마음대로 해라." 어머니의 아귀찬 마지막 말을 떠올리자, 나는 용기를 내지 않을 수 없었다. 길거리나 어슬렁거리다 돌아가면 어머니는 틀림없이 저녁밥을 굶기고, 어쩌면 방에서 잠을 자지 못하게 내쫓을는지도 몰랐다. 어머니는 누구보다 자식에게만은 엄격하고 냉정한 분이셨다.

(중략)

어느 날, 저녁 끼니로 보리죽 한 그릇을 먹고도 나는 얼마나 배가 고팠던지 밤중에 위채 부엌으로 몰래 찾아든 적이 있었다. 속이 쓰려 한밤중에 눈을 뜬 나는 **주인집 부엌의 남은 밥을 뒤져 먹**기로 작정했던 것이다. 그런 작정을 하기까지 식모 ⓑ안 씨가 남은 밥을 부엌 어디에 두는지를 엿보아 두었다. 나는 살그머니 잠자리에서 빠져나와 반바지를 껴입고 마당으로 나섰다. 몇 시인지 몰랐으나 사위는 고요했다. 나는 우선 변소로 갔다. 먹는 양이 적다 보니 나올 건더기 없는 똥을 누는 체 변소간에 앉아 위채 동정을 살폈다. 방마다 불이 꺼져 있었다. 나는 위채 부엌으로 살쾡이처럼 다가가 닫힌 부엌문을 살짝 열었다. 안 씨가 쓰는 부엌 골방은 깜깜했다. 나는 부엌 안으로 들어가서 시렁 위를 더듬었다. 소쿠리가 만져졌다. 안 씨는 밤새 남긴 밥이 쉴까 보아 밥뚜껑을 덮지 않고 소쿠리로 덮어 두곤 했다. 놋쇠 밥그릇은 밥이 반 그릇쯤 남아 있었다. 나는 손으로 밥을 한 움큼 집어내어 찬도 없이 허겁지겁 먹기 시작했다. 그날은 그렇게 반 그릇 밥을 비워 내고 다시 우리 방으로 돌아와 잠자리에 들었다. 이튿날 아침, 내가 숯불을 피우자 위채 부엌에서, 쥐가 소쿠리를 벗기고 밥그릇을 뒤졌다고 안 씨가 종알거렸다. 내가 부리나케 위채 부엌에서 나오느라 소쿠리를 제대로 덮지 않았음을 알았으나, 나는 시침을 떼었다.

하루걸러 이틀 뒤, 밤중에 나는 또 그 짓을 했다. 이제는 좀 더 대담해져 찬장의 김치 사발까지 부뚜막에 내려 반찬과 함께 남은 밥 한 그릇을 몽땅 비웠다. 종지가 있어 손가락으로 건덕지를 집어내어 먹다 보니 풋고추 넣은 쇠고기 장조림이었다. 나로서는 난생처음 먹어 보는 찬이었다. 부자는 쇠고기를 이런 반찬으로도 만들어 먹는구나 싶었다. 다음은 이틀을 건너뛰어 사흘 만에 위채 부엌을 뒤졌다.

세 차례째 그렇게 훔쳐 먹고 난 이튿날이었다. 나는 신문을 받아 팔려고 집을 나섰다. 내가 바깥마당으로 나서자 뒤쪽에서, "길남아, 나 좀 보제이." 하고 누군가가 불렀다. 돌아보니 안 씨였다.

"부, 불렀습니껴?"

나는 말부터 더듬거렸고 얼굴이 불을 쐰 듯 달아올랐다. 가슴이 뛰었다.
"길남아, 니가 밤중에 우리 부엌으로 들어오는 거 안데이."
"아, 아지매가 봤다 말이지예?"
"내 누구한테도 그 말 안 할 테이 다시는 그런 짓 말거래이. 설령 점심밥을 굶어 배가 쪼매 고프더라도 사나이 대장부가 될라 카모 **그쯤은 꿋꿋이 참을 줄 알아야제**. 너거 어무이는 물론이고 성제간도 그렇게 참으미 이 여름철을 힘겹게 넘기고 안 있나. 내 아무한테도 이 말 안 하꾸마."
안 씨가 부드러운 목소리로 말하며 고개 빠뜨린 내 어깨를 다독거렸다.
"알았심더." 내가 조그만 소리로 대답했다.

안 씨 충고에는 도둑이란 말이 한마디도 들어 있지 않았음을, 나는 지금도 기억하고 있다. 고개 빠뜨린 내 얼굴이 홍당무가 되었고, 어느 사이 뜨거운 눈물이 뺨을 타고 흘러내렸다. 안 씨가 내 밥도둑질을 어머니한테 귀띔했다면 나는 숯포대 회초리로 종아리며 등줄기에 지렁이 자국이 나도록 매를 맞았을 테고, 몇 끼니 밥은 굶게 되었을 터였다. 또한 ㉤두고두고 어머니로부터, "집안으 장자가 남으 밥도둑질까지 하다니." 하는 지청구*를 들었을 것이다. 그러나 안 씨는 내 행실을 왜자기지* 않겠다는 약속을 지켰고, 그 뒤부터 나는 남의 물건이라면 운동장이나 교실 바닥에 떨어진 동전, 도막 연필이라도 내 것으로 하지 않았으니, 그때 안 씨의 그 따뜻한 충고 덕분이었다.

– 김원일, 「마당 깊은 집」

* **중노미**: 음식점, 여관 따위에서 허드렛일을 하는 남자.
* **지청구**: 아랫사람의 잘못을 꾸짖는 말.
* **왜자기지**: 왁자지껄하게 떠들지.

[24001-0181]

01 **윗글의 서술상 특징으로 가장 적절한 것은?**

① 이야기 밖 서술자가 이야기 속 인물의 시각에서 제한적으로 사건을 서술하고 있다.
② 이야기 속 서로 다른 인물을 서술자로 설정하여 동일한 사건에 대해 서술하고 있다.
③ 이야기 속 인물로 설정된 서술자가 다른 인물의 경험에 대해 주관적으로 서술하고 있다.
④ 이야기 밖 서술자와 이야기 속 인물이 같은 사건에 대해 서로 다른 시점으로 서술하고 있다.
⑤ 이야기 속 인물로 설정된 서술자가 과거의 시점과 현재의 시점을 오가며 사건을 서술하고 있다.

정답과 해설 74쪽

[24001-0182]

02 ⓐ와 ⓑ에 대한 설명으로 가장 적절한 것은?

① ⓐ와 ⓑ는 '나'가 성장할 수 있도록 도움을 주는 존재이다.
② ⓐ와 ⓑ는 '나'가 잘못을 뉘우치고 개선할 수 있도록 자극하는 존재이다.
③ ⓐ는 '나'의 생활 태도에 신뢰를 보이고 있고, ⓑ는 '나'의 행동에 의구심을 나타내고 있다.
④ ⓐ는 '나'가 자신을 부양하도록 강요하고 있고, ⓑ는 '나'가 꿈을 가질 수 있도록 격려하고 있다.
⑤ ⓐ는 '나'의 잘못을 다른 사람들에게 폭로하고 있고, ⓑ는 '나'의 잘못을 다른 사람들에게 은폐하고 있다.

[24001-0183]

03 ㉠~㉤에 대한 이해로 적절하지 않은 것은?

① ㉠: 유사한 사례를 들어 자신이 말하고자 하는 의도를 강조하고 있다.
② ㉡: 외양의 변화를 묘사하여 인물이 처한 고단한 현실을 드러내고 있다.
③ ㉢: 설의적 표현을 사용하여 상대의 말에 자신이 동조함을 나타내고 있다.
④ ㉣: 부정적인 미래 상황을 가정하여 자신의 요구를 관철하고자 하고 있다.
⑤ ㉤: 인물이 지닌 평소 성격을 바탕으로 일어날 수 있는 상황을 예측하고 있다.

[24001-0184]

04 〈보기〉를 바탕으로 윗글을 감상한 것으로 적절하지 않은 것은?

보기

6·25 전쟁 직후, 우리 사회는 여러모로 혼란을 겪을 수밖에 없었다. 전쟁으로 인한 파괴는 가족의 상실이나 가족 관계의 왜곡 같은 문제를 낳는다. 또한 경제적인 궁핍을 동반하게 되는데, 이는 인간을 도덕적으로 타락시키고, 인간관계를 각박하게 하는 문제를 초래한다. 하지만 이와 같은 부조리한 현실 속에서도 바람직한 가치관을 정립하고자 하는 노력과 희망을 잃지 않는 모습도 함께 나타난다. 김원일의 「마당 깊은 집」은 이와 같은 전후의 시대 현실을 잘 형상화하고 있는 작품이다.

① 초등학교를 갓 졸업한 '나'가 '애비 없는 이 집안의 장자'라는 것은 전후에 나타난 가족의 상실로 인한 문제를 보여 주는 것으로 이해할 수 있겠군.
② '이 세상이 그런 사람한테 얼매나 야박하게 대하는지'는 전후의 각박한 시대 상황에 대한 인식을 보여 주는 것이라 할 수 있겠군.
③ '지만 열심히 공부하모 좋은 대학 졸업하고 좋은 직장을 가지겠제.'라는 것은 전후의 부조리한 실태를 고발하는 것으로 이해할 수 있겠군.
④ '주인집 부엌의 남은 밥을 뒤져 먹'는 '나'는 궁핍으로 인해 도덕적으로 타락한 전후 시대의 인간 모습을 단적으로 보여 주는 것으로 이해할 수 있겠군.
⑤ '그쯤은 꿋꿋이 참을 줄 알아야제'라는 안 씨의 말은 바람직한 가치관을 정립시키고자 노력하는 모습을 반영한 것으로 이해할 수 있겠군.

11 현대 소설

[01~04] 다음 글을 읽고 물음에 답하시오.

과수원. 내가 알고 있던 과수원은 깊은 산골의 야산 자락에 위치한 작고 황량한 것이었다. 그리고 거기에는 호수……가 있었다. 그 호수는 어렸을 때 나의 은근한 자랑거리였다. 일찍이 서울로 단신 유학을 떠난 나에게는 서울내기들에게 억울한 놀림을 당할 때마다 내심으로 부르짖을 수 있는 유일한 조커 패였다. 시골 우리 과수원에는 말이지 호수가 있다구. 호수가. 그 호수라는 말을 그토록 자랑스럽게 발음하는 것은, 그 호수라는 마술의 단어를 발음하자마자 어김없이 딸려 오는 얼굴이 있었기 때문이었다. 바로 그 얼굴의 주인에게서 받은 비밀스런 사랑, 거의 무조건적이라고 느낀 서툰 사랑, 서툴렀기 때문에 오랫동안 남는 사랑이 있었던 것이다.

사라져 버린 모든 것이 다 아름답지는 않다는 것을 나는 일찍이 배웠다. 일생 — 최소한 반생 — 동안, 내 부모가 어렵사리 장만한 고향의 황량한 과수원의 과수원지기로 일하던 아재비*를 통해서. 그는 스스로를 그렇게 비하해서 칭했고 어느새 그는 누구에게나 아재비가 되었었다. 지금은 과수원도 아재비도 사라져 버렸다. 그의 삶에 대해 나는 많은 시간 거의 잊고 지냈다. 그는 쉰 중반도 못 넘기고 일찍 죽었으며, 오래전부터 누적된 빚을 처리하느라, 딸애가 태어나기 바로 전에 우리는 그 과수원을 팔 수밖에 없었다. 지금 그 자리에는 산장 비슷한 여관이 들어섰으니 어디에고 흔적은 없다. 그도 갔고 과수원도 사라졌으며, 호수도 흙에 묻혔다. 그러나 아무리 생각해 보아도 그것은 내게 울먹거림만을 남겼다. 깊이 받은 사랑을 한 번도 갚지 못한 사람이, 삶의 가감 계산에 어렴풋이 눈떠 그 사랑을 조금이라도 갚으려고 했을 때, 대상이 이미 사라져 버린 것을 느끼는 순간 샘처럼 가득 고이는, 그런 울먹거림. 그리고 그 울먹거림이 치솟아 올 때마다, 나의 자랑이던 그 빛진 사랑에 대해, 그 사랑의 작은 상징인 호수에 대해 끝도 없이 말을 토해 내고 싶은 그 광증과 깊은 욕구. 사라져 버린 모든 것은 사람을 울먹거리게 만든다.

그러나 나는 아무에게도 그 얘기를 끝까지, 모두, 말해 본 적이 없다. 남편에게조차도. 남편도 내게 그토록 중요했던 과수원을 팔 때, 나만큼은 아니더라도 나를 위로할 만큼 충분히 슬픔을 표시했고, 그를 만났을 때는 이미 저세상 사람이 된 지 오래인 과수원지기 아저씨의 존재에 대해 들을 만큼 들었다. 그렇지만 한 사람의 삶에 대해, 그를 알지 못했던 누군가에게 모두를 이야기한다는 것은 얼마나 많은 조바심을 자아내는가 말이다. 처음부터 하나하나 설명해야 하는 참을성이 내게는 없었다. 그건 그러니까 불가능한 것이었다. 뿐만 아니라 듣는 사람이 나와 동일한 감정의 굴곡을, 같은 장소에서 전달받지 않는 것 때문에 오히려 더 외로움을 겪기 일쑤인 것이다. 이런저런 이유로 그것은 늘 진부하고 싱거운 이야기로 변해 버렸다. 설령 다 얘기했다고 생각하는 순간이 있어도 바로 다음 순간 예기치 않은 공백이 생겨나 나를 당황시키는 것이다.

[A] 내가 의식적으로 무엇을 감지하기도 전에, 때로는 커튼의 미동 때문에, 때로는 화초의 그림자 때문에, 자주 아무것도 아닌 어떤 것에 부추겨져, 예의 울먹거림이 나도 모르게 심장에서 목구멍으로 여울져 올라올 때면 나는 난감해진다. 그 과수원의 이야기는, 아재비의 이런 이야기는 어떤 어조로 말해야 하는 것일까. 금지된 속내 이야기를 어렵사리 털어놓는 것처럼 속살거려야 하는가. 아니면 무관한 한 사람의 이야기를 전달하듯이 과장을 섞어서 부산스럽게?

[중략 부분 줄거리] '나'는 남편, 어린 딸과 함께 지인의 과수원에서 여름휴가를 보내는 중이다. 그곳에서 '나'는 어린 시절 과수원지기로 일하던 아재비와의 일들을 떠올린다. 아재비는 '나'를 정성스럽게 보살펴 주기도 하고 아재비 가족에게 편지를 전해 달라는 부탁을 하기도 했다. '나'는 이런 과거 일들을 떠올리는 동시에 그 추억들이 불러일으키는 상념을 딸에게 털어놓는 이야기의 형식으로 전한다.

[B] *이애, 사람들은 모두가 언제나 너만큼 크냐? 너의 양미간은 참으로 넓고 깊구나. 그 작은 호수 모양, 채송화꽃이 쪼르르 둘레에 피어 있던 그 호수 모양, 너를 보고 있노라면 나는 목이 마르다. 이애, 저 길 앞으로 나가 보자. 이래서는 안 되는데, 네가 자고 있을 때면 이애, 나는 너를 흔들어 깨우고 싶다. 그리고 자꾸 수다를 떨고 싶구나. 그래 옛날 옛적에 사람들이 모두 평화로이 잠들어 있는 사이에 말이지, 그만 땅에 틈이 생기더니 …… 그게 바로 옛날이야기가 되어 버린 오늘의 이야기. 아, 이애 나는 아직도 찾지 못했구나. 어떻게 얘기를 해 주랴. 폭풍의 이야기로, 아니면 가벼운 봄비의 이야기로, 그것도 아니면 지금처럼 피융피융 내리박히는 여름 햇살의 이야기로?*

한때 남로당 고위급 간부였던 그는 사형이 선고된 도망자였다. 그는 고위 간부의 자격으로 월북의 기회를 엿보며 도피해 있다가 검거되었고, 검거되어 송환되던 중 도망하였다. 도망하지 못하도록 동행하던 호송자들이 소지품과 의복을 빼앗아 놓은 상태에서 하룻밤을 나던 중, 그는 기적적으로 도망한 것이다. 검은 몇 날의 밤을 말처럼 집어타고. 한 과수원 속으로. 영원히.

아버지에 이어 그의 장례를 치르러 시골집에 내려갔을 때 지쳐 있는 어머니의 입에서 당신도 모르게 넋두리처럼 흘러나온 말들이었다. 아마도 그를 잃은 슬픔이 무한히 컸던 때문이었겠으나, 나는 그렇게 뒤늦게 들은 사실을 핑계로 그를 미워할 출구를 찾았다. 어떤 종류의 거대한 도망을 나는 그에게서 기대했던 것일까. 바보 같은 아재비. 멍청이. 겁쟁이. 아, 비겁한 도피자. 그렇게 딱한 사람의 삶의 증인으로 채택된 것이, 그의 삶을 억누르고 있는 음험한 그 무엇인가에 감염되어 입 한번 뻥끗 못 하고 그토록 강한 열망으로 말을 붙이고 싶었던 그의 아내와 아들과의 만남을 방해한 것이 바로 그이기라도 한 것처럼 말이다. 이상하게 꼬인 감정의 매듭이었다. 당신들의 남편, 아버지가 저기 야산 자락에 살고 있다고 한 번도 외쳐 보지 못하고 그의 편지 심부름을 한 것이 미치도록 미웠던 것이다. 그를 열렬히 미워하면서 조금씩 나의 슬픔이 진정되었다고나 할까. 그 미움의 기간은 다행히도 그리 길지 않았다.

그가 간 후 한참이 지나, 이미 야산으로 변해 버린 과수원을 정리하기 위해 내려갔었다. 인력도 달렸거니와 무엇보다도 오래된 아버지의 투병으로 진 빚 감당으로 팔려 나간 과수원에 방책을 만들러 벌써 남자 서너 명이 와서 일하고 있었다. 나는 딸애의 출산을 얼마 남겨 놓고 있지 않은 때였다.

과수원의 길이 곧게 뻗어 나가는 게 보이는 호숫가에 앉아서 나는 다시는 못 보게 될지도 모르는 낯익은 풍경들 하나하나에 나의 애정 어린 시선을 나누어 주었다. 과수원은 황폐했어도 내게는 평화였다. 설령 그것이 어느 날 없어졌다 해도. 그 안에서 일어난 일을 알고 있는 무언의 동반자인 나무들은, 내일에 다가올 걱정에는 무관심한 채 늠연하게 푸른 하늘에 미세한 실핏줄을 그리고 있었다. 잎이 다 진 가을이었던 것이다.

그 비어 있는 길 위에 하나의 영상이 떠올랐다. 아재비의 어깨에 팔을 얹어 기대고 불편한 몸을 움직이며 짧은 산책을 하는 아버지와 그 옆에 그림자처럼 엉킨 아재비의 모습이었다. 그들은 **늘 할 말이 많았**다. 단둘이서. 나는 그럴 때의 그들이 제일 아름다웠다고 생각한다. 그들은 무에 그리 할 말이 많았을까. 홀홀단신 가족을 모두 버리고 남쪽을 택해 내려온 아버지였던 만큼 건강이 좋았던 젊은 시절만 해도 읍으로 나가서 또는 내가 다니는 국민학교에 와서 가끔 반공 강연을 하곤 했었다. 모든 사람이 고개를 끄덕여 주어 내 어깨를 으쓱하게 한 강연들이었다.

바로 그가 남로당의 열성 간부였던 아재비를 과수원에서 발견했고 그의 불안한 신원의 바람막이가 되어 주었으며 그와 일생의 의형제가 된 것이다. 그리고 어머니가 내준 아재비의 공책에는 자연을 읊은 글만 있었던 것이 아니었다. 거기에는 잘 알아볼 수 없을 정도로 흘려 쓴 글씨이기는 하지만 그가 일생 동안 붙잡고 있었던 생각들이 두서없이 채워져 있었다. 그가 겪어 온 사고의 모든 갈피들. 어떻든 그는 변하지 않은 채로 일생을 살았던 것 같고 그것을 아버지나 어머니한테 그다지 숨겼던 것 같지도 않다. 상식으로는 설명되지 않는 일들이, 그 이전 혹은 그것을 뛰어넘은 어떤 곳에 그들의 삶과 함께 위치해 있었던 것이다.

㉠과수원의 사방에 그들의 속삭임이 있었다. 그들이 **근본적으로 지니고 있는 차이**가 끝도 없는 속삭임을 만들었던 것일까. 특히 늦은 밤의 집 앞에 내놓은 평상 위와 과수원의 좁은 길들, 야산 밑에 파여진 호수 주변…… 사방에서 귀만 기울이면 바람 소리 같은 그들의 속삭임이 들려왔다. 무엇보다도 호수 주변에. 그것이 수많은 세월이 흐른 지금까지도 황량하고 지난하던 과수원의 생활을 안온한 미소로써 기억하게 하는 것이다.

또 다른 영상이 있다. 내가 몇 살 때쯤이었을까. 스물다섯, 스물여섯? 여전히 여름이었고 과수원에서 보낸 연휴의 끝이었다. 나는 서울에서 직장에 다니고 있었고 주말이 끝나고 출근하기 위해 서울행 기차를 타려고 어머니가 준비해 준 밑반찬을 들고 거기, 호숫가에서 곧바로 보이는 그 길을 거의 다 걸어 나왔었다. 사각사각 흙길 위에 속살거리듯 작은 간지럼을 만드는 자전거의 바퀴 소리가 들렸다. 머리가 허연 아재비였다. 송이야! 하고 부르지도 않았다. 그저 이를 한껏 드러내고 깊은 주름이 잡히는 미소를 짓는 것이 다였다. 자전거의 사각거림이 멎고 그가 내렸다. 자전거 뒤쪽에 얹혀 있는 허름한 바구니에는 ㉡채송화 화분이 하나 들어 있었다.

창가에 놓고 아재비 생각도 해여.

다시 자전거를 뒤돌아 세우고 이어서 멀어져 가던 사각거리는 소리. 그것이 그를 마지막으로 본 것이었다. 그때 그의 미소는 그토록 깊었는데, 직장 생활에 얽매여 고향에 들르지 못하는 기간이 점점 길어지던 그즈음의 어느 날 아주 갑작스럽게 그는 그렇게 가 버린 것이다. 내게 채송화 화분 하나를 아프게 남겨 놓고.

아, 이애, 오늘은 왜 이리 목이 마르냐, 너의 잠은 또 왜 이리 깊으냐, 사방에 정적이다. 이애, 어서 깨어 ***내 말을 좀 들어*** *주렴. 눈을 잠시 감았다가 떴을 때, 저 앞으로 부활한 호수가 걸어온다면…… 그늘에 쉬고 있던 먼지 덮인 자전거의 바퀴가 둥글둥글 소리 없이 홀로 돌기 시작한다면…… 아, 세상의 모든 속삭임이 물이 되어 흐른다면……. 이애, 우리가* ***한 몸****일 때 그랬던 것처럼, 네게* ***해 줄 속삭임이 이다지도 많****은데,* ***이제는 어떻게 그 얘기를 해야****만 할까. 울음처럼, 웃음처럼, 옛날이야기로 혹은 미래의 이야기로, 기체의 이야기 아니면 액체의 이야기로? 이애, 햇볕이 아직도 이렇게 따가운데…… 우리가 예전에 한 몸이었을 때처럼, 그렇게 얘기해 볼까.*

– 최윤, 「속삭임, 속삭임」

* 아재비: 아저씨의 낮춤말.

[24001-0185]

01

[A]와 [B]에 대한 설명으로 적절하지 않은 것은?

① [A]는 [B]와 달리 전달하고자 하는 이야기가 다루는 내용을 최대한 숨기고 있다.
② [A]는 [B]와 달리 전달하고자 하는 이야기가 '나'에게 불러일으키는 감정을 표현하고 있다.
③ [B]는 [A]와 달리 대상에게 이야기를 하고자 하는 욕구가 스스로에게 생겨나고 있음을 표현하고 있다.
④ [A]와 [B]는 모두 '나'가 어떤 단초를 통해 과거의 이야기를 떠올리게 된다는 것을 드러내고 있다.
⑤ [A]와 [B]는 모두 이야기 전달의 적절한 방법을 알 수 없어 어려움을 느끼는 '나'의 심정이 드러나 있다.

[24001-0186]

02

아재비에 대한 설명으로 적절하지 않은 것은?

① '나'의 어린 시절에 함께 지냈던 인물로, '나'는 아재비로부터 받았던 애정에 감사함을 느끼고 있다.
② 남로당 간부였다가 검거 중 도망한 인물로, '나'는 이 사실을 알게 된 후 아재비에게 미움의 감정을 느끼게 된다.
③ '나'의 아버지가 평생 보듬고 지낸 인물로, '나'는 아재비를 가족으로 받아들인 과정에 회의를 느끼고 있다.
④ 존재를 드러내지 않고 비밀스럽게 살아간 인물로, '나'는 남편에게 아재비의 삶을 잘 설명하기 어렵다고 느낀다.
⑤ '나'의 가족과 함께 과수원지기로 지냈던 인물로, '나'는 과수원이 팔린 후 그곳에서 아재비를 추억하며 과거를 떠올린다.

[24001-0187]

03

㉠과 ㉡에 대한 이해로 가장 적절한 것은?

① ㉠은 아버지와 아재비의 소통을 상징하는 공간이고, ㉡은 아재비의 행적을 표현하는 소재이다.
② ㉠은 아버지와 아재비의 관계를 보여 주는 공간이고, ㉡은 아재비와의 유대감을 표현하는 것이다.
③ ㉠은 아버지와 아재비 간의 갈등 관계를 드러내고 있고, ㉡은 아재비와의 이해관계를 드러내고 있다.
④ ㉠은 아버지에 대한 서술자의 평가와 관련이 있고, ㉡은 아재비에 대한 서술자의 감정과 관련이 있다.
⑤ ㉠은 아재비에 대한 서술자의 기억과 관련이 있고, ㉡은 아재비에 대한 서술자의 오해와 관련이 있다.

[24001-0188]

04 〈보기〉를 참고하여 윗글을 감상한 내용으로 적절하지 않은 것은?

보기

「속삭임, 속삭임」의 주인공은 어린 시절에 지켜보았던 아버지와 아재비의 삶을 돌아보며, 이념적으로는 대척점에 있었으나 조용한 대화로 정을 나누며 서로를 인정했던 두 사람의 관계에 놀라움을 느낀다. 한편 주인공은 자신의 어린 딸에게도 언젠가 이 이야기를 전해 주어야겠다고 생각하며 아직은 어린 딸에게 조용히 말을 건네는 편지글 형식으로 자신의 상념들을 내보인다. 결국 이 소설은 민족이 겪어 온 분단과 이념 대립의 아픔을 부드러운 대화의 방식으로 해결할 수 있을 것이라고 제안하면서 동시에 상처로 남은 역사의 기억을 공유하고 다음 세대와 새로운 미래를 만들어 가기 위한 해법 또한 같은 방식으로 찾아야 한다고 말하고 있다. 과거의 역사를 이용하여 위협이나 강압적 방식을 사용하던 것에서 벗어나 대화로 평화로운 미래를 만들 책임이 있다고 제안하고 있는 것이다. 제목인 '속삭임, 속삭임'은 아버지와 아재비 간의 대화, 또 딸을 향한 편지글을 부르는 다른 이름으로서 이념 갈등으로 인한 민족의 아픔을 해결하는 방식을 일컫는 것이라고 볼 수 있다.

① '나'는 아버지와 아재비의 '늘 할 말이 많았'던 모습을 아름답게 기억하고 있다고 언급하며 다음 세대에게도 대화를 통한 갈등 해결을 제안하고 있군.

② '근본적으로 지니고 있는 차이'가 있었음에도 불구하고 대립보다는 대화로 서로를 이해해 갔던 아버지와 아재비에게서 이념 갈등의 골을 극복할 수 있는 희망을 보았다고 볼 수 있군.

③ 이전엔 '한 몸'이었던 자신의 딸을 부르며 '내 말을 좀 들어' 달라고 부탁하는 것은 다음 세대와 기억을 공유하며 새로운 미래를 만들어 가고자 하는 모습이라 볼 수 있군.

④ 민족의 상처 해결에 있어 다음 세대가 져야 할 책임이 더 막중해지고 있다는 것을 '해 줄 속삭임이 이다지도 많'다는 표현으로 나타내고 있군.

⑤ 분단과 이념 갈등의 기억과 상처를 언급하며 '이제는 어떻게 그 얘기를 해야' 할지 고민하는 것은 과거와는 다른 미래를 만들어 가고자 노력하는 모습이군.

01 극 · 수필

[01~04] 다음 글을 읽고 물음에 답하시오.

[앞부분 줄거리] 일제 강점기에 친일 행위로 재물을 모은 이중생은 해방 직후에도 기회주의적 행태를 이어 간다. 그러던 어느 날 사기, 횡령, 탈세 등의 혐의를 받아 재산을 몰수당할 위기에 처하자, 허수아비로 세운 사위 송달지에게 재산을 상속하기로 하고 죽음을 위장한다.

최 변호사: 영감, 그만두십쇼. 또 좋은 방법이 서겠죠. 철머리가 없어서 그렇게 된걸.

이중생: (최에게) 뭣이 어쩌구 어째? 그래, 자넨 철머리가 있어서 일껀 맹글어 논 게 이 모양인가?

최 변호사: 고정하십쇼. 저 보구꺼정 왜 야단이슈.

이중생: 자네가 뭘 잘했길래 왜 나더러 죽으라고 해, 응. ㉠(면도칼을 휘두르며) 여보, 최 변호사. 내가 뭘 잘못했길래 이걸로 **목 따는 시늉까지 하구 나흘 닷새를** 두고 이 고생, 이 망신을 시키는 거냐아! 유서는 왜 쓰라구 했어! 내 재산을 몰수하는 증거가 되라고! 고문 변호사라구 믿어 온 보람이 이래야만 옳단 말이야. 이 일을 다 망쳐 버린 게 누구 탓이야, 응? 유서는, 저 사람에게 책잡힐 유서는 왜 쓰랬어! 왜 내 입으로 변명 한마디 못 하게 죽여 놨냐 말이야, 나를 왜 죽여! 이 이중생을…….

최 변호사: 영감, 왜 노망이슈. 누가 당신 서사구 머슴인 줄 아슈. 누구에게 욕설이구 누구에게 패담이야!

이중생: 예끼 적반하장두 유만부동이지. 배라먹을 놈 같으니라구! 은혜도 정리두 몰라 보구 살구도 죽은 송장을 맨들어 말 한마디 못 하구 송두리째 재산을 빼앗기게 해야 옳단 말인가!

최 변호사: 헛헛…… 영감 말씀 좀 삼가시죠. 영감 가정일은 가정일이구 내게 내줄 것이나 깨끗이 셈을 하십쇼. 영감 사위께 내 수수료를 청구하리까?

임표운: 최 선생, 오늘은 어서 그냥 돌아가세요.

최 변호사: 왜? 나만 못난이 노릇을 허란 말인가. 영감이 환장을 해두 분수가 있지, 내게다 욕지거리라니 당찮은 짓 아닌가 말일세, 임 군!

이중생: (벌벌 떨며) 예끼 사기꾼 같으니라구, 아직두!

최 변호사: 사기꾼? 영감은 무엇이구, 응, 영감은 뭐야!

(독경 소리 처량히 들려온다. ㉡일동 무거운 침묵과 긴장한 공기 가운데 싸였다. 용석 아범, 룩색을 손에 들고 총총히 등장.)

용석 아범: 영감마님! 도련님이 돌아오십니다, 도련님이. 이런 경사로울 데가 어딨습니까. 어서 좀 나가 보십쇼. ㉢(달지, 방에서 뛰쳐 내려와 하수*에서 등장하는 하연과 하식을 만난다.)

송달지: 오! 하식이! / 하식: 형님…… 아버지. / 임표운: 하식 씨. / 하식: 임 선생.

최 변호사: 영감, 내일 사무원 해서 청구서를 보내 드릴 테니 잘 생각허슈. 괜히 그러시단 서루 좋지 않지! 살구두 죽은 척하는 죄는…… 헛 헛 참, 이건 무슨 죄에 해당하누? 형법인가, 민법인가! (퇴장)

이중생: 하식아!

하식: (비로소 아버지의 의상을 보고) 아버지, 이게 웬일이십니까?

이중생: 하식아, 네가 살아왔구나. 네가……. (상수*로부터 우 씨, 하주, 옥순 등장.)

우 씨: 에그 네가 웬일이냐. (운다.) / 하주: 하식아!

하식: 어머니! 누나 잘 있었수? / 우 씨: 에그…… 네가 살아 돌아올 줄이야…….

하주: 얼마나 고생했니? 자, 어서 들어가자……. 아버진 나와 계셔두 괜찮수?

이중생: 다 틀렸다, 틀렸어! 네 남편 놈 때문에 다 뺏기구 말았어. 네 남편 놈이 내 돈으로 종합 병원을 세우고 싶다구 했어.

하주: 네?

이중생: 하식아, 최가 놈의 말을 들었지. 내가 죽어서라두 집 재산이나마 보전하려던 게 아니냐. 그런 걸 에끼, (달지에게) 내가 글쎄 자네에게 뭐랬던가, 응? 난 무료 병원 세울 줄 몰라 자네 내세웠나? 자네만 못해 죽은 형지꺼정 하는 줄 아나? 하식아, 글쎄 그놈들이 나를 아주 모리꾼, 사기횡령으로 몰아내는구나. 그러니, 죽은 형지라두 해야만 집 한 칸이라두 건져 낼 줄 알았구나. 왜 푼푼이 모아 대대로 물려 오던 재산을 그놈들에게 털꺼덕 내주냐 말이다. 왜 뺏기느냐 말이다. 그래 갖은 궁리를 다했다는 게 이 꼴이 됐구나. 에이 갈아 먹어두 션치 않은 놈! 최 변호사 그놈두 그저 한몫 볼 생각이었지. 하식아, 인제 집에 돈두 없구 아무것두 없는 벌거숭이다. 내겐 소송할 데두 없구 말 한마디 헐 수도 없게 됐구나. (흐느낀다.) 네 매부 놈이, 매부 놈이 다 후려 먹었다. 저놈들이 우리 살림을 뒤집어엎었어! 하식아. [A]

하식: 아버지! / 이중생: 오냐, 하식아.

하식: 제가 하식인 걸 아시겠습니까. 제 이야긴 왜 하나도 묻지 않으십니까?

이중생: 오 참! 그래 얼마나 고생했니?

하식: 일본 놈에게 끌려가 죽을 고생을 하다가 그것두 모자라 우리나라가 독립된 줄도 모르고 화태*에서 십 년이나 고역을 치르고 돌아온 하식이올시다. 화태에서는 아직두 **아버지 같은 사람이 떠밀다시피 보낸 젊은이**와 북한에서 잡혀 온 수많은 동포가 무지막도한 소련 놈 밑에서 강제 노동을 허구 있어요.

하주: (달지에게) 여보, **당신은 뭣이 잘났다구 챙견했**수.

송달지: 누가 하겠다는 걸 시켜 놓구 이래? 이런 탈바가지를 억지로 씌워 논 건 누군데? (상복을 내동댕이친다.)

하주: 누가 당신더러 무료 병원 이야기하랬소?

송달지: 하면 어때? 난 **의견두 없구 생각두 없는 천치 짐승이란 말이**야? 난 제 이름 가지구 살 줄 모르는 인간이구? 왜 사람을 가지구 볶는 거야.

(중략)

이중생: 하식아. / 하식: …… 네?

이중생: 나는 어쩌란 말이냐. 네 애빈 그럼 어떻게 하면 좋단 말이냐?

하식: …… 아버지, 어서 그 구차스러운 수의를 벗으십쇼, 창피하지 않아요?

(하식 퇴장. 무대에서는 이중생 혼자 넋 잃은 사람처럼 서 있다. 독경 소리 커진다. ㉣후원에서는 "아범, 아범! 아까부텀 술상 봐 오라는데 뭘 하구 있어." 하는 중건의 소리와 지껄이는 조객의 소리. 박 씨, 혼자 중얼거리며 하수로부터 등장.)

박 씨: 내가 뭐라구 했수. **형님은 참 유복두 허시**지, 자기 아버지 장사 전에 생사조차 모르던 아드님이 돌아오셨다니 천우신조로 하느님이 인도하였지. 귀, 귀신, 귀신이야! (온 길로 달아난다. 이중생, 다시 나와 사방을 살피고 방 안에 떨어져 있는 면도칼을 무심코 들여다본다.)

이중생: 귀신? 헛헛! 그럼 내게는 집두 없구 돈도 없구 자식두 없구…… 벗지 못할 수의밖엔 아무것도 없는 귀신이란 말이냐. 하식아……. (이윽고 후면으로 사라진다. ㉤독경 소리와 달빛이 처량하다. 무대는 잠시 비었다.)

– 오영진, 「살아 있는 이중생 각하」

* 하수(下手): 무대 하수를 일컬음. 관객을 향하고 있는 배우의 입장에서 본 무대 중심선의 왼쪽 구역.
* 상수(上手): 무대 상수를 일컬음. 관객을 향하고 있는 배우의 입장에서 본 무대 중심선의 오른쪽 구역.
* 화태(樺太): 일본식 한자어로 사할린(러시아 동부, 오호츠크해에 있는 섬)을 일컫는 말.

[24001-0189]

01 **윗글의 내용에 대한 이해로 적절하지 않은 것은?**

① 이중생은 최 변호사의 권유에 따라서 유서를 작성한 일이 있다.
② 최 변호사는 이중생이 법에 따라 처벌받게 하고자 이중생을 속였다고 밝히고 있다.
③ 이중생은 송달지가 무료 병원 설립에 돈을 쓰려 한다는 사실을 하주에게 알리고 있다.
④ 최 변호사는 모멸감을 드러내며 이중생에게 받아야 할 수수료를 청구하겠다고 하고 있다.
⑤ 하식은 일제에 끌려가 고역을 치르다가 집에 돌아와 수의를 입은 아버지를 만나고 있다.

[24001-0190]

02 **[A]의 극적 기능에 대한 설명으로 가장 적절한 것은?**

① 잘못의 대가를 치르게 된 상황을 통해, 주인공이 회심하는 계기를 보여 준다.
② 타인을 탓하는 말을 하는 상황을 통해, 주인공의 우유부단한 성격을 보여 준다.
③ 몰락한 상태에서 다른 인물과 대화하는 상황을 통해, 주인공이 조력자를 얻는 과정을 보여 준다.
④ 억울한 처지에 놓였음을 장황하게 토로하는 상황을 통해, 주인공의 혼란스러운 심리를 보여 준다.
⑤ 자신이 취한 행동의 이유를 설명하는 상황을 통해, 주인공의 내적 갈등이 해소되는 국면을 보여 준다.

[24001-0191]

03

윗글을 공연한다고 할 때 ㉠~㉤에 대한 연출가의 연출 계획으로 적절하지 않은 것은?

① ㉠: '이중생' 역할을 맡은 배우에게 상대방에 대한 원망감과 분노가 드러나도록 행동하라고 해야겠다.

② ㉡: '이중생'과 '최 변호사' 둘을 제외한 역할을 맡은 배우들에게 험악한 분위기 속에서 눈치를 보는 상황을 연출하라고 해야겠다.

③ ㉢: '송달지' 역할을 맡은 배우에게 하식을 향해 반가운 표정을 지으며 달려가라고 해야겠다.

④ ㉣: '중건' 역할을 맡은 배우에게 무대에 등장하여 이중생 곁의 아범에게 재촉하듯이 말하고 퇴장하라고 해야겠다.

⑤ ㉤: 무대 연출을 맡은 사람에게 이중생의 쓸쓸한 처지가 부각되도록 음향과 조명을 조절하라고 해야겠다.

[24001-0192]

04

〈보기〉를 참고하여 윗글을 감상한 내용으로 적절하지 않은 것은?

> **보 기**
>
> 이 작품은 부정적인 인물을 풍자적으로 형상화하여 친일 잔재가 청산되지 못하고 기회주의자들이 득세하던 해방 이후의 사회상을 비판하고 있다. 주인공은 일제에 영합하여 부당하게 축적한 막대한 재산을 몰수당할 위기에 처하자 이를 벗어나고자 치밀한 계획을 세우고 실행에 옮기는데, 그 과정에서 주인공에게 동조하지 않는 인물들의 모습도 두드러지게 드러난다. 이들은 주인공의 비윤리적 행태를 직접적으로 폭로하거나, 양심을 지킴으로써 주인공의 계획을 좌절시키는 역할을 한다.

① 이중생이 '목 따는 시늉까지 하구 나흘 닷새를' 보낸 일은 자신에게 닥친 위기를 극복하기 위해 세운 계획에 따른 것이겠군.

② '아버지 같은 사람이 떠밀다시피 보낸 젊은이'가 강제 노동을 하고 있다는 하식의 말에서 친일 인사들이 일제 강점기에 저지른 비윤리적 행태가 드러나는군.

③ '당신은 뭣이 잘났다구 챙견했'느냐며 송달지에게 따져 묻는 하주는 이중생에게 동조하지 않는 인물들에 속한다고는 볼 수 없겠군.

④ 자신이 '의견두 없구 생각두 없는 천치 짐승이란 말이'냐고 하는 송달지는 자신의 양심을 지킴으로써 이중생의 계획을 좌절시키는 인물로 볼 수 있겠군.

⑤ '형님은 참 유복두 허시'다고 하는 박 씨의 말에서 이중생이 부당하게 축적한 재산이 막대하다는 사실이 드러나는군.

[01~04] 다음 글을 읽고 물음에 답하시오.

[앞부분 줄거리] 평양에서 산부인과 교수였던 한영덕은 6·25 전쟁 당시 처형당할 위기에 처하지만 기적적으로 살아남아 월남한다. 월남 이후 그는 박가의 제안에 생계를 위해 의사 면허를 빌려준 후 불법 낙태 수술을 하며 양심의 가책에 시달린다. 무면허 의사인 박가는 이후 한영덕을 배신하고 간첩 누명을 씌워 당국에 고발한다.

제14장 면회

무대 전면에 의자가 하나 놓여 있고, 한영덕은 죄수복을 입었다.

소리: 158번 한영덕 면회, 158번 한영덕 면회.

(몹시 초췌한 모습의 한영덕이 의자 쪽으로 걸어온다. 하얀 한복을 입은 한영숙이 왼쪽 단 위로 올라간다.)

[A]
한영숙: 오라바니!
한영덕: (기겁을 하고 몸을 사린다.)
한영숙: 오라바니, 저야요, 영숙이야요.
한영덕: (실성한 채) 난 **피난민**이오….
한영숙: 아이고 하나님, 오라바니가 무슨 죄를 졌다고 이 모양입네까, 네?
한영덕: 살기 위해서, 살기 위해서 월남했습니다. (바닥에 엎드려 벌벌 떤다.)
한영숙: 나 영숙이야요. 오라바니 정신 차리시라요. 박가, 이놈의 새끼. 무고죄로 고소하갔시오.
한영덕: 난 피난민일 따름이오.
한영숙: 그놈의 새끼 뼈를 갈아 한강 물에, 아니 그러면 한이 맺혀서 안 되지, 이다음에 우리 고향 대동강에 개져다가 훌훌 뿌리갔시오.

한영덕: 나, 난 **간첩이 아니**오.
한영숙: 우리가 누굴 믿고 남으로 남으로 내려왔갔시오. 무조건 빨갱이라고 몰아세우면 **우린 누굴 믿고 어드메로 가서 살란** 말이야요?
한영덕: 난, 난….
한영숙: 오라바니, 오라바니, 오라바니!

(한영숙, **절규하며 쓰러져** 운다. 한영덕은 **더욱 겁에 질**린다. 사이.)

(중략)

소리: 158번 한영덕 면회. 158번 한영덕 면회.

(오른쪽 무대 위로 아기를 업은 윤미경이 올라온다.)

윤미경: 여보.
한영덕: 고생이 많구려.
윤미경: 자주 못 와서 죄송해요. 애 때문에 쉽게 올 수가 있어야죠.

한영덕: 어디, 애 좀 봅시다레.
윤미경: (몸을 돌려 애를 보이며) 딸이에요.
한영덕: (고개를 끄덕이고 나서) 내 간밤에 이름을 지었소. 은혜, 혜, 혜자, 한혜자.
윤미경: 혜자? 한, 혜, 자? 예쁜 이름이에요.
한영덕: (갑자기 기침을 한다.)
윤미경: 여보, 여보, 어디 아프세요?
한영덕: (서둘러 진정하며) 몸살이 난 모양이오.
윤미경: 서학준 씨 말로는 아무 일도 아니라고 그러시던데,
한영덕: (진정하고 긍정한다.) ….
윤미경: 당신 언제쯤 나오게 될까요?
한영덕: 글쎄, 나도 잘 모르갔소. (기침) 전쟁 통이라 좀 늦어질 수도 있고…. (기침) 이제 가 봐요. 난 괜찮으니까. (기침)
윤미경: 저… 오늘 아침 열 시에, 휴전이 됐어요. 휴전이오, 휴전이 됐어요….

(한영덕, 허탈해져서 맥이 풀려 그 자리에 무릎을 꿇고 쓰러진다.)

소리: 피고 한영덕, 의료법 위반. 환자의 위탁이나 승낙 없이 낙태 중 치상시킨 죄에 해당하므로 징역 1년 자격 정지 3년에 처한다.

(망치 소리 세 번. 조명, 암전. 휴전 협정 조인을 알리는 라디오 뉴스가 들린다. 1953년 7월 27일.)

제15장 1972년 서울

차트 14: 1972년 서울

(모시 적삼을 입은 한영덕이 오른쪽 무대 아래에서 허리를 굽힌 채 염*을 하고 있다. 수술 장면에서 사용했던 수술대와 환자용 마네킹이 그대로 이용된다. 허름한 옷차림의 강 노인이 차트를 넘기고 관에 엎드려 잠을 잔다. 여고생 겨울 교복을 입은 한혜자, 한영덕을 쳐다보면서 무대 오른쪽 위로 올라간다.)

한혜자: (전보를 보면서) 오늘 아침에 아버지가 돌아가셨다는 전보를 받았습니다. 난, 아버지에 대해 아는 게 별로 없습니다. 날마다 허리를 앓거나 날마다 폭음을 하던 술꾼이라는 기억뿐이에요. 아버지는 식구들과 말도 건네지 않고 항상 골이 난 사람처럼 보였어요. 술이 깨면 무슨 이상한 소리가 들린다면서 솜으로 두 귀를 꼭 틀어막고 지냈었죠. 나는 자라는 동안, 양친의 일가친척 집에 거의 왕래를 하지 않고 살았습니다. 어느 쪽에서도 혈육의 대접을 기대할 수가 없었거든요. 내가 태어나서 지금까지 아버지가 의사 노릇을 했었다는 기억이 없습니다. 난, 아버지가 의사였는지도 몰랐으니까요.
한영덕: (염을 끝내고 흰 천을 씌우면서) 자, 이제 염이 끝났소. 이승에서 못다 한 일, 저승에 가서라도 꼭 이루시구려.

(한영덕이 강 노인 쪽으로 걸어온다.)

강 노인: (인기척에 잠을 깨며) 일은 다 끝났수?

한영덕: 네. / 강 노인: 내가 깜박 잠이 들었나 보이….

(한영덕은 관 앞에서 소주를 마신다.)

한혜자: 어느 날 아침에 아버지는 아무 얘기도 없이 집을 나가서 다시는 돌아오지 않았습니다. 우리 엄마 윤마담은 내가 열다섯 살 때 여관업을 하던 홀아비 노인과 다시 재혼해 버렸죠. 훨씬 뒤에 난 아버지의 소식을 들었습니다. 미션 계통의 지방 대학 기숙사에서 관리인 노릇을 하신다구요. 첫 번째는 고모와 함께, 두 번째는 나 혼자서 아버지를 만났습니다. 그러나 세 번째 찾아갔을 때는 아버지가 거길 그만 두고 떠나 버린 다음이라 만날 수가 없었습니다.

강 노인: (망치를 들며) 에구, 늙으면 죽어야지. 오래 살면 뭐하누. (관을 두드린다.) 에휴, 관 짜는 노릇두 힘이 들어서 못 해 먹겠어.

한영덕: 그럼, 좀 쉬었다가 하시구려. 술 한 모금 하시갔수?

강 노인: (거절하고) 또 술이야? 늙마에 무슨 꼴이야, 그래! 나야 워낙 팔자가 개팔자라서 이러구 산다지만, 한 씨한테는 딸이 하나 있는 모양인데 이제 그만 집으로 들어가지 않구.

한영덕: 여기가 내 집이외다. 내레 갈 곳이 없시오.

강 노인: (혀를 차며) 필시 무슨 사연이 있을 게야. 하기사 한 씨가 우리 장의사에 처음 찾아왔을 때부터 무슨 기막힌 사연이 있는 줄 알았지. (사이) 근데, 거 한 씨 염하는 솜씨를 보니까 보통 솜씨가 아니던데 전에두 사람 몸 다뤄 본 적이 있소?

한영덕: (뭔가 얘기를 하려다 화제를 돌려서) 노인장은 집 짓던 목수가 어째 관을 짜게 되었수?

강 노인: (피식 웃으며) 나야 뭐, 늙어서 쉬운 일을 찾다 보니까 이렇게 되었지. 하지만 이 관으로 말할 것 같으면, 죽은 사람의 집이니까 마찬가지예요.

한영덕: 기왕이면 내 것도 하나 짜 주시구레.

강 노인: (어이없다는 듯이) 거 무슨 소리! 나보다 젊은 양반이 못 하는 소리가 없어. 갈라면 이 늙은이가 먼저 가야지. (사이) 정말, 한 씨 염하는 솜씨가 내 맘에 꼭 들어. 그러니까 내가 가거들랑 내 염을 해 주고 나서 뒤따라올 생각을 해도 늦지가 않아요.

한영덕: **그럼, 내 관은 누가 짜 줍네까?**

강 노인: (한영덕을 바라보다가 망치로 관을 두드린다.)

한혜자: 한영덕 씨가 사망했다는 전보를 받고서도 울음이 나오지 않았습니다. 난 그가 **살았던 시대를 새롭게 실감**했기 때문이죠. 아버지 한영덕 씨는 시대와 더불어 캄캄한 어둠 속에 박제될 거예요. 저 정지된 폐허 가운데 들꽃과 잡초에 뒤덮여 쓰러진 녹슨 기관차처럼 그의 매장은 아직 끝나지 않았습니다.

(술에 취한 한영덕은 관 앞에 쓰러져 눕는다. 강 노인의 [망치 소리]가 계속된다. 음악이 고조되면서 조명 서서히 어두워진다.)

– 황석영 원작, 김석만 · 오인두 각색, 「한씨 연대기」

＊염: 시신을 수의로 갈아입힌 다음, 베나 이불 따위로 쌈.

[24001-0193]

01 **윗글을 이해한 내용으로 적절하지 않은 것은?**

① 한영숙은 한영덕의 수감을 '박가'와 관련된 것으로 판단하고 있다.
② 한영덕은 휴전이 되었음을 감옥에 갇힌 상태에서 윤미경을 통해 알게 되었다.
③ 장의사에서 한영덕은 염하는 일을, 강 노인은 관을 짜는 일을 각각 맡고 있다.
④ 한혜자는 한영덕이 지방 대학 기숙사 관리 일을 하던 당시 한영덕을 두 번 만났다.
⑤ 강 노인은 한영덕이 장의사를 찾아오기 전부터 한영덕의 사연에 대해 짐작하고 있었다.

[24001-0194]

02 **[A]의 발화 상황에 대한 이해로 적절하지 않은 것은?**

① 한영숙은 상대방에게 자신의 존재를 인식시키려 하고 있다.
② 한영덕은 상대방을 정확하게 알아보지 못한 채 착각하고 있다.
③ 한영숙은 상대방의 처지에 대해 안타까움과 속상함을 드러내고 있다.
④ 한영덕은 상대방의 발언과 직접적으로 관련이 없는 내용들을 반복적으로 언급하고 있다.
⑤ 한영숙은 상대방의 과장된 행동을 접한 후 그러한 행동에 대해 상대방에게 화를 내고 있다.

[24001-0195]

03 **윗글의 극적 형상화에 대한 반응으로 적절하지 않은 것은?**

① 나는 [소리]가 매우 인상적이었어. 사건 전개에 일정한 기여를 해서 그런지 마치 소리의 발화자가 무대에 등장하고 있는 것처럼 느껴졌어.
② 나는 [조명]에 주목해 봤어. 조명이 꺼지면서 장이 끝나는 것으로 보아 조명의 암전을 통해 해당 장면이 마무리되었음을 알려 주는 듯해.
③ 나는 [라디오 뉴스]가 흥미로웠어. 마치 효과음과 같이 작용하면서 인물의 대사 속 역사적 사실과 관련하여 현실성을 높이는 기능을 한다고 생각해.
④ 나는 [차트 14]가 이색적이었어. 연극에서는 새로운 장이 시작되면서 시간이나 공간이 바뀌는 경우가 있잖아. '1972년 서울'과 같은 시간적 · 공간적 배경을 관객들이 명시적으로 인식할 수 있도록 돕는 것 같아.
⑤ 나는 [망치 소리]가 기억에 남아. 첫 번째 망치 소리가 인물의 안타까운 운명을 표현하는 느낌이었다면, 두 번째 망치 소리는 미래에 대해 인물이 품고 있는 희망을 의미하는 것으로 들렸어.

정답과 해설 79쪽

[24001-0196]

04 **〈보기〉를 바탕으로 윗글을 감상한 내용으로 적절하지 않은 것은?**

보 기

인간은 타인과의 관계 및 집단 내의 일정한 역할 규정을 통해 존재감을 느끼고 정체성을 확립한다. 그러나 「한씨 연대기」의 한영덕은 한국 사회를 관통한 전쟁과 이데올로기의 대립 속에서 남한과 북한 어디에도 속하지 못한 심리적 유민(流民)이 되어 쉽게 뿌리내리지 못하는 삶을 살게 된다. 북한에서 대학 병원 산부인과 교수였던 한영덕은 불순분자로 몰리고 결국 고향을 등지게 된다. 그러나 월남한 남한에서도 체제에 반하는 존재로 규정되어 감시를 당하고, 손쉽게 처벌의 대상이 된 후 쓸쓸한 죽음을 맞는다. 한영덕은 시대의 불행을 고스란히 드러내는 인물로서, 독자들로 하여금 개인의 삶을 통해 역사를 보다 구체적으로 인식할 수 있도록 돕는 존재라고 볼 수 있다.

① 자신이 '피난민'이며 '간첩이 아니'라는 한영덕의 말을 통해, 스스로가 체제에 반하는 존재가 아니라는 점을 강조하고자 애쓰고 있음을 알 수 있군.

② '절규하며 쓰러져' 우는 한영숙을 앞에 두고 '더욱 겁에 질'려 하는 한영덕의 모습을 고려할 때, 감시와 처벌의 상황 속에서 인물이 받은 정신적 상처와 충격의 정도를 가늠할 수 있군.

③ 한영덕을 면회하며 '우린 누굴 믿고 어드메로 가서 살란' 것이냐고 말하는 한영숙의 모습을 통해, 쉽게 뿌리내리지 못한 채 심리적 유민의 상태에 놓여 있는 인물들의 처지를 짐작할 수 있군.

④ '그럼, 내 관은 누가 짜 줍네까?'라는 한영덕의 말을 통해, 낯선 곳에서의 죽음을 준비하는 과정에서 자신이 예전에 강 노인에게 했던 약속을 상대방에게 상기시키고 있음을 알 수 있군.

⑤ 아버지 한영덕이 '살았던 시대를 새롭게 실감'하게 되었다는 한혜자의 언급을 고려할 때, 한영덕이라는 개인의 삶을 바탕으로 독자들은 역사를 보다 구체적으로 인식할 수 있겠군.

03 극·수필

[01~03] 다음 글을 읽고 물음에 답하시오.

자앙: 사람이란 하나를 보면 열을 알 수 있다구. 네 바지는 너무 더러워. 아무렇게나 상자를 다루듯이, 옷을 함부로 입기 때문이지. 자주 세탁을 하구, 미리 깔끔하게 손질해 두면 좀 좋아. 그런데 오늘 저녁 또다시 만나기로 한 여자, 어떻게 생겼어?

기임: 그런 건 네가 알 것 없어. / 자앙: 나이는 몇 살인데?

기임: 알 것 없다니까. / 자앙: 이름은? 설마 이름이야 가르쳐 주겠지?

기임: 다링이야. / 자앙: 다링……?

기임: 응, 모두들 그 여자를 보면 마이 다링이라고 불러.

자앙: ㉠그건 본명이 아니라 별명 같은데?

기임: ㉡그러니까 알 것 없다구 했잖아!

자앙: 걱정이 돼서 그런 거야. 혹시 어떻게 생겼는지 잘 보지도 않고, 그저 여자니깐 쫓아다니는 건 아닌지 말야.

기임: 너 요즘 잔소리가 부쩍 심해졌어! / 자앙: 나도 그걸 느껴. 아마 나이 탓이겠지.

기임: ㉢나이 탓이라구? 천만에! 난 너와 나이가 비슷한데 잔소리가 없잖아.

자앙: 어쨌든 늙으면 잔소리가 많아져. / 기임: 우리가 늙었다는 거야?

자앙: 젊었다곤 할 수 없지. 인정할 건 인정하자구. 너와 나는 이젠 젊진 않아. 여자 뒤를 쫓아다니는 건 젊은 애들이나 하는 짓이야. 이젠 조용히 자기 자신을 생각해야지.

기임: 나도 생각이 있어. 난 아무 까닭 없이 여자를 쫓아다니는 게 아냐. 빌어먹을, 이 창고 속을 보라구! 상자들을 운반하고 보관하는 일이 지겨워 죽겠는데, 먹고 자는 생활도 이 창고 속에서 하고 있잖아! 난 늙기 전에 결혼해서 이 창고 속을 빠져나가고 싶은 거야!

자앙: 일하는 것과 사는 것은 같은 거야. 그게 서로 다르면, 사람은 불행해져.

기임: 정말 고리타분한 소릴 하고 있군!

자앙: 그리고 말야, 이 창고를 빠져나가면 또 뭐가 있을 것 같아? 저 하늘의 해와 달, 별들이 빛나는 우주는 거대한 창고지. 세상은 그 거대한 창고 속에 들어 있는 조그만 창고이고, 우리의 이 창고는 그 **조그만 창고 속에 들어 있는 수많은 창고 중에 하나의 아주 작은 창고**거든. 결국은 창고를 빠져나가도 또다시 창고에 지나지 않으니깐, 그 누구든지 **완전하게 창고 밖으로 빠져나간다는 건 불가능**해. 만약 우리가 이 창고 속에서 행복할 수 없다면, 다른 창고에 들어가 본들 행복할 수는 없어. 그래서 바로 이 창고, 이 창고 속에서 열심히 일하고 성실하게 사는 것이 중요한 거라구. (다림질을 마치고 바지를 기임에게 준다.) 바지 입어. 오늘 입고 나갔다가 돌아와서는 벗어 놔. 내가 깨끗하게 빨아 줄게.

(기임, 잔뜩 찌푸린 표정으로 바지를 받아 입는다. 자앙은 침대 밑 상자에서 깨끗한 손수건을 꺼내 다림질로 곱게 다려 접는다.)

[중략 부분 줄거리] 기임은 상자 하나를 고의로 바꿔 트럭에 실어 보낸다. 기임에게 이 이야기를 들은 자앙은 잘못을 바로잡기 위해 상자 주인에게 편지를 쓴다. 다링은 아버지가 누군지 모르는 아이를 임신하고, 이를 알게 된 그녀의 아버지 트럭 운전수는 기임에게 다링과 결혼하여 창고를 떠나라고 권한다.

(창고 밖으로 상자들을 옮기고 있던 자앙과 트럭 운전수 사이에 언쟁이 벌어진다. 자앙은 트럭 운전수에게 편지를 전달해 주도록 간청하고 운전수는 목청을 높여 가며 거절의 이유를 설명한다.)

운전수: 그건 미친 짓이야! 일부러 잘못했다고 편지를 보낼 필요는 없어!

자앙: (편지를 운전수에게 내밀며) 제발 보내야 해요!

운전수: 여봐, 내가 상자를 운반하고 다니니깐 상자 주인과 통할 수 있다고 생각한 모양인데, 그건 큰 착각이야. 난 말이야, **뭐가 뭔지도 모르고 그냥 싣고 왔다가 그냥 실어 가는 거**라구. 실제로 내가 아는 건, 정거장에서 여러 트럭들이 상자를 나눠 받을 때 만나는 분배 반장 딸기코하고, 창고에 보관했다가 다시 나눠 싣고 정거장에 가서 만나는 접수 반장 외눈깔, 그 둘뿐이라구. **딸기코와 외눈깔**은 내가 붙인 별명인데, 물론 진짜 이름이야 있겠지. 하지만 **그들이 내 이름을 부르지 않고 노름꾼이라 하듯이 나도 그들을 별명으로만** 불러. 어쨌든 딸기코가 상자를 분배하는 곳은 정거장의 왼쪽이고, 외눈깔이 상자를 접수하는 곳은 정거장의 오른쪽이야. 그래서 그들은 **같은 정거장에서 둘 다 상자를 취급하면서도 서로 얼굴 한번 볼 수조차 없**어.

자앙: 별명이든 이름이든 상관없어요. (편지를 억지로 운전수 손에 쥐여 준다.) 상자를 싣고 가는 곳에 내 편지를 갖다주면서, 다음 사람에게 전달하라고 하면 되거든요.

운전수: 내가 자네 편지를 외눈깔에게 주면, 외눈깔은 그다음 사람에게 전달하고, 그다음 사람은 또 다음 사람에게…… 계속해서 운반되는 상자들을 따라가 맨 나중엔 주인에게 전달되기를 바라는 거지?

자앙: 네, 바로 그겁니다.

운전수: 그게 또 큰 착각이라구. 부속품이 든 상자들은 말야, **중간중간에서 여러 갈래로 수없이 나눠**지거든.

자앙: 부속품 상자들은 결국 한군데로 모아지는 것이 아닙니까?

운전수: 물론, 모아지는 곳도 있겠지. 상자들이 한군데에서 나와 여러 군데로 흩어지느냐, 여러 군데에서 나와 한군데로 모아지느냐……. 그건 그럴 수도 있구, 그렇지 않을 수도 있어. 어쨌든 중간에 있는 우리가 **어떻다고 확실하게 알 수는 없**지.

자앙: 그래도 상자 주인에게는 반드시 알려 줘야죠. 엉뚱하게 바뀌어진 상자 하나 때문에 뭔가 잘못 만들어지면 안 되잖아요.

운전수: ㉣잘못 만들어진다니……. 그게 뭔데?

다링: (멀리서 듣고 있다가 큰 소리로 외친다.) 어떤 굉장한 기계래요! 이 세상 모든 사람들을 즐겁고 기쁘게 해 주는 신기한 기계죠!

운전수: (다링에게 외친다.) 무슨 기계라구?

다링: (큰 소리로) 기계가 아니라 폭탄이래요! 이 세상 모든 사람들을 한꺼번에 죽여요!

운전수: ㉤도대체 무슨 소리인지 모르겠네! (자앙에게) 어쨌든 상자 속의 부속품으로 뭘 만드는지 알 수는 없어. 만약 폭탄을 만든다면 오히려 상자가 바뀐 것이 사람들의 목숨을 살릴 테니깐 잘된 일이잖아? (자앙의 편지를 허공에 들고 두 조각으로 찢으며) 여봐, 자넨 너무 배짱이 약해. **이 조그만 창고 속에서 모든 걸 성실하게 잘했다는 것이, 창고 밖에서는 매우 큰 잘못**이 된다고 생각해 봐. 그럼 상자 하나쯤 틀렸다고 안절부절못하진 않을 거야. (두 조각으로 찢은 편지를 자앙의 바지 양쪽 호주머니에 쑤셔 넣는다.) 무

슨 일이 생겨도 창고 밖으로 알릴 필요는 없어. 그게 잘한 일인지 못한 일인지 모를 바에야 그냥 덮어두라구. 창고 속의 자네한테는, 그게 배짱 편한 거야.

자앙: (손에 들고 있는 서류를 가리키며) 그렇다면 이런 서류들은 뭡니까? 누군가 이 서류들을 보면, 상자가 잘못된 것을 알 수 있을 텐데요?

운전수: 서류가 완전하다고 믿는 건 바보들뿐이지! 좋은 예가 있어. 내 아내는 옛날에 죽었는데 사망 신고를 안 했거든. 그래서 구청에서 호적을 떼어 보면 지금도 서류상으로는 버젓하게 살아 있는 것으로 나온다구. 자, 굼벵이 양반, 꾸물대지 말고 어서 상자들이나 옮겨!

(자앙과 트럭 운전수, 핸들 카에 실은 상자들을 창고 밖으로 운반해 간다. 침대에 앉아 있던 기임은 일어나서 자신의 담요를 둘둘 말아 걷는다. 그리고 침대맡의 낡은 트렁크를 꺼내 물건을 주워 담는다. 미스 다링, 기임의 곁으로 다가온다.)

다링: 마침내 결정한 거예요? / 기임: 그래, 함께 가서 살기로 했어.

다링: (살림 도구들이 있는 곳에서 접시, 그릇, 찻잔들을 가져와 낡은 트렁크에 담으며) 무조건 다 가져가요.

기임: (다링이 담은 것들을 다시 꺼내 놓으며) 아냐, 절반만 내 것인걸!

다링: 둘이서 함께 쓰던 물건은 어쩌려구요? 반절로 나눌 수도 없잖아요.

– 이강백, 「북어 대가리」

[24001-0197]

01 윗글의 인물에 대한 이해로 가장 적절한 것은?

① 자앙은 상자 주인이 쓴 편지가 다른 사람들을 거쳐 자기에게 전달되기를 기다리고 있다.
② 자앙은 단정하지 못한 기임의 차림새가 조심성 없는 그의 태도와 관련 있다고 보고 있다.
③ 운전수는 아내가 죽은 뒤 오랫동안 관청에 신고하지 않았다는 사실 때문에 자책하고 있다.
④ 다링은 기임과 자앙이 공동으로 사용하던 물건들의 소유권이 자앙에게 있다고 여기고 있다.
⑤ 기임은 결혼이라는 제도에 얽매이지 않은 채 창고에서 벗어나고자 하는 욕망을 토로하고 있다.

[24001-0198]

02 윗글을 연극으로 상연하려고 할 때, ㉠~㉤에 대한 연출가의 지시 사항으로 적절하지 않은 것은?

① ㉠: 상대의 대답이 이상하다고 느끼는 상황이므로, 미심쩍게 여기는 태도가 드러나는 표정으로 연기해 주세요.
② ㉡: 상대의 말에 불쾌감을 느끼는 상황이므로, 짜증이 섞여 있는 억양으로 연기해 주세요.
③ ㉢: 상대의 생각에 동의하지 않는 상황이므로, 부정의 의사가 분명히 드러나는 억양으로 연기해 주세요.
④ ㉣: 상대가 하는 말을 이해하지 못하는 상황이므로, 의아하다는 표정으로 연기해 주세요.
⑤ ㉤: 상대를 설득하려던 노력이 소용없게 된 상황이므로, 실망감이 드러나는 표정으로 연기해 주세요.

정답과 해설 80쪽

[24001-0199]

03 〈보기〉를 참고하여 윗글을 감상한 내용으로 적절하지 않은 것은?

보기

'노동의 인간 소외'는 현대 자본주의 산업 체제에서 노동자의 인간적 가치가 저하하는 현상을 말한다. 노동이 생산 수단의 소유와 분리됨으로써 생산 수단과 생산물이 노동자 자신의 것도 아니고 자신의 '인격적 표현'도 아니게 되었다는 점 때문에 노동자는 소외감을 느낀다. 또한 작업 목표와 방법이 경영자에 의해 정해지므로, 자율성이 없는 노동으로 인한 소외감도 발생한다. 게다가 모든 공정이 분업화, 단순화하기 때문에 개별 노동자는 자기가 담당한 부분의 일이 전체와 맺는 관계도 정확하게 파악하지 못하게 되어 마치 하나의 부품 같은 존재로 전락하고 마는 것이다. 그뿐 아니라 대량 생산을 위한 조직의 대규모화 때문에 구성원 사이의 인간적인 관계가 사라지며 개인은 본래의 이름을 잃고 익명화된다.

① 소외된 노동의 현장을 상징하는 창고가 '조그만 창고 속에 들어 있는 수많은 창고 중에 하나의 아주 작은 창고'일 뿐이며 '완전하게 창고 밖으로 빠져나간다는 건 불가능'하다는 자앙의 말은, 폐단을 내포한 현대 자본주의 산업 체제에서 벗어나는 것이 쉽지 않은 일임을 환기한다고 볼 수 있겠군.

② 운전수가 상자를 '뭐가 뭔지도 모르고 그냥 싣고 왔다가 그냥 실어 가는 거'라서 '어떻다고 확실하게 알 수는 없'다고 말하는 것은, 그가 분업화하고 단순화한 작업만을 수행하는 노동자에 불과함을 알게 해 준다고 볼 수 있겠군.

③ 운전수가 동료들을 '딸기코와 외눈깔'이라고 하면서 '그들이 내 이름을 부르지 않고 노름꾼이라 하듯이 나도 그들을 별명으로만' 부른다고 말하는 것은, 현대 자본주의 산업 체제의 대규모 조직 안에서 개인이 본래의 이름을 잃어버린 것이라고 할 수 있겠군.

④ 노동자들이 '같은 정거장에서 둘 다 상자를 취급하면서도 서로 얼굴 한번 볼 수조차 없'고 운전수가 나르는 상자들이 '중간중간에서 여러 갈래로 수없이 나눠'진다는 것은, 인간적인 관계가 소멸하고 노동자는 자신이 담당한 부분의 일이 전체와 어떤 관계를 맺는지 정확히 알기 어려운 노동 현장의 상황을 보여 준다고 할 수 있겠군.

⑤ 운전수가 자앙에게 '이 조그만 창고 속에서 모든 걸 성실하게 잘했다는 것이, 창고 밖에서는 매우 큰 잘못'일 수도 있다면서 '무슨 일이 생겨도 창고 밖으로 알릴 필요는 없'다고 말하는 것은, 노동과 생산 수단 소유 간의 분리 상태를 인정하는 것이 무용하다는 주장이라고 할 수 있겠군.

04 극·수필

[01~04] 다음 글을 읽고 물음에 답하시오.

S# 7. 나영네 집

도현: 어머니 해녀셨어? / 나영: 그랬나 봐.

도현: 와아… 멋지다. 왜 말 안 했어? / 나영: 뭐든지 다 말해야 되냐?

도현: 당연하지. 어? 너랑 많이 닮았다.

나영: (엄마의 사진을 본다. 바다를 배경으로 수줍게 웃는 엄마 연순의 젊은 모습)

도현: 와…. / 나영: (안 닮았다는 뜻으로) 어디이….

도현: 원래 자기는 몰라. 닮았어. (나영의 얼굴에 대보고) 닮은 게 아니라 진짜 똑같아. 너 나이 들면 어머니하고 똑같겠다.

나영: (㉠사진을 확 낚아채며) 안 닮았어. 하나도 안 닮았어.

핸드폰 벨이 울린다. / 나영, 발신자를 확인, 반갑지는 않다. 핸드폰을 열어 두고 딴짓.
여보시오- 이게 짐 왜 이러냐 여보시오 — 여보시오 —.
전화기 너머에서 소리가 들리면 그제야 핸드폰을 드는 나영.

나영: 어. 왜요. 소리 좀 지르지 마아… 아이… 참… 그냥 두고 와아…. (㉡자기 할 말만 하고 일방적으로 전화를 끊은 모양이다.) 엄마! 엄마! …… 아이 참….

S# 8. 아파트 앞

구청에서 발급한 노란색 폐기물 처리 딱지.
연순은 길가에 앉아 낡은 ⓐ서랍장 옆면에 붙은 폐기물 처리 노란 딱지를 떼고 있다.
나영이 오는 것을 확인하고 캬악~ 하고 침을 뱉는다.

나영: (찡그리고) 아이 참! 아무 데나 뱉으면 어떡해.

연순: 아이고. 올 거면 기분 좋게 오지. (나영을 가로등 빛이 있는 쪽으로 끌며) 보자, 주딩이 얼마나 부었나.

나영, 대답하지 않고 서랍장 한쪽을 든다.
연순, 서랍장이 썩 마음에 드는지, 침을 탁 뱉고 일어서며 서랍장을 탁탁 친다.

연순: 내 눈이 귀신이지, 멀찍한데도 보니께 딱 좋은 거더라고, 내가 부로 저그다 숨켜 놨으니께 있지, 암만, 암만, 그냥 냅뒀으면 누가 실어 갔어도 발싸 실어 갔지, 암만.

나영: 아, 됐어. 빨리 가.

흐뭇한 연순과 불만에 찬 나영이 낑낑 어설프게 서랍장을 들고 걸어온다. 서로 발이 맞지 않아 스텝이 엉키고 힘이 더 들자

연순: 아, 발 좀 맞촤 봐아. 자꾸 엉키잖어어. 내가 하나 하면 오른짝이고 두울 하면 왼짝이다이.

㉢연순이 하나아 두울 하는 소리가 반복된다. 발맞추어 걷기 시작한다. 나영의 얼굴이 더 찌푸려진다.

S# 9. 나영의 집

나영 들어오다 빨랫줄에 걸린다. 짜증스런 표정.

아버지는 텔레비전을 보고 있고, 엄마는 나영 방으로 서랍장을 넣으려고 낑낑대고 있다.

연순: 잘 왔다, 이것 좀 들어 봐. 말만헌 년이 다 늦게 워딜 그리 쏘댕기냐….

나영: 엄마! 뭐 하는 거야, 하지 마. / **연순**: 뭘 하지 마.

나영: 싫어. 뭐 하는 거야, 남의 방에서. / **연순**: 넘의 바앙? 말뽄새 하고는….

나영, 서랍장을 다시 끄집어낸다. 실랑이.

[중략 부분 줄거리] 부모와 불화를 겪는 나영은 어느 날 아버지가 잠적하자 그를 찾기 위해 부모가 젊은 시절을 보냈던 섬마을로 간다. 이때 갑작스레 시간이 과거로 이동하여 나영은 그곳에서 자신과 동일한 모습을 한 젊은 시절의 연순과 만난다. 나영은 이곳에서 연순과 지내며 그녀가 학교도 제대로 다니지 못하고 소녀 가장으로 살림을 꾸려 가는 모습, 훗날 나영의 아버지가 된 우체부 진국을 짝사랑하여 그를 보고픈 마음에 가슴앓이하는 모습을 지켜보게 된다.

S# 53. 연순의 방

파도 소리만 들리는 밤. / 나영과 연순, 얇은 이불을 덮고 각기 누워 있다.

뒤척거리며 잠을 이루지 못하는 연순.

나영: 연순 씨, 잠이 안 와요?

㉣대답 없이 돌아눕는 연순. / 그런 연순을 보다 한숨을 쉬며 돌아눕는 나영.

S# 54. 길

나영, 주위를 둘러보며 연순을 찾는다. / 연순은 보이지 않고 멀리 진국의 자전거가 온다.

나영과 진국, 가볍게 목례를 한다.

나영: (지나쳐서 저만큼 간 진국에게) 저기요….

진국: (자전거를 세우고 나영을 본다.)

나영: 저 시간 있으시면… 아니에요. 안녕히 가세요.

진국, 어색하게 웃고는 돌아서 길을 간다.

나영, 조금 걷다가 돌아보면 진국의 자전거가 멀어지다 얼추 사라진다. 나영이 다시 걷기 시작하는데 샛길에서 해녀 2가 이리저리 길을 둘러보며 황급히 걸어온다.

해녀 2: (급한 목소리로) 아, 연순네 샥시이…. / **나영**: (인사를 하며) 밭에 가세요?

해녀 2: (길을 둘러보며) 자전차 못 봤능가아, 우체부 자전차아. / **나영**: 방금….

해녀 2: (너무 급해서 숨 쉬느라 나영의 말을 듣지 못하고 이어서 말한다.) 이를 워째… 아이고 이를 워째… 큰일 났네에… 관씨네 할매가 오락가락하는데… 자전차 못 봤지?

나영: (㉤나영의 표정에 밝은 빛이 스친다.) 아아까… 저기… 아아까 지나갔어요. 한참 됐는데….

해녀 2: 아이고… 그라지… 아이고… 큰일 났네에… 우체국꺼지 가야겄네….
나영: 저기 제가 갔다 올까요.
해녀 2: (화들짝 반가워서 고마워서 어쩔 줄을 모르며) 그라 줄랑가, 고마워서 워쩐디아….

나영, 쪽지를 들고 뛰기 시작한다.

S# 55. 조밭이 보이는 들

조밭 끝에 김매는 연순이 보인다.

나영: 연순 씨! 조연순 씨이!

S# 56. 조밭 가장자리

화면 가득 삐뚤빼뚤 주소가 쓰여진 종이 / 그 위로 들리는

나영: (소리) 한 번 더 해 봐요. / 연순: (자신 없는 목소리) 경기도 시흥군 군곡면….
나영: 연순 씨 안되겠다. 이거 아주 중요한 ⓑ전보 같던데. 제가 갔다 올게요, 주세요.
연순: 아, 아니요! 경기도 시흥군 군곡면 박. 달. 리 24에 5 관. 석. 용 씨 댁. 모친 위독 빨리 오라이. 딩겨올께요이!

급하게 뛰어가는 연순. / 그 뒷모습에 기대와 설렘이 묻어 있다.
나영, 그 모습을 보고 돌아서서 한 번 뿌듯하게 호, 하고 숨을 뱉는다.

– 송혜진·박흥식, 「인어 공주」

[24001-0200]

01 **ⓐ와 ⓑ에 대한 설명으로 가장 적절한 것은?**

① ⓐ와 ⓑ는 모두 연순과 나영의 갈등을 예고하고 있다.
② ⓐ와 ⓑ는 모두 연순이 나영과의 갈등을 해소하기 위한 노력과 관련이 있다.
③ ⓐ와 ⓑ는 모두 연순과 나영이 자신의 내적 갈등을 직면하는 계기가 되고 있다.
④ 연순과 나영은 ⓐ를 사이에 두고 갈등하고 있고, ⓑ는 연순의 조력자로서의 나영의 역할을 드러내고 있다.
⑤ 연순과 나영이 ⓐ를 계기로 협력하다가 ⓑ를 통해 나영을 돕는 연순의 마음이 더 강조되어 드러나고 있다.

정답과 해설 82쪽

[24001-0201]

02 ㉠~㉤에 대한 설명으로 적절하지 않은 것은?

① ㉠: 도현이 사진을 보고 하는 말에 대한 불쾌한 감정을 표현하도록 지시하고 있다.
② ㉡: 전화 통화가 일방적으로 중단된 상황을 표정이나 행동으로 드러내도록 지시하고 있다.
③ ㉢: 두 인물이 다음 장면에서 보일 행동을 암시하며 구령에 따라 움직이도록 지시하고 있다.
④ ㉣: 나영의 질문에 답하지 않으려 하는 의사를 행동으로 표현하도록 지시하고 있다.
⑤ ㉤: 우체국과 관련된 상황이 발생하였음에 반가움을 표현하도록 지시하고 있다.

[24001-0202]

03 윗글의 장면에 대한 이해로 적절하지 않은 것은?

① S# 7의 전화 통화 내용은 S# 8에서 나영이 불쾌한 반응을 보이는 이유와 관련이 있다.
② S# 8에서 발이 맞지 않는 모습은 S# 9의 연순이 나영의 말을 비난하는 이유와 관련이 있다.
③ S# 53에서 연순을 염려하는 나영의 모습은 S# 54에서 진국에게 말을 거는 이유와 관련이 있다.
④ S# 54에서 우체국 용무를 나영이 자원하는 모습은 S# 55에서 나영이 연순을 부르는 이유와 관련이 있다.
⑤ S# 55에서 나영이 연순을 부르는 모습은 S# 53에서 나영이 연순을 지켜본 것과 관련이 있다.

[24001-0203]

04 〈보기〉를 참고하여 윗글을 감상한 내용으로 적절하지 않은 것은?

보기

환상성은 현실 세계의 한계를 뛰어넘기 위한 수단으로, 특히 시간 여행 모티프는 시간의 선형적 흐름이라는 한계를 뛰어넘어 인물이 과거 또는 미래로 이동하는 장면을 보여 준다. 인물은 자신이 살아가고 있던 시·공간과는 이질적인 세계에서의 경험을 계기로 현실에서의 인식의 한계를 넘어서기도 하고, 이를 통해 갈등 해소의 실마리를 얻기도 한다. 영화 「인어 공주」에서 엄마 연순과 불화를 겪던 나영은 갑작스레 과거로 이동하여 젊은 날의 엄마를 만나는 시간 여행을 경험하는데, 이를 통해 현실에서는 이해하기 어렵던 엄마의 삶에 대한 연민과 동질감을 느끼고 그녀의 삶을 수용하게 된다. 이때 젊은 날의 엄마와 현재 시점의 딸을 동일한 배우가 1인 2역으로 연기하게 하여 이 과정에 더욱 설득력을 부여하고 있다.

① 나영이 연순의 젊은 날을 직접 볼 수 없다는 한계를 극복하는 설정으로서 시간 여행이라는 환상적 모티프를 사용하고 있군.
② 현재 시점에서의 나영과 사진 속 연순의 외적 유사성을 언급하여 1인 2역으로 제시되는 후반부에 대한 개연성을 제공하고 있군.
③ 엄마 연순과의 불화로 발생한 나영의 부정적 감정을 극 중에서 표현하도록 한 것은 모녀 관계의 갈등으로 인한 어려움을 보여 주는군.
④ 연순이 진국에 대한 사랑을 키워 가는 모습을 나영이 곁에서 지켜보는 장면을 통해 잠적한 아버지를 찾을 수 있는 실마리를 제시하는군.
⑤ 배역을 통해 젊은 날의 연순과 딸 나영 사이의 외모의 유사성을 강조하여 주인공이 엄마와 자신의 동질성을 발견하게 된다는 것을 강조하고 있군.

[01~04] 다음 글을 읽고 물음에 답하시오.

S# 22. 조종사가 누워 있는 방 N※ / INT※

갑자기 소란스러워진 밖이 궁금한 조종사, 부상당한 몸을 간신히 움직여 머리로 문을 밀어낸다.
겨우 열린 틈으로 밖을 내다본다. "저건 또 뭐 하는 짓들이지…?"
평상 위에 부락민들이 죽 올라서 있는 이상한 행동을 보며 머리를 갸웃거리는 조종사.

S# 23. 다시 촌장집 마당 N / EXT※

부락민들 사이사이로 간간이 보이는 적군의 모습들… 싸늘한 기운이 흐르고….

영희: (겁에 질린 투로) ㉠상위 동지… 아니 군대 없대서 왔는데… 결정하는 것마다 와 이럽네까?
치성: (이를 악문다)……!!
택기: 열 발 안짝에 있습니다… 우린 셋이고 저게는 둘입니다… 확 까 치웁시다!!
치성: 전사 동무, 그냥 내 뒤에 있으라우…!
영희: 아새끼래… 쫄랑거리며 일 맨들디 말구 가만 좀 있수라우….
상상: 수적으로 우리가 밀리는데 어떡해요? 그러게… 그냥 지나쳐 가자니까… 왜 여기까지 와 가지구… 씨바… 난 되는 게 없어… 니미…. / 현철: (무섭게 인민군을 노려보다 소리 지른다) 야—!!

인민군 셋… 침묵…. / 마을 사람들… 인민군과 국군을 번갈아 보다가….

달수: (인민군들에게) 안 들려요? 부르는 거 같은데….
달수 처: (현철에게) 우리한테 말해요. 전해 줄 테니….
치성: 와?… 방아쇠에 손가락 집어넣었으면 땡겨야지… 다른 볼일 있네?
영희: 상위 동지… 거 괜히 세게 나가디 마시라요… 우린 총알도 없는데….
현철: ㉡여기서 이러지 말고 나가서 제대로 한번 붙자!!
상상: 미쳤어요… 수적으로 밀린다니까….
현철: 죄 없는 부락 사람들 피해 주지 말고 일단 나가자…!
석용: 우리 때문이면 괜찮아요…. / 촌장: (지긋이) ㉢석용아….

치성… 자신의 빈총이 의식됐는지 고민하다 이를 악물고 수류탄을 빼 든다.

치성: 내 말 잘 딛으라우…! 괴뢰군 아새끼나 부락 사람이나 조금만 허튼짓했단 그 즉시 직살하는 거야…! 지금 한 말 허투루 딛디 말라!

영희와 택기도 눈치챘다… 옆으로 **총**을 집어 던지고 모두 **수류탄**을 꺼내 든다.
부락민들 치성의 말뜻을 전혀 이해하지 못했는지 그저 수군거리고만 있다.

[A]

치성: 뭐 이런 것들이… 야 말 갇디 않네!! (버럭) 전체 손 버쩍 들라우!!

부락민들 서로 눈치를 보다 하나둘… 손 올린다… 왼손을 드는 사람… 오른쪽 손을 드는 사람….
현철의 소총 가늠자로 보이는 흥분한 치성의 얼굴… 옆으로 팬*하면 손에 들린 수류탄이 보인다.
무슨 이유에선지 불안한 표정이 되는 현철….

이때, 밖에서 용봉이 뛰어 들어온다.

용봉: 촌장님요!!

일제히 용봉을 향해 총과 수류탄을 겨누는 군인들. 무슨 상황인지 몰라 잠시 멍하게 서 있는 용봉.

부락민 모두: 거 섰지 말고 얼른 일루 올라와. 이 사람들 부애가 마이 났아.
치성: 올라 가라우. / 택기: 쌍!! 빨리 게바라 올라가간!!

소리치는 바람에 깜짝 놀라… 평상 위로 올라서는 용봉.

촌장: 용봉아 우터 이리 늦었나? / 용봉: ㉣벌토으— 좀 보고 오느라고요… 아 그보다 짐 난리 났어요!
달수 처: 용봉 아재… 소느— 들고 얘기하래요….

어색하게 손 하나 드는 용봉…. "아… 예…."

용봉: 그 뭐냐… 실천 위 감자밭 있잖아요… 새로 심군 데… 그 밭 초입부터 **멧돼지**가 길을 내 버렸어요!! 길 크기를 보이 그기 한두 마리가 아인 거 같애요.

부락민들, 그 말에 모두 놀라고….

마님: 우터 거다 길을 냈데….
응식: 재작년에도 옥시기밭을 헤집고 돌아댕기미 싹 마호나서 겨울 한 달을 굶었는데….
촌장: (아주 근심스럽게) 흥분하지들 말고 차근차근 얘기르— 해 보자고….
석용: 감재나 캐믄 그리지… 우리 천식이 좋아하는 감재 인제 엄따.

아쉬워하는 꼬마 천식… 사람들 모두 한숨… 휴—.
군인들은 안중에도 없고 모두들 멧돼지 문제로 걱정이 태산이다.

치성: 이보라우…! (수류탄 치켜들며) 이거이 안 보이네? 까딱하면 다 죽을 판에… 그깟 돼지 길이 뭐이가 걱정이가…!! (여전히 반응은 없고) ㉤이놈 까문 이 마당에 송장 길 생게!!

버럭 겁을 줘도 심각하게 논의를 하는 건지… 수군수군… 시끄럽다.

영희: (혼란스러운) 기리니까니… 이 부락… 뭐이래 좀… 이상하디 않습네까…? (중략)

S# 28c. 촌장집 마당 D* / EXT (시간 경과)

쨍하게 내리쬐는 햇볕. / 이제 군인들은 지칠 대로 지쳐 사물이 일렁이며 보인다. 피로와 졸음이 그들을 괴롭히고 있다. // 이 와중에도 김 선생은 심각한 얼굴로 아이들에게 글을 가르치고… 부락민은 자연스레 일상을 보내고… 이제 군인들도 선 채로 눈을 감고 있다. // 수류탄을 쥐고 있는 택기만이 잔뜩 인상을 찌푸린 채 군인들을 둘러본다… 야속하지만 어쩔 수 없다. / 이제 손도 저리고, 졸음도 밀려오고…. / 끝내 졸음을 참지 못하고 스르르 감기는 택기의 눈. 손에 힘이 풀리면서 수류탄이 떨어진다. 수류탄이 굴러가는 대로 이연의 시선도 따라간다… 배시시 웃는 이연. / 평상 밑을 굴러 현철의 발에 맞고 멈춰 서는 수류탄. 뭔가 부딪히는 느낌에 눈을 뜨는 현철….

현철: (화들짝 놀라서) 위험해!! 모두 피해!!

악!! 소리를 지르며 급하게 수류탄을 끌어안고 엎드리는 현철. 놀란 군인들 사방으로 피한다. 폭발 일보 직전… 이를 악무는 현철…. / …. / …. / 잠잠하다… 불발탄…. / 하나둘 고개를 들고… 잔뜩 웅크렸던 현철도 슬며시 눈을 뜨며 수류탄을 살핀다. / 그런 현철을 예의 주시하는 치성의 눈빛. / 겨우 안심이 되는 현철… 불발탄을 집어 들고는 인민군을 본다. 비웃듯 코웃음을 치고는 불발탄을 뒤로 던진다.

현철: (조롱 섞인) 뭐 하나 제대로 된 것도 없는 것들이….
영희: 뭐… 좀 종종 그 따우메두 있을 수 있디 뭐… 아새끼 노골적으루다….

인민군들… 좀 쪽팔리다… 자신이 들고 있는 수류탄도 한번 보고는… "혹시 이것도…?" / 갑자기, 엄청난 폭발음과 함께 곡간의 지붕이 날아간다. 놀란 군인들, 몸을 날려 엎드린다. / 거대한 불길과 함께 치솟는 곡물들… 하늘로 치솟았던 노란색 옥수수들… 내려올 땐 하나씩 터져 팝콘이 된다. / (그 광경이 아이러니하게도 벚꽃이 날리는 것처럼 너무나 아름답다.)
"눈이다…." 웃음 띤 얼굴로 **팝콘 비** 사이로 걸어 들어가는 이연……. / 그리곤 이상한 몸짓으로 춤을 추기 시작한다. 엎드린 채 그 모습을 보는 군인들. / 조종사도, 내리는 팝콘 비를 물끄러미 본다.
이연의 몸짓에 신비로운 음악이 덧씌워지면서 촌장집 마당은 묘한 기운으로 출렁인다. / 사방이 조용해지고… 오직 신비한 음악 소리와… / 이연의 몸짓…. / 서서히 환각에 휩싸이는 군인들… 정신이 혼미해지고… / 한 명씩 두 명씩 자신도 모르게 스르르 눈이 감긴다. / 누렁이도 쩍 하품을 한다.
엎어진 채로 아이처럼 잠이 드는 군인들…. / 마지막까지 안간힘을 쓰며 잠들지 않으려는 현철… 퀭한 눈으로 이연을 보다가… / 스르르 빨려 들어가듯 잠이 든다. / 바닥에 떨어지는 팝콘이 점점 흐릿하게 보인다. 아주 천천히 F.O.

– 장진, 「웰컴 투 동막골」

＊N: 밤(Night) 장면.　＊INT: 실내 장면.　＊EXT: 실외 장면.
＊팬(PAN): 카메라의 위치를 바꾸지 않고 카메라를 좌우로 움직이면서 촬영하는 기법.　＊D: 낮(Day) 장면.

[24001-0204]

01 **윗글의 표현상의 특징으로 가장 적절한 것은?**

① 시간의 역전적 구성을 통해 사건의 원인을 추적하고 있다.
② 해학적 표현을 사용하여 부정적 인물의 행동을 비판하고 있다.
③ 서로 다른 시간과 공간을 대비하여 현실의 문제점을 나타내고 있다.
④ 다양한 지역 방언을 사용하여 언어적 소통의 어려움을 드러내고 있다.
⑤ 현실적 장면에 환상적 장면을 추가하여 공간의 신비로움을 부각하고 있다.

[24001-0205]

02 ㉠~㉤에 대한 설명으로 적절하지 않은 것은?

① ㉠: 자신들을 위험에 빠뜨린 치성을 원망하는 감정이 드러나 있다.
② ㉡: 자신들 때문에 부락 사람들이 위험에 빠지지 않기를 바라고 있다.
③ ㉢: 상황 판단을 잘 못하는 석용이 함부로 나서지 않게 만류하고 있다.
④ ㉣: 자신의 눈앞에 벌어지고 있는 상황에 대한 긴장감을 드러내고 있다.
⑤ ㉤: 자극적인 말을 사용하여 부락민들을 통제하려는 의도를 나타내고 있다.

[24001-0206]

03 [A]는 〈보기〉의 희곡 장면을 시나리오로 각색한 것이다. [A]와 〈보기〉를 비교한 내용으로 적절하지 않은 것은?

보기

곧… 그 뒤에 나타난 동치성과 장영희, 서택기…….
장영희의 손엔 동구가 들려 있고 나머지의 손엔 수류탄이 들려 있다.
사람들 모두 놀란다. / 표현철과 문상상 곧 총을 겨누며 대치하고 있다.

동구 모 : 동구야!!! / 동구 : 엄마…….

이런 상황이 잠시 스틸 모두 같이 멈춰지며 무대의 빛은 앞쪽의 작가에게 비춰진다.

작가 : 이렇게 그들은 만났습니다. 총을 겨누었고 수류탄을 손에 쥐었고 윽박지르고 비명 지르고.

치성 : 입 다물고 손 올리라우!
영희 : 국방군도 있구만……. 뭐 주워 먹을라고 여기 있네……. 싸그리 다 죽기 전에 총구 깔고 뒷짐 지라우…….
현철 : 할 거 남았으면 해 봐라……. 발 떼고 싶으면 떼고, 총질하고 싶으면 손가락이라도 까딱해 봐라……. 다 죽자 하고 총질해 대 보면 결국엔 남는 놈 있을 테니까… 그놈이 깃발 꽂고 이겼다 치자고…….
택기 : 말뽄새 좋구만 그 입으로 우리 입 막아 보라우… 수류탄 세 발 앞마당에 떨어질 테니 그때도 그렇게 설레발을 깔 수 있나 보자우…….

– 장진, 「웰컴 투 동막골」

① [A]와 달리 〈보기〉의 마을 사람들은 국군과 인민군 사이를 중재하기 위해 노력하고 있다.
② [A]와 달리 〈보기〉의 인민군은 처음 만난 순간부터 수류탄을 들고 상대를 위협하고 있다.
③ [A]와 달리 〈보기〉에서는 장면 속의 사건에 대해 설명해 주는 인물이 따로 설정되어 있다.
④ [A]와 〈보기〉는 모두 지시문을 통해 마을에 모인 인물들의 행동과 심리를 설명하고 있다.
⑤ [A]와 〈보기〉는 모두 국군이 인민군보다 먼저 마을에 들어와 있는 것으로 설정되어 있다.

[24001-0207]

04 〈보기〉를 바탕으로 윗글을 이해한 내용으로 적절하지 않은 것은?

보기

극에 나타나는 배경이나 도구는 단순히 사건이 일어나는 시 · 공간이나 사건 진행의 매개물을 넘어 인물 사이의 관계나 사건 전개의 흐름 또는 방향 등을 나타내는 기능을 하기도 한다.

① '평상'은 갈등하는 인물들을 공간적으로 분리해 준다는 점에서 이들 사이에 형성된 긴장을 해소해 주는 기능을 한다.
② '총'은 서로를 위협하기 위해 상대방을 겨누고 있는 도구라는 점에서 인물들 사이의 갈등 상황을 부각하는 기능을 한다.
③ '수류탄'은 상대방뿐만 아니라 그곳에 모인 모든 사람을 위험에 빠뜨릴 수 있다는 점에서 긴장감을 고조시키는 기능을 한다.
④ '멧돼지'는 마을 밖 존재로서 마을 주민들에게 피해를 주었다는 점에서 외부인의 존재가 마을을 위기로 몰아넣을 수 있음을 예상하게 하는 기능을 한다.
⑤ '팝콘 비'는 대치하고 있던 사람들을 모두 같은 행동을 하게 만든다는 점에서, 이들 사이의 긴장 관계를 변화하게 하는 기능을 한다.

06 극·수필

[01~03] 다음 글을 읽고 물음에 답하시오.

내가 의주로 귀양 간 이듬해 여름이었다. 세 든 집이 낮고 좁아서 덥고 답답함을 참을 수가 없었다. 그래서 채소밭에서 좀 높고 바람이 잘 통하는 곳을 골라 서까래 몇 개로 정자를 얽고 띠로 지붕을 덮어 놓으니, 대여섯 사람은 앉을 만했다. 옆집과 나란히 붙어서 몇 자도 떨어지지 않았다. 채소밭이라고 해야 폭이 겨우 여덟 발인데 단지 해바라기 수십 포기가 푸른 줄기에 부드러운 잎을 훈풍에 나부끼고 있을 뿐이었다. 그걸 보고 이름을 규정(葵亭)*이라고 했다.

손님 가운데 나에게 묻는 이가 있었다.

"**저 해바라기는 식물 가운데 보잘것없는 것입니다.** 옛날 사람들은 여러 가지 풀이나 나무, 또는 꽃 가운데서 어떤 이는 그 특별한 풍치를 높이 사기도 하고, 어떤 이는 그 향기를 높이 치기도 하였습니다. 그래서 많은 이들이 소나무, 대나무, 매화, 국화, 난이나 혜초*로 자기가 사는 집의 이름을 지었지, 이처럼 하찮은 식물로 이름을 지었다는 말은 아직까지 들어 보지 못했습니다. **당신은 해바라기에서 무엇을 높이 사신 것입니까?** 이에 대한 말씀이 있으십니까?"

내가 그 말에 이렇게 대답했다.

"사물이 한결같지 않은 것은 그리 타고나서 그런 것입니다. 귀하고 천하고 가볍고 무겁고 하여 만의 하나도 같은 것이 없습니다. 저 해바라기는 식물 가운데 연약하고 보잘것없는 것입니다. 사람에 비유하면 더럽고 변변치 못하여 이보다 못한 것이 없는 것과 같습니다. 소나무, 대나무, 매화, 국화, 난초, 혜초는 식물 가운데 굳고도 세어서 특별한 풍치가 있거나 향기를 지닌 것들입니다. 사람에 비유하면 무리에서 뛰어나며, 세상에 우뚝 홀로 서서 명성과 덕망이 우뚝한 것과 같습니다.

내가 **지금 황량하고 머나먼 적막한 바닷가로 쫓겨**나서, 사람들은 천히 여겨 사람대접을 하지 않고, 식물도 나를 서먹서먹하게 내치는 형편입니다. 내가 소나무나 대나무 같은 것으로 나의 정자 이름을 짓고자 한다 해도, 또한 그 식물들의 수치가 되고 사람들의 비웃음거리가 되지 않겠습니까?

버림받은 사람으로서 **천한 식물로 짝하**고, 먼 데서 찾지 않고 가까운 데서 취했으니 이것이 나의 뜻입니다. 또 내가 들으니 천하에 버릴 물건도 없고 버릴 재주도 없다고 합니다. 그래서 어저귀나 살바귀, 무나 배추 같은 하찮은 것들도 옛사람들은 모두 버려서는 안 된다고 했습니다. 거기다 해바라기는 두 가지 훌륭한 점을 가지고 있습니다. 해바라기는 능히 해를 향하여 그 빛을 따라 기울어집니다. 그러니 이것을 **충성이라고 해도 괜찮을 것**입니다. 또 분수를 지킬 줄 아니 그것을 **지혜라고 해도 괜찮을 것**입니다. 대개 충성과 지혜는 남의 신하 된 자가 갖추어야 할 정조이니, 충성으로써 임금을 섬겨 자기의 정성을 다하고 지혜로써 사물을 분별하여 시비를 가리는 데 잘못됨이 없는 것, 이것은 군자도 어렵게 여기는 바이지만, 내가 옛날부터 흠모해 오던 덕목입니다.

이런 두 가지의 아름다움이 있는데도 연약한 뭇풀들에 섞여 있다고 해서 그것을 천하게 여길 수 있겠습니까? 이로써 말하면 유독 소나무나 대나무나 매화나 국화나 난이나 혜초만이 귀한 것이 아님을 살필 수 있습니다.

지금 내가 비록 귀양살이를 하고 있지만, 자고 먹고 하는 것이 임금님의 은혜가 아님이 없습니다. 낮잠을 자고 일어나 밥을 한술 뜨고 나서 심휴문(沈休文)*이나 사마군실(司馬君實)*의 시를 읊을 때마다 해를 향하는 마음을 스스로 그칠 수가 없었으니, 해바라기로 나의 정자의 이름을 지은 것이 어찌 아무런 근거도 없다 하겠습니까?"

손님이 말했다.

"나는 하나는 알고 둘은 알지 못했는데, **그대 정자의 이야기를 듣고 보니 더할 것이 없어졌**소이다."

그러고는 배를 잡고 웃으면서 가 버렸다.

기미년 유월 상순에 적는다.

– 조위, 「규정기(葵亭記)」

* **규정**: 해바라기 정자라는 뜻임.
* **헤초**: 콩과의 두해살이풀.
* **심휴문**: 본명은 심약(沈約). 중국 양나라 사람으로 박학하고 시문에 뛰어남.
* **사마군실**: 본명은 사마광(司馬光). 중국 북송 때 학자이자 정치가임.

[24001-0208]

01 **윗글에 대한 설명으로 가장 적절한 것은?**

① 설의법을 사용하여 자신의 주장이 타당하다는 점을 강조하고 있다.
② 회상의 방식으로 과거에 자신이 한 일에 대해 회한을 나타내고 있다.
③ 역사적 인물과의 비교를 통해 글쓴이의 낙천적 가치관을 부각하고 있다.
④ 계절에 따라 달라지는 공간적 배경을 묘사해 글쓴이의 처지를 드러내고 있다.
⑤ 성현의 말을 인용하여 현재 자신의 삶의 방식이 잘못되었다며 성찰하고 있다.

[24001-0209]

02 **윗글의 '나'에 대한 이해로 적절하지 않은 것은?**

① 모든 사물의 품성은 태어날 때부터 결정된다고 여겼다.
② 유배 생활을 하며 사람들로부터 멸시당한 경험이 있었다.
③ 세상의 모든 존재가 제 나름의 가치를 지닌다고 생각했다.
④ 식물을 풍치와 향기로 평가하는 옛사람의 생각을 수용하였다.
⑤ 세상 사람들과 일정한 거리를 두고 살기 위해 정자를 지었다.

정답과 해설 84쪽

[24001-0210]

03 **〈보기〉를 바탕으로 윗글을 감상한 내용으로 적절하지 <u>않은</u> 것은?**

보 기

한문 수필인 '기(記)'는 어떤 사건이나 대상과 관련한 경험의 과정을 기록한 것으로, 독자에게 교훈이나 깨달음을 전달한다. 「규정기」는 유배를 간 글쓴이가 정자를 짓고 그 이름을 '규정'이라고 붙인 이유를 기록한 글이다. 글쓴이는 손님의 질문에 답하는 방식으로 그가 지닌 특정한 대상에 대한 통념을 비판하고, 대상과 자신을 동일시하려는 태도를 드러낸다. 이를 통해 그는 자신이 지향하는 삶의 자세를 드러내고 있다.

① '저 해바라기는 식물 가운데 보잘것없는 것입니다.'라는 손님의 말은, 해바라기를 하찮게 여기는 통념을 나타낸 것이로군.

② '당신은 해바라기에서 무엇을 높이 사신 것입니까?'라는 손님의 말은, 글쓴이가 정자의 이름을 지은 이유에 답하는 계기에 해당하는군.

③ '지금 황량하고 머나먼 적막한 바닷가로 쫓겨'난 신세이므로 '천한 식물로 짝하'겠다는 글쓴이의 말은, 대상을 자신과 동일시하려는 이유에 해당하는군.

④ '충성이라고 해도 괜찮을 것'이고 '지혜라고 해도 괜찮을 것'이라는 글쓴이의 말은, 유배지에 있는 글쓴이가 지향하는 삶의 자세를 나타낸 것이로군.

⑤ '그대 정자의 이야기를 듣고 보니 더할 것이 없어졌'다는 손님의 말은, 대상과 관련하여 글쓴이가 얻은 깨달음에 동의하지 못하겠다는 생각을 나타낸 것이로군.

07 극 · 수필

[01~03] 다음 글을 읽고 물음에 답하시오.

[A] 짹짹 짹. 짹 짹. 뭇 참새의 조잘대는 소리. 반가운 소리다. 벌써 아침나절인가. 오늘도 맑고 고운 아침. 울타리에 햇발이 들어 따스하고 명랑한 하루를 예고해 주는 귀여운 것들의 조잘대는 소리다. 기지개를 켜며 눈을 비빈다. 캄캄한 밤이 아닌가. 전등의 스위치를 누르고 책상 위의 시계를 보니, 새로 세 시다. 형광등만 훤하다. 다시 눈을 감아도 금방 들렸던 참새 소리는 없다. 눈은 멀거니 천장을 직시한다.

참새는 공작같이 화려하지도, 학같이 고귀하지도 않다. 꾀꼬리의 아름다운 노래도, 접동새의 구슬픈 노래도 모른다. 시인의 입에 오르내리지도, 완상가에게 팔리지도 않는 새다. 그러나 그 조그만 몸매는 귀엽고도 매끈하고, 색깔은 검소하면서도 조촐하다. 어린 소녀들처럼 모이면 조잘댄다. 아무 기교 없이 솔직하고 가벼운 음성으로 재깔재깔 조잘댄다. 쫓으면 후루룩 날아갔다가 금방 다시 온다. 우리나라 방방곡곡, 마을마다 집집마다 없는 곳이 없다.

진달래꽃을 일명 참꽃이라 부르는 것은 무슨 까닭인가. 삼천리강산 가는 곳마다 이 연연한 꽃이 봄소식을 전해 주지 않는 데가 없어 기쁘든 슬프든 우리의 생활과 떠날 수 없이 가까웠던 까닭이다.

민요 시인 김소월이 다른 꽃 다 버리고 오직 약산의 진달래를 노래한 것도 다 이 나라의 시인인 까닭이다. 하고한 새가 많건만 이 새만을 참새라 부르는 것도 같은 뜻에서다. 이 나라의 민요 시인이 새를 노래한다면 당연히 이 새가 앞설 것이다. 우리 집 추녀에서 보금자리를 하고 우리 집 울타리에서 자란 새가 아닌가. 이 새 울음에 동창에 해가 들고 이 새 울음에 지붕에 박꽃이 피었다.

미물들도 우리와 친분이 같지가 않다. 제비는 반갑고 부엉새는 싫다. 까치 소리는 반갑고 까마귀 소리는 싫다. 이 참새처럼 한집안 식구같이 살아온 새도 없고, 이 참새 소리처럼 아침의 반가운 소리도 없다.

"위혀어, 위혀어." 긴 목소리로 새 쫓는 소리가 가을 들판에 메아리친다. 들곡식을 축내는 새들을 쫓는 소리다. 그렇게 보면 참새도 우리에게 해로운 새일지 모르지만 봄여름에는 벌레를 잡는다. 논에 허수아비를 해 앉히고 새를 쫓아, 나락 먹는 것을 금하기는 하지만 쥐 잡듯 잡아 없애지는 않는다. 만일 참새를 없애자면 그리 불가능한 일은 아니다. 반드시 추녀 끝에 서식하기 때문이다. 그러나 그렇게 매몰하지도 않았고, 이삭이나 북데기까리나 겨 속의 낟알, 수채의 밥풀에까지 인색하지는 아니했다. "새를 쫓는다."라고 하지 않고 "새를 본다."라고 하는 것도 애기같이 귀엽게 여긴 부드러운 말씨다. 그리하여 **저녁때는 다 같이 집으로 돌아온다.**

지금 생각하면 황금빛 들판에서 푸른 하늘을 향하여 "위혀어, 위혀어." 새 쫓는 소리도 유장하기만 하다. 새보는 일은 대개 소녀들의 일이다. 문득 목단이 모습이 떠오른다. 목단이는 우리 집 앞 논에 새를 보러 매일 오는 아랫말 처녀다. 나는 웃는 목단이가 공주 같다고 생각한 일이 있다. 나보다 네댓 살 손위라 누나라고 불러 달라고 했지만, 나는 굳이 목단이라고 부르고 누나라고 불러 주지 아니했다. 그는 가끔 삶은 밤을 까서 나를 주곤 했다. 혼자서는 종일 심심한 까닭에 내가 날마다 와서 같이 놀아 주기를 바라는 것이었다. 그도 만일 지금 살아 있다면 물론 할머니가 되었을 것이다.

패가한 집을 가리켜 "참새 한 마리 안 와 앉는 집"이라고 한다. 또 참새 많이 모이는 마을을 복 마을이라고도 한다. 후덕스러운 말이요, 이유 있는 말이기도 하다. 참새는 양지바르고 잔풍한 곳을 택한다. 여러 집이 오밀조밀 모인 대촌(大村)을 택하고 낟알이 풍족하고 방앗간이라도 있는 부유한 마을을 택하니 복지일 법도 하다. 풍족한 마을에서는 새한테도 각박하지가 않다. 언제인가 나는 어느 새 장수와 만난 적이 있었다. 조롱 안에는 십자매, 잉꼬, 문조, 카나리아 기타 이름 모를 새들도 많았다. 나는 "참새만 없네." 하다가, 즉시 뉘우쳤다. 실은 참새가 잡히지 아니해서 다행인 것을……. 나는 어려서 조롱을 본 일이 없다. 시골서 새를 조롱에 넣어 기르는 사람은 한 사람도 없었다. 제비는 찾아와서 『논어』를 읽어 주고, 까치는 찾아와서 반가운 소식을 전해 주고, 꾀꼬리는 문 앞 버들가지로 오르내리며 "머리 곱게 빗고 담배밭에 김매러 가라." 라고 일깨워 주고, 또한 참새는 한집의 한 식구인데 조롱이 무엇이 필요하랴. 뒷문을 열면 진달래 개나리가 창으로 들어오고, 발을 걷으면 복사꽃 살구꽃 가지각색 꽃이 철 따라 날고, 뜰 앞에 괴석에는 푸른 이끼가 이슬을 머금고 있다. 여기에 만일 꽃꽂이를 한다고 **꽃가지를 꺾어 방 안에서 시들리**고, **돌을 방구석에 옮겨 놓고 먼지를 앉혀 이끼를 말**리고 또 새를 잡아 가두어 놓고 그 비명을 향락하는 자가 있다면, **그는 분명 악취미요**, **그것은 살풍경**이었을 것이다.

그런데 이제는 이 참새도 씨가 져서 천연기념물로 보호 대책이 시급하다는 이야기다. 세상에 참새들조차 명맥을 보존할 수가 없게 되었는가. 그동안 이렇게 세상이 변했는가. 생각하면 메마르고 삭막하고 윤기 없는 세상이다.

달 속의 돌멩이까지 캐내도록 악착같이 발전해 가는 인간의 지혜가 위대하다면 무한히 위대하지만, 한편 **인간의 행복**을 위하여 **한 마리의 참새**나마 다시금 아쉽고 그립지 아니한가.

연화봉(蓮花峯)에서 하계로 쫓겨난 양소유(楊少遊)가 사바 풍상을 다 겪고 또 부귀공명을 한껏 누리다가, 석장(錫杖) 짚은 노승의 "성진아." 한 마디에 황연대각, 옛 연화봉이 그리워 다시 연화봉으로 돌아갔다.

짹 짹 짹. 잠결에 스쳐 간 [참새 소리]는 나에게 무엇을 깨우쳐 주려는 것인가. 날더러 어디로 돌아가라는 것인가. 사십 년간 꿈에도 생각해 본 적이 없는 네 소리. 무슨 인연으로 사십 년 전 옛 추억—. 가 버린 소년 시절, 고향 풍경을 이 오밤중에 불러일으켜 놓고 어디로 자취를 감춘 것이냐. 잠결에 몽롱하던 두 눈은 이제 씻은 듯 깨끗하다.

나는 문득 일어나 불을 피워 차를 달이며 고요히 책상머리에 앉는다.

– 윤오영, 「참새」

[24001-0211]

01 [A]에 대한 설명으로 가장 적절한 것은?

① 길이가 짧은 과거형의 문장을 통해 상황을 속도감 있게 서술하고 있다.
② 특정 대상과 말을 주고받는 방식을 통해 대상과의 교감을 나타내고 있다.
③ 글쓴이의 경험과 대상의 특징을 제시하여 글의 중심 소재를 부각하고 있다.
④ 대상들 간의 공통점들을 다양하게 나열함으로써 교훈적 깨달음을 이끌어 내고 있다.
⑤ 상황의 문제점으로 제기될 만한 내용을 의문형으로 언급한 후 해결책을 제시하고 있다.

[24001-0212]

02 **참새 소리에 대해 이해한 내용으로 가장 적절한 것은?**

① 글쓴이로 하여금 과거에 대한 회상을 불러일으키는 매개체이다.
② 과거에 꿈을 통해서만 들을 수 있었던 것으로, 글의 환상적 분위기를 형성한다.
③ 글쓴이의 회상 속 특정 인물이 후회하던 일정한 사건과 관련이 있는 소재이다.
④ 인간이라면 누구나 맞이하게 되는 노년의 삶에 대해 긍정적인 인식을 갖게 한다.
⑤ 인간 지혜의 산물인 학문에 힘쓰지 못했던 글쓴이의 과오에 대한 안타까움을 환기한다.

[24001-0213]

03 **〈보기〉를 참고하여 윗글을 감상한 내용으로 적절하지 않은 것은?**

보기

자연과의 관계 설정에 따라 인간이 자연을 대하는 태도는 다를 수 있다. 인간과 자연의 관계를 보는 관점에는 인간을 자연의 일부로 여기는 관점과 자연을 인간보다 아래에 두거나 인간의 목적을 위한 수단으로 인식하는 관점이 있다. 첫 번째 관점은 인간과 자연의 거리를 매우 가까운 것으로 보고 자연을 구성하는 모든 생물들을 서로 영향을 주고받는 하나의 공동체로 간주한다. 인간 역시 자연의 일부이므로 인간 행위의 도덕성은 자연의 질서를 따르고 자연과 조화를 이룰 때 달성된다고 본다. 두 번째 관점은 자연을 인간의 필요를 채워 주기 위한 자원으로 여긴다. 이에 따라 인간이 자연의 규칙과 작동 원리를 잘 알면 자연을 보다 효율적으로 이용할 수 있다고 주장한다. 그런데 이 경우, 생존을 위해 자연을 활용하는 것을 넘어 자연을 지배하고 다른 생명체를 마음대로 다루어도 좋다는 발상이나 그러한 행동으로 이어질 위험이 있다.

① '미물들도 우리와 친분이 같지가 않다.'라고 생각하는 것에서, 자연의 효율적 이용에 대한 비판을 드러내기 위해 자연의 규칙이나 작동 원리를 잘 아는 것이 중요하다는 점을 강조하고 있다고 볼 수 있군.
② '저녁때는 다 같이 집으로 돌아온다.'라고 언급하는 것에서, 인간과 자연의 거리를 매우 가까운 것으로 생각하고 있다고 볼 수 있군.
③ '꽃가지를 꺾어 방 안에서 시들리'거나 '돌을 방구석에 옮겨 놓고 먼지를 앉혀 이끼를 말'린다고 언급하는 것에서, 다른 생명체를 함부로 다루어도 무방하다는 발상과 행동이 지닌 위험성을 고려하고 있다고 볼 수 있군.
④ '그는 분명 악취미요, 그것은 살풍경'이라고 언급하는 것에서, 자연의 질서를 따르며 조화를 이루는 것이 보다 도덕적인 인간의 행위라는 생각을 부각하고 있다고 볼 수 있군.
⑤ '인간의 행복'과 '한 마리의 참새'를 관련짓는 것에서 자연을 구성하는 모든 생물들이 서로 영향을 주고받는 관계라는 점을 전제하고 있다고 볼 수 있군.

08 극·수필

[01~03] 다음 글을 읽고 물음에 답하시오.

사람들은 이곳을 두물머리라고 부른다. 한자로 표기되면서 양수리(兩水里)가 된 것이나, 사람들은 여전히 두물머리라 일컫는다. 두물머리. 입속으로 가만히 뇌어 보면, 얼마나 정이 가는 말인지 느낄 수 있다.

그토록 오래 문서마다 양수리로 기록되어 왔어도, 두물머리는 시들지 않고 살아 우리말의 혼을 전해 준다. 끈질기고 무서운 힘이기도 하다.

두물머리를 시원스럽게 볼 수 있는 곳은, **물가가 아닌 산 중턱**이다. 가까운 운길산. 남양주 운길산에 이르는 산길에 올라 보면, 눈앞에 두물머리가 좌악 펼쳐진다. 두 물줄기 만나는 모습이 한눈에 들어온다.

[A] 교통 체증에 걸리지 않는다면 서울에서 불과 한 시간. 그래 주말은 피하고, 날씨가 고우면 오늘처럼 주중에 온다. 주위엔 볼거리가 여러 곳에 있다. 다산 선생의 유적지, 차 맛을 제대로 맛볼 수 있는 수종사, 연꽃이 볼 만한 세미원, 또 종합 영화 촬영소도 있다.

[B] 만나면 만날수록 큰 하나가 되는 것이 물이다. 두 물줄기가 만나 큰 흐름이 되는 모습을 내려다보노라면, '물이 사는 방법이 저것이로구나.' 하는 생각이 절로 든다. 만나고 만나서 줄기가 커지고 흐름이 느려지는 것. 이렇게 불어난 폭으로 바다에 이르는 흐름이 되는 것.

바다에 이르면 엄청난 힘을 지닌 승천이 가능해진다. 물의 승천이야말로 새롭게 다시 사는 실제 방법이다. 만약 큰 하나가 되지 못하고 갈라지게 되면, 지천이나 웅덩이로 빠져들어 말라 버리게 된다. 이것은 물의 실종이거나 죽음인 것이다.

[C] 두 물이 만나서 하나의 물이 되는 것을 글자로 표기할 때 '한'은 참으로 크고 넓다는 뜻을 지닌다. 두 물줄기가 서로 껴안듯 만나, 비로소 '한강'이 된다. 운길산 산길에서 내려다보면, 이 모든 것을 실감하게 된다.

한강을 발견하는 곳이 운길산이라고 말하고 싶다. 만나도 격정이 없는 다소곳한 흐름. 서로가 서로를 편안하게 받아들이는 모습은 정말 아름다운 풍광이다. 만나서 큰 하나가 되는 것이 어디 이곳의 물뿐이랴.

살펴보면 우주 만물이 거의 다 그렇다. 들꽃도 나무도 꽃술의 꽃가루로 만난다. 그리하되, 서로 만나서 하나 되는 기간이 봄 여름 가을 겨울의 네 철 안에 이루어지도록 틀 잡혀 있어 짧은 편인데, 다만 사람의 경우엔 이 계절의 틀이 무용이다. **계절의 틀을 벗어날 능력이 사람에겐** 주어져 있다.

하나가 다른 하나를 만나서 새로운 하나를 만들지 못하면, 그 끝 간 데까지 외로울 수밖에 없다. 외롭지 않을 수 없는 이치가 거기 잠재해 있다. 다른 하나를 선택하기 위한 기다림. 선택을 결정하기까지, 채워지지 아니하는 목마름이 자리 잡기에, 외로울 수밖에 없는 노릇이다. 원래 거기 자리 잡고 있는 바람은, 완성을 기다리는 바람인 것이다.

이 ㉠외로움을 견디면서 참아 내느라 스스로 생각하고 또 생각하다가 때로는 뒤를 돌아보게 된다. 여기 반성과 성찰의 기회가 오며, 명상도 따르게 마련이다. 명상은 해답을 찾는 노력의 사색이다.

해답을 얻는다 하여도, 그것은 물음표인 갈고리 모양 또 다른 물음을 이어 올리고 끌어올리기 일쑤다. 이런 과정을 통해 삶을 진지하게 짚어 보는 기회와 만난다. 곧 자기와의 만남이 가져오는 성숙인 것이다.

물은 개체(個體)라는 것을 만들지 않는다. 스스로 그것을 받아들이지 않기에, 큰 하나를 만들 수 있다. 개체를 부정하기 때문에, 새로운 하나에로의 융합이 가능하다.

개체를 허용치 않으므로 큰 하나일 수 있다는 사실, 이는 큰 하나가 되기 위한 순명일 수도 있다. 다른 목숨들이 못 따를 뜻을 물이 지니고 있음을 이렇게 안다.

[D] 사람이 그 어떤 목숨보다 길고 긴 사색을 한다지만, 물이 바다에 이르기까지 맞고 또 겪는 것에 비하면, 입을 다물어야 옳다. 흐르면서 부딪혀야 하고, 나뉘었다 다시 만나야 하고, 갇히면 기다렸다 넘어야 한다. 이러기를 얼마나 되풀이하는가. 그러면서도 **상선약수(上善若水)의 본**을 잃지 않는다.

두물머리를 내려다보며 이곳에 이르기까지 얼마나 많은 만남이 있었던가를 짐작해 본다. 수없이 거친 만남. 하나, 작은 만남은 이름을 얻지 못하고, 큰 것만 이름을 얻는다. 작은 것들이 있기에 큰 것이 있거늘, 큰 것에만 이름이 붙은 것을 어쩌랴.

[E] 산전수전 다 겪은 사람이 지닌 인품의 향기처럼, 두물머리에서부터 물은 유연한 흐름을 지닌다. 여기 비끼는 햇살이 비치니, 흐름이 반짝이기 시작한다. 두물머리는 그 어느 곳보다 아름답다. 보기에 아름다운 것보다 깊이 지니고 있는 뜻이 아름답다.

낮에는 꽃들이 앉고 밤에는 별들이 앉는 숲이 아름답다고 여겼는데, **오늘 보니 두물머리는 그 이상이**다. 조용한 물고기들 삶터에 날이 저물자, 하늘의 별이 있는 대로 다 내려와 쉼터가 된다. 만나서 깊어진 편안한 흐름. 이 흐름이 그 위의 모든 것 다 받아 안을 수 있는 넉넉한 품까지 여니, **이런 수용이 얼마나 황홀한지**, 어느 시인이 이를 다 전해 줄 수 있을까 묻고 싶다.

– 유경환, 「두물머리」

[24001-0214]

01 **[A]~[E]에 대한 설명으로 적절하지 않은 것은?**

① [A]: 구체적인 장소를 열거하여 대상의 위치와 관련된 정보를 드러내고 있다.
② [B]: 역설적 표현을 통해 대상을 바라보면서 얻은 깨달음을 드러내고 있다.
③ [C]: 자연물에 인격을 부여하여 대상에서 느끼는 조화로운 인상을 드러내고 있다.
④ [D]: 당위성을 드러내는 표현을 통해 대상이 숭고하다는 인식을 드러내고 있다.
⑤ [E]: 직유적 표현을 통해 대상이 지닌 유연한 속성을 드러내고 있다.

정답과 해설 86쪽

[24001-0215]

02 ㉠에 대한 글쓴이의 생각으로 가장 적절한 것은?

① 우주 만물이 서로 만나게 되면 ㉠이 심화된다.
② 인간은 ㉠에 대응하는 과정에서 성숙을 이룰 수 있다.
③ 인간은 자연과의 교감을 시도해야만 ㉠을 해소할 수 있다.
④ 자신을 반성하고 성찰하기 위해 하는 명상은 ㉠을 유발한다.
⑤ 물은 인간과 달리 ㉠에서 비롯된 물음의 해답을 얻고자 노력한다.

[24001-0216]

03 〈보기〉를 참고하여 윗글을 감상한 내용으로 적절하지 않은 것은?

보기

수필에서 자연물은 개성적 체험의 대상이자 사색을 이끌어 내는 매개물로 나타나기도 한다. 이 작품의 글쓴이는 자신의 여행 경험에서 접한 '두물머리'의 모습에서 순환하는 만물의 이치를 떠올리고, 이를 인간의 삶에 적용하여 생각하면서 인간이 추구해야 할 가치를 확인한다. 그리고 만물을 끌어안는 물의 형상을 보며 느끼는 감동의 깊이를 드러낸다.

① '물가가 아닌 산 중턱'은 글쓴이가 여행한 곳으로 두물머리에 대한 개성적 체험을 할 수 있게 하는 장소이군.
② '계절의 틀을 벗어날 능력이 사람에겐' 있다는 말에서 인간의 삶이 순환하는 만물의 이치에서 벗어나 있다고 여기는 글쓴이의 생각이 드러나는군.
③ '상선약수의 본'은 글쓴이가 강의 모습을 바라보며 인간이 본받아야 할 것으로 떠올린 가치를 나타내는 표현이겠군.
④ '오늘 보니 두물머리는 그 이상이'라는 말에서 글쓴이가 자연물을 매개로 사색을 한 결과 그 자연물에서 더 큰 아름다움을 느끼게 되었음을 알 수 있군.
⑤ '이런 수용이 얼마나 황홀한지'를 다 전하기 어렵다는 말에서 만물을 끌어안는 물의 형상을 보며 글쓴이가 느낀 감동의 깊이가 드러나는군.

01 갈래 복합

[01~06] 다음 글을 읽고 물음에 답하시오.

가 **벌의 줄*** **잡은 갓**을 쓰고 헌 옷 입은 저 백성이

그 무슨 정원(情願)*으로 두 손에 소지(所志)* 쥐고 공사문(公事門) 들이달아 앉는고나 동헌(東軒) 뜰에 **쥐 같은 형방 놈과 범 같은 나졸들**이 아뢰어라 한 소리에 혼비백산하여 하올 말 다 못 하니 옳은 송리(訟理) 굽어지네 [A]

아마도 평이근민(平易近民)* 하여야 **도달민정(道達民情)*** 하리라

– 신헌조

* **벌의 줄**: 벌레가 쳐 놓은 줄. 거미줄.
* **정원**: 진정한 바람.
* **소지**: 백성이 관아에 제출하는 진정서.
* **평이근민**: 평상시에 백성과 가까이 지냄.
* **도달민정**: 백성의 속사정을 잘 앎.

나 섣달에 한강이 처음 꽁꽁 얼어붙자 季冬江漢氷始壯
천 사람 만 사람이 강 위로 나와서는 千人萬人出江上
쩡쩡 도끼 휘두르며 **얼음을 깎아 내**니 丁丁斧斤亂相斲
은은한 그 소리가 용궁까지 울리누나 隱隱下侵馮夷國
깎아 낸 층층 얼음 흡사 설산과도 같아 斲出層氷似雪山
쌓인 음기 싸늘히 뼛속까지 스며드네 積陰凜凜逼人寒
아침마다 등에 지고 빙고에 저장하고 朝朝背負入凌陰
밤마다 망치 끌을 들고 강에 모이누나 夜夜椎鑿集江心
낮은 짧고 밤은 길어 밤에도 쉬지 않고 晝短夜長夜未休
강 위에서 노동요를 서로 주고받네 勞歌相應在中洲
정강이 가린 짧은 홑옷에 짚신도 없어 短衣至骭足無屝
세찬 강바람에 손가락이 떨어져 나갈 듯하네 江上嚴風欲墮指 [B]
유월이라 푹푹 찌는 여름 고당 위에서는 高堂六月盛炎蒸
미인이 ⓐ고운 손으로 맑은 얼음을 전해 주니 美人素手傳淸氷
칼로 내리쳐서 좌중에 고루 나눠 주면 鸞刀擊碎四座徧
햇살 쨍쨍한 공중으로 ⓑ하얀 눈발 흩날리네 空裏白日流素霰
온 당 안이 더운 줄 모르고 즐거워하지만 滿堂歡樂不知暑
얼음 깨는 수고로움을 그 누가 말해 주랴 誰言鑿氷此勞苦
그대는 못 보았나 **더위 먹고 길에서 죽어 가는** 백성들 君不見道傍暍死民
그들은 대부분 **강에서 얼음 캐던 사람**이라네 多是江中鑿氷人

– 김창협, 「착빙행(鑿氷行)」

다 천하가 버글거리며 온통 이끗*을 위하여 오고 이끗을 위하여 간다. 세상이 이(利)를 숭상함이 오래되었다. 그러나 이끗을 위하여 사는 사람은 반드시 이끗 때문에 죽는다. 그렇기 때문에 군자는 이를 말하지 아니하고, 소인은 이끗을 위하여 죽기까지 한다.

서울은 장인바치와 장사치들이 모이는 곳이다. 뭇 거래할 수 있는 물품은, 그 가게들이 별처럼 벌여 있고 바둑판처럼 펼쳐 있다. 남에게 손과 손가락을 파는 사람이 있고, 어깨와 등을 파는 사람도 있고, 뒷간 치는 사람도 있고, 칼을 갈아서 소 잡는 사람도 있고, 얼굴을 꾸며 몸을 파는 사람도 있으니, 세상에서 사고파는 것이 이처럼 극도에 달하고 있다.

(중략)

유광억은 영남 합천군 사람이다. 시를 대강 할 줄 알았으며 과체*를 잘한다고 남쪽 지방에 소문이 났으나, 그의 집이 가난하고 지체 또한 미천하였다. 먼 시골 풍속에 **과거 글을 팔아 생계를 삼는 자가 많**았는데, 광억 또한 그것으로 이득을 취하였다. 일찍이 영남 향시에 합격하여 장차 서울로 과거 보러 가는데, 부인들이 타는 수레로 길에서 맞이하는 사람이 있었다. 당도해 보니 붉은 문이 여러 겹이고 화려한 집이 수십 채인데, 얼굴이 희고 수염이 성긴 몇 사람이 바야흐로 종이를 펼쳐 놓고 팔 힘을 뽐내며 글을 써 보여 그 진퇴를 기다리고 있었다. 그 집 안채에 광억의 **숙소를 정해 두고 매일 다섯 번의 진수성찬을 바치**고, 주인이 서너 번씩 뵈러 와서 공경히 대하는 것이 마치 아들이 부모를 잘 봉양하듯이 하였다. 이윽고 과거를 치렀는데 주인의 아들이 과연 광억의 글로 진사에 올랐다. 이에 짐을 꾸려 보내는데, 말 한 필과 종 한 사람으로 자기 집에 돌아와 보니 이만 전을 가지고 온 사람도 있었고, 그가 빌렸던 고을의 환자는 이미 감사가 갚은 터였다.

광억의 문사는 격이 별로 높은 것이 아니고, 다만 가볍게 잔재주를 부리는 것이 장기인데, 이로써 또한 과거 글에 득의하였던 것이다. 광억은 이미 늙었는데도 더욱 나라에 소문이 났다.

경시관이 감사를 만난 자리에서 물었다.

"영남의 인재 가운데 누가 제일입니까?"

감사가 답하였다.

"유광억이라는 사람이 있습니다."

"이번에 내가 반드시 장원으로 뽑겠소."

"당신이 그렇게 골라낼 수 있을까요?"

"능히 할 수 있습니다."

마침내 서로 논란하다가 광억의 글을 알아내느냐, 못 하느냐로 **내기**를 하게 되었다. 경시관이 이윽고 과장에 올라 시제를 내는데 '영남 시월에 중구회를 여니, 남쪽과 북쪽의 기후가 같지 않음을 탄식한다.'라는 것이었다. 조금 있다가 시권 하나가 들어왔는데 그 글에,

중양절 놀이가 또한 중음달에 펼쳐지니,	重陽亦在重陰月
북쪽에서 오신 손 남쪽 데운 술 억지로 먹고 취하였네.	北客强醉南烹酒

라고 하였다. 시관이 그것을 읽고 말하였다.

"이것은 광억의 솜씨가 틀림없다."

주묵으로 비점을 마구 쳐서 이하의 등급을 매겨 장원으로 뽑았다. 또 어떤 시권이 있어 자못 작법에 합치되므로 이등으로 하였고, 또 한 시권을 얻어 삼등으로 삼았는데, 미봉을 떼어 보니 광억의 이름은 없었다. 몰래 조사해 보니 모두 광억이 남에게 돈을 받고 돈의 많고 적음으로써 선후를 차등 있게 한 것이었다. 시관은 비록 그러한 사실을 알았지만, 감사가 자신의 글 보는 안목을 믿지 않을 것으로 염려하여 광억의 공초*를 얻어 증거로 삼기 위해 합천군에 이관*하여 광억을 잡아 보내도록 하였다. 그러나 실상 옥사를 일으킬 뜻이 있었던 것은 아니다.

광억이 군수에게 잡혀 장차 압송되기 직전에 스스로 두려워하면서,

"나는 과적*이라 가더라도 역시 죽을 것이니, 가지 않는 것만 같지 못하다."라고 여겨, 밤에 친척들과 더불어 마음껏 술을 마시고 이내 몰래 강에 투신하여 죽었다. 시관은 듣고 애석해하였다. **사람들**은 그 재능을 아까워하지 않는 이가 없었지만, **군자**는 "광억이 죽어 없어지는 것이 마땅하다."라고 말하였다.

매화외사는 말한다.

세상에 **팔 수 없는 것이 없**다. 몸을 팔아 남의 종이 되는 자도 있고, 미세한 터럭과 형체 없는 꿈까지도 모두 사고팔 수 있으나 아직 그 마음을 파는 자는 있지 않았다. 아마도 모든 사물은 다 팔 수 있지만 **마음은 팔** 수가 없어서인가? 유광억과 같은 자는 또한 그 마음까지도 팔아 버린 자인가? 아! 누가 알았으랴, 천하의 파는 것 중에서 지극히 천한 매매를 글 읽은 자가 하였다는 사실을. 법전에 "주는 것과 받는 것이 죄가 같다."라고 하였다.

– 이옥, 「유광억전」

* **이끗**: 이익.
* **공초**: 죄인이 범죄 사실을 진술한 말.
* **과적**: 과거에 합격하기 위하여 옳지 못한 짓을 하는 사람.
* **과체**: 문과 과거에서 보던 문체.
* **이관**: 공문을 보내는 것.

[24001-0217]

01 **[A]와 [B]에 대한 설명으로 가장 적절한 것은?**

① [A]는 [B]와 달리 감각적 이미지를 활용하여 대상의 모습을 구체화하고 있다.
② [B]는 [A]와 달리 비유적 표현을 사용하여 대상의 성격을 드러내고 있다.
③ [B]는 [A]와 달리 시간적 배경을 제시하여 대상이 처한 상황을 강조하고 있다.
④ [A]와 [B]는 모두 대상의 발화를 인용하여 장면을 생생하게 전달하고 있다.
⑤ [A]와 [B]는 모두 유사한 의미를 지닌 단어를 나열하여 대상의 특징을 부각하고 있다.

[24001-0218]

02 ⓐ와 ⓑ의 기능에 대한 이해로 가장 적절한 것은?

① ⓐ와 ⓑ는 모두 무더위로 인한 백성들의 고통과 대비되는 상황을 부각한다.
② ⓐ와 ⓑ는 모두 현실과는 다른 이상적 세계의 몽환적인 분위기를 형성한다.
③ ⓐ는 여인의 정갈함을, ⓑ는 안개로 대변되는 불확실한 미래를 상징한다.
④ ⓐ는 맑은 얼음의 속성을, ⓑ는 대낮의 밝음을 감각적 이미지로 강조한다.
⑤ ⓐ는 생기를 잃은 백성들의 모습을, ⓑ는 유흥에 취한 관리들의 모습을 시각화한다.

[24001-0219]

03 (다)의 인물에 대한 설명으로 적절하지 않은 것은?

① 유광억은 자신이 지은 죄가 무거움을 인식하고 있었다.
② 유광억은 과체에 능해서 답안의 수준을 마음대로 조절할 수 있었다.
③ 감사는 경시관이 시제를 내기 전부터 유광억이 글을 잘 쓴다는 사실을 알고 있었다.
④ 경시관은 능력 있는 인재를 등용하기 위해 공정한 시험이 이루어져야 한다고 생각하였다.
⑤ 주인은 아들을 진사 시험에 합격시키기 위해 유광억을 부모를 모시듯 극진히 대접하였다.

[24001-0220]

04 〈보기〉를 참고하여 (다)를 이해한 내용으로 적절하지 않은 것은?

보 기

일반적인 인물전은 '인물의 내력 – 행적 – 논평'의 구성을 취한다. 「유광억전」은 이와 같은 전형적인 인물전의 구성에서 다소 변형된 형식을 취하며 몇 가지 특징을 보인다. 첫째, 인물의 내력을 먼저 기록하는 형식을 따르지 않고 있다. 둘째, 인물의 언행 및 사건의 장면을 중심으로 한 인물의 행적에 초점을 맞추어 서술하고 있다. 마지막으로 '군자'의 말을 빌려 당대의 논평을 소개하고, 이어서 '매화외사'의 말이라고 하여 작가 자신의 평결을 싣고 있다. 이때 작가는 인물을 비판하는 것에 그치지 않고, 당대 사회를 향한 비판도 함께 제시하고 있다.

① 유광억의 내력을 먼저 기술하기 전에 이끗을 추구하는 행위를 경계하는 말을 하며 내용을 시작하고 있군.
② 다른 사람의 과거 시험 답안을 대신 써 주며 자신의 이익을 챙긴 유광억의 행적을 중심으로 기술하고 있군.
③ '군자'의 말을 인용하여 돈에 따라 글의 수준에 차등을 둔 유광억의 공정하지 않은 행동을 비판하는 당대의 논평을 소개하고 있군.
④ '매화외사'의 말을 통하여 돈을 받고 마음까지도 팔아 버린 유광억을 비판하는 작가 자신의 생각을 담아내고 있군.
⑤ 주는 것과 받는 것이 죄가 같다는 법전의 내용을 제시하며 글을 파는 것뿐만 아니라 사는 것이 만연한 사회에 대해서도 비판하고 있군.

[24001-0221]

05 (가)의 화자의 관점에서 (나), (다)를 감상한 내용으로 가장 적절한 것은?

① (나)에서 한겨울 강가에 나온 ‘천 사람 만 사람’은 백성들을 혼비백산하게 만드는 주체를 의미하는 것이겠군.

② (나)에서 ‘얼음을 깎아 내’는 백성들의 목소리에 귀를 기울이는 것은 나라가 바로 설 수 있는 방법이겠군.

③ (다)에서 광억의 글을 알아내는 것을 두고 ‘내기’를 하는 모습은 평이근민의 자세를 보여 주는 것이겠군.

④ (다)에서 광억의 재능을 아까워하는 ‘사람들’은 형방과 나졸처럼 억울한 사람을 혼비백산하게 만드는 존재이겠군.

⑤ (다)에서 광억의 죽음에 대한 ‘군자’의 평은 백성이 할 말을 제대로 하지 못하게 만든 관리에 대한 책임을 묻는 것이겠군.

[24001-0222]

06 (가)~(다)를 〈보기〉의 Ⓐ, Ⓑ를 기준으로 감상한 내용으로 적절하지 <u>않은</u> 것은?

보기

문학은 부조리한 현실을 폭로하고 독자가 당위적인 현실을 지향하게 만들기도 한다. 작가가 인식한 현실의 부조리함이 문학에서 구현되고, 이를 통해 궁극적으로는 독자가 당위적 현실을 지향하게 되는 것이다. 이를 도식화하면 아래와 같이 나타낼 수 있다.

Ⓐ
작가가 인간과 현실의 부조리와 모순을 인식하고 폭로함.

→

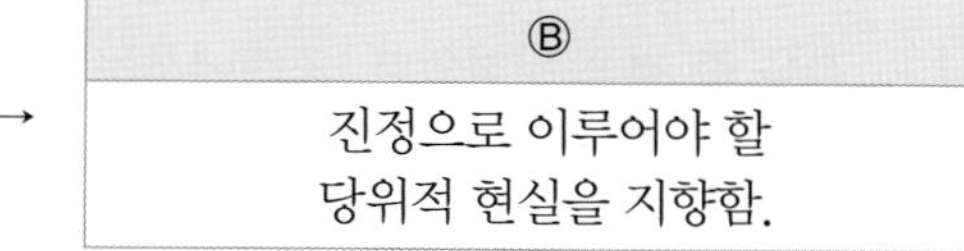

Ⓑ
진정으로 이루어야 할 당위적 현실을 지향함.

① Ⓐ: (가)의 작가는 ‘쥐 같은 형방 놈과 범 같은 나졸들’이 제대로 된 송사를 방해하는 사회의 모순을 인식하고 있군.

② Ⓐ: (나)의 작가는 ‘강에서 얼음 캐던 사람’이 정작 ‘더위 먹고 길에서 죽어 가는’ 부조리한 현실을 폭로하고 있군.

③ Ⓐ: (다)의 작가는 ‘과거 글을 팔아 생계를 삼는 자가 많’은 현실과 ‘숙소를 정해 두고 매일 다섯 번의 진수성찬을 바치’면서 글을 사려고 하는 부조리한 현실을 드러내고 있군.

④ Ⓑ: (가)의 작가는 ‘벌의 줄 잡은 갓’을 쓴 백성이 궁핍한 현실을 개선하고자 하는 노력이 뒷받침되어야 ‘도달민정’이 가능하다고 보고 있군.

⑤ Ⓑ: (다)의 작가는 ‘팔 수 없는 것이 없’는 세상이라고 할지라도 ‘마음은 팔’아서는 안 된다고 생각하고 있군.

02 갈래 복합

[01~06] 다음 글을 읽고 물음에 답하시오.

가 진창에 빠지고 흙덩이에 넘어져 다만 큰 소리로 울고	陷泥蹷塊但雷鳴
오르막이든 평지든 **무거운 짐 끌 가망은 전혀 없네**	無望高平引重行
아침엔 푸른 언덕에 누워 해그림자에 의지하고	朝臥綠坡依日晷
밤엔 배곯으며 쓸쓸한 외양간에서 날 밝기만 기다린다	夜饑空囤待天明
갈까마귀조차 등을 쪼다가 수척한 것 슬퍼하고	寒鴉啄背悲全瘠
망가진 쟁기 허리에 걸치고 밭 갈던 옛일 떠올리네	敗耒橫腰認舊耕
쓸모 다해 버려짐은 예부터 그러하니	用盡身捐終古事
다만 **실속도 없이 명성만 남음이 불쌍쿠나**	憐渠祗得下邳名

– 이광사, 「늙은 소의 탄식[老牛歎]」

나 반석평(潘碩枰)이란 자는 재상가의 노비였다. 그가 어렸을 적에 재상이 그의 순수하고 명민함을 아껴 시서(詩書)를 가르쳤는데, 여러 아들, 조카들과 더불어 같은 자리에 앉혔다. 반석평이 조금 성장하자 먼 시골의 아들 없는 사람에게 주어, 종적을 감추고 배움에 힘쓰며 주인집과는 통하지 못하게 했다.

반석평은 장성하여 **국법을 어기고 과거에 응시**했는데, 아무도 그것을 알지 못했다. 드디어 과거에 급제해 재상의 반열에 올랐는데, 겸손하고 공경하며 청렴, 근실하여 나라를 위해 충성을 다하는 신하가 되었다. 팔도의 관찰사를 역임하고 지위가 2품에 이르렀다.

주인집은 재상이 이미 죽고 그의 아들과 조카들은 모두 곤궁하고 천하게 되어, 외출할 때는 나귀도 없이 걸어서 다녔다. 반석평은 길거리에서 그들을 만날 때마다 매양 가마에서 내려 달려가 진흙탕 길에서 절을 하니, 곁에서 지켜본 사람들 대부분이 괴이하게 여겼다.

반석평은 이에 글을 올려 사실을 실토하고 자신의 관작(官爵)을 삭탈하고 **주인집의 아들과 조카들에게 관직을 줄 것을 청**하였다. 조정에서는 이를 의롭게 여기고 후하게 장려하여 국법을 파기하고 본래의 직책에 나아가기를 예전처럼 하게 하였다. 또한 그 주인집 아들에게도 관직을 주었다.

– 유몽인, 「노비 반석평」

다 정소남*이란 사람이 ㉠난초를 그리는데 반드시 그 뿌리를 흙에 묻지 아니하니 이민족에게 짓밟힌 땅에 개결(慨潔)한 몸을 더럽히지 않으려 함이란다.

붓에 먹을 찍어 종이에다 환*을 친다는 것이 무엇이 그리 대단한 노릇이리오마는 사물의 형용을 방불하게 하는 것만으로 장기(長技)로 치는 데 그치지 않고, 자연을 빌려 작가의 청고한 심경을 호소하는 한 방편으로 삼는다는 데서 비로소 환이 예술로 등장할 수 있고 예술을 위하여 일생을 바치기도 하는 것이다.

그런데 나란 사람이 일생을 거의 3분의 2나 살아온 처지에 아직까지 나 자신 환쟁인지 예술가인지까지도 구별하지 못한다는 것은 딱하고도 슬픈 내 개인 사정이거니와, 되든 안 되든 그래도 예술가답게나 살아 보다가 죽자고 내 딴엔 굳은 결심을 한 지도 이미 오래다. 되도록 물욕과 영달에서 떠나자, 한묵(翰墨)으로 유일한 벗을 삼아 일생을 담박하게 살다 가자 하는 것이 내 소원이라면 소원이라 할까.

이 오죽잖은 나한테도 아는 친구 모르는 친구한테로부터 혹시 그림 장이나 그려 달라는 부질없는 청을 받을 때가 많다. 내 변변치 못함을 모르는 내가 아닌지라 대개는 거절하고 마는 것이나, 그러나 경우에 따라서는 할 수 없이 청에 응하는 수도 있고, 또 가다가는 자진해서 도말(塗抹)해* 보내는 수도 없지 아니하니 이러한 경우에 택하는 화제(畵題)란 대개가 두어 마리의 게를 그리는 것이다.

게란 놈은 첫째, 그리기가 수월하다. 긴 양호(羊毫)에 수묵을 듬뿍 묻히고 붓끝에 초묵을 약간 찍어 두어 붓 좌우로 휘두르면 앙버티고 엎드린 꼴에 여덟 개의 긴 발과 앙증스런 두 개의 집게발이 즉각에 하얀 화면에 나타난다. 내가 그려 놓고 보아도 붓장난이란 묘미가 있는 것이로구나 하고 스스로 기뻐할 때가 많다.

그러고는 화제(畵題)를 쓴다.

滿庭寒雨滿汀秋(만정한우만정추)	뜰에 가득 차가운 비 내려 물가에 온통 가을인데
得地縱橫任自由(득지종횡임자유)	제 땅 얻어 종횡으로 마음껏 다니누나.
公子無腸眞可羨(공자무장진가선)	창자 없는 게가 참으로 부럽도다.
平生不識斷腸愁(평생불식단장수)	한평생 창자 끊는 시름을 모른다네.

역대로 게를 두고 지은 시가 이뿐이랴만 내가 쓰는 화제는 십중팔구 윤우당의 작이라는 이 시구를 인용하는 것이 항례(恒例)다.

왕세정의 "橫行能幾何(횡행능기하) 終當墮人口(종당타인구) 마음껏 횡행하기를 얼마나 하겠는가. 결국에는 사람 입에 떨어질 신세인 것을" 하는 대문도 묘하기는 하나 무장공자(無腸公子)로서 단장(斷腸)의 비애를 모른다는 대문이 더 내 심금을 울리기 때문이다.

이 비애의 주인공은 실로 나 자신이 아닌가. 단장의 비애를 모르는 놈, **약고 영리하게 처세할 줄 모**르는 눈치 없는 미물! 아니 나 자신만이 아니라 우리 민족 중에는 이러한 인사가 너무나 많지 않은가.

맑은 동해 변 바위틈에서 미끼를 실에 매어 달고 이 해공(蟹公)을 낚아 본 사람은 대개 짐작하리라. 처음에는 제법 영리한 듯한 놈도 내다본 체 않다가 콩알만큼씩 한 새끼 놈들이 먼저 덤비고 그 곁두리를 보아 가면서 차츰차츰 큰 놈들이 한꺼번에 몰려나와 미끼를 뺏느라고 수십 마리가 한 덩어리가 되어 동족상쟁을 하는 바람에 그때 실을 번쩍 치켜올리면 모조리 잡혀서 어부의 이(利)가 되게 하고 마는 것이다.

어리석고 눈치 없고 꼴에 서로 싸우기 잘하는 놈!

귀엽게 보면 재미나고, 어리석게 보면 무척 동정이 가고, 밉살스레 보면 가증하기 짝이 없는 놈!

㉡게는 확실히 좋은 화제다. 내가 즐겨 보내고 싶은 친구에게도 좋은 화제가 되거니와 또 뻔뻔스럽고 염치없는 친구에게도 그려 보낼 수 있는 확실히 좋은 화제다.

– 김용준, 「게」

＊정소남: 송나라 때의 사람으로 조국이 몽고족에 의해 망하자 망국의 한을 품고 은거하며 난을 그렸다고 함.
＊환: 아무렇게나 마구 그리는 그림.
＊도말해: 이리저리 임시변통으로 발라맞추거나 꾸며 대어.

[24001-0223]

01 **(가)의 시상 전개에 대한 설명으로 가장 적절한 것은?**

① 제1, 2행에는 소가 그 가치에 비해 천대받는 현실에 대한 비판 의식이 깔려 있다.
② 제3, 4행에는 소가 누리는 평온한 안식을 이상적인 것으로 여기는 인식이 드러나고 있다.
③ 제5, 6행에는 과거와 달리 늙고 수척해진 소의 모습에 대한 연민이 나타나고 있다.
④ 제7, 8행에는 화자가 소와 맺고 있는 인연이 파탄 나는 데서 비롯된 애틋함이 드러나고 있다.
⑤ 제2행과 제6행에는 소가 젊었던 시절에 감당했던 노동을 고마워하는 마음이 나타나고 있다.

[24001-0224]

02 **(나)를 읽어 가는 과정에서 생긴 질문에 대한 답으로 적절하지 않은 것은?**

	질문	답
①	재상은 시골의 아들 없는 사람에게 반석평을 주면서 왜 주인집과 통하지 못하게 했을까?	반석평이 노비 신분임이 드러날까 염려해서였을 거야.
②	재상은 왜 반석평을 줄 사람으로 하필 아들 없는 사람을 선택했을까?	아들이 없는 사람이어서 반석평을 아들로 받아들이기 쉽다고 생각해서였을 거야.
③	반석평은 법적으로 노비들에게 금지된 과거에 어떻게 응시할 수 있었을까?	아들 없는 사람이 반석평을 가족으로 받아들이면서 노비 신분을 숨길 수 있었기 때문일 거야.
④	반석평은 높은 벼슬에 있으면서도 왜 굳이 재상의 몰락한 자손들에게 예의를 갖추었을까?	원래 주인이었던 재상에게 입은 은혜를 표하기 위해서였을 거야.
⑤	조정에서는 왜 재상의 아들에게 관직을 내렸을까?	재상의 아들이 그 아버지의 능력을 그대로 타고난 것을 감지했기 때문일 거야.

[24001-0225]

03 **(나)와 관련하여 〈보기〉에 제시된 선생님의 질문에 학생이 답을 할 때, 빈칸에 들어갈 내용으로 가장 적절한 것은?**

보기

선생님: 문학 작품의 주제 의식은 작가의 질문에서 비롯된다고도 할 수 있어요. 작가는 작품을 통해 인간의 삶과 세계의 질서에 대해 질문을 던지고 그에 대한 독자의 반응을 기다립니다. 그것은 궁극적으로 독자가 작품에서 읽어 낼 주제로 나타납니다. 독자는 물론 자신의 관심에 따라 다른 주제를 읽어 낼 수 있어요. 그렇다면 제도나 규범 등 사회적 맥락에 주목할 경우 작가는 「노비 반석평」을 통해 어떤 질문을 던졌을까요?

학생: 저는 "[　　　　　　　]"라는 질문이라고 생각합니다.

① 법은 왜 집행 주체에 따라 달리 해석되고 적용되는가?
② 인재를 등용할 때 무엇을 가치 있는 기준으로 삼을 것인가?
③ 선대에 저질렀던 잘못은 그 자손들이 반드시 책임져야 하는가?
④ 법은 왜 개인의 사리사욕으로 인한 사회적 피해를 예방할 수 없는가?
⑤ 이타적인 행동이 그릇된 결과를 낳았을 때 그 책임은 누가 져야 하는가?

[24001-0226]

04 **글의 맥락에 비추어 볼 때, (다)의 ㉠에 대한 글쓴이의 평가로 가장 적절한 것은?**

① 난초의 형상을 실재하는 그대로 묘사하여 생생하게 보여 주고 있군.
② 난초의 형상을 왜곡하여 인간 보편의 생존 경쟁을 상징화하고 있군.
③ 난초의 형상을 실제와 달리 그려 작가의 현실 인식을 드러내고 있군.
④ 난초 뿌리의 형상을 미화하여 그 아름다움을 과장하여 보여 주고 있군.
⑤ 잎보다 뿌리에 더 큰 가치를 부여하여 난초에 대한 통념을 전복하고 있군.

[24001-0227]

05 **(다)의 ㉡의 이유에 대한 추론으로 가장 적절한 것은?**

① '나'의 심경을 다양한 의미로 드러내기에 적절한 자연물이기 때문이다.
② 우리 민족이 겪은 역사적 애환을 사실적으로 드러낼 수 있기 때문이다.
③ 해변에서 낚시하면서 '나'가 세사를 잊도록 하는 데 제격이기 때문이다.
④ 누구나 단장의 비애를 피하려 한다는 삶의 이치를 잘 드러내기 때문이다.
⑤ 그림을 받는 이를 비웃고자 하는 의도를 드러내어 전하기에 적절하기 때문이다.

정답과 해설 91쪽

[24001-0228]

06 **<보기>를 바탕으로 (가)~(다)를 감상한 내용으로 적절하지 않은 것은?**

보기

사회적 약자는 신분과 같은 선천적 요인에 의해 규정되기도 하지만, 일시적 혹은 장기적으로 사회적 주류와 거리를 둔 상층 지식인 또한 스스로를 사회적 약자로 인식할 수 있다. 사회적 약자들은 사회적 주류에 대해 소외감이나 위화감을 느끼곤 하는데, 이에 대해 여러 가지 방법으로 대응한다. (가)에서는 독특한 서체로 한때 이름을 날렸으나 당쟁의 여파로 벼슬길에 나아가지도 못한 채 역모 사건에 연루되어 유배를 당한 상태에서 노후를 보내고 있는 작가의 회한이 나타난다. (나)에서는 남다른 능력을 가진 한 사회적 약자가 자신의 삶을 꾸려 가는 방식이, (다)에서는 혼란스러운 해방 전후 정국의 중심에 있던 주요 세력들과 다소 거리를 둔 채 살았던 지식인의 처세관이 드러나고 있다.

① (가)에서 화자가 '무거운 짐 끌 가망은 전혀 없네'라고 한 것은, 벼슬을 맡을 기회도 박탈당한 채 늙어 간 작가가 자신을 사회적 약자로 인식하여 늙은 소에 빗댄 것이겠군.
② (가)에서 화자가 '실속도 없이 명성만 남음이 불쌍쿠나'라고 한 것은, 젊어서 명성을 얻었으나 역모에 연루되면서 사회적 주류로부터 소외된 작가가 사회적 약자로서의 회한을 드러낸 것이겠군.
③ (나)에서 반석평이 '국법을 어기고 과거에 응시'한 것은, 사회적 약자로서 느끼는 위화감에 대응하는 한 방법으로서 자신의 능력을 사회적으로 확인받는 길을 선택한 결과이겠군.
④ (나)에서 반석평이 '주인집의 아들과 조카들에게 관직을 줄 것을 청'한 것은, 사회적 약자의 위치에서 벗어나 충신이 된 입장에서 사회적 약자들을 구제하겠다는 의지를 표현한 것이겠군.
⑤ (다)에서 글쓴이가 '약고 영리하게 처세할 줄 모'른다고 한 게에 자신을 투사한 것은, 게와 마찬가지로 약고 영리하게 처세할 줄을 모른 채 사회적 약자의 위치에 가 있다는 자조적 태도에서 비롯되었겠군.

03 갈래 복합

[01~06] 다음 글을 읽고 물음에 답하시오.

가 이바 아이들아 내 말 들어 배워스라
어버이 효도하고 어른을 공경하여
일생에 효제를 닦아 **어진 이름 얻**어라 〈제1수〉

남의 말 하지 말고 **내 몸을 살**펴보아
허물을 고치고 어진 데 나아가라
내 몸에 온갖 흉 있으면 ㉠남의 말을 하리요 〈제2수〉

사람이 되어서 착한 길로 다녀스라
언충신 행독경(言忠信行篤敬)*을 마음속에 잊지 마라
㉡내 몸이 착하지 않으면 마을 안인들 다니랴 〈제3수〉

남과 싸우지 마라 싸움이 해 많으니라
크면 관가 소송이요 적으면 수치스런 욕이니라
무슨 일로 내 몸을 그릇 다녀 부모 욕을 먹이리 〈제5수〉

그른 일 몰라 하되 뉘우치면 다시 마라
알고도 또 하면 끝끝내 그르리라
진실로 허물을 고치면 어진 사람 되리라 〈제6수〉

욕심이 난다고 몹쓸 일을 하지 마라
나는 잊어도 남이 ㉢내 모습 보느니라
한번 악명을 얻으면 어느 물로 씻으리 〈제8수〉

일찍 일어나 세수하고 부모께 문안하고
좌우에 모여 있어 공경하여 섬기되
여가에 **글 배워 읽어 못 미칠 듯하여**라 〈제9수〉

– 김상용, 「훈계자손가」

* **언충신 행독경**: 말은 미덥게 하고 행동은 공손하게 함.

나 **[앞부분 줄거리]** 송나라 때 예부 상서 유담은 딸 혜란을 친구 범질의 아들 경문과 정혼시킨다. 그러던 어느 날 범질이 죽고, 유담도 죽게 되는데, 혼약을 지키라는 당부의 말을 남긴다. 그런데 부마 여 씨(呂氏)가 황제에게까지 청원하여 자기 딸 교란(嬌蘭)을 경문과 혼인시키려 한다.

부마가 범 공자의 금옥같이 빼어난 문장과 용모를 듣고 매파를 보내어 **구혼하다가 물리침을 당하고** 또 소저가 처음 범생의 아름다운 소식을 듣고 매우 흠모하더니 매파가 돌아와 범가의 소식을 낱낱이 전하니 마음속에 번뇌함을 마지아니하더라.

공주가 딸의 그러한 거동을 보시고 마음속으로 딱하고 안타깝게 여겨 예의에서 금하는 것을 어기고 황제께 조회할 때 정사가 한가한 틈을 타 말씀드리기를,

"신이 아들이 없고 다만 늦게야 천한 딸아이를 하나 두었는데 그 아이의 나이가 바야흐로 비녀를 꽂아 시집을 갈 나이가 되었습니다. 노국공 범질에게 아들이 있다는 말을 듣고 구혼했더니 저쪽에서 말하기를 범질이 생시에 정혼한 곳이 있다고 하며 허락하지 아니합니다. 만일 황상께서 권고하지 않으시면 일이 진실로 이루어지지 못할 것 같습니다. 엎드려 바라건대 폐하께서는 이 뜻을 살피셔서 소녀로 하여금 태평성대에 원한을 품은 여자가 되지 않게 하신다면 신의 모녀는 하늘 같은 폐하의 성덕을 뼈에 새겨 저승에 가더라도 그 은혜를 가히 잊지 못할 것입니다."

황제가 말없이 한참 동안 생각에 잠겼다가 말씀하시되,

"임금과 부모는 한가지다. 범질이 생시에 정하였을 것 같으면 어찌 **임금의 명령으로써 아버지의 명령을 어그러지게 할 수 있겠**는가?"

공주가 거듭 빌기를 간절하게 하니 황제가 어쩔 수 없어 허락하시더라.

공주가 매우 기뻐하며 집에 돌아와 이 말을 이르니 소저가 입으로 말하지는 아니하나 기쁜 빛이 얼굴에 가득하더라.

황제가 다음 날 조회를 받으실 때 모든 신하들이 예의를 갖추기를 마칠 때까지 기다렸다가 말씀하시기를,

"지금 부마도위 여방이 하나의 딸을 두었는데 금지옥엽이요 덕과 재주를 겸하였다. 젊은 남자를 얻어 그 짝을 이루고자 한다. 승상과 간의대부는 각각 한 명의 남자아이를 들은 대로 아뢰어라. 짐이 마땅히 친히 중매가 되리라."

이날 조정의 대신들이 비록 자식을 둔 자가 있으나 어찌 감히 임금의 뜻을 감당하겠는가? 조정의 모든 관리들이 함께 말씀드리기를,

"비록 천한 자식을 둔 사람이 있으나 재주와 용모가 충분하다고 일컬을 사람이 없고 이제 간의대부 범경완의 한 아우가 있으니 아름답고 잘생긴 외모와 소년의 문장이 당대에 제일인가 합니다. 폐하께서 부마의 집을 위하여 사위를 구할 것 같으면 이 사람이 거의 폐하의 찾음에 합당할까 합니다."

황제가 매우 기뻐서 말씀하시기를,

"부마는 짐이 매우 소중하게 여기는 사람이다. 이제 딸을 위하여 사위를 선택함에 그 아들 범생이 또 이렇게 뛰어나니 어찌 하늘의 뜻이 아니겠는가? 사천감으로 하여금 빨리 날짜를 가려서 혼인을 이루게 하라."

경완이 머리를 조아리며 빌어서 말하기를,

"신의 아우는 재질이 용렬하고 학문이 부족하니 이미 폐하가 구하시는 것에 미치지 못하고 또 신의 아비가 생시에 고승상 유담으로 더불어 정혼한 지 오래되었습니다. 폐하의 명령이 비록 엄하시나 이제 돌아가신 부친의 약속을 저버리는 것은 인간의 자식으로서는 차마 하지 못할 것입니다. 신이 감히 폐하의 명령을 따르지 못하오니 어진 군자를 다시 찾아보시고 신의 아우를 물리쳐 사사로운 정을 펴게 하소서."

황제가 말씀하시되,

"㉣경의 말과 같다면 먼저 여 씨를 아내로 맞고 과거에 급제한 후에 다시 유 씨를 맞는 것이 마땅하다."

경완이 다시 아뢰되,

"신의 아우는 **재주와 학문이 얕고 짧아**서 만일 등용문에 오르지 못할 것 같으면 돌아가신 아버지의 남긴 말씀을 헛되게 할 것입니다. 어찌 한평생의 한이 되지 않겠습니까?"

황제가 말씀하시되,

"경의 아우는 뛰어난 재주가 있는데 어찌 과거에 급제하지 못할까 근심하겠는가? ㉤짐의 뜻은 이미 결정되었으니 다시 물리쳐서 내치지 말라."

경완이 능히 마지못하여 황제의 은혜에 감사를 드리고 집에 돌아와 태 부인께 말씀드리니 부인과 공자가 놀라움을 이기지 못하여 서로 돌아보며 말이 없고 이 소식을 모두 유가에 알리니 유가의 정 부인이 쓸쓸하게 얼굴빛을 바꾸고 눈썹을 찡그리며 소저를 돌아보아 말하기를,

"저가 이미 황제의 명령을 받들어 여 씨를 취하여야 되는데 여 씨가 만일 사람 된 바탕과 타고난 성품이 인자하다면 너의 화목하고 숙성되며 너그럽고 어진 마음씨로 자매의 정을 맺어 함께 군자를 받드는 것이 어찌 아름답지 않겠는가마는 다만 여 씨가 황실의 친척으로서 황상이 중매하였음을 자랑스럽게 여겨 의기양양한 가운데 현명한 사람을 시기하여 상대방을 재해에 빠지게 한다면 어찌 너의 일생이 가련할 뿐이겠는가? 반드시 범생의 총명을 가리고 황제의 은혜로운 조치를 욕되게 할 것이다. 걱정이 이런 것에 미치니 어찌 한심하지 않겠는가?"

소저가 즐겁고 기쁜 말씀으로 나직하게 말씀드리기를,

"이것은 모두 팔자에 있는 앞날의 운수입니다. 사람의 힘으로 어찌할 수 있는 것이 아닙니다. 여 씨는 금지옥엽으로 **좋은 가문에서 생장하였**으니 몸가짐과 어른 섬기는 법도가 반드시 저보다 뛰어날 것입니다. 어머니께서는 어찌 저의 마음속을 먼저 알아서 지나치게 허물을 말씀하시는 것이 옳겠습니까? 쓸데없는 걱정으로 귀하신 **몸을 상하게 하**지 마소서," / 하더라.

범씨 집안에서 혼례일이 다다름에 여 씨를 맞을 때 빛난 위의와 풍성한 추종들이 십 리에 이어져 있으니 보는 자가 공경하여 부러워하지 아니할 사람이 없더라. 다만 태 부인이 홀로 기쁜 마음이 사라져 삭막하고 비록 밖으로 손님들의 축하를 받으나 얼굴에는 근심을 띠시니 어찌 황제의 은혜가 도리어 좋은 일에 방해가 되지 않겠는가?

– 이정작, 「옥린몽(玉麟夢)」

[24001-0229]

01 **(가)에 대한 설명으로 적절하지 않은 것은?**

① 〈제1수〉에서는 청자를 설정하고 명령하는 방식을 사용하여 교훈의 대상과 그 내용을 분명히 제시하고 있다.
② 〈제2수〉와 〈제5수〉에서는 특정 행위가 가져다줄 수 있는 이점과 해악을 대조하여 행위의 실천을 강조하고 있다.
③ 〈제3수〉와 〈제6수〉에서는 화자의 바람에 반하는 상황의 발생을 가정하여 부정적인 행위에 대해 경계하고 있다.
④ 〈제8수〉에서는 특정 행위를 하는 것이 돌이킬 수 없는 결과를 가져온다는 것을 비유적인 표현으로 환기하고 있다.
⑤ 〈제9수〉에서는 〈제1수〉와 유사한 내용을 공유하되 청자가 일상생활 속에서 해야 할 일들을 구체적으로 나열하고 있다.

[24001-0230]

02 **(나)에 대한 설명으로 가장 적절한 것은?**

① 인물의 표정에 대한 묘사를 통해 해당 인물의 심리를 드러내고 있다.
② 자연물의 특성을 활용하여 인물들의 친소 관계를 비유적으로 나타내고 있다.
③ 다른 장소에서 동시에 벌어지고 있는 사건들을 병치하여 입체적으로 제시하고 있다.
④ 공간의 이동에 따른 배경 묘사를 통해 갈등 진행의 상황을 상징적으로 드러내고 있다.
⑤ 과거에 일어난 사건의 장면을 반복적으로 제시하여 사건 해결의 단서를 제공하고 있다.

[24001-0231]

03 **(나)의 인물에 대한 이해로 적절하지 않은 것은?**

① 공주는 황제의 권력에 의지하면 원하는 것을 이룰 수 있다고 생각한다.
② 경완은 가문의 명예를 드높일 목적으로 아우와 여 씨의 혼례를 추진한다.
③ 황제는 범생이 과거 시험을 통과할 만한 학문적 재능을 갖추었다고 추측한다.
④ 유가의 정 부인은 딸이 혼인 후 여 씨의 질투로 인해 고초를 겪을 수 있음을 우려한다.
⑤ 유 씨는 자신보다 먼저 여 씨가 범생의 부인이 되는 것을 운명으로 간주하고 수용한다.

[24001-0232]

04 ㉠~㉤에 대해 이해한 내용으로 가장 적절한 것은?

① ㉠: 화자가 청자에게 전달하려는, 타인이 한 말을 가리켜 이른 것이다.
② ㉡: 화자가 현재 자신의 몸가짐과 마음가짐을 가리켜 청자에게 이른 것이다.
③ ㉢: 청자의 언행이 타인의 평가를 받을 수 있는 상황에 놓여 있음을 이른 것이다.
④ ㉣: 발화자가 자신의 뜻과 일치를 보인다고 생각하는, 상대방의 말을 가리켜 이른 것이다.
⑤ ㉤: 발화자가 상대방의 걱정에 대해 공감의 뜻을 내보이며 상대방을 격려하려는 마음을 이른 것이다.

[24001-0233]

05 <보기>를 바탕으로 (나)를 감상한 내용으로 적절하지 않은 것은?

보기

「옥린몽」은 중국 송나라를 배경으로 사대부 가문의 남녀가 겪는 고난과 그 극복, 남성 인물의 입신출세에 대한 이야기가 주를 이루는 사대부 중심의 문학이다. 작가는 사대부를 다른 어떤 계층보다 고귀하게 그려 내는데, 이는 작품 속에서 배타적 신분 의식으로 나타나 사대부들은 하층 인물들보다 신분적으로 우월하며, 황족들보다는 도덕적으로 우월하게 형상화된다. 따라서 사대부 가문과 황실 사이에 신분의 차이에 따른 상하 명분이 존재함을 인정하면서도 일부 황족을 도덕적 결함을 가진 인물로 그려 낸 것은 황족에 대한 사대부의 부정적 인식이 반영된 결과로 해석할 수 있다. 한편, 사대부끼리 혼인 관계를 맺는 것을 크게 부각하였는데 이 과정에서 사대부 인물에 엄격한 자기 검열을 실시하여 학문적 교양이나 글재주 등과 같은 사대부에 걸맞은 자질을 갖추어야 함을 강조함으로써 그 정체성을 분명히 하였다.

① 범생과 유 씨가 부모들이 약속한 정혼을 실행에 옮기지 못한 데에서 사대부 가문의 남녀가 혼인을 맺는 과정에서 겪는 고난이 나타나고 있음을 확인할 수 있군.
② 공주가 딸을 위해 예의에서 금하는 것을 어기면서 황상의 개입을 청원하는 데에서 일부 황족이 도덕적 결함을 가진 존재로 그려지고 있음을 확인할 수 있군.
③ 조정의 관리들이 황제에게 범생의 출중한 문장 능력에 대해 칭찬한 데에서 범생이 사대부로서 갖추어야 할 자질을 지닌 인물로 묘사되고 있음을 확인할 수 있군.
④ 황제가 제안한 혼례를 경완이 사양하는 데에서 사대부들이 신분의 상하에 따른 명분을 엄격하게 지키기 위해 황실과의 혼례를 거부하는 모습을 확인할 수 있군.
⑤ 태 부인이 혼례일에 여 씨를 맞으며 황제의 은혜가 도리어 방해가 된 상황으로 인해 근심하는 데에서 황족에 대한 사대부의 부정적 인식이 나타나고 있음을 확인할 수 있군.

정답과 해설 94쪽

[24001-0234]

06 〈보기〉를 참고하여, (가)에서 제시한 윤리적 기준에 따라 (나)의 인물들을 이해한 내용으로 적절하지 않은 것은?

보기

조선 사회는 유교 이념을 사상적 기반으로 삼아 국가 통치 질서를 확립하였는데, 이러한 유교적 세계관은 문학 작품에도 반영되어 나타난다. 시가 장르에 속하는 (가)의 경우 유교적 윤리 규범의 근본이라 할 수 있는 부모에 대한 효도를 중심으로 하여 어질게 살면서 선행을 실천할 수 있는 여러 가지 방법을 제시하고 있다. 그리고 서사 장르에 속하는 (나)의 경우 인물들이 유교적 윤리 규범을 준수하는지 그렇지 않은지에 따라 인물의 선행 실천 여부가 드러나는데, 선인이 선을 행하는 모습을 통해 유교 이념을 강조하고 있다.

① (나)에서 다른 사람과 정혼한 사람에게 '구혼하다가 물리침을 당하고'도 계속해서 그 사람을 사위로 맞으려고 수를 쓰는 공주는, (가)의 기준에서 볼 때 '욕심이 난다고 몹쓸 일을' 하였으므로 선이 아닌 것을 행한 것으로 볼 수 있군.

② (나)에서 '임금의 명령으로써 아버지의 명령을 어그러지게 할 수 있겠'냐고 말하면서도 공주가 청한 중매를 추진한 황제는, (가)의 기준에서 볼 때 '그른 일'을 '알고도' 감행했으므로 선이 아닌 것을 행한 것으로 볼 수 있군.

③ (나)에서 아우가 '재주와 학문이 얕고 짧아' 과거 준비에 더욱 매진해야 아버지의 유언을 지킬 수 있다고 생각한 경완은, (가)의 기준에서 볼 때 아우에게 '글 배워 읽어 못 미칠 듯하여' 효를 실천하는 선행을 하게 하려는 것으로 볼 수 있군.

④ (나)에서 여 씨가 '좋은 가문에서 생장하였'다는 점을 근거로 하여 그 성품의 수준을 가늠해서 말하는 유 씨는, (가)의 기준에서 볼 때 '내 몸을 살'피지는 않으면서 '남의 말 하'였으므로 선이 아닌 것을 행한 것으로 볼 수 있군.

⑤ (나)에서 어머니가 딸의 처지에 대한 걱정으로 '몸을 상하게 하'는 일을 막기 위해 어머니를 안심시키려고 노력하는 유 씨는, (가)의 기준에서 볼 때 '어버이 효도'함으로써 '어진 이름 얻'을 만한 선행을 실천한 것으로 볼 수 있군.

04 갈래 복합

[01~06] 다음 글을 읽고 물음에 답하시오.

가 관서 명승지에 왕명(王命)으로 보내심에
행장을 꾸리니 칼 하나뿐이로다
연조문 내달아 모화 고개 넘어드니
임지로 가고픈 마음에 고향을 생각하랴 [A]
벽제에 말 갈아 임진에 배 건너 천수원 돌아드니
개성은 망국이라 만월대도 보기 싫다
황주는 전쟁터라 가시덤불 우거졌도다
석양이 지거늘 채찍으로 재촉해 구현원 넘어드니
생양관 기슭에 버들까지 푸르다
재송정 돌아들어 **대동강** 바라보니
십 리의 물빛과 안개 속 버들가지는 위아래에 엉기었다
춘풍이 야단스러워 화선(畫船)을 비껴 보니
녹의홍상 비껴 앉아 가냘픈 손으로 거문고 짚으며
㉠붉은 입술과 흰 이로 채련곡을 부르니
신선이 연잎 배 타고 옥빛 강으로 내려오는 듯
슬프다, 나랏일 신경 쓰이지만 풍경에 어찌하리
연광정 돌아들어 부벽루에 올라가니
㉡능라도 꽃다운 풀과 금수산(錦繡山) 안개 속 꽃은 봄빛을 자랑한다
천 년 평양(平壤)의 태평 문물은 어제인 듯하다마는
풍월루에 꿈 깨어 칠성문 돌아드니
단출한 무관 차림에 객수(客愁) 어떠하냐
누대도 많고 강과 산도 많건마는
백상루에 올라앉아 청천강 바라보니
세 갈래 물줄기는 장하기도 끝이 없다
하물며 결승정 내려와 **철옹성** 돌아드니
구름에 닿은 성곽은 백 리에 벌여 있고
여러 겹 산등성이는 사면에 뻗어 있네
사방의 군사 **진영**과 웅장한 경관이 팔도에 으뜸이로다
동산에 배꽃 피고 진달래꽃 못다 진 때
진영에 일이 없어 산수를 보려고
약산동대(藥山東臺)에 술을 싣고 올라가니
ⓐ눈 아래 구름 낀 하늘이 끝이 없구나

백두산 내린 물이 향로봉 감돌아
천리를 비껴 흘러 대(臺) 앞으로 지나가니
굽이굽이 늙은 용이 꼬리 치며 바다로 흐르는 듯
형승(形勝)도 끝이 없다, 풍경인들 아니 보랴

– 백광홍, 「관서별곡」

나 자꾸 깊은 산속으로만 들어가기에, 어느 세월에 이 골[谷]을 다시 헤어나 볼까 두렵다. 이대로 친지와 처자를 버리고 중이 되는 수밖에 없나 보다고 생각하며 고개를 돌이키니, 몸은 어느새 구름을 타고 두리둥실 솟았는지, 군소봉(群小峯)이 발밑에 절하여 아뢰는 비로봉 중허리에 나는 서 있었다. 여기서부터 날씨는 급격히 변화되어, 이 골짝 저 골짝에 안개가 자욱하고 음산한 구름장이 산허리에 감기더니, 은제(銀梯) 금제(金梯)에 다다랐을 때 기어코 비가 내렸다. 젖빛 같은 연무(煙霧)가 짙어서 지척을 분별할 수 없다. 우장 없이 떠난 몸이기에 그냥 비를 맞으며 올라가노라니까 돌연 일진광풍이 어디서 불어왔는가, 휙 소리를 내며 운무를 몰아가자, 은하수같이 정다운 은제와 주홍 주단(綢緞) 폭같이 늘어놓은 **붉은 진달래 단풍**이 몰려가는 연무 사이로 나타나 보인다. ⓒ은제와 단풍은 마치 이랑이랑으로 엇바꾸어 가며 짜 놓은 비단결같이 봉에서 골짜기로 퍼덕이며 흘러내리는 듯하다. 진달래는 꽃보다 단풍이 배승(倍勝)함을 이제야 깨달았다.

오를수록 우세(雨勢)는 맹렬했으나, 광풍이 안개를 헤칠 때마다 농무(濃霧) 속에서 홀현홀몰(忽顯忽沒)하는 영봉을 영송하는 것도 가히 장관이었다.

산마루가 가까울수록 비는 폭주로 내리붓는다. 일만 이천 봉을 단박에 창해(滄海)로 변해 버리는 것일까? 우리는 갈데없이 물에 빠진 쥐 모양을 해 가지고 비로봉 절정에 있는 찻집으로 찾아드니, 유리창 너머로 내다보고 섰던 동자가 문을 열어 우리를 영접하였고, 벌겋게 타오른 장독 같은 난로를 에워싸고 둘러앉았던 선착객들이 자리를 사양해 준다. 인정이 다사롭기 온실 같은데, 밖에서는 몰아치는 빗발이 어느덧 우박으로 변해서, 창을 때리고 문을 뒤흔들고 금시로 천지가 뒤집히는 듯하다. ㉣용호(龍虎)가 싸우는 것일까? 산신령이 대로하신 것일까? 경천동지(驚天動地)도 유만부동이지 이렇게 만상(萬象)을 뒤집을 법이 어디 있으랴고, 간장을 죄는 몇 분이 지나자, 날씨는 삽시간에 잠든 양같이 온순해진다. 변환도 이만하면 극치에 달한 듯싶다.

비로봉 최고점이라는 암상(岩床)에 올라 사방을 조망했으나, 보이는 것은 그저 ⓑ뭉게이는 운해(雲海)뿐 — 운해는 태평양보다도 깊으리라 싶다. 내 · 외 · 해 삼금강을 일망지하(一望之下)에 굽어 살필 수 있다는 일지점에서 허무한 운해밖에 볼 수 없는 것이 가석(可惜)하나, 돌이켜 생각건대 해발 6천 척에 다시 신장(身長) 5척을 가하고 오연히 저립해서 만학천봉을 발밑에 꿇어 엎드리게 하였으면 그만이지 더 바랄 것이 무엇이랴. 마음은 천군만마에 군림하는 쾌승장군(快勝將軍)보다도 교만해진다.

비로봉 동쪽은 아낙네의 살결보다도 흰 자작나무의 수해(樹海)였다. 설 자리를 삼가 구중심처가 아니면 살지 않는 자작나무는 무슨 수중(樹中) 공주이던가? 길이 저물어 지친 다리를 끌며 찾아든 곳이 애화(哀話) 맺혀 있는 용마석(龍馬石) — **마의 태자의 무덤**이 황혼에 고독했다. 능(陵)이라기에는 너무 초라한 무덤 — 철책도 상석도 없고, 풍림(風霖)에 시달려 비문조차 읽을 수 없는 화강암 비석이 오히려 처량하다.

무덤가 비에 젖은 두어 평 잔디밭 테두리에는 잡초가 우거지고, 창명히 저무는 서녘 하늘에 화석된 태자의 애기(愛騎) 용마의 고영(孤影)이 슬프다. ⓜ무심히 떠도는 구름도 여기서는 잠시 머무는 듯, 소복한 백화(白樺)는 한결같이 슬프게 서 있고 눈물 머금은 초저녁 달이 중천에 서럽다.

– 정비석, 「산정무한」

[24001-0235]

01 **(가)와 (나)의 공통점으로 가장 적절한 것은?**

① 자신이 마주하는 자연을 순행적으로 제시하며 자연에 대한 우호적 태도를 드러내고 있다.
② 인간의 삶과 자연의 이치를 연결 지어 삶의 목표에 대한 인식이 전환된 이유를 밝히고 있다.
③ 과거의 자연과 현재의 자연의 모습을 비교하여 자연의 변화가 의미하는 바를 제시하고 있다.
④ 정적인 자연의 속성과 동적인 인간의 속성을 대비하여 인간이 지향해야 할 가치를 부각하고 있다.
⑤ 자연의 모습을 다른 대상에 빗대어 나타내며 인간과 자연이 서로에게 미친 영향을 강조하고 있다.

[24001-0236]

02 **(가)의 [A]와 〈보기〉의 [B]를 비교한 내용으로 적절하지 않은 것은?**

보기

「관서별곡」은 우리나라 기행 가사의 효시로서, 정철의 「관동별곡」에 직접적인 영향을 준 것으로 알려져 있다. 정철의 「관동별곡」에는 작가가 강원도 관찰사로 부임하는 과정과 그 과정에서 마주한 자연의 모습, 그리고 위정자로서의 포부 등이 드러나 있는데, 「관서별곡」과 비교해 보면 표현 기법이 유사한 구절이 많다는 점을 알 수 있다. 「관동별곡」이 「관서별곡」의 영향을 받았다는 점은 아래의 [B] 「관동별곡」의 도입부를 통해서도 확인할 수 있다.

강호에 병이 깊어 대숲에 누웠더니
관동 팔백 리의 관찰사를 맡기시니
어와, 성은이야 갈수록 망극하다
연추문 달려들어 경회 남문 바라보며
하직하고 물러나니 옥절이 앞에 섰다
평구역 말을 갈아 흑수로 돌아드니
섬강은 어디메냐 치악산이 여기로다
소양강 내려온 물이 어디로 흘러든단 말인가
서울 떠난 외로운 신하 백발도 많고 많다
철원서 겨우 밤새우고 북관정에 올라가니
삼각산 제일봉이 웬만하면 보이겠네
궁예왕 대궐터에 까막까치 지저귀니
먼 옛날 흥망을 아느냐 모르느냐

① [A]와 [B] 모두 화자가 임금의 명을 받고 부임하는 지역을 제시하고 있는데, [B]에서는 임금의 명을 받기 전의 화자의 행적이 추가되었군.
② [A]와 [B] 모두 화자가 부임하는 지역으로 가면서 들렀던 곳을 제시하고 있는데, [B]에서는 부임지로 출발할 때 임금을 향해 하직하는 모습이 추가되었군.
③ [A]와 [B] 모두 부임지로 떠나는 과정을 속도감 있게 제시하고 있는데, [B]에서는 늦은 나이에 부임하는 화자의 외양적 특징이 추가되었군.
④ [A]와 [B] 모두 부임 과정에서 화자가 떠올린 대상을 제시하고 있는데, [A]의 고향 생각이 [B]에서는 임금을 그리워하는 마음으로 교체되었군.
⑤ [A]와 [B] 모두 화자가 방문한 지역의 모습을 제시하고 있는데, [A]에서 자연물을 통해 그 지역의 현재 모습을 나타내는 방식을 [B]에서도 활용하고 있군.

[24001-0237]

03 (나)의 글쓴이에 대한 이해로 가장 적절한 것은?

① 비로봉을 오르기 위해 깊은 산속으로 들어가면서 자신의 가족과 헤어지는 것에 대한 두려움을 느끼고 있다.
② 비로봉 등반 과정에서 어려움을 겪는 것이 기상 상황의 변화에 대비하지 못했기 때문이라 여기며 자책하고 있다.
③ 비로봉에 가까워질수록 악화되는 기상 상황에서도 간헐적으로 아름다운 풍경을 만나는 상황에 대해 긍정적으로 평가하고 있다.
④ 비로봉 정상에 오르지 못하고 낙오한 사람들에게 난로 옆의 자리를 양보하며 따뜻한 인정의 필요성을 느끼고 있다.
⑤ 구중심처가 아니면 자라지 않는다는 자작나무가 비로봉 동쪽에 수해를 이루듯이 자라고 있다는 사실에 의아해하고 있다.

[24001-0238]

04 ㉠~㉤에 대한 이해로 적절하지 않은 것은?

① ㉠: 색채어와 직유법을 사용하여 대상에 대한 예찬적 태도를 드러내고 있다.
② ㉡: 자연물을 의인화하여 봄날 풍경의 아름다움을 제시하고 있다.
③ ㉢: 움직임을 나타내는 어휘를 사용하여 다채로운 풍경을 생동감 있게 나타내고 있다.
④ ㉣: 물음의 방식을 활용하여 기상 현상에 대한 경이로움을 표출하고 있다.
⑤ ㉤: 대상에 감정을 이입하여 공간의 이동이 감정의 변화 때문이라는 점을 표현하고 있다.

[24001-0239]

05 ⓐ와 ⓑ에 대한 설명으로 가장 적절한 것은?

① ⓐ는 '약산동대'의 경치가 뛰어나다는 점을 화자가 확인하는 풍경이고, ⓑ는 '비로봉 최고점'에서 볼 수 있는 뛰어난 풍경이다.
② ⓐ는 화자가 '진영'에서 '약산동대'로 이동하는 원인이 되는 풍경이고, ⓑ는 글쓴이가 '비로봉 최고점'에서 다른 곳으로 이동한 원인이 되는 풍경이다.
③ ⓐ는 화자로 하여금 '약산동대'를 찾아온 이유를 탐색하게 하는 풍경이고, ⓑ는 글쓴이로 하여금 '비로봉 최고점'을 찾아온 이유를 탐색하게 하는 풍경이다.
④ ⓐ는 '약산동대'에 올라온 화자가 자연의 장엄함을 느끼는 풍경이고, ⓑ는 '비로봉 최고점'에 올라온 글쓴이가 금강산 등정의 의미를 자신의 시각에서 생각하는 계기가 되는 풍경이다.
⑤ ⓐ는 화자가 '약산동대'에서 바라본 경치들의 차이를 인식하게 되는 풍경이고, ⓑ는 글쓴이가 '비로봉 최고점'에서 바라본 경치와 다른 곳에서 본 경치의 차이를 인식하게 되는 풍경이다.

[24001-0240]

06 〈보기〉를 참고하여 (가), (나)를 감상한 내용으로 적절하지 않은 것은?

보 기

기행 문학이란 (가), (나)와 같이 작가가 여행에서 보고 들은 내용과 경험한 사실, 그리고 그 과정에서 느낀 점을 소개한 문학을 일컫는다. 작가는 여행 과정에서 많은 곳을 방문하지만, 그중에서 작품에 소개되는 곳은 작가에게 특별한 인상을 주거나 작가의 특정 감정을 유발한 장소라 할 수 있다. 또한 작가는 여행을 통해 자신의 생각을 확인하기도 하고 기존에 가졌던 생각을 바꾸거나 새로운 사실을 깨닫기도 한다.

① (가)의 화자는 '대동강'의 풍경을 바라보면서 나랏일이 신경 쓰이는 상황을 슬프다고 말하고 있는데, 이를 통해 '대동강'은 왕명을 수행해야 하는 작가의 직분과 아름다운 풍경을 즐기고 싶은 바람 사이의 갈등을 유발하는 장소라 할 수 있겠군.
② (가)의 화자는 '약산동대' 앞을 지나가는 물을 바라보며 멀리 떨어진 백두산과 환상의 동물을 떠올리고 있는데, 이를 통해 '약산동대'는 작가가 여행 과정에서 특별한 인상을 받게 된 장소라 할 수 있겠군.
③ (가)의 화자는 높고 길게 뻗은 성곽과 사면으로 뻗은 산등성이가 팔도에 으뜸인 경관이라고 평가하고 있는데, 이를 통해 '철옹성'은 작가의 기존 생각이 바뀌게 되는 장소라 할 수 있겠군.
④ (나)의 글쓴이는 진달래는 꽃도 아름답지만 그 단풍이 더욱 아름답다고 평가하고 있는데, 이를 통해 '붉은 진달래 단풍'을 바라보는 곳은 작가가 새로운 사실을 깨닫게 되는 장소라 할 수 있겠군.
⑤ (나)의 글쓴이는 마의 태자의 무덤이 능이라고 하기에는 너무나 초라하다고 말하고 있는데, 이를 통해 '마의 태자의 무덤'은 작가가 대상에 대한 처량함과 슬픔을 느끼는 장소라 할 수 있겠군.

05 갈래 복합

[01~06] 다음 글을 읽고 물음에 답하시오.

가 섬나라에 봄빛이 움직이지만 水國春光動
하늘가의 길손은 못 돌아가네 天涯客未行
풀은 천리 잇달아 푸르러 있고 草連千里綠
㉠달은 타향 고향에 함께 밝구나 月共兩鄕明
유세에 황금 죄다 써 없어지고 遊說黃金盡
고향이 그리워서 **흰머리** 나네 思歸白髮生
사나이가 사방에 뜻 두는 것은 男兒四方志
공명만을 위한 것은 아니라네 不獨爲功名 〈제3수〉

평생동안 남과 북에 분주했지만 平生南與北
마음먹은 일은 자꾸 빗나가도다 心事轉蹉跎
㉡고국은 바다 서편 언덕에 있고 故國海西岸
외로운 배는 하늘 이쪽에 있네 孤舟天一涯
매화 핀 창가에는 봄빛 이르고 梅窓春色早
판잣집엔 ⓐ빗소리 크게 나누나 板屋雨聲多
홀로 앉아 긴 해를 보내거니와 獨坐消長日
집 생각의 괴로움 어찌 견디랴 那堪苦憶家 〈제4수〉

– 정몽주, 「홍무 정사년 일본에 사신으로 가서 지음[洪武丁巳奉使日本作]」

나 이 **비** 그치면
내 마음 강나루 긴 언덕에
서러운 풀빛이 짙어오것다.

푸르른 보리밭길
맑은 하늘에
ⓑ종달새만 무에라고 지껄이것다.

이 비 그치면
시새워 벙글어질 고운 꽃밭 속
처녀애들 짝하여 새로이 서고

㉢임 앞에 타오르는
향연(香煙)과같이
땅에선 또 아지랑이 타오르것다.

– 이수복, 「봄비」

다 예전엔 집집마다 다락들이 있었다. 하긴 지금도 한옥이라든가 하는 집들엔 다락이 있겠지만 양옥 혹은 아파트가 주거 생활의 많은 부분을 차지하고, 도시가 점점 위로 솟아만 가는 동안 옆으로 푸근하게 펼쳐 앉았던 한옥들은 어느새 사라졌고 그 속 가장 깊은 곳에 있던 다락들도 사라져 갔다.

그때 다락 속의 어둠에선 향내가 났었다. 그것은 무수한 것들을 '품던 공간'의 향내이기도 했다. 그건 좀 해지고 허접스러운, 그러나 가장 우리의 삶에 가까운 것들에게서 풍기는 향내 — 다락엔 무엇인가 보여 주고 싶지 않은 그 집의 비밀스러운 것들이 많이 있었으니까 — 이기도 했다.

'품는다'는 것이야말로 모든 집의 출발점이다. 거기서부터 사람들은 자기들이 어느 곳에선가 보호받고 있음을 느낀다. 그 '보호소'에서 어둡고 천장이 낮은 그리고 가장 깊숙한 곳에 자리 잡았던 다락. 그 안온함은 마치 생명이 품어지는 **자궁**과도 같다고나 할는지. ㉣그뿐만 아니라 사람들에겐 간혹 자기의 삶을 숨기고 홀로 충만한 존재감을 느끼고 싶은 '구석'이라는 공간이 필요한 법인데, 다락은 이런 역할을 충분히 하는 것이었다고 생각한다.

하긴 다락의 내음을 향기라고 표현하는 것에 반발하는 사람도 있으리라. 거기선 오랫동안 방치된 어둠 속으로부터 혹은 낡고 곰팡이 낀 것들로부터 풍기는 음습한 습기 같은 것이 다락에 들어가는 이의 살을 건드려 움츠리게 한다고 말이다. 그러나 다락의 그 음습함을 음습함으로만 돌릴 수는 없다. 거기엔 곰삭은 것들에게서만 풍기는 향내, 어떤 이에게는 악취로밖에 생각되지 않는 것을 어떤 이들은 기가 막힌, 아무 데서도 맡을 수 없는 향내로 인식하는 어떤 젓갈의 냄새와도 같은 향기를 풍긴다.

[A] 어린 시절 우리 집엔 다락이 안방에 붙어 있었다. 사다리처럼 높은 곳에 달린 문을 열고, 기어 올라가야 하는 다락. 나는 거기서 많은 것들을 찾아내곤 하였다. 온갖 귀한 것들이 거기 있었다. 아버지가 돌아가신 다음엔 다락을 정리하던 끝에 아버지의 새 모자가 거기서 나오기도 했다. 반짝반짝 윤이 나는, 첨 보는 회색 중절모였다. 아까워서 한 번도 쓰시지 않으셨던 것이다. "한 번 써 보시지도 못하고……." 어머니는 살그머니 눈물을 훔치셨다. 우리들이 함부로 못 꺼내게 감춰 놓은 수밀도 캔도 있었다. 하긴 '복숭아 깡통'이라고 해야 그 시절의 기분이 난다. 그때 '복숭아 깡통'이 준 거부의 경험 때문에 결혼하자마자 내 돈으로 맨 처음 실컷 사 먹은 것이 그것이었다. 그런가 하면 아주 낡은 사진첩도 있었다. 어느 날 다락 속으로 올라가 잔뜩 몸을 웅크리고 그 사진첩을 넘기니, 어머니와 아버지의 젊은 시절의 사진이 있었다. 두 분이 어떤 바위 앞에서 찍은 사진이었다. 어머니와 아버지에게도 이런 시절이 있으셨나 내심 어둠에 뒤통수라도 한 대 맞은 듯 놀라면서 사진첩을 넘겼던 기억이 난다.

[B] 또 이런 일도 생각난다. 어느 날 나는 가족들로부터 깊은 소외감을 느끼고 다락에 숨었다. 다락의 어두운 한구석에 웅크리고 앉아 나를 찾아 집의 이곳저곳을 살피는 식구들의 발걸음 소리를 들었다. 드디어 어머니에게 들켜 화가 나신 어머니의 손을 잡으며 다락에서 끌어내려질 때 나는 세상에서 가장 다정한 힘을 경험했다. 아, 그것이야말로 다정함이다. '버려지지 않았다'는 안도감이 나의 숨에서는 그대로 흘러나왔다.

그 집의 가장 깊은 곳에 있으며 그 집의 많은 비밀을 품고 있기 마련인 다락은 집의 혼이다. 집의 구석에 달린 심장이다. 그것이 두근거릴 때 그 집에 살고 있는 이들은 모두 가슴이 두근거린다.

요즘의 아파트들은 그 깊은 자궁, 다락을 잃어버린 셈이다. 아파트의 집들을 방문하면 실은 우리는 그 집의 나신(裸身)과 만난다. 없어진 문패라는 것에서부터 시작하여 문을 열고 들어서면 바로 그 집 사람들이 사는 벌거벗은 공간과 한 치의 가림도 없이 맞닥뜨리는 것이다. 옛날 마당을 지나 댓돌을 밟고 올라서야 했던 그런 휴지기(休止期)가 없이 곧바로 그 집의 내부와 부딪히는 것이다. ㉫하긴 아파트에도 다락과 같은 역할을 일정 부분 한다고 할 수 있는 다용도실이 있긴 하지만, '구석'이라는 것이 없이 온몸을 일시에 노출하기 마련인 아파트의 다용도실과 다락을 어떻게 비견하랴.

이제 한 해도 저물어 간다. 우리의 이 생명이라는 다락 앞에서, 생명의 자궁인 다락 앞에서, 잠시 합장하고 뒤를 돌아봐야 하는 시점이다.

– 강은교, 「다락」

[24001-0241]

01 (가)와 (나)의 공통점으로 가장 적절한 것은?

① 자연의 변화를 묘사하여 화자의 미래를 암시하고 있다.
② 계절감을 환기하는 소재가 화자의 정서에 영향을 미치고 있다.
③ 관찰을 통해 대상의 속성을 파악한 후 이를 자신의 삶과 비교하고 있다.
④ 이상과 현실을 대비하여 초월적 세계를 지향하는 의지를 부각하고 있다.
⑤ 감각적 이미지를 활용하여 시적 대상에 대한 예찬적 태도를 표출하고 있다.

[24001-0242]

02 ⓐ와 ⓑ를 비교하여 이해한 내용으로 가장 적절한 것은?

① ⓐ는 화자 내면의 갈등을 심화하는 자연물인 반면, ⓑ는 화자 내면의 갈등을 해소하는 자연물이다.
② ⓐ는 화자의 괴로운 심경을 반영하는 자연물인 반면, ⓑ는 화자와 대비되어 화자의 슬픔을 부각하는 자연물이다.
③ ⓐ는 과거의 삶에 대한 화자의 성찰을 유도하는 자연물인 반면, ⓑ는 미래의 삶에 대한 화자의 기대를 보여 주는 자연물이다.
④ ⓐ와 ⓑ는 모두 교감의 대상으로 화자에게 깨달음을 주는 자연물이다.
⑤ ⓐ와 ⓑ는 모두 화자가 위치한 공간의 평화로운 정경을 부각하는 자연물이다.

[24001-0243]

03 (다)의 '나'에 대한 이해로 적절하지 않은 것은?

① 몰래 숨어 들어간 다락에서 어머니의 손에 이끌려 내려올 때 안도감을 느꼈다.
② 다락 속에 몰래 감춰 둔 수밀도 캔에 대한 기억 때문에 결혼 후 이를 사 먹었다.
③ 다락 속에 있던 사진첩에서 어머니와 아버지의 젊은 시절 사진을 보며 놀란 적이 있다.
④ 오랫동안 방치된 다락에서 풍기는 향내를 악취로만 느끼지 않는 사람이 있다고 생각한다.
⑤ 한옥은 집의 내부를 드러내어 보여 주기 때문에 손님과 진정한 친밀감을 형성하기에 적절한 곳이라고 생각한다.

[24001-0244]

04 [A]와 [B]에 대한 이해로 가장 적절한 것은?

① [A]에는 가족 간의 갈등이 사랑으로 승화되는 장소로서의 다락의 성격이, [B]에는 유년 시절의 추억이 서려 있는 장소로서의 다락의 성격이 나타나 있다.
② [A]에는 우리의 삶과 친밀한 것들로 채워져 있는 공간으로서의 다락의 성격이, [B]에는 자유와 해방감을 느끼게 하는 공간으로서의 다락의 성격이 나타나 있다.
③ [A]에는 남들에게 보여 줄 수 없는 것들을 숨기는 공간으로서의 다락의 성격이, [B]에는 외로움을 해결하기 위해 글쓴이가 찾았던 공간으로서의 다락의 성격이 나타나 있다.
④ [A]에는 삶이 힘겨울 때 따뜻한 위로를 받을 수 있는 안식처로서의 다락의 성격이, [B]에는 궁핍했던 어린 시절 가족의 형편을 보여 주는 장소로서의 다락의 성격이 나타나 있다.
⑤ [A]에는 글쓴이가 그동안 알지 못했던 것들을 발견한 장소로서의 다락의 성격이, [B]에는 힘든 상황으로부터 벗어나고자 한 글쓴이에게 도피처가 되는 공간으로서의 다락의 성격이 나타나 있다.

[24001-0245]

05 (가)~(다)에 대한 선생님의 질문에 답을 한다고 할 때, 적절하지 않은 것은?

	선생님의 질문	학생의 대답
(가)	'풀은 천리 잇달아'의 '천리'에는 어떤 의미가 담겨 있을까요?	화자가 위치한 곳과 화자가 그리워하는 고향 간의 공간적 거리감을 나타낸 것 같아요. ······ ㉠
	'흰머리'는 어떤 역할을 하는 시어일까요?	타지에서 고생하는 화자의 모습을 나타냄과 동시에 고향을 그리워하며 고향으로 돌아가고자 하는 화자의 간절한 마음을 드러내는 것 같아요. ······ ㉡
(나)	1연의 '비'의 기능에 대해 말해 볼까요?	시상을 촉발하는 매개물로 애상적 분위기를 조성하는 자연물로 볼 수 있어요. ······ ㉢
	'내 마음 강나루'의 '강나루'는 어떤 공간일까요?	봄을 맞이하여 생명력을 발현하는 만물을 보며 화자가 임과의 이별로 인한 슬픔을 극복하게 되는 공간인 것 같아요. ······ ㉣
(다)	다락을 '자궁'에 비유한 이유는 무엇일까요?	생명이 품어지는 자궁과 같이 다락은 누군가로부터 보호받는 듯한 안온함을 느끼게 하기 때문인 것 같아요. ······ ㉤

① ㉠ ② ㉡ ③ ㉢ ④ ㉣ ⑤ ㉤

정답과 해설 99쪽

[24001-0246]

06 **〈보기〉를 바탕으로 ㉠~㉤을 이해한 내용으로 적절하지 않은 것은?**

보 기

우리가 어떤 대상을 그리워하고 소망하는 것은 그 대상과 함께하지 못하는 상태, 즉 부재나 결핍으로 인해 발생한다. 이때 부재하는 대상은 공간, 사람, 사물, 시간 등 다양하게 나타날 수 있으며, 부재의 시간은 일시적이거나 영원할 수 있다. (가)는 사신의 임무를 수행하기 위해 일본으로 떠난 화자가 자연물을 바라보며 고향으로 돌아가지 못하는 안타까움과 함께 고향에 대한 그리움을 표출한 작품이다. (나)는 봄비 내린 뒤에 더욱 푸르게 짙어 갈 자연 풍경을 바라보면서 세상을 떠난 임에 대한 그리움을 드러내고 있다. (다)는 정서적 측면에서 다락이라는 공간이 가지는 가치를 부각하며, 다락을 잃고 사는 현대인의 삶에 대한 아쉬움을 표출하고 있다.

① ㉠에서 '달'은 화자로 하여금 일시적 부재의 대상인 고향을 떠오르게 하는 매개체로 볼 수 있겠군.
② ㉡에서 '외로운 배'는 고향을 떠난 후 고국으로 돌아가지 못하는 화자의 처지가 투영된 사물로 볼 수 있겠군.
③ ㉢에서 '향연'은 부재로 인한 슬픔이 임의 죽음에서 비롯된 것임을 알게 해 주므로 부재의 상황이 영원히 지속될 것임을 보여 주는 소재로 볼 수 있겠군.
④ ㉣에서 '충만한 존재감'은 다락이라는 공간에 있을 때의 느낌으로, 정서적 측면에서 다락이라는 공간이 가진 가치를 드러내는 것으로 볼 수 있겠군.
⑤ ㉤에서 '다용도실'은 다락이 없는 아파트에 대한 아쉬움을 달랠 수 있는 공간이므로 부재로 인한 결핍감이 극복되는 곳으로 볼 수 있겠군.

06 갈래 복합

[01~06] 다음 글을 읽고 물음에 답하시오.

가 여파(餘波)*에 정을 품고 그 근원을 생각해 보니,
㉠연못의 잔물결은 맑고 깨끗이 흘러가고
오래된 우물에 그친 물은 담연(淡然)히* 고여 있다.
짧은 담에 의지하여 고해(苦海)를 바라보니
욕심의 거센 물결이 하늘에 차서 넘치고
탐욕의 ⓐ샘물이 세차게 일어난다.
흐르는 모양이 막힘이 없고 기운차니 나를 알 이 누구인가.
㉡평생을 다 살아도 백 년이 못 되는데
공명이 무엇이라고 일생에 골몰할까.
낮은 벼슬을 두루 거치고 부귀에 늙어서도
남가(南柯)*의 한 꿈이라 황량(黃粱)*이 덜 익었네.
나는 내 뜻대로 평생을 다 즐겨서
천지에 넉넉하게 노닐고 강산에 누우니
사시(四時)의 내 즐김이 어느 때 없을런가.
누항(陋巷)에 안거하여 단표(簞瓢)의 시름없고
세상 길에 발을 끊어 명성이 감추어져
은거행의(隱居行義) 자허(自許)하고* 요순지도(堯舜之道) 즐기니
내 몸은 속인이나 내 마음 신선이오.
㉢진계(塵界)*가 지척이나 지척이 천리로다.
제 뜻을 높이려니 제 몸이 자중(自重)하고
일체의 다툼이 없으니 시기할 이 누구인가.
뜬구름이 시비 없고 **날아다니는 새**가 한가하다.
남은 생이 얼마런고 이 아니 즐거운가.

– 이이, 「낙지가(樂志歌)」

* **여파**: 잔잔히 이는 물결.
* **담연히**: 맑고 깨끗하게.
* **남가**: '남가일몽'에서 온 것으로, 인생의 덧없음을 뜻함.
* **황량**: '황량몽'에서 온 것으로, 인생의 덧없음을 뜻함.
* **자허하고**: 자기 힘으로 넉넉히 할 만한 일이라고 여기고.
* **진계**: 속세.

나 손 흔들고 떠나갈 **미련은 없다**
며칠째 **청산(靑山)에 와 발을 푸**니

흐리던 산(山)길이 잘 보인다.
상수리 열매를 주우며 **인가(人家)를 내려다보**고
쓰다 둔 편지 구절과 버린 칫솔을 생각한다.
ⓓ남방(南方)으로 가다 길을 놓치고
두어 번 허우적거리는 ⓑ여울물
산 아래는 때까치들이 몰려와
모든 야성(野性)을 버리고 들 가운데 순결해진다.
길을 가다가 자주 뒤를 돌아보게 하는
ⓔ서른 번 다져 두고 서른 번 포기했던 관습(慣習)들
서(西)쪽 마을을 바라보면 나무들의 잔숨결처럼
가늘게 흩어지는 저녁 연기가
한 가정의 고민의 양식으로 피어오르고
생목(生木) 울타리엔 들거미줄
맨살 비비는 돌들과 함께 누워
실로 **이 세상을 앓아 보지 않은 것들**과 함께
잠들고 싶다.

– 이기철, 「청산행」

다 판이 어느 정도 식어 간다 싶을 무렵인데 TV 상회를 하는 최진철이 불쑥 밑도 끝도 없이 한마디했다.

"언제 날을 잡아서 **우리**끼리 여행이나 한번 갔다 오면 어떨까?"

마침 화제가 시들해서 별다른 의도도 없이 한 말인 것 같았는데 의외로 윤경수와 김성달이도 금방 동의를 하고 나섰다.

"그거 좋지, 맨날 서울 바닥에서 비비적거리고 살다 보니까 고단해 죽겠어. 계절이 어떻게 바뀌는지도 모르겠단 말야."

"사실 그러고 보니까 우리끼리 이렇게 만나면서도 한 번도 **여행**을 해 본 적이 없군그래. 지금쯤 시골은 좋을 거야. 추수도 끝났것다, 뜨뜻한 아랫목에 지지고 앉아서 동동주라도 한잔 마시면, 아 그 기분 서울 사람들은 모를걸."

얘기의 방향이 좀 엉뚱하다 싶었지만 **나** 자신도 그것이 굳이 싫은 것은 아니었고 가능하다면 언젠가 그런 기회를 만들어 보자고 말했다. 그랬는데 최진철이는 이런 일은 기왕 얘기가 나왔을 때 아주 결정을 보고 말아야지 차일피일하다가는 흐지부지되고 마는 법이라고 우습게 다그치는 바람에 오늘의 모임까지 발전하고 만 것이다. 그날 밤 내친걸음에 날짜까지 정해 놓고 나머지 몇 가지 원칙까지 세웠다. 우선 목적지를 미리 정하지 말고 어느 날 어느 시 버스 터미널에 모여서 가장 멀리 가는 버스를 집어타고 갈 것, 짐은 일체 갖지 말고 되도록 빈 몸으로 갈 것 등이었는데, 그것은 이번 우리의 여행이 도시의 문명이나 잡답(雜沓)* 등을 피해서 다만 며칠이라도 깊숙이 **자연의 품에 안기러 가**는 것이므로 우리가 일상생활에서 쓰던 잡동사니들을 끌고 가지 말자는 의도에서였다. 누군가가 그러나 최소한도 치약, 칫솔 따위는 있어야 할 것이 아니냐고 하자, 제안자인 최진철이 시골에 가면 왜 돌소금이라는 게 있지 않으냐, 그걸로 닦아야 그런 곳에 간 기분이 나는 법이라고 우겼다.

"그래 좋았어. 비록 우리들의 고향은 아니라도 좋아. 고향과 엇비슷한 데로 가서 우리를 키워 준 고향 같은 무드 속에 며칠 묻혔다 오는 거야. 알고 보면 우리들 넷이 모두 산골 촌놈들 아니니. 먹고사느라고 너무 오래 그런 정경과 등을 지고 살아왔고."

비서실장으로 있는 김성달이 마침내 이렇게 결론을 내리는 바람에 넷이 이구동성으로 그러자 그러자 하고 손뼉을 치고 말았다.

(중략)

서울로 오는 버스 속에서 우리는 너무 말이 없었다. 그까짓 **삼 박 사 일**을 제대로 채우지도 못하고 하루를 앞당겨 온다든가 하는 것보다도 달라진 환경 속에 다만 며칠을 견디어 내지 못하고 도망하듯 그 마을을 떠나온 데 대한 부끄러움 같은 것이 있었는지도 몰랐다. 무교동이나 종로 바닥에서 맥주를 마시며 **산촌의 정경**을 얘기하던 자신들이 얼마나 얄팍하고, **배부른 여담**이었던가를 느끼는 순간이기도 했는데, 그러나 우리는 그런 한편으로 숨이 칵칵 막히는 지점에서 쉽게 빠져나온 것을 다행으로 생각하는 것 같은 **안도감**을 느끼는 자신들을 발견하고 있었다. 우리는 밤늦게 서울에 도착하자마자 그 길로 다방에 들러서 **커피**를 마시고 다시 무교동으로 나가 오백 시시짜리 **생맥주**를 단 한 번에 꺾어 단숨에 들이켰다.

"인제 살 것 같군."

우리는 동시에 이런 말을 뇌까리고 그전에 그랬던 것처럼 떠들고 웃곤 하였다.

– 최일남, 「서울 사람들」

* **잡답**: 사람들이 많이 몰려 북적북적하고 복잡함. 또는 그런 상태.

[24001-0247]

01 **(가)와 (나)에 대한 설명으로 가장 적절한 것은?**

① (가)는 (나)와 달리 감각적 이미지를 활용하여 대상이 지닌 속성을 밝히고 있다.
② (가)는 (나)와 달리 의문형 표현을 통해 화자가 느끼는 만족감을 나타내고 있다.
③ (나)는 (가)와 달리 비유적 표현을 활용하여 화자가 처한 상황을 드러내고 있다.
④ (나)는 (가)와 달리 대조적 의미를 가진 시어를 병치하여 주제 의식을 부각하고 있다.
⑤ (가)와 (나)는 모두 음성 상징어를 활용하여 공간에서 느껴지는 현장감을 전달하고 있다.

[24001-0248]

02 ㉠~㉤에 대한 이해로 적절하지 않은 것은?

① ㉠: 화자가 지니고 있는 심리적 안정감이 투영되어 있다.
② ㉡: 화자가 현재와 같은 삶의 태도를 갖게 된 이유가 나타나 있다.
③ ㉢: 세속의 세계에 대해 화자가 가지고 있는 인식이 표현되어 있다.
④ ㉣: 화자가 자신이 있는 공간에 익숙해지지 못한 상태임을 드러내고 있다.
⑤ ㉤: 관습적 세계에서 벗어날 수 없다는 화자의 운명론적 세계관이 나타나 있다.

[24001-0249]

03 ⓐ와 ⓑ에 대한 이해로 가장 적절한 것은?

① ⓐ는 역동적 이미지를, ⓑ는 고요한 상태를 부각하여 시적 분위기를 형상화하는 자연물이다.
② ⓐ는 화자가 살아가는 현재의 삶을, ⓑ는 화자가 살아왔던 과거의 삶을 드러내는 대상이다.
③ ⓐ는 추상적 대상을 구체화하여 나타낸 대상이고, ⓑ는 화자가 직접 경험한 대상이다.
④ ⓐ와 ⓑ는 모두 화자의 심리 상태가 전환되는 양상을 나타내는 상징적 시어이다.
⑤ ⓐ와 ⓑ는 모두 화자가 인간 세상의 이치를 깨닫도록 하는 자연물이다.

[24001-0250]

04 (다)에 대한 이해로 적절하지 않은 것은?

① '나'와 친구들은 여행과 관계없이 모임을 갖기도 하였다.
② '나'와 친구들은 산골에서 자랐지만 서울에 살고 있었다.
③ '최진철'은 친구들에게 여행을 함께 떠나자고 제안하였다.
④ '나'와 친구들은 여행을 떠나기 전 목적지를 정하지 않았다.
⑤ 친구들은 서울에서 도망치듯 빠져나온 것을 안타깝게 생각하였다.

[24001-0251]

05 (다)를 감상한 학생이 (나)에 대해 보인 반응으로 적절하지 않은 것은?

① (다)에서 '우리'가 서울 생활에 지쳐 '자연의 품에 안기러 가'기를 원했던 것처럼 (나)의 화자도 '청산'에서 자연과 함께 살아가기를 희망하고 있군.
② (다)의 '우리'는 서울로 돌아와 '안도감'을 느끼는 긍정적인 경험을 한 데 반해, (나)의 화자는 '청산'에 머무르며 '흐리던 산길이 잘 보'이는 긍정적인 경험을 하고 있군.
③ (다)에서 '우리'는 여행을 통해 일시적으로 고향의 분위기를 느껴 보기를 원하지만, (나)의 화자는 자연에 머무르며 '이 세상을 앓아 보지 않은 것들'과 함께하기를 바라고 있군.
④ (다)의 '나'가 '산촌의 정경'에 대해 '배부른 여담'을 한 것에 대해 부끄러워한 것처럼 (나)의 화자도 '한 가정의 고민의 양식'을 외면한 채 '청산'에 온 것에 대해 부끄러워하고 있군.
⑤ (다)에서 '우리'가 '삼 박 사 일'을 채우지 못한 채 도시 문명으로부터 온전히 벗어나지 못한 것과 유사하게 (나)의 화자 역시 '미련은 없다'고 했지만 '인가를 내려다보'며 두고 온 세계를 생각하고 있군.

[24001-0252]

06 〈보기〉를 참고하여 (가)~(다)를 감상한 내용으로 적절하지 않은 것은?

보 기

(가)~(다)는 모두 번잡한 세속으로부터 벗어나 자연 속에 머무르고자 하는 화자와 인물의 태도가 드러나 있는 작품이다. 이러한 태도는 세속적 욕망을 추구하며 경쟁적이고 복잡한 세상을 살아가는 사람들이라면 누구나 한번쯤 가져 봄 직한 생각이라고 할 수 있다. 그리고 이러한 생각을 가진 사람 중에는 세속과의 단절에 성공하여 마음속 평안을 누리는 경우도 있지만 현실적인 여러 가지 이유로 인해 세속과의 단절에 실패한 채 탈속에 대한 지향만을 간직하고 살아가는 사람도 있다. 아울러 세속의 삶에 익숙해진 자신을 발견하고 탈속의 삶이 불가능하다는 것을 자각하기도 한다.

① (가)의 '누항에 안거하여 단표의 시름없고'는 화자가 탈속을 통해 마음속 평안을 누리게 되었음을, (다)의 '인제 살 것 같군.'은 '우리'가 세속의 삶에 익숙해져 있음을 나타내는 것이라고 볼 수 있다.
② (가)의 '세상 길에 발을 끊어'는 화자가 번잡한 세속에서 벗어났음을, (나)의 '모든 야성을 버리고 들 가운데 순결해진다'는 화자가 탈속의 삶이 불가능하다는 것을 자각했음을 의미한다고 볼 수 있다.
③ (가)의 '뜬구름'과 '날아다니는 새', (나)의 '맨살 비비는 돌들'은 모두 세속으로부터 벗어나 자연 속에 머무르고자 하는 화자의 태도가 투영된 자연물로 볼 수 있다.
④ (나)의 화자가 '청산에 와 발을 푸'는 행위와 (다)의 '우리'가 '여행'을 가려고 한 것은 모두 경쟁적이고 복잡한 세속으로부터 벗어나고자 하는 심리가 반영된 것이라고 볼 수 있다.
⑤ (나)의 화자가 '쓰다 둔 편지 구절과 버린 칫솔'을 생각하고, (다)의 '우리'가 '커피'와 '생맥주'를 마시는 것은 화자와 '우리'가 세속과의 단절에 성공하지 못했음을 나타내는 행위라고 볼 수 있다.

07 갈래 복합

[01~05] 다음 글을 읽고 물음에 답하시오.

가 꿈결처럼
초록이 흐르는 이 계절에
그리운 가슴 가만히 열어
한 그루
ⓐ찔레로 서 있고 싶다

사랑하던 그 사람
조금만 더 다가서면
서로 꽃이 되었을 이름
오늘은
송이송이 흰 찔레꽃으로 피워 놓고

㉠먼 여행에서 돌아와
이슬을 털듯 추억을 털며
초록 속에 가득히 서 있고 싶다

그대 사랑하는 동안
내겐 우는 날이 많았었다

아픔이 출렁거려
늘 말을 잃어 갔다

㉡오늘은 그 아픔조차
예쁘고 뾰족한 가시로
꽃 속에 매달고

슬퍼하지 말고
꿈결처럼
초록이 흐르는 이 계절에
무성한 사랑으로 서 있고 싶다

– 문정희, 「찔레」

나 1

그대가 아찔한 절벽 끝에서
바람의 얼굴로 서성인다면 그대를 부르지 않겠습니다
옷깃 부둥키며 수선스럽지 않겠습니다
그대에게 무슨 연유가 있겠거니
내 사랑의 몫으로
그대의 뒷모습을 마지막 순간까지 지켜보겠습니다
손 내밀지 않고 그대를 다 가지겠습니다

2

아주 조금만 먼저 바닥에 닿겠습니다
가장 낮게 엎드린 처마를 끌고
추락하는 그대의 속도를 앞지르겠습니다
내 생을 사랑하지 않고는
다른 생을 사랑할 수 없음을 늦게 알았습니다
㉢그대보다 먼저 바닥에 닿아
강보에 아기를 받듯 온몸으로 나를 받겠습니다

– 김선우, 「낙화, 첫사랑」

다 나의 남원(서울 남산 아래 필동) 집은 옛날부터 꽃나무가 많았는데 날이 갈수록 황폐해졌다. 내가 주변이 없고 게을러서 가꾸지 않은 탓도 있지만, 한편으로는 집이 낡아서 집 안의 꽃나무까지 가꾸기가 싫어서 그렇기도 하다.

아내가 언젠가 내게 말했다.

"다른 집 남자들을 보면, 꽃나무를 좋아하는 자가 많아 방에 들어가 비녀와 팔찌를 뒤져 사들이기까지 한다는데, 당신은 어째서 그와 반대로 집이 낡았다고 꽃나무까지 팽개쳐 두나요? 집은 비록 낡았지만 꽃나무를 잘 가꾸면 우리 집의 좋은 구경거리가 될 거예요."

나는 이렇게 대꾸했다.

"꽃나무를 가꾸려 한다면 집도 손을 봐야 할 게요. ㉣나는 이 집에서 오래 살 마음이 없으니 남들 구경거리를 만들어 주자고 신경 쓸 필요가 굳이 있겠소? 늙기 전에 당신과 고향에 돌아가 집을 짓고 꽃나무를 심어 열매는 따서 제사상에 올리고 부모님이 드시도록 하며, 꽃을 구경하며 머리가 세도록 함께 즐길 생각이오. 내 계획은 이런 것이오."

내 말에 아내는 웃으며 즐거워하였다.

지난해 파주(坡州)에 작은 새집을 짓기 시작하자 아내는 기뻐하며

"이제야 당신의 뜻을 이루겠어요."

라고 말했다. 뜰과 담장을 배열하고 창문과 방의 위치를 잡는 일을 아내와 상의하여 하였다. 공사가 끝나기도 전에 그만 아내가 병들고 말았다. 나는 아내의 병을 간호하다 차도가 있으면 파주로 가서 공사를 감독하였다. 공사가 거의 끝날 무렵 아내가 위독해졌다. 임종을 앞에 두고 내게

"파주 집은요? 집 옆에 묻어 줄 거죠?"

라고 말하며 눈물을 흘렸다.

온 집안이 파주로 이사 오던 날, 아내는 관에 실려서 왔다. 집에서 백 보도 떨어지지 않은 곳에 장지를 정하니 기거하고 밥을 먹을 때 아내가 오가는 듯했다.

우리 산에는 아름드리나무가 많아 울창하기 때문에 서도(西道)의 많은 산들 가운데 으뜸이다. 선조고(先祖考) 무덤 아래에 아내의 무덤을 썼기 때문에 굳이 나무를 심을 필요가 없었다. 하지만 장례를 치르고 나서 무덤 가까운 곳의 나무를 베어, 칡넝쿨과 나무뿌리가 뻗어 그늘이 드리우는 것을 막았다. 또 좋지 못한 나무들을 베어 내고 소나무와 삼나무 따위만을 남겨 두자 나무들이 듬성듬성 서 있게 됐다. 그래서 다시 나무를 심기로 하여 이듬해 한식날, 삼나무 치목(稚木) 서른 그루를 심었다. 지금부터 내가 죽기 전까지 봄가을에 ⓑ나무 심는 일을 관례로 할 것이다.

오호라! 이것은 참으로 오래 묵은 계획이었다. 남원을 떠나 파주로 옮기겠다고 떠벌려 왔던 지난날의 내 계획은, 아내와 하루도 함께하지 못하고 뒤에 남은 자에게 슬픔만을 더하는 꼴이 되고 말았다. 그러고 보면 인간이 구구하게 살기를 도모하여 장구한 계획을 세우는 것이 미혹이 아닌가!

돌아보면 나는 심기가 허약해서 스스로 어떻게 될지 자신이 없다. 여생이라야 수삼십 년을 넘지 않을 것이고, 한번 죽고 나면 그 뒤로는 천년 백 년 끝이 없는 세월이다. 그렇다면 내가 어떤 길을 선택할지 알겠으니 남원 집에서 파주 집으로 옮겨 산 정도에 그치지 않는다. 살아서는 파주의 집에서 살지를 못했지만 **죽어서는 영원히 파주의 산에서 서로 살 수 있기에 그 즐거움이 그지없다.** 이것이 내가 무덤을 새로 쓴 산에 나무를 심고, 집에 심었던 것을 종류에 따라 하나같이 산에다 옮겨 심는 까닭이다. 그렇게 하여 나의 꿈을 보상받고, 나의 슬픔을 실어 보내며, 또 나의 자손과 후인들로 하여금 내 마음을 알게 하노니 손상치 말지어다.

누군가는 이렇게 말하리라.

"그대는 앞으로 살아갈 방도는 꾀하지 않고 사후의 일만 계획한다. 죽은 뒤에는 지각이 없으니 계획한들 무슨 소용이 있는가!"

나는 말한다.

"ⓜ죽은 뒤에는 지각이 없다는 말은 내가 차마 들을 수 없는 말이다."

계축년(1793) 4월 3일, 태등*은 분암(墳菴)에서 쓴다.

– 심노숭, 「아내의 무덤에 나무를 심으며」

* 태등: 심노숭의 자(字).

[24001-0253]

01

(가)와 (나)에 대한 설명으로 가장 적절한 것은?

① (가)는 (나)와 달리 의성어를 사용하여 시적 상황을 생생히 묘사하고 있다.
② (나)는 (가)와 달리 색채 대비를 통해 화자의 비극적 처지를 부각하고 있다.
③ (가)와 (나) 모두 영탄적 표현을 사용하여 화자의 단호한 의지를 드러내고 있다.
④ (가)는 동일한 서술어를 사용하여 화자의 소망을 강조하고, (나)는 동일한 서술어를 사용하여 화자의 의지를 강조하고 있다.
⑤ (가)는 공간의 이동에 따라 절망적 정서가 고조되고 있고, (나)는 시간의 흐름에 따라 애상적 정서가 고조되고 있다.

[24001-0254]

02

(다)에 대한 이해로 적절하지 않은 것은?

① '나'는 남원에 살 때 집이 낡아서 꽃나무를 가꾸려 하지 않았다.
② 아내와 함께 '나'는 고향으로 가서 꽃나무를 가꾸는 삶을 소망하였다.
③ 아내는 '나'가 남원을 떠나 고향인 파주에 새집을 짓는 것을 찬성하였다.
④ 아내는 '나'에게 자신의 병을 치료한 후에 파주로 이사 가자고 부탁하였다.
⑤ '나'는 아내의 무덤 옆에 나무를 심는 이유를 사람들이 알아주기를 바랐다.

[24001-0255]

03

ⓐ, ⓑ에 대한 이해로 가장 적절한 것은?

① ⓐ는 이루지 못한 사랑에 대해 후회하는 태도를 나타내는 역할을 한다.
② ⓑ는 사랑하는 사람과의 이별로 인해 생긴 상처를 상징하는 소재이다.
③ ⓐ와 ⓑ 모두 이별의 슬픔을 극복하려는 마음을 드러내는 데 활용된다.
④ ⓐ와 ⓑ 모두 다시는 사랑하지 못할 것이라는 절망감이 내포되어 있다.
⑤ ⓐ는 언젠가 이별할지 모른다는 두려움이, ⓑ는 결국 이별하고 말았다는 허무함이 담겨 있다.

정답과 해설 103쪽

[24001-0256]

04 〈보기〉를 바탕으로 (가)~(다)를 감상한 내용으로 적절하지 않은 것은?

보 기

사랑과 이별은 문학 작품의 주된 화제 중 하나이다. 모든 사람에게 사랑하는 이와의 이별은 슬프고 고통스러운 일이지만, 작가마다 자신이 지향하는 이별의 수용 양상은 다양하다. 따라서 작품 속에는 이별을 대하는 다양한 양상이 형상화되어 있다. 어떤 작품에서는 사랑하는 이를 잊지 못하여 그와의 영원한 사랑에 대해 다짐하기도 하고, 어떤 작품에서는 이별의 슬픔마저 승화시켜 성숙한 사랑을 하겠다는 소망을 밝히기도 한다. 또 어떤 작품에는 진정한 사랑을 위해서 어떤 태도로 이별해야 하고 어떤 자세로 자신을 대해야 하는지에 대한 자기 성찰의 내용을 드러내기도 한다.

① (가)에서 '내겐 우는 날이 많았'고, '아픔이 출렁거려 / 늘 말을 잃어 갔다'는 것은 과거에 사랑으로 인해 괴로워했던 때가 많았음을 드러낸 것이로군.
② (가)에서 '슬퍼하지 말고' 이제 '무성한 사랑으로 서 있고 싶다'는 것은 사랑의 아픔을 성숙한 사랑으로 승화시키겠다는 다짐을 드러낸 것이로군.
③ (나)에서 '내 사랑의 몫'이므로 '그대의 뒷모습을 마지막 순간까지 지켜보겠'다는 것은 이별을 담담히 수용해야만 언젠가 떠난 이가 돌아올 것이라는 믿음을 드러낸 것이로군.
④ (나)에서 '내 생을 사랑하지 않고는 / 다른 생을 사랑할 수 없음을 늦게 알았'다는 것은 누군가를 진정으로 사랑을 하려면 자신부터 사랑해야 한다는 자세를 드러낸 것이로군.
⑤ (다)에서 '죽어서는 영원히 파주의 산에서 서로 살 수 있기에 그 즐거움이 그지없다'는 것은 이승에서는 짧았던 아내와의 인연이 저승에서는 영원하기를 바라는 마음을 드러낸 것이로군.

[24001-0257]

05 ㉠~㉤에 대한 이해로 가장 적절한 것은?

① ㉠: 관념을 사물처럼 표현하여 사랑의 유한성에 대한 서글픔을 드러내고 있다.
② ㉡: 반어적 표현을 사용하여 사랑으로 인한 내적 갈등의 상황을 부각하고 있다.
③ ㉢: 직유법을 통해 자신보다 사랑하는 사람을 소중히 대하려는 태도를 나타내고 있다.
④ ㉣: 설의적 표현을 활용하여 문제의 원인이 자신이 아니라 상대방에게 있음을 강조하고 있다.
⑤ ㉤: 상대방의 말을 언급하며 자신에 대한 상대방의 비판이 부당하다고 밝히고 있다.

08 갈래 복합

[01~06] 다음 글을 읽고 물음에 답하시오.

가 **[앞부분 줄거리]** 강원도에서 농사를 짓다가 무의도로 옮겨 온 낙경과 공 씨는 두 아들을 모두 바다에서 잃었다. 낙경은 셋째 아들인 천명도 뱃사람이 되어 집안의 생계에 보탬이 되기를 기대하지만, 천명은 그러한 기대를 외면하고 집을 떠나 인천을 떠돌다가 돌아온다. 낙경은 돌아온 천명에게 공주학의 배에 탈 것을 강권하나 천명은 그 배가 낡고 부실하다며 거부한다.

공주학의 아내, 공 씨 앞으로 나온다.

공주학의 아내: 형님, 저 녀석을 그대루 뒀다간, 또 항구루 도망가서 외상 밥 처먹구, 우리 못 할 일 할 거요. 우리가 그 밥값 장만하느라구 얼마나 애쓴 줄 아우? 내년 봄에 팔랴든 새우젓을 모두 미리 팔아서 변통을 했었소.

공 씨: 자네 볼 낯 없네.

공주학의 아내: 저 담 밑에, ㉠보퉁이 보시구료. 어쩐지 하는 짓이 수상합디다만, 설마 그러랴 했었소.

공 씨, 비로소 보퉁이를 발견하고 경악한다.

공주학의 아내: 내가 쌍심지가 나서두, 저 녀석을 기어쿠 내보내구 말겠수. 저런 녀석은 댁기*에서 안짱물두 뒤집어써 보구, 마파람에 돛줄 붙들구 휘날려 보기두 해야, 정신을 좀 차릴 거요.

공 씨: (천명에게) 어서 개루 나가, 이놈아. / **공주학의 아내:** 싫다는 놈을 달래면 듣겠수? 그냥 끌구 나갑시다.

공주학의 아내, 목반을 땅에다 내려놓고, 달려가 천명을 잡아끈다.

천명: (다리에 힘을 주고 버티며) 놔요, 놔요.

공주학의 아내: 놓으면 또 항구에 가서 사람 디려받구 이번엔 벌금 가조라구 하게?

천명: 누나가 천진으루 갈 때, 나한테 한 말이 있어요. / **공 씨:** 이렇게 에미 속 썩이라구 하든?

천명: ㉡죽어두 항구에 가서 죽지, 떼무리서 사공은 되지 말라구 했어요.

공주학의 아내: 사공하구 무슨 대천지원수가 졌다든? 지금 세상에 어수룩한 건 뭐니 뭐니 해두, 백정하구 괴기잡이밖엔 없어. 잡아먹는 덴 밑질 게 없거든?

천명: ⓐ큰성두 작은성두 벌에서 죽었어요. 큰성은 조기사리 나갔다가, 덕적서 황 서방이 베 등거리만 찾어 왔구, 작은성은 새우사리 나갔다가 댐마 다리 밑에 대가릴 처박구 늘어진 걸, 누나하구 어머니가 끌어내 왔어요.

공주학의 아내: ⓑ그때 노대에 죽은 사람이, 어디 네 성들뿐이었든? 떼무리서만 엎어진 낙배가 스무 척이 넘었구, 옘평서 깨진 중선이 쉰 척이 넘지 않었나?

천명: 내가 나가구 나서, 비나 억수같이 퍼붓구, 높새에 부엌 문짝이 덜그덕거리기나 해 보세요? 우리 어머닌, 또 산으루 개루, 밤새 울구 댕길 거예요. 난, 배 타면 속이 울렁거려서 그러는 게 아니에요. 어머니 울구 댕기는 게 진절머리가 나서 그래요.

공 씨: 너 같은 애물에 자식은, 하루바삐 잡아갑시사구, 내가 서낭님께 축수하겠다. 이놈아.

공 씨, 말은 모질게 하나, 눈에서는 눈물이 펑펑 쏟아진다.

천명: (다시 어머니에게 매달리며) 어머니, 뭍에서 하는 일이면, 뭐든지 할 테에요. 어렸을 때부터 일하면서 한 번이라두, 투정한 적 있었어요? 학교 갔다 와선, 물 끝 따라 십 리나 나가서 밤새 조개를 잡었지요? 행여 조개가 밟힐까 하구, 개펄을 일 년 열두 달 후비적거리는 발자죽을 봐 보세요? 만주를 가구두 남을 테니. 겨우내 동아젓 · 황새기젓을 절이구 나믄, 손등이 터진 자리에 호소금이 들어가, 씨라려 죽겠지만, 한 번인가 난 싫다구 안 했어요.

공주학의 아내: 아주 청산유수 같구나. 이를테믄 어머니한테 네가 공치사하는 셈이냐?

천명: (숙모의 말에는 대답지 않고, 흐느껴 우는 듯한 소리로 말을 계속한다.) 야기 상점에서두 그렇지. 6시면, 어업조합서 생선을 받어 오니까, 새벽 3시부터 쓰루배[釣瓶]*질을 해서 물을 길어요. 고길 혀 가지구, 하루 종일 호—죠—[鉋丁]*루 펄펄 뛰는 놈을, 대가리 토막을 치구, 창자를 가르고 있으면, 나중엔 그놈의 조기 눈깔들이, 모두 나를 흘겨보는 것 같어, 몸서리가 쳐요. 그렇지만, 난 참을 때까진 참어 왔어요.

공 씨: (울며) 이놈아, 에미 애비하구 살아갈랴는데, 어디 수월한 게 있는 줄 아니?

천명: 없으니까, 선창*에서 소금을 날르면서두, 어디 내가 고생한다구 편지했어요? 안 했지요?

공 씨: ⓒ<u>이놈아, 네가 지금 뭍에서 버느니, 물에서 버느니 하구 있게 됐니? 긴긴 겨울을 뭘 먹구살구, 할 때가 아니냐?</u>

천명: 그러니까 항구에 가서 벌면 되지 않어요? 축항에 가서, 마가대[起重機]* 짐두 지구, 선창에 가서 하시깨[浮船]* 날일두 할 테에요.

(중략)

젊은 어부: 아, 뭣들 하구 있는 거예요? 빨리빨리, 개루 나오시지들 않구? 어젯밤 물에 동아 떼가 여덟미서 덕적으루 몰려가는 걸, 용유 춘필 할아버지가, 추수 곡 싣구 지나다가 봤대요. 어떻게 떼가 큰지, 바다가 시커멓드라구 해요.

노틀 할아범: 곧 갈 테니, 돛이나 올려놓게.

젊은 어부: 동아 떼, 이렇게 큰 것 보긴, 십 년 만이라구 하대. 갔다 와서 쉰 독을 저릴랴면, 어지간히 손등이 또 터질걸요.

젊은 어부, 다시 개로 나간다. 공주학, 헌 고무장화를 한 켤레 들고, 가도에서 나온다. 사금 파는 광부들이 신는 볼기짝까지 닿는 신이다. 뒤따라 그의 아내.

공 씨: 아범, 나간다구 하네. / 공주학: (천명에게) 나갈 테니?

천명: (꺼질 듯한 소리로) ⓓ<u>나가요.</u>

공주학: 안짱물이 뱃전을 넘드라두, 발 시렵지 않게, 이거 신구 나가라.

공 씨, ⓔ<u>장화</u>를 받아 천명에게 신긴다. 천명, 신을 신고 어머니를 따라 개로 나간다. 일동 뒤따른다. 무대 공허. 판성이가 개에서 떠들며 달려온다.

판성: 내가 걸어서 천진은 못 갈 줄 알구? 걸어선 못 갈 줄 알구? 죽어두 내가 한 번 보구 죽을걸. 천순일 꼭 한 번 보구 죽을걸.

판성, 가도로 달려간다. 공 씨, 잊어버린 거나 있는 듯이, 사장에서 창황히 올라온다. 부엌으로 들어가더니, 사발에 ⓜ<u>물을 떠서 소반에 받쳐 들고나와</u>, 사당 앞에 내려놓고, 서낭님께 두 손을 비비며 축수를 한다.

개에서는 배를 내는 벅적한 소요. 노틀 할아범이 메기는 가락에 응하여, 서해안 어부들의 청승이 뚝뚝 떠는 뱃노래가 이어 들려온다. 동리 아이들이 "그물안네 배 나간다." "장안에 개미 새끼 한 마리 없구나." 등등 떠들며 무대를 달려간다. / 공 씨, 기도를 끝마치고, 개로 다시 나간다. 무슨 생각을 했는지, 발을 뚝 멈춘다. 돌연 전신에 설움이 복받치나 보다. 휘청휘청 마당으로 들어오더니, 마루 기둥에 얼굴을 묻고, 조용히 오열한다. 깜깜한 부엌에 공 씨 혼자 우두커니 앉어서 멀거—니 바다를 내다보고 있다. 마이크를 통해 흘러오는 소리.

낭독: 나는 이 서글픈 이야기를 그만 쓰기로 하겠다. 그 후 이 배는 동아를 만재(滿載)하고 돌아오다, 10월 하순의 모진 노대*를 만나 파선*하였다 한다. 해주 수상 경찰서의 호출장을 받고, 공주학과 낙경이 달려가 천명의 시체는 찾어왔다 한다. 그는 부서진 널쪽에다 허리띠로 몸을 묶고 해주 항 내까지 흘러갔던 모양이다. 노틀 할아범 외 여러 동사들은 모두 행방불명이었다고 한다.

내가 작년 여름 경성이 너무도 우울하여 수영복 한 벌과 책 몇 권을 싸들고 스물한 살의 내 꿈과 정열과 감상이 흩어져 있는 이 섬을 찾았을 때, 도민들은 여전히 고기를 잡으러 나갔고 동리에는 부녀자와 노인들만 있었다. 천명의 집을 찾아가니, 공 씨는 얼빠진 사람같이 부엌에서 멀거—니 바다만 내다보고 있었다. 나를 보더니 달려와 손을 꼭 붙들고 "선생님, 그렇게 나가기 싫다는 놈을, 그렇게 나가기 싫다는 놈을……." 할 뿐, 말끝을 잇지 못하고 울기만 하였다. [A]

천명은 그가 6학년 때 내가 가르치던 아이였다.

– 함세덕, 「무의도 기행」

* 댁기: 갑판.
* 호조: 식칼.
* 마가대: 배에서 짐을 부리는 기구.
* 노대: 바다에서 바람이 사납고 물결이 크게 일어나는 현상.
* 쓰루배: 두레박.
* 선창: 물가에 다리처럼 만들어 배가 닿을 수 있게 한 곳.
* 하시깨: 거룻배.
* 파선: 풍파를 만나거나 암초 따위의 장애물에 부딪쳐 배가 파괴됨.

나 **[앞부분 줄거리]** K 중학교 교사로 부임한 '나'는 건우에게 관심을 가지게 되고 건우네 집에 가정 방문을 하게 된다. '나'는 윤춘삼 씨와 건우 할아버지인 갈밭새 영감으로부터 근현대사의 역사 속에서 부당한 권력에 의해 삶의 터전을 빼앗기며 고난을 겪어 온 조마이섬 사람들의 비참한 삶의 내력을 듣고 안타까움을 느낀다.

건우 할아버지와 윤춘삼 씨가 들려준 [조마이섬 이야기]는 언젠가 건우가 써냈던 '섬 얘기'에 몇 가지 기막히는 일화가 붙은 것이었다.

"ⓓ우리 조마이섬 사람들은 지 땅이 없는 사람들이요. 와 처음부터 없기싸 없었겠소마는 죄다 뺏기고 말았지요. 옛적부터 이 고장 사람들이 젖줄같이 믿어 오는 낙동강 물이 맨들어 준 우리 조마이섬은……."

건우 할아버지는 처음부터 개탄조로 나왔다. 선조로부터 물려받은 땅, 자기들 것이라고 믿어 오던 땅이 자기들이 겨우 철들락 말락 할 무렵에 별안간 왜놈의 동척 명의로 둔갑을 했더란 것이었다.

"이완용이란 놈이 '을사 보호 조약'이란 걸 맨들어 낸 뒤라 카더만!"

윤춘삼 씨의 퉁방울 같은 눈에도 증오의 빛이 이글거리기 시작했다.

1905년 — 을사년 겨울, 일본 군대의 포위 속에서 맺어진 '을사 보호 조약'이란 매국 조약을 계기로, 소위 '조선 토지 사업'이란 것이 전국적으로 실시되던 일, 그리고 이태 후인 정미년에 가서는 "한국 정부는 시정 개선에 관하여 통감의 지도를 수할 사"란 치욕적인 조목으로 시작한 '한일 신협약'에 따라, 더욱 그 사업을 강행하고 역둔토(驛屯土)의 대부분과 삼림 원야(森林原野)들을 모조리 국유로 편입시키는 등 교묘한 구실과 방법으로써 농민들로부터 빼앗은 뒤, 다시 불하하는 형식으로 동척과 일인 수중에 옮겨 놓던 그 해괴망측한 처사들이 문득 내 머릿속에도 떠올랐다.

"죽일 놈들." / 건우 할아버지는 그렇게 해서 다시 국회 의원, 다음은 하천 부지의 매립 허가를 얻은 유력자…… 이런 식으로 소유자가 둔갑되어 간 사연들을 죽 들먹거리더니,

"이 꼴이 되고 보니 선조 때부터 둑을 맨들고 물과 싸워 가며 살아온 우리들은 대관절 우찌되는기요?"

그의 꺽꺽한 목소리에는, 건우가 지각을 하고 꾸중을 듣던 날 "나룻배 통학생임더" 하던 때의, 그 무엇인가를 저주하듯 한 감정이 꿈틀거리고 있는 것 같았다. 얼마나 그들의 땅에 대한 원한이 컸던가를 가히 짐작할 수가 있었다. (중략)

바로 어제 있은 일이었다. 하단서 들은 대로 소위 배짱들이 만들어 둔 엉터리 둑을 허물어 버린 얘기였다.

—비는 연 사흘 억수로 쏟아지지, 실하지도 않은 둑을 그대로 두었다가 물이 더 불었을 때 갑자기 터진다면 영락없이 온 섬이 떼죽음을 했을 텐데, 마침 배에서 돌아온 갈밭새 영감이 설두를 해서 미리 무너뜨렸기 때문에 다행히 인명에는 피해가 없었다는 것이다.

"그런데 와 건우 할아버진 끌고 갔느냐고요?"

윤춘삼 씨는 그제야 소주를 한 잔 훅 들이켜고 다음을 계속했다. 섬사람들이 한창 둑을 파헤치고 있을 무렵이었다 한다. 좀 더 똑똑히 말한다면, 조마이섬 서쪽 강둑길에 검정 지프차가 한 대 와 닿은 뒤라 한다. 웬 깡패같이 생긴 청년 두 명이 불쑥 현장에 나타나더니, 둑을 허물어뜨리는 광경을 보자, 이내 노발대발 방해를 하기 시작하더라고. ⓔ<u>엉터리 둑을 막아 놓고 섬을 통째로 집어삼키려던 소위 유력자의 앞잡인지 뭔지는 모르되, 아무리 타일러도, "여보, 당신들도 보다시피 물이 안팎으로 이렇게 불어나는데 섬사람들은 어떻게 하란 말이오?" 해 봐도, 들어주긴커녕 그중 힘깨나 있어 보이는, 눈이 약간 치째진 친구가 되레 갈밭새 영감의 괭이를 와락 뺏더니 물속으로 핑 집어 던졌다는 거다.</u>

그러곤 누굴 믿고 하는 수작일 테지만 후욕패설을 함부로 뇌까리자, 순간 화가 머리끝까지 치밀었을 갈밭새 영감도, / "이 개 같은 놈아, 사람의 목숨이 중하냐, 네놈들의 욕심이 중하냐?"

말도 채 끝내기 전에 덜렁 그자를 들어 물속에 태질을 해 버렸다는 것이다. 상대방은 '아이고' 소리도 못해 보고 탁류에 휘말려 가고, 지레 달아난 녀석의 고자질에 의해선지 이내 경찰이 둘이나 달려왔더라고.

"내가 그랬소!" / 갈밭새 영감은 서슴지 않고 두 손을 내밀었다는 거다. 다행히도 벌써 그때는 둑이 완전히 뭉개지고, 섬을 치덮던 탁류도 빙 에워 돌며 뭉그적뭉그적 빠져나가고 있었다는 것이다.

"정말 우리 조마이섬을 지키다시피 해 온 영감인데…… 살인죄라니 우짜문 좋겠능기요?"

게까지 말하고 나를 쳐다보는 윤춘삼 씨의 벌건 눈에서는 어느덧 닭똥 같은 눈물이 뚝뚝 떨어지기 시작했다. / 법과 유력자의 배짱과 선량한 다수의 목숨…… 나는 이방인처럼 윤춘삼 씨의 캉캉한 얼굴을 건너다보았다.

[B]

폭풍우는 끝났다. 육십 년래 처음이니 뭐니 하고 수다를 떨던 라디오와 신문들도 이젠 거기에 대해선 감쪽같이 말이 없었다. 그저 몇몇 일간 신문의 수해 구제 의연란에 다소의 금액과 옷가지들이 늘어 갈 뿐이었다. / 섬사람들의 애절한 하소연에도 불구하고 육십이 넘는 갈밭새 영감은 결국 기약 없는 감옥살이로 넘어갔다.

그리고 구월 새 학기가 되어도 건우 군은 학교에 나타나지 않았다. 끝내 돌아오지 않았다. 그의 일기장에는 어떠한 글이 적힐는지.

황폐한 모래톱 — 조마이섬을 군대가 정지를 하고 있다는 소문이 들렸다.

– 김정한, 「모래톱 이야기」

[24001-0258]

01 (가)의 내용에 대한 이해로 적절하지 않은 것은?

① 공 씨는 천명에게 연민을 느끼면서도 일부러 모진 말을 한다.
② 공주학의 아내는 천명의 밥값을 위해 새우젓을 미리 팔아 돈을 마련하였다.
③ 노틀 할아범은 바다에서 파선의 사고를 당하고 그 행방을 알 수 없게 된다.
④ 젊은 어부는 큰 물고기 떼를 잡는 과정에서 자신의 손등이 터질 것을 내심 걱정한다.
⑤ 천명은 어릴 때부터 생계를 위해 힘든 일들을 했으나 부모에게 투정하지 않으려 했다.

[24001-0259]

02 〈보기〉를 참고하여 (가)의 ㉠~㉤을 감상한 내용으로 적절하지 않은 것은?

보기

「무의도 기행」은 천명(天命)의 이름에서 알 수 있듯이, 정해진 운명에 매인 한 인물의 이야기로 볼 수 있다. 천명은 가난한 섬사람의 자식이라는 점에서 그가 뱃사람이 되는 것은 운명과도 같다. 천명은 이 운명에서 벗어나고자 노력하지만, 주변 사람들의 강요로 인해 어쩔 수 없이 이 운명에 순응하게 된다. 천명과 운명의 이러한 관계는 인물의 말이나 행동으로 드러나거나 소재를 통해 상징적으로 제시된다.

① ㉠은 천명이 항구로 떠나기 위해 챙긴 것이라는 점에서 운명에서 벗어나려는 천명의 의지를 상징한다.
② ㉡은 천명에게 사공은 되지 말라고 한 누나의 당부로, 운명에서 벗어나려는 천명의 의지를 대변한다.
③ ㉢은 천명이 공주학의 말에 꺼질 듯한 목소리로 대답한 말이라는 점에서 타의에 의해 운명에 순응할 수밖에 없는 천명의 체념을 엿볼 수 있다.
④ ㉣은 천명이 공주학의 신발을 물려받아 신은 것이라는 점에서 운명에 순응하게 된 천명의 처지를 상징한다.
⑤ ㉤은 천명을 위한 축수에 사용된 것이라는 점에서 운명과 대립한 천명의 순수한 내면을 상징한다.

[24001-0260]

03 (나)의 조마이섬 이야기에 대한 설명으로 가장 적절한 것은?

① 조마이섬의 소유권이 변화한 내력의 부당함을 고발하고 있다.
② 건우 할아버지와 윤춘삼 씨가 건우에게 들은 내용을 전하고 있다.
③ 건우가 꾸중을 들었던 상황과 지각을 하게 된 이유를 밝히고 있다.
④ 건우의 '섬 얘기'와 마찬가지로 '몇 가지 기막힌 일화'를 다루고 있다.
⑤ 을사 보호 조약, 한일 신협약 등의 역사적 사건을 구체적으로 설명하고 있다.

정답과 해설 105쪽

[24001-0261]

04 **(나)의 내용에 대한 이해로 적절하지 않은 것은?**

① '갈밭새 영감'은 인명 피해를 막기 위해 둑을 무너뜨리고자 했다.
② '윤춘삼'은 갈밭새 영감의 앞날을 걱정하여 눈물을 흘렸다.
③ '청년 두 명'은 섬사람들의 작업을 방해하다 모두 탁류로 휘말렸다.
④ '섬사람들'은 갈밭새 영감의 감옥살이를 막기 위해 그의 억울함을 알리고자 노력했다.
⑤ '나'는 어제 있은 일에 대해 들으면서 섬사람들의 목숨을 아랑곳하지 않은 유력자의 태도에 대해 생각했다.

[24001-0262]

05 **[A]와 [B]의 공통점으로 적절하지 않은 것은?**

① [A]와 [B] 모두 주요 공간과 관련된 정보를 들려주고 있다.
② [A]와 [B] 모두 '나'와 사제 관계에 있는 인물에 대해 언급하고 있다.
③ [A]와 [B] 모두 앞서 다룬 사건 이후에 발생한 일들에 대해 들려주고 있다.
④ [A]와 [B] 모두 특정 인물에게 닥친 비극적 사건을 요약하여 들려주고 있다.
⑤ [A]와 [B] 모두 앞서 다룬 사건 이후에 있었던 '나'의 행적을 구체적으로 들려주고 있다.

[24001-0263]

06 **〈보기〉를 바탕으로 ⓐ~ⓔ를 감상한 내용으로 적절하지 않은 것은?**

보기

삶에서 공간은 개인이 위치한 물리적 자리라는 의미에 국한되지 않는다. 개인은 공간에서 관계를 맺고 행위하며 살아가는데, 이때 개인은 공간을 서로 다른 방식으로 경험하면서 특정한 가치나 정서의 공간으로 인식한다. 이러한 공간 인식은 개인이나 공동체가 특정한 공간에 머무르거나 떠나는 계기가 되며 서로 협력하거나 갈등하는 원인이 된다.

① ⓐ를 통해 천명이 형들의 죽음으로 인해 바다에 대해 거부감을 느끼고 있음을 알 수 있군.
② ⓑ를 통해 공주학의 아내는 천명 가족의 사고를 공동체의 아픔으로 간주하며 바다를 향한 천명의 감정에 공감하고 있음을 알 수 있군.
③ ⓒ를 통해 공 씨는 바다를 생계의 공간으로 인식하면서 천명과 갈등하고 있음을 알 수 있군.
④ ⓓ를 통해 건우 할아버지는 조마이섬을 수탈의 공간으로 인식하면서 분노하고 있음을 알 수 있군.
⑤ ⓔ를 통해 유력자가 섬을 소유의 공간으로 간주하면서 조마이섬의 사람들을 위험에 빠트렸다는 점을 알 수 있군.

09 갈래 복합

[01~06] 다음 글을 읽고 물음에 답하시오.

가 서로 말로 하는 수작을 보아서는 지극히 친밀하고 흉허물 없는 사이인 것 같은데, 어쩌면 하나는 저렇게 풍부하고 기름이 흐르고, 하나는 저렇게도 몰골이 초라할까? 둘 사이의 주고받는 대화와는 어울리지 않는 외면의 현격한 차이가 마치 만화의 인물이 튀어나와 실제로 움직이는 것을 보는 듯했을 것이다. 동료들의 호기심은 이 점에 있는 것은 아닐까?

[A]

사실, 석도 몸집과 차림차림이 얼른 알아볼 수 없으리만큼 변해 버린 작가(作家) 조운을 대할 때, 경이의 눈을 뜨지 않을 수 없었다. / 억지로 전에 하던 버릇대로 농조로 말을 끄집어는 냈으나, 그와 대조하여 석 자신의 몰골이 얼마나 초라할까가 마음에 걸려 미상불 주눅이 잡히기까지 하였다.

"아니, 자네도 이렇게 몸이 나고, 이렇게 좋은 옷을 입고, 이렇게 훌륭한 모자를 쓰고, 또 고급 차로 출입을 하고 할 때가 있었던가? 세상은 변하고 볼 일일세." / "기적 같단 말이지?"

㉠사실 기적이라고 말할 수도 있었다.

작가 조운이라면, 독특한 철학적인 명제를, 그것을 담는 난삽한 문체를 고집하는 작가로서 개성이 뚜렷한 존재였다. 더욱이 자신에 충실하고 문학에 대한 결백성을 굳게 지켜 오는 것으로 문단인의 존경을 받아 오던 사람이었다. / 그를 따르는 문학소녀가 많았다. 무엇이 깃들어 있는 것 같은 풍모와 작품, 범속한 것을 싫어하는 문학소녀들의 단순한 호기심이라고 할까?

그러나 그 반면에 문학적인 적도 많이 가지고 있는 사람이었다.

그리고 그의 난해한 문장은 독자를 많이 갖고 있지 않았다.

'㉡신음하면서 찾아 얻으려는 사람만을 시인(是認)할 수 있다'는 그의 인간적인 신념은 그대로 그의 문학적인 신조였다. / 항상 생각하고, 자신이 생각해서 도달한 것만이 진리라고 단정하는 그는, 그러므로 과작이었고 생활은 늘 궁하였다. / 그러나 생활을 유지하기 위하여 매문(賣文)은 하지 않았다.

항상 초라한 몰골을 하고 있는 그는 외면적인 차림에 도무지 무관심이었다.

생활력이 어지간한 부인의 덕으로 아이들은 굶기지 않았으나, 가정을 돌보지 않는 것이 몸차림에 무관심한 것이나 다를 것이 없었다. 무슨 회합에든 공식 모임에는 통 나가지 않았다.

[중략 부분 줄거리] 석은 오랜만에 만난 조운과 식사를 하고, 그 자리에서 미이가 조운에게 보낸 검정 넥타이를 보게 된다. 검정 넥타이는 조운이 6·25 전쟁 전에 일상적으로 매던 것으로, 미이가 속세에 초연했던 당시의 조운과 잘 어울린다고 생각했던 물건이다. 전쟁을 겪으며 삶의 태도를 바꾸고 부유한 사업가가 된 조운은 자신의 경제적 성공이 타락에 지나지 않다고 석에게 고백한 후, 부산에서 다시 만난 미이와의 일화를 들려준다.

"선생님은 살아가는 것을 즐겁다고 생각하세요?" / 오금 박듯 말하였네.

나는 뜨끔하였네. ㉢그리고 일부러 내 편에서 더 명랑성을 띠며 응수했네.

"건 미이답지 않은 질문인데. 오오라, **사변*** 통의 불행으루 미이 인생관 변했군그래…… 그러니까, 이를테면 백팔십도 전환으루 지금은 인생을 비관한단 말이지?" / "비관하는 건 아녜요."

"비관 안 해? 그럼 안심이야. 비관 안 함 역시 낙관이겠군." / "비관두 낙관두 아니에요."

"그럼? 중간판가? 중간판 없어졌어." / "호, 호, 호, 말재주 어디서 그렇게 느셨어요?"

미이의 침울이 풀려지는 듯해 나는 될 수 있으면 그로 하여금 명랑하였던 서울 시절을 회상하도록, 기억에 남아 있는 서울서의 화제를 끄집어내었네.

"이것두 저것두 아님, 세상 나오질 않을 걸 그랬군. 오빠지 언닌지 모르는 그 애기에게 양보할 걸 그랬어…… 하, 하 ……."

"선생님 기억두 참 좋으시네. 그 말 잊지 않으셨군요…… 그러나 그렇게 생각진 않아요. 역시 이 세상에 나온 걸 고맙게 여겨요. 기쁘게 여겨요."

"그렇게 생각한다? 그럼 더욱 안심이군. 그러니까 결국 미이 생각 변한 게 없구먼…… 서울 때처럼 명랑해지구 기운을 내라구." / "생각 변한 게 있다면 이걸까요?" / "뭐? 역시 변한 거 있나?"

"그 어려운 목숨과 형체를 받아 사람이 세상에 나오게 된 것이니, 필요 없이 내보내지 않았을 거예요. 이 세상에 꼭 할 일이 있기에 내보낸 것이 아닐까요."

"**사명(使命)**을 지고 나왔다는 말이지?" / "예. 사명이에요. 보람 있는 사명이에요."

"……." / 문득, 나는 나 자신을 돌이켜 보고 움찔했으나, 미이는 말을 이었네.

"그러나 제 사명을 바루 찾아 그 사명을 다하는 사람두 있구, 못 찾구 거지처럼 보람 없이 인생을 마치는 사람이 있을 게라구 생각해요." / "그럼, 미이 사명은?" / "……."

㉣미이는 머리를 숙이더니 숙인 채로 낮은 목소리로 중얼거리듯 말하였네. / "헤치구 찾아봐야잖아요."

이튿날부터 부산에서의 새 사업 계획에 분망한 틈을 타서, 나는 미이를 하루 한 번씩은 만났고, 그의 판잣집에도 찾아가 보았네. 그 생활이란 말이 아니데. 꼼짝 못 하고 누워 있는 미이 아버지의 얼빠진 모양, 고생 모르고 늙던 어머니의 목판 장사하는 정경.

나는 미이의 가족을 구해야겠다는 생각이 더욱 간절했네. 그러나 미이와 자주 만나는 사이 처음의 순수했던 생각보다도 야심이 더 앞을 섰다는 것을 고백하네. 술과 계집이 마음대로였던 내 생활이라, 미이에 대해 밖으로 나타나는 태도도 좀 다르다고 미이 자신이 눈치챘을 것일세.

나는 다방을 하나 차려 줄 것에 생각이 미치었네. 이것이면 내 힘으로 자금 유통도 되고, 미이의 명랑성도 센스도 살릴 수 있고, 수입 면도 문제없다고 생각했네. 이 계획을 말했더니, 처음에는 그럴싸하게 듣고, 얼굴에 희망의 불그레한 홍조까지 떠올렸던 미이였으나, 다음 날 오 일간의 생각할 여유를 달라는 것이었었네. 더 생각할 여지도 없는 일일 터인데 망설이는 것이 수상쩍었으나, 그러마 하고 나는 동아 극장 옆에 있는 마침 물려주겠다는 다방 하나를 넘겨 맡기로 이야기가 다 되었었네. 그 닷새 되는 날이 오늘이고, 정한 시각에 연락 장소인 다방엘 갔더니, 레지가 내민 것이 종이 꾸러미였었네. 펴 보고 놀라지 않을 수 없었네. 다른 길과 달라 간호 장교이고 보니, 생활 방편을 위한 것이 아님이 대뜸 짐작이 갔고, 더욱 나의 뒤통수를 때린 것이 [검정 넥타이]였었네. 그러면 미이가 첫날 다방에서 '사명 운운'했던 것은 그 길을 말함이었던가? 나는 **부끄럽기** 짝이 없었네. 검정 넥타이를 들고, 나는 비로소 삼 년 동안 내가 정신적으로 **타락**의 길을 걷고 있었다는 것을 뼈아프게 느끼었네. 미이가 말하는 그 사명을 찾는 길, 사명을 다하는 일을 나는 사변이라는 외적인 격동 때문에 포기하고 만 것일세. 가장 잘 생각하는 체하던 나는 가장 바보같이 생각했고, 부박하다고 세상을 모른다고 여기었던 미이는 사변에서 키워졌고 굳세어졌고, 올바른 사람이 된 것일세. ㉤이렇게 생각하자 나는 천야만야한 낭떠러지를 굴러떨어지는 듯했네. 구르면서 걷어잡으려고 한 것이 친구의 구원이었네. 자네를 찾은 것은 이 때문일세…….

– 안수길, 「제3 인간형」

* **사변**: 한 나라가 상대국에 선전 포고도 없이 침입하는 일. 여기에서는 6 · 25 전쟁을 가리킴.

나 4·19가 나던 해 세밑 / **우리**는 오후 다섯 시에 만나
반갑게 악수를 나누고 / 불도 없이 **차가운 방**에 앉아
하얀 입김 뿜으며 / 열띤 토론을 벌였다
어리석게도 우리는 무엇인가를 / 정치와는 전혀 관계없는 무엇인가를
위해서 살리라 믿었던 것이다 / 결론 없는 모임을 끝낸 밤
혜화동 로터리에서 대포를 마시며 / 사랑과 아르바이트와 병역 문제 때문에
우리는 **때 묻지 않은 고민**을 했고 / 아무도 귀 기울이지 않는 노래를
누구도 흉내 낼 수 없는 노래를 / 저마다 목청껏 불렀다
돈을 받지 않고 부르는 노래는 / 겨울밤 하늘로 올라가
별똥별이 되어 떨어졌다 / 그로부터 18년 오랜만에
우리는 모두 무엇인가 되어 / 혁명이 두려운 기성세대가 되어
[넥타이]를 매고 다시 모였다 / 회비를 만 원씩 걷고
처자식들의 안부를 나누고 / 월급이 얼마인가 서로 물었다
치솟는 물가를 걱정하며 / 즐겁게 세상을 **개탄**하고
익숙하게 목소리를 낮추어 / 떠도는 이야기를 주고받았다
모두가 살기 위해 살고 있었다 / 아무도 이젠 노래를 부르지 않았다
적잖은 술과 비싼 안주를 남긴 채 / 우리는 달라진 전화번호를 적고 헤어졌다
몇이서는 포커를 하러 갔고 / 몇이서는 춤을 추러 갔고
몇이서는 허전하게 동숭동 길을 걸었다 / **돌돌 말은 달력**을 소중하게 옆에 끼고
오랜 방황 끝에 되돌아온 곳 / 우리의 옛사랑이 피 흘린 곳에
낯선 건물들 수상하게 들어섰고 / 플라타너스 가로수들은 여전히 제자리에 서서
아직도 남아 있는 몇 개의 마른 잎 흔들며 / 우리의 고개를 떨구게 했다
부끄럽지 않은가 / 부끄럽지 않은가
바람의 속삭임 귓전으로 흘리며 / 우리는 짐짓 중년기의 건강을 이야기했고
또 한 발짝 깊숙이 **늪**으로 발을 옮겼다

– 김광규, 「희미한 옛사랑의 그림자」

[24001-0264]

01 **(가)의 [A]에 대한 설명으로 가장 적절한 것은?**

① 여러 인물을 서술자로 내세워 사건에 대한 다양한 입장을 제시하고 있다.
② 상반된 입장을 드러내는 인물 간의 대화를 통해 갈등 해결의 실마리를 제시하고 있다.
③ 특정한 인물로 설정된 서술자가 자신이 경험한 사건을 고백의 목소리로 전달하고 있다.
④ 이야기 밖의 서술자가 한 인물의 내면을 드러내면서 다른 인물의 과거를 요약하여 제시하고 있다.
⑤ 겉 이야기와 속 이야기로 짜인 액자식 구성을 통해 주인공을 향한 이중적인 시선을 제시하고 있다.

[24001-0265]

02 ㉠~㉤을 이해한 내용으로 적절하지 않은 것은?

① ㉠: 조운의 변화가 그만큼 극적이라는 점을 부각한다.
② ㉡: 문장이 어렵더라도 그 뜻을 이해하려는 독자만을 인정하는 조운의 신념을 나타낸다.
③ ㉢: 조운이 속마음을 감추기 위해 자신의 기분을 꾸며 말하는 모습에 해당한다.
④ ㉣: 미이가 조운을 경계하는 행동으로 조운에 대한 미이의 불신을 드러낸다.
⑤ ㉤: 자신의 삶을 직시하게 되면서 조운이 느낀 충격을 표현한다.

[24001-0266]

03 (나)의 표현상 특징으로 가장 적절한 것은?

① 가정의 상황을 반복하여 제시하며 화자의 상실감을 강조하고 있다.
② 의문형 종결 어미를 사용하여 화자의 성찰적 태도를 부각하고 있다.
③ 수미상관의 구조를 활용하여 시적 상황의 반복과 순환을 나타내고 있다.
④ 여로형 구조에 따라 시상을 전개하며 화자의 의식 변화를 드러내고 있다.
⑤ 역순행적 전개를 통해 화자의 상황에 관한 독자의 호기심을 자극하고 있다.

[24001-0267]

04 (나)의 내용에 대한 이해로 적절하지 않은 것은?

① '차가운 방'이라는 공간을 통해 젊은 시절의 열악하고 가난했던 처지를 암시하고 있다.
② '누구도 흉내 낼 수 없는 노래'라는 소재를 통해 젊은 시절의 순수한 열정을 부각하고 있다.
③ '적잖은 술과 비싼 안주'라는 소재를 통해 경제적으로 안정된 현재의 삶을 드러내고 있다.
④ '돌돌 말은 달력'이라는 소재를 통해 과거의 가치를 계승하겠다는 의지를 표현하고 있다.
⑤ '늪'이라는 공간을 통해 현실에 순응하는 삶에서 벗어나기 어렵다는 점을 강조하고 있다.

[24001-0268]

05

(가)의 검정 넥타이 와 (나)의 넥타이 를 비교한 내용으로 가장 적절한 것은?

① (가)의 검정 넥타이와 (나)의 넥타이는 모두 소유자의 순수했던 과거를 상징한다.
② (가)의 검정 넥타이와 (나)의 넥타이는 모두 자신의 성취에 대한 소유자의 자부심을 상징한다.
③ (가)의 검정 넥타이는 현재의 삶을 반성하게 되는 계기이고, (나)의 넥타이는 생활에 구속된 현실을 상징한다.
④ (가)의 검정 넥타이는 궁핍한 사람을 돕고자 하는 선의를 상징하고, (나)의 넥타이는 현실에 안주하는 삶을 상징한다.
⑤ (가)의 검정 넥타이는 세상을 뜬 고인에 대한 애도를 상징하며, (나)의 넥타이는 미래 세대의 등장을 희망하는 바람을 상징한다.

[24001-0269]

06

〈보기〉를 참고하여 (가), (나)를 감상한 내용으로 적절하지 않은 것은?

보기

「제3 인간형」과 「희미한 옛사랑의 그림자」는 우리 역사의 중요 사건을 배경으로 삼아 경제적 안정에 매몰된 소시민의 삶을 재현한다. 특히 두 작품은 서로 다른 삶의 모습을 대조적으로 제시하면서 신념의 지향과 생활의 순응 사이에 놓인 소시민의 성찰적 내면을 그린다는 공통점이 있다. 「제3 인간형」은 역사적 사건을 겪는 과정에서 삶의 태도를 바꾼 인물들을 대조하며 어떤 인간형이 바람직한 삶인지를 묻는다. 「희미한 옛사랑의 그림자」는 역사적 사건이 일어난 과거와 오랜 시간이 흐른 현재를 대조하면서 과거의 이상과 열정을 잃은 현재의 소시민과 속물화된 사회를 성찰한다.

① (가)와 (나)는 각각 '사변'과 '4 · 19'라는 역사적 사건을 배경으로 소시민의 문제를 제기하는군.
② (가)에서는 '사명'을 포기하고 부유해진 '조운'의 삶과 가난해졌으나 '사명'을 찾은 '미이'의 삶이 대조되고 있군.
③ (나)에서는 '때 묻지 않은 고민'을 했던 과거의 '우리'와 '치솟는 물가를 걱정'하는 현재의 '우리'가 대조되고 있군.
④ (가)와 (나)에서 '부끄러움'은 각각 '조운'과 '우리'가 현재의 소시민적 생활을 반성하며 느끼는 감정으로 볼 수 있군.
⑤ (가)의 '타락'에서는 소시민적 생활에 대한 '조운'의 비판적 인식을, (나)의 '개탄'에서는 속물화된 사회에 대한 '우리'의 진지한 성찰을 엿볼 수 있군.

10 갈래 복합

[01~06] 다음 글을 읽고 물음에 답하시오.

가 겨울나무와 바람
㉠머리채 긴 바람들은 투명한 빨래처럼
진종일 가지 끝에 걸려
나무도 바람도
혼자가 아닌 게 된다

혼자는 아니다
누구도 혼자는 아니다
나도 아니다
하늘 아래 외톨이로 서 보는 날도
㉡하늘만은 함께 있어 주지 않던가

삶은 언제나
은총의 돌층계의 어디쯤이다
사랑도 매양
섭리의 자갈밭의 어디쯤이다

이적진 말로써 풀던 마음
말없이 삭이고
얼마 더 너그러워져서 이 생명을 살자
황송한 축연이라 알고
한세상을 누리자

새해의 눈시울이
순수의 얼음꽃
㉢승천한 눈물들이 다시 땅 위에 떨구이는
백설을 담고 온다

– 김남조, 「설일(雪日)」

나 **상한 갈대**라도 하늘 아래선
한 계절 넉넉히 흔들리거니
뿌리 깊으면야

밑둥 잘리어도 새순은 돋거니
충분히 흔들리자 상한 영혼이여
충분히 흔들리며 고통에게로 가자

뿌리 없이 흔들리는 부평초 잎이라도
물 고이면 꽃은 피거니
㉣이 세상 어디서나 개울은 흐르고
이 세상 어디서나 등불은 켜지듯
가자 고통이여 살 맞대고 가자
외롭기로 작정하면 어딘들 못 가랴
가기로 작정하면 지는 해가 문제랴

㉤고통과 설움의 땅 훨훨 지나서
뿌리 깊은 벌판에 서자
두 팔로 막아도 바람은 불듯
영원한 눈물이란 없느니라
영원한 비탄이란 없느니라
캄캄한 밤이라도 하늘 아래선
ⓐ마주 잡을 손 하나 오고 있거니

– 고정희, 「상한 영혼을 위하여」

다 나의 두 손등과 손가락들에는 세 종류의 흉터가 선명하게 남아 있다.

초등학교 1학년 때 첫 소풍을 가기 전날 오후 마음이 들뜨다 못해 토방 아래에 엎드려 있는 누렁이 놈의 목을 졸라 대다 졸지에 숨이 막힌 녀석이 내 왼손을 덥석 물어뜯어 생긴 세 개의 개 이빨 자국 세트가 하나. 역시 초등학교 5학년 때쯤 남의 산으로 나무를 하러 갔다가 조급한 도둑 톱질 끝에 내 쪽으로 쓰러져 오는 나무둥치를 피하려다 마른 가지 끝에 손등을 찍혀 생긴 기다란 상처 자국이 그 둘, 고등학교엘 다닐 때까지 방학이 되면 고향 집으로 내려가 논밭걷이와 푸나무를 하러 다니며 낫질을 실수할 때마다 왼손 검지와 장지 손가락 겉쪽에 하나씩 더해진 낫 상처 자국이 나중엔 이리저리 이어지고 뒤얽히며 풀려 흐트러진 실타래의 형국을 이루고 있는 것이 그 세 번째 흉터의 꼴이다.

그런데 나는 시골에서 광주로 중학교 진학을 나오면서부터 한동안 그 흉터들이 큰 부끄러움거리가 되고 있었다. 도회지 아이들의 희고 깨끗하고 부드러운 손에 비해 일로 거칠어지고 흉터까지 낭자한 그 남루하고 못생긴 내 손꼴새라니.

그러나 그 후 세월이 흘러 직장 일을 다니는 청년기가 되었을 때 그 흉터들과 볼품없는 손꼴이 거꾸로 아름답고 떳떳한 사랑과 은근한 자랑거리로 변해 갔다.

"아무개 씨도 무척 어려운 시절을 힘차게 살아 냈구만. 나는 그 흉터들이 어떻게 생긴 것인 줄을 알지."

직장의 한 나이 든 선배님이 어떤 자리에서 내 손등의 흉터를 보고 그의 소중스런 마음속 비밀을 건네주듯 ⓑ자신의 손을 내게 가만히 내밀어 보였을 때, 그리고 그 손등에 나보다도 더 많은 상처 자국들이 수놓여 있는 것을 보았을 때부터였다.

그렇다. 그 흉터와, **흉터 많은 손꼴**은 내 어려웠던 어린 시절의 모습이요, 그것을 힘들게 참고 이겨 낸 **떳떳하고 자랑스런 내 삶의 한 기록**일 수 있었다. 그 나이 든 선배님의 경우처럼, **우리 누구나가 눈에 보이게든 안 보이게든 삶의 쓰라린 상처들을 겪어 가며 그 흉터를 지니고 살아가게 마련**이요, 어떤 뜻에선 그 상처의 흔적이야말로 우리 삶의 매우 단단한 마디요 숨은 값이라 할 수도 있을 것이기 때문이다.

그렇다면, 그것은 오직 나만의 자랑이나 내세움거리로 삼을 수는 없으리라. 그것은 오히려 우리 누구나가 자신의 삶을 늘 겸손하게 되돌아보고, 참삶의 뜻과 값이 무엇인가를 새롭게 비춰 보는 거울로 삼음이 더 뜻있는 일일 것이다.

이런 생각 속에서도 때로 아쉽게 여겨지는 일은 요즘 사람들 가운데엔 작은 상처나 흉터 하나 지니지 않으려 함은 물론, 남의 아픈 상처 또한 거기 숨은 뜻이나 값을 한 대목도 읽어 주지 못하는 이들이 흔해 빠진 현상이다.

아무쪼록 자기 흉터엔 겸손한 긍지를, 남의 흉터엔 위로와 경의를, 그리고 흉터 많은 우리 삶엔 사랑의 찬가를 함께할 수 있기를!

– 이청준, 「아름다운 흉터」

[24001-0270]

01 **(가)와 (나)의 공통점으로 적절하지 않은 것은?**

① 대구를 활용하여 리듬감을 형성하고 있다.
② 청자를 호명하여 소통의 대상을 드러내고 있다.
③ 설의적 표현을 사용하여 화자의 생각을 강조하고 있다.
④ 유사한 시구를 반복하여 제시하려는 의미를 부각하고 있다.
⑤ 청유문을 구사하여 삶에 대한 다짐의 내용을 구체화하고 있다.

[24001-0271]

02 **㉠~㉤에 대한 설명으로 적절하지 않은 것은?**

① ㉠: 비가시적 대상인 바람의 모습을 시각화하고 있다.
② ㉡: 절대자가 늘 자신과 함께한다는 화자의 인식을 환기하고 있다.
③ ㉢: 슬픔을 잊어 보려는 노력의 덧없음을 형상화하고 있다.
④ ㉣: 부평초에 꽃이 필 수 있는 조건이 충족되어 있음을 지시하고 있다.
⑤ ㉤: 시련에 찬 현실을 넘어서는 상태에 대한 희망을 드러내고 있다.

[24001-0272]

03 (다)의 내용에 대한 이해로 적절하지 않은 것은?

① 글쓴이는 중학교에 진학하면서 도회지로 나와 살게 되었다.
② 글쓴이의 손에는 어린 시절에 생긴 흉터가 어른이 된 후까지 남아 있다.
③ 글쓴이는 손의 흉터들이 무모한 용기를 드러내려다가 생겼다고 회상하고 있다.
④ 글쓴이는 청년기가 되어서야 자기 손의 흉터를 이전만큼 부끄러워하지 않게 되었다.
⑤ 글쓴이는 요즘은 타인의 상처에 깃든 의미를 이해하지 못하는 사람이 많다고 생각하고 있다.

[24001-0273]

04 〈보기〉를 읽고 (가)~(다)를 이해한 내용으로 적절하지 않은 것은?

보기

인식의 주체가 관찰과 사색을 통해 별개의 대상들, 즉 서로 다른 사물과 사물 또는 현상과 현상 간에 존재하는 유사성을 발견하게 되면 그 주체의 인식이 확대·심화하는 결과가 뒤따른다. 예를 들어 어떤 자연물을 관찰한 인식 주체는 거기서 얻게 된 깨달음을 인간의 삶과 같은 다른 대상에 확대 적용해 봄으로써 한층 보편적인 차원의 진술을 구성하게 되고, 때로는 그로부터 바람직한 태도나 행동의 준거를 마련하기도 하는 것이다.

① (가)의 화자는 겨울나무를 관찰한 결과 '나무도 바람도 / 혼자가 아닌 게 된다'는 깨달음을 얻고 이를 인간 삶의 '하늘 아래 외톨이로 서 보는 날'에 적용함으로써, '누구도 혼자는 아니다'라는 보편적 진술을 구성하게 되었군.
② (가)의 화자는 삶과 사랑에 대해 새롭게 깨닫게 된 바를 바탕으로 인식을 심화함으로써, 지금까지보다 '얼마 더 너그러워져서' 살 것과 인생을 '황송한 축연이라 알고' 살 것을 바람직한 태도의 준거로 삼게 되었군.
③ (나)의 화자는 '상한 갈대'가 '한 계절 넉넉히 흔들리'는 여유로운 모습에 대한 긍정적 평가로부터 인식을 확장함으로써, '뿌리 없이 흔들리는' 태도를 자신에게 결여되어 있는 바람직한 행동의 준거로 제시하게 되었군.
④ (나)의 화자는 '밑둥 잘리어도 새순은 돋'을 수 있는 '상한 갈대'의 속성에 대한 깨달음을 인간의 삶에 적용해 봄으로써, '캄캄한 밤'이라고 느껴질 만한 상황에서도 섣불리 좌절할 필요가 없음을 의미하는 보편적 진술을 하게 되었군.
⑤ (다)의 글쓴이는 '흉터 많은 손꼴'을 매개로 얻게 된 깨달음을 심리적인 상처에까지 확대함으로써, '우리 누구나가 눈에 보이게든 안 보이게든 삶의 쓰라린 상처들을 겪어 가며 그 흉터를 지니고 살아가게 마련'이라는 한층 보편적인 차원의 진술을 제시하게 되었군.

정답과 해설 110쪽

[24001-0274]

05 ⓐ와 ⓑ에 대한 설명으로 가장 적절한 것은?

① ⓐ는 화자가 연민을 느끼는 대상이고, ⓑ는 글쓴이가 회한을 토로하는 대상이다.
② ⓐ는 화자가 연대할 수 있는 대상이고, ⓑ는 글쓴이가 동질감을 느끼는 대상이다.
③ ⓐ는 화자가 간절히 기다리는 대상이고, ⓑ는 글쓴이가 비판적으로 평가하는 대상이다.
④ ⓐ는 화자가 의구심을 품는 대상이고, ⓑ는 글쓴이에게 새로운 깨달음을 주는 대상이다.
⑤ ⓐ는 화자가 소유하기를 욕망하는 대상이고, ⓑ는 글쓴이가 용서해 주어야 하는 대상이다.

[24001-0275]

06 〈보기〉를 바탕으로 (가)~(다)에 관해 추론한 내용으로 적절하지 않은 것은?

보기

문학의 효용 가운데 하나는 독자에게 위안을 주는 것이라고 할 수 있다. 우리의 삶에는 가난에서 비롯된 고통, 뜻대로 되지 않는 사랑으로 인한 상처, 외로움으로 인한 절망, 슬픔이 지속될지도 모른다는 불안, 악조건으로 인한 고난 등과 같이 여러 가지 아픔과 어려움이 있기 마련이다. 그런데 때로는 이런 상황에 있는 독자가 어떤 문학 작품을 읽음으로써 위로받고 치유되기도 한다. 이때 그 작품은 독자가 삶의 본질을 좀 더 폭넓게 이해하고 긍정적인 수용 태도를 지니게 해 주며, 암울한 현실을 극복할 의지와, 자신의 미래를 낙관할 계기를 마련해 주고, 때로는 문제 상황을 해결할 방안을 제시해 주기도 하는 것이다.

① 사랑이 뜻대로 되지 않아 상처 입은 독자가 (가)를 읽으면 '사랑도 매양 / 섭리의 자갈밭의 어디쯤이다'라는 시구를 통해 자신의 상처 또한 삶의 본질 중 일부라는 이해에 도달할 수 있겠군.
② 외로움으로 인한 절망에 빠진 독자가 (가)를 읽으면 '이적진 말로써 풀던 마음 / 말없이 삭이고'라는 시구를 통해 사회관계의 적극적인 확대를 자신의 문제 상황의 해결 방안으로 삼을 수 있겠군.
③ 악조건 때문에 고난을 겪는 독자가 (나)를 읽으면 '가기로 작정하면 지는 해가 문제랴'라는 시구를 통해 암울한 현실을 극복할 의지를 떠올릴 수 있겠군.
④ 슬픔이 지속될지도 모른다는 불안에 시달리는 독자가 (나)를 읽으면 '영원한 비탄이란 없느니라'라는 시구를 통해 자신의 미래를 낙관하게 되는 계기를 경험할 수 있겠군.
⑤ 가난에서 비롯된 고통을 겪은 독자가 (다)를 읽으면 '떳떳하고 자랑스런 내 삶의 한 기록'이란 구절을 통해 자신과 유사한 경험에 대한 긍정적인 수용 태도를 본받을 수 있겠군.

11 갈래 복합

[01~06] 다음 글을 읽고 물음에 답하시오.

가 ㉠오호, 여기 줄지어 누웠는 넋들은
눈도 감지 못하였겠구나.

어제까지 너희의 목숨을 겨눠
방아쇠를 당기던 우리의 그 손으로
썩어 문드러진 살덩이와 뼈를 추려
㉡그래도 양지바른 두메를 골라
고이 파묻어 떼마저 입혔거니
죽음은 이렇듯 미움보다도 사랑보다도
더 너그러운 것이로다.

이곳서 ⓐ나와 너희의 넋들이
돌아가야 할 고향 땅은 삼십(三十) 리면
가로막히고

무인공산의 적막만이
천만근 나의 가슴을 억누르는데

살아서는 너희가 나와
미움으로 맺혔건만
이제는 오히려 너희의
풀지 못한 원한이 나의
바램 속에 깃들어 있도다.

손에 닿을 듯한 봄 하늘에
ⓑ구름은 무심히도
북(北)으로 흘러가고

㉢어디서 울려오는 포성 몇 발
나는 그만 이 은원(恩怨)의 무덤 앞에
목 놓아 버린다.

– 구상, 「초토의 시 · 8 – **적군 묘지** 앞에서」

나 "알고 보면 조금도 이상스런 일은 아니지요. 이 부근이 워낙 그런 자리였으니까요."

노인은 한동안 묵묵히 그것들을 내려다보고 있다가 입을 열었다.

"그럼, 역시 우리 짐작대로 육이오 때에……."

"여기만은 아니지요. 마을에서 십여 리 안팎 어디를 파 보더라도 이렇듯 주인 없는 뼈다귀 하나쯤 찾아내기란 그리 어려운 일이 아닐 거외다."

"그렇게까지 심했습니까. 예전에 여기서 무슨 유명한 전투가 있었다는 말은 듣지 못한 것 같은데."

부쩍 호기심을 보이며 되묻는 소대장의 앳된 얼굴을 흘깃 쳐다보더니, 노인은 몸을 돌려 짧은 동안 먼 산을 응시하는 것 같았다.

"하기야 그게 어디 꼭 **이 마을**에 한한 일이겠소만, 유난히도 여기선 사람 죽는 꼴을 지겹도록 지켜본 셈이지요. 저기를 보시구려."

노인은 손가락을 들어 멀리 산을 가리켰다. 반도의 등줄기라고들 하는 태백산맥의 거대한 모습이 잔뜩 찌푸린 하늘 한쪽을 가린 채 몸을 틀고 엎드려 있었다. 그러고 보니 사방 어디에나 험준한 산으로 시야가 꽉 막혀 있는 지형이었다. 어디를 향해 나아가든지 이내 깎아 세운 듯한 산허리에 맞부딪히고 말 게 뻔했다.

"저기가 바로 태백산맥의 원 등줄기인 셈이오. 저길 타고 올라 등성이만 따라가노라면 남북으로, 지리산에서부터 금강산까지 곧장 이어져 있다고들 하지요. 예전엔 하늘이 뵈지 않을 만큼 울창한 산이었소."

우리는 노인의 손가락 끝을 따라 시선을 움직였다. 거대한 파충류의 등허리처럼 꿈틀거리며 뻗어져 나온 산맥의 등줄기는 곧바로 마을 북쪽에 마주 뵈는 산으로 잇닿아 있었다. 그런데 그 산엔 사람의 힘으로는 도저히 건널 수 없는 깎아지른 **벼랑**이 병풍처럼 둘러쳐져 있다는 것이었다. 때문에 어쩔 수 없이 그 절벽을 멀리 돌아 나가자면 자연히 이 마을 근처를 지나가게 된다는 것이었다.

노인의 말로는 그게 바로 문제였다고 했다. 전쟁이 끝나 갈 무렵부터 낯선 사람들이 밀어닥치기 시작하더라는 것이었다. 전선이 훨씬 남쪽으로 내려갔을 때엔 정작 총성조차 뜸하던 마을은 느닷없이 쑥밭이 되다시피 했다. 산사람들은 주로 밤에만 나타나 식량이며 옷가지를 약탈해 갔고, 때로는 길잡이로 쓰기 위해 마을 주민들을 끌고 가기도 했다. 지리산에서부터 줄곧 걸어왔다는 패거리들도 있었는데, 그들은 모두 한결같이 굶주리고 지친 몰골로 북쪽을 향해 도주하는 중이었다. 마침내 그들의 퇴로를 막기 위해 국군이 들어왔고, 그때부터 전투는 산발적이나마 밤낮으로 계속되어졌다.

"끝내는 소개령이 내려져서 마을은 이주를 하게 되었으나 그 와중에 주민들의 수효도 꽤 줄었지요."

노인은 밤새 총소리가 어지럽던 다음 날엔 들녘이며 산기슭에 허옇게 널린 시체를 모아다 묻는 일을 해야 했다는 것이다. 전쟁이 끝났고 사람들은 마을로 되돌아왔다. 그리고 이름도 고향도 모르는 그 숱한 낯선 시신들을 묻었던 자리엔 해마다 키를 넘기는 잡초들이 무성하게 돋아나곤 했다. 그 때문에 몇 년 동안은 누구도 아예 감자나 무 따위는 **밭**에 심으려고 하지 않았노라고 노인은 말했다.

누군가가 헌 타월과 신문지를 가져왔다. 노인은 뼛조각을 하나씩 집어 들고 수건으로 흙을 닦아 낸 다음 그것을 펼쳐진 신문지 위에 가지런히 정리해 놓기 시작했다.

"그렇다면 이치도 아마 빨갱이였겠구만. 안 그래요?"

소대장이 지휘봉의 뾰족한 끝으로 쿡쿡 찌르듯 유해를 가리키며 말했다. 인사계가 되물었다.

"어째서요." / "산을 타고 도망치던 빨치산들이 그리 많이 죽었다잖아. 이치도 보기엔 군인은 아니었을 것 같고, 그렇다고 근처의 주민이었다면 가족이 있을 텐데 임자 없이 이 꼴로 팽개쳐 뒀을라구."

"그걸 누가 압니까. 그때야 워낙 피차에 서로 죽고 죽이던 판인데……."

그때였다. 쭈그려 앉아서 손을 움직이고 있던 노인이 불쑥 소리치는 것이었다.

"㉣어허, 대관절…… 대관절 그게 어떻다는 얘기요. 죽어서까지 원, 아무리 이렇게 죽어 누운 다음에까지 이쪽이니 저쪽이니 하고 그런 걸 굳이 따져서 무얼 하자는 말이오. 죽은 사람이 뭣을 알길래…… 죄다 부질없는 짓이지. 쯔쯧."

노인의 음성은 낮았지만 강하고 무거웠다. 그러면서도 노인은 고개를 숙인 채 뼛조각에 묻은 흙을 정성스레 닦아 내고 있었다. 무슨 귀한 물건마냥 서두르는 기색도 없이 신중히 손질하고 있는 노인의 자그마한 체구를 우리는 둘러서서 지켜보았다. 모두들 한동안 입을 다물었고, 나는 흙에 적셔진 노인의 손끝이 가늘게 떨리고 있음을 깨달았다.

"땅속에 누운 사람의 잠을 살아 있는 사람이 깨워서야 되겠소. 또 그럴 수도 없는 법이고. ㉤원통한 넋이니 죽어서라도 편히 눈감도록 해야지, 암. 그것이 산 사람들의 도리요…… 하기는, 이렇게 불편한 꼴로 묶여 있었으니 그 잠인들 오죽했을까만."

노인은 어느 틈에 꾸짖는 듯한 말투로 혼자 중얼거리고 있었다. 두개골과 다리뼈를 꼼꼼히 문질러 닦은 뒤, 노인은 몸통뼈에 묶인 줄을 풀어내기 시작했다. 완강하게 묶인 매듭은 마침내 노인의 손끝에서 풀리어졌다. 금방이라도 쩔걱쩔걱 쇳소리를 낼 듯한 철삿줄은 싱싱하게 살아 있었다. 살을 녹이고 뼈까지도 녹슬게 만든 그 오랜 시간과 땅 밑의 어둠을 끝끝내 견뎌 내고 그렇듯 시퍼렇게 되살아 나오는 그것의 놀라운 끈질김과 냉혹성이 언뜻 소름 끼치도록 무서움증을 느끼게 했다.

노인은 손목과 팔에 묶인 결박까지 마저 풀어낸 다음 허리를 펴고 일어서더니 줄 묶음을 들고 저만치 걸어 나갔다. 그가 허공을 향해 그것을 멀리 내던지는 순간, 나는 까닭 모르게 마당가에서 하늘을 치어다보며 서 있는 어머니의 가녀린 목줄기와 그녀가 아침마다 소반 위에 떠서 올리곤 하던 하얀 물사발이 눈앞에 떠올랐다가 스러져 버리는 것이었다.

나는 담배를 피워 물었다. 멀리 메마른 초겨울의 야산이 헐벗은 등을 까 내놓고 죽은 듯이 엎드려 있었다. 사위는 온통 잿빛의 풍경이었다. 피잉, 현기증이 일었다.

광주리를 머리에 인 어머니가 모래밭을 걸어오고 있었다. 돌돌거리며 흐르는 물소리를 거슬러 강변 모래밭을 어머니가 혼자 저만치서 다가오고 있었다. 모래밭은 하얗게 햇살을 되받아 쏘며 은빛으로 반짝였다. 허리띠를 질끈 동인 어머니의 치맛자락이 흐느적이며 바람결에 흔들리고 있었다. 나는 햇살에 부신 눈을 가늘게 오므리고 줄곧 그녀를 지켜보고 있었다. 그때였다. 꿈속에서처럼 나는 그녀의 뒤를 바짝 따라오고 있는 한 사내의 환영을 보았다. 그건 아버지였다. 언젠가 어머니의 낡은 반닫이 깊숙한 옷가지 밑에 숨겨져 있던 액자 속에서 학생복 차림으로 서 있던 그대로 그건 영락없는 그 사내였다. 나를 어머니의 배 속에 남겨 놓은 채 어느 바람이 몹시 부는 날 밤, 산길을 타고 지리산인가 어디로 황황히 떠나가 버렸다는 사내. 창백해 뵈는 뺨에 마른 몸집의 그 사내가 어머니와 함께 걸어오고 있는 것이었다. 놀란 눈으로 풀밭에 앉아 나는 그들을 지켜보고 있었다. 이윽고 어머니의 눈썹과 코, 입의 윤곽과 야윈 목줄기까지 뚜렷이 드러날 만큼 가까워졌을 때 사내의 환영은 어느 틈에 사라져 버리고 없었다. 몇 번이나 눈을 비비고 보았으나 역시 마찬가지였다. 하얗게 반짝이는 모래밭 위로 어머니가 찍어 내는 발자국만 유령처럼 끈질기게 그녀의 발꿈치를 뒤따라오고 있을 뿐이었다.

우리는 관 대신에 신문지로 싼 유해를 맨 처음 그 자리에 다시 묻어 주었다. 도톰하니 봉분을 만들고 뗏장까지 입혀 놓고 보니 엉성한 대로 형상은 갖춘 듯싶었다. 노인은 술을 흙 위에 뿌려 주었다. 그리고 자신이 먼저 한 모금 마신 다음에 잔을 돌렸다. 오 일병이 노파가 준 북어를 내놓았고, 덕분에 작은 술판이 벌어졌다. 음복*인 셈이었다.

"얌마, 이런 느닷없는 장례식도 모두 너희 두 놈들 때문이니까, 자 한잔씩 마셔라."

"그래그래, 어쨌든 너희들은 좋은 일 했으니 천당 가도 되겠다."

소대장이 병을 기울였고 다른 녀석들도 낄낄대며 한마디씩 보태었다.

술이 가득 차오른 반합 뚜껑을 나는 두 손으로 받쳐 들었다. 저것 봐라이. 날짐승도 때가 되면 돌아올 줄 아는 법이다. 어머니가 말했다. 저만치 웬 사내가 서 있었다. 가슴과 팔목에 철삿줄을 동여맨 채 사내는 이쪽을 응시하며 구부정하게 서 있었다. 퀭하니 열려 있는 그 사내의 눈은 잔뜩 겁에 질려 있는 채로였다. 애앵. 총성이 울렸고 그는 허물어지듯 앞으로 고꾸라지고 있었다. 불현듯 시야가 부옇게 흐려 왔다.

아아. 아버지는 지금 어디에 쓰러져 누워 있을 것인가. 해마다 머리맡에 무성한 쑥부쟁이와 엉겅퀴꽃을 지천으로 피워 내며 이제 아버지는 어느 버려진 밭고랑, 어느 응달진 산기슭에 무덤도 묘비도 없이 홀로 잠들어 있을 것인가.

– 임철우, 「아버지의 땅」

* 음복: 제사를 지내고 난 뒤 제사에 쓴 음식을 나누어 먹음.

[24001-0276]

01

(가)의 표현상 특징으로 적절하지 않은 것은?

① 감탄사를 사용하여 대상을 향한 화자의 슬픔을 부각한다.
② 이인칭 대명사를 활용하여 대상에게 화자의 마음을 전하는 말하기 방식을 취한다.
③ 거리와 관련된 시어를 활용하여 대상과 다시 만나고자 하는 화자의 소망을 부각한다.
④ 상반된 의미를 결합한 시어를 활용하여 대상에 대한 화자의 복합적인 감정을 드러낸다.
⑤ 성격이 다른 행위를 같은 연에서 순차적으로 제시하여 대상과의 적대적 관계를 넘어서려는 화자의 의지를 드러낸다.

[24001-0277]

02

(가)의 ⓐ와 ⓑ에 대한 설명으로 가장 적절한 것은?

① ⓑ는 ⓐ가 겪은 사건을 상징하면서 ⓐ의 비극성을 부각한다.
② ⓑ는 ⓐ의 심리를 대변하면서 ⓐ의 체념적 태도를 드러낸다.
③ ⓑ는 ⓐ의 미래를 암시하면서 ⓐ의 부정적 현실 인식을 드러낸다.
④ ⓑ는 ⓐ의 처지와 대비를 이루면서 ⓐ가 처한 현실의 문제를 부각한다.
⑤ ⓑ는 ⓐ와 갈등하는 관계로 설정되면서 ⓐ가 지향하는 이념을 강조한다.

[24001-0278]

03 (나)에 대한 이해로 적절하지 않은 것은?

① '노인'은 과거에 치열한 전투로 죽게 된 사람들을 매장하는 일을 해야 했다.
② '인사계'는 유해의 정체에 대해 추론한 소대장의 의견에 선뜻 동의하지 않는다.
③ '오 일병'은 노인이 잔을 돌리자 다른 사람에게 받은 북어를 내놓으며 음복을 돕는다.
④ '우리'는 노인의 강하고 무거운 질책을 계기로 대화를 멈추고 노인의 행동을 지켜본다.
⑤ '소대장'은 노인의 말을 듣고 자신이 짐작한 육이오의 유명한 전투를 회상하며 애통함을 느낀다.

[24001-0279]

04 〈보기〉를 참고하여 (나)를 이해한 내용으로 적절하지 않은 것은?

보 기

「아버지의 땅」은 '나'가 유해를 수습하는 일에 참여하는 과정과 부모에 대한 '나'의 기억을 교차하며 서술함으로써 아버지와 어머니에 대한 '나'의 인식 변화를 설득력 있게 그리고 있다. '나'는 중학교 시절 아버지의 죽음에 얽힌 사실을 알게 되면서 아버지의 존재와 남편을 향한 어머니의 그리움에 거부감을 느낀다. 하지만 시간이 흘러 군인이 된 '나'가 어느 마을에서 발견된 유해를 수습하는 과정에 참여하면서 점차 아버지의 고통과 죽음에 연민을 느끼고 어머니의 슬픔도 이해하고자 한다.

① '나'는 줄 묶음을 내던지는 노인의 모습을 보면서, 남편의 귀환을 기다리는 어머니를 떠올린다.
② '나'는 주변 풍경을 바라보면서, 아버지와 어머니의 모습을 놀란 눈으로 지켜봤던 어린 시절을 회상한다.
③ '나'는 음복에 참여하며 어머니의 말을 떠올리면서, 남편을 기다리는 어머니의 그리움을 이해한다.
④ '나'는 유해를 수습한 후 아버지의 최후를 상상하면서, 아버지가 느꼈을 두려움과 고통에 공감한다.
⑤ '나'는 수습한 유해와는 달리 아직도 찾을 길 없는 아버지의 유해를 떠올리면서, 아버지의 비극적 죽음에 대해 연민한다.

정답과 해설 112쪽

※ 〈보기〉를 참고하여 05번과 06번 두 물음에 답하시오.

보 기

우리 문학의 주요 소재 중 하나는 6 · 25 전쟁이다. 이 전쟁에서 우리 민족은 이념의 갈등으로 갈라섰고 서로에게 총부리를 겨누었다. 이 과정에서 많은 사람이 다치고 죽었으며 남과 북의 분단은 고착화되었다. 특히 승리를 위한 전쟁의 폭력이 정당화되면서 육체와 함께 정신에 남긴 상처가 매우 깊었다. 생명의 소중함과 개인의 가치는 전쟁의 승리라는 명분 아래 쉽게 간과되었고 분단에 따른 실향과 가족의 이산은 상실의 슬픔과 그리움의 고통을 남겼다. 우리 문학은 이러한 6 · 25 전쟁의 현실을 다양한 방식으로 재현하면서 전쟁의 참상과 상처를 드러내고 치유의 방향을 제시해 왔다.

[A] 예를 들어, 「초토의 시 · 8 – 적군 묘지 앞에서」는 전사한 적군의 마음을 헤아리고 연민하며 그들을 애도하는 모습을 통해 전쟁의 상처를 치유하려는 소망을 보인다. 「아버지의 땅」은 오래 묻혔던 유해를 수습하는 과정을 통해 적군과 아군이라는 전쟁의 이분법을 극복하고 훼손된 인간성을 회복하려는 의지를 드러낸다.

[24001-0280]

05

〈보기〉를 참고하여 (가), (나)를 이해한 내용으로 적절하지 <u>않은</u> 것은?

① (가)는 '적군 묘지'를 공간적 배경으로 설정하여 전쟁의 참상을 환기하고 있다.
② (가)는 '무인공산의 적막'을 심리적 무게감으로 전환하는 표현을 통해 분단에 대한 답답한 마음을 드러내고 있다.
③ (나)는 '이 마을'에 얽힌 인물의 증언을 통해 전쟁의 폭력으로 많은 사람이 희생된 사건을 고발하고 있다.
④ (나)는 '벼랑'에 대한 묘사를 통해 전쟁의 결과인 분단된 국토를 상징적으로 드러내고 있다.
⑤ (나)는 '밭'에 한동안 작물을 심지 않았던 사연을 통해 전쟁에서 받은 사람들의 상처를 암시하고 있다.

[24001-0281]

06

〈보기〉의 [A]를 바탕으로 ㉠~㉤을 감상한 내용으로 적절하지 <u>않은</u> 것은?

① ㉠: 죽은 적군의 마음을 헤아리는 모습에서 그들의 원통함을 이해하려는 화자의 태도가 드러나는군.
② ㉡: 적군의 무덤을 경건하게 조성하는 행위에서 무덤의 주인을 전쟁의 희생자로 인식하고 애도하는 화자의 마음이 드러나는군.
③ ㉢: 전사자를 추모하기 위해 울린 포성과 무덤 앞의 통곡에서 적군의 고통에 연민하는 화자의 마음이 드러나는군.
④ ㉣: 유해 앞에서 '이쪽과 저쪽'을 따지는 행위를 나무라는 노인의 말에서 전쟁의 이분법적 사고에 대한 비판적 인식을 엿볼 수 있군.
⑤ ㉤: 전쟁의 희생자를 수습하고 기리는 것이 산 자의 도리라는 말에서 전쟁의 폭력으로 훼손된 인간성을 회복하려는 의지가 드러나는군.

3부

실전 학습

[01~06] 다음 글을 읽고 물음에 답하시오.

가 시와 그림은 전통적으로 서로 연관이 깊다. 시는 '소리 있는 그림'이요, 그림은 '소리 없는 시'란 말도 있다. 특히 한시는 **경물의 묘사를 통한 정의(情意)의 포착을 중시한다.** 이는 마치 화가가 화폭 위에 자신의 마음을 담아 표현하는 것과 같다. **경물**은 객관적 물상에 지나지 않는다. 여기에 어떻게 자신의 마음을 얹을 수 있는가. 화가는 말을 할 수 없으므로 경물이 직접 말하게 하지 않으면 안 된다. 이를 **'사의전신'**이라 한다. 말 그대로 경물을 통해 '뜻을 묘사하고 정신을 전달'해야 한다. 그 구체적 방법은 **'입상진의'**이니, 상세한 설명 대신 **형상**을 세워 뜻을 전달한다. 이제 몇 가지 실례를 들어 보기로 하자.

송나라 휘종 황제는 그림을 몹시 좋아하는 임금이었다. 그는 곧잘 유명한 시 가운데 한두 구절을 골라 이를 화제로 내놓곤 했다. 한번은 "어지러운 산이 옛 절을 감추었네."란 제목이 출제되었다. 깊은 산속의 옛 절을 그리되, 드러나게 그리면 안 된다는 주문이었다. 화가들은 무수한 봉우리와 계곡, 그리고 그 구석에 보일 듯 말 듯 자리 잡은 퇴락한 절의 모습을 그리느라 여념이 없었다. 그런데 1등으로 뽑힌 그림은 화면 어디를 둘러보아도 절을 찾을 수가 없었다. 그 대신 숲속 작은 길에 ⓐ중이 물동이를 지고 올라가는 장면을 그렸다. 중이 물을 길으러 나왔으니 가까운 곳 어딘가에 분명히 절이 있겠는데, 어지러운 산에 가려 보이지 않는다. 절을 그리라고 했는데, 화가는 물 길으러 나온 중을 그렸다. 화제에서 요구하고 있는 '장(藏)'의 의미*를 화가는 이렇게 포착했던 것이다.

유성의 『형설총설』에도 이런 이야기가 보인다. 한번은 그림 대회에서 **"꽃 밟으며 돌아가니 말발굽에 향내 나네."**라는 화제가 주어졌다. 말발굽에서 나는 **꽃향기**를 그림으로 그리라는 희한한 요구였다. 모두 손대지 못하고 끙끙대고 있을 때, 한 화가가 그림을 그려 제출하였다. 달리는 말의 꽁무니로 ⓑ나비 떼가 뒤쫓는 그림이었다. 말발굽에서 향기가 나므로 나비는 꽃인 줄 오인하여 말의 꽁무니를 따라간 것이다.

(중략)

㉠화가가 그리지 않고 그리는 방법과 시인이 말하지 않고 말하는 수법 사이에는 공통의 정신이 있다. 구름 속을 지나가는 신룡은 머리와 꼬리만 보일 뿐 몸통은 다 보여 주지 않는다. "한 글자도 덧붙이지 않았으나 풍류를 다 얻었다."라는 말이 있다. 또 "단지 경물을 묘사했는데도 정의가 저절로 드러난다."라고도 말한다. 요컨대 한 편의 훌륭한 시는 시인의 진술을 통해서가 아니라 대상을 통한 객관적 상관물의 원리로써 독자와 소통한다. 시인은 하고 싶은 말을 직접 건네는 대신, 대상 속에 응축시켜 전달한다. 그래서 "산은 끊어져도 봉우리는 이어진다."라는 말이 나왔다. 지금 눈앞에 구름 위로 삐죽 솟은 봉우리의 끝만 보인다 해서 그 아래에 봉우리가 없는 것이 아니다. 다만 가려져 보이지 않을 뿐이다. 이와 같이 시 속에서는 "말은 끊어져도 뜻은 이어진다." 시인이 말하고 있는 것은 구름 위에 솟은 봉우리의 끝뿐이지만, 그것이 결코 전부는 아니다. ㉡시인이 진정으로 하고 싶은 말은 구름 아래 감춰져 있다.

– 정민, 「그림과 시」

* **'장'의 의미**: '藏'은 '감추다', '숨기다'라는 의미임. 여기서는 '드러나게 그리면 안 된다는 주문'을 뜻함.

나 절이 흰 구름 속에 묻혀 있는데
스님은 흰 구름을 쓸지도 않네
ⓒ손님이 와서야 비로소 문이 열리니
온 골짜기의 송화꽃 벌써 쇠었네.

寺在白雲中
白雲僧不掃
客來門始開
萬壑松花老

– 이달, 「불일암 인운 스님에게」

다 재 너머 성 권농 집에 술 익단 말 어제 듣고
누운 ⓓ소 발로 박차 언치 놓아 지즐 타고
아이야 네 권농 계시냐 정 좌수 왔다 하여라

– 정철

라 서방님 병들어 두고 쓸 것 없어
종루 저자 다리* 팔아 배 사고 감 사고 유자 사고 석류 샀다 아차아차 잊었구나 ⓔ오화당*을 잊어 버렸구나
수박에 술* 꽂아 놓고 한숨 겨워하노라

– 김수장

* 다리: 예전에, 여자의 머리숱이 많아 보이게 하거나 머리 모양을 꾸미기 위하여 머리에 얹거나 덧넣는 딴머리. '가체(加髢)'라고도 함.
* 오화당: 오색 사탕.
* 술: '숟가락'을 뜻함.

[24001-0282]

01 '시와 그림'의 연관성에 대한 (가)의 글쓴이의 생각을 파악한 내용으로 적절하지 않은 것은?

① 시와 그림은 '경물의 묘사를 통한 정의의 포착을 중시한다'는 점에서 유사성을 지닌다고 보고 있군.
② 시를 쓰거나 그림을 그릴 때 '사의전신' 또는 '입상진의'의 수법을 강조한다는 점에서 '경물'이나 '형상'을 세워 뜻을 전달하는 것의 효과를 인정하고 있군.
③ 송나라 휘종 황제의 화제와 『형설총설』의 이야기를 사례로 활용하여, 시를 쓰거나 그림을 그릴 때 '경물'이 직접 말하게 하는 것은 사실상 불가능에 가까운 것임을 드러내고 있군.
④ 한 편의 시가 시인의 진술을 통해서가 아니라 객관적 상관물의 원리로써 독자와 소통할 수 있는 것처럼, 그림 또한 유사한 방식으로 감상자와 소통할 수 있다고 생각하고 있군.
⑤ 시를 읽거나 그림을 감상할 때, 시인이나 화가가 가려 두어서 겉으로는 드러나지 않는 부분을 적극적으로 찾아서 읽어 내는 태도가 중요하다는 것을 강조하고 있군.

[24001-0283]

02 (가)의 ㉠과 관련지어 ⓐ~ⓔ를 설명한 내용으로 적절하지 않은 것은?

① (가)의 ⓐ는 휘종 황제의 주문을 해결하기 위해 화가가 선택한 소재로서, 그림에 등장하지 않은 절의 모습을 감상자의 머릿속에 떠올리게 하는 장치가 되고 있군.

② (가)의 ⓑ는 '꽃향기'를 드러내기 위해 선택한 자연물로서, '꽃 밟으며 돌아가니 말발굽에 향내 나네'라는 화제가 요구하는 후각적 이미지를 시각적 이미지를 통해 드러내는 장치가 되고 있군.

③ (나)의 ⓒ는 '스님'이 기다리던 인물로, '절'에서 지내던 스님의 염원이 이루어지는 상황을 드러내고 있으며 동시에 스님이 더 높은 수준의 깨달음을 원하고 있음을 강조하는 장치가 되고 있군.

④ (다)의 ⓓ는 '재 너머'로 이동하기 위한 수단으로 제시된 자연물로서, '발로 박차' 일으키는 장면과 연결되어 성 권농 집에 한시라도 빨리 도착하고 싶은 심정을 부각하고 있군.

⑤ (라)의 ⓔ는 화자가 깜빡하고 사지 못한 물건으로, 남편에게 줄 화채의 단맛을 돋우는 데 필요한 재료를 넣지 못하게 된 상황에 대한 아쉬움을 효과적으로 드러내는 데 활용되고 있군.

[24001-0284]

03 (나)~(라)에 대한 설명으로 가장 적절한 것은?

① (나)와 (다)는 모두 감탄사를 활용하여 작품 속 인물이 느끼는 감정을 효과적으로 표현하고 있다.

② (나)와 (라)는 모두 화자가 살고 있는 공간적 배경의 상징적 의미를 부각하여 주제를 전달하고 있다.

③ (나)와 (다)는 (라)와 달리 두 인물이 처한 상황을 대비적으로 드러내 해학적 분위기를 연출하고 있다.

④ (나)와 (라)는 (다)와 달리 화자의 행위에 대한 인물의 대응 방식을 통해 갈등이 심화되는 양상을 제시하고 있다.

⑤ (다)와 (라)는 (나)와 달리 과감한 생략을 통해 화자의 이동과 공간적 배경의 변화를 압축적으로 드러내고 있다.

[24001-0285]

04 **〈보기〉를 참고하여 (나)를 감상한 내용으로 적절하지 않은 것은?**

보기

(나)는 기승전결의 구성을 따른 오언 절구이다. 기구는 흰 구름 속에 묻혀 있는 깊은 산속의 '절'에 주목하고 있으며, 승구에서는 '흰 구름'을 쓸지 않는 스님의 상황이 제시되고 있다. '흰 구름'은 신비로운 분위기를 자아내는 소재이기도 하지만, 흔히 '속세의 번뇌와 잡념'을 상징하기도 한다. 따라서 스님이 '구름을 쓸지도 않'는 상황은 중의적 해석이 가능하다. 전구에서 '손님'이 올 때까지 '절'의 '문'이 계속 닫혀 있었음을 알 수 있는데, 문이 닫혀 있는 동안 스님이 '절' 안에서 무엇을 하였을지 상상해야 한다. 결구에서 '송화꽃 벌써 쇠었'다는 것은 어느새 봄이 끝났음을 드러낸다. 작품 전체가 서경 묘사에 초점을 맞추고 있는데, 그러한 묘사를 통해 드러내고자 하는 서정에 주목해야 한다.

① 시인이 주목한 '절'은 스님이 밖에 거의 나오지 않고 수양에 매진하며 지내는 곳으로 그려지는군.
② '절'이 '흰 구름 속에 묻혀' 있는 상황은 해당 공간이 깊은 산속에 있어 속세와의 거리가 멀다는 것을 말해 주는군.
③ 스님이 '흰 구름'을 따로 '쓸지도 않'는 상황은 스님이 속세의 번뇌와 잡념에 크게 얽매이지 않는 인물임을 드러내고 있군.
④ '문이 열리니'는 스님이 '온 골짜기'의 모습을 확인하는 기회로, 단절된 공간에서 지내던 스님이 시비로 가득 찬 세상을 마주하게 되었음을 드러내는군.
⑤ '송화꽃 벌써 쇠었네'는 스님이 '절'에 있는 동안 봄이라는 계절이 지나가 버렸음을 드러내는 것으로 구도의 시간이 오래되었음을 표현한 것이군.

[24001-0286]

05 ㉡과 관련지어 (다)와 (라)를 감상한 내용으로 가장 적절한 것은?

① (다)의 시인이 진정으로 하고 싶은 말은 '성 권농'을 만나 오해를 풀어야 한다는 것이고, (라)의 시인이 진정으로 하고 싶은 말은 '서방님'을 위한 음식을 만들 때에 재료를 잘 챙겨야 한다는 것이겠군.
② (다)의 시인이 진정으로 하고 싶은 말은 '성 권농'과 함께 '술'을 즐기고 싶은 화자의 마음이고, (라)의 시인이 진정으로 하고 싶은 말은 '병'이 든 '서방님'을 위해 맛있는 것을 해 주고 싶은 화자의 마음이겠군.
③ (다)의 시인이 진정으로 하고 싶은 말은 '성 권농' 집에 갔다가 친구를 만나지 못하고 돌아온 화자의 아쉬움이고, (라)의 시인이 진정으로 하고 싶은 말은 '오화당'을 빼고 음식을 만들었을 때 느낄 화자의 멋쩍음이겠군.
④ (다)의 시인이 감추고 있는 것은 '성 권농'과 '정 좌수'의 친분이 더욱 깊어진 계기이고, (라)의 시인이 감추고 있는 것은 화자가 '오화당'을 일부러 사지 않고서 굳이 잊어버렸다고 말하는 이유이겠군.
⑤ (다)의 시인이 감추고 있는 것은 화자가 '누운 소 발로 박차'서 '성 권농' 집을 찾은 까닭이고, (라)의 시인이 감추고 있는 것은 '서방님'을 위한 음식의 재료를 구할 수 없었던 화자의 경제적 형편이겠군.

[24001-0287]

06 〈보기〉를 참고하여 (나)~(라)를 이해한 내용으로 적절하지 않은 것은?

보기

문학 작품을 감상할 때 각 작품의 작가와 창작 배경, 화자와 청자 등을 이해하면 도움이 된다. (나)는 이달이라는 시인이 불일암에서 지내던 인운 스님에게 지어 보낸 한시이며, (다)는 정철이 좌수로 지내던 시절, 성 권농의 집 가까이에 살 때 지은 것이라고 한다. (라)는 조선 후기 유명한 시조 작가 김수장이 지은 사설시조이다. 작가는 작품 안에 명시적으로 드러나는 화자를 통해 속마음을 드러내기도 하고, 청자를 설정하여 말을 건네거나 대화를 나누는 형식을 취하기도 한다. 여성 화자를 활용하여 주제 전달의 효과를 높이기도 하고, 작품 표면에 시적 화자를 등장시키지 않고 시적 상황이나 분위기만을 중심으로 시상을 전개하기도 한다.

① (나)의 경우, '스님'과 '손님'이 주요 인물로 언급되고 있지만, 시적 화자나 시적 청자가 작품의 표면에 등장하는 것은 아니군.
② (다)의 경우, '정 좌수'는 작품 속 화자로 제시되고 있으며 작가가 하고 싶은 행동이나 발언을 대변하는 인물이군.
③ (다)의 경우, '성 권농'은 화자나 청자로서 제시되지 않으며, 작품 속 청자의 역할을 하는 것은 '아이'라 할 수 있겠군.
④ (라)의 경우, 작가는 특정한 청자에게 말을 거는 방식을 활용하여 '종루 저자'에서 일어난 일을 현장감 있게 전달하고 있군.
⑤ (라)의 경우, '아차아차 ~ 잊어버렸구나'라고 말한 사람은 '서방님'을 위해 '다리'를 팔아 음식의 재료를 구했다는 점에서 여성 화자임을 확인할 수 있군.

[07~10] 다음 글을 읽고 물음에 답하시오.

양생은 여인의 말대로 은그릇을 들고 보련사로 가는 길가에서 기다리고 있었다. 그런데 과연 어떤 귀족 집안에서 딸자식의 대상(大祥)*을 치르려고 수레와 말을 길게 늘여 세우고 보련사로 올라가는 것이었다. 그러다가 길가에서 한 서생이 은그릇을 들고 서 있는 것을 보고, 하인이 아뢰었다.

"아가씨의 무덤에 묻은 물건을 벌써 어떤 사람이 훔쳤습니다."

주인이 말하였다. / "그게 무슨 말이냐?"

하인이 대답하였다.

"이 서생이 들고 있는 은그릇 말씀입니다."

주인이 마침내 양생 앞에 말을 멈추고 어찌 된 것인지, 은그릇을 지니게 된 경위를 물었다. 양생은 전날 여인과 약속한 그대로 대답하였다. 여인의 부모가 놀랍고도 의아하게 여기다가 한참 후에 말하였다.

"나에게는 오직 딸아이 하나만이 있었는데 왜구가 침입하여 난리가 났을 때에 적에게 해를 입어 죽었다네. 미처 장례도 치르지 못하고 개령사 골짜기에 임시로 묻어 주었지. 이래저래 미루다가 오늘에 이르게 되었다네. 오늘이 벌써 대상 날이라 재나 올려 저승길을 추도하려고 한다네. 자네는 약속대로 딸아이를 기다렸다가 함께 오게. 부디 놀라지 말게나."

그는 말을 마치고 먼저 보련사로 떠났다.

양생은 우두커니 서서 기다렸다. 약속한 시간이 되자 과연 어떤 여인이 계집종을 거느리고 나긋나긋한 자태로 걸어오는데 바로 그 여인이었다. 양생과 여인은 서로 기뻐하면서 손을 잡고 보련사로 향하였다. 여인은 절 문에 들어서자 부처님께 예를 올리더니 흰 휘장 안으로 들어갔다. 그러나 여인의 친척들과 절의 승려들은 모두 그것을 믿지 않았다. 오직 양생만이 혼자 볼 수 있을 뿐이었다. 여인이 양생에게 말하였다.

"함께 차와 음식이나 드시지요."

양생은 그 말을 여인의 부모에게 고하였다. 여인의 부모는 시험해 보고자 양생에게 함께 식사를 하라고 시켰다. 그랬더니 오직 수저를 놀리는 소리만 들렸는데 마치 산 사람이 식사하는 소리와 같았다. 그제야 여인의 부모가 놀라 탄식하면서 양생에게 휘장 곁에서 같이 잠자기를 권하였다. 한밤중에 말소리가 낭랑히 들렸는데 사람들이 자세히 엿들으려 하면 갑자기 그 말이 끊어졌다.

여인이 양생에게 말하였다.

"제가 법도를 어겼다는 것은 저 스스로 잘 알고 있어요. 어려서 『시경』과 『서경』을 읽었으므로 예의가 무언지 조금이나마 알지요. 『시경』의 「건상(褰裳)*」이 얼마나 부끄럽고, 「상서(相鼠)*」가 얼마나 얼굴 붉힐 만한 것인지 모르는 것이 아닙니다. 그러나 오랫동안 쑥 덤불 우거진 속에 거처하며 들판에 버려져 있다 보니 사랑하는 마음이 한번 일어나자 끝내 걷잡을 수가 없었답니다.

지난번에 절에 가서 복을 빌고 부처님 앞에서 향을 사르며 일생 운수가 박복함을 혼자 탄식하다가 뜻밖에도 삼세의 인연을 만나게 되었지요. 그래서 머리에 가시나무 비녀를 꽂은 가난한 살림이라도 낭군의 아낙으로서 백 년 동안 높은 절개를 바치고, 술을 빚고 옷을 지으며 한평생 지어미로서의 도리를 닦으려 했던 것이랍니다. 하지만 한스럽게도 업보는 **피할 수가 없**어서 저승길로 떠나야만 하게 되었어요. 즐거움을 다 누리지도 못했는데 슬픈 이별이 갑작스레 닥쳐왔군요.

이제 제 발걸음이 병풍 안으로 들어가면 신녀 아향이 수레를 돌릴 것이고, 구름과 비는 양대에서 개고, 까치와 까마귀는 은하수에서 흩어질 거예요. 이제 한번 헤어지면 **훗날 다시 만나기를 기약**하기 어렵겠지요. **작별을 당**하고 보니 **정신이 아득하기만** 해서 무어라 말씀드려야 할지 모르겠군요."

이윽고 여인의 영혼을 전송하자 울음소리가 그치지 않았다. 영혼이 문밖에 이르자 다만 은은하게 다음과 같은 소리만이 들려왔다.

저승길이 기한 있어, 슬프게도 이별합니다.
우리 임께 바라오니, 저를 **멀리** 마옵소서.
애달파라 우리 부모님, 나를 짝지어 주지 못하셨네.
아득한 저승에서, 마음에 한 맺히리.
[A]

소리가 차츰 잦아들면서 우는 소리와 분별할 수 없게 되었다. 여인의 부모는 이제야 그동안의 일이 사실임을 깨닫고 다시는 의심하지 않았다. 양생 또한 그 여인이 귀신이었음을 알고는 슬픔이 더해져서 여인의 부모와 함께 머리를 맞대고 흐느꼈다. 여인의 부모가 양생에게 말하였다.

"은그릇은 자네가 맡아서 쓰고 싶은 대로 쓰게나. 딸아이 몫으로 밭 몇 마지기와 노비 몇 명이 있으니 자네는 이것을 신표로 삼아 내 딸을 잊지 말아 주게."

다음 날 양생은 고기와 술을 마련하여 전날의 자취를 더듬어 찾아갔다. 그랬더니 과연 그곳은 시체를 임시로 묻어 둔 곳이었다. 양생은 제물을 차려 놓고 슬피 울면서, 그 앞에서 종이돈을 불사르고 장례를 치러 주었다. (중략)

이후에도 양생은 여인에 대한 애정과 슬픔을 이기지 못하였다. 밭과 집을 모두 팔아 사흘 저녁을 계속해서 재를 올리니 공중에서 여인의 목소리가 울렸다.

"당신이 지성을 드려 주신 덕분에 저는 다른 나라에서 남자의 몸으로 다시 태어나게 되었습니다. 비록 이승과 저승이 멀리 떨어져 있다고 해도 당신의 은혜에 깊이 감사드립니다. 당신은 부디 다시 깨끗한 업을 닦아 함께 윤회의 굴레를 벗어나시기 바랍니다."

양생은 이후 다시 장가들지 않았다. 지리산에 들어가 약초를 캐며 살았는데 그가 어떻게 생을 마감했는지 아무도 알지 못한다.

– 김시습, 「만복사저포기」

＊**대상**: 사람이 죽은 지 두 돌 만에 지내는 제사.
＊**건상**: 여인이 남자를 유혹하는 시.
＊**상서**: 예의가 없는 것을 풍자한 시.

[24001-0288]

07 윗글의 내용에 대한 이해로 적절하지 않은 것은?

① 양생은 보련사로 가는 길에서 여인이 언급한 사람들을 만날 것을 미리 알고 있었다.
② 여인은 귀족 집안의 외동딸로 태어나 어린 시절에 경전을 통해 예법을 익히며 살았다.
③ 양생은 여인의 모습을 볼 수 있었으나 그를 제외하고 다른 사람들은 여인의 모습을 볼 수 없었다.
④ 여인의 부모는 양생과 여인이 식사하는 소리를 듣고서야 죽은 딸이 귀신으로 나타나 벌어진 일을 사실로 믿고 더는 의심하지 않았다.
⑤ 양생은 여인과 이별한 후 여인에 대한 그리움과 실연의 슬픔에 사무쳐 살았으며, 결혼도 하지 않은 채 혼자 지내다가 종적을 감추었다.

[24001-0289]

08 은그릇의 서사적 기능에 대한 설명으로 가장 적절한 것은?

① 양생이 여인의 부모로부터 여인의 배필로서 자격을 의심받는 계기로 작용한다.
② 여인이 자신과 양생이 인연을 맺었음을 여인의 부모에게 알리는 매개로 작용한다.
③ 여인의 부모와 양생 사이에 그 소유 권한을 두고 갈등이 심화되는 장치로 작용한다.
④ 여인의 부모가 양생과 여인에게 둘이 인연을 맺는 기회를 제공하기 위한 도구로 사용한다.
⑤ 양생이 여인의 도움을 받아 자신의 경제적 능력을 여인의 부모에게 증명하는 수단으로 사용한다.

[24001-0290]

09 [A]에 대한 설명으로 가장 적절한 것은?

① '작별을 당'한 여인이 양생과의 이별을 거부하는 이유를 시간의 한계성 속에서 드러내고 있다.
② 여인은 양생과 '훗날 다시 만나기를 기약'할 수 없는 상황에 놓인 것을 부모의 탓으로 돌리고 있다.
③ 여인은 양생과 '멀리'하고 싶지 않은 소망을, 신을 청자로 상정하여 기도하는 방식으로 나타내고 있다.
④ 양생과 여인의 이별이 '피할 수가 없'는 업보로 인한 운명에서 비롯된 것임을 우회적으로 밝히고 있다.
⑤ 여인이 이별로 겪게 된 '정신이 아득하기만' 한 상태를, 인격을 부여한 자연물에 의탁하여 제시하고 있다.

[24001-0291]

10 **<보기>를 바탕으로 윗글을 감상한 후, ㉠~㉢에 들어갈 내용을 서술한다고 할 때 그 내용으로 적절하지 않은 것은?**

보기

귀신이 등장하는 이야기, 그중에서도 원혼 이야기의 핵심 서사 구조는 '원혼의 출현, 원한 형성의 배경, 원한 해소의 과정과 결과' 등의 요소를 공통적으로 지닌다. 다시 말해, 원혼이 등장하는 이야기에는 반드시 귀신이 나타나고, 그 귀신이 어떻게 원혼이 되었는지 원한이 생기게 된 사연과 함께 귀신의 원한을 해소하는 과정과 결과가 제시된다. 원한은 단일하기도 중첩적이기도 하고 원한 형성과 해소의 서사 구조 속에는 귀신과 다른 등장인물 간의 대립 혹은 지원 관계가 설정되어 있으며, 귀신이나 다른 인물과 관련된 원한 해소의 결과적 혜택이 포함되어 있다. 이를 간단히 도표화하면 다음과 같다.

원혼의 출현	원한 형성의 배경	원한 해소의 과정과 결과
㉠	㉡	㉢

① ㉠: 여인은 절에 가서 복을 빌고 부처님 앞에서 향을 사르는 귀신의 모습으로 양생에게 나타났으며 양생과 인연을 맺게 되었다.
② ㉡: 여인은 왜구가 침입했을 때 적에게 해를 입어 죽고 장례도 없이 그 시신이 묻히는 비극을 겪었으며 그 일로 인해 여인은 원한을 가지게 되었다.
③ ㉡: 여인은 오랫동안 쑥 덤불 우거진 곳에서 외롭게 지내면서 사랑하는 남성과 인연을 맺어 보지도 못한 자신의 일생 운수가 박복하다는 것으로 인해 원한을 품게 되었다.
④ ㉢: 여인은 귀신임에도 불구하고 사랑하는 낭군의 아낙으로 절개를 바치고, 한평생 지어미로 사는 즐거움을 모두 누린 끝에 원한을 해소하고 저승길로 떠날 수 있게 되었다.
⑤ ㉢: 여인은 삼세의 인연으로 생각한 남자를 만나 사랑을 나눌 수 있었으며, 그 남자가 계속해서 지성을 드린 결과적 혜택으로 다른 나라에서 남자의 몸으로 다시 태어나게 되었다.

[11~13] 다음 글을 읽고 물음에 답하시오.

가 나는 시방 위험한 짐승이다.
나의 손이 닿으면 너는
미지의 까마득한 어둠이 된다.

존재의 흔들리는 가지 끝에서
너는 이름도 없이 피었다 진다.
눈시울에 젖어드는 이 ㉠무명의 어둠에
추억의 한 접시 불을 밝히고
나는 **한밤내** 운다.

나의 울음은 차츰 아닌 밤 **돌개바람이 되어**
탑을 흔들다가
돌에까지 스미면 **금(金)이 될 것이**다.

……**얼굴을 가리운 나의 신부여,**

– 김춘수, 「꽃을 위한 서시」

나 자일*을 타고 오른다.
흔들리는 생애의 중량
확고한
가장 철저한 믿음도
한때는 흔들린다.

암벽을 더듬는다.
빛을 찾아서 조금씩 움직인다.
결코 쉬지 않는
㉡무명의 벌레처럼 무명을
더듬는다.

함부로 올려다보지 않는다.
함부로 **내려다보지도** 않는다.
벼랑에 뜨는 별이나,
피는 꽃이나,

이슬이나,
세상의 모든 것은 내 것이 아니다.
다만 가까이 할 수 있을 뿐이다.

조심스럽게 암벽을 더듬으며
가까이 접근한다.
행복이라든가 불행 같은 것은
생각지 않는다.

발붙일 곳을 찾고 풀포기에 매달리면서
다만,
가까이,
가까이 갈 뿐이다.

– 오세영, 「등산」

＊자일: 등산용 밧줄.

[24001-0292]

11 **(가)와 (나)의 공통점으로 가장 적절한 것은?**

① 영탄적 표현을 통해 화자의 고조된 감정을 드러내고 있다.
② 의인법을 통해 대상에 대한 화자의 친근감을 표현하고 있다.
③ 공간의 이동을 통해 변화하는 화자의 심리를 나타내고 있다.
④ 불가능한 상황의 설정을 통해 화자의 이상향을 드러내고 있다.
⑤ 현재형 표현을 사용하여 화자가 느끼는 긴장감을 나타내고 있다.

[24001-0293]

12 **㉠과 ㉡에 대한 설명으로 가장 적절한 것은?**

① ㉠과 ㉡은 모두 현실에 대해 무기력하게 대응하는 화자의 모습을 나타낸다.
② ㉠과 ㉡은 모두 화자의 본질적인 가치가 드러나지 않는 암울한 현실을 나타낸다.
③ ㉠은 화자가 느끼고 있는 불안함을, ㉡은 화자가 느끼고 있는 좌절감을 나타낸다.
④ ㉠은 화자가 깨닫게 된 태생적 한계를, ㉡은 화자가 느끼게 된 심리적 모멸감을 나타낸다.
⑤ ㉠은 화자가 처해 있는 부정적 상황을, ㉡은 부정적 상황에서 벗어나려는 화자의 태도를 나타낸다.

[24001-0294]

13 **〈보기〉를 바탕으로 (가), (나)를 감상한 내용으로 적절하지 않은 것은?**

보기

김춘수의 「꽃을 위한 서시」와 오세영의 「등산」은 모두 지향하는 대상에 도달하고자 하는 화자의 마음과 이를 위한 화자의 노력이 드러나 있는 작품이다. 특히 두 작품의 화자는 실현될 것을 장담할 수 없는 목표를 이루기 위해 의지를 보이고 노력을 기울이지만 그 과정은 매우 어렵고 고통스럽다는 공통점을 지니고 있다. 한편 「꽃을 위한 서시」에서는 이러한 화자의 지향에 도달할 수 있을 것이라는 기대가 드러나 있는 데 반해 「등산」은 자신의 지향을 향해 조심스럽게 정진하는 화자의 일관된 태도와 과정을 드러내고 있다.

① (가)의 '나의 울음'이 '돌개바람이 되어' '금이 될 것이'라는 표현에는 목표에 도달할 수 있을 것이라는 화자의 기대가 드러나 있다고 볼 수 있다.
② (나)에서 '함부로 올려다보지'도 '내려다보지도' 않는 화자의 행위에는 자신의 지향을 향해 조심스럽게 정진하는 태도가 드러나 있다고 볼 수 있다.
③ (가)의 '눈시울에 젖어드는'은 대상에 도달하는 과정의 고통을, (나)의 '결코 쉬지 않는'은 대상에 도달하는 과정의 어려움을 드러낸다고 볼 수 있다.
④ (가)의 화자가 '한밤내' 우는 행위와 (나)의 화자가 '암벽을 더듬는' 행위는 모두 목표를 이루기 위한 과정에서 기울인 화자의 노력이라고 볼 수 있다.
⑤ (가)의 '얼굴을 가리운 나의 신부여'와 (나)의 '가장 철저한 믿음도 / 한때는 흔들린다'는 모두 화자가 목표를 이루는 것이 장담할 수 없는 일이라는 것을 의미한다고 볼 수 있다.

[14~17] 다음 글을 읽고 물음에 답하시오.

요술은 자꾸 진행되었다. 누웠던 사내가 공중으로 뜨기도 하고 주전자에서 물이 나오기도 하고 나오지 않기도 했다. 그럴 때마다 그 선병질*적인 아이는 설명을 하고 마치 그 여인과 대결하듯 기침을 발했다.

[A]
"저건 주전자 손잡이에 구멍이 뚫려 있는 것이다. 물이 나올 때는 구멍을 열고, 나오지 않을 때에는 구멍을 닫는 것이다. 마치 우리가 생달걀을 먹을 때 한쪽만 구멍을 뚫어서는 먹을 수 없는 이치와도 같은 것이다. 우리는 속아서는 안 된다."

"저건 이중 뚜껑이다. 우리가 보고 있는 것은 다른 면이다. 아까 까 넣은 달걀은 그 이중 뚜껑 속으로 들어가게 된다. 때문에 아무리 저 상자를 거꾸로 놓아도 달걀은 쏟아지지 않는다. 속아선 안 된다. **저것보다 신기한 요술일지라도 속아서는 안 된다.**"

한 아이 두 아이 그렇게 합세하기 시작했다. 그들은 그 전학생을 앞세운 한 무리의 아웃사이더였다. 그들은 주위의 분위기를 파괴하기 시작했다. 몇몇 아이들은 큰 소리로 기침을 하기 시작했고 여자애들은 수군거렸다. 몇몇 아이들은 휘파람을 날리기도 했다. 그 아이로부터 불붙은 최초의 동요는 기괴한 반응을 일으켰다. 그들은 자기들이 속았다는 것에 굉장한 분노를 느끼는 것 같았다. 그러면서도 그들의 얼굴엔 저 톱으로 써는 어릿광대가 결국엔 죽지 않고 그저 죽는 척하는 것뿐으로, ㉠결국엔 일어나리라는 새로운 확신에 일종의 아슬아슬한 안도감까지도 넘쳐흐르고 있었다.

[중략 부분 줄거리] 요술(마술) 쇼에서 요술을 하던 여인을 곤경에 빠뜨린 전학생 소년은 나이에 어울리지 않게 조숙하고 아는 것이 많아 아이들로부터 만물박사라 불린다. 아이들의 관심을 이용하여 학교 앞 장사를 통해 돈을 벌던 잡화상 강 씨는 여름 불경기를 타개하기 위해 도박에 가까운 새로운 장사를 시작한다.

그들이 영영 자리를 뜨려 하지 못하는 데는 두 가지 이유가 있었다. 물론 그 **두 가지 이유를 강 씨 자신도 미리 계산에 넣지 못한 바**는 아니지만.

그중의 하나는 다섯 개의 동전으로만 가능한 열 개의 사탕을, 단 하나의 동전으로 획득할 수 있다는 명제가, 전혀 강냉이 튀기듯 허무맹랑한 것이 아니라, 실제로 손을 내밀어 낚아챌 수도 있으리라는 가능성의 유희에 말려든 때문이었다. 눈앞에서 엄청나게 불어 가는 이자의 묘미, 맞는다는 가정하에 눈앞에 황홀히 전개되는 다섯 배의 자본, 네 개의 답 중에서 골라 쓰는 객관식 시험에서 우연히 아무 번호나 동그라미를 쳐서 맞은 경험이 있는 아이들에겐 이 가능성이 유독 자기만을 저버리리라고는 생각지 않았고, 그들은 더욱이 성장하는 이자의 생생한 환희를 벌써 알고 있었기 때문이었다.

다른 하나는 오 원을 가지고 다섯 번 비수를 던지다가 그중의 하나가 적중하면 최소한도 본전을 뽑을 수 있으리라는 가정, 더욱이 단 한 번의 승부가 아니라 적어도 다섯 번은 겨누어 볼 수 있으리라는 막연한 기대로 말미암아 아이들은 한 번의 실패에도 굴하지 않고 그 모순적인 논리에 말려들어 대여섯 번 비수를 던지게 되어 버리는 것이었다.

드디어 아이들은 손의 온기에 뜨겁게 익은 [동전]을 내던지고, 침을 삼키며 비수를 들어 시도해 보는 것이나, 그들의 꿈은 일시에 무너져 버리는 것이었다.

㉡다섯 배의 꿈은 이상이었고, 사탕 두 알은 현실이었던 것이다.

그러던 어느 날 웬 아이가 원판 앞에 모여 선 아이들을 비집고 앞으로 나서며 강 씨에게 얼굴을 내밀었다.

"아저씨, 정말 열 개 주는 겁니까?"

강 씨는 소리 나는 쪽을 보았는데 그곳엔 방금 낮잠을 깬 듯한 얼굴을 가진 아이가 서 있었다.

"아무렴, 자 할 테냐?" / "……."

그 아이는 대답 대신 누런 이빨을 내보이며 노파처럼 웃었다. 그러고는 손바닥 안에서 동전을 굴렸다.

"몇 번으로 할 테냐?" / "아무 번호나."

그 아이는 굉장히 피로하고 귀찮아하는 소리로 대답하며 바지허리를 추켜올렸다.

"얘, 몇 번으로 할까?" / 갑자기 그는 옆에 서 있는 급우에게 생각난 듯 물었다.

"글쎄 일 번이 어때?" / "일 번 그래, 참 좋은 번혼데."

그는 과장의 수긍을 했다. 그는 서서히 비수를 들었고 길든 원판을 내려다보았다. 그의 태도는 어딘가 치수가 모자란 녀석처럼 별스러웠다.

"돌려요, 아저씨." / 강 씨는 원판을 쥐고 힘껏 잡아당겼다. 소년의 높이 쳐든 손아귀 안에서 비수는 소리도 없이 번득였다. 그와 동시에 그 아이의 입은 날카롭게 비틀렸다.

"사 번. 사 번이에요, 아저씨." / 원판은 비수를 맞고 태엽 풀린 구식 축음기같이 점점 지쳐 갔다. 정확한 결정타를 맞은 권투선수인 양 원판은 그의 매니저 앞에 처참하게 무릎을 꿇었다.

"사 번이다!" / 둘러서서 원판을 응시하고 있던 아이들이 감격의 환호성을 발했다. 비수는 정확히 사 번에 꽂혀 있었다. 강 씨는 순간 그 아이를 쳐다보았는데, 벌써부터 그 아이는 나른한 표정으로 강 씨를 올려다보고 있었다.

"한 번 더 하겠어요. 이번에도 맞으면 열 개 주는 거죠?"

"물론이지." / 강 씨는 **어딘가 겁먹은 말투로 대답**했다.

"㉢얘, 이번엔 몇 번으로 할까?"

이번에도 그 소년은 비수를 피살자의 가슴에서 뽑아 들며 조금 전의 급우에게 물었다. 그러나 그 아이는 자기가 말했던 번호가 무시당했음을 의식했기 때문에 무안해하며 대답하지 않았다.

"사 번이 어떨까, 사 번이 괜찮지."

"그래."

딴 아이가 뒤에서 대답하자, 소년은 비수를 높이 쳐들었다. 원판은 새로운 경주를 시작했고 비수는 사생아처럼 내던져졌다.

"일 번이에요, 아저씨."

소년은 권태로운, 마치 낮잠이 오는 듯한 그런 나른한 목소리를 내었다. 순간 원판을 둘러싼 모든 것은 정지 상태로 일변하였다. 둘러서 있는 아이들과 강 씨의 시선은 필사적으로 회전하는 원판 위에서 꼼짝도 할 수 없었다. 이윽고 한 무리의 정지 상태는 뻣뻣이 고개를 돌리기 시작했고 나지막하게 숨을 고르면서 기지개를 켜기 시작했다. 한바탕의 소요가 가라앉자, 원판은 일 번을 가리키고 있었다. ㉣그 녀석은 단 두 개의 동전으로 스무 개의 사탕을 획득했다. 소년은 그 사탕들을 둘러서서 감탄의 눈으로 바라보고 있는 아이들에게 골고루 나누어 주었다. 그의 얼굴엔 기쁨도 환희도 아무것도 엿보이질 않았다. 그는 오직 **매우 피로하고 지쳐 있는 것처럼 보**였을 뿐이었다. ㉤소년은 사탕을 모조리 나누어 준 다음, 천천히 책가방을 들고 시내 쪽으로 걸어 나갔다. 아이들은 배급 탄 사탕을 굴리며, 그가 전차가 달리는 거리로 꼬부라질 때까지 한 번 정도 뒤를 돌아다봐 줄 것을 기대하였다. 허나 소년은 한 번도 뒤를 돌아보지 않았다.

그날 저녁 강 씨는 가게 문을 일찍 닫았다. 이상하게도 더 이상 경기를 계속하고 싶지 않았기 때문이었다. 그 꼬마 녀석이 한바탕 휘저어 놓은 끈적끈적한 불쾌감과 도전해 오는 듯한 태도는 좀처럼 가라앉지 않았다. 저녁밥을 해치운 그는, 꽁초를 갈아 피우며 바람 소리를 듣고 있었다. 그는 쉽사리 잠들 수가 없었다. 눈을 감으면 그 아이의 **힐책하는 눈초리**와 굽은 어깨, 작은 손아귀에 들린 쇠꼬챙이가 번득이며 원판을 내리찍던 광경이 나타나는 것이었다.

"뛰어 봐라, 아무 데건 뛰어 봐라."

그 안색 나쁜 소년은 이죽이면서 속삭였다. 강 씨는 얼핏 잠이 들면 그 아이가 비수로 내리찍는 꿈을 꾸었고 그럴 때마다 숨 막히는 [비명]을 지르며 몸을 일으켜야 했다. 이상한 일이었다. 그에게는 좀처럼 없었던 불면의 밤이었다.

– 최인호, 「모범 동화」

* **선병질**: 피부샘병의 경향이 있는 약한 체질. 신경질을 이르기도 함.

[24001-0295]

14 [A]의 서술상의 특징으로 가장 적절한 것은?

① 대상의 외양 묘사를 통해 인물이 처해 있는 현실을 나타내고 있다.
② 인물의 발언을 반복적으로 제시함으로써 발화의 주체인 인물을 희화화하고 있다.
③ 인물들의 행동 서술을 통해 상황에 대한 부정적 분위기의 확산 과정을 제시하고 있다.
④ 청각적 이미지를 사용함으로써 대상에 대한 인물들의 호의를 감각적으로 표현하고 있다.
⑤ 이야기 속 인물인 서술자의 관찰자적 시선을 통해 인물의 행동과 사건 정황을 객관적으로 서술하고 있다.

[24001-0296]

15 ㉠~㉤에 대한 이해로 적절하지 않은 것은?

① ㉠: 요술이 가짜임을 알게 된 후 어릿광대가 죽지 않았다는 것을 믿게 되었음을 의미한다.
② ㉡: 원판 경기로 열 개의 사탕을 얻는 것은 실현 가능성이 매우 낮다는 것을 보여 준다.
③ ㉢: 급우의 도움으로 앞선 원판 경기에서 이긴 것에 대한 고마움을 직접적으로 드러낸다.
④ ㉣: 소년이 두 번의 원판 경기에서 모두 이기고 다섯 배의 보상을 얻은 상황임을 보여 준다.
⑤ ㉤: 소년이 원판 경기에 참여한 것의 목적이 사탕이 아닐 수도 있음을 나타낸다.

[24001-0297]

16

동전, 비명에 대한 이해로 가장 적절한 것은?

① 동전은 목적 달성에 대한 열망을, 비명은 목적 달성 이후의 허망함을 드러낸다.
② 동전은 요행에 대한 기대감을, 비명은 상대방에 대한 불쾌감을 내포하고 있다.
③ 동전은 통제가 어려운 상황에 대한 불안을, 비명은 통제가 가능한 상황에 대한 인식을 나타낸다.
④ 동전은 계획한 바를 이루기 어렵다는 절망을, 비명은 계획한 바를 이룰 수 있다는 의지를 의미한다.
⑤ 동전은 유혹을 물리친 것에 대한 자부심을, 비명은 유혹을 떨치지 못한 것에 대한 자괴감을 보여 준다.

[24001-0298]

17

〈보기〉를 참고하여 윗글을 감상한 내용으로 적절하지 않은 것은?

보 기

어른들이 아직 성숙하지 않은 어린이에 대해 부여하는 일반적인 이미지는 생기발랄함과 호기심 어린 순수함이다. 그런데 「모범 동화」에 등장하는 '아이(소년)'는 보통의 아이들과 달리 생기 없는 모습을 보이기 일쑤이며 결코 순진하지도 않다. '아이'는 어른들의 비밀이나 자신들을 이용하려는 의도 등을 꿰뚫어 보며 이를 폭로하고, 그런 '아이'를 마주하는 어른들은 놀라워하고 당황한다. 작가는 이러한 '아이'와 어른들의 모습을 통해 순수함을 간직하기 어려운 세계의 부조리함을 드러냄과 동시에 인간의 욕망을 교묘하게 이용하는 세태를 비판하고 있다.

① '저것보다 신기한 요술일지라도 속아서는 안 된다.'라는 소년의 말을 통해, 어른들의 세계가 지니고 있는 비밀이 폭로되는 상황을 알 수 있군.
② '두 가지 이유를 강 씨 자신도 미리 계산에 넣지 못한 바'가 아니라는 것을 통해, 강 씨가 자신의 돈벌이에 아이들의 욕망을 이용하고 있음을 알 수 있군.
③ '어딘가 겁먹은 말투로 대답'하는 강 씨를 통해, 소년의 당당함을 접하고 난 후 강 씨가 느끼는 놀라움과 당황스러움을 짐작할 수 있군.
④ '매우 피로하고 지쳐 있는 것처럼 보'이는 것을 통해, 어른들이 어린이에게 부여하는 생기발랄함과 같은 이미지를 찾아보기 어려운 소년의 모습을 생각해 볼 수 있군.
⑤ '힐책하는 눈초리'를 떠올리는 강 씨의 내면을 통해, 순수함을 간직하기 어려운 세계의 부조리함을 인지하고 이를 개선하려 애쓰기로 결심한 강 씨의 심경 변화를 알 수 있군.

[01~04] 다음 글을 읽고 물음에 답하시오.

차설이라. 이때 진 숙인은 설홍을 산중에 버린 후에 자연히 몸이 노곤하여 피골이 상접하고 몸에 살 한 점이 없는 고로 점쟁이를 불러 물으니, 점쟁이 말하기를,

"자식 같은 사람을 산중에 버리니 그것이 원혼(冤魂)이 되었으니 부인의 일신이 어찌 편하겠습니까? 그러한 일이 있거든 원혼을 착실히 풀어 주시면 몸도 자연히 편해지고 죽기도 면할 것입니다."

하니, 부인이 이 말을 듣고 속으로 생각하되,

'㉠설홍의 원귀로구나.'

하고, 이튿날 시비를 불러 말하기를,

"설홍을 산중에 버린 지 여러 해라. 굶어도 죽었을 것이요, 얼어도 죽었을 것이니 제 죄는 만사무석(萬死無惜)*이라 산중에 썩어도 아깝지 아니하지만, 처사의 골육이므로 뼈나 찾아다가 제 부친 묘 아래 묻어 주라."

하였다. 시비 운섬이 명령을 따라 흑운산 당월굴 아래로 들어가 살피니 뼈가 한 개도 없는지라. 마음에 생각하되 ㉡설홍은 어린아이라 필연 무슨 짐승이 잡아먹었으리라 생각하고 집으로 돌아오고자 하였으나, 갑자기 어디서 울음소리가 들리거늘 이상한 생각이 들어 소리를 좇아가니 과연 아이가 바위 위에 앉아 울거늘, 그 아이를 달래서 물어 말하길,

"공자는 뉘시기에 이런 공산에 앉아 우나이까?"

설홍이 울음을 그치고 그윽이 보다가 가로되,

"나는 금능 땅 앵무동 설 처사의 아들 홍이나니 일찍 부모를 잃고 이곳에 와 머무노라."

운섬이 그제야 설홍인 줄 알고 거짓으로 반기는 체하며 말하길,

"㉢저는 공자 댁의 시비 운섬이오니 부인께서 공자를 데려오라 하옵기로 왔나이다."

하며, 안아 노복의 등에 업히니 설홍이 생각하되,

'부인이 나를 버리고 연화봉으로 가시더니 이제 나를 데려오라 하시나 보다.'

하고, 노복의 등에 업혀 갔다.

운섬이 숙인에게 알리되,

"㉣노복을 데리고 그 산중에 가오니 죽지 아니하고 살아 있기에 데려왔나이다."

하고, 홍을 숙인에게 보내니 부인이 홍을 보고 칼 같은 마음이 불꽃같이 일어나거늘, 시비 운섬을 불러 말하길,

[A]

"내 설홍을 보면 없던 병이 절로 나므로 너로 하여금 홍을 산중에 버려 죽게 하였더니, 너는 내 말을 생각지 아니하고 자식 없는 사람에게 자식으로 주었다가 내 심장을 상하게 하니 어찌 노복 간에 정이 있다 하리오?" / 하고, 은자를 주며,

"남모르게 ⓐ독약을 구하라."

하더라. 설홍은 이런 흉계를 모르고 독약을 받아먹되, 본디 화식(火食)*을 아니하고 선과(仙果)만 먹은 속이라 죽지 아니하고, 수족이 굳어 놀리지 못하고 혀가 굳어 말을 못하고 얼굴에 검은빛이 나

며 몸에 또 검은 털이 가득하여 눈만 빠끔하니 갓난 곰의 새끼 같더라. 진 숙인이란 사람의 마음이 악한 일 하기를 조석으로 더하니 포악하고 잔학한 자라. 부인이 더욱 미워하여 설홍의 모양을 보고 큰길 누각 위에 자리를 깔고 우리를 만들어 그 안에 가두고 이름을 인곰이라 하고 매일 나와 구경하되 작대기로 쑤시니, 홍이 괴로움을 이기지 못하여 그 작대기를 피하여 이리저리 다니니 부인은 그리하는 거동을 보고 더욱 기뻐 좋아하여 이리저리 쫓아가며 작대기로 무수히 지르니 홍이 더욱 견디지 못하여 몸을 웅크리고 통곡하는 모양을 보고 박장대소하더라.

[중략 부분 줄거리] 곰이 된 설홍은 욕심 많은 명선이라는 사람에게 붙들려 사방으로 끌려다니며 강제로 뭇사람들 앞에서 재주를 부리고, 명선은 이를 통해 재산을 모은다.

세월이 물처럼 흘러 여러 해를 지나매 설홍의 발길이 안 간 곳이 없더라. 이날 소주 땅 구화동에 이르러 놀음을 시작하자 남녀노소 모여 구경하니 세상에 보지 못하던 짐승이라. 채복(彩服)*을 갖추어 앞발로 소고(小鼓)를 들고 한참 치다가 온갖 재주를 하니 모들빼기 살판이며 공중으로 덕수도 넘으며*, 앞발을 들고 섰더니 옥잔에 술을 부어 앞앞이 올리며 절을 공순히 하니 사람마다 술을 받아먹고 은자를 많이 주니 그 재물이 적지 아니하더라. 왕 승상이라는 한 재상이 나와 구경하여 그 짐승을 보니 제 주인을 두려워하여 재주를 잘하나 그 괴로움과 슬픔을 이기지 못하여 검은 눈물을 털 속에서 흘리거늘, 승상이 자연 슬픈 마음이 들어 그 주인을 불러 말하기를,

"저 짐승은 어디서 데려왔으며 본디 재주를 잘하더냐?"

명선이 여쭈오되,

"이 짐승이 북산도에서 귀한 물건이라 하는 것을 들었습니다."

승상 왈,

"섬에 있는 짐승을 데려다가 은전을 많이 얻으니 너는 좋지마는 저 짐승은 불쌍하지 않느냐? 내 은전 백 냥을 줄 것이니 팔고 가라."

하거늘, 명선이 생각하니 은전 백 냥도 적지 아니하거니와 승상의 말씀을 어찌 거역하리오.

"ⓜ그리하옵소서."

하면서 그 짐승을 바치고 돌아갔다.

[B] 승상이 그 짐승을 데리고 집으로 돌아와 며칠을 머물게 한 후에 시비를 불러 말하기를,

"이 짐승이 북산도에 있었다 하니 그곳에 남모르게 두고 오라."

시비가 명을 따라 그 짐승을 데리고 남모르게 북산도에 버리고 오라는 말씀대로 하였다.

슬프다. 설홍이 승상의 손에 구해져 명선과 이별하고 그곳에 와 있으니, 즐겁기는 측량없으나 배고픔을 이기지 못하여 풀로 머리를 고이고 수목 사이에 누웠으니 홀연 몸이 노곤하여 잠깐 졸았더니 한 노승이 와 가로되,

"공자는 전생에 무슨 죄로 저러한 허물을 쓰고 외로이 누워 굶주려 죽게 되었는고?"

바랑에서 대추를 내어 주면서 이것을 먹으라 하거늘, 홍이 받아먹으니 배부르고 정신이 씩씩하더라. 홍이 일어나 공경히 절하며 말하길,

"존사(尊師)는 어디에 계시며, 무슨 일로 다니다가 굶주려 죽게 된 인생을 살려 주시니 그 은혜가 백골난망이로소이다." / 노승이 웃으며 말하길,

"소승은 덕음산 쌍용사에 있사오니 동구에 다니다가 잠깐 굶주린 모양을 보고 위로하였거늘 어찌 은혜라 하오리까. 이곳을 떠나 북편 소로(小路)로 수백 리를 들어가면 추용산이라 하는 산이 있고 그 안에 운담 도사 있사오니 그 도사를 만나 도업을 배운 후에 왕 승상의 은혜를 잊지 마시옵소서."

하면서, 한 ⓑ약을 주거늘 홍이 받아먹으니 노승의 은혜는 측량할 수 없더라. 인하여 간데없거늘 이상한 마음에 두루 살폈더니 문득 뒷동산의 뻐꾹새가 울음을 운다. 뻐꾹뻐꾹 우는 소리에 깨어나니 남가일몽(南柯一夢)*이라. 일신에 가득하던 병이 없고 수족을 임의로 놀리면서 능히 말을 하니 죽었다가 다시 살아난 것과 같더라.

– 작자 미상, 「설홍전」

* 만사무석: 만 번 죽어도 아깝지 않음.
* 화식: 불에 익힌 음식.
* 채복: 색깔이 고운 옷.
* 모듈빼기 ~ 넘으며: 다양한 종류의 재주를 부리는 모습을 표현한 말임.
* 남가일몽: 꿈과 같이 헛된 한때의 부귀영화를 뜻하는 말로 중국의 고사에서 비롯한 말이나, 여기에서는 단순히 '꿈'을 뜻하는 말로 쓰임.

[24001-0299]

01 [A]에 대한 설명으로 가장 적절한 것은?

① 특정 사건에 대한 인물의 반성적 인식을 중심으로 서술하고 있다.
② 비유적 표현을 사용하여 인물에 대한 부정적 태도를 드러내고 있다.
③ 인물의 말과 행동을 구체적으로 제시하여 인물의 성격을 드러내고 있다.
④ 감각적 배경 묘사를 통해 인물이 처한 상황의 애상적 분위기를 부각하고 있다.
⑤ 사건의 발생 원인과 진행 과정을 요약적으로 제시하여 사건의 결말을 예고하고 있다.

[24001-0300]

02 ㉠~㉤에 대한 이해로 적절하지 않은 것은?

① ㉠: 자신의 몸에 일어난 변화가 원혼이 된 설홍 때문이라고 생각하면서 설홍의 원혼을 풀어 주기 위한 조치의 필요성을 느끼고 있다.
② ㉡: 산중에 버려진 설홍에게 일어났을 일을 생각함으로써 설홍의 유골이 발견되지 않는 이유를 추측하고 있다.
③ ㉢: 자신이 설홍과 관련이 있는 사람임을 밝히면서 자신이 흑운산에 온 진짜 이유는 감추고 거짓 이유를 설홍에게 제시하고 있다.
④ ㉣: 자신이 설홍을 데리고 오기까지의 과정을 요약하여 말함으로써 상대의 예상과 다른 상황이 펼쳐진 이유를 설명하고 있다.
⑤ ㉤: 상대의 요청을 수락함으로써 자신보다 높은 지위에 있는 상대의 뜻을 거스르지 않기 위해 은전 백 냥의 이익을 포기하고 있다.

[24001-0301]

03 **〈보기〉는 [B]의 구조를 도식화한 것이다. 이를 참고하여 [B]를 이해한 내용으로 적절하지 <u>않은</u> 것은?**

보기

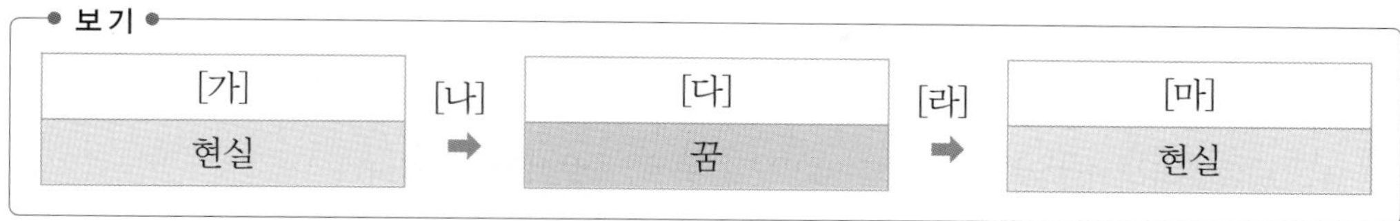

① [가]에서는 북산도에 버려진 것을 슬퍼하는 설홍의 모습을 묘사하고 있다.
② [나]에서는 허기와 피곤함을 느끼는 설홍의 모습을 제시하고 있다.
③ [가]에서는 혀가 굳어 말을 못했던 설홍을 [다]에서는 말할 수 있는 존재로 묘사하고 있다.
④ [라]에서는 설홍이 새 울음소리를 듣는 것을 서사적 장치로 활용하고 있다.
⑤ [다]에서 설홍이 겪은 일과 [마]에서 설홍에게 일어난 변화를 각각 원인과 결과로 대응시키고 있다.

[24001-0302]

04 **〈보기〉를 참고하여 ⓐ와 ⓑ를 설명한 내용으로 적절하지 <u>않은</u> 것은?**

보기

「설홍전」은 '영웅의 일생'이라는 서사 구조를 바탕으로 삼고, '변신' 요소를 더해 이야기의 흥미와 주제 의식을 강화한다. 반복해서 시련을 겪는 주인공은 조력자를 만나 구조되거나 영웅의 능력을 갖추게 되는데 이는 '영웅의 일생'이라는 서사 구조의 특징이다. 주인공이 거듭해 경험하는 '변신'이라는 사건들 사이에는 공통점도 있지만, 주인공이 변신하도록 만드는 인물의 성격과 변신이 일어나는 공간의 특성, 변신의 양상과 결과 등 다양한 측면에서 차이점 또한 드러난다.

① ⓐ와 ⓑ를 통한 변신은 주인공의 의지와는 상관없이 이루어진다는 점에서 서로 같군.
② ⓐ와 ⓑ를 통해 주인공이 변신하도록 만드는 인물들은 모두 초현실적 존재라는 점에서 서로 같군.
③ ⓐ는 주인공이 겪는 시련과, ⓑ는 조력자를 만나 구조되는 일과 관련이 있군.
④ ⓐ를 통한 변신은 현실 공간의 사건을 통해, ⓑ를 통한 변신은 비현실 공간의 사건을 통해 실현되는군.
⑤ ⓐ를 통한 변신은 주인공을 인간 세계에서 소외되게 하고, ⓑ를 통한 변신은 인간 세계로 회귀시키는군.

[05~07] 다음 글을 읽고 물음에 답하시오.

아이야 구럭 망태 찾아라 서산(西山)에 날 늦겠다
밤 지낸 고사리 ㉠벌써 아니 자랐으랴
이 몸이 이 나물 아니면 끼니 어이 이으랴 〈제1수〉

아이야 도롱이 삿갓 차려라 동쪽 골짜기[東澗]에 비 내린다
기나긴 낚싯대에 미늘 없는 낚시 매어
저 고기 놀라지 마라 내 흥(興) 겨워 하노라 〈제2수〉

아이야 죽조반(粥早飯) 다오 남쪽 논밭[南畝]에 일 많구나
서투른 따비*는 ㉡누구와 마주 잡을꼬
두어라 성세궁경(聖世躬耕)*도 역군은(亦君恩)이시니라 〈제3수〉

아이야 소 먹여 내어 북쪽 마을[北郭]의 새 술 먹자
잔뜩 취한 얼굴을 달빛에 실어 오니
어즈버 희황상인(羲皇上人)을 오늘 다시 보는구나 〈제4수〉

– 조존성, 「호아곡」

* 따비: 풀뿌리를 뽑거나 밭을 가는 데 쓰는 농기구.
* 성세궁경: 태평한 세월에 자기가 직접 농사를 지음.

[24001-0303]

05 윗글에 대해 이해한 내용으로 가장 적절한 것은?

① 〈제1수〉와 〈제2수〉에서는 시간적 배경을 활용하여 화자의 행동에 대한 이유를 밝히고 있다.
② 〈제1수〉와 〈제3수〉에서는 물음의 방식을 활용하여 대상에 대한 화자의 경외감을 드러내고 있다.
③ 〈제2수〉와 〈제3수〉에서는 자연물을 의인화하여 그 자연물과 화자의 동질성을 강조하고 있다.
④ 〈제2수〉와 〈제4수〉에서는 영탄적 표현을 활용하여 현재의 상황에 대한 화자의 만족감을 드러내고 있다.
⑤ 〈제3수〉와 〈제4수〉에서는 역사적 인물을 언급하며 과거와 달라진 화자의 처지를 부각하고 있다.

[24001-0304]

06 ㉠과 ㉡에 대한 이해로 가장 적절한 것은?

① ㉠은 대상의 모습에 대한 화자의 평가를, ㉡은 화자의 모습에 대한 주위 사람들의 평가를 드러낸다.
② ㉠은 대상의 상태에 대한 화자의 심리를, ㉡은 대상을 다루는 상황에 대한 화자의 심리를 드러낸다.
③ ㉠은 대상에 대해 화자가 느끼는 소외감을, ㉡은 대상으로 인해 촉발된 화자의 성찰적 태도를 드러낸다.
④ ㉠은 대상과 관련된 화자의 현실 인식을, ㉡은 대상과 관련된 화자의 현실을 극복하기 위한 노력을 드러낸다.
⑤ ㉠은 대상의 외양이 변한 것에 대한 화자의 놀라움을, ㉡은 자신의 주변 환경이 변한 것에 대한 화자의 놀라움을 드러낸다.

[24001-0305]

07 〈보기〉를 참고하여 윗글을 감상한 내용으로 적절하지 않은 것은?

보기

이 작품은 정계에서 파직당한 작가가 아이를 부르는 방식을 사용하여 자신의 은자적 삶을 나타낸 연시조이다. 이 작품에 드러난 작가의 구체적인 삶의 모습은 각 수에 제시된 공간에서 하는 화자의 행위나 자신에 대한 평가, 그리고 중국의 고사와 관련된 소재를 통해 확인할 수 있다. 다음은 이 작품과 관련된 중국의 고사이다.

- 백이와 숙제는 자신들의 반대에도 불구하고 주나라 무왕(武王)이 은나라 주왕(紂王)을 징벌하자, 주나라의 녹을 받은 것을 부끄럽게 여겨 수양산에 들어가 고사리만 뜯어 먹다가 굶어 죽었다.
- 주나라 사람인 여상은 미끼를 끼우지 않은 곧은 낚싯바늘을 물에 드리우며 자신의 능력을 알아줄 군주를 기다렸다. 훗날 주나라 문왕이 그를 등용하자 여상은 주나라를 크게 일으켰다.
- 장저와 걸닉이 공자의 무리에게 속세를 떠나 자신들처럼 자연에 은거하며 한가하게 농사나 지으며 살 것을 권유하였다. 이에 공자는 사람의 무리와 함께 살지 않고 누구와 함께 살겠는가라고 말하였다.
- '희황상인'은 복희씨 이전의 오랜 옛적의 사람이라는 뜻으로, 세상일을 잊고 한가하고 태평하게 숨어 사는 사람을 이르는 말이다.

① 〈제1수〉의 '고사리'를 캐는 것은 '서산'에서 화자가 하는 행동으로, 은거적 삶을 사는 화자는 백이와 숙제처럼 자신의 지조를 지키고 싶어 한다고 볼 수 있겠군.
② 〈제2수〉의 '동쪽 골짜기'는 화자가 낚시를 하는 공간으로, 화자가 여상과 마찬가지로 자신의 능력을 펼칠 때가 오기를 기다리고 있다고 볼 수 있겠군.
③ 〈제3수〉의 '남쪽 논밭'의 일은 은거한 화자가 하는 행동으로, 화자는 힘겨운 농사일마저도 임금의 은혜라 여기며 전원생활을 하고 있다고 볼 수 있겠군.
④ 〈제4수〉의 '새 술'을 먹는 것은 '북쪽 마을'에서 화자가 하는 행동으로, 화자가 은거적 삶을 살면서도 자연과 조응하며 유유자적하게 지내고 있다고 볼 수 있겠군.
⑤ 〈제3수〉의 '성세궁경'과 〈제4수〉의 '희황상인'은 은거한 삶에 대한 화자의 평가로, 화자가 은거 생활을 하면서도 현실 정치에 관심을 두고 있다고 볼 수 있겠군.

[08~13] 다음 글을 읽고 물음에 답하시오.

가 ㉠푸른 산이 흰 구름을 지니고 살 듯
내 머리 우에는 항상 **푸른 하늘**이 있다

하늘을 향하고 산림처럼 두 팔을 드러낼 수 있는 것이 얼마나 숭고한 일이냐

㉡두 다리는 비록 연약하지만 젊은 산맥으로 삼고
부절히 움직인다는 **둥근 지구**를 밟았거니……

푸른 산처럼 **든든하게 지구를 디디고** 사는 것은 얼마나 **기쁜 일이냐**

㉢뼈에 저리도록 '생활'은 슬퍼도 좋다
저문 들길에 서서 **푸른 별**을 **바라보자**……

푸른 별을 바라보는 것은 **하늘 아래 사는 거룩한 나의 일과**이거니—

– 신석정, 「들길에 서서」

나 한껏 구름의 나들이가 보기 좋은 날
등나무 아래 기대어 서서 보면
가닥가닥 꼬여 넝쿨져 뻗는 것이
㉣참 예사스러운 일이 아니다
철없이 주걱주걱 흐르던 **눈물**도 이제는
잘게 부서져서 **구슬 같은 소리**를 내고
슬픔에다 기쁨을 반반씩 버무린 색깔로
연등 날 **지등(紙燈)의 불빛**이 흔들리듯
내 가슴에 기쁨 같은 슬픔 같은 것의 물결이
㉤반반씩 한꺼번에 녹아 흐르기 시작한 것은
평발 밑으로 처져 내린 **등꽃송이를 보**고 난
그 후부터다

밑뿌리야 **절제 없이 뻗어 있**겠지만
아랫도리의 두어 가닥 **튼튼한 줄기가 꼬여**
큰 둥치를 이루는 것을 보면
그렇다 너와 내가 자꾸 꼬여가는 그 속에서

좋은 꽃들은 **피어나**지 않겠느냐?

또 구름이 내 머리 위 평발을 밟고 가나 보다
그러면 어느 문갑 속에서 **파란 옥빛 구슬**
꺼내드는 **은은한 소리**가 들린다.

– 송수권, 「등꽃 아래서」

다 어린 시절 가장 많이 받은 질문. "너 커서 뭐가 될래?"

내 **꿈**은 계절마다 바뀌어서, 지금은 기억조차 가물가물하다. 하지만 초등학교 시절까지 가장 오래 간직했던 꿈은, 부끄럽지만 피아니스트였다. 피아니스트의 삶이 어떤 건지는 잘 몰랐지만 **나**는 그저 **피아노**가 좋았다. (중략) 피아노를 '잘 쳐서' 좋은 것이 아니라, '그냥 좋아서' 좋아했다. **특출한 재능**이 있는 것은 아니었다.

꿈의 불꽃이 타오르기 시작한 순간은 이상하게도 잘 기억나지 않는데, 꿈의 불꽃이 사그라지던 순간은 정확히 기억난다. 어린 시절 우리 집에서 같이 살던 **이모와 수다를 떨**다가, 내가 피아니스트의 꿈을 꾸는 것이 부모님께 부담이 될 수 있다는 사실을 깨닫게 된 것이다. (중략) 조숙한 척만 했지 전혀 철들지 못했던 초등학생에게 이 사실은 커다란 충격이었다. 그때부터 나는 피아노 연습을 게을리하기 시작했다.

그 이후로도 나는 꿈을 여러 번 포기했다. 때로는 성적이 모자라서, 때로는 사람들의 평가가 두려워서, 때로는 그저 꿈만 꾸는 것이 싫증 나서 수도 없이 꿈을 포기했다. 내 꿈의 역사는 '포기의 역사'였다. 그런데 그 수많은 꿈을 포기하며 살아가다 보니, 정말 인정하기 싫지만 나의 진짜 문제를 알게 되었다. 실패가 두려워 한 번도 제대로 된 도전을 해 보지 못했다는 것을. 아무리 이모의 말이 충격적이었더라도, 내가 피아노를 좀 더 **뜨겁게 사랑했**더라면, 좀 더 세상과 싸워 볼 용기가 있었다면, 그렇게 쉽게 포기하진 않았을 것이다.

나는 달걀로 바위를 치는 심정으로, 자신의 **꿈을 향해 도전하며 처절하게 실패**하는 사람들을 마음속 깊이 질투하고 존경한다. 이제야 알았기 때문이다. 포기의 역사보다는 실패의 역사가 아름답다는 것을. 제대로 부딪쳐 보지도 않은 채 포기하는 것보다는, 멋지게 도전하고 처참하게 실패하는 사람들이 훨씬 많은 것을 배운다는 것을. 꿈을 이루는 데 실패하더라도, 삶에서 실패하는 것은 아님을.

얼마 전 내 소중한 벗이 불쑥 물었다. "넌 왜 그렇게 매사에 자신감이 없니?"

나는 아무렇지도 않다는 듯 적당히 둘러대긴 했지만, 그 말이 오랫동안 아팠다. 가슴에 **날카로운 사금파리***가 박힌 것처럼, 시리게 아팠다. 내 삶의 치명적인 허점을 건드리는 말이었기 때문이었다. 나를 오래 알아 온 사람만이 알아볼 수 있는 내 아픔이었기 때문이다.

나는 이제야 깨닫는다. 피아노를 포기한 것이 문제가 아니라, 그때부터 '**포기하는 버릇**'을 가슴 깊이 **내면화**한 것이 문제라는 것을. 도전하기 전에, 미리 온갖 잔머리를 굴려 내 인생을 머릿속으로 그려 보고, 안 되겠구나 싶어 지레 포기하는 것.

아주 어릴 때부터 나도 모르게 생긴 버릇이라 쉽게 고칠 수도 없었다.

내게 주어진 현실을 실제 상황보다 훨씬 나쁘게 인식하는 것. 내가 가진 것을 실제보다 훨씬 작게 생각하는 버릇. (중략) 그것은 금속에 슬기 시작한 '녹' 같다. **처음에는 아주 하찮아 보이지만** 나중에는 가득 덮인 녹 때문에 원래 모습조차 알 수 없게 되어 버리는. 나는 진로에 대한 공포 때문에, 미래에 대한 비관 때문에, 나의 원래 모습마저 잃어버린 것 같았다.

나의 글을 읽는 젊은이들은 나 같은 실수를 반복하지 **말았으면 한다**. 진로를 생각할 때 '실현 가능성'부터 생각하지 말았으면 한다. 진로를 생각할 때 곧바로 '직업'과 연결하지도 말았으면 한다. 미래를 생각할 때 생활의 안정을 1순위로 하지 말았으면 좋겠다.

하지만 이런 건 괜찮다. 예컨대, 내가 얼마나 그 꿈에 몰두해 있을 수 있는지 실험해 보는 것. 밥 먹는 것도 잊고, 잠자는 것도 잊고, 약속 시각도 잊고, **무언가에 몰두해** 본 적이 있는가. 그게 바로 우리들의 가슴을 뛰게 하는 것이다.

– 정여울, 「그때 알았더라면 좋았을 것들」

* **사금파리**: 사기그릇의 깨어진 작은 조각.

[24001-0306]

08 (가)와 (나)의 공통점으로 가장 적절한 것은?

① 과거에 대한 회상을 통해 화자의 지나온 삶을 성찰하고 있다.
② 자연물을 활용하여 화자가 지향하는 삶의 태도를 드러내고 있다.
③ 유사한 시구를 반복적으로 사용하여 주제 의식을 부각하고 있다.
④ 공간의 이동을 통해 화자의 인식이 변화하는 과정을 나타내고 있다.
⑤ 대상에 대해 관찰한 내용을 바탕으로 인간 사회를 비판적으로 인식하고 있다.

[24001-0307]

09 ㉠~㉤에 대한 이해로 적절하지 않은 것은?

① ㉠: 화자의 삶에 유의미한 영향을 미치는 자연물이 제시되어 있다.
② ㉡: 현실을 긍정적으로 인식하려고 하는 화자의 태도가 드러나 있다.
③ ㉢: 타인의 삶을 위한 자기희생의 의지가 표현되어 있다.
④ ㉣: 특정 현상에 대한 화자의 주관적 의미 부여가 나타나 있다.
⑤ ㉤: 화자의 부정적 인식이 개선되고 있음을 드러내고 있다.

[24001-0308]

10 이미지를 중심으로 (가)~(다)에 대해 설명한 내용으로 가장 적절한 것은?

① (가)는 '지구'의 '둥근' 모양을 '부절히 움직'이는 이미지와 연결하여 화자가 처한 불안정한 상황을 형상화하고 있군.
② (나)의 '구슬 같은 소리'는 '은은한 소리'로 이어지며 화자의 내면세계가 외부 세계로 확장되고 있음을 나타내고 있군.
③ (다)의 '사금파리'는 '날카로운' 외형과 이로부터 연상되는 촉각적 이미지를 환기하여 글쓴이가 느낀 심리적 고통을 형상화하고 있군.
④ (가)의 '든든하게 지구를 디디고'와 (나)의 '튼튼한 줄기가 꼬여'는 모두 대상의 강인한 이미지를 환기하여 화자가 지닌 인고의 정신을 드러내고 있군.
⑤ (나)의 '지등의 불빛'과 (다)의 '꿈의 불꽃'은 모두 대상이 지닌 시각적 이미지의 변화를 통해 화자와 글쓴이의 심리가 고조되는 양상을 나타내고 있군.

[24001-0309]

11 (다)의 글쓴이의 관점에서 (가), (나)에 대해 이해한 내용으로 가장 적절한 것은?

① (가)의 '하늘을 향하고 산림처럼 두 팔을 드러낼 수 있는 것'은, 실패를 두려워하지 않고 '꿈'을 향해 도전하는 것과 같이 숭고한 일이군.
② (가)의 '하늘 아래 사는 거룩한 나의 일과'는, '피아노' 연주에 '특출한 재능'이 없던 '나'가 '피아노'를 '뜨겁게 사랑했'던 것에 대응되는군.
③ (나)의 화자가 '철없이 주걱주걱' 흘리던 '눈물'은, '나'가 '꿈을 향해 도전하며 처절하게 실패'하는 것을 보며 느끼게 된 슬픔을 나타내는군.
④ (나)의 화자가 '등나무'가 '가닥가닥 꼬여 넝쿨져 뻗는 것'을 경계하는 것은, '나'가 '포기하는 버릇'을 '내면화'하는 것을 경계하는 것과 유사하군.
⑤ (나)의 '절제 없이 뻗어 있'는 '밑뿌리'는, '처음에는 아주 하찮아 보이지만' 나중에는 '나'의 원래 모습마저도 알 수 없게 하는 '녹'과 같은 존재이군.

[24001-0310]

12

(다)의 글쓴이의 생각으로 적절하지 않은 것은?

① 오래도록 간직했던 꿈을 쉽게 포기하는 것은 바람직하지 않다.
② 꿈이 실현되지 않는다고 하더라도 삶 자체가 실패하는 것은 아니다.
③ 어릴 때부터 나도 모르게 생긴 버릇을 고치는 것은 쉬운 일이 아니다.
④ 주어진 현실과 관련하여 최악의 상황을 가정하는 것은 적절하지 않다.
⑤ 진로를 생각할 때에는 그 실현 가능성에 대한 고민은 하지 않아야 한다.

[24001-0311]

13

〈보기〉를 바탕으로 (가)~(다)를 감상한 내용으로 적절하지 않은 것은?

> **보 기**
>
> (가)~(다)는 모두 꿈과 희망을 간직한 채 이를 실현하기 위해 노력하는 삶의 태도를 강조하고 독자로 하여금 이러한 삶의 태도를 지향하며 살아갈 것을 독려하는 작품이다. 세 작품의 화자와 글쓴이는 삶의 과정 속에서 여러 가지 고통스러운 상황을 경험하며 꿈과 희망을 간직한 삶의 태도가 중요하다는 것을 깨닫게 된다. 그리고 우리를 둘러싼 여러 가지 부정적 여건 속에서도 이러한 삶의 태도를 지향함으로써 고통스러운 현실을 극복하고, 삶의 활력을 불어넣어 인간의 삶을 고양시킬 수 있다는 교훈을 전달하고 있다.

① (가)의 '푸른 하늘'과 '푸른 별', (나)의 '파란 옥빛 구슬'은 모두 화자가 삶 속에서 간직하고 있는 삶의 희망을 상징하는군.
② (가)의 '저문 들길'은 삶의 과정에서 마주하게 되는 부정적 여건을, (나)의 '슬픔'은 삶의 과정에서 경험하게 되는 고통을 의미하는군.
③ (가)의 '기쁜 일이냐'와 '바라보자', (다)의 '말았으면 한다'는 모두 독자들이 꿈과 희망을 간직한 채 살아가기를 바라는 마음이 드러나 있는 표현이군.
④ (나)의 화자가 '등꽃송이를 보'게 된 경험과 (다)의 글쓴이가 '이모와 수다를 떨'었던 경험은 모두 고통스러운 현실을 극복하기 위한 삶의 태도를 지향하게 된 계기이군.
⑤ (나)의 '피어나'는 '좋은 꽃들'과 (다)의 '무언가에 몰두해' 보는 것은 모두 꿈과 희망을 간직한 채 살아가는 삶의 태도를 통해 인간의 삶이 고양된 결과를 보여 주는군.

[14~17] 다음 글을 읽고 물음에 답하시오.

모르면 몰라도 오늘날 농촌에서 농사를 짓고 있는 농민이라면 아마 열에 일고여덟은 역시 같은 생각일 것이었다.

기출 씨는 그동안 그만했으면 부동산 투기를 할 사람 투기할 것 다 하고, 졸부가 될 사람 졸부 될 것 다 된 뒤에야, 농산물이나 농짓값은 하락이 곧 안정이라면서 없는 법까지 만들어서 농짓값을 하락시키고, 그리하여 자기처럼 손을 놓아야 할 나이에 이르렀거나, 되도록 어서 처분하고 나가서 다른 방도를 찾아야 할 영세농들로 하여금 잘 받았댔자 그전의 반값이요, 보통은 반의반도 안 되는 **헐값에 땅을 내놓게 한 농지 매매 증명제와 토지 거래 허가제를 두루 물어뜯**은 끝에 겨우 비치적거리고 일어서면서

"이 나쁜 늠덜." / 하고 주먹으로 테이블을 내리쳤다. 그것이 푸닥거리의 시초였다. 왈그랑 퉁탕 맥주병이 넘어지고 술잔이 떨어지는 와중에 / "뭐가 나쁜 늠덜이라는 거요?"

발끈하고 대거리하는 소리와 함께 기출 씨의 옆구리를 밀치는 손이 있었다. ㉠봉출 씨가 얼른 기출 씨를 부축하면서 여겨보니 그쪽은 두 사람이 일행인 모양인데, 경찰서 근처에 가면 흔히 왔다 갔다 하던 그런 종류의 얼굴들이었다. 두 사람이고 세 사람이고 심야 영업을 단속하러 나온 경찰관에게 찍자*를 부려 봤자 생기는 게 없을 것이 뻔한 데다, 알고 보니 바닥에 떨어지는 술병을 잡아 주려고 서두른 탓에 팔꿈치가 기출 씨의 옆구리를 건드린 것이어서 애초에 따지고 자시고 할 건더기도 없는 일이었다. 그러나 기출 씨는 트집을 잡았다.

"이런 싸가지 읎는 늠, 늙은이 치는 거 보게, 이게 뭐 허는 늠인디 시방 누구를 치는겨?"

"치긴 누가 누굴 쳐요, 아저씨가 테블을 쳤지."

경찰관은 잘해야 서른대여섯밖에 안 된 젊은이였으나 버릇이 되어서 그런지 대뜸 짜증 어린 말투로 퉁명을 부렸다.

"그려, 테블은 내라 쳤다. 왜 테블 점 치면 안 되겄네? 야 인마, 도시서는 자구 나면 억(億) 억 억 허구 애덜 입에서까장 억 소리가 나는디 **촌에서는 왜 억 소리가 나면 안 된다는 거냐**. 야 인마, 우덜두 그늠으 억 소리 점 들어 가며 살아 보자, 나쁜 늠덜 같으니라구. 야 인마, ㉮하두 억 소리가 안 나와서 그늠으 억 소리 점 나오라구 탁 쳤어. 어쩔래, 지금 볼래, 두구 볼래?"

"아따, 애덜마냥 그 말 같잖은 말씀 좀 웬만치 허시랑께는."

봉출 씨가 핀잔을 하며 기출 씨의 겨드랑이를 끼고 나오는데

"우덜두 바쁘닝께 아저씨덜두 어여 가보세유." / 하며 경찰관이 기출 씨의 등을 밀었다.

"야 인마, 비겁하게 사람을 뒤에서 쳐?" / 기출 씨는 또 등을 쳤다고 억지를 썼다.

"친 게 아니라 민 거구유, 또 내가 아저씨를 민 게 아니라 법이 민 거예유. 그러잖어두 걸프만 즌쟁*으루 비상이 걸린 판인디, 아저씨 같은 노인네덜까지 밤늦도록 이러시면 어쩌자는 겁니까. 날두 찬디 살펴 가세유."

㉡경찰관은 웃는 얼굴로 한 말이었으나 기출 씨는 그전 같지 않고 기어이 오기를 부렸다. 기출 씨는 봉출 씨가 막을 새도 없이 몸을 획 돌리며 한 손으로 경찰관의 어깨를 힘껏 쥐어지르더니

"야 인마, 이건 ㉯인간 이기출이가 자네를 친 게 아니라, 장곡리 농민 이기출이가 법을 친 거여, 알겄네?" / "알겄슈."

두 경찰관이 저희끼리 마주 보고 웃어넘기는 바람에 푸닥거리는 그만해서 그쳤으나, 봉출 씨는 매끼*가 풀어지고 사개*가 물러날 듯한 ㉢기출 씨의 심상치 않은 변모에 일말의 불안감을 떨쳐 버릴 수가 없

었던 것이다. 그리고 그것이 기출 씨를 본 마지막 모습이기도 하였다.

[중략 부분 줄거리] 기출의 모습을 회상하며 그의 장례에 참석하러 간 봉출은 기출의 아내를 만나 조의를 표한다.

"즤 아베 부고 받구 온 것덜이 들어단짝*으루 뇡이구 서랍이구 들들 뒤며 **논문서 밭문서버텀 밝히러드니**…… 하두 기가 맥혀서 머리 풀 새두 읎이 문서랑 통장이랑 챙겨설낭 작은서방님게다 맽겨 놨구먼유." / "장례 모시구 나면 바루 시끄럽겄는디."

"시끄럽구말구두 읎슈, 나두 다 생각이 있으닝께유." / 하더니 형수는 음성을 한결 낮추면서

"저것덜이 시방 즤 아버지가 빚이 월만지 몰러서 지랄덜이거던유. 단협*에 자빠져 있는 것만두 그럭저럭 팔백만 원 돈인디. 즤 아베 내다 묻구 나면 불러 앉히구서 이럴라구 그류, 늬덜이 늬 아버지 재산을 일대일씩 노나 갖구 싶걸랑 늬덜이 먼저 이렇게 해 봐라, 시방 늬 아베 빚이 암만이구 암만이다, 그러니 늬덜버터 늬 아베 빚을 일대일씩 노나서 갚어 줘 봐라, 한번 이래 볼튜."

"잘 생각허셨슈."

봉출 씨는 상제들에게 잘코사니*라 싶은 생각이 들어서 기분이 한결 가벼웠다. 형수는 말을 이었다.

"아마 펄쩍 뛰구 모르쇠 허겄지유, 그러구서 나 죽는 날만 지달릴 테지유. 그이가 생전에 장 허던 말이, 시상에서 기중 못난 늠은 저 죽어서 새끼덜헌티 재산 물려주려구 안 먹구 안 쓰구 가는 사람이라게 그게 다 뭔 소린가 했더니, 막상 자긔가 이렇게 되니께 나버터 당장 알어지너먼 그류. 팔리는 대루 팔어서 내라두 죽기 전에 쓸 거나 쓰다가 가야 헐 텐디……."

"그럼유, 그러시야지유. 그런디 그동안 성님은 무슨 이상헌 말씀을 허신다든지, 무슨 이상헌 눈치를 뵈신다든지, 아줌니는 뭐 좀 느끼신 게 읎으셨던감유?"

"글쎄유, 사는 게 재밋성이 읎다읎다 허는 소리야 전버텀 장 허던 소리구, 이럴라구 그랬는지 생일날 애덜이 댕겨간 댐이버터 댐배를 솔담배두 애껴 피던 이가 양담배루 바꿔서 보루루 사다 놓구 피구, 술두 쇠주백이 모르던 이가 맥주만 자시러 들구, 시내에 나갔다 허면 꼭 택시루 들어오구, 땅이 안 팔링께 단협에서 대출을 해다가 그러구 풍덩그렸는디*, 생전 않던 짓을 헌다 싶기는 했지만…… 그러구서 딴 사건은 읎었지유."

"사건이야 성님이 이렇게 되셨다는 게 바루 사건이지, 이버덤 더헌 사건이 워디 또 있겄슈."

봉출 씨는 형수를 보고 나오는 길로 톱을 찾아서 뒤꼍으로 갔다. 기출 씨가 송사리 목사리*를 걸었음 직한 곁가지부터 치고 볼 작정으로 이리저리 살펴보고 있자니, ㉣문득 지난 정월 초이렛날 기출 씨가 큰아들하고 큰소리를 낸 끝에 북창문을 열고 하던 말이 불현듯이 떠올랐다.

"두구 보니께 이 고욤나무만이나 쓸다리 읎는 나무두 드물레그려. 과일나문가 허면 그게 아니구, 그게 아닌가 허면 그것두 아니구…… 어린것 같으면 감나무 접목허는 대목으루나 쓴다건만, 그두 저두 아니게 늙혀 노니께 까치나 꾀들어서 시끄럽지 천상 불땔감이더먼."

봉출 씨는 톱을 대려다가 놓고 담배를 붙여 물었다.

㉤기출 씨가 생일날조차 구순하게* 넘기지 못한 것도 땅이 안 팔린 탓이었다.

[A]
아침상을 물리기가 바쁘게

"솔직히 말씀드려서유 지가 저번에 그 말씀을 드린 것두유, 솔직히 지가 예비 상속자닝께 그 자격으루다가 말씀을 드린 거예유" / 하고 먼저 말을 꺼낸 것은 효근이었다.

기출 씨는 욱하고 북받치는 울뚝성을 삭이느라고 효근이를 찢어지게 흘겨보더니

"너 내 앞에서 대이구 사업 자금 사업 자금 해 쌓는디, 그것두 내 보기에는 난봉쟁이 거울 들여다 보기여. 어려서버터 일만 보면 미서워 미서워 허던 늠이 이 애비가 마디마다 뼛소리가 나도록 일을 해서 그만치 해 노니께는, 이제 와서 그 **땅을 팔어서 사업 자금이나** 헙시다…… 못 헌다. 농사는 수고구 사업은 수단인디, **수고가 뭔지두 모르는 것**이 수단은 워디서 나와서 사업을 혀? 맨손으루 나간 늠은 나가서 손에 쥐는 것이 있어두, 논 팔구 밭 팔아서 나간 늠은 넘덜 되듯이 되는 것두 못 봤거니와, 뭐? 개같이 벌어두 정승같이 쓰기만 허면 되어? 니가 그따우 정신머리를 뜯어고치지 못허는 한은, 땅이 아침 먹다 팔려 즘슨 먹다 잔금을 받더래두 지나가는 으덩박씨*는 줄망정 너 같은 늠헌티는 못 줘, 못 주구 말구. 대법원장이 주라구 해두 못 줘 이늠아."

– 이문구, 「장곡리 고욤나무」

* **찍자**: 괜한 트집을 잡으며 덤비는 짓을 속되게 이르는 말.
* **걸프만 존쟁**: 걸프 전쟁. 1990년 이라크의 쿠웨이트 침공 및 병합에 반기를 들고 미국 등 연합군이 일으킨 전쟁.
* **매끼**: 묶는 데 쓰는 새끼나 끈.
* **사개**: 모퉁이를 끼워 맞추기 위하여 서로 맞물리는 끝을 들쭉날쭉하게 파낸 부분. 또는 그런 짜임새.
* **들어단짝**: 들어오자마자 대뜸.
* **단협**: 단위 농협.
* **잘코사니**: 미운 사람의 불행을 고소하게 여길 때 쓰는 말.
* **풍덩거리다**: (돈을) 물 쓰듯 하는 모양을 비유적으로 이르는 말.
* **목사리**: 소 · 개 따위의 짐승의 목에 두르는, 가죽으로 만든 띠나 줄.
* **구순하다**: 서로 사귀거나 지내는 데 사이가 좋아 화목하다.
* **으덩박씨**: 거지.

[24001-0312]

14 ㉮와 ㉯에 대한 설명으로 가장 적절한 것은?

① ㉮와 ㉯는 모두 상대방의 행동을 풍자하며 성찰을 유도하고 있다.
② ㉮와 ㉯는 모두 반어적 표현을 통해 상대방의 논지를 반박하고 있다.
③ ㉮는 ㉯와 달리 두 대상을 대비하여 말하며 자신에게 더 공감할 것을 요청하고 있다.
④ ㉮는 ㉯와 달리 동음이의어를 언급하며 상대방의 행동 변화를 요구하고 있다.
⑤ ㉯는 ㉮와 달리 상대방의 말을 흉내 내어 빈정대며 자신의 행동을 변호하고 있다.

[24001-0313]

15 ㉠~㉤에 대한 이해로 가장 적절한 것은?

① ㉠: 기출과 봉출이 겪었던 일을 봉출의 입장에서 묘사하며 당시 상황에서 기출이 취한 행동의 이유를 설명하고 있다.
② ㉡: 경찰관과 기출의 갈등을 봉출의 입장에서 회상하며 기출의 행동을 말리지 못했던 것을 후회하는 봉출의 모습을 드러내고 있다.
③ ㉢: 기출의 행동이 평소와 달랐던 것을 간파한 봉출이 불안감을 느꼈음을 표현하고 있다.
④ ㉣: 기출이 겪었던 자녀들과의 갈등을 언급하며 기출이 나무 가격으로 속상했을 것이라고 짐작하는 봉출의 모습을 드러내고 있다.
⑤ ㉤: 기출이 큰아들과 언쟁했던 사실을 회상하는 봉출의 속내를 드러내며 기출의 생일에 있었던 땅 거래를 언급하고 있다.

정답과 해설 127쪽

[24001-0314]

16 [A]에 대한 이해로 적절하지 않은 것은?

① 기출은 효근의 평소 행실을 이유로 들어 사업 자금을 주지 않겠다고 말하고 있다.
② 효근은 아버지로부터 재산을 받는 것이 기정사실이라는 것을 피력하며 돈을 요구하고 있다.
③ 기출은 땅이 팔리더라도 효근이 아닌 다른 아들에게 자금을 주려 하는 이유를 밝히고 있다.
④ 기출은 땅을 팔고도 실패한 경우를 언급하며 효근에게 사업 자금을 주지 않겠다고 말하고 있다.
⑤ 기출은 효근이 과거에 했던 말을 다시 언급하며 그에게 불만을 가지고 있는 이유를 설명하고 있다.

[24001-0315]

17 〈보기〉를 참고하여 윗글을 감상한 내용으로 적절하지 않은 것은?

보 기

「장곡리 고욤나무」는 한 농촌 마을의 노인 이기출의 이야기를 소재로 1990년대 농촌의 패배주의적 분위기와 파편화된 공동체의 모습을 그리고 있다. 1960년대 이후 대도시와 공업 중심의 경제 발전으로 도시와 농촌 간 격차는 시간이 갈수록 벌어져 농민들의 소외감과 상실감이 짙어졌다. 게다가 농촌 경제를 지원하기 위해 발표한 정부 차원의 대책은 농촌의 현실을 반영하지 못한 채 불신과 불만을 가중시키고 있었다. 이런 현실 속에서 농촌의 젊은이들은 자신의 미래를 도시에서 설계하고자 고향과 농토를 떠났고, 이 과정에서 농촌 공동체 속 세대 간의 가치관 차이로 인한 갈등도 불거졌다.

① '헐값에 땅을 내놓게 한 농지 매매 증명제와 토지 거래 허가제를 두루 물어뜯'으며 비난하는 모습에서 정부에 대한 농민들의 불신을 엿볼 수 있군.
② '촌에서는 왜 억 소리가 나면 안 된다는 거냐'고 투덜대는 모습에서 도시와 농촌 간 격차로 박탈감을 토로하는 모습을 확인할 수 있군.
③ 아버지의 부고를 받은 자녀들이 '논문서 밭문서버텀 밝히러 드'는 것을 한탄하는 모습에서 농촌의 경제 상황에 대한 불만을 엿볼 수 있군.
④ '땅을 팔어서 사업 자금이나' 하자는 기출 아들의 모습은 자신의 미래를 농토에서 찾지 않으려는 농촌 젊은이들의 모습이라고 볼 수 있군.
⑤ 아들에게 사업 자금을 대지 않으려 하며 '수고가 뭔지두 모르는 것'이라며 비난하는 모습에서 가치관의 차이로 세대 갈등이 불거진 모습을 볼 수 있군.

문제를 사진 찍고
해설 강의 보기

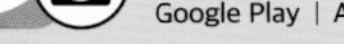

EBSi 사이트
무료 강의 제공

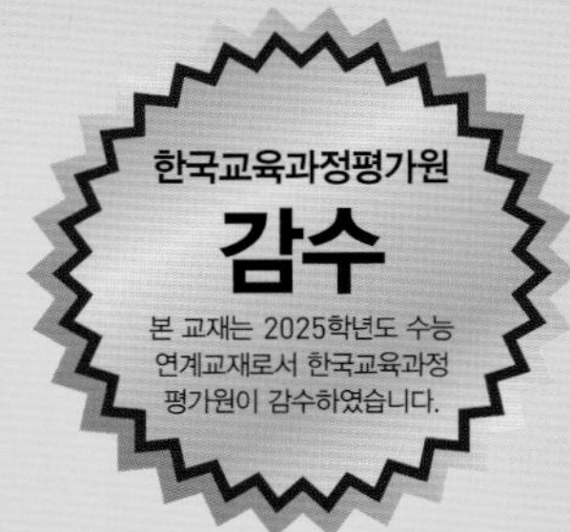

정답과 해설

수능특강 | 국어영역 문학

2025학년도 수능 연계교재

본 교재는 대학수학능력시험을 준비하는 데 도움을 드리고자 국어과 교육과정을 토대로 제작된 교재입니다.
학교에서 선생님과 함께 교과서의 기본 개념을 충분히 익힌 후 활용하시면 더 큰 학습 효과를 얻을 수 있습니다.

1부 교과서 개념 학습

1강 시의 표현과 형식

본문 009~010쪽

작품으로 이해하기 예시 답안

01 (1) ○ (2) × (3) ○ (4) ○

02 ⓐ: 공장의 지붕은 흰 이빨을 드러내인 채

03 ②

■ **김광균, 「추일서정」**

해제 이 작품은 회화적 이미지를 중심으로 가을날의 쓸쓸한 풍경을 묘사하고 그로부터 느껴지는 화자의 고독감을 드러낸 시이다. 시의 앞부분에서는 감정의 직접적 제시 없이 근대의 도시 문명과 관련된 소재들을 통해 독특한 비유를 구사함으로써 화자의 눈에 비친 낯설고 황량한 이미지를 형상화하고, 뒷부분에서 화자의 행동과 함께 그가 느끼는 애수와 고독을 드러내고 있다.

주제 가을날의 황량한 풍경과 고독감

구성
- 1~3행: 쓸쓸한 낙엽의 모습
- 4~7행: 가을 햇살 속 길과 들판의 모습
- 8~11행: 나무, 공장, 구름의 쓸쓸한 풍경
- 12~16행: 황량한 풍경 속에서 느끼는 고독감

01 (1) [A]는 가을날 낙엽을 보고 떠올린 내용이다. 이는 '폴―란드 망명정부', '도룬 시' 등 이국적인 정서를 환기하는 시어를 통해 전쟁으로 인한 폐허에 관해 연상한 내용을 표현한 것이다.
(2) [B]에는 대비되는 색채어가 사용되지 않았으므로, 그것을 통해 계절적 배경인 가을날 자연의 변화상을 구체화한 부분도 없다.
(3) [C]에서는 '포플라 나무'가 잎을 떨구고 앙상한 가지를 드러낸 모습을 동물의 '근골'과 연관 짓고, '구름'을 '세로팡지'라는 이질적 재료와 연관 짓는 표현을 구사하였다.
(4) [D]의 '풀벌레 소리 발길로 차며'는 청각적 심상을 시각적 또는 촉각적 심상으로 전이하는 공감각적 심상이 사용된 것이고, '홀로'를 '호올로'라고 표현한 것은 시적 허용이다. 이를 통해 풀밭을 공연히 발로 차거나 허공에 돌팔매를 띄우는 화자의 행위에 담긴 쓸쓸한 정서를 부각하고 있다.

02 도시 문명과 관련된 '공장'이라는 소재를 활용하면서, 그 지붕이 마치 야수처럼 '흰 이빨을 드러내인' 모습을 하고 있다고 표현한 것은 근대 문명에 대한 부정적인 인식을 시각적 심상을 통해 드러낸 부분이라고 할 수 있다.

03 ㉡은 원관념 '길'을 보조 관념 '한 줄기'에 빗댄 은유가 아니다. 4행에는 원관념 '길'의 모습을, 그것과 형태적 유사성이 있는 보조 관념 '한 줄기 구겨진 넥타이'에 빗댄 직유가 사용되었다. 또 이 시의 화자가 현 상황의 수용이 불가피한 처지에 있고 '한 줄기'의 '길'은 이를 빗댄 표현이라고 해석할 만한 근거도 없다.

2강 시의 내용

본문 012~013쪽

작품으로 이해하기 예시 답안

01 ㉠: (가) × (나) × ㉡: (가) × (나) ○
㉢: (가) ○ (나) ○ ㉣: (가) ○ (나) ×

02 ②

03 ②

(가) 김천택, 「백구야 놀라지 마라 ~」

해제 이 작품은 임금에게 버림받은 한 신하가 강호로 들어가 백구(갈매기)와 더불어 놀겠다는 의지를 표현한 시조이다. 초장에서 백구를 불러들인 다음 중장에서는 자신의 사연을 드러내고, 종장에서는 백구와 더불어 놀겠다는 의지를 밝힌다. 강호가도 계열의 작품으로서 작가가 표시되지 않은 채 수록된 가집도 있다.

주제 임금에게 버림받고 강호에서 노닐겠다는 의지

구성
- 초장: 백구에게 놀라지 말라고 당부함.
- 중장: 화자가 백구 곁에 오게 된 사연
- 종장: 백구와 더불어 놀겠다는 의지

(나) 작자 미상, 「백초를 다 심어도 ~」

해제 이 작품은 언어유희의 효과를 살려서 이별의 아픔을 그려 낸 시조이다. 대나무로 만드는 도구인 젓대와 살대, 붓대의 기능을 이별 상황에 연결하였다. 피리를 불면 소리가 나는 것을 운다고 하고, 화살을 쏘면 날아가는 것을 간다고 하였으며, 붓으로 그림을 그리는 것을 그리워하는 것으로 연결함으로써

이별 상황에서의 그리움을 은근히 표현하였다. 시적 발상 면에서 해학성을 품고 있는 작품이다.

주제 임과의 이별에서 오는 아픔

구성
- 초장: 대나무를 심지 않겠다는 의지
- 중장: 울고 가고 그리는 대나무의 모습
- 종장: 대나무를 심지 않겠다는 의지와 그 이유

(다) 작자 미상, 「개를 여남은이나 기르되 ~」

해제 이 작품은 미운 임을 반기고 고운 임을 박대하는 개 한 마리에 대한 태도를 통해 사랑하는 임과의 재회에 대한 염원을 함축적으로 드러내고 있는 사설시조이다. 개가 미운 임과 고운 임을 대하는 대조적 태도를 상세하게 묘사하여 사설시조 특유의 해학성을 보여 준다.

주제 미운 임을 반기고 고운 임을 내쫓는 개에 대한 원망

구성
- 초장: 얄미운 개에 대한 원망
- 중장: 개가 얄미운 이유
- 종장: 개의 얄미운 짓에 대한 대응

01 ㉠은 (가)와 (나) 어디에서도 드러나지 않는다. ㉡은 (가)에서는 나타나지 않고 (나)의 '대 심을 줄이 있으랴'에서 확인된다. ㉢은 (가)의 '아니로다'와 '왔노라', (나)의 '붓대로다'에서 확인된다. 감탄형 어미는 화자의 정서를 강조하는 효과가 있다. ㉣은 (가)의 '백구'라는 명시적 청자가 나타나 있고, '백구야', '놀라지 마라', '너'에서 대화적 어조를 확인할 수 있다. (나)에서는 명시적 청자도, 대화적 어조도 나타나지 않는다.

02 <보기>의 내용은 원래의 표현과 마찬가지로 개에 대한 응징에 해당한다. 그런데 개를 아예 팔아넘기겠다는 의지를 드러내고 있는데, 이는 밥을 굶겨서 고통을 주는 데 그치지 않고 제거하겠다는 발상이다. 참고로 <보기>는 다른 가집에 실제로 수록되어 있는 이본의 종장이다.

03 (가)에서 화자가 이왕 버림받은 김에 강호에서 백구와 노는 것도 좋다고 한 것은 성상에게 돌아가고 싶은 마음을 은폐한 것으로 볼 수도 있고 그래서 자신을 속인 것으로 볼 여지도 있다. 그런데 화자는 성상에게 다시 돌아가겠다는 의지를 보이지도 않았고 이를 백구와 더불어 노는 일에 비교하면서 가치의 우열을 밝히지도 않았다.

오답이 오답인 이유

① 신하가 임금으로부터 버림받았다는 것은 낭패스러운 상황일 수밖에 없다. 그런데 그것을 백구와 더불어 놀 수 있는 기회로 받아들이는 것은 상황의 합리화로 볼 수 있다.

③ 사랑하는 임과의 이별 상황은 화자 자신이 감당해야 할 갈등 상황이다. 그런데 (나)는 마치 그 원인이 불면 소리 내어 우는 젓대, 쏘면 날아가는 살대, 그림을 그리는 붓대를 만드는 대나무를 심었기 때문인 것처럼 간주하는 발상을 담고 있다. 이에 따라 대나무를 심지 않으면 울고 가고 그리는 상황도 발생하지 않을 것이라는 기대를 보여 주고 있다. 화자는 이러한 기대를 통해 이별에서 오는 감정적 상처로부터 자신을 보호하려는 태도를 보인다.

④ (다)의 시적 정황상 화자가 미운 임일지언정 불가피하게 만나는지는 확인되지 않는다. 그런데 만일 (다)를 고운 임이 따로 있으면서도 미운 임을 부득이 만나는 상황을 그리고 있는 작품으로 본다면, 이 시의 화자는 도덕적 갈등을 겪을 수도 있다. 화자는 이런 사태에 대해 개가 미운 임을 반겨서 맞아들였기 때문이라는 구실을 붙인 셈이 된다. 그렇게 함으로써 화자는 도덕적 부담을 조금이라도 감쇄하여 그 갈등에 적응하려 한 것으로 볼 수 있다.

⑤ 화자가 고운 임을 만나지 못하는 사태의 책임은 근본적으로 두 사람 모두에게 있거나 두 사람 중 하나에게 있을 것이다. 그런데 만일 (다)가 고운 임이 자신을 만나지 않고 돌아가는 상황에서 그를 원망하는 목소리를 담고 있는 것으로 본다면, 그 문제 사태가 임의 변심이나 의지 부족이 아니라 고운 임을 쫓아낸 개의 방해 때문에 일어난 일이라는 관점으로 해석함으로써 임에 대한 배신감으로 인해 동요될 수 있는 감정을 다스리는 것으로 볼 수 있다.

3강 소설의 서술상 특성

본문 015~017쪽

작품으로 이해하기 예시 답안

01 ⑤

02 (1) × (2) × (3) ○

03 그분의 망가진 정신, 노추한 육체만 보았지 한때 얼마나 아름다운 정신이 깃들었었나를 잊고 있었던 것이다.

■ **박완서, 「해산 바가지」**

해제 이 작품은 아들과 딸을 구분하지 않고 태어난 손주들을 경건하게 맞이하는 시어머니의 모습을 통해 생명 존중 사상을 환기하면서, 남아 선호 사상의 세태를 비판하고 있는 소설이다. 또한 치매에 걸린 시어머니의 부양 문제로 갈등하던 '나'가 '해산 바가지'를 통해 시어머니의 생명 존중 의식을 환기하며 자

신을 성찰하는 모습에서 우리 사회가 겪는 노인 소외에 대한 문제도 제기하고 있다.

주제 남아 선호 사상 비판과 생명의 소중함에 대한 인식

전체 줄거리 '나'는 딸만 낳은 며느리를 구박하는 친구에게 자신의 경험을 들려준다. '나'의 남편은 외아들인데, 첫딸을 낳고 '나'는 시어머니가 아들을 바랐을 것이라는 생각에 불편해한다. 하지만 시어머니는 아들과 딸을 차별하지 않고 경건한 마음으로 손주들을 맞이한다. 시어머니가 치매에 걸리자 힘들게 시어머니를 모시던 '나'는 신경 안정제를 복용할 정도로 괴로워한다. 결국 시어머니를 요양원에 보내기 위해 남편과 함께 요양원을 보러 가던 중에 초가지붕의 박을 보고 시어머니가 아이를 낳을 때마다 정성스럽게 준비했던 '해산 바가지'를 떠올리며, 시어머니의 생명 존중의 태도를 깨닫는다. '나'는 시어머니를 요양원에 보내려던 자신을 반성하고 시어머니를 계속 모시기로 결심한다. 이후 '나'는 3년 동안 시어머니를 더 모시고, 시어머니는 평화롭게 임종을 맞이한다.

01 [A]는 치매에 걸린 시어머니의 증상과 그것으로 인해 벌어진 사건을 서술자인 '나'의 목소리로 직접 전달하고 있고, [B]의 경우 주로 등장인물인 '나'와 남편의 대화를 중심으로 사건을 전달하고 있다.

02 (1) 시어머니는 '나'가 딸을 낳아서 더 기뻐한 것이 아니라 아들이나 딸에 관계없이 새로운 생명에 대한 존중으로 '희색이 만면하고도 경건한 의식'을 진행한 것이다.
(2) 시어머니가 치매에 걸렸다는 사실은 시어머니의 행동을 보며 '나'가 서서히 알게 된 것이지 시어머니의 조카를 통해 알게 된 것은 아니다.
(3) '나는 온종일 달달 볶이고 있는 것처럼 신경이 피로했다. 차라리 똥오줌 치는 게 온종일 같은 말 대꾸하는 것보다 덜 지겨울 것 같았다.'라는 내용을 보면, '나'는 치매에 걸린 시어머니의 수발에 육체적인 측면보다 정신적인 측면에서 더 힘들어했음을 짐작할 수 있다.

03 '나'가 치매에 걸린 시어머니의 수발에 피로함과 괴로움을 느끼고 그녀를 요양 시설에 맡기고자 한 것은 시어머니를 치매에 걸린 현재의 모습으로만 바라보았기 때문이다. 하지만 자신의 행동이 잘못되었다고 느낀 것은 생명의 숭고함을 존중하시던 시어머니의 과거 행동과 모습을 떠올렸기 때문이다. 이와 같은 '나'의 각성은 '그분의 망가진 정신, 노추한 육체만 보았지 한때 얼마나 아름다운 정신이 깃들었었나를 잊고 있었던 것이다.'의 구절을 통해 확인할 수 있다.

4강 소설의 내용 구성 요소

본문 019~021쪽

작품으로 이해하기 예시 답안

01 ①

02 ㉠: 해진 짚신
㉡: 사랑, 애정

03 ㉠: 비난
㉡: 두려운, 두려워하는, 미안한

■ **임방, 「눈을 쓸며 옥소선을 엿보다」**

해제 이 작품은 임방(1640~1724)이 엮은 『천예록(天倪錄)』에 실려 있다. 야담과 소설의 성격을 동시에 갖고 있는 것으로 평가받고 있다. 이 작품은 사대부 남성과 기녀 간의 사랑을 다룬다. 남녀 주인공들은 빼어난 재주와 자태를 가진 인물로서, 부모에 대한 효성과 입신양명이라는 당대적 가치를 중시하며, 당시의 신분 질서 또한 존중한다. 그러나 인간의 본성적 욕구인 사랑을 성취하는 과정에서는 이를 무시하기도 한다. 사랑이 성취된 후에는 다시 당대의 보편적 가치를 추구함으로써 남주인공은 입신양명을 이루고 여주인공은 사대부가의 정실이 되는 행복한 결말로 마무리된다.

주제 신분을 뛰어넘는 남녀 간의 사랑

전체 줄거리 어느 평안도 관찰사가 자신의 생일날 아들과 어린 기녀인 자란(옥소선)을 짝지어 춤을 추게 한다. 이를 인연으로 두 사람은 6년간 아주 친밀한 관계를 맺는다. 관찰사가 임기를 마치고 대사헌에 임명되면서 둘은 이별을 맞이하게 되는데, 아들은 매정하게 자란을 버리고 떠난다. 과거를 준비하기 위해 절에 가서 공부를 하던 중 그 아들(지문에서 '생'으로 지칭됨.)은 자란에 대한 간절한 그리움을 견디지 못하여 밤길을 나서 자란의 집을 찾아간다. 그러나 자란은 이미 새로 부임한 관찰사 아들의 사랑을 받고 있어서 만날 수가 없다. 아들은 자란이 기거하는 산정의 마당을 쓰는 인부로 들어가 눈을 치우는 척하면서 자란과 만나는 계기를 마련한다. 그 후 두 사람은 마을에서 도망쳐서 깊은 골짜기에 가서 살림을 차리고 정착을 한다. 자란은 관찰사의 아들에게 공부에 전념할 것을 권하고, 아들은 과거에 급제하여 벼슬길에 나서게 된다. 두 사람의 사연을 들은 왕은 혼인을 허락하고, 두 사람은 사랑하며 행복하게 산다.

01 아버지가 자란과의 인연을 이어 나가겠다면 이를 허락하겠다고 했으므로 아들이 굳이 거짓으로 자란과의 인연을 하찮은 것으로 여긴다고 말할 필요는 없었을 것이다. 더욱이 자란에 대한 그리움이 일어난 것은 자란과 헤어진 후 시간이 어느 정도 흐른 후의 일이므로 그 당시에도 자란을 사랑하는 마음의 실체가 있었다고 보기 어렵다.

02 아들의 말에서 자란과의 인연을 얼마나 하찮게 여기는지는 그녀를 '해진 짚신'에 빗대는 표현에서 확인할 수 있다. 또한 비록 충동적인 행동이긴 하나 안온할 수 있는 삶을 버리고 한밤중에 길을 나서 자란을 찾아가고 깊은 산중으로 도망쳐서 인연을 이어 가는 것을 보면 그는 애정 지상주의적인 가치를 추구하는 인물로 볼 수 있다.

03 아무리 기녀라 하더라도 부모가 걱정할 정도로 각별한 인연을 맺었다면 생은 이별에 대해 최소한 아쉬움이라도 표현했어야 마땅할 것이다. 그렇다면 그렇게 하지 않고 쉽게 떠나는 인물을 손가락질하며 비난하는 주변 인물들의 존재를 상정해 볼 수 있다. 이런 인물들이 설정된다면 서사적 상황이 더욱 입체적으로 드러날 것이다. 그리고 과장에 어가가 행차했으므로 신하들도 당연히 주변에 있었을 것이고, 생은 자신의 아버지도 그 어딘가에 있으리라 짐작하고 두리번거리는 상황을 상정해 볼 수 있다. 만약 이런 상황을 상정할 수 있다면, 모든 소식을 끊고 3년간 잠적했던 과오를 가진 인물로서 두려운 마음이나 미안한 마음으로 긴장하고 있는 장면도 그려 볼 수 있다. 그렇게 하면 인물의 내면 심리에 대한 묘사를 통해 서사적 상황이 더욱 입체적으로 구현될 수 있을 것이다.

5강 극의 특성과 극 문학의 구성 요소

본문 023~025쪽

작품으로 이해하기 예시 답안

01 ③

02 (1) ○ (2) × (3) ○

03 '만선'은 어부 곰치의 소망과 욕망을 나타내는 것이지만 그에 대한 집착으로 인해 오히려 가족의 비극과 파멸이 초래된다는 점에서 아이러니를 보여 주는 것이라 할 수 있다.

■ **천승세, 「만선」**

해제 이 작품은 바다에 삶의 의미를 두고 살아가며 만선의 꿈을 버리지 못하는 한 어부의 집념과 그로 인한 비극적 삶을 다룬 희곡이다. 작품의 제목인 '만선(滿船)'은 우리의 삶의 욕망이며, 지향하고자 하는 가치를 상징한다. 작품 속에서 곰치는 이러한 욕망 성취를 위해 행동하고 의지를 발하는 실존적 존재로 그려지고 있다.

주제 한 어부의 만선에 대한 집념과 좌절

전체 줄거리 곰치는 마을의 부자인 임제순에게 삯배를 빌려 만선의 꿈을 가지고 고기를 잡지만, 빚에서 벗어나지 못한다. 어느 날 부세 떼가 몰려오지만 곰치는 임제순의 빚 독촉으로 배를 묶이고 만다. 곰치는 만선의 꿈을 실현하기 위해 부당한 계약서에 손도장을 찍고 바다로 나가지만 거센 풍랑을 만나 딸의 애인 연철과 아들 도삼을 잃고 혼자 돌아온다. 이로 인해 곰치의 아내 구포댁은 정신 이상자가 되고, 애인을 잃은 슬슬이도 큰 충격을 받는다. 하지만 곰치는 만선의 꿈을 포기하지 않고 하나 남은 어린 아들이 열 살만 되면 어부로 만들리라고 결심한다. 이 사실을 안 구포댁은 아들을 비극적인 운명에서 벗어나게 하기 위해 풍랑이 이는 바다에 배를 띄워 육지로 떠나보낸다. 곰치가 아들을 찾으러 나간 사이, 빚 때문에 아버지뻘 되는 범쇠에게 팔려 갈 처지에 이른 슬슬이는 스스로 목을 맨다.

01 앞서 도삼을 언제 건졌냐는 구포댁의 물음에 어부 A는 성삼과 어부 B의 눈치만 보고, 성삼은 질문에 대답을 하지 말라고 절규하는 것으로 보아, 도삼은 바다에 빠져 죽은 것임을 짐작할 수 있다. 이런 상황에서 구포댁이 재차 도삼의 행방을 물었고, 그에 대해 어부 B가 말을 더듬어 못 봤다고 말하는 것은 난처한 질문을 회피하고자 하는 의도를 드러내는 것이라 할 수 있다.

02 (1) 어부 A의 '……그때부터 지금까지 저놈 건지느라고……'라는 말을 통해 확인할 수 있다.
(2) '누구는 아들 잃고 춤춘다냐?'라는 곰치의 말을 보면 곰치 역시 아들이 죽었다는 사실을 알고 있음을 확인할 수 있다.
(3) 도삼을 보지 못했다는 어부 B의 말에 '정신이 나가 기절할 듯', '실성한 사람처럼' 반응하는 것을 통해 짐작할 수 있다.

03 '만선'은 어부로서의 곰치가 평생을 꿈꾸던 일이다. 이를 위해 곰치는 끊임없이 바다로 나가지만 정작 '만선'에 대한 집착으로 인해 형제들과 아들까지 잃고, 아내는 정신마저 이상해지는 비극을 맞게 된다. 이와 같은 이야기 구조는 주인공의 욕망과 현실의 결과가 반대된다는 점에서 아이러니적 구조라고 할 수 있고, 제목 '만선'은 이와 같은 아이러니를 상징적으로 나타내 주는 것이라 할 수 있다.

6강 교술 문학의 특성과 구성 요소

본문 027~030쪽

작품으로 이해하기 예시 답안

01 (1) × (2) ○ (3) ○ (4) ○ (5) ×

02 ③

03 비판 없이 남의 것만을 새롭고 곱게 보려는 풍조

■ **최순우, 「연경당에서」**

해제 이 작품은 『무량수전 배흘림기둥에 기대서서』에 실려 있는 수필로, 문화재이자 전통 건축물인 연경당에 대한 글쓴이의 경험과 사색의 내용을 담고 있다. 글쓴이는 연경당에서 느껴지는 청초함과 자연스러움, 조화로움, 수수함 등이 한국적인 아름다움과 맞닿아 있다고 생각하고 연경당에 대한 깊은 애착을 드러낸다. 또한 한국의 주택 문화를 성찰하면서 남의 것만을 새롭고 곱게 보려는 우리 사회의 풍조를 비판적으로 점검하고, 연경당과 같은 한국 주택이 품고 있는 아름다움을 현대에도 수용해야 한다는 생각을 드러낸다.

주제 연경당에서 느껴지는 한국적 아름다움과 그 문화적 가치

구성

- 처음: 연경당의 자연스러움과 조화미(수록 부분)
- 중간 1: 가을 연경당의 수수한 아름다움과 연경당에 대한 애착(수록 부분)
- 중간 2: 한국 주택 문화에 대한 성찰과 연경당의 가치(수록 부분)
- 끝: 비원 깊숙한 숲속 연경당의 모습

01 (1) [A]의 '연보랏빛 필터를 낀 카메라의 눈처럼'에 색채 이미지와 비유적 표현이 나타나 있기는 하지만, 이를 통해 건축물이 지어졌을 당시의 상황을 묘사하고 있다고 볼 수 없다. '연경당 넓은 대청에 걸터앉아 세상을 바라보면'을 고려하면 글쓴이가 직접 건축물을 경험했던 상황을 묘사하고 있다고 보는 것이 적절하다.

(2) [B]의 '팔작집', '방주', '덧문', '미닫이', '댓돌들' 등에서 건축물을 구성하는 부분들을 열거한 것을, '화강석 댓돌들의 부드러운 감각'에서 촉각적 이미지를 활용한 것을 확인할 수 있다. 글쓴이는 촉각적 이미지와 열거를 통해 제시한 부분들이 '조화되어서 이 건물 전체의 통일된, 간결한 아름다움'을 드러낸다고 하고 있다.

(3) [C]의 '가을 소리 빗소리에 낙엽이 촉촉이 젖는 하오', '가을비' 등에서 계절을 나타내는 표현을, '사뿐히 고개를 ~ 감싸안고 있다.'에서 의인화된 표현을 확인할 수 있다. 또한 글쓴이는 이러한 표현들을 통해 묘사한 건축물에서 '장대나 화미 따위는 발을 붙일 수도 없는 질소의 미덕'을 떠올리며 수수한 분위기가 환기됨을 드러내고 있다.

(4) [D]에서 '우리 민족이 쌓아 온 생활 문화의 기념탑'은 조선 시대 주택이 오래도록 기념하면서 후대에 전할 만한 가치가 있는 대상임을 함축적으로 나타낸 어구라고 볼 수 있다. 또한 '이 고유한 ~ 보존되어야 마땅하다.'에서 당위적인 표현을 통해 한국 건축의 문화적 가치가 계승되어야 한다고 생각하는 글쓴이의 관점을 확인할 수 있다.

(5) [E]에서 '자라나고'를 반복하여 한국 주택이 지닌 전통을 강조하고 있지만, 역설적인 표현이 나타나 있지는 않다.

02 글쓴이는 연경당이 자신의 것이었으면 하는 공상을 하거나 친구들에게 '연경당 같은 집을 짓고' 그곳에서 살아 보고 싶다는 농담을 해 본다고 하였으나 연경당을 소유하겠다는 의지를 드러내지는 않는다. 또한 '평생 잊을 수 없는 여인'은 글쓴이가 연경당에 대한 애정을 강조하기 위해 연경당을 빗댄 대상이다. 따라서 글쓴이가 연경당을 소유하여 그곳에서 '평생 잊을 수 없는 여인'과 함께 생활하겠다고 다짐한다는 내용은 적절하지 않다.

오답이 오답인 이유

① 글쓴이는 연경당이 '왕자의 금원 속에' 있음을 언급하면서, '궁원다운 요염이 깃들일 성도 싶지만' 연경당에는 그러한 티가 없다는 생각을 드러내고 있다.

② 글쓴이는 '지금은 모두 빈방이 되었지만' 방에 '세련된 문방 가구들'이 있었음을 떠올리면 현재의 '연경당의 아름다움'이 '반실이 되어 버린 것'일지 모른다는 생각을 드러내고 있다.

④ 글쓴이는 '한국과 한국 사람이 낳은 조형 문화 중에' 주택 문화가 '한국의 개성을' 가장 실감 나게 드러내며, 주택 문화 중에서도 '가장 세련된 예의 하나가' 연경당이라는 생각을 드러내면서, 그러한 연경당을 가리켜 '이 아름다운 결정체'라고 표현하고 있다.

⑤ 글쓴이는 '동쪽 뜰 기슭'의 '선향재'와 '선향재의 뒤 언덕 위'의 '농수정'이 연경당의 담담한 분위기에 풍류를 더하기 위해 배치되었으리라고 짐작하면서, '설계자'가 '연경당 한 채가 주위의 자연 속에서 어떻게 멋지게 바라보일까를 먼저 계산하'였을 것이라는 생각을 드러내고 있다.

03 글쓴이는 19세기 말 이후 한국의 주택 문화를 돌아보고 '아름다운 조선의 주택 문화는 발육을 멈'추었다고 하면서 전통 건축이 자취를 감추어 가는 상황을 조명한다. 그리고 '비판 없이 남의 것만을 새롭고 곱게 보려는 풍조'를 '있을 수 없는 일이라고' 하면서 사회 구성원들이 문화를 대하는 태도에 관한 비판적 관점을 드러내고 있다.

7강 작품의 작가 및 독자 맥락

본문 032~035쪽

작품으로 이해하기 예시 답안

01 ⑤

02 ⑤

03 위태로운 상황(상태)

■ **황순원, 「곡예사」**

해제 「곡예사」는 1951년에 발표된 소설로, 6·25 전쟁으로 내려온 대구와 부산 등의 피난지에서 작가가 겪어야 했던 피난 체험을 1인칭 시점으로 형상화한 자전적 소설이다. 작가는 「곡예사」에 대해 "이것을 쓰면서 나는 나 개인의 반감, 증오심, 분노 같은 것을 억제하기에 저으기 노력해야만 했다."라는 창작 소회를 달아 놓고 있는데, 이는 작가가 피난 생활에서 겪었던, 가장으로서의 무력감과 좌절감 등을 나타낸 것이라 볼 수 있다. 이와 같이 이 작품은 전쟁을 소재로 한 다른 소설들과 달리 전쟁의 참상을 직접적으로 묘사하지 않는 대신, 전쟁이 개인의 윤리와 인정을 얼마나 피폐하게 하는지, 그리고 피난 생활을 하는 한 가족의 일상을 얼마만큼 위태롭게 만들 수 있는지 등을 사실적으로 드러낸다.

주제 피난지에서 경험하는 삶의 고달픔과 전쟁의 참상

전체 줄거리 전쟁이 일어나자 '나'는 먼저 가족을 대구로 피난 보낸 후 뒤따라 도착한다. '나'의 가족은 대구에서 지인의 도움으로 변호사 댁 헛간에서 피난살이를 시작한다. 그러나 주인집 노파의 엄격한 생활 규율에 고통을 당하고, 결국 '나'의 가족은 대구의 피난살이에서 쫓겨나 부산으로 가게 된다. 이후 아는 사람의 도움으로 부산의 변호사 댁에 방 한 칸을 얻어 피난살이를 이어 간다. 어린아이들까지 껌을 팔거나 담배를 파는 등의 경제적 행위에 내몰리며 어려운 피난살이를 이어 갔으나, 얼마 되지 않아 방을 빼 달라는 주인의 요구를 받게 된다. '나'와 아내는 백방으로 방을 구하려 노력하지만 방을 쉽게 얻지 못한다. 그러던 어느 날, '나'는 가족들과 함께 귀가하다가, 자신은 물론 어린 자녀들까지 곡예단의 곡예사라는 생각을 하게 되고, 부디 자식들은 어른이 되어 자신처럼 슬픈 곡예를 하지 않기를 바라며 피난살이의 어려움을 긍정적으로 극복하려는 의지를 보인다.

01 ⓐ는 '나'와 가족들이 기거하는 공간을 의미하는데, 정원에 변소를 만든 것을 알게 된 후 야단법석을 하던 노파는 ⓐ를 ⓑ로 쓰겠다며 비워 달라는 요구를 한다. 노파의 이러한 요구가 생존에 불가피한 것이었다고 보기 어려우며, 이러한 요구를 하게 된 내력 역시 '나'는 '그날로' 식모에게서 들은 말을 전달한 아내로부터 알게 된다. 즉 대구를 떠나기 이전에 이미 알고 있었다고 볼 수 있다.

오답이 오답인 이유

① ⓐ는 방, 사람이 살기 위해 벽 따위로 만든 칸, ⓑ는 헛간, 물건을 쌓아 두는 공간이므로 표면적 의미는 다르다. 그런데 여기에서 방과 헛간이 가리키는 공간은 실제로는 동일하다.

② 노파가 방을 비워 달라는 요구를 한 것은 '나'와 가족들이 정원에다 뒷간을 만들었기 때문이다. ⓐ와 같이 방으로 쓰고 있는 공간을 ⓑ와 같은 헛간으로 쓰겠다는 것은 방을 비워 달라는 요구를 위한 구실이라고 볼 수 있다.

③ ⓐ는 현재 '나'와 가족들이 살고 있는 공간이다. 하지만 노파의 말을 통해 실은 '구공탄이나 들일' 공간, 즉 사람이 살 만한 공간이 아님을 알 수 있다.

④ '나'와 가족은 자신들이 거처하는 공간이 실은 '헛간'이라는 것을 알고 있다. 화장실도 없는 공간에 살면서도 방을 비우라는 말을 아내가 '근심스런 어조'로 '나'에게 전하는 것을 볼 때, '나'와 가족이 절박한 상황에 놓여 있음을 알 수 있다.

02 '나'가 처녀들의 시선이 '멸시에 찬 눈초리였든 어쨌든', '아무래도 좋았다'고 생각하는 것은, 그녀들의 시선이 어떤 종류의 것이었든 간에 그녀들의 행위와 태도로 인해 따귀를 맞는 것보다도 더 심한 모멸감을 느꼈기 때문이다. 모멸감을 느끼며 방을 내놓아야 하는 상황이므로 방을 내놓지 않아도 된다는 것에 대해 안도감을 느낀다는 것은 적절하지 않다.

오답이 오답인 이유

① 노파는 '황순원 가족'이 정원에 뒷간을 만든 것을 알고 야단법석을 하며, '거지 떼란 할 수 없다'는 말을 한다. 이는 전쟁을 피해 온 피난민들인 '나'와 가족들이 거지 취급을 받은 것으로, 일종의 수모라고 볼 수 있다.

② '황순원 가족'이 기거하는 공간에는 화장실이 없었으며, 주인집의 화장실을 쓸 수도 없는 상황이었다. 이에 따라 주인집 정원에다 변소를 만들어 쓸 수밖에 없었는데, 이는 삶의 기본적인 조건도 충족되지 못한, 매우 처절한 상황이라고 볼 수 있다.

③ 겨우 마련한 거주지에서도 쫓겨날 것을 걱정하며 전전긍긍하는 '나'의 아내에게 방을 빼 달라며 '금 손목시계' 이야기를 언급하는 부인은 상대방의 곤란한 처지를 고려하지 않고 물질적인 욕망을 드러낸다는 점에서 천박하고 경솔한 태도를 지녔다고 볼 수 있다.

④ 이 작품의 작가는 '황순원'이며, 작품 속 '나'의 가족은 '황순원 가족'이다. 이는 작가의 이름을 인물의 이름으로 그대로 씀으로써 자전적인 서사임을 드러내는 설정이라 할 수 있다. 즉, 작가는 역사적 현실을 작가 개인의 경험과 연결하는 서사 형식을 통해 사건의 진실성을 효과적으로 드러내고 있다고 볼 수 있다.

03 '곡예'라는 단어의 뜻이 '아슬아슬할 정도로 위태로운 동작이나 상태.'를 의미한다는 점, '황순원 가족'이 처한 상황이 허름한 공간에서조차 갑작스럽게 쫓겨나거나 방을 비워 줄 것을 요구받는다는 점 등을 고려하면 매우 위태로운 상황에 처해 있다는 것을 알 수 있다.

8강 작품의 문학사적, 상호 텍스트적 맥락

본문 037~040쪽

작품으로 이해하기 예시 답안

01 (1) ○ (2) ○ (3) ×

02 ②

03 ⓐ: 온달과 공주의 아름답지만 슬픈 사랑
ⓑ: 공주가 궁에서 보낸 병사에 의해 죽임을 당하는 장면

■ **최인훈, 「어디서 무엇이 되어 만나랴」**

해제 이 작품은 온달 설화를 소재로 삼고 있지만, 설화에 나오지 않는 내용까지 개연성 있게 드러낸 희곡이다. 온달과 평강 공주의 만남, 온달의 죽음에 얽힌 음모, 궁중 암투 과정에서 희생되는 평강 공주의 최후 등을 중점적으로 다루고 있는 이 작품은 재해석된 설화를 통해 정치의 냉혹함을 드러내는 동시에 진정한 사랑의 의미를 전달하고 있다.

주제 신분을 초월한 순수한 사랑과 정치적 희생의 비극

전체 줄거리 미천한 신분의 온달은 꿈속에서 어떤 여인을 만나 결혼을 한다. 바로 그날 궁에서 쫓겨나 암자로 가던 공주는 어려서부터 들었던 온달을 만나 그의 아내가 되기를 청한다. 그렇게 두 사람은 부부의 연을 맺게 되고, 10년 후 온달은 장군이 되어 전쟁에 나간다. 어느 날 공주는 꿈속에서 온달이 피투성이가 되어 작별을 고하는 모습을 보게 되고, 실제로 온달이 전사했다는 소식을 듣는다. 모든 것을 포기한 공주는 온달의 어머니를 모시고 살기로 결심하고 산으로 들어가지만 결국 권력의 암투 속에 희생된다.

01 (1) 공주가 죽은 남편에게 '평양성에 가서 반역자들을 모조리 도륙'하자고 달래는 말에서 온달이 평양성에 있는 반역자로 인해 죽었을 것이라고 짐작하고 있음을 알 수 있다. 뒤에 이어지는 부장과 장수들의 대화에서 그들이 온달을 죽음에 이르게 했음을 알 수 있다.
(2) 장수들은 공주가 죽은 온달에게 하는 말을 듣고 공주의 노여움이 자신들에게 미칠까 두려워하고, 공주가 자신들이 한 일을 눈치챈 것은 아닐지 걱정하고 있다. 이렇게 장수들이 동요하자 부장은 '공주보다 더 높은 분이 우리 편이'라며 장수들을 달래고 있다.
(3) 대사는 장교가 공주를 궁으로 끌고 가려 하자 이를 막으려 하고, 장교는 부하들에게 대사를 끌고 가라고 하였다. 이 글에서 대사는 장교를 도와 공주에게 궁으로 돌아가도록 설득하지는 않았다.

02 ㉡의 앞에서 공주는 자신을 궁으로 모시러 왔다는 장교의 말을 듣고 예상하지 못했다는 듯 의아해한다. 그리고 ㉡의 뒤에서 공주는 궁에 가지 않겠다는 자신의 뜻을 거부하는 장교에게 화를 낸다. ㉡은 궁에 가지 않겠다는 단호한 의지를 드러내는 것으로, 체념하는 듯한 표정과 낮고 떨리는 목소리가 아니라 결연한 표정과 강한 어조의 목소리로 연기하는 것이 적절하다고 볼 수 있다.

오답이 오답인 이유

① 부장은 공주보다 높은 이가 자신을 보호해 줄 것이라 확신하고 있다. 따라서 평양성으로 가자는 부장은 당당한 태도와 자신만만한 표정으로 연기하는 것이 적절하다고 볼 수 있다.
③ ㉢ 다음에 이어지는 장교의 말로 미루어 볼 때 온모는 온달의 죽음을 모르고 있었다. 따라서 온달이 죽은 사실을 알게 된 온모는 큰 충격을 받은 듯 휘청거리는 동작으로 연기하는 것이 적절하다고 볼 수 있다.
④ 장교는 아직도 자신에게 권세가 있다고 여기는 공주를 한심하게 여기고 있다. 따라서 장교는 왕의 명령을 이행하러 온 자신의 요구를 순순히 따르지 않는 공주를 똑바로 보면서 비아냥대는 듯한 표정과 말투로 연기하는 것이 적절하다고 볼 수 있다.
⑤ 공주는 '네가 정녕 내 말을 듣지 못하겠느냐?'며 강한 거부 의사를 밝히지만 장교가 공주를 데려가겠다는 뜻을 굽히지 않자 상대를 회유하는 방식으로 태도를 바꾼다. ㉤은 무례한 태도에 대한 추후의 처분을 위협적으로 얘기하던 공주가 태도를 바꾸어 어떤 허물도 묻지 않겠다고 하고 있으므로, 분을 삭이고 상대를 타이르는 듯한 목소리로 연기하는 것이 적절하다.

03 ⓐ: 설화와 마찬가지로 희곡에서도 온달과 공주는 신분의 차이를 극복하고 부부가 된다. 그렇게 행복하게 살던 두 사람은 온달의 억울한 죽음으로 영원히 이별을 한다. 이러한 사건은 온달과 공주의 슬프고도 아름다운 사랑을 보여 주는 것으로, 이는 설화의 주제를 희곡에서 계승한 것이라 할 수 있다.
ⓑ: 희곡에서는 설화와 달리 공주가 왕이 보낸 병사에 의해 죽임을 당하는 장면이 나온다. 이를 통해 공주가 권력 투쟁으로 억울하게 죽었음을 짐작할 수 있다. 작품에 이 사건을 추가한

것은 현실의 권력에 맞서려다 희생당한 개인의 비극적 운명이라는 새로운 주제를 드러내려는 작가의 의도가 반영된 것이라 할 수 있다.

9강 작품의 사회·문화적, 역사적 맥락

본문 042~044쪽

작품으로 이해하기 예시 답안

01 (1) × (2) ○ (3) × (4) ○

02 ②

03 ⓐ: 남자가 뭐 이런 일을 하고 있느냐고 놀린 일
ⓑ: 50원짜리 갈비

■ **김수영, 「어느 날 고궁을 나오면서」**

해제 이 작품은 힘 있는 자들의 부정과 부패에 저항할 용기는 내지 못하면서 힘없는 이들을 향해 사소한 일에만 분노를 표출하는 화자가 자신의 옹졸함을 성찰하는 시이다. 이 시에서 '고궁'이 권력을 상징한다면 '왕궁의 음탕'은 그 권력의 전횡과 부패를 상징한다고 할 수 있다. 화자는 경험과 일화를 열거하고 자조적 물음을 반복함으로써 치열한 반성의 태도를 보여 주고 있다.

주제 부당한 사회 현실에 저항하지 못하는 자신의 소시민적 속물근성에 대한 반성

구성
- 1, 2연: 심각한 사회 문제에는 침묵하면서 사소한 일에만 분개하는 '나'
- 3연: 포로수용소 시절부터 몸에 밴 '나'의 옹졸함
- 4, 5연: 절정에서 비켜서 있는 '나'의 비겁함
- 6연: 옹졸하게 반항하는 현재의 삶에 대한 반성
- 7연: '나'의 옹졸함에 대한 자조와 반성

01 (1) 이 시의 시상은 화자가 자신의 '분개'에 어떤 이유가 있는지 순차적으로 깨달아 가는 과정에 따라 전개되는 것이 아니다. '왜 나는 조그마한 일에만 분개하는가'는 자신의 태도를 부끄럽게 여기는 물음이라고 할 수 있다.
(2) 이 작품에서 '나'는 뒤에 열거되는 스스로의 행위들에 대해 성찰하는 태도를 보여 준다.
(3) 제목에서 알 수 있듯이 화자는 지금 고궁을 구경하고 나오는 중일 것이다. 따라서 자연스럽게 '왕궁'과 그 '왕궁의 음탕', 즉 권력자들의 무도한 전횡을 떠올렸을 것이다. 이런 맥락에서 '조그마한 일'이 '왕궁의 음탕'과 대조되는 말인 것은 맞지만, 이는 화자가 '왕궁의 음탕' 대신에 옹졸하게 분개하는 대상일 뿐 약자들의 소극적 저항을 의미하는 것은 아니다.
(4) '조그마한 일에만'의 보조사 '만'은, 정작 크고 심각한 일들에는 분개할 줄도 모르는 '나'가 사소한 일들에 한정하여 분노를 표출하고 있다는 의미를 드러내는 역할을 한다.

02 〈보기〉에 따르면 '월남 파병'은 권력층의 일방적인 의지에 따라 강행된 것이고, 맥락으로 볼 때 '자유를 이행'하는 것은 이 '월남 파병'에 대한 반대를 의미하는 것이다. 그런데 화자는 자신이 비겁하여 용기를 내지 못하기 때문에 그런 '자유를 이행하지 못하고' 있다고 반성한다. 따라서 화자가 용기를 내어 월남 파병에 대한 반대 의사를 표했다고 하는 것은 이 시의 화자가 자신에 대해 하는 설명과 어긋난다.

오답이 오답인 이유
① 맥락으로 볼 때 '붙잡혀 간 소설가'는 정의를 위한 실천의 대가로 감금된 사람에 해당할 것이다. 화자는 그를 위해서 '정정당당하게' '언론의 자유를 요구'하는 일조차 하지 못하고 있는 자신의 비겁함을 부끄럽게 여긴다.
③ 화자는 '포로수용소의 제14야전병원'에서 '정보원'이 '포로경찰이 되지 않는다고 / 남자가 뭐 이런 일을 하고 있느냐고 놀린 일'을 떠올리며 그와 다르지 않은 현재의 삶을 부끄러워하고 있다. 이런 맥락으로 볼 때 전쟁 중에 포로수용소에서 들은 말을 화자에게 '옹졸한 나의 전통'을 자각하게 하는 심리적 상처로 추론하는 것은 적절하다.
④ 화자는 자신이 '절정 위'가 아니라 '조금쯤 옆으로 비켜서' 있고 그것이 '조금쯤 / 비겁한 것이라고 알고 있다'고 하였다. '절정 위'가 불의와 대결하며 정의를 위해 희생을 감내하는 삶을 의미한다면, 거기에서 '조금쯤 옆으로 비켜서' 있는 것은 사회적 이슈에 침묵하는 소시민적 삶을 의미한다고 볼 수 있다.
⑤ 마지막 연에서 '바람아 먼지야 풀아'라고 대상을 호명하며 '나는 얼마큼 적으냐'라고 한 것은 사회적 이슈에는 침묵하면서 사소한 일들에만 분개하는 자기에 대한 부끄러움을 표현한 것이다.

03 ⓐ에는 남자가 할 일과 여자가 할 일이 서로 다르다는 생각처럼 당시 사회에 팽배해 있던 인식이 드러난 시구를 적어야 하므로, 3연의 내용 중에서 '남자가 뭐 이런 일을 하고 있느냐고 놀린 일'이 들어가는 것이 적절하다. 한편 ⓑ에는 오늘날의 가격과 비교하여 당시의 물가 수준이나 화폐 가치 등을 짐작해 볼 수 있게 하는 시구를 적어야 하므로, 1연의 '50원짜리 갈비'라는 시구를 찾아 쓰는 것이 적절하다고 볼 수 있다.

2부 적용 학습

01 고전 시가

본문 046~048쪽

01 ④ 02 ③ 03 ⑤

(가) 충담사, 「찬기파랑가」

(해제) 이 작품은 신라 경덕왕 때 충담사가 지은 향가로 기파랑의 고매한 성품을 예찬하고 있다. 기파랑을 그리워하며 '이슬 밝힌 달'을 바라보던 화자는 '모래 가른 물가'에서 기파랑의 모습을 발견하고는 자신이 '낭이 지니시던 마음의 갓'을 좇고 있음을 고백하고 있다. 마지막 부분에 제시된 '잣나무 가지'와 '고깔'은 기파랑의 고매한 성품을 드러내기 위한 시어로 활용되고 있다. 제시된 지문은 김완진의 향찰 해독을 현대어로 푼 것이다.

주제 기파랑에 대한 그리움과 기파랑의 고매한 성품에 대한 예찬

구성
- 기(1~5행): 기파랑을 그리워하는 화자의 모습
- 서(6~8행): 기파랑의 모습을 떠올리며 그 뜻을 따르고자 함.
- 결(9, 10행): 기파랑의 고매한 성품을 예찬함.

(나) 이양연, 「반월」

(해제) 이 작품은 조선 중기에 이양연이 지은 한시로 칠언 절구에 해당한다. 푸른 밤하늘에 걸린 달과 옥거울의 형태적 관련성에 주목하고 있다. 하늘에 반달이 뜨고, 물속에도 반달이 들어 있는 풍경을 두고 복비와 직녀 사이의 다툼 때문에 달이 나누어진 것이라고 연상한 것이 특징이다.

주제 벽공에 걸린 반월의 아름다운 풍경

구성
- 기(1행): 옥거울을 떠올리게 하는 푸른 밤하늘의 달
- 승(2행): 화장하기에 알맞게 밝은 달빛
- 전(3행): 달을 서로 가지겠다고 싸우는 복비와 직녀의 모습을 떠올림.
- 결(4행): 구름 사이에 뜬 반달과 물속에 들어 있는 반달이 어우러진 아름다움.

01 작품 간의 공통점, 차이점 파악 답 ④

정답이 정답인 이유

④ (가)는 '이슬 밝힌 달'을 바라보던 화자가 '기랑의 모습'을 떠올리는 상황을 중심으로 시상이 전개되고 있다. '달'이라는 소재가 제시되어 있지만, '달'의 형태가 달라지는 상황을 직접적으로 언급하고 있지는 않으며, 특히 그와 관련지어 '달'의 심미적 가치를 드러내는 부분은 나타나지 않는다. 그에 비해 (나)는 '반달'의 모습과 관련지어 '달'의 심미적 가치를 드러내고 있다.

오답이 오답인 이유

① (가)의 화자가 도입 부분에서 '흐느끼며 바라보'는 것이 '달'이라면, (나)의 화자가 첫 행에서 언급한 '벽공에 걸'려 있는 '옥거울'은 '달'을 떠올리게 한다.
② (가)의 '달'은 '이슬'을 밝히고 있으며, (나)의 '달'은 '화장할 때' 도움이 될 만큼 '밝은 빛'으로 방 안을 비추고 있다. 둘 다 대상과 주위를 밝게 만드는 속성을 지니고 있다.
③ (가)의 화자는 기 부분에서 '달'이 있는 하늘을 바라보다가 '모래 가른 물가'로 시선을 떨구고 있다. (나)의 경우도 기구에서 '벽공'을 향해 있던 화자의 시선이 화장하는 이의 방 안이나 반월이 뜬 '물속'으로 향하고 있다.
⑤ (가)는 '달'에서 시작된 시상의 흐름이 '기랑의 모습'과 '잣나무 가지' 등으로 연결되어 '기랑'이라는 대상에 초점이 모아지고 있는 반면, (나)는 도입부터 마무리 부분까지 '달'과 관련된 행위나 상황에 초점을 맞추어 시상을 전개하고 있다.

02 외적 준거에 따른 작품 감상 답 ③

정답이 정답인 이유

③ ㉠은 아름다운 반달이 하늘에 떠 있고, 그것이 물속에도 들어 있는 풍경을 드러내는 구절이다. 〈보기〉에 따르면 '복비'는 수신으로 물속에 살고, '직녀'는 하느님의 손녀로 하늘에 산다. 화자는 '복비'와 '직녀'가 아름다운 달을 서로 가지겠다고 다투다가 달이 쪼개졌다고 상상하면서, 아름다운 반달이 만들어 내는 자연의 모습이 소유하고 싶을 만큼 아름다운 것임을 강조하고 있다.

오답이 오답인 이유

① 화자는 '반달'이 구름 사이에 떠 있는 상황과 물속에 들어 있는 상황을 드러내고 있지만, 그것을 통해 '직녀의 사랑'이나 '복비의 사랑'을 강조하고 있지는 않다.
② 화자는 두 여인이 서로 다투는 장면을 상상하고 있지만, 그것이 '보름달의 충만함'이나 보름달의 아름다움을 느끼지 못하는 아쉬움을 강조하기 위한 것은 아니다.
④ 화자는 하늘에 뜬 달과 물속에 들어 있는 달이 합쳐져 완전한 보름달이 되는 순간이나, 두 대상의 합일 과정에 대해 관심을 두고 있지 않다.
⑤ 화자는 반달이 하늘에 떠 있고 물속에도 있는 상황에 주목

하여, 아름다운 자연을 완상하는 즐거움을 드러내고 있다. 복비와 직녀의 상실감을 활용하여 자연을 완상하기 어려운 상황이나 그에 대한 안타까움을 드러내려는 것은 아니다.

03 문학 이론 및 비평의 이해와 적용 답 ⑤

정답이 정답인 이유

⑤ (나)의 '화장'은 단장하는 여인의 행위를 드러낸다는 점에서 무언가를 '갈고 다듬'는 행위와 유사성이 있다. 하지만 (나)에서 '갈고 다듬'는 행위는 '옥거울'을 만들기 위한 행위이지, '옥거울'의 속성을 드러내는 것은 아니다. 따라서 (나)의 독자가 '화장'과 '갈고 다듬'는 행위의 유사성을 발견했다고 해서, '화장'을 비유적 표현으로 인식하지는 않을 것이다. 더욱이 '화장'을 보조 관념, '옥거울'을 원관념으로 연결 짓지는 않을 것이다.

오답이 오답인 이유

① (가)의 독자가 '흰 구름'이라는 소재를 떠올리면서 '맑고 깨끗함', '욕심 없음', '유유자적함', '허망함' 등을 떠올렸다면, '흰 구름'이라는 보조 관념에 다양한 의미를 연결하여 상징적 의미를 파악하려고 한 것으로 볼 수 있다.

② (가)의 독자가 높이 솟아 있는 '잣나무 가지'의 속성이 '기랑'의 속성과 유사하다고 판단했다면, '잣나무 가지'라는 보조 관념을 통해 '기랑'이라는 원관념을 드러내려는 비유적 표현으로 인식한 것으로 볼 수 있다.

③ (가)의 독자가 '고깔'과 '기랑' 사이에 뚜렷한 공통점이 없다고 생각하면서도, '기랑'을 예찬하는 작품의 맥락 안에서 '기랑의 드높은 절개와 지조'를 떠올렸다면, '고깔'을 상징적 표현으로 인식하고 그 의미를 찾아낸 것으로 볼 수 있다.

④ (나)의 독자가 '옥거울'과 '벽공'이라는 시어를 통해 '보름달'이나 '둥근달'을 떠올렸다면, '옥거울'은 '달'의 은유적 표현이라고 판단한 것이다. 이는 '옥거울'과 '달' 사이에 '둥그렇다'라는 공통점이 있다고 인식한 결과로 볼 수 있다.

02 고전 시가

본문 049~051쪽

01 ④ **02** ⑤ **03** ①

(가) 작자 미상, 「사모곡」

해제 작자 미상의 고려 가요로 『악장가사』, 『시용향악보』에 기록되어 전하며, 어머니가 자식에게 베풀어 주는 사랑에 대한 예찬과 감사의 마음을 진솔하게 표현하고 있다. 자식에 대한 아버지와 어머니의 사랑을 각각 호미와 낫에 비유하여, 어머니의 사랑이 아버지의 사랑보다 섬세하고 깊음을 나타낸 점이 이 작품의 특징이다. 고려 가요의 특징인 3음보 율격과 후렴구가 나타나지만 고려 가요의 일반적 형태와 달리 한 개의 연으로 되어 있다. 후렴구를 제외하면 시조와 형태가 비슷하며, 마지막 행 첫머리의 '아소 님이시여'라는 감탄 어구는 10구체 향가의 낙구와 유사하다. 호미와 낫 같은 농경 사회의 일상적 소재가 작품의 소재로 사용된 점, 짧은 길이에 단순한 형식으로 구성된 점 등으로 미루어 짐작할 때 농경 사회를 배경으로 한 농촌 민요였던 것으로 보인다.

주제 어머니가 베풀어 주신 사랑에 대한 예찬과 감사의 마음

구성
- 1, 2행: 호미보다 예리한 낫
- 3~6행: 아버지의 사랑보다 더 깊은 어머니의 사랑

(나) 문충, 「오관산」

해제 문충이 지은 「목계가」라는 노래를 고려 말의 문인인 이제현이 한문으로 번역한 것으로, 그의 문집인 『익재난고』에 기록되어 전한다. 실현 불가능한 상황을 가정한 다음, 그 상황이 실현되었을 때 비로소 어머니가 늙으실 것이라고 말하며 어머니가 늙지 않기를 바라는 화자의 간절한 소망을 표현하고 있다. 이 작품은 오관산 밑에 살면서 어머니를 극진히 모시던 문충이 어머니가 늙으시는 것을 안타깝게 여겨 지었다고 한다. 원 노래의 제목이 '목계가'인 이유는 노랫말에 나무로 깎아 만든 닭, 즉 목계(木鷄)가 중요한 소재로 등장하기 때문이다. 이제현이 「목계가」의 일부를 한문으로 번역하면서 제목을 '오관산'으로 고친 것은, 과거 효자와 관련한 글이나 노래에 그 효자가 살던 곳의 지명을 사용해 제목을 붙이는 관행이 있었기 때문이다.

주제 어머니가 늙지 않기를 바라는 자식의 간절한 소망

구성
- 1~3행: 실현 불가능한 상황을 조건으로 제시
- 4행: 어머니가 늙지 않기를 바라는 간절한 소망

(다) 작자 미상, 「오륜가」

해제 조선 세종 때 지은 것으로 추정되는 작자 미상의 경기체가로 『악장가사』에 기록되어 전한다. 궁중 음악으로 연행되었으며 총 6장으로 구성되어 있다. 제1장은 서사이고, 나머지 5개의 장은 오륜을 하나씩 다룬다(부자유친 → 군신유의 → 부부유별 → 장유유서 → 붕우유신). 이 글에 실린 부분은 제2장으로 효(孝)에 대해 노래하고 있다.

주제 부모님의 은혜에 감사하는 마음과 효를 실천하는 모습에 대한 예찬

구성
- 1, 2행: 부모님에게 받은 큰 은혜를 갚으려는 마음
- 3, 4행: 효행으로 이름난 인물들의 고사를 열거하고 그 효행을 예찬함.
- 5, 6행: 증삼과 민자의 효행을 예찬함.

01 작품 간의 공통점, 차이점 파악 답 ④

정답이 정답인 이유

④ (가)~(다)는 모두 자연물이나 사물을 비유적 소재로 활용해 부모에 대한 사랑의 감정을 표현하고 있다. (가)는 어머니의 사랑을 '낫'에 빗대어, (나)는 어머니가 노쇠해지시는 것을 자연물인 '지는 해'에 빗대어 표현하고 있다. (다)는 부모를 '하늘'과 '땅'에 빗대어 표현하고 있다.

오답이 오답인 이유

① (가)~(다)에는 과거와 현재의 대비가 나타나 있지 않으며, 변해 가는 것에 대한 슬픔의 정서도 드러나 있지 않다. (나)의 화자는 세월의 흐름에 따른 어머니의 노쇠함을 언급하고 있기는 하지만 그것은 어머니가 노쇠해지시지 않기를 바라는 염원과 연결되므로, 변해 가는 것에 대한 슬픔의 정서와는 거리가 멀다.

② (다)에서 화자는 효자로 이름난 중국의 맹종과 왕상, 증삼과 민자의 효행을 제시하면서, 효행의 실천을 기리고 있다. 그러나 (가)와 (나)에는 인물의 도덕적 실천 사례가 제시되어 있지 않다.

③ (다)에서는 효의 모범적 실천 사례가 열거되어 있다. 그러나 (가), (나)에는 유사한 성격의 소재가 대등하게 나열되어 있지 않다.

⑤ (가)~(다) 모두 이상향에 대한 염원과는 거리가 멀다. 특히 (가)와 (나)는 개인 서정의 차원에서 어머니에 대한 감사와 사랑을 표현하고 있으므로, 이상향에 대한 염원과는 무관하다.

02 시어, 시구의 의미와 기능 파악 답 ⑤

정답이 정답인 이유

⑤ ㉤에서 화자는 대상에 대해 예찬적 태도를 드러내고 있다. 그런데 여기서 예찬의 대상은 과거의 훌륭한 인물들이 보여 주었던 효의 모범적 실천 사례이지, 화자 자신이 실천한 일이 아니다. 따라서 화자가 자신이 실천한 일에 대해 자부심을 드러내고 있다는 설명은 적절하지 않다.

오답이 오답인 이유

① ㉠에서 화자는 아버지의 사랑을 '호미'에, 어머니의 사랑을 '낫'에 빗대어, 어머니의 사랑이 아버지의 사랑보다 더 좋다고 말하고 있다. 부모님의 자식 사랑이라는 추상적 대상에 대한 화자의 인식을 드러내기 위해 '낫'과 '호미'의 날카로움이라는 사물의 구체적 속성을 제시하고 있는 것이다.

② ㉠에서는 비유적 표현을 통해 아버지의 사랑이 어머니의 사랑에 미치지 못함을 나타내고 있다. ㉠에 담긴 화자의 생각을 직설적으로 표현한 것이 ㉡이다. ㉡에서는 '어머님같이 괴실 이 없'다며 직설적으로 어머니의 사랑을 예찬하고 있다.

③ ㉢에서 선행 조건으로 제시한 것은 '나무로 만든 닭이 살아서 우는 것'으로 이는 현실에서 이루어질 수 없는 일이다.

④ ㉣에서는 ㉢과 연결되어 실현 불가능한 일이 실제 일어날 때 비로소 어머니가 늙으실 것임을 말하고 있다. ㉣은 어머니가 늙지 않기를 바라는 화자의 소망을 나타낸 것이다.

03 외적 준거에 따른 작품 감상 답 ①

정답이 정답인 이유

① 〈보기 2〉의 '어버이 자식 사이 하늘 삼긴 지친이라'를 통해 부모 자식의 관계가 하늘이 정한 것임을 알 수 있다. 그러나 (다)는 아버지와 어머니를 각각 '하늘'과 '땅'에 빗대어 부모님의 은혜를 예찬하고 있을 뿐, 부모 자식의 관계가 하늘이 정한 것이라는 언급은 하고 있지 않다.

오답이 오답인 이유

② (다)와 〈보기 2〉는 유학에서 가르치는 인간의 도리로서 '효'를 제시하고 있다. 아울러 효의 실천을 촉구하기 위해 (다)에서는 '나를 낳으시느라 애쓰셨도다', '젖으로 기르시고 의리로 가르치셨으니', 〈보기 2〉에서는 '부모곧 아니면 이 몸이 있을쏘냐'라고 말하며 부모의 은혜를 강조하고 있다.

③ (다)는 '~ 광경 그 어떠합니까?'라는 의문형 표현을 반복 사용하여 효가 실현된 장면(맹종, 왕상, 증삼, 민자가 효를 실천한 장면)을 대하면서 일어나는 고양된 감정을 드러내고 있다. 〈보기 2〉는 '부모곧 아니면 이 몸이 있을쏘냐'라는 의문형 표현을 통해 당위적 규범으로서 효도의 의미를 알려 주는 교화의 태도를 드러내고 있다.

④ (다)의 화자는 '큰 은혜 갚으려네'라고 말하며 부모의 은혜를 갚고자 하는 염원을 나타내고 있다. 〈보기 2〉의 화자는 교화적 태도로 '효도하여라'라고 말하며 부모의 은혜를 갚을 것을 권고하고 있다.

⑤ (다)의 화자는 '~ 광경 그 어떠합니까?'라고 말하며 효가 실현된 장면을 예찬적 태도로 제시하고 있다. 한편 〈보기 2〉의 화자는 '오조도 반포를 하니'에서 자연물인 까마귀를 근거로 삼아 까마귀도 하는 효도를 사람 된 자라면 마땅히 실천해야 한다며 효의 당위성을 강조하고 있다.

03 고전 시가

본문 052~053쪽

01 ② 02 ⑤ 03 ④

(가) 이존오, 「구름이 무심탄 말이 ~」

해제 이 작품은 고려 말의 문신(文臣) 이존오가 간신 승려 신

돈이 나라를 어지럽게 만드는 상황을 풍자한 평시조이다. 시조의 소재 중 '구름'은 신돈을, '날빛'은 왕의 선정을 비유한 것으로 왕이 베푸는 선정을 신돈이 방해하는 상황을 나타내고 있다.

주제 구름(간신)의 횡포에 대한 풍자

구성
- 초장: 구름이 무심하다는 말의 허위성을 폭로함.
- 중장: 제멋대로 움직이는 구름의 속성을 제시함.
- 종장: 날빛을 가리는 구름의 속성을 비판함.

(나) 성혼, 「말 없는 청산이오 ~」

해제 이 작품은 조선 중기의 학자인 성혼이 지은 평시조이다. 이 시조는 교훈이 될 만한 자연의 여러 가지 속성을 제시한 후 자연 속에서 근심 없이 살아가고 싶은 화자의 의지를 노래하고 있다.

주제 자연과 하나 되어 사는 삶의 의지

구성
- 초장: 청산과 유수의 속성
- 중장: 청풍과 명월의 속성
- 종장: 자연 속에서 근심 없이 사는 삶을 다짐함.

(다) 작자 미상, 「대천 바다 한가운데 ~」

해제 이 작품은 세상에 허무맹랑한 거짓말들이 나돌고 있는 현실을 풍자하며, 그러한 말에 현혹되지 말고 현명하게 대처할 것을 임에게 간절히 요청하는 내용을 담은 사설시조이다. 상식적으로 성립되지 않는 말의 허위성을 강조하기 위해 과장된 표현을 사용한 점, '온 놈이 온 말을 하여도 임이 짐작하소서'라는 관습적 표현을 사용한 점이 주요 특징이다.

주제 세상의 헛소문에 대한 올바른 판단 촉구

구성
- 초장: 큰 바다 한가운데에 바늘이 빠진 상황을 제시함.
- 중장: 십여 명의 사공이 바다에 빠진 바늘을 상앗대로 동시에 건져 냈다는 말이 있음.
- 종장: 거짓말에 현혹되지 말고 현명하게 판단할 것을 임에게 요청함.

01 작품 간의 공통점, 차이점 파악 답 ②

정답이 정답인 이유

② (가)에서는 자연물인 '구름'이 '날빛'을 가리는 일반적인 특징을 부각하여 그에 대한 화자의 부정적 태도를 드러내고 있고, (나)에서는 '말 없는 청산', '태 없는 유수'와 같이 자연물의 일반적인 특징을 부각하여 '이 중에 ~ 분별없이 늙으리라'와 같이 화자의 친화적 태도를 드러내고 있다.

오답이 오답인 이유

① (가), (나) 모두 색채 이미지의 대비를 통해 대상의 긍정적인 모습을 부각하는 표현 방식은 나타나지 않는다.
③ (가)에서는 '구태여 ~ 덮느냐'와 같은 물음을 통해 대상에게 말을 건네는 방식이 활용되고 있으나, 대상의 행동이 우호적으로 변화하기를 기대하는 모습은 나타나지 않는다. (나)에서는 대상에게 말을 건네는 방식이 사용되지 않았다.
④ (가)에서는 의문의 방식을 사용하고 있으나 부정적 현실에 대한 화자의 극복 의지를 강조하고 있지 않으며, (나)에는 의문의 방식이 사용되지 않았다.
⑤ (가)에는 시간의 경과에 따라 '구름'이 이동하는 모습이 나타나지만 이것이 화자의 심경 변화를 보여 주고 있지는 않다. (나)에는 대상이 이동하는 모습을 통해 화자의 심경 변화를 보여 주는 표현이 나타나지 않는다.

02 화자의 태도 및 어조, 정서 파악 답 ⑤

정답이 정답인 이유

⑤ (다)의 화자는 '대천 바다 한가운데 ~ 꿰어 내단 말'을 임이 믿어서는 안 되며 임이 올바르게 판단해야 한다고 말하고 있다. 따라서 (다)의 화자는 '임'에 대해, 화자 자신을 믿어 주기를 바라는 심정을 하소연할 대상으로 여기고 있음을 알 수 있다.

오답이 오답인 이유

① '대천 바다 한가운데'는 사공들이 무딘 상앗대로 바늘을 건져 내는 상황이 설정된 곳이다. 따라서 화자가 '대천 바다 한가운데'를 자신이 해결해야 할 문제 발생의 근원지로 간주한다는 진술은 적절하지 않다.
② 화자가 대천 바다에 빠진 '중침 세침'을 손쉽게 건져 내기 위한 자신만의 방법을 강구하는 모습은 나타나지 않는다.
③ 화자는 바다에 빠진 바늘을 찾는 것은 불가능하다고 생각하고 있으며, '사공'들이 협력해서 동시에 바늘을 찾는 것은 목표하는 바를 이룰 수 있는 성공 가능성을 높이기는커녕, 더욱 불가능한 일이라고 믿고 있다.
④ 화자는 '끝 무딘 상앗대'를 사용하여 난관을 효율적으로 극복할 수 있다고 전망하고 있지 않으며, 바다에 빠진 중침, 세침의 바늘귀를 꿰어 내는 것은 허황한 일이라 생각하고 있다.

03 외적 준거에 따른 작품 감상 답 ④

정답이 정답인 이유

④ (다)의 화자는 '귀 꿰어 내단 말'을 세속에 속한 사람들의 허황된 거짓말이라고 생각하므로 그 말에 세속의 언어에서 초월하고 싶은 화자의 인간적 욕망이 담겨 있다고 볼 수 없다.

오답이 오답인 이유

① (가)의 '구름이 무심탄' 세상 사람들의 말에 대하여 화자는

'허랑하다', 즉 허황된 말이라고 생각하고 있다. 〈보기〉에 따르면 이는 세속에서의 언어가 지니는 허위성을 발견한 것에 해당한다고 볼 수 있다.
② (나)의 '청산'은 말이 없으며, 이에 화자는 '이 중에 ~ 분별없이 늙으리라'라고 하며 자신의 의지를 드러내고 있다. 〈보기〉에 따르면 침묵의 미덕을 지닌 청산은 화자가 추구하는 도덕적 표상으로 볼 수 있다.
③ (나)의 '유수'는 화자와 분리되어 있지 않고, 일체감을 느끼는 대상이며, '이 중'은 현실의 반대 항으로서 자연을 가리킨다.
⑤ 〈보기〉에 따르면 (다)에서 '온 말'은 이해관계가 상충되는 삶의 공간인 세속의 말이다. 세속의 말에는 허위성이 담겨 있으므로 화자는 임에게 '온 말'을 믿지 말 것을 당부하고 있다. 나아가 (다)의 화자는 임이 그 말을 그대로 믿어서는 안 되며 '임이 짐작하소서'라고 요청하면서 시비를 따져야 할 대상으로 인식하고 있다.

04 고전 시가

본문 054~056쪽

01 ④ 02 ① 03 ③

(가) 서경덕, 「마음이 어린 후이니 ~」

해제 이 작품은 임을 그리워하는 마음을 드러낸 평시조로, 화자는 바람이 불어 떨어지는 나뭇잎을 임이 오신 것으로 착각한 자신을 자책하고 있다. 이러한 화자의 모습은 임에 대한 화자의 그리움이 얼마나 큰지를 보여 준다고 할 수 있다.

주제 임에 대한 그리움

구성
- 초장: 자신의 어리석음에 대한 자책
- 중장: 임이 오기 힘들 것이라는 화자의 생각
- 종장: 떨어지는 나뭇잎을 임이라고 생각한 화자의 착각

(나) 김영, 「연 심어 실을 뽑아 ~」

해제 이 작품은 임에 대한 사랑을 노래한 평시조로, 화자는 연을 심어 실을 뽑고 그 실로 노끈을 비비어 걸었다가 임과의 사랑이 그쳐 갈 때 노끈으로 그 사랑을 감아 매겠다고 말하며 임에 대한 변함없는 사랑을 드러내고 있다. 특히 임과 자신은 마음으로 맺어졌기에 둘 사이의 사랑이 그칠 리가 없다고 말하는 모습에서 이러한 화자의 마음을 확인할 수 있다.

주제 임과의 사랑에 대한 굳건한 믿음

구성
- 초장: 연을 심고 실을 뽑아 노끈을 비비는 화자의 행위
- 중장: 사랑이 그쳐 갈 때 노끈으로 사랑을 감아 매겠다는 화자의 의지
- 종장: 임에 대한 화자의 변함없는 마음

(다) 작자 미상, 「마음이 지척이면 ~」

해제 이 작품은 임과 멀리 떨어져 있더라도 임에 대한 마음은 변함이 없다는 점을 노래한 평시조이다. 화자는 마음이 가까우면 천리도 지척처럼 느껴지고, 마음이 멀어지면 가까운 거리도 먼 거리처럼 느껴진다고 말한 후, 비록 자신과 임이 멀리 떨어져 있지만 서로의 마음은 가까이 있으니 임과 멀리 떨어진 상황은 둘 사이의 사랑에 문제가 될 것이 없음을 강조하고 있다.

주제 임과의 사랑에 대한 확신

구성
- 초장: 마음이 가까우면 먼 거리도 가깝게 느껴짐.
- 중장: 마음이 멀어지면 가까운 거리도 멀게 느껴짐.
- 종장: 임과 멀리 떨어져 있어도 마음은 가까이 있음.

(라) 작자 미상, 「가슴에 구멍을 둥시렇게 뚫고 ~」

해제 이 작품은 극단적인 육체적인 고통은 참고 견딜 수 있으나 임과 헤어지는 것만은 견딜 수 없다고 말하며 임에 대한 변함없는 사랑과 임과 헤어지지 않겠다는 마음을 노래한 사설시조이다. 가슴에 구멍을 뚫고 그 구멍에 새끼줄을 넣어 '훌근훌적' 하는 것은 화자에게 매우 심한 육체적 고통을 유발하는 극단적 상황이라 할 수 있다. 화자는 이러한 극단적 상황은 누구나 이겨 낼 수 있지만, 임을 여의고 살아가는 것은 견딜 수 없다고 말하며 임과 절대로 헤어질 수 없다는 마음을 드러내고 있다. 한편 이 작품과 유사한 내용을 담은 노래인 「불굴가(不屈歌)」가 『대은선생실기(大隱先生實記)』에 수록되어 있는데, '대은'은 고려에 대한 충절을 끝까지 지킨 무신이었던 변안열의 호이다.

주제 임에 대한 변함없는 사랑의 의지

구성
- 초장: 가슴에 구멍을 뚫고 새끼줄을 넣음.
- 중장: 육체적인 고통은 누구나 견딜 수 있음.
- 종장: 임을 여의고 사는 것은 받아들일 수 없음.

01 작품 간의 공통점, 차이점 파악 답 ④

정답이 정답인 이유

④ (나)는 '연 심어 실을 뽑아 긴 노끈 비비어 걸었다가'와 같이 연속적으로 이어지는 행동을 제시한 후 '사랑이 그쳐' 가는 상황이 일어나면 긴 노끈으로 사랑을 감아 매겠다고 말하는 화자의 의지를 드러내고 있다. (라)는 '가슴에 구멍을 둥시렇게 뚫고 왼새끼를 눈 길게 너슷너슷 꼬아'와 같이 연속적으로 이어지는 행동을 제시한 후 '두 놈이 두 끝 마주 잡아 이리로 훌근 저리로 훌적 훌근훌적' 하는 상황은 참고 견딜 수 있지

만, 임을 여의는 것은 견딜 수 없다고 말하며 결코 임과 헤어지지 않겠다는 화자의 의지를 드러내고 있다. 따라서 (나)와 (라)는 모두 연속적으로 이어지는 행동을 제시한 후, 부정적 상황에 대처하는 화자의 의지를 드러내고 있다고 할 수 있다.

오답이 오답인 이유

① (가)의 화자는 중장에서 '만중운산'에 어떤 임이 올 수 있느냐고 말하고 있는데, 이는 공간의 특성과 연관 지어 화자의 생각에 대한 근거를 밝히는 것으로 볼 수 있다. 그러나 (나)에는 특정 공간이 제시되어 있지 않다.

② (가)는 '지는 잎 부는 바람'에서 대구적 표현을 활용하고 있으나 화자의 인식 변화 과정은 드러나지 않는다. (라)는 '구멍을 둥시렇게 뚫고'와 '왼새끼를 눈 길게 너슷너슷 꼬아'에서 '목적어 + 부사어 + 서술어'의 구조가 반복된다는 점에서 대구적 표현을 활용한다고 볼 수도 있다. 그러나 화자의 인식 변화 과정이 드러나지는 않는다.

③ (나)는 '그쳐갈 제', '맺었으니'와 같이 대비되는 의미를 지닌 시어를 사용하고 있으나 과거와 달라진 상황에 대한 화자의 안도감을 보여 주고 있지는 않다. (다)는 '지척'과 '천리'라는 대비되는 의미를 지닌 시어를 사용하고 있으나 과거와 달라진 상황에 대한 화자의 안도감을 드러내고 있지는 않다.

⑤ (라)는 가슴에 구멍을 뚫고 그 구멍에 새끼줄을 넣은 후 '두 놈'이 새끼줄의 끝을 마주 잡아 '훌근훌적' 하는 극단적인 상황을 통해 임에 대한 화자의 변함없는 사랑을 노래하고 있다. 그러나 (다)에는 대상이 유발할 수도 있는 극단적인 상황이 드러나지 않는다.

02 시어, 시구의 의미와 기능 파악 답 ①

정답이 정답인 이유

① (라)의 화자는 어떠한 시련을 겪더라도 임과 헤어지지 않겠다고 말하고 있다. 따라서 둥그렇게 뚫린 '구멍'을 임에 대한 화자의 사랑이 흔들리는 상황이라고 이해하는 것은 적절하지 않다. [A]의 화자는 고려에 대한 충절을 결코 굽히지 않겠다고 말하고 있다. 따라서 '말만 한 구멍'을 고려에 대한 화자의 충절이 약해지는 상황이라고 이해하는 것은 적절하지 않다.

오답이 오답인 이유

② (라)의 화자는 가슴에 뚫린 구멍을 '두 놈'이 새끼줄로 '훌근훌적' 하는 상황을 가정한 후, 임에 대한 사랑이 변하지 않을 것이라 말하고 있다. [A]의 화자는 가슴에 뚫린 구멍을 '네'가 앞뒤로 끌고 당기는 상황을 가정한 후, 고려에 대한 충절을 굽히지 않을 것이라 말하고 있다. 따라서 (라)의 '두 놈'과 [A]의 '네'는 각각 임에 대한 사랑과 고려에 대한 충절을 보여 주기 위해 화자가 설정한 인물로 볼 수 있다.

③ (라)의 화자는 '두 놈'이 가슴에 뚫린 구멍에 넣은 새끼줄을 '훌근훌적' 하는 것을 견딜 수 있다고 말하고 있으며, [A]의 화자는 '네'가 가슴에 넣은 새끼줄을 앞뒤로 끌고 당기는 것을 마다치 않겠다고 말하고 있다. 따라서 (라)의 '훌근훌적 할 적'과 [A]의 '앞뒤로 끌고 당'기는 것은 모두 화자가 자신의 마음을 지키기 위해 겪어야 할 시련의 수준을 나타낸다고 볼 수 있다.

④ (라)의 화자와 [A]의 화자는 모두 가슴에 넣은 새끼줄을 당기는 상황을 견딜 수 있다고 말하고 있다. 따라서 (라)의 '아무쪼록'에서와 [A]의 '마다치 않겠으나'에서는 각각 임에 대한 사랑과 고려에 대한 충절을 지키기 위해 어떠한 시련도 견딜 수 있다는 화자의 마음을 엿볼 수 있다.

⑤ (라)의 화자는 임과 절대로 헤어지지 않겠다는 마음을 드러내고 있으며, [A]의 화자는 어떠한 일이 있더라도 고려에 대한 충절을 잃지 않겠다는 마음을 드러내고 있다. 따라서 (라)의 '그리 못하리라'와 [A]의 '굽히지 않으리라'는 각각 임과 헤어지지 않겠다는 화자의 의지와 상대의 회유에 넘어가지 않겠다는 화자의 충절을 나타낸다고 볼 수 있다.

03 외적 준거에 따른 작품 감상 답 ③

정답이 정답인 이유

③ (나)의 화자는 사랑이 그쳐 갈 때 노끈으로 감아 맬 것이라 말한 후, 자신과 임의 사랑은 마음으로 맺어졌기에 그치지 않을 것이라고 말하고 있다. 따라서 '마음'이 맺어지기도 하고 그치기도 한다는 것이 화자와 임의 '마음'이 지닌 차이점을 부각한 것이라는 설명은 적절하지 않다.

오답이 오답인 이유

① (가)는 잎이 떨어지는 소리, 바람이 부는 소리를 임이 오시는 것이라고 착각한 화자의 모습을 제시함으로써, 자신의 '마음'을 어리석다고 생각하는 화자의 자책을 드러내고 있다.

② (나)는 추상적인 개념인 '사랑'을 '노끈'으로 '감아' 맬 수 있는 구체적인 대상으로 형상화함으로써, '사랑'을 자신의 노력으로 지속시킬 수 있다는 인식을 드러내고 있다.

④ (다)는 추상적인 개념인 '마음'을 '지척'과 '천리'라는 시어를 활용하여 시각적으로 확인할 수 있는 대상으로 형상화함으로써, 화자와 임의 '마음'을 구체적 대상으로 사물화하여 드러내고 있다.

⑤ (라)는 변형이 어려운 신체의 일부인 '가슴'을 '구멍을 둥시렇게 뚫'은 후 '새끼줄'을 넣을 수 있는 대상으로 형상화함으로써, 변형이 어려운 화자의 '가슴'을 변형이 가능한 대상으로 사물화하여 드러내고 있다.

05 고전 시가 본문 057~059쪽

01 ④ 02 ④ 03 ②

■ 이신의, 「단가육장」

해제 이 작품은 귀양살이의 고달픔과 임금에 대한 충정을 형상화한 연시조이다. 작가는 인목 대비의 폐위에 반대하는 상소문을 올렸다가 함경도로 유배를 떠난다. 이때의 고달픔을 제비나 명월 등의 자연물을 통해 잘 드러내고 있을 뿐만 아니라, 자신의 변함없는 충정도 표현하고 있다.

주제 귀양살이의 고달픔과 임금에 대한 변함없는 충정

구성
- 제1장: 장부로서 할 일에 대한 천명
- 제2장: 당대의 정치적 상황과 인재 복귀에 대한 희망
- 제3장: 귀양살이의 처량한 신세 한탄
- 제4장: 귀양살이의 시름
- 제5장: 귀양살이의 외로움
- 제6장: 임금에 대한 변함없는 충정

01 표현상의 특징 파악 답 ④

정답이 정답인 이유

④ 〈제4장〉에서는 청각적 이미지를 통해 종일 사설하는 듯한 소리를 내는 제비의 모습이 부각되고, 〈제6장〉에서는 후각적 이미지를 통해 향이 짙은 매화의 모습이 부각되고 있다.

오답이 오답인 이유

① 〈제1장〉에서 '~ 모르는가', '~ 또 있는가' 등의 물음의 방식을 사용하여 화자의 신념을 강조하고 있는 것이지 통념에 대한 의문을 제기하는 것이라고 볼 수 없다.

② 〈제2장〉에서 소나무가 난 이후에 사라진 상황을 언급하며, 우로 깊으면 다시 볼까 한다는 마음을 드러내 소나무의 출현을 소망하고 있다. 나라의 재목, 충신을 의미하는 소나무가 사라진 현실에 대한 안타까움의 정서를 드러내고 있는 것은 맞지만, 자신이 처한 상황을 변화시키고자 하는 의지를 나타내고 있는 부분은 확인할 수 없다.

③ 〈제3장〉에서는 제비를 보고 적객의 처지에 놓인 화자가 한숨짓는 상황이 독백적 어조로 드러나고 있다. 따라서 말을 건네는 방식을 통해 대상과의 친밀감을 강조하고 있다는 설명은 적절하지 않다.

⑤ 〈제5장〉에서 명월을 벗으로 인식하고 반기고 있는 화자의 모습을 확인할 수는 있으나 화자의 행동을 묘사한 부분은 확인할 수 없다. 오히려 〈제6장〉에서 매화를 보고자 잔을 잡고 창문을 여는 행동을 하는 화자의 적극적인 모습을 확인할 수 있다.

02 배경 및 소재의 기능 파악 답 ④

정답이 정답인 이유

④ ⓐ는 귀양지에 얽매여 있는 화자와는 달리 자유롭게 나는 대상이고, 화자에게 적객의 회포를 불러일으키는 것으로 보아 화자의 시름을 깊게 만드는 대상으로 볼 수 있다. ⓑ는 '내 풀어낸 시름은 널로만 하노라'라는 표현으로 미루어 보아 적객의 신분으로 벗이 없는 상황에서 화자가 시름을 풀어내는 대상이라고 이해할 수 있다.

오답이 오답인 이유

① ⓐ와 ⓑ는 화자의 눈에 들어온 자연물일 뿐, 미래의 상황에 대한 긍정적 전망을 이끌어 내고 있는 대상으로 보는 것은 적절하지 않다.

② 〈제3장〉과 〈제4장〉에서는 모두 화자가 적객으로서 느끼는 쓸쓸함이 문제 상황으로 드러나고 있을 뿐, ⓐ와 ⓑ로 인해 문제의 원인을 외부에서 내면으로 인식하는 모습은 확인할 수 없다.

③, ⑤ 화자는 벗 없이 쓸쓸한 처지로 한숨만 짓고 있는데 반해, 제비는 자유롭게 날아다니며 지저귀고 있다. 따라서 ⓐ를 화자의 입장에 공감하고 있는 대상으로 보거나 화자와 유사한 상황에 놓인 대상으로 보는 것은 적절하지 않다. ⓑ는 빈 들보에 앉아서 벗 없는 화자의 벗의 역할을 하고, 화자는 제비의 지저귀는 소리를 들으며 자신의 시름을 풀어내고 있다. 따라서 ⓑ를 화자와 대비되는 상황에 놓인 대상이라고 보는 것은 적절하지 않다. 다만 화자가 제비를 보며 자신의 시름을 풀어낸다는 점에 주목해 보면, 화자의 슬픈 정서를 자극하는 대상이라고 볼 수는 있다.

03 외적 준거에 따른 작품 감상 답 ②

정답이 정답인 이유

② 화자는 난 이후에 충신을 의미하는 '솔'들이 사라진 상황에 대한 안타까움을 토로하며, 임금의 은혜를 의미하는 '우로'가 깊으면 다시 볼 수 있으리라고 소망하고 있다. 따라서 이를 임진왜란 참전 경험을 바탕으로 문제를 극복하고자 하는 태도로 이해하는 것은 적절하지 않다.

오답이 오답인 이유

① 대장부가 할 일이 '효제충신', 즉 부모에 대한 효도, 형제 사이의 우애, 임금에 대한 충성, 벗 사이의 신뢰라고 한 것은 사대부로서 강직한 자세로 유교적 덕목을 지키고 이를 중요시하는 태도를 보여 준다. 〈보기〉의 내용을 바탕으로 할 때 책임감 있는 사대부의 모습과 연결해서 감상할 수 있다.

③ 적객은 귀양살이를 하는 사람으로, 적객의 회포가 끝이 없어 한숨을 짓는 화자의 모습은 〈보기〉의 내용을 바탕으로 할

때 작가가 귀양지에서 삶을 성찰하고 불안감을 느끼는 정서와 연결해서 감상할 수 있다.
④ 유일한 벗인 명월만이 천리를 멀다 아니 여기고 따라온다는 표현은, 〈보기〉의 내용을 바탕으로 할 때 작가가 귀양지에서 느끼는 외로움의 정서와 연결해서 감상할 수 있다.
⑤ 매화는 모진 추위와 고통 속에서도 꽃을 피우고 맑은 향기를 퍼뜨리는 대상으로 이러한 속성은 군자가 지녀야 할 덕성의 하나로 평가된다. 화자는 이를 제대로 알아보며 매화의 향기에 집중하고 있다. 〈보기〉의 내용을 바탕으로 할 때 시련 속에서도 굽히지 않는 작가의 강직한 태도와 연결해서 감상할 수 있다.

06 고전 시가

본문 060~063쪽

01 ② **02** ⑤ **03** ② **04** ⑤

■ **정훈, 「우활가」**

해제 이 작품은 자신의 우활함을 한탄하며 자연에 은거하여 살아가는 자세를 노래한 가사이다. 화자는 스스로를 두고 '우활도 우활할샤 그토록 우활할샤'라고 탄식하는데, 이러한 한탄 속에는 시대를 제대로 타고나지 못하여 제 능력을 드러내지 못하는 상황에 대한 안타까움이 투영되어 있다. 유교적 이상향을 떠올리며 '태고에 뜻을 두'겠다고 다짐하기도 하고, 자연 속에서 '우활'과 함께 살아가겠다며 체념하는 모습을 보이면서도, 결국 자신의 삶을 한탄하며 '우활'을 잊고 살아가고 싶은 속마음을 드러내고 있다.

주제 우활한 자신에 대한 한탄과 우활을 잊고 싶은 마음

구성
- 서사(1~3행): 자신의 우활한 삶에 대해 토로하고 싶은 마음
- 본사 1(4~18행): 젊은 시절의 우활함에 대한 한탄
- 본사 2(19~24행): 말년의 우활함에 대한 한탄과 체념
- 본사 3(25~37행): 우활함으로 인한 갈등과 괴로움을 해소하고 싶은 마음
- 본사 4(38~42행): 우활함에서 벗어나지 못하는 상황에 대한 한탄
- 결사(43~46행): 술로써 우활함을 달래고 싶은 마음

01 시적 상황의 파악 답 ②

정답이 정답인 이유

② 화자는 [B]에서 '사시가경에 어찌할 줄 모르도다'라고 고백하며 봄, 여름, 가을, 겨울의 아름다운 순간들을 자신의 방식으로 즐기며 지내 왔다고 말하고 있다. 화자는 자신의 우활함을 인정하고 있지만, 그것이, '각 계절의 아름다움을 즐기지 못하는 상황' 때문이라고 말하는 것은 아니다.

오답이 오답인 이유

① 화자는 [A]에서 '아침이 부족'하고 '저녁을 근심'하며, '한 칸 초가집이 비 새는 줄' 모르고 살았던 자신의 가난한 형편을 드러내면서 그러한 삶이 결국 자신의 우활함으로 인한 것임을 드러내고 있다.
③ 화자는 [C]에서 자신의 염원을 이루지 못하는 상황을 드러내면서 '매우 심한 나의 삶을 슬퍼한들 어이하리'와 같이 체념하는 모습을 보이고 있다. 자신의 우활함을 어쩔 수 없는 것으로 인식한 것이다.
④ 화자는 [A]~[C]에서 '젊었을 때'부터 그지없었던 우활함이 '날 따라 길어' 가고 있으며, '사시가경'에도 계속되는 것이며 '하늘이 준' 것이라 어찌할 수 없는 것임을 말하고 있다. 또한 '주공은 어디 가고 꿈에도 뵈지 않'아 앞으로도 계속될 수밖에 없다고 예측하고 있다. 화자는 이렇게 다양한 상황들 속에서 자신의 우활함이 '슬퍼한들 어이'할 수 없는 매우 심각한 것이 되었다고 고백하고 있다.
⑤ 화자는 [A]에서 '평생 우활은 날 따라 길어 간다', [B]에서 '이 몸의 처지에 백년을 근심할까', [C]에서 '하늘이 준 우활을 내 설마 어이하리'와 같이 말하고 있는데, 이를 통해 '젊었을 때 우활함'이 계속되면서 '평생'토록 자신을 괴롭혀 왔음을 드러내고 있다. 이 과정에서 자신의 우활함이 결국 '하늘이 준' 것이라는 인식을 드러내고 있다.

02 화자의 태도 및 어조, 정서 파악 답 ⑤

정답이 정답인 이유

⑤ 화자는 '만리에 눈뜨고 태고에 뜻을 두니 / 우활한 마음이 가고 아니' 온다고 말하고 있지만, 이후 상황에서 '미움받고 사랑받지 못함'이 여전히 계속되고 있음을 드러내고 있다. 화자가 '만리에 눈뜨고 태고에 뜻을' 둔다고 해서 자신이 '미움받고 사랑받지 못'하는 상황이 달라지는 것은 아니다. 결국 '요순시대'와 같은 태평성대 혹은 자신의 뜻을 펼칠 기회가 오지 않는다면, 화자가 처한 상황은 달라질 것이 없으므로 ⑤는 적절하지 않다.

오답이 오답인 이유

① 화자는 '요순시대'를 이상적 시대로 인식하고 있으며, '이 몸이 늦게 태어나'지 않았다면 그러한 시대에 보다 행복한 삶을 살았을 것이라 여기고 있다.
② 화자는 '일백 번 다시 죽어 옛사람 되고 싶'다는 마음을 드러내고 있는데, 이는 '요순시대'와 같은 태평성대에서 자신의 이상을 실현하고 싶다는 마음을 표현한 것이다.

③ 화자는 자신의 '번잡한 정회를 누구에게 이르려는가'와 같이 한탄하고 있는데, 이는 '요순시대'의 순박한 풍속이 경박하게 되어 자신의 마음을 털어놓을 데가 없어진 것에 대한 안타까움을 드러내는 것이기도 하다.
④ 화자는 '다시 죽어 옛사람'이 된다면, '태평성대', '요순시대', '태산', '성현 살던 세상'을 살펴보고 싶다고 고백하고 있다. 자신이 살펴보고 싶은 시대로 '요순시대'나 '성현 살던 세상'을 언급한 것은 성현들이 '학업 닦던 자취'를 보고 싶다는 바람과 관련이 깊다.

03 시어, 시구의 의미와 기능 파악 답 ②

정답이 정답인 이유

② ⓐ '벗님네'와 ⓑ '아이'는 모두 화자가 자신의 생각을 효과적으로 표현하기 위해 설정한 청자이다. 화자는 '벗님네'에게 '우활한 말 들어 보소'라고 말하며 자신의 속마음을 솔직하게 털어놓고 있으며, '아이'에게 '잔 가득 부어라 취하여 내 우활 잊자'라고 말하며 우활을 잊어 보고 싶다는 태도를 드러내고 있다. 또한 ⓐ는 서사 부분에서 시상 전개의 출발점이 되고 있다면, ⓑ는 결사 부분에서 시상을 마무리하는 장치로 활용되고 있다.

오답이 오답인 이유

① '벗님네'는 화자에게 어떠한 위로의 말도 건네지 않고 있다. '아이'는 화자가 명령을 내리는 대상으로 설정되어 있을 뿐, 숨겨진 욕망을 이뤄 달라고 간청하기 위해 떠올린 대상은 아니다. 또한 화자는 '취하여 내 우활'을 잊고 싶다는 자신의 욕망을 숨기고 있지 않다.
③ '벗님네'는 화자의 의사에 반하는 행동이나 말을 하지 않고 있다. '아이' 또한 화자의 속내를 살피며 적극적으로 반응하고 있지 않다.
④ '벗님네'가 화자의 말을 듣고 있는 청자로 설정된 것은 맞지만, 화자의 처지를 이미 잘 알고 있는 이웃 주민으로 보기는 어렵다. 고전 문학 속에서 화자가 호명하는 '아이'는 화자의 시중을 드는 하인인 경우가 많지만, 이 작품의 맥락에서 '아이'를 이웃이 보낸 하인으로 특정할 수 있는 단서가 전혀 없다.
⑤ '벗님네'가 화자가 부러워하는 삶의 양상을 드러내는 인물이 되거나, 화자의 삶을 대비적으로 드러내기 위한 장치가 되고 있지는 않다. 또한 '아이'가 화자의 결심이 잘못된 것임을 밝히거나 언급하는 장면은 나타나지 않는다.

04 작가의 관점, 주제 의식 파악 답 ⑤

정답이 정답인 이유

⑤ 화자는 ⓜ을 통해 '축타의 말솜씨'를 배운다고 하더라도 앞으로 자신의 능력을 발휘할 기회가 없을 것임을 드러내고 있다. 화자는 자신이 수양을 해도 이상을 실현할 능력을 충분히 갖추지 못할까 봐 염려하고 있지는 않다. 따라서 ⓜ은 자신이 아무리 능력을 쌓는다고 해도 능력을 발휘할 기회, 즉 벼슬길에 나갈 기회가 주어지지 않을 것이라는 안타까움을 드러낸 것으로 보아야 한다.

오답이 오답인 이유

① '애친경형'과 '충군제장'은 부모님께 효도하고 임금에게 충성하라는 유교적 덕목을 구체적으로 드러내고 있다. 화자는 ㉠을 통해 유교적 가치관을 자신이 평생 지켜야 할 덕목으로 생각해 왔음을 드러내고 있다.
② 이 글의 화자가 제도권 주변부에 놓여 있던 작가를 대변한다고 할 때, ㉡은 벼슬길에 나아가지 못하고 기회를 얻지 못한 사람들의 안타까움을 표현한 것으로 볼 수 있다.
③ ㉢은 사계절 중 '겨울'의 경치와 아름다움을 즐기는 문인의 모습을 드러내고 있다. 이상을 실현할 기회를 얻지 못한 사족들의 불우한 처지를 자연에 대한 애착으로 치환하여 드러낸 것으로 볼 수 있다.
④ 화자는 스스로를 두고 ㉣과 같이 '말로에 버린 몸'이라 말하고 있다. 경제적 여건이 부족하고, 사회적 위상도 높지 않은 사족들의 안타까움을 집약한 표현으로 볼 수 있다.

07 고전 시가

본문 064~067쪽

01 ① **02** ③ **03** ⑤

■ 채득기, 「봉산곡」

해제 이 작품은 인조 16년(1638)에 창작된 가사로 병자호란 이후 봉림 대군과 소현 세자를 호종하여 심양으로 가게 되자, 은거하던 경천대를 떠나며 임금의 은혜를 갚고자 하는 마음을 노래하고 있다. 자신이 은거했던 경천대(자천대) 부근의 풍경을 예찬하는 부분과 왕명을 받은 신하로서 도리를 다하겠다고 다짐하는 부분으로 크게 나눌 수 있다. '천대별곡'이라는 이름으로도 알려져 있다.

주제 임금의 명을 받아 떠나는 신하의 다짐과 은거하던 자연을 떠나는 아쉬움

구성

- 서사: 옥주봉, 경천대에 인사를 전하며 처음 이곳에 은거하던 때를 떠올림.
- 본사 1: 버린 백성 되어 은거하며 살면서 경천대 주변의 아름다운 경치를 완상함. (중략)
- 본사 2: 임금의 명을 받아 행장을 챙기며, 임금의 은혜를 갚

겠다는 다짐을 함.
• 결사: 심양으로 떠나며 다시 돌아올 것을 약속함.

01 시적 상황의 파악 답 ①

정답이 정답인 이유

① [A]에서 화자는 자연에 은거하며 금빛 절벽, 구암, 경호 등을 바라보며 경천대와 그 주변의 경치를 즐기고 있으며, 특히 경천대에 대한 예찬적 태도를 드러내고 있다. 한편 [B]에서 화자는 나라의 명령을 받아 심양으로 떠나는 충직한 신하의 마음가짐을 드러내면서, 임금의 은혜를 갚기 위해 최선을 다해야 한다는 각오를 밝히고 있다.

오답이 오답인 이유

② [A]에서 화자가 경물들의 아름다움을 제시하는 것은 맞지만, 그러한 경물들의 아름다움에 대해 순위를 매기지는 않고 있다. 또한 [B]에서도 화자가 자신이 맡은 일 중 시급히 먼저 처리할 일을 순서에 따라 제시하고 있지는 않다.
③ [A]에서 화자는 시선의 이동을 중심으로 '금빛 절벽', '붉은 놀, 흰 구름', '모래밭' 등 다양한 경물을 드러내며 공간적 배경의 특징을 서술하고 있지만, [B]에서 해당 공간에 대한 화자의 평가가 공간의 이동과 관련하여 달라지고 있음은 확인되지 않는다.
④ [A]에서 화자가 '높다란 금빛 절벽', '붉은 놀, 흰 구름에 곳곳이 그늘이요 / 유리 같은 온갖 경치'라고 말하며, 아름다움을 느끼게 하는 다양한 요소를 소개하는 것은 맞지만, [B]에서 화자가 나라의 부름에 응하게 된 것이 자연이 지겨워진 상황이나 자연에 대한 화자의 태도가 달라졌기 때문은 아니다.
⑤ [A]에서 화자는 '여섯 자라 머리', '여덟 폭 돌병풍'처럼 구체적 수치나 '붉은 놀, 흰 구름'처럼 감각적 시어로 대상을 표현하고 있지만, [B]의 경우, 자연에 은거했던 신하가 임금에게 인정을 받게 되는 과정을 단계적으로 설명하고 있지 않다.

02 시어 및 시구의 비교와 대조 답 ③

정답이 정답인 이유

③ ㉠의 청자는 자연물에 해당하는 '옥주봉'과 '경천대'이지만, ㉡의 청자는 명시적으로 드러나지 않는다. ㉠의 뒤에 화자의 말을 들은 청자가 화자에게 그대로 머물 것을 권하는 모습은 제시되지 않고 있다. ㉡ 뒤에 언급된 갈매기는 다시 돌아오겠다는 화자의 다짐, 즉 '맹세 기약'을 듣고 웃고 있을 뿐, 화자에게 그대로 머물러 있으라고 권하고 있지는 않다.

오답이 오답인 이유

① ㉠과 ㉡은 앞 절과 뒤 절이 대구를 이루고 있으며, 모두 '상봉산 별천지'를 떠나야 하는 아쉬운 마음을 드러내고 있다.
② ㉠과 ㉡은, '있거라'와 '가노라'라는 시어로 대구를 만들고 있는데, 이를 통해 아름다운 자연을 두고 길을 떠나야 하는 화자의 상황과 남아서 화자를 기다릴 '옥주봉', '경천대' 등의 모습이 대비적으로 드러난다.
④ ㉠에서 화자는 '옥주봉'과 '경천대'와 같은 자연물을 구체적으로 호명하며, 자신이 머물렀던 '상봉산 별천지'라는 특정 공간에 대한 독자의 관심을 유도하고 있다. ㉠과 달리 ㉡에는 특정한 대상을 청자로 삼아 호명하는 방식이 활용되지 않았다.
⑤ ㉠과 ㉡에는 '가노라', '있거라'라는 동일한 시어가 활용되고 있는데, ㉠의 경우, '가노라 옥주봉아 있거라 경천대야'의 순서로 제시되지만, ㉡의 경우, '있거라 가노라 가노라 있거라'의 순서로 제시되고 있다. '있거라 가노라'와 같이 서술어의 제시 순서에 변화를 주어 점차 멀리 떠나가는 화자의 상황을 생동감 있게 드러내고 있다.

03 외적 준거에 따른 작품 감상 답 ⑤

정답이 정답인 이유

⑤ 화자는 '어리석은 계략으로 거센 물결 막'아 내고 싶다는 바람을 드러내고 있지만, 이어서 '재주 없는 약한 몸이 기운 집을 어찌할까'라고 말하며 자신의 능력이 미치지 못함을 걱정하고 있다. 과거의 굴욕을 씻고 싶다는 바람은 나타나지만 그것을 자신감으로 표출하고 있는 것은 아니다.

오답이 오답인 이유

① 화자는 '요양 만릿길'로 떠나며, 그 길을 두고 '멀어야 얼마 멀'겠냐고 말하고 있다. 왕명을 받아 청나라로 가는 길이 아무리 멀다고 해도 신하로서 마땅히 가야 할 길이며, 실제로 먼 길이라 할지라도 멀게 느껴지지 않는 길이라 말하며 스스로 마음을 다잡는 것이다.
② 화자는 스스로를 두고 '밝은 세상 한 귀퉁이에 버린 백성'으로 '상봉산 별천지'에 들어오게 되었음을 밝히고 있다. 이는 조선이 병자호란에서 패배하고 청나라에 항복한 이후 작가인 채득기가 지방에 은거하게 된 상황과 관련이 깊다.
③ 화자는 당시의 상황을 '조선에 사람 없어 오랑캐 신하'가 되었다고 평가하고 있는데, 이때 '오랑캐'는 청나라를 의미한다. 이는 청나라 태종에게 군신의 관계를 선언한 역사적 사건을 이렇게 평가한 것으로 볼 수 있다.
④ 화자는 청나라에 볼모로 잡혀간 소현 세자나 봉림 대군을 '우리 임'으로 표현하고 있다. 그들이 심양에서 겪었을 고통스러운 상황들을 떠올리며, 임금의 명을 받고 '우리 임'을 모시러 가는 신하의 마음가짐을 밝히고 있다.

고전 시가

본문 068~070쪽

01 ⑤ 02 ⑤ 03 ④

■ 정학유, 「농가월령가」

(해제) 이 작품은 조선 후기 실학자 정약용의 차남 정학유(丁學游)가 지은 월령체(月令體)의 장편 가사이다. 권농(勸農)을 주제로 하여 농가에서 일 년 동안 해야 할 일을 정월령에서부터 12월령까지 월별 순서대로 노래하고 있다. 1년 동안 이어지는 절기에 따른 농가의 행사와 풍속에 대한 구체적인 묘사와 서술이 뛰어나며 교훈적 속성이 강한 문학 작품으로 형상화되었지만, 조선 후기 개인이 만들어 낸 농서로 보기도 한다. 실학사상을 바탕으로 하였기에 실증성이 높아 당시 농촌의 삶을 보여 주는 사료로서도 의의가 큰 작품이다.

(주제) 월별로 농가에서 할 일을 안내하고 권농함.

(구성)
- 1행: 12월의 절기 소개
- 2, 3행: 12월의 정경과 시기적 특징 제시
- 4~8행: 세시의 의복과 여러 가지 천을 마련함.
- 9~17행: 세시의 음식을 준비함.
- 18~20행: 마을의 밤과 묵은세배를 하는 정경
- 21~26행: 농업이 삶의 근본임을 강조함.
- 27~41행: 농촌을 지키며 농업에 전심할 것을 권함.
- 42~44행: 농업에 힘쓰기를 권함.

01 표현상의 특징 파악 답 ⑤

정답이 정답인 이유

⑤ '어와 내 말 듣소'와 같이 말을 건네는 방식을 활용하여 대화하는 듯한 장면이 나타나지만 공동체의 구성원들이 말을 주고받으며 일하면서 겪는 어려움을 직접적으로 노출하는 장면이 제시되고 있지는 않다.

오답이 오답인 이유

① '설중의 봉만들은 해 저문 빛'에서 새해를 바로 앞둔 특정 시기의 공간적 배경을 묘사하여 겨울의 계절감을 조성하고 있다.
② '세시 의복 장만하고 ~ 자주 보라 송화색에 청화 갈매 옥색이다'에서 옷감 마련을 위해 일한 결과를 여러 가지 색상으로 나열하여 보여 주고 있다.
③ '떡쌀은 몇 말이며 ~ 타병성은 예도 나고 제도 나네'에서 다양한 음식 재료를 준비하는 방법과 음식을 만드는 과정이 감각적으로 제시되고 있다.
④ '새 등잔 새발심지 ~ 오락가락 묵은세배하는구나'에서 마을 사람들이 세시 풍속에 따라 '묵은세배'와 같은 의식을 이행하기 위해 이동하는 모습이 동적으로 묘사되고 있다.

02 작품의 내용 파악 답 ⑤

정답이 정답인 이유

⑤ 농사 과정이 아니라, 장사를 비롯한 농사 외의 다른 일들에 대해 '한 번을 뒤뚝하면 / 파락호 빚꾸러기 살던 곳 터도 없다'라고 하면서 그런 일들은 한 번이라도 실수하면 쌓은 노력이 모두 무너지게 되는 것이라고 생각하고 있다.

오답이 오답인 이유

① '종년 근고한다 하나'에서 노동을 고생스럽게 여기는 것을, '그중에 낙이 있네'에서 노동 안에서 즐거움을 찾을 수 있다고 생각하고 있음을 확인할 수 있다.
② '수한 풍박 잠시 재앙 없다야 하랴마는'에서 농사 중에 자연재해를 겪을 수 있다는 생각을, '극진히 힘을 들여'에서 끝까지 포기하지 않고 극복해야 한다고 생각하고 있음을 확인할 수 있다.
③ '농사는 믿는 것이 내 몸에 달렸'다고 한 것과 '황천이 인자하사 노하심도 일시로다'라고 한 것에서 하늘의 뜻이 인간에게 우호적이며 농사의 성패는 인간의 노력에 달려 있다고 생각하고 있음을 확인할 수 있다.
④ '극진히 힘을 들여 가솔이 일심하면 / 아무리 살년에도 아사를 면하느니'에서 가족 구성원들 모두가 굶주려 죽지 않기 위해서 한마음 한뜻으로 정성을 다하여 농사일을 해야 한다고 생각하고 있음을 확인할 수 있다.

03 외적 준거에 따른 작품 감상 답 ④

정답이 정답인 이유

④ '자네도 헤어 보아 십 년을 가량하면 / 칠분은 풍년이요 삼분은 흉년이라'는 화자가 지주들의 입장을 대변하여 농민들에게 훈계를 위해 명령하는 말하기이다. 그러므로 이 말에 향촌 사족들까지 성실하게 노동에 동참하기를 바라는 마음이 담겨 있다고 볼 수는 없다.

오답이 오답인 이유

① '국가 봉용' 즉 나라를 받드는 데 사용하거나, '혼상 대사 먹고 입'는 것과 같은 개인적인 가정사를 비롯하여 삶을 영위하는 것이 농업의 결실인 '토지 소출'에서 비롯된다고 노래한 것은 국가와 개인의 삶을 떠받치는 물질적 토대가 농업에 있음을 강조한 것으로 볼 수 있다.
② '제 시골 제 지키어 소동할 뜻 두지 마소'라는 말은 농사짓던 사람들이 고향을 떠나 도시로 가는 이농 현상으로 농촌의 인구가 줄어드는 것을 문제로 인식하고 그것을 막기 위한 반동적 대응의 목소리라 할 수 있다.
③ '말 부려 장사하기 / 전당 잡고 빚 주기와 장판에 체계 놓기'는 상품 화폐 경제가 발달함에 따라 상업이나 금융업이 유

행한 사회적 실상을 보여 주는 것이다. 이로써 당시에 농업이 아닌 자본을 활용해 쉽게 돈을 벌어들이는 일에 대한 사람들의 욕구가 증대된 사회적 실상을 알 수 있다.

⑤ '농업이 근본이라'라는 예로부터 전해 내려오는 말을 떠올리며 '천만 가지 생각 말고 농업을 전심하소'라고 요청하는 화자의 목소리에는 향촌민들이 도시로 가거나 다른 업종으로 이탈하는 것을 막고, 그들을 농업에 종사하도록 유도하여 향촌 사회를 안정시키려는 목적이 담겨 있다고 볼 수 있다.

09 고전 시가

본문 071~074쪽

01 ⑤ **02** ⑤ **03** ③

(가) 작자 미상, 「시집살이 노래」

해제 이 작품은 시집살이의 어려움을 노래한 민요로, 사촌 동생과 사촌 언니의 대화 형식을 통해 당시 여성들이 겪어야 했던 가사 노동의 어려움과 심리적인 고통을 생생하게 전달하고 있다. 시집살이 속에서 여성들이 겪어야 했던 소외감과 힘든 노동으로 인한 억압된 심리를 드러내는 데 초점을 맞추면서도 시집 식구들을 '새'에 비유하며 해학적으로 묘사한 부분을 통해 웃음으로 고통을 이겨 내려는 서민들의 삶의 의지와 낙천성을 확인할 수 있는 작품이다.

주제 시집살이의 어려움과 체념

구성
- 1~3행: 사촌 동생의 반가움과 시집살이에 대한 호기심
- 4~23행: 시집살이의 어려움
- 24~26행: 해학적인 체념

(나) 작자 미상, 「우부가」

해제 이 작품은 『초당문답가』라는 가사집에 수록되어 있는 조선 시대 후기의 가사로, 조선 후기 양반 사회가 당면했던 도덕적 타락과 경제적 몰락, 그리고 조선 사회를 지배했던 봉건적 가치관의 붕괴 양상을 풍자적으로 그려 내고 있다. 이 작품에 등장하는 인물인 '개똥이'와 '꽁생원', '꾕생원'은 무위도식하거나 분별없이 행동하고, 체통을 지키지 못하는 모습을 보여 주는데, 이 작품은 이러한 인물의 부정적인 측면을 나열함으로써 조선 시대 후기 양반층의 타락한 모습을 사실적으로 반영하고 있다는 평가를 받고 있다.

주제 타락한 양반에 대한 비판과 경계

구성
- 서사: 인물에 대한 화자의 평가
- 본사: 인물의 도덕적 타락상 열거
- 결사: 인물의 패가망신한 모습 제시

01 표현상의 특징 파악 답 ⑤

정답이 정답인 이유

⑤ '듣도 보도 못헐레라'는 저녁을 굶고 나간 '꾕생원'의 행방을 모르겠다는 말일 뿐, '꾕생원'의 행실이 전례를 찾아보기 어렵다는 점을 강조한 것과는 관련이 없다.

오답이 오답인 이유

① 화자인 사촌 동생은 '사촌 형님'에게 '시집살이 어떱데까'라고 말을 건네며 시집살이에 대한 궁금증을 직접적으로 드러내고 있다.

② 시간을 나타내는 '삼 년'이라는 시어가 여러 번 반복되고 있는데, 이를 통해 '나'의 시집살이가 오랫동안 지속되었음을 부각하고 있다.

③ '부자나 후려 볼까 감언이설 꾀어 보세'는 '꽁생원'의 생각을 인용한 것으로, 이를 통해 '꽁생원'의 행위에 담긴 의도를 파악할 수 있다.

④ '꾕생원'에 대한 화자의 부정적인 평가를 '대장부의 결기'라는 반어적인 표현을 활용하여 드러내고 있다.

02 작품의 내용 파악 답 ⑤

정답이 정답인 이유

⑤ '당발복 구산하기 피란곳 찾아가며 / 올 적 갈 적 행로상에 처자식을 흩어 놓고'와 '아낙은 친정살이 자식들은 고생살이'를 통해 꽁생원이 가족들을 돌보는 일에는 관심이 없다는 것을, '부지거처 나가더니 소문이나 들어 볼까'를 통해 집 밖에 나다니는 것을 좋아한다는 것을 알 수 있다. 또한 '제 부모에 몹쓸 행사'와 '제 처자는 몰라보고', '며느리는 들볶으며 봉양 잘못 호령한다'를 통해 '꾕생원' 역시 가족들을 돌보는 일에는 관심이 없다는 것을, '도망산에 뫼를 썼나 저녁 굶고 또 나간다'를 통해 집 밖에 나다니는 것을 좋아한다는 것을 알 수 있다.

오답이 오답인 이유

① '남을 속여 재물을 차지하려 해도 두 번째는 아니 속고'라는 구절을 통해 '꽁생원'이 말재주가 좋아 사람들을 속인다는 진술은 적절하지 않음을 알 수 있다. '꾕생원'이 말재주가 좋아 사람들을 속이면서 재산을 갈취한다는 점은 (나)에서 확인할 수 없다.

② '제 아비의 덕분으로 / 돈천이나 가졌더니'라는 구절을 통해 '꽁생원'의 아버지가 재산이 많다는 점은 알 수 있으나, '꽁생원'이 아버지의 재산을 믿고 동네 사람들을 함부로 대한다는 점은 확인할 수 없다. '동네 존장 몰라보고 이소능장 욕하기'라는 구절을 통해 '꾕생원'이 동네 사람들을 함부로 대한다는 점은 알 수 있으나, '꾕생원'의 아버지가 재산이 많다는 점은 (나)에서 확인할 수 없다.

③ '있는 사람들의 도움이 아니면 끼니조차 잇지 못한다'라는 구절을 통해 '꽁생원'이 경제적인 능력이 없어 동냥을 통해 자신의 끼니를 해결한다는 점은 알 수 있으나, '꾕생원'이 동냥을 통해 자신의 끼니를 해결한다는 점은 (나)에서 확인할 수 없다.
④ '꽁생원'과 '꾕생원'이 권력을 가진 이들에게 아부하며 신분에 따라 사람들을 차별한다는 점은 (나)에서 확인할 수 없다.

03 외적 준거에 따른 작품 감상 답 ③

정답이 정답인 이유

③ [C]의 '호박꽃'과 '비사리춤', '오리발'은 모두 시집살이로 변해 버린 화자의 모습을 나타내는 사물이라는 공통점이 있으며, 화자는 이러한 사물에 자신의 모습을 비유하며 시집살이의 어려움을 토로하고 있다. 따라서 [C]에서는 이질적인 대상들 사이에 존재하는 유사성을 드러내는 열거를 확인할 수 있다.

오답이 오답인 이유

① '앞밭에는 당초 심고 뒷밭에는 고추 심고'는 화자가 하는 농사일이며, '도리소반 수저 놓기', '오 리 물을 길어다가 십 리 방아 찧어다가 / 아홉 솥에 불을 때고 열두 방에 자리 걷'는 것은 화자가 하는 집안일이다. 이러한 일들은 모두 화자가 겪는 시집살이에 해당한다는 점에서 [A]에서는 화자가 하는 이질적인 행위들 사이의 유사성을 드러내는 열거를 확인할 수 있다.
② 호랑새와 꾸중새, 할림새, 뾰족새, 뾰중새, 미련새는 모두 화자의 시집 식구들을 비유한 것으로 부정적 속성을 지닌 대상에 해당한다. 따라서 [B]에서는 화자에게 시집살이의 고통을 주는 인물들 사이의 유사성을 드러내는 열거를 확인할 수 있다.
④ 사람들의 도움이 아니면 끼니도 잇지 못하고 지혜가 부족하여 사람들을 두 번은 속이지도 못하는 점, 재상가에 청질을 하다 봉변을 당하고, 남의 골에 검태 갔다 쫓겨나는 모습, 혼인 중매를 하다 뺨을 맞고 가대문서 구문 먹으려다 핀잔먹고 자빠지는 점 등은 모두 '꽁생원'에 대한 화자의 비판적 시각을 드러내는 것과 관련이 있다. 따라서 [D]에서는 다른 공간에서 행해지는 이질적인 행위들 사이의 유사성을 드러내는 열거를 확인할 수 있다.
⑤ '동네 존장 몰라보고 이소능장 욕하기', '남의 과부 겁탈하기', '친척 집의 소 끌기'와 '친한 사람 이간질', '제 부모에 몹쓸 행사'는 모두 인륜에 어긋나 공동체의 질서를 위협할 수 있는 행위라 할 수 있다. 따라서 [E]에서는 다른 대상에게 행해지는 이질적인 행위들 사이의 유사성을 드러내는 열거를 확인할 수 있다.

10 고전 시가

본문 075~077쪽

01 ⑤ 02 ④ 03 ①

■ **작자 미상, 「제비가」**

해제 이 작품은 경기 12잡가 중의 하나로 새를 제재로 삼아, 다양한 새의 모습을 감각적이며 흥미롭게 묘사한 노래이다. 사설은 판소리 「춘향가」의 「사랑가」, 판소리 「흥부가」, 남도 잡가인 「새타령」에서 구절들을 빌려 와 재치 있게 연결하여 꾸며 놓았다. 따라서 전체적으로 내용적 유기성이 떨어져 보이지만, 비유기성 속에서도 나름의 내적 논리를 찾을 수는 있는데, 이 역시 잡가의 한 특징이다. 「제비가」는 다른 잡가와 비교할 때 당시 대중 사이에서 인기가 매우 높았던 것으로 알려져 있다.

주제 다양한 새들의 다채로운 모습과 정경

구성
- 1행: 늙은 범이 암캐를 물고 노님.
- 2~4행: 하늘에 기러기가 울고 감.
- 5~12행: 제비를 후리러 나가자 제비가 달아남.
- 13~22행: 임의 부재로 인한 고독과 여러 가지 새들의 다양한 모습

01 표현상의 특징 파악 답 ⑤

정답이 정답인 이유

⑤ '우이여— 어허어 어이고'와 같은 여음구가 반복적으로 사용되고는 있다. 그런데 '어이고(아이고)'의 경우 제비가 달아나는 데에 대한 허탈감을 보여 주므로, 이것이 화자의 자족감과 흥취를 드러낸다고 볼 수는 없다.

오답이 오답인 이유

① '제비를 후리러 나간다'의 경우 동일한 시구가 반복해서 제시되고 있으며 이를 통해 대상을 향한 동작 주체의 행위를 강조하고 있다.
② '일락'과 '해는 뚝 떨어져', '월출'과 '달이 솟네'는 한자어와 유사한 뜻을 가진 순우리말을 함께 사용하여 의미를 중첩시킨 것에 해당한다.
③ '-ㄴ다'와 같은 현재 시제의 평서형과 '-노', '-느냐'와 같은 현재 시제의 의문형을 사용한 종결 표현을 반복하여 운율감을 조성하고 있다.
④ '백운', '흑운'에서 흑과 백의 색채 어휘를 사용한 '구름'의 명암 대비를 확인할 수 있으며 이를 통해 그와 관련된 소재인 제비의 역동성을 부각하고 있다.

02 작품의 종합적 이해와 감상 답 ④

정답이 정답인 이유

④ [A]와 [B]에서 모두 나타나는 새인 '공작'의 경우는 동일한 종류라도 [A]에는 '문채 좋은'으로, [B]에는 '깊은 밤 울고 남은'으로 그 특징이 다르게 묘사되고 있다.

오답이 오답인 이유

① [B]에 나타난 새들 중 대붕, 봉황새 등은 [A]에는 나타나지 않으므로, [B]에 나오는 새들을 [A]에 그대로 두었다는 설명은 적절하지 않다.

② '농춘화답에 짝을 지어 / 쌍거쌍래 날아든다', '말 잘하는 앵무새 춤 잘 추는 학 두루미'는 [B]에 사용된 시구를 [A]에 그대로 차용한 것으로 볼 수 있다.

③ [A]와 [B] 모두 음성 상징어를 활용하여 새의 소리를 표현하고 있지만, '기러기 훨훨'과 같은 새의 동작에 대한 표현은 [A]에만 나타나고 있다.

⑤ [A]와 [B] 모두 '말 잘하는 ~ 추는 학 두루미'와 같이 대부분 특정 새와 관련된 설명에 이어 새를 제시하는 순서로 나열하는 방식을 사용하고 있다. 하지만 [A]의 '기러기 훨훨 ~ 다 날아들고'의 경우 그러한 방식을 사용하고 있지 않으므로, 그 방식을 일관되게 유지한다고 볼 수는 없다.

03 외적 준거에 따른 작품 감상 답 ①

정답이 정답인 이유

① '만첩산중 늙은 범'은 '어르고 노'니고 있으므로 유희의 욕망을 추구하는 주체로 볼 수 있지만, '양류상에 앉은 꾀꼬리'는 욕망의 주체인 화자가 꾀꼬리를 욕망의 대상인 제비로 오인하여 잡으려고 하는 것이므로, 욕망의 주체라는 공통점으로 합성을 이루게 된 것으로 볼 수 없다.

오답이 오답인 이유

② '만리장천에 울고 가는 저 기러기'와 '슬픈 소래 두견성'은 구슬픈 울음소리가 처량함, 즉 마음이 구슬퍼질 정도로 외롭거나 쓸쓸한 정서를 불러일으킨다는 유사점을 통해 욕망이 좌절된 모습을 이미지로 형상화한 것으로 볼 수 있다.

③ '제비를 후리러 나간다'는 주체가 제비를 잡으러 간다는 점에서 욕망을 추구하는 모습으로 볼 수 있고, '제비 네 어디로 달아나노'는 잡으려는 제비를 놓쳤다는 점에서 주체가 욕망의 좌절을 느끼는 모습을 나타낸 것으로 볼 수 있다.

④ '낭군이' '찾아오'기를 기다리는 나는 홀로 있지만 '농춘화답에 짝을 지어' 날아든 '뭇 새들'은 함께 있다는 점에서 서로 대비를 이루고 있다. 이를 통해 나는 고독의 정서를 환기하며 짝을 욕망하는 주체로 볼 수 있다.

⑤ '기러기 훨훨 방울새 떨렁 다 날아들고'는 '제비만' '달아나'는 상황과 대조되어 원하는 '제비'는 달아나고, 원하지 않는 새들만 찾아오고 있는 상황을 표현한 것이다. 따라서 이는 주체의 욕망이 좌절되는 상황을 나타낸 것으로 볼 수 있다.

11 고전 시가

본문 078~081쪽

01 ⑤ 02 ④ 03 ⑤ 04 ⑤

(가) 허난설헌, 「기녀반」

해제 이 작품은 중국 한시의 한 종류인 오언 율시에 해당한다. 결혼한 여성 화자가 규방에 갇혀 외롭고 쓸쓸한 자신의 처지를 노래하고 있다. 차갑고 쓸쓸한 자연적 배경이 화자의 정서를 더욱 심화시킨다. 화자는 창밖을 바라보며 친구들과 함께 놀며 즐거웠던 처녀 시절에 대한 짙은 그리움을 드러내고 있다.

주제 처녀 시절에 대한 그리움

구성
- 수(1, 2행): 초가집을 짓고 강물을 바라봄.
- 함(3, 4행): 늙어 가는 난새와 같은 자신의 모습을 확인하고 쓸쓸함을 느낌.
- 경(5, 6행): 자연 배경을 통해 더욱 외로움과 쓸쓸함을 느낌.
- 미(7, 8행): 규방에서 처녀 시절에 대해 그리워함.

(나) 작자 미상, 「앞 못에 든 고기들아 ~」

해제 이 작품은 작자 미상의 사설시조이다. 작가가 궁녀일 것이라는 추측을 하기도 한다. 화자는 연못 속의 물고기와 동병상련의 심정을 나타내고 있다. 갇혀 사는 이의 애처로운 한을 풀어 체념의 정서를 노래하고 있다.

주제 자유롭지 못한 삶에 대한 한탄

구성
- 초장: 연못에 갇힌 물고기들의 모습
- 중장: 넓고 맑은 곳으로 가지 못하는 물고기들
- 종장: 자유롭지 못한 자신의 처지에 대한 한탄

(다) 작자 미상, 「밭매는 소리」

해제 이 작품은 경상북도 영천시에서 불리는 민요로, 주로 여인들이 밭을 매면서 부른 서사 민요이다. 지역마다 가창 방식이나 곡조, 가사 등에 차이가 있다. 햇볕이 내리쬐는 날씨에 쪼그리고 앉은 자세로 종일토록 넓은 밭을 매는 일은 인내력을 필요로 하는 힘든 작업이다. 밭매는 소리는 지겹고 고된 밭일을 하면서 느낀 자연스러운 감정을 표출한 노래이다.

주제 고된 노동의 애환과 시집살이의 슬픔

구성
- 불같이도 ~ 나왔구나: 고된 노동의 모습
- 행주치마 ~ 부고 왔다: 친정어머니의 부고 소식을 전해 들음.

• 아이고 ~ 가는구나: 친정어머니의 상여를 보내는 슬픔

01 작품 간의 공통점, 차이점 파악 답 ⑤

정답이 정답인 이유

⑤ (다)는 고된 노동을 하는 '밭'에서 어머니의 부고 소식을 전해 듣는 '집'으로 공간의 이동이 나타나며, 이 과정에서 육체적으로 힘든 상황에서 밭을 가는 노동으로 인한 고된 처지와 평소 제대로 만나지도 못했던 친정어머니를 잃고 주검이라도 보고 싶다고 토로하는 안타까운 처지가 부각되고 있다.

오답이 오답인 이유

① (가)는 꽃밭을 날아다니던 나비도 가을이 되어 힘이 빠지고(혹은 사라지고) 기러기는 쓸쓸한 모래밭에 내려앉는 가을이라는 계절적 배경을 제시하였으나, 이는 화자의 쓸쓸하고 외로운 정서를 심화시키는 배경이지, 화자의 정서와 대조를 이룬다고 보는 것은 적절하지 않다. (다)는 불같이도 더운 날이 계절적 배경으로 제시되었으나 이 역시 밭일을 더욱 힘들게 하는 요소이지 화자의 정서와 대조를 이룬다고 보는 것은 적절하지 않다.

② (나)는 자유롭지 못한 화자의 상황과 유사한 상황에 놓인 앞 못에 갇힌 고기들을 활용하여 동병상련의 처지를 드러낸다고 볼 수 있다. 하지만 (다)에는 힘든 노동을 하고, 친정어머니의 부고 소식에 슬퍼하는 화자의 처지와 유사한 상황에 놓인 자연물이 활용되고 있지 않다.

③ (가)의 화자는 방 안에서 밖을 바라보고 있다. 쓸쓸한 이미지로 창밖의 모습을 묘사하고 있지만, 화자가 머문 공간적 배경을 색채 이미지의 대비로 드러내고 있지는 않다. (다)의 화자는 '밭'에서 일을 하다가 '집'으로 가고, 이후에는 행상꾼이 있는 '길'로 공간을 이동한다. '밭'과 관련해서 뫼에 비유한 표현은 있으나 화자가 머문 공간적 배경을 색채 이미지의 대비로 드러내고 있지는 않다.

④ (나)는 화자가 못에 든 고기들에게 말을 건네는 형식으로 전개되고 있지만, 화자와 대화를 주고받은 상대의 말이 인용된 부분은 찾을 수 없다.

02 시어, 시구의 의미와 기능 파악 답 ④

정답이 정답인 이유

④ ㉣은 땅이 어두워지고, 하늘도 별이 뜬 밤이라는 의미로, 밭에서 일을 하는 동안 시간이 많이 지나 해가 저물었음을 보여 주는 것이다. 따라서 땅과 하늘의 이미지를 대조하여 노동이 시작되는 시간적 배경을 묘사했다는 이해는 적절하지 않다.

오답이 오답인 이유

① 화자가 거울을 바라보며 그 속에 있는 자신의 모습을 점점 늙어 가는 난새에 비유하고 있으므로 적절하다.

② 현재와는 달리 처녀 적 친구들과 놀던 옛적의 상황을 그리워하며, 옛적과 다른 현재의 상황에 대한 안타까움을 나타내고 있으므로 적절하다.

③ 화자와 고기가 자유롭지 못한 상황에 놓였다는 점에서 그 처지가 다르지 않다는 탄식을 드러내고 있으므로 적절하다.

⑤ 화자의 부름에도 들은 체도 하지 않고 상여를 메고 가는 상여꾼의 행동을 언급하며 어머니의 주검을 떠나보내는 자식의 서러움을 드러내고 있으므로 적절하다.

03 시적 상황의 파악 답 ⑤

정답이 정답인 이유

⑤ 종장에서 앞 못에 갇힌 고기들의 처지가 자신의 처지와 다르지 않다고 여기는 것은 궁녀들의 욕구를 엄격하게 통제하는 사회 속에서 궁에 갇힌 생활을 해야 했던 궁녀의 고충을 드러낸 것으로 이해할 수 있다.

오답이 오답인 이유

① 화자가 고기에게 말을 건네는 것은 외부와 차단되어 갇힌 삶을 산다는 동병상련의 처지에서 나오는 한탄의 정서를 드러낸 것이지 자신의 상황을 변화시키고자 하는 의지를 드러낸 것이 아니다.

② 초장에서 고기를 몰아다가 넣은 대상이 누구인지 묻고 있는 부분은 있으나, 이를 신분 제도로 인해 궁녀에게 엄격하게 적용될 법에 대한 두려움과 연관 지어 감상하는 것은 적절하지 않다.

③ 북해의 넓은 못에 있다가 좁은 못에 들어오게 된 고기들에 대해 안타까운 마음을 지니고 있으나, 이를 사회 규범에 대한 분노와 연관 지어 감상하는 것은 적절하지 않다.

④ 들어오고도 못 나가는 심정은 자유롭지 못한 처지에 대한 한탄의 정서로 이해할 수 있다. (나)의 작가를 궁녀로 볼 경우, 궁녀로서의 삶을 살고자 결심을 했다고 볼 여지도 있으나, 외부와 차단된 생활을 하고자 한 노력을 작품 속에서 확인할 수 없으므로 자신의 노력을 한심하게 여기는 마음을 드러낸 것으로 감상하는 것은 적절하지 않다.

04 외적 준거에 따른 작품 감상 답 ⑤

정답이 정답인 이유

⑤ (다)에서 시어머니가 '무슨 일로 그렇게 늦게 했느냐'고 며느리에게 말하는 것은 부고 소식을 전해야 하는 상황에서 밭일을 하느라 늦게 들어온 며느리를 타박하는 상황 정도로 짐작할 수 있다. 이를 내외법으로 남성에 비해 여성에게 더 엄격하게 규제가 적용되었던 상황이라고 파악하는 것은 적절하지 않다.

오답이 오답인 이유

① (가)에서 '어찌 옛적 놀이를 생각이나 하랴.'라는 부분을 통해 친구들과 자유롭게 놀던 때를 그리워하는 화자의 정서를 확인할 수 있다.
② (가)에서 '꽃동산의 나비'가 봄을 맞아 생기를 띠는 것이 아니라 '가을 신세란다'라고 표현한 것은 창문이 닫힌 방 안에서 외로움을 느끼는 화자의 심정이 반영된 표현으로 볼 수 있다.
③ (다)에서 '불같이도 더운 날'에 쉬지도 못하고, '뫼같이도 험한 밭'을 별이 뜰 때까지 매는 것은 가사뿐만 아니라 생계를 위한 농사일까지 감당하는 여성의 모습이라고 할 수 있다.
④ (다)에서 친정어머니의 모습을 '살아생전 못 본 얼굴'이라고 말하는 점으로 보아 결혼을 한 후에 친정어머니를 자유롭게 만나지 못했음을 짐작할 수 있다.

01 현대시

본문 082~084쪽

01 ④ **02** ④ **03** ⑤

(가) 김소월, 「초혼」

해제 이 작품은 우리 민족의 전통적인 상례의 한 절차인 '고복 의식(皐復儀式)'을 바탕으로 사랑하는 사람을 잃은 슬픔과 안타까움을 드러낸 시이다. 제목인 '초혼(招魂)'은 '고복 의식'을 민간에서 부르는 명칭으로, 사람이 죽으면 그 직후에 북쪽을 향하여 죽은 사람의 이름을 세 번 불러 죽은 사람을 재생시키고자 하는 바람을 표현하는 의식이다. 이 시의 1, 2, 5연에서도 죽은 사람을 부르는 고복 의식이 등장하고 있는데, 화자는 죽은 임을 애타게 부르며 임에 대한 그리움을 절절하게 표출하고 있다. 이러한 그리움은 사랑을 고백하지 못한 회한(悔恨)으로 인해 더욱 안타까운 심정으로 드러나고 있다. 특히 '붉은 해'가 '서산마루'에 걸린 해 질 무렵이라는 시간적 배경은 서글픈 분위기를 고조하며, '떨어져 나가 앉은 산', '하늘과 땅 사이'라는 죽은 임과의 거리감과 단절감은 화자의 절망감을 심화한다. 그럼에도 불구하고 이 시의 화자는 '선 채'로 '돌'이 되는 것을 불사할 정도의 굳은 각오로 끝까지 임의 이름을 부르며 절규함으로써 임에 대한 영원한 사랑과 애틋한 그리움을 드러내고 있다.

주제 임의 죽음에 대한 슬픔과 임에 대한 그리움

구성
- 1연: 임의 부재에 대한 확인과 절규
- 2연: 사랑을 고백하지 못한 회한
- 3연: 임의 죽음으로 인한 상실감
- 4연: 이승과 저승 간의 절망적 거리감
- 5연: 죽은 임에 대한 간절한 그리움

(나) 박목월, 「이별가」

해제 이 작품은 지인의 죽음으로 인한 슬픔과 생사를 초월한 인연에 대해 노래하고 있는 시이다. 이승의 세계에 있는 화자는 삶과 죽음을 가르는 공간인 강을 중심으로, 강기슭에서 '뭐락카노'라는 말을 반복하며 저승의 세계에 있는 지인과 소통을 시도한다. 하지만 화자와 죽은 지인의 목소리는 바람에 불리고 날려 소통이 이루어지지 않으며, 화자는 인연이 소멸되어 가는 것을 느끼게 된다. 그러나 화자는 '하직을 말자'라는 말을 통해 죽은 지인과의 인연을 이어 가고자 한다. 바람에 불려 죽은 지인의 목소리가 화자에게 희미하게 들리기 시작하고, 화자는 그의 목소리에 '오냐. 오냐. 오냐.'라고 답하며 삶과 죽음의 세계 사이에 인연이 끝나지 않았음을 확인하게 된다. 그리고 화자는 생사를 초월하여 이승이 아니면 저승에서라도 그들의 인연을 이어 가려는 희망을 노래하고 있다.

주제 지인의 죽음에 대한 슬픔과 생사를 초월한 인연

구성
- 1, 2연: 이승과 저승 사이에서 느껴지는 거리감
- 3연: 점점 사라져 가는 인연을 확인함.
- 4연: 생사를 초월하여 인연을 이어 가고자 하는 소망
- 5, 6연: 이승과 저승 사이에 인연이 이어져 있음을 확인함.
- 7연: 이승이 아닌 저승에서라도 인연을 이어 가고자 하는 소망
- 8, 9연: 이승과 저승의 세계를 초월한 인연

01 작품 간의 공통점, 차이점 파악 답 ④

정답이 정답인 이유

④ (가)에서는 '이름이여!', '사랑하던 그 사람이여!', '설움에 겹도록 부르노라.'와 같은 시어나 시구를 반복하며 죽은 그 사람에 대한 화자의 그리움을 형상화하고 있다. 또 (나)에서는 '뭐락카노', '저편 강기슭에서', '이승 아니믄 저승', '하직', '말자', '인연은 갈밭을 건너는 바람', '오냐'와 같은 시어나 시구를 반복하며 대상에 대한 화자의 그리움을 드러내고 있다.

오답이 오답인 이유

① (가)와 (나) 모두에서 자연 현상과 인간의 삶을 대비하고 있는 부분은 제시되어 있지 않다.
② (가)에는 영탄적 표현이 반복되며 사별한 화자의 정서가 고조되는 부분이 제시되어 있으며, (나)에도 일부 영탄적 표현이 사용되고 있다고 볼 수 있다. 그러나 (나)의 화자는 이러한 영탄적 표현을 통해 과거의 삶에 대한 회한을 드러내고 있지 않다.
③ (가)와 (나)에 자연물이 등장하기는 하지만 특정한 계절감이 나타나는 시어는 사용되고 있지 않다.
⑤ (가)의 1연의 경우 유사한 문장 구조와 동일한 시어의 반복을 통해 화자가 느끼는 슬픔을 점층적으로 제시하였다고 볼 수도 있다. 또 (나)에서도 '뭐락카노'가 점층적으로 반복된 것

으로 볼 수도 있다. 하지만 (가), (나) 모두에서 화자의 내적 갈등이 심화되는 양상은 찾아볼 수 없다.

02 시어, 시구의 의미와 기능 파악 답 ④

정답이 정답인 이유

④ ㉠ '산 위'는 화자가 존재하는 이승의 높은 장소로, '하늘'로 상징되는 저승에 가까운 곳이라고 볼 수 있다. 그리고 화자는 이곳에서 망자의 이름을 부르며 저승에 있는 임과의 소통을 시도하고 있다. 한편 ㉡ '강기슭'은 이승에 있는 화자가 건너갈 수 없는 저편, 즉 저승에 위치한 곳으로, 잘 들리지는 않지만 망자가 이승에 있는 화자에게 말을 전하고 있는 장소이다. 그러므로 ㉡ 역시 저승에 있는 망자가 이승에 있는 화자와 소통을 시도하고 있는 장소로 볼 수 있다.

오답이 오답인 이유

① ㉠은 죽은 임에 대한 간절한 그리움으로 인해 임의 이름을 부르기 위해 화자가 스스로 올라가게 된 장소이며, 저승의 세계를 뜻하는 '하늘'과 가장 가까운 수직적 공간으로 볼 수 있다. 한편 ㉡은 이승과 저승의 세계를 단절시키는 강의 가장자리에 위치한 수평적 공간으로, 망자가 화자와의 소통을 시도하고 있는 공간으로 볼 수 있다. 그러므로 ㉡을 화자가 타의에 의해 도달하게 된 공간으로 이해하는 것은 적절하지 않다.

② ㉠에서는 화자가 죽은 임과의 소통에 실패하며 죽은 임으로 인한 슬픔의 태도가 일관되게 유지되고 있다고 볼 수 있다. 그러므로 ㉠을 화자의 태도가 급격히 전환되는 공간으로 이해하는 것은 적절하지 않다. 한편 (나)의 1연에서는, 망자가 ㉡에서 화자와의 소통을 시도하지만 실패하며, 8연에서는 화자가 ㉡에서 들려오는 망자의 희미한 목소리를 듣게 되면서 화자의 태도가 일부 변화하게 된다. 그러므로 ㉡을 화자의 태도가 일관되게 유지되는 공간으로 이해하는 것은 적절하지 않다.

③ ㉠은 사별한 화자의 슬픔이 드러난 공간이라고 볼 수 있다. 하지만 ㉡은 망자가 화자와의 소통을 시도하는 공간일 뿐 화자가 자신의 추억을 환기하고 있는 공간은 아니다. 또 ㉡은 저승에 있는 장소로서 실제적 공간으로 보기 어렵다.

⑤ (가)의 화자는 ㉠에 올라 죽은 임의 이름을 부르며 슬퍼하고 있을 뿐, ㉠의 특성을 활용하여 자신의 미래를 예측하고 있지는 않다. 또 ㉡은 망자가 위치하고 있는 공간이므로, 화자가 자신의 미래를 예측하고 있는 장소로 볼 수 없다.

03 외적 준거에 따른 작품 감상 답 ⑤

정답이 정답인 이유

⑤ (나)의 화자는 자신이 있는 이승에서는 지인과의 소통이 불가하지만 이승이 아닌 저승에서라도 다시 만나 소통할 것을 기대하고 있다. 그러므로 '이승 아니믄 저승에서라도'라는 시구에는 죽은 지인과의 인연을 이어 가고자 하는 화자의 기대가 담겨 있다고 할 수 있다. 한편 (가)의 화자는 '선 채로 이 자리에 돌이 되어도 / 부르다가 내가 죽을 이름이여!'라고 언급하고 있다. 즉 화자는 돌이 되어 버린다고 할지라도 임을 부르는 행위를 계속하겠다는 의지를 드러내며, 죽은 지인에 대한 영원한 사랑을 드러내고 있다. 따라서 '선 채로 이 자리에 돌이 되어도'라는 시구는 죽은 지인에 대한 화자의 변치 않는 사랑을 노래한 것일 뿐 죽은 지인과의 인연을 이어 가고자 하는 기대를 드러낸 것은 아니라고 볼 수 있다.

오답이 오답인 이유

① (가)의 화자는 지인의 죽음을 안타까워하며 지인의 이름을 간절히 부르고 있으며, 이러한 간절한 부름은 '부르다가 내가 죽을'이라는 시구로 표현되고 있다. 아울러 죽은 지인의 이름을 부르며 '설움'에 겨워하고 있으므로, 이 두 시구는 모두 지인의 죽음으로 인한 화자의 처절한 슬픔을 형상화한 표현으로 이해할 수 있다.

② (나)의 화자가 '뭐락카노'라는 질문을 반복적으로 던지는 것은 저승의 세계에 있는 죽은 지인의 말을 확인하고 알아듣고자 하는 행위라고 볼 수 있다. 그러므로 이러한 행위는 이승에 있는 화자가 저승에 있는 지인과의 소통을 시도하는 것이라고 볼 수 있다.

③ (나)의 1연에서는, 저승의 강기슭에 있는 지인의 목소리가 이승에 있는 화자에게 전달되지 못하고 있는데, 그 이유는 죽은 지인의 목소리가 '바람에 불려서' 이승에 있는 화자에게 제대로 전달되지 않았기 때문이다. 또 2연에서는 죽은 지인에게 화자가 말하고 있지만 그 목소리 역시 '바람에 날려서' 제대로 전달되지 않고 있다. 결국 1, 2연의 '바람'은 화자와 죽은 지인과의 소통을 방해하는 원인으로 작용하고 있다. 그러므로 '바람에 불려서'와 '바람에 날려서'라는 시구는 이승에 있는 화자와 저승에 있는 지인과의 소통이 이루어지지 않는 이유를 드러내는 표현이라고 볼 수 있다.

④ (가)의 화자는 자신이 죽은 지인의 이름을 불렀으나 그 소리가 지인에게 도달하지 못하고 비껴가고 있다고 표현하고 있다. 아울러 (나)의 화자는 이승과 저승을 연결하는 '동아밧줄'이 삭아 내리고 있다고 표현하고 있다. 그러므로 이 두 시구에는 모두 이승과 저승이 단절되어 있다는 화자의 인식이 담겨 있다고 볼 수 있다.

02 현대시

본문 085~087쪽

01 ⑤ 02 ② 03 ③

(가) 이육사, 「노정기」

해제 이 작품은 고난 속에서 살아온 화자가 자신의 삶의 역정을 노래한 시로, 화자의 비극적인 자기 인식이 드러나 있다. 화자는 쫓기는 마음과 지친 몸을 이끌고 이상적 세계를 꿈꾸지만 시궁창 같은 현실 속에서 절망을 경험하며 자신의 고통스러운 삶의 역정을 반추하고 있다.

주제 지나온 삶의 고통과 비애

구성
- 1연: 시련과 고통 속에 살아온 삶
- 2연: 젊은 날 경험했던 시련과 불안
- 3연: 희망 없이 살아온 치열한 삶
- 4연: 고난의 현실에서 벗어나지 못하는 고단한 삶
- 5연: 고단한 삶을 회고하며 느끼는 비극적 자기 인식

(나) 기형도, 「질투는 나의 힘」

해제 이 작품은 미래의 시점을 가정하여 화자의 과거와 현재의 삶에 대한 성찰을 담고 있는 시이다. '내 희망의 내용은 질투뿐', '단 한 번도 스스로를 사랑하지 않았노라' 등을 통해 과거와 현재의 삶에 대한 부정적 인식을 드러내고 있으며, 감탄형 어미를 반복적으로 사용하여 젊은 날에 대한 탄식과 반성을 드러내고 있다. 아울러 삶의 주체로서 자신을 사랑하라는 메시지도 전달하고 있다.

주제 젊은 날에 대한 반성적 성찰

구성
- 1, 2행: 현재를 기록한 메모를 보게 될 미래의 '나'
- 3~6행: 방황과 고뇌로 점철된 젊은 날에 대한 회상
- 7~11행: 질투뿐이었던 젊은 날의 모습
- 12~14행: 자신을 사랑하지 못했던 삶에 대한 반성

01 표현상의 특징 파악 답 ⑤

정답이 정답인 이유

⑤ ㉤에 '그리하여'라는 접속어가 사용된 것은 맞지만 화자가 남기는 짧은 글은 자신의 삶에 대한 성찰의 결과를 담고 있을 뿐 주체적 삶의 의지와는 관련이 없다.

오답이 오답인 이유

① ㉠에는 '암초'와 같은 자연물과 '흐릿한 밤', '태풍'과 같은 자연 현상이 제시되어 있으며, 이를 통해 화자의 고단했던 삶의 노정이 형상화되어 있다.

② ㉡의 '열대 식물처럼', '시궁치는 ~ 발목을 에워쌌다.'에서 비유적 표현이 사용된 것을 확인할 수 있다. 그리고 이 표현은 화자가 '시궁치'로 비유되어 있는 부정적 상황에서 벗어나기 어려운 현실을 나타내는 것이라고 볼 수 있다.

③ ㉢에서 화자의 마음은 '많은 공장'을 세웠다고 언급하고 있으며, ㉢에 이어지는 시행에서는 '그토록 기록할 것이 많았구나'라고 언급하고 있다. '공장'은 무언가를 생산하는 곳으로서 마음속에 있는 많은 공장으로 인해 화자가 생각하고 기록해야 할 것들이 많아졌음을 알 수 있다. 그러므로 '공장'은 화자의 생각거리나 고민거리를 생성하는 곳을 나타내는 상징적 시어로 이해할 수 있다. 따라서 ㉢은 상징적 시어를 통해 혼란스러운 화자의 내면 심리를 표현한 것이라고 볼 수 있다.

④ 화자는 ㉣에서 추상적 대상인 '청춘'을 구체화하여 세워 두었다고 표현하고 있다. 또 화자가 자신의 청춘을 저녁 거리마다 세워 두었으므로 이는 반복적 행위로 볼 수 있다. 그리고 ㉣의 의미와 이어지는 '살아온 날들을 신기하게 세어 보았으니'라는 시행의 의미를 고려할 때, 화자는 자신의 청춘을 되돌아보고 성찰하는 행위를 반복적으로 해 왔음을 알 수 있다.

02 시상 전개 방식 파악 답 ②

정답이 정답인 이유

② [A]에서 화자는 현재 자신이 처해 있는 삶의 모습과 상태를 되돌아보기 위해 '아주 오랜 세월이 흐른 뒤'라는 미래의 상황을 가정하여 자신의 청춘을 회고하는 형식으로 시상을 전개하고 있다.

오답이 오답인 이유

① [A]에 특정한 사건이라고 생각할 수 있는 내용이 제시되어 있기는 하지만 그러한 사건에 대한 화자의 심리가 전환되는 부분은 찾아볼 수 없다.

③ [A]에는 화자의 관념이 드러나 있을 뿐 화자의 공간 이동은 제시되어 있지 않다.

④ [A]의 아주 오랜 세월이 흐른 뒤에 종이를 떨어뜨리는 상황을 실현 불가능한 일이라고 볼 수도 있지만 이를 통해 화자의 바람이 드러나고 있지는 않다.

⑤ [A]에는 화자의 내면 의식이 제시되어 있을 뿐 이러한 내면 의식이 외부 세계로 확장되고 있지는 않다.

03 외적 준거에 따른 작품 감상 답 ③

정답이 정답인 이유

③ (나)의 화자는 자신의 지나온 삶에 대한 성찰을 통해, 자신이 살아왔던 삶이 자신의 정체성을 찾지 못한 채 타인의 삶을 깎아내리고 시기하는 질투의 삶이었다는 것을 아프게 자각하고 있다. 그러므로 '단 한 번도 스스로를 사랑하지 않았노라'라는 시구를 통해 화자가 타인의 삶에 몰두하는 삶을 살아온 것을 자랑스럽게 생각해 왔음을 알 수 있다는 진술은 적절하지 않다.

오답이 오답인 이유

① (가)에서 '밀려온'이라는 시어는 화자가 자신의 의지나 뜻

이 아니라 외력에 의해 수동적으로 밀려오게 되었음을 나타내는 것이다. 또 (가)의 '소라 껍질에' '붙어 왔다'라는 표현 역시 화자가 모진 풍파로 인해 다 삭아 빠진 소라 껍질에 자신을 의탁하며 살아올 수밖에 없었음을 의미하는 것이라고 볼 수 있다. 그러므로 이러한 표현을 통해 화자의 고단한 삶이 부조리한 현실에 의해 이끌려 온 것임을 알 수 있다.
② (나)의 '내 희망의 내용은 질투뿐이었구나'는 화자가 자신의 지나온 삶을 성찰한 후 자각하게 된 것을 표현한 시구이다. 화자는 자신의 지나온 삶을 성찰하며, 삶 속에서 자신이 했던 행동들은 자신의 정체성을 찾는 행동이 아니라 타인의 삶을 깎아내리고 시기하는 질투에 불과하였다는 사실을 아프게 자각하고, 이러한 자각을 '내 희망의 내용은 질투뿐이었구나'라는 시구로 나타내고 있다.
④ (가)의 화자는 자신의 목숨을 '깨어진 뱃조각'이라는 비유적 표현을 통해 드러내고 있으며, 이때 '깨어진 뱃조각'은 목숨의 위협을 느끼며 고단한 삶을 살아온 화자를 상징적으로 표현한 것이라고 볼 수 있다. 또 (나)의 화자는 고단하고 방황하는 삶을 살았던 자신의 모습을 '구름 밑을 천천히 쏘다니는 개'에 빗대어 표현하고 있다. 그러므로 '깨어진 뱃조각'과 '구름 밑을 천천히 쏘다니는 개'는 모두 화자가 자신의 고단했던 삶을 회고하며 도달하게 된 부정적 자기 인식이 드러나는 표현이라고 볼 수 있다.
⑤ (가)의 '소금에 절고 조수에 부풀어 올랐다.'는 화자의 지나온 삶이 소금에 절고 조수에 부풀어 오른 것처럼 시련과 고통의 연속이었음을 나타내는 것이라고 볼 수 있다. 또 (나)의 '나 가진 것 탄식밖에 없어'는 화자의 청춘이 탄식으로 가득 찬 고통스러운 삶이었음을 나타내는 것이라고 볼 수 있다.

03 현대시

본문 088~090쪽

01 ③　**02** ②　**03** ③　**04** ⑤

(가) 이용악, 「우라지오 가까운 항구에서」

해제 이 시는 시베리아의 이국땅을 떠돌며 고향과 가족을 그리워하는 화자의 모습을 통해 일제 강점하에 해체된 우리 민족의 슬픔과 한을 노래하고 있다. '우라지오'는 화자가 어릴 때 어머니에게 말로만 듣던 이국의 도시이다. 당시 그곳은 절박한 가난에서 벗어나기 위해 선택해야 했던 탈출구의 하나였다. 그곳에도 추위와 외로움이 있지만 화자는 그러한 현실과 당당히 맞서 후회 없는 삶을 살려고 노력한다. 그러면서도 화자는 우라지오 가까운 항구의 부두에서 바다를 바라보며 고향으로 날아가는 꿈을 꾸지만 바다가 두껍게 얼어붙어 드나드는 배가 하나도 없는 현실을 드러내며 가도 오도 못하는 상황에 대한 안타까움을 토로하고 있다.

주제 고향과 가족에 대한 그리움

구성
- 1연: 고향에 대한 그리움으로 부두를 찾은 '나'
- 2연: 고달픈 현실에 의연히 대처하며 후회 없이 살아온 삶
- 3연: 우라지오 이야기에 귀 기울이던 어린 시절의 밤
- 4연: 어린 시절의 추억을 회상하는 즐거움
- 5, 6연: 고향에 대한 그리움과 안타까움

(나) 정일근, 「흑백 사진 – 7월」

해제 이 작품은 화자가 유년 시절에 경험한 일을 다양한 감각적 심상과 비유적 표현으로 그려 내고 있다. 유년 시절 화자의 눈에 비친 여름날의 냇가 풍경, 그 속에서 물놀이를 즐기는 천진난만함, 자연물(미루나무)에 동화되는 화자의 상태, 아이의 혼잣말, 오수에 빠져드는 과정 등이 어우러지면서 평화로운 유년의 기억을 더욱 아름답게 보이게 한다.

주제 유년 시절에 대한 그리움

구성
- 내 유년의 ~ 흘러갔다.: 물놀이를 하던 시냇가의 풍경
- 냇물아 ~ 미루나무 한 그루.: '나'의 눈에 비친 미루나무의 모습
- 달아나지 마 ~ 잠이 들었다.: 물놀이에 지쳐 오수에 빠져드는 '나'의 모습

01 표현상의 특징 파악　답 ③

정답이 정답인 이유

③ [A]에서는 화자가 유년 시절 어머니로부터 우라지오의 이야기를 듣고 있는 상황이 나타나므로 화자의 공간 이동의 양상을 확인할 수 없다. [B]에서는 화자가 학교에서 울리는 풍금 소리를 들으며 잠에 빠져드는 유년 시절의 상황이 제시되어 있으므로 화자의 공간 이동의 양상을 확인할 수 없다.

오답이 오답인 이유

① [A]의 '졸음졸음 귀밝히는 누이 잠들 때꺼정 / 등불이 깜박 저절로 눈감을 때꺼정'에서 '~ㄹ 때꺼정'이라는 형식의 시구를 반복함으로써 음악적 효과를 자아내는 것을 확인할 수 있으나, [B]에서는 그러한 구절을 확인할 수 없다.
② [B]에서는 '7월'과 '더위'를 통해 여름의 계절이 드러나는 시어를 활용하고 있다는 것을 알 수 있으나, [A]에서는 계절감이 드러나는 시어가 활용되고 있지 않다.
④ [A]에서는 음성 상징어 '깜박'을, [B]에서는 음성 상징어 '깜빡'을 활용하고 있는데, 이를 통해 [A]에서는 '등불'의 모습을 구체화하고 있으며, [B]에서는 '7월'이라는 시어가 나타내는 대상, 즉 화자가 잠이 드는 모습을 구체화하고 있다.

⑤ [A]의 '등불이 깜박 저절로 눈감을 때꺼정'에서 활유의 방식이 활용되고 있으며, 이를 통해 시간의 경과를 드러내고 있다. [B]에서는 '7월은 더위를 잊은 채 깜빡 잠이 들었다'에서 활유의 방식이 활용되고 있으며, 이때의 '7월'은 화자를 나타내므로 7월이 잠이 들었다는 것은 화자가 잠이 든 것을 나타낸 것이다. 따라서 이는 화자와 자연의 일체감을 드러내고 있다고 볼 수 있다.

02 배경 및 소재의 기능 파악 답 ②

정답이 정답인 이유

② '멧비둘기'는 자유롭게 하늘을 날 수 있는 존재이므로 고향으로 돌아갈 수 없는 화자의 처지와 상반된 존재이자 화자에게 고향으로 돌아가고자 하는 소망을 환기하는 존재라고 볼 수 있다. '등대'는 한곳에 고정되어 움직일 수 없는 존재이므로 고향으로 돌아가지 못하고 있는 화자의 처지가 투영된 존재로 볼 수 있다.

오답이 오답인 이유

① '멧비둘기'는 화자의 소망이 투영된 존재일 뿐 화자에게 시련을 주는 존재라고 볼 수 없으며, '등대'를 통해 화자가 성숙해지는 과정이나 모습이 나타나지 않으므로 '등대'를 화자의 성숙을 이끄는 존재라고 볼 수 없다.

③ '멧비둘기'는 자유롭게 날아다닐 수 있는 존재로서 화자의 소망과 관련이 있을 뿐 화자의 미래를 상징하는 존재라고 볼 수 없으며, '등대'는 한곳에 구속되어 있는 존재이므로 화자의 현재 처지와 관련이 있다는 점에서 화자의 과거를 상징하는 존재라고 볼 수 없다.

④ '멧비둘기'는 화자와 달리 자유롭게 하늘을 날 수 있는 존재이므로 화자와 상반된 존재라고 볼 수 있다는 점에서 화자에게 상실감을 주는 존재로서의 역할을 할 수 있다. 하지만 '등대'는 고향에 돌아가지 못하는 화자의 처지를 투영하고 있으므로 화자에게 고향으로 돌아갈 수 있다는 기대감을 준다고 볼 수 없다.

⑤ '멧비둘기'를 보며 화자가 자신의 아픔을 해소하고 있지 않으며, '등대'는 화자가 고향에 갈 수 없는 처지를 투영하는 존재로 설정되어 있을 뿐 화자의 아픔을 심화시키는 존재라고 볼 수 없다.

03 시어 및 시구의 비교와 대조 답 ③

정답이 정답인 이유

③ (가)의 화자는 삽살개 짖는 밤에 '부두'로 오게 되는데, 이를 '술을 마시어 불타는 소원이 이 부두로 왔다'라고 말하고 있다. 여기서 불타는 소원은 바로 고향으로 돌아가고 싶은 마음을 의미한다. (나)에서 화자는 유년 시절 냇가에서 물놀이를 하고, 미루나무 옆에서 누워 하늘을 바라보다가 낮잠을 자는 모습을 보이고 있으므로 '냇가'는 화자가 평화로운 유년을 보낸 곳으로 볼 수 있다.

오답이 오답인 이유

① (가)의 '삽살개 짖는 소리'는 단순히 현 공간의 배경이나 분위기를 제시해 주는 구절로 볼 수 있다. 만약 화자가 예전 고향에서 삽살개 짖는 소리를 들었던 경험을 가지고 있다면 현재 화자가 듣고 있는 '삽살개 짖는 소리'는 과거와 현재를 이어 주는 매개체로 볼 여지도 있다. 하지만 (나)의 '착한 노래'는 시냇물 소리인데 화자가 이 소리를 듣고 심경에 변화를 일으키는 것은 아니다.

② (가)의 '얄궂은 손을 하도 곱게 흔'드는 '밤'은 화자가 고향으로 돌아가고 싶은 간절한 마음을 느끼는 시간으로 보는 것이 타당하다. (나)의 '내 유년의 7월'은 화자가 자연과 하나가 되어 평화롭게 살았던 어린 시절로, 이를 화자가 공동체적 연대감을 느끼는 시간이라고 보는 것은 적절하지 않다.

④ (가)의 화자는 자신의 삶을 되돌아보고 있는데, '하얀 눈'이 자신의 어깨에 쌓여도 무겁지 않다고 말하고 있다. 따라서 '하얀 눈'은 화자가 짊어져야 했던 삶의 무게를 의미한다고 볼 수 있다. (나)의 '반짝이는 햇살'은 유년 시절 화자의 기억 속에 남아 있는 풍경을 이루는 자연적 요소이므로 이를 이상을 실현한 화자의 밝은 미래를 표상한다고 보는 것은 적절하지 않다.

⑤ (가)의 '날고 싶어'는 하늘을 자유롭게 나는 멧비둘기처럼 화자도 자유롭게 고향으로 돌아가고 싶은 바람을 담고 있는 구절이므로, 이를 현실의 굴레에서 벗어나고자 하는 바람이 담긴 것으로 볼 수 있다. 하지만 (나)의 '달아나지 마'는 자연과 더 오래 있고 싶은 유년 시절의 순수한 마음이 표출된 구절로, 이를 자신에게 주어진 운명을 담담하게 수용하려는 의지가 담겨 있다고 보는 것은 적절하지 않다.

04 외적 준거에 따른 작품 감상 답 ⑤

정답이 정답인 이유

⑤ (나)의 '허기보다 먼저 온몸으로 퍼져오던 따뜻한 오수'는 유년 시절 화자가 냇가에서 헤엄을 치면서 놀다가 배고픔보다 졸림을 먼저 느꼈던 상황을 나타낸 것이므로, 이를 화자가 혈연적 유대를 매개로 정서적 충만감을 얻은 모습을 나타낸 것으로 보는 것은 적절하지 않다.

오답이 오답인 이유

① (가)의 화자는 '눈보라에 얼어붙는 섣달 그믐'에 부두로 왔다고 말하고 있다. 겨울이라는 계절적 배경이 가진 상징성을 고려할 때 이는 현재 삶의 힘겨움을 나타낸 것으로 해석할 수 있다.

② (가)의 화자는 현재 힘겨운 삶을 살면서 이와는 반대로 행복했던 유년 시절을 기억에서 소환하여 떠올리고 있는데, 이

를 '나는 그 모두를 살뜰히 담았으니 / 어린 기억의 새야 귀성스럽다'라고 말하고 있다.

③ (가)에서 '우라지오의 바다는 얼음이 두텁다'는 것은 고향으로 돌아갈 수 있는 배를 띄울 수 없는 상황을 나타내는 것으로 볼 수 있다. 그러한 상황에도 불구하고 화자는 고향으로 돌아가고자 하는 마음을 포기하지 않고 있는데, 그러한 화자의 간절함이 '밤은 얄팍한 꿈을 끝없이 꾀인다'로 표현되고 있다.

④ (나)에서 화자는 '파란 하늘에 뭉게구름'이 유년 시절 자신의 눈동자 속으로 내려와 눈동자가 터져 나갈 듯 가득 찼다고 말하고 있다. '파란 하늘'이라는 자연이 화자의 눈동자에 가득 차는 것은 아름답고 평화로운 자연과 함께하는 모습을 나타낸 것으로 볼 수 있다. 이는 화자가 자연에 대해 가진 친밀감을 드러내 준다.

04 현대시

본문 091~093쪽

01 ② **02** ④ **03** ④

(가) 오장환, 「성탄제」

해제 이 작품은 산속에서 벌어지는 살육의 현장을 통해 일제의 위력에 희생당하는 당대 우리 민중의 모습을 상징적으로 그리고 있다. 이 작품에서 '어두운 숲'과 '골짜기'는 생명을 위협하는 공간으로 그려져 있다. '몰이꾼', '포수', '사냥개'는 생명을 유린하는 폭력적 존재로, '사슴'은 연약한 생명체로 대비되고 있는데, 이러한 대비는 생명을 유린하는 세계의 폭력성을 부각한다. 한편 '쇠북 소리'는 사냥꾼이 사냥할 때 내는 종소리 또는 성탄을 알리는 종소리로 해석할 수 있는데, 후자의 경우 '쇠북 소리'는 순결한 생명이 더 이상 희생되지 않기를 바라는 마음을 드러내는 것으로 볼 수 있다.

주제 폭력적 세상에서 순결한 존재가 희생되지 않기를 바라는 마음

구성
- 1연: 피를 흘리며 쫓기는 사슴
- 2연: 사슴을 쫓는 인간의 집요한 추적
- 3연: 사냥꾼에게 희생되는 동물들을 목격하는 어린 사슴
- 4연: 어미 사슴을 살리고 싶은 어린 사슴
- 5연: 아슬한 곳에서 들리는 쇠북 소리
- 6연: 죽어 가는 어미 사슴이 흘리는 눈물과 피

(나) 박남수, 「새 1」

해제 이 작품은 자연물과 인간의 대비를 통해 생명의 순수성을 옹호하고 인간 문명이 지닌 폭력성을 비판하고 있다. '새'는 인위적이지도 않고 꾸미지도 않은 순수한 자연을 표상하며, '포수'는 파괴적 속성을 지닌 비정한 인간을 표상한다. 화자는 대조되는 시어를 활용하여 인간의 손에 파괴된 자연을 형상화하는 한편, 순수성은 인위적으로 만들어지지 않으며 강제로 얻을 수 있는 것이 아님을 나타내고 있다.

주제 자연의 순수성에 대한 옹호와 인간 문명의 폭력성 비판

구성
- 1: 새의 순수한 노래와 사랑
- 2: 가식 없는 순수성을 지닌 새
- 3: 새의 순수성을 파괴하려는 포수

01 표현상의 특징 파악 답 ②

정답이 정답인 이유

② (가)는 '눈(흰색)'과 '핏방울(빨간색)', '어두운 골짝'과 '하얀 꽃' 등의 색채 이미지의 대비를 통해 비극적 분위기를 조성하고 있다. (나)는 비극적 분위기가 조성되어 있기는 하지만 색채 이미지의 대비를 활용하고 있지는 않다.

오답이 오답인 이유

① (나)는 '새는 울어 ~ 만들지 않고, 지어서 ~ 가식하지 않는다'와 같은 대구적 표현을 통해 새의 긍정적 가치를 강조하고 있다. 그런데 (가)에서는 대상의 긍정적 가치를 강조하기 위해 대구적 표현을 활용하고 있지 않다.

③ (나)에 '바람의 여울터', '나무의 그늘' 등의 공간이 나오기는 하지만 공간에 따라 화자의 정서가 변하고 있지는 않다.

④ (가)와 (나) 모두 감탄사나 감탄형 종결 어미 등을 이용하여 기쁨 · 슬픔 · 놀라움과 같은 감정을 강하게 나타내는 영탄법을 사용하고 있지는 않다.

⑤ (가)와 (나) 모두 대상의 부정적 처지가 나타나기는 하지만, (가)만 '눈'처럼 계절감이 드러나는 시어를 활용하고 있을 뿐, (나)는 계절감이 드러나는 시어를 활용하고 있지 않다.

02 시어, 시구의 의미와 기능 파악 답 ④

정답이 정답인 이유

④ (나)에서 ㉣의 '노래'는 어떤 것을 의식하거나 의도하지 않고 행하는 순수한 '새'의 모습을 드러내기 위해 활용되는 소재일 뿐, 자유를 억압하는 존재에 대한 저항과는 관련이 없다.

오답이 오답인 이유

① ㉠의 밤새 꺼지지 않는 '횃불'은 포수의 사슴 사냥이 밤새도록 지속되고 있음을 나타낸다.

② ㉡의 '표범과 늑대'는 포수가 사냥한 동물로, 포수가 연약한 사슴뿐 아니라 힘센 짐승들까지 사냥하고 있음을 나타낸다. 이는 포수가 산의 어떤 짐승이든 제압할 수 있는 강력한 힘을 지닌 존재임을 드러낸다.

③ ㉢의 '샘'과 '약초'는 어린 사슴이 죽어 가는 어미 사슴을

어떻게든 살리기 위해 떠올리는 소재들로, 어미의 소생을 바라는 간절함을 드러내는 기능을 한다.
⑤ ㉤의 '체온'은 연약한 존재인 새가 다른 연약한 존재를 위해 나누어 가지는 것으로서 서로를 배려하는 순수한 사랑의 모습을 상징한다.

03 외적 준거에 따른 작품 감상 답 ④

정답이 정답인 이유

④ (나)의 '뜻을 만들지 않고' '사랑을 가식하지 않는다'는 것은 인위적인 태도를 지니지 않은 자연물의 모습, 즉 자연 그대로의 상태를 지닌 존재의 특성을 드러낸 것일 뿐, 순수한 자연물을 위협하는 외부 세력에 순응할 수밖에 없다는 현실 인식을 드러낸 것은 아니다.

오답이 오답인 이유

① (가)의 '어두운 숲'과 '어두운 골짝'은 사슴과 같은 자연물이 인간에 의해 희생당하는 살육의 공간을 나타내고, (나)의 '바람의 여울터'와 '나무의 그늘'은 '새'와 같은 순수한 존재들이 노래를 부르며 자유롭게 살아가는 공간을 나타낸다.
② (가)의 산속의 짐승들을 사냥하는 '포수'는 조선 민중을 억압하고 유린하는 일제를 상징하고, (나)에서 '새'를 사냥하는 '포수'는 순수한 존재를 파괴하는 인간 문명을 상징한다.
③ (가)의 '죽은 이로 하여금 / 죽는 이를 묻게 하라'는 것은 순수하고 연약한 존재의 생명이 종식되면서 죽음의 세계로 넘어가는 상황을 드러낸 것으로, 어미 사슴의 죽음은 어린 사슴이 어찌할 수 없는 일이므로 어린 사슴만이라도 살아남아야 한다는 의미, 즉 생명의 길을 찾기 바라는 소망을 전달한 것이다.
⑤ (나)에서 포수가 쏘는 것이 '순수'가 아니라 '한 마리 상한 새에 지나지 않는다'라는 것은 자연물인 새가 물리적으로는 죽을 수 있지만 새가 지닌 본연의 순수성은 절대 파괴되지 않음을 나타낸 것이다.

05 현대시

본문 094~096쪽

01 ② 02 ⑤ 03 ⑤ 04 ①

(가) 정지용, 「장수산 1」

(해제) 이 작품은 황해도에 있는 장수산의 눈 내린 겨울밤 풍경을 통해 절대 고요와 탈속적 경지에 대한 지향을 드러낸 시이다. 화자는 아무것도 움직이지 않고 아무 소리도 들리지 않는 깊은 산속에서 세속적인 욕심을 초월한 '조찰히 늙은 사나이'의 태도를 뒤따르고 싶어 한다. 고요한 산속 풍경과 달리 심하게 동요하는 내면의 고뇌를 지닌 화자는 차갑고 우뚝하게 서서 겨울을 견디는 장수산처럼 자신도 슬픔이나 꿈에 연연하지 않고 묵묵히 겨울밤을 보내며 시련을 견디어 내려는 의지를 다진다. 동양적 은일(隱逸) 정신에 대한 지향을 통해 일제 강점기 말의 고통을 인내하고자 했던 시인의 마음이 예스러운 말투의 산문적 진술과 다양한 감각적 이미지에 담겨 있다.

(주제) 장수산의 절대 고요와 탈속적 지향

(구성)
- 벌목정정이랬거니 ~ 돌아옴 직도 하이: 깊고 울창한 장수산의 고요
- 다람쥐도 ~ 걸음이란다?: 적막한 장수산의 눈 내린 겨울밤
- 윗절 중이 ~ 줍는다?: 탈속적 태도를 본받고자 하는 정신적 지향
- 시름은 ~ 흔들리우노니: 시름에 젖은 화자의 내면
- 오오 ~ 한밤내—: 장수산에서 겨울을 보내며 시름을 견뎌 내겠다는 의지

(나) 김종길, 「고고」

(해제) 이 작품은 겨울 북한산의 특정한 모습을 통해 고고한 경지에 대한 생각을 드러낸 시이다. 북한산의 '고고한 높이'는 여간해서는 드러나지 않는 것으로, 산이 전체적으로는 수묵화처럼 차갑게 젖어 있으면서 높은 봉우리 몇 개에만 살짝 눈이 덮여 있는 때가 되어야 회복되는 것으로 그려져 있다. 또 그 고고함은 햇살이 와 닿기만 해도 변질해 버릴 만큼 고스란히 지키기 어려운 것이기도 하다. 섬세한 감각적 이미지를 구사한 점, '기다려야만 한다'의 반복을 통해 화자의 태도와 의지를 강조한 점이 특징적이다.

(주제) 고고한 삶의 경지에 대한 지향

(구성)
- 1연: 겨울 북한산에 대한 기다림
- 2, 3연: 눈이 조금 내린 겨울 아침 북한산의 모습에 대한 기다림
- 4~6연: 쉽게 드러나지 않고 지키기도 어려운 고고한 모습의 겨울 북한산에 대한 기다림

01 작품 간의 공통점, 차이점 파악 답 ②

정답이 정답인 이유

② (가)에서 '~ 베어짐 직도 하이', '~ 돌아옴 직도 하이', '~ 종이보다 희고녀' 등은 현대 일상어에서는 잘 쓰지 않는 어미의 사용을 통해 예스러운 분위기를 조성하고 있는 부분들이다. 그러나 (나)에서는 그런 부분을 찾을 수 없다.

오답이 오답인 이유

① (나)의 화자가 북한산의 고고함을 보려면 어느 겨울 이른 아침까지 기다려야만 한다고 거듭 말하는 것은 단정적 진술 방식을 활용하여 주제를 부각하는 것이라고 할 수 있다.

③ 시에서 연쇄법은 시구가 꼬리에 꼬리를 물 듯이 이어지는 표현법이다. (가)와 (나) 모두 연쇄법이 사용되지 않았다.
④ (가)의 화자는 장수산의 고요 속에서 자기 내면의 심한 동요를 인내해 내려는 태도를 드러내면서 '오오'라는 감탄사를 사용하여 감정의 고조를 표현하고 있다. 그러나 (나)에서는 감탄사가 사용된 부분을 찾을 수 없다.
⑤ (나)에서는 '어느 겨울날 이른 아침까지는 기다려야만 한다.'라는 문장이 반복되고 있다. 그러나 (가)에서는 동일한 문장이 반복되고 있는 부분을 찾을 수 없다.

02 배경 및 소재의 기능 파악 답 ⑤

정답이 정답인 이유

⑤ (가)의 화자가 현재 있는 곳은 눈이 내린 겨울밤의 고요한 장수산 속이다. 그는 고요한 산속 풍경과 달리 자기 내면이 심하게 흔들리는 것을 느끼며, 차고 올연하게, 그리고 슬픔도 꿈도 없이 그 겨울을 견뎌 내고야 말겠다고 다짐하고 있다. 따라서 ⓐ는 화자가 인내의 태도를 드러내는 시간이라고 할 수 있다. 한편 (나)의 화자는 북한산이 고고한 높이를 회복하는 것을 보려면 어느 겨울 이른 아침까지는 기다려야만 한다고 말하고 있다. 따라서 ⓑ는 화자가 몹시 기다리는 대상이 나타나는 시간이라고 할 수 있다.

오답이 오답인 이유

① (가)의 화자가 고향을 그리워하고 있다고 판단할 근거가 없으므로, ⓐ를 화자가 향수(鄕愁)에 잠기는 시간이라고 볼 수는 없다. 한편 (나)의 화자는 ⓑ와 같은 때에 북한산이 어떤 모습인지 알고 있다고 볼 수 있으므로, ⓑ가 화자가 회상하는 대상 중 하나인 시간이라고 할 여지는 있다. 하지만 ⓑ에 화자가 회상을 시작하는 것은 아니다.
② (가)의 화자가 ⓐ에 어떤 다짐을 되새길 수는 있다. 그러나 (나)의 화자가 ⓑ에 자괴감, 즉 스스로 부끄러워하는 마음을 느끼게 된다고 볼 근거는 없다.
③ ⓐ는 (가)의 화자가 견뎌야 하는 시간이지 자신의 경험을 청자와 나누는 시간이 아니며, (가)의 청자는 명시적으로 드러나지도 않는다. ⓑ는 북한산이 고고함을 드러내는 시간이지 (나)의 화자가 자기를 성찰하는 시간이 아니다.
④ (가)의 화자는 내면의 시름 때문에 ⓐ에 무엇인가에 대해 후회를 하게 될 수도 있을 것이다. 그러나 ⓐ가 후회의 대상이 되는 시간이라고 볼 근거는 없다. 또 (나)의 화자가 ⓑ를 원망할 이유는 없다.

03 외적 준거에 따른 작품 감상 답 ⑤

정답이 정답인 이유

⑤ (나)의 4연을 보면, '신록', '단풍', '안개', 그리고 '적설'은 북한산의 고고함을 드러내 줄 수 없는 것들로 언급되어 있다. 따라서 '신록이나 단풍' 또는 '안개'가 북한산이 고고함을 갖추기 위해 필요한 소재들이라고 보기도 어렵고, 화자의 정신적 지향을 상징한다고 할 수도 없다.

오답이 오답인 이유

① (가)에서 화자는 '윗절 중'을 가리켜 '조찰히 늙은 사나이'라고 하고 있다. '윗절 중'은 바둑이나 장기 같은 것에서 '여섯 판에 여섯 번 지고' 나서도 '웃고 올라간' 사람이므로 승패에 초연한 듯이 보이는 이라고 할 수 있다. 이러한 여유와 무욕의 태도는 세속적인 것과 거리가 멀기에, 장수산의 탈속적 성격과 조화를 이룬다고 할 수 있다.
② (가)에서 '차고 올연히'는 홀로 우뚝 서 있는 겨울 장수산의 모습을 표현한 말인 동시에, 그것을 닮고자 하는 화자가 지향하는 태도로도 해석할 수 있다. 화자는 '슬픔' 같은 세속적 감정, '꿈'으로 표상되는 이상에 대한 열망 같은 것들에 구애됨이 없이 일제 강점기 말의 정신적 고통을 이겨 내려고 하는 의지를 다지고 있는 것이다.
③ (나)에서 북한산의 고고함은 '그 높이'로 표현되어 있는데, 이것은 아직까지 성취 혹은 획득된 적이 없는 것이 아니라 다시 '회복'해야 하는 것으로 진술되어 있다. 그러므로 화자는 북한산이 이러한 고고함, 즉 세상일에 아랑곳하지 않고 홀로 고상한 경지를 환기하는 모습을 이전에도 본 적이 있다고 추론할 수 있다.
④ (나)의 화자는 북한산의 고고함이 '높은 봉우리만' 눈이 살짝 덮이고 나머지 '왼 산은 차가운 수묵으로 젖어 있'는 상태이어야 드러나기 때문에 '왼 산을 뒤덮는 적설로는 드러나지 않는'다고 하였다. 이를 통해 화자가 생각하는 고고함은 이러한 조건이 충족되지 않으면 발현하기 어렵다는 속성을 지녔다고 할 수 있다.

04 이미지의 특징과 효과 이해 답 ①

정답이 정답인 이유

① ㉠은 '쩌르렁'이라는 의성어를 활용하여 청각적 이미지를 환기하는 시구이다. 이는 화자가 실제로 듣고 있는 소리는 아니고, 이렇게 울창한 겨울 숲속에서 만약 '아람드리 큰 솔'이 베어진다면 골짜기가 울리면서 커다란 메아리가 돌아올 것만 같다는 느낌을 표현한 것이다. 즉, 실제로는 나지 않는 소리를 언급함으로써 장수산 속의 고요를 부각한 것이다. 따라서 ㉠이 일제 강점기에 화자가 느낀 정신적 고통을 상징한 시구라고 보는 것은 적절하지 않다.

오답이 오답인 이유

② ㉡은 장수산의 고요가 마치 추위처럼 살을 파고들어 뼈를 저릴 만큼 강하다는 점을 표현한 시구이다. 그러므로 이는 촉

각적 이미지를 통해 장수산의 절대 고요를 강조한 것이다.
③ ㉢은 '눈과 밤', 즉 장수산에 눈이 내린 밤의 풍경이 종이보다도 희다고 표현한 시구이므로, 다른 대상인 종이와의 비교를 활용한 색채 이미지를 통해 세속적인 것과 거리를 둔 순수한 공간의 느낌을 장수산에 부여한 것이라고 할 수 있다.
④ ㉣은 직유법이 사용된 시구로, 이는 '높은 봉우리' 몇 개만 '가볍게 눈을 쓰고' 있는 모습을 시각적 이미지로 제시하여 북한산의 고고함을 이루는 한 요소를 표현한 것이다.
⑤ (나)에 묘사된 북한산의 고고함은 높은 봉우리에만 살짝 눈이 덮여 있을 때 드러나는 것이다. 그런데 이 고고함은 햇살만 와서 닿아도 바로 변질한다고 했으므로, 고스란히 지키기 어려운 것이기도 하다. 엷은 화장을 한 것처럼 얇게 덮인 눈이라서 햇살이 닿기만 해도 쉽게 녹아 버리는 것이다. 그러므로 ㉤은 '장밋빛'이라는 색채어를 활용한 시각적 이미지를 통해, 북한산의 고고함을 훼손할 수도 있는 대상인 '햇살'을 형상화했다고 말할 수 있다.

06 현대시

본문 097~100쪽

01 ⑤　02 ①　03 ④　04 ③

(가) 김영랑, 「거문고」

해제 이 작품은 소리를 제대로 내지도 못하고 울지도 못한 채 벽에 기대어 서 있는 '거문고(기린)'를 통해 일제 강점기의 암울한 시대 상황 속에서 자유를 빼앗긴 상태로 살아가는 우리 민족의 슬픔을 형상화하고 있다. 우리 민족의 자유가 억압당한 상황에서 화자는 자신의 처지와 심정을 제 곡조를 잃어버린 기린에 빗대어 표현하고 있다. 또한 '이리떼', '잔나비떼'로 상징되는 일제와 그들을 추종하던 세력들이 득실거리는 현실에서 숨죽여 은거할 수밖에 없었던 시대 상황을 '이 밤도 내 기린은 맘 놓고 울들 못한다'고 말하고 있다.

주제 암담한 시대 상황에 대한 비극적 인식

구성
- 1연: 해가 스무 번 바뀌었음에도 울지 못하는 거문고
- 2연: 다시 울 날을 소망하는 거문고
- 3연: 일제 강점하의 부정적 현실
- 4연: 해가 또 바뀌어도 마음 놓고 울지 못하는 거문고

(나) 곽재구, 「귤동리 일박」

해제 화자는 강진 부근을 지나면서 부정적인 지배층에 항거한 의적들의 창검 소리가 들리는 듯한 느낌을 받는다. 그리고 귤동리라는 마을에서 하룻밤을 묵으면서 지명 수배자의 명단이 기록된 메모 내용에서 다산 정약용을 떠올린다. 화자가 위치한 강진은 정약용이 유배 생활을 한 곳이기도 한데, 메모에 적은 내용은 주막을 지나쳐 갔던 어떤 사람이 적어 놓은 것으로 다산에 대한 긍정적 시선을 바탕에 깔고 있다. 백성들 편에 섰던 목민관이었지만 오히려 탄압을 받았던 그를 통해 양심적 지식인들이 고통을 받는 현실이 오늘날에도 여전히 존재하고 있음을 우회적으로 비판하고 있다.

주제 다산의 삶을 통해 바라본 부정적 현실 인식

구성
- 1~8행: 강진장, 도암만을 지나면서 떠오르는 의적들의 행적
- 9~13행: 지나간 역사를 상상하며 주막을 향해 걷는 길
- 14~22행: 귤동리 주막에서 떠올리는 다산
- 23~28행: 다산에 관해 적은 어떤 사람의 메모
- 29~36행: 시대를 사랑하고 양심과 지식을 사랑하는 이가 탄압받는 현실에 대한 인식

01 표현상의 특징 파악　답 ⑤

정답이 정답인 이유

⑤ (가)에서는 '검은 벽에 기대선 채로'에서 시각적 이미지를 활용하여 현실 상황에 대한 부정적 인식을 드러내고 있다. (나)에서는 '겨울 바람은 차고'에서 촉각적 이미지를 활용하여, '산천에 찍힌 소금 빛깔의 / 허름한 불빛', '벽 위에 빛 바랜 지명수배자 전단 하나' 등에서는 시각적 이미지를 활용하여, '신음 소리가 문풍지에 부딪쳤다'에서 청각적 이미지를 활용하여 현실 상황에 대한 부정적 인식을 드러내고 있다.

오답이 오답인 이유

① (가)에서는 첫 연의 '벽에 기대선 채로 ~ 내 기린은 영영 울지를 못한다'와 마지막 연의 '벽에 기대선 채 ~ 이 밤도 내 기린은 맘 놓고 울들 못한다'가 서로 대응하고 있으므로 수미상관의 방식을 활용하여 구조적 안정감을 얻고 있는 것으로 볼 수 있으나, (나)에서는 수미상관의 구조를 확인할 수 없다.
② (나)에는 '겨울 바람', '톱날 같은 눈발' 등에서 겨울의 계절감이 드러날 뿐 계절의 변화는 나타나지 않는다. (가)에는 계절감을 드러내는 표현이 활용되고 있지 않으므로 계절의 변화 역시 확인할 수 없다.
③ (가)의 '땅 우의 외론 기린이야'에서 화자의 감정이 이입된 표현을 확인할 수 있으며, 이를 통해 애상적 분위기를 드러내는 것으로 볼 수 있다. 하지만 (나)에서는 화자의 감정이 이입된 표현을 확인할 수 없다.
④ (가)에서는 '기린(나/거문고)'을 위협하는 존재인 '이리떼'와 '잔나비떼'를 통해 대조가 드러나고 있지만, 이를 통해 자신의 삶에 대한 반성적 태도를 드러내고 있지는 않다. (나)에서는 정약용에 대한 평가에 대조가 드러나고 있기는 하지만 자신의 삶에 대한 반성적 태도를 나타내고 있지는 않다.

02 시어, 시구의 의미와 기능 파악 답 ①

정답이 정답인 이유

① [A]의 '검은 벽'과 [B]의 '이 밤도'는 모두 검은색의 색채적 이미지를 보여 주는 시구로 화자가 처한 암울한 현실을 나타낸다. 그러나 이를 화자 내면의 갈등이 심화되어 가는 상황을 나타내는 것으로 해석하는 것은 적절하지 않다. '검은 벽'이라는 공간에 관한, '이 밤'이라는 시간에 관한 시구를 통해 암담한 상황을 드러내는 것일 뿐 화자는 [A]와 [B]에서 똑같이 '내 기린'이 울지 못하는 상황으로부터 심리적 고통을 느끼고 있기 때문이다.

오답이 오답인 이유

② [A]의 '벽에 기대선 채'에 비해 [B]의 '문 아주 굳이 닫고 벽에 기대선 채'는 구체화된 표현이라고 볼 수 있다. 이는 '문 아주 굳이 닫고'가 외부 세계와의 단절을 나타내므로, 화자가 부정적인 외부 세계를 적극적으로 거부하는 태도를 드러내는 것이라고 볼 수 있다.

③ [A]의 '해가 스무 번 바뀌었는디'는 [B]에서 '해가 또 한 번 바뀌거늘'로 연결되고 있다. 이는 20년간 지속되었던 상황이 해가 한 번 더 바뀌는 상황에서도 역시 나아지지 않고 있음을 나타내는 것으로 이해하는 것이 타당하다.

④ [A]에서 '기린'이 '울지를 못'하는 것과 [B]에서 '기린'이 '울들 못'하는 것은 화자가 처한 억압적 상황을 나타내는 말로 볼 수 있다. 이는 화자로 하여금 슬픔과 비애의 감정을 야기하는 상황으로 볼 수 있다.

⑤ [A]의 '영영'은 '영원히 언제까지나'라는 뜻으로, 20년이 지나도 울지 못하는 기린의 상황, 즉 부정적 상황이 개선되지 못할 것이라는 암담함을 드러내고 있다. [B]의 '맘 놓고'는 거문고를 맘껏 울리지 못하는 상황을 표현한 것으로, 억압의 강도가 심한 상황임을 드러내고 있다.

03 작품의 내용 파악 답 ④

정답이 정답인 이유

④ '유언비어 날포로 민심을 흉흉케 한 / 자생적 공산주의자 및 천주학 수괴'는 지배 세력의 입장에서 다산의 행적을 부정적으로 보았을 때 할 수 있는 말이다. 이를 다산의 죄목에 대한 현재의 평가를 드러내고 있다고 보는 것은 적절하지 않다.

오답이 오답인 이유

① '황건 두른 의적 천만'은 지배층에 봉기를 일으켰던 과거의 의적들이고 '그날의 창검 부딪는 소리'는 의적들이 관군에 맞서 싸우는 모습을 의미한다. 화자는 현재 바다갈대의 소리를 듣고 바다오리들이 날아가는 모습을 보며 과거의 의적들이 일으킨 봉기를 떠올리는 방식으로 과거와 현재를 연결 짓고 있다.

② 화자는 강진장을 지나 도암만을 걸으며 과거에 유배를 가면서 그 길을 걸었던 역사적 인물인 다산 정약용을 떠올리고 '맨발로 살 찢기며 걸어왔을까'라고 말하며 정약용이 겪었을 고초를 짐작하고 있다.

③ '그래 한잔 들게나 다산'은 화자가 혼잣말로 중얼거리는 것이지만, 이는 다산이 겪었을 고통을 떠올린 뒤 한 말이므로, 힘겨운 삶을 살아온 다산을 위로하는 말로 볼 수 있다. 따라서 현재를 살고 있는 화자가 과거의 역사적 인물인 다산에게 말을 건네는 것처럼 표현한 것은 현재의 상황과 과거의 인물을 연결시킨 것으로 볼 수 있다.

⑤ '누군가의 신음 소리'는 '사람을 사랑하고 시대를 사랑하고 / 스스로의 양심과 지식을 사랑'한 사람의 신음 소리로 볼 수 있다. 이는 다산이 고문받을 당시 다산이 낸 신음 소리이자 양심을 지키며 살다가 지명 수배자가 된 사람들의 신음 소리로 볼 수 있다. 화자는 다산이 낸 신음 소리가 여전히 들리고 있다고 표현하여 화자가 살고 있는 현실이 다산이 살았던 시대와 별반 다르지 않다는 것을 나타내고 있다고 볼 수 있다.

04 외적 준거에 따른 작품 감상 답 ③

정답이 정답인 이유

③ '초근목피'는 풀뿌리와 나무껍질처럼 곡식이 떨어졌을 때 먹는 험한 음식으로, 극심한 빈곤 상태를 의미한다. 따라서 이는 고통받는 백성들의 삶을 나타낸 것으로 볼 수 있다. 하지만 '부릅뜬 눈'은 앞 시구인 '허름한 불빛', 뒤 시구인 '초근목피'와의 연결을 고려할 때 백성들이 고통스럽게 살아가는 현실에 대한 분노의 눈빛으로 볼 수 있으므로, 이를 탐관오리의 탐욕을 나타낸 것으로 보는 것은 적절하지 않다.

오답이 오답인 이유

① 거문고의 울림은 우리 민족의 정기를 발산하는 것을 의미한다고 볼 때, 기린(거문고)의 '그 가슴을 통 흔들고 간 노인'은 민족 해방의 희망을 불러일으켰던 3·1 운동으로 볼 수 있다.

② '이리떼'와 '잔나비떼'는 모두 기린을 위협하는 존재이므로, 우리 민족을 억압한 일제나 자신의 이익을 위해 민족을 배반하고 일제에 협력한 친일 세력을 의미한다고 볼 수 있다.

④ 바람이 차고 톱날 같은 눈발이 섞여 치는 것은 화자가 처한 현실, 즉 다산과 같은 양심적인 지식인이 탄압받는 현실의 부정적 모습을 계절적 이미지를 통해 나타낸 것으로 보는 것이 적절하다.

⑤ 사람과 시대와 양심과 지식을 사랑한 것은 다산의 모습이라고 볼 수 있다. 화자는 이런 다산의 모습이 지금을 살고 있는 양심적인 지식인이 갖춰야 할 모습이라고 생각하며 이런 사람들이 탄압을 받는 현실을 부정적으로 인식하고 있다.

07 현대시

본문 101~104쪽

01 ① 02 ④ 03 ② 04 ②

(가) 백석, 「북방에서 – 정현웅에게」

해제 이 작품은 일제 강점기의 암담한 현실에서 유민으로 살아가는 우리 민족의 회한을 형상화하고 있다. 화자는 아주 먼 옛날 우리 민족이 광활한 영토를 떠나 한반도에 정착하던 상황을 떠올리며, 그저 안일하게 현실에 순응하며 살았던 과거 역사를 성찰한다. 그리고 다시 돌아온 북방에서 과거의 영화가 사라진 현실에 허무함과 절망감을 느끼고 있다. 이 작품에서 화자는 우리 민족의 대변자로서, 부끄러웠던 우리의 역사를 회상하며 비참한 처지에 놓인 우리 민족의 현실을 드러내고 있다.

주제 민족의 역사에 대한 회상과 현실의 부끄러움

구성
- 1연: 북방을 떠나온 '나'
- 2연: 떠나는 '나'를 아쉬워하는 북방의 민족들
- 3연: 새로운 터전에서의 삶에 순응하며 사는 '나'
- 4연: 시련을 피해 북방으로 돌아온 '나'
- 5연: 과거의 영화가 사라진 북방의 모습
- 6연: 자랑과 힘이 허무하게 사라진 '나'의 모습

(나) 박봉우, 「나비와 철조망」

해제 이 작품은 '나비'와 '철조망'이라는 상징적 소재를 활용하여 우리 민족이 겪고 있는 아픔을 그리고 있다. '나비'는 분단의 현실로 고통받으면서도 통일과 평화의 꿈을 버리지 못한 우리 민족을 상징하고, '철조망'은 분단된 우리 민족의 현실을 상징한다. 이 작품은 대립되는 성격의 시어들을 바탕으로 분단의 현실을 비판하고 화해와 통일에 대한 염원을 노래하고 있다.

주제 민족 분단의 아픔과 통일에 대한 열망

구성
- 1연: 해 질 무렵 지친 날개로 날고 있는 나비
- 2연: 꽃밭을 바라며 날고 있는, 상처 입은 나비
- 3연: 적지를 고통스럽게 날고 있는 나비
- 4연: 벽을 느끼면서도 계속 날고 있는 나비
- 5연: 꽃밭을 그리며 날고 있는 나비

01 표현상의 특징 파악 답 ①

정답이 정답인 이유

① (가)에서 '나'가 북방을 떠나려고 하자 '자작나무와 이깔나무'가 슬퍼하고, '갈대와 장풍'이 '붙드던 말'을 하였다. 이는 의인화한 자연물을 통해 북방을 떠나기 싫어하는 화자의 괴로운 심리를 우회적으로 드러낸 것이다.

오답이 오답인 이유

② (나)는 나비의 여정에 따라 시상을 전개하고 있을 뿐, 계절의 변화에 따라 시상을 전개하고 있지는 않다.

③ (가)는 '부여를 숙신을 발해를 여진을 요를 금을 / 흥안령을 음산을 아무우르를 숭가리를'의 나열을 통해 화자가 떠나온 곳이 북방임을 드러낼 뿐, 시적 공간의 낭만적 분위기를 형상화하고 있지는 않다. (나)는 열거법이 쓰이지 않았고, 낭만적 분위기도 나타나 있지 않다.

④ (가)와 (나) 모두 시상의 처음과 마지막에 같거나 비슷한 내용과 형식이 배치되는 수미상관의 구성을 활용하고 있지 않다.

⑤ (가)는 '아득한 옛날'과 '아득한 새 옛날'을 통해 과거와 현재의 대비가 나타나는데, 이를 통해 현재의 비참함을 부각할 뿐, 미래에 대한 낙관적 전망을 제시하고 있지는 않다.

02 시어, 시구의 의미와 기능 파악 답 ④

정답이 정답인 이유

④ ㉣의 깨어진 '돌비'와 긴 족보를 이룬 '가마귀'는 시간의 경과를 나타내기 위해 활용한 소재로, 이는 '나'가 북방을 떠나온 지 매우 오래되었음을 드러낸 것이다.

오답이 오답인 이유

① ㉠은 화자가 북방을 떠나는 상황을 표현한 것으로, 화자가 북방에 살던 존재들을 '배반하고' '속이고' 떠나왔다는 것은 자신만을 위해 이들을 떠나는 것에 대한 미안함을 드러낸 것이지, 다른 이 때문에 떠났음을 드러낸 것이 아니다.

② ㉡은 화자가 북방을 떠날 때 주변의 반응을 표현한 것으로, '잔치'와 '울던 것'은 북방 사람들이 화자가 떠나는 것을 아쉬워했음을 드러낸 것이다.

③ ㉢은 북방을 떠나온 삶을 표현한 것으로, '매끄러운 밥을 먹고 단 샘을 마시고 낮잠을' 자는 것은 화자가 북방을 떠나 새로 정착한 곳에서 현실에 안주하며 살았음을 드러낸 것이다.

⑤ ㉤은 '나의 옛 하늘로 땅으로 – 나의 태반'으로 돌아온 상황을 표현한 것으로, '한 아득한 새 옛날'은 과거에 떠났던 북방으로 다시 돌아와 새로운 삶을 시작하려 하는 현재의 시간을 의미한다. 따라서 ㉤에 달라진 북방에서 느끼는 절망감이 드러나 있다고 볼 수 없다.

03 시어, 시구의 의미와 기능 파악 답 ②

정답이 정답인 이유

② (나)의 1연에는 '나비'의 시점에서 바라본 풍경이 형상화되어 있는데, 나비가 바라보는 '장밋빛 무늬'는 노을을 표현한 것으로 아직 원하는 공간에 도달하지 못한 채 하루가 저물고

있음을 드러내는 것일 뿐, 과거에 겪었던 사건으로 인해 생긴 나비의 정신적 상처를 드러낸 것이 아니다.

오답이 오답인 이유

① '시푸런 강과 또 산'은 나비가 넘어야 하는 대상으로, 나비가 가고자 하는 세상에 도달하기 위해 넘어가야 할 장애물을 의미한다.

③ '몇 '마일''은 나비가 더 날아야 할 거리로, 나비가 도달해야 할 아방의 철조망까지의 거리를 의미한다.

④ '바람'은 나비가 나는 것을 방해하는 것으로, 나비가 이 바람이 자꾸 분다고 느끼는 것은 자신의 처지가 부정적이라는 나비의 생각을 드러낸 것이다.

⑤ 나비는 자신의 비행을 가로막는 '벽'을 어설프다고 여기는데, 이는 굳은 의지를 지니면 얼마든지 벽을 뛰어넘을 수 있다고 보는 나비의 인식을 드러낸 것이다.

04 외적 준거에 따른 작품 감상 답 ②

정답이 정답인 이유

② (가)에서 '이미 해는 늙고 달은 파리하고 바람은 미치고 보래구름만 혼자 넋 없이 떠'돈다는 것은 우리 민족이 북방을 떠나 유랑했던 상황을 형상화한 것이 아니라 다시 찾아왔지만 과거의 영화를 찾아볼 수 없는 북방의 모습을 형상화한 것이다.

오답이 오답인 이유

① (가)에서 '먼 개소리에 놀라'고 '지나가는 사람마다에게 절'하며 사는 것은 불안과 경계심을 가져야 하는 삶을 살면서도 그저 현실에 안주하며 사는 삶을 표현한 것이고, '나의 부끄러움을 알지 못했다'는 것은 이런 삶을 살았던 것에 대한 자책을 드러낸 것이다.

③ (가)에서 '나의 자랑은 나의 힘은 없다 바람과 물과 세월과 같이 지나가고 없다'는 것은 찬란한 과거의 영화와 소중한 삶의 터전을 잃은 채 살아가던 우리 민족이 느꼈던 상실감을 표현한 것이다.

④ (나)에서 '생채기'를 입은 '나비 한 마리'는 분단의 상처를 입은 채 살아가는 우리 민족을 상징한 것이고, '첫 고향의 꽃밭에 마즈막까지 의지하려'고 하는 것은 앞으로 평화로운 세상이 도래하기를 바라는 마음을 표현한 것이다.

⑤ (나)에서 '모진 바람이' 불고 '벽, 벽……'에 부딪치는 것은 분단과 대치로 인한 답답한 현실을 드러낸 것이고, "꽃밭'을 그리며 숨은 아직 끝나지 않았다'는 것은 부정적 상황에서도 통일에 대한 염원만큼은 잃지 않겠다는 강한 의지를 나타낸 것이다.

01 ③ 02 ⑤ 03 ①

(가) 조지훈, 「화체개현」

해제 이 작품은 석류꽃 개화의 순간에 화자가 느끼는 감동을 표현하고 있다. 화자는 짧은 여름밤이 사라지는 순간 섬돌 위에 석류꽃이 터지는 장면을 목격하고 이를 새로운 우주가 열리는 파동으로 인식한다. 그리고 '방안' 가득히 석류꽃이 물들어 오며 석류꽃 안에 화자 자신이 들어가 앉는다고 하면서 석류꽃이 개화하는 순간에 느끼는 감동을 '아무것도 생각할 수가 없다'고 말하고 있다. 한편 이 작품은 새벽 동이 트면서 햇살이 섬돌 위로 올라와 '방안'으로 물들어 오는 상황을 석류꽃의 개화를 빌려 나타낸 작품으로 해석하기도 한다.

주제 생명 탄생 순간의 감동

구성

- 1연: 무념무상과 몰아의 경지
- 2연: 섬돌 위에 터지는 석류꽃
- 3연: 새로운 우주가 열리는 것으로 인식하는 석류꽃의 개화
- 4연: 석류꽃의 개화에서 느끼는 감동

(나) 최승호, 「누에」

해제 이 작품은 누에가 고치를 뚫고 나와 나비가 되어 하늘로 날아가기까지의 과정을 형상화하고 있다. 누에는 스스로 고치로 들어가 번데기의 시간을 거치며 날개를 얻을 날을 꿈꾼다. 고치의 벽이 뚫리고 누에가 나비가 되어 하늘을 날게 되는 것은 외부의 조력자에 의해 이루어지는 것이 아니라 날개를 얻고자 하는 누에의 꿈과 고치의 벽을 뚫고자 하는 누에의 의지에 의해 이루어지는 것임을 강조하고 있다.

주제 누에고치의 벽을 뚫고 나비가 되고자 하는 누에의 노력

구성

- 누에들은 ~ 가능했을까.: 나비가 되려는 누에의 꿈
- 어느 날 ~ 날갯짓이 시작되는 것이다.: 고통을 극복하며 얻은 날개
- 밖에서 ~ 잘 알고 있다.: 스스로의 힘으로 나비가 된 누에

01 작품 간의 공통점, 차이점 파악 답 ③

정답이 정답인 이유

③ (가)에서는 '아무것도 생각할 수가 없다'가 1연과 4연에 반복되고 있는데, 이를 통해 석류꽃 개화에 대한 감동이 강조되고 있다. (나)에서는 '이 신비로운 변모가 꿈의 힘 없이 가능했을까'에서 설의법이 활용되고 있는데, 이를 통해 누에가 나비가 되는 과정에서 깨달은 바가 부각되고 있다.

오답이 오답인 이유

① (가)의 '짧은 여름밤'에서 계절감이 드러나는 시어가 활용되고 있다. 하지만 (나)에는 계절감이 드러나는 시어가 활용되고 있지 않다.
② (가)에서는 '석류꽃'의 붉은색과 '바다'의 푸른색의 색채 대비가 나타나 있지만, 이를 통해 내면의 갈등이 고조되는 양상이 표현되는 것은 아니다. (나)에서는 '흰 동굴'에서 흰색의 이미지와 '밤'에서 흑색의 이미지가 대비되어 있으나, 이를 통해 화자 내면의 갈등이 고조되는 양상이 표현되는 것은 아니다.
④ (가)에서 석류꽃의 꽃망울이 터지면서 새로운 우주가 열리는 것은 상승의 이미지를 활용한 것으로 볼 여지가 있다. 하지만 (나)에서는 누에가 동굴을 열고 나비가 되어 날갯짓을 하는 상황을 나타내고 있으므로 하강의 이미지가 아니라 상승의 이미지를 활용하여 대상의 역동성을 강조한 것으로 볼 수 있다.
⑤ (가)의 2~4연에서 외부 세계에 대한 인식 이후, '아무것도 생각할 수가 없다'라고 말하고 있으므로, 외부 세계에서 내면으로의 시선 이동이 있다고 볼 여지가 있다. 하지만 (나)의 경우 누에에 초점이 맞추어져 있을 뿐, 화자의 내면에서 외부 세계로 시선을 이동하는 것은 아니다.

02 배경 및 소재의 기능 파악 답 ⑤

정답이 정답인 이유

⑤ (가)의 화자는 '방안' 가득 물들어 오는 석류꽃을 보며 화자가 석류꽃 속으로 들어가 앉는다고 말하고 있다. 따라서 '방안'은 화자가 석류꽃과 합일되는 충만감을 느끼는 공간이라고 볼 수 있다. (나)에서 누에는 '동굴'로 들어가 변모의 시간을 거친 후 나비가 되어 나온다. 따라서 '동굴'은 누에가 고통 속에서 존재의 변모를 이루어 내는 공간이라고 볼 수 있다.

오답이 오답인 이유

① (가)의 화자는 '방안'에서 실눈을 뜨고 꽃이 피는 것을 관찰하고 있지만, (나)에서 화자는 밖에서 구멍을 뚫어 주는 누에의 왕이 없다고 말하고 있으므로 '동굴'이 누에가 이런 존재를 기다리는 공간이라고 설명하는 것은 적절하지 않다.
② (가)의 화자는 벽에 기대어 석류꽃이 피어나는 모습을 보고 있을 뿐, 자신의 삶을 회고하는 모습을 보이고 있지 않다. (나)에서 누에는 '은수자'가 되어 회저와 같은 고통을 감내하고 존재의 변모를 이루어 내게 된다. 따라서 '동굴'이 누에가 시련을 감내하려는 의지를 보이는 공간이라고 해석하는 것은 적절하다.
③ (가)의 화자는 초 한 자루도 태우지 못할 정도로 여름밤이 짧아 아침이 빨리 와서 석류꽃이 터졌다고 말하고 있으므로 짧은 여름밤에 대해 아쉬움을 표출하고 있다고 볼 수 없다. (나)에서 누에가 누에의 왕이 되려는 욕망을 보인다고 볼 근거가 없으므로 '동굴'이 누에가 누에의 왕이 되려는 욕망을 실현하기 위해 노력하는 공간이라고 해석하는 것은 적절하지 않다.
④ (가)에서 화자가 촛불 한 자루를 켜고 날이 밝아 오기를 기다리는 모습은 확인할 수 없다. (나)에서 누에는 '동굴'로 들어가 존재의 변모를 이루어 내므로 '동굴'은 누에가 하늘 백성이 되려는 꿈을 꾸는 공간이라고 볼 수 있다.

03 외적 준거에 따른 작품 감상 답 ①

정답이 정답인 이유

① (가)의 '내가 석류꽃 속으로 들어가 앉는다'는 생명 탄생의 신비 속에 화자가 흠뻑 빠져 있는 모습을 나타낸 것이므로, 이를 생명의 소멸과 탄생이라는 대자연의 법칙 속에서 화자를 포함한 인간이 자유롭지 않다는 인식을 표명한 것으로 해석하는 것은 적절하지 않다.

오답이 오답인 이유

② (나)의 '웅크린 번데기의 시간'은 누에들이 새로운 존재인 나비로 태어나기 위해 고통을 참으며 거쳐야만 하는 시간을 나타낸 것으로 볼 수 있다.
③ (나)에서는 '회저처럼 고통스러'운 시간이 끝난 후에 '날갯짓이 시작'된다고 말하고 있는데, '회저'는 살점이 떨어져 나가는 병이므로, '회저처럼 고통스러'운 시간은 소멸로 볼 수 있으며, '날갯짓이 시작'되는 것은 생성으로 볼 수 있다. 이는 회저처럼 고통스러운 과정을 거쳐야 날개가 생성된다는 인식을 보이고 있으므로 소멸이 생성으로 이어지는 것으로 볼 수 있다.
④ (가)의 '꽃망울 속에 새로운 우주가 열리는'에서 '새로운 우주'는 석류꽃이라는 생명의 탄생으로 만들어진 하나의 작은 우주로 볼 수 있다. 따라서 이는 온 우주의 기운이 모여서 하나의 새로운 우주가 만들어지는 것임을 나타낸다고 볼 수 있다. (나)에서 화자는 누에가 고치를 뚫고 바깥으로 나오는 것을 '안쪽에서 뚫어야 한다'고 말하고 있는데, 이는 생명의 탄생이 타자의 힘이 아닌 주체의 힘에 의해 이루어지는 것임을 나타내는 것으로 볼 수 있다.
⑤ (가)에서 화자는 '아무것도 생각할 수가 없다'고 말하고 있는데, 이는 석류꽃이라는 생명이 탄생하는 순간 화자가 느낀 신비와 감동을 표현하는 것으로 볼 수 있다. (나)의 화자는 '이 신비로운 변모가 꿈의 힘 없이 가능했을까'라고 말하고 있는데, 이는 누에가 나비로 새롭게 태어난 것이 나비가 되고자 하는 꿈의 힘이 없이는 불가능했을 것이라는 깨달음을 나타낸 것으로 볼 수 있다.

09 현대시

본문 107~109쪽

01 ③ 02 ③ 03 ③

(가) 이형기, 「낙화」

해제 이 작품은 꽃이 지는 자연의 변화와, 사랑하는 이와 헤어지는 인간사를 중첩하여 이별의 아픔을 이겨 내고 이루게 되는 성숙에 관해 노래한 시이다. 꽃이 지고 나면 녹음이 무성해지고 열매도 맺히게 되는, 순환하는 자연의 섭리처럼 사랑이 끝났을 때 미련 없이 떠나는 이별 또한 영혼의 성숙을 가져다주는 것이라는 생각이 드러나 있다.

주제 이별을 인내하는 데에서 오는 성숙

구성
- 1연: 때를 아는 이별의 아름다움
- 2연: 자신에게 닥친 이별의 순간
- 3연: 결별이 주는 축복
- 4, 5연: 성숙을 위한 희생
- 6연: 아름다운 이별의 순간
- 7연: 영혼의 성숙

(나) 박성룡, 「과목」

해제 이 작품은 소멸과 조락의 계절인 가을에 과목을 보며 얻은 깨달음을 노래한 시이다. 화자는 과일나무에 과일이 열려 있는 평범한 모습을 일종의 '사태'로 표현하고, 그것을 본 자신이 '경악'한다고 함으로써 자연의 변화에 대한 경이로움을 강조하고 있다. 또한 섭리에 대해 자신이 새삼스러운 깨달음을 얻게 된 상황을 '시력을 회복한다'는 표현으로 부각하고 있다.

주제 자연의 변화에 깃든 섭리에 대한 경이로움과 깨달음

구성
- 1연: 과물을 매단 과목으로부터 느끼는 경이로움
- 2연: 과목이 겪은 시련
- 3연: 가을에 과목이 누리는 은총
- 4연: 과물을 매단 과목으로부터 느끼는 경이로움
- 5연: 삶에 대해 얻는 새로운 깨달음

01 작품 간의 공통점, 차이점 파악 답 ③

정답이 정답인 이유

③ (나)는 1연과 4연에서 '과목에 과물들이 무르익어 있는 사태처럼 / 나를 경악케 하는 것은 없다.'라는 문장을 반복하여 화자가 느끼는 경이로움을 강조하였다. 그러나 (가)에서는 동일한 문장이 반복된 부분을 찾을 수 없다.

오답이 오답인 이유

① (나)의 2연에 있는 '붉은'이라는 색채어는 박질의 황토가 지닌 속성을 가리키는 기능을 하고 있다.
② (가)와 (나) 모두 작품의 표면에 드러난 화자인 '나'가 자신의 감회를 드러내고 있다.
④ (가)에는 '작고 가벼운 물체가 떨어지면서 잇따라 흔들리는 모양'을 나타내는 '하롱하롱'이라는 음성 상징어가 사용되었다. 그러나 (나)에는 음성 상징어, 즉 의성어나 의태어가 사용되지 않았다.
⑤ (가)의 1연에서는 '~ 얼마나 아름다운가.'라는 설의적 표현을 사용하여 화자가 말하고자 하는 바를 부각하고 있다. 그러나 (나)에서는 설의적 표현이 사용된 부분을 찾을 수 없다.

02 시어, 시구의 의미와 기능 파악 답 ③

정답이 정답인 이유

③ ㉢은 '슬픈'이라는 시어로 인해 애상적 분위기를 환기한다고 할 수 있지만, 이는 '영혼'의 '성숙'이 이별처럼 깊은 고통을 거쳐 이루어지는 것이라는 사실을 환기하는 것이다. '내 영혼'은 결국 성숙하게 될 것이므로, 비극적 결과를 맞이하게 된다고 말할 수 없다.

오답이 오답인 이유

① 화자는 '가야 할 때가 언제인가를 / 분명히 알고 가는 이의 / 뒷모습'은 아름답다고 하였고, '지금'이야말로 '결별이 이룩하는 축복'과도 같은 '분분한 낙화'에 싸여 '가야 할 때'라고 하였다. 이는 이별을 거부하지 않고 순리로 받아들이려는 태도의 반영이라고 할 수 있다.
② '샘터에 물 고이듯'은 자신의 영혼이 어떻게 성숙하는지를 비유적으로 표현한 시구이다. 샘터의 물은 누군가가 외부로부터 억지로 채워 넣지 않아도 조금씩 조금씩 끊임없이 솟아나서 저절로 채워진다. 따라서 영혼이 '샘터에 물 고이듯' 성숙한다는 것은 그 성숙의 과정이 점진적이고 필연적이라는 점을 드러내고자 한 비유적 표현이라고 볼 수 있다.
④ '시를 잃'는다는 것, '가을'이 되어 '한 해'가 저문다는 것은 상실과 조락의 분위기를 환기한다고 할 수 있다.
⑤ 가을이 되어 '과목에 과물들이 무르익어 있는' 것을 화자는 자신이 '경악'할 만한 '과목의 기적'이라고 말하고 있고, 바로 그것 덕분에 자신이 잃었던 '시력을 회복한다'고 하였다. 따라서 ㉤은 과목에 대한 인식을 계기로, 화자 자신이 삶에 대해 가진 태도에 긍정적인 변화가 일어났다는 사실을 상징적으로 표현한 것이라고 볼 수 있다.

03 외적 준거에 따른 작품 감상 답 ③

정답이 정답인 이유

③ (나)에서 과목의 과물들이 무르익은 모습은 내적인 성장과

결실에 대응되므로, '사태'와 '경악'을 사용한 해당 시구가 유추를 거쳐 인간 삶의 부정적 사건을 가리키게 되는 것은 아니다. '과목에 과물들이 무르익어 있는' 자연스러운 변화를 '사태'로, 그에 대한 화자의 감회를 '경악'으로 표현한 것은, 다소 과장된 느낌의 한자어를 사용하여 평범한 관찰 내용을 생경하게 드러냄으로써 자연의 섭리에 대한 새삼스러운 경탄을 부각하는 효과로 이어지고 있다고 볼 수 있다.

오답이 오답인 이유

① <보기>에서도 설명했듯이 (가)는 낙화라는 자연의 변화와 이별이라는 인간사를 중첩함으로써 주제를 부각하고 있는 작품이다. 봄에 피었던 꽃이 결국엔 지는 자연의 변화처럼 '격정을 인내'했던 '나의 사랑'도 끝나 버리는 것이다. 이런 맥락을 고려하면 '섬세한 손길을 흔들며'도 가지가 흔들리며 꽃잎이 떨어져 흩날리는 모습으로도, 또 이별하는 순간에 손을 흔드는 사람의 모습으로도 해석이 가능할 것이다.

② <보기>의 내용을 적용하면, '결별'이 '축복'이 될 수 있다는 것은 봄에 꽃이 진 뒤에 녹음이 우거지는 여름, 열매를 맺는 가을이 온다는 자연의 순환적 리듬에 근거하여, 이별도 영혼의 성숙을 가져다주는 좋은 계기일 수 있다는 인식을 드러낸 것이라고 할 수 있다.

④ 메마른 땅에 뿌리를 박고 가지가 비바람에 출렁인다는 것은 과목이 겪는 시련, 과목에게 주어지는 부정적인 조건을 의미하는 것이다. 과목은 결국 그 조건을 극복해 내는데, 이를 통해 화자는 허무와 절망을 이겨 내는 인간의 태도를 그리고자 했음을 알 수 있다.

⑤ 과목은 '모든 것이 멸렬하는' 부정적인 상황에서도 '황홀한 빛깔과 무게의 은총', 즉 무르익은 과물을 지니게 된다. 화자는 이러한 자연의 모습으로부터 인간 역시 어려움을 이겨 내고 내적인 성장과 결실을 이룰 수 있다는 점을 유추하고 있는 것이다.

10 현대시

본문 110~113쪽

01 ⑤　**02** ①　**03** ②

(가) 김광섭, 「산」

해제 이 작품은 '산'에 인격을 부여하여 산이 지니고 있는 다양한 속성을 드러내고 있다. 작품에서 산은 배려심이 깊고, 포용력이 있으며, 너그럽고 신성한 특성을 지니고 있는 존재로 형상화되고 있는데, 이는 인간이 지녀야 할 바람직한 덕성을 보여 주는 것이다. 이 작품에서는 산을 경외의 대상으로서뿐만 아니라 인간적인 면모를 지닌 대상으로 표현함으로써 산에 대한 새로운 관점을 제시하고 있다.

주제 산을 통해 배우는 바람직한 삶의 모습

구성
- 1연: 늘 인간 세상과 함께하는 산의 모습
- 2연: 모든 생명을 배려하는 산의 모습
- 3연: 인간과 함께하려는 산의 모습
- 4연: 세속적 가치를 거부하는 산의 모습
- 5연: 인간들에게 가르침을 주는 산의 모습
- 6, 7연: 인간적 감정과 속성을 지닌 산의 모습
- 8연: 포용력을 지니고 있는 산의 모습

(나) 이준관, 「가을 떡갈나무 숲」

해제 이 작품은 가을을 맞이한 떡갈나무 숲에서 자연과 일체감을 느끼며 위안을 받고 있는 화자의 모습을 그리고 있다. 화자가 관찰한 떡갈나무 숲은 숲의 생명체에게 안식처이자 자유롭게 살아가는 삶의 터전이다. 화자는 자신이 포용력 넘치는 숲의 모습에 동화되는 것을 느끼며, 숲이 외롭고 쓸쓸한 마음마저 감싸안아 주는 것 같아 위안을 받는다. 이처럼 떡갈나무 숲은 화자에게 위로와 평안을 주는 공간이다. 특히 이 작품은 '눈부신 날개짓 소리', '뿌려 둔 노래', '파릇한 산울림' 등 공감각적 심상을 활용하여 대상의 특징을 참신하게 표현하고 있다.

주제 위로와 평안을 주는 가을 떡갈나무 숲

구성
- 1연: 많은 생명체의 안식처가 되는 떡갈나무 숲
- 2, 3연: 가을 떡갈나무 숲의 풍경
- 4연: 자연과 일체감을 느끼는 '나'
- 5연: 배려심과 포용력이 넘치는 떡갈나무 숲
- 6연: 떡갈나무로부터 위로받는 '나'

01 표현상의 특징 파악　답 ⑤

정답이 정답인 이유

⑤ [A]는 화자가 혼자 말하는 방식으로 새벽부터 해가 질 때까지의 산의 모습을 표현하고 있는데, 화자는 이를 통해 인간과 함께하는 산의 속성을 드러내고 있다. [B]는 화자와 떡갈나무가 대화하는 방식으로 화자를 위로하는 떡갈나무의 모습을 표현하고 있는데, 화자는 이를 통해 떡갈나무의 포용성을 드러내고 있다.

오답이 오답인 이유

① [A]는 동일한 시구의 반복도 없고 애상적 분위기를 강조하고 있지도 않다. [B]는 '잎을 떨군다'라는 시구를 반복하고 있지만, 이는 공간의 따뜻한 분위기를 강조하고 있다.

② [A]는 '학처럼', '기러기처럼' 등의 직유법을 사용하여 시간의 흐름에 따라 변화하는 산의 모습을 나타내고 있다. 그러나 [B]는 직유법이 쓰이지 않았다.

③ [A]와 [B]는 모두 현재형 시제로 진술하고 있다. 그런데 [B]

는 화자가 부정적 처지임을 나타내고 있지만, [A]는 화자가 부정적 처지임을 나타내고 있지는 않다.
④ [B]는 촉각적 심상의 시어로 고독한 처지의 화자가 위안받는 모습을 형상화하고 있다. [A]는 시각적 심상의 시어는 쓰였지만, 이를 통해 화자의 고독한 처지를 드러내고 있지는 않다.

02 시어, 시구의 의미와 기능 파악 답 ①

정답이 정답인 이유

① ㉠에서는 산이 인간 세상을 경험하고 다시 봉우리로 올라가는 모습을 그리고 있는데, 이는 인간 세상의 부정적 모습을 드러낸 것일 뿐, 세속에서의 삶에 못지않게 자연의 삶도 힘들다는 점을 드러낸 것이 아니다.

오답이 오답인 이유

② ㉡의 '사람을 다스린다'는 것은 산이 인간에게 어떻게 살아야 하는지에 대한 깨달음을 준다는 것으로, '나무를 기르는 법'은 생명을 기르는 인내심을, '벼랑에 오르지 못하는 법'은 욕심과 오만을 버려야 한다는 겸손함을 깨닫게 해 준다고 볼 수 있다.
③ ㉢에서 산에 두 계절이 공존한다는 것은 산이 서로 다른 것을 끌어안을 수 있는 포용력을 지녔음을 예찬하는 것이다.
④ ㉣에서 겨울을 대비하여 노루가 다른 곳으로 떠났다는 것은 떡갈나무 숲에 겨울이 오면 노루가 살기 힘들게 될 것임을 드러내고 있다.
⑤ ㉤에서 하나 남은 열매를 제 새끼를 위해 남겨 두었다고 짐작하고 있는데, 이는 떡갈나무 숲에 사는 생명체들이 따뜻한 마음을 지녔을 것이라고 추측한 것이다.

03 외적 준거에 따른 작품 감상 답 ②

정답이 정답인 이유

② (가)에서 산이 '양지바른 쪽에 사람을 묻고 / 높은 꼭대기에 신을 뫼'시고 산다는 것은 산이 인간의 죽음마저 받아 주는 너그럽고 신성한 존재임을 드러낸 것이지, 인간이 세속의 지친 삶에서 잠시 벗어날 수 있는 도피처이자 바람직한 삶을 실천할 수 있는 이상향으로 생각하고 있음을 나타낸 것이 아니다.

오답이 오답인 이유

① (가)에서 산이 '들썽거리지 않'고 '부동의 자세로 떠' 가는 것은 새, 벌레, 짐승들이 놀랄까 봐 이들을 배려하는 산의 덕성을 나타낸 것이고, (나)에서 '떡갈나무 잎'이 '쐐기 집이거나', '벌레들의 알의 집이 되'는 것은 숲이 다른 생명체의 거처가 되는 것으로 이들을 배려하는 덕성을 지녔음을 나타낸 것이다.
③ (가)에서 산이 '울적하면 솟아서 봉우리가 되고 / 물소리를 듣고 싶으면 내려와 깊은 계곡이 된다'는 것은 산이 인간처럼 감정과 욕망을 지니고 있음을 형상화한 것으로, 산이 신성한 경외의 대상일 뿐 아니라 인간에게 친근한 존재이기도 하다는 점을 나타낸 것이다.
④ (나)에서 '이 숲에 그득했던 풍뎅이들'이 있었던 시간은 모든 자연물의 생명력이 넘쳤던 여름을 이제 '텃새만 남아' 노래를 '갈무리한다'는 것은 떡갈나무 숲이 가을을 맞이했음을 나타낸 것이다.
⑤ (나)에서 하늘이 '나를 들이마'신다는 것은 대상인 '하늘'과 주체인 '나'가 전도된 표현으로, 화자가 자연과 교감한다는 의미이다. 또 '이 떡갈나무 숲을 온통 차지해 버리는 별이 될 것 같다'는 것은 화자가 자연과 일체감을 느끼고 있음을 나타낸 것이다.

11 현대시

본문 114~116쪽

01 ① 02 ④ 03 ③ 04 ③

(가) 신경림, 「장자를 빌려 – 원통에서」

해제 이 시는 설악산 대청봉에서 바라본 세상의 모습과 속초, 원통에서 바라본 모습을 대조하여 세상을 바라보는 삶의 자세를 드러내고 있다. 『장자』의 「추수」 편에 나오는 '큰 지혜는 멀리서도 볼 줄 알고 가까이서도 볼 줄 아는 것이다.'라는 구절을 바탕으로, 삶은 단순하기도 하고 복잡하기도 하기 때문에 두 관점을 모두 살펴보아야 한다는 점을 강조하고 있다.

주제 세상을 바라보는 관점에 대한 깨달음

구성
- 1~8행: 설악산 대청봉에서 바라본 세상의 모습
- 9~17행: 속초와 원통에서 바라본 세상의 모습
- 18~20행: 세상을 바라보는 관점에 대한 성찰

(나) 고재종, 「나무 속엔 물관이 있다」

해제 이 시는 겨울 감나무를 관찰하고 깨달은 생명의 이치를 노래하는 작품이다. 1연에서는 겨울 감나무 가지를 보고 서로 다치지 않게 바람에 흔들리는 모습을 통해 자기 분수만큼 살아가는 모습에 주목하고 있다. 2연에서는 한 둥치에서 뻗어 나간 여러 형태의 가지들의 모습을 강조하고 있으며, 3연에서는 땅속 깊이 닿아서 물을 빨아올려 꼭대기 끝까지 물을 공급하는 둥치 밑뿌리의 모습에 주목하고 있다. 겨울나무가 보여 주는 생명력을 발견한 화자는 4연에서 감동을 느낌과 동시에 생명의 원리에 주목하지 않는 인간의 삶에 대한 안타까움을 드러내고 있다.

주제 겨울 감나무를 통한 인간 삶의 성찰

구성
- 1연: 자기 분수에 맞게 살아가는 감나무의 가지

• 2연: 하나의 둥치에서 뻗어 나온 감나무의 가지
• 3연: 어떤 댓바람에도 꺾이지 않는 당참의 근원이 되는 힘
• 4연: 인간의 삶에 대한 성찰

01 표현상의 특징 파악 답 ①

정답이 정답인 이유

① (가)는 연결 어미 '-이며', '-니', '-고'의 반복과 종결 어미 '-ㄹ까'의 반복을 통해 운율감을 형성하고 있으며, (나)는 1연에서 연결 어미 '-이나', '-거나'의 반복을 통해 운율감을 형성하고 있다.

오답이 오답인 이유

② (가)에서는 작고 큰 산들이 구부리고 엎드린다고 한 부분과 바다가 안달이 나서 몸살을 한다고 표현한 부분에서 의인화의 기법을 활용하고 있다는 것을 알 수 있으나, 작고 큰 산이나 바다를 청자로 설정하여 화자의 소망을 드러내고 있는 것은 아니다. (나)는 바람 속에 흔들리는 감나무 가지들을 보며 훼방 놓는 법이 없이 허공을 끌어안고 있다고 한 부분에서 의인화의 기법을 활용하고 있다는 것을 알 수 있다. 하지만 감나무 가지들을 청자로 설정하여 화자의 소망을 드러내고 있는 것은 아니다.
③ (나)는 '바르르', '휙휙' 등에서 음성 상징어를 활용하여 대상의 모습을 역동적으로 나타내고 있다고 볼 수 있다. (가)에는 음성 상징어 '바짝'이 활용되고 있지만 이를 통해 대상의 모습을 역동적으로 나타내는 것은 아니다.
④ (나)에는 '잦은 바람 속의 겨울 감나무'에서 겨울의 계절감이 드러나 있지만, (가)에는 계절감이 드러나는 표현이 활용되고 있지 않다.
⑤ (가)는 '설악산 대청봉 → 속초 → 원통'이라는 공간의 이동에 따라 화자의 시선에 포착된 대상들이 제시되는 방식으로 시상이 전개되고 있다. (나)는 화자의 시선에 포착된 대상들이 제시되어 있기는 하지만, 화자의 공간 이동을 확인할 수 없다.

02 작가의 관점, 주제 의식 파악 답 ④

정답이 정답인 이유

④ [A]에서 화자는 설악산 대청봉에서 세상을 바라보았던 경험과 속초 시장과 원통 뒷골목에서 세상을 바라보았던 경험을 통해 세상을 너무 멀리서만 바라보거나 너무 가까이에서만 바라보면 안 된다는 깨달음을 얻고 이를 '우리'라는 말로 제시하여 인간 보편의 삶에 대한 성찰로 확장하고 있다. [B]에서 화자는 겨울 감나무의 흔들리는 가지를 보며 나뭇가지들이 서로를 훼방하지 않고 흔들리고 있으며, 나뭇가지에 앉은 새의 무게를 견딜 수 있는 힘이 나무의 둥치를 타고 나온다는 깨달음을 얻고 있다. 그리고 이를 '우린 너무 감동을 모르고 살아왔느니'라고 말하여 인간 보편의 삶에 대한 성찰로 확장하고 있다.

오답이 오답인 이유

① [A]에는 화자가 바람직하게 생각하는 삶의 태도가 나타나 있지만, 이것은 대청봉에서 바라본 세상의 모습과 속초, 원통에서 바라본 세상의 모습을 대비하여 형상화된 것이지, 자연물을 통해 형상화되는 것은 아니다. [B]에서 화자가 느낀 감동은 자연물의 모습을 보면서 느낀 깨달음에 기인한다. 하지만 [B]에서 화자가 지향하는 삶의 모습이 자연물을 통해 드러나 있는 것은 아니다.
② [A]와 [B] 모두 이상과 현실의 괴리로 인해 촉발된 내면의 갈등이 해소되는 모습이 드러나 있지 않다.
③ [A]와 [B]의 화자는 모두 세상이나 인간의 삶과 관련하여 얻은 깨달음에 대한 자신의 생각을 표출하고 있을 뿐, 자신에게 주어진 운명을 담담하게 받아들이려는 의지를 드러내고 있지 않다.
⑤ [A]에서 화자는 세상을 너무 멀리서만 보거나 가까이에서만 보려 했던 과거의 삶을 반성하는 태도를 표출하고 있을 뿐, 타인과 소통하려는 노력을 보이고 있지 않다. [B]에서 화자는 감동을 모르고 살아온 인간의 모습을 반성하고 있을 뿐, 타인과의 소통이 단절된 상황에 대한 안타까움을 드러내고 있는 것은 아니다.

03 배경 및 소재의 기능 파악 답 ③

정답이 정답인 이유

③ (가)의 화자는 원통의 뒷골목에서 지린내, 땀내, 악다구니, 실랑이 등을 겪게 되는데, 이는 평범한 사람들의 삶의 모습을 경험하는 것으로 볼 수 있다. (가)에서 화자가 편견에 휩싸여 다른 이들의 삶에 대해 부정적인 판단을 내렸다는 것은 확인할 수 없다.

오답이 오답인 이유

① (가)의 화자는 설악산 대청봉에서 세상을 내려다보며 '온통 세상이 다 보이는 것 같고 / 또 세상살이 속속들이 다 알 것도 같다'고 말하고 있는데, 이를 통해 '설악산 대청봉'이 높은 곳에 있어 화자로 하여금 세상을 멀리서 바라볼 수 있게 하는 공간이라는 것을 알 수 있다.
② (가)의 화자는 속초로 내려와 중앙시장에 가서 장사를 하는 아주머니들과 소주를 마시고 피난민의 신세타령도 듣게 된다. 따라서 '중앙시장 바닥'은 평범한 사람들이 장사를 하는 삶의 터전으로 그들의 삶의 애환을 느낄 수 있는 세속적 공간이라고 할 수 있다.
④ (나)의 화자는 겨울바람에 흔들리는 감나무 가지를 보며 '서로를 훼방 놓는 법이 없이 제 숨결 닿는 만큼의 찰랑한 허공을 끌어안고' 있다고 말하고 있다. 따라서 '찰랑한 허공'은

감나무의 가지들이 욕심내지 않고 다른 가지들과 서로 공존하며 공유하는 공간이라고 할 수 있다.
⑤ (나)의 화자는 실가지에 내려앉은 새의 무게를 견디는 힘이 칠흑 땅속에 있는 실뿌리에서 나온다고 말하고 있다. 실뿌리가 가진 힘은 칠흑 땅속에서 나오므로, '칠흑 땅속'은 감나무의 실가지가 자신에게 생명을 기대고 있는 존재인 '조막만한 새'의 무게를 지탱할 수 있게 하는 힘을 얻는 공간이라고 볼 수 있다.

04 외적 준거에 따른 작품 감상 답 ③

정답이 정답인 이유

③ (가)의 '안달이 나서 몸살을 하는 바다'는 설악산 대청봉에서 바라본 바다, 즉 세상의 모습을 나타낸 것으로, 이를 삶의 이치를 빨리 깨우치고자 하는 성급함을 가진 화자의 모습을 나타낸 것으로 해석하는 것은 적절하지 않다. (나)의 흔들림이 없는 '주춧기둥 같은 둥치'는 외부의 상황 변화에 동요됨이 없이 생명을 지탱하는 여유를 가진 존재로 볼 수 있다.

오답이 오답인 이유

① (가)의 '세상살이 속속들이 다 알 것도 같다'는 세상살이에 대한 인식의 변화가 있기 전 화자의 생각을 나타낸 것으로 볼 수 있다. 반면 '세상은 아무래도 산 위에서 보는 것과 같지만은 않다'는 가까이에서 세상 사람들의 삶의 모습을 지켜본 후 얻은 깨달음을 나타낸 것이므로, 세상살이에 대한 인식의 변화가 있은 후의 화자의 생각을 드러낸 것으로 볼 수 있다.
② (나)에서 감나무의 실가지는 새가 내려앉았지만 꺾이지 않고 무게를 감당하는 모습을 보여 준다. 이는 감나무의 실가지가 '어떤 댓바람에도 꺾이지 않는 당참'을 가지고 있음을 보여 주는 것으로 볼 수 있다.
④ (가)의 화자는 설악산 대청봉에서 속초로 내려온 후 중앙시장 바닥에서 함경도 아주머니들과 소주를 마시며 그들의 삶의 애환을 알게 된다. 따라서 속초로 내려오는 것은 타인의 삶을 가까이에서 관찰하는 계기가 된다고 볼 수 있다. (나)에서 화자는 겨울의 잦은 바람에 흔들리는 감나무를 보면서 생명의 이치에 대한 깨달음을 얻게 된다. 따라서 '잦은 바람'은 화자가 겨울 감나무의 모습에 주목하여 관찰하는 계기가 된다고 볼 수 있다.
⑤ (가)의 '젊은 군인 부부 사랑싸움질'은 인간적인 삶의 모습을 나타내는 것으로, 이를 '소리'를 통해 청각적 이미지로 표현하고 있다. (나)에서 '제 깜냥껏 한세상을 흔들거'리는 감나무 가지들의 모습은 자기 능력껏 흔들거리는 모습으로, 저마다 가치 있는 존재로 살아가는 모습을 나타낸 것이다. 이를 '흔들거'리는 모습으로 나타냈으므로 시각화한 표현으로 볼 수 있다.

01 고전 산문

본문 117~121쪽

01 ③ 02 ④ 03 ④ 04 ④

(가) 작자 미상, 「천자를 이긴 아이」

해제 이 작품은 이른바 '아이 지혜담'으로 분류되는 이야기이다. 아이 지혜담은 어른이 제기한 온당치 않은 주장이나 요구를 슬기로운 아이가 재치 있게 해결한다는 내용으로 되어 있으며, 전국적으로 발견되는 이야기 유형이다. 아이 지혜담에서 아이와 어른의 대결은 주로 언어를 통한 지적 대결로 승부가 갈리는데, 아이는 특유의 논리적 대화법으로 승리를 거둔다. 아이 지혜담은 아이가 어른과의 대결에서 승리를 거두는 과정을 통해 기존의 사회 통념과 낡은 질서에 문제를 제기하고, 민중이 지닌 생동하는 힘을 드러내 보여 준다는 점에서 문학사회학적 의미를 지닌다. 이 작품은 구연자와 청중에게 흥미로운 이야기로만 간주되어 진실성을 뒷받침하기 위한 증거물이나 구체적 시간, 장소가 제시되지 않는다는 점에서 민담의 성격을 띤다. 제시된 부분은 경기도 남양주시 진접읍에서 1980년 9월 27일, 이순희가 구술한 내용을 기록한 것이다.

주제 중국 천자의 무리한 요구로 초래된 문제 상황을 슬기롭게 해결한 아이의 지혜

전체 줄거리 중국의 천자가 자신의 권위를 과시하고, 아울러 조선에 인재가 있는지 시험하기 위해 '중국 땅 전체를 덮을 바람막이 포장과 두만강의 물을 담을 가마를 바치라'는 명을 내린다. 중국 천자의 무리한 요구 때문에 임금이 근심한다는 이야기를 듣고, 정승의 아들인 열두 살배기 아이가 임금을 알현하여 자신을 중국에 사신으로 보내 줄 것을 청한다. 아이는 자와 주발 하나씩을 가지고 중국으로 건너가 천자를 만나는데, 논리적 대화법을 통해 천자 스스로 자기가 내렸던 명령이 모순됨을 깨닫게 하여 문제를 해결한다. 아이의 지혜로움에 감탄한 천자는 아이에게 벼슬을 내린다.

(나) 작자 미상, 「종놈이 상전을 속이다」

해제 이 작품은 이른바 '트릭스터(trickster)'라는 인물형이 등장하는 이야기로, 작중 '득거리'라는 인물이 트릭스터에 해당한다. 트릭스터는 남다른 지적 상상력과 재치, 그에서 비롯한 대단한 말솜씨를 발휘해 거침없이 사람들을 속이고 골탕 먹여 자신의 욕망을 충족하는 인물 유형이다. 대립하는 대상이 지배층일 경우 트릭스터의 언행은 기득권과 지배 질서에 대한 저항의 성격을 띠지만, 그가 속이는 대상이 꼭 지배층에만 국한되는 것은 아니어서 때로는 무고한 서민이 속임의 대상이 될 때도 있다. 그래서 트릭스터는 사회 체제가 지지하는 일체의 도덕적 · 윤리적 가치관에 구속되지 않는, 반사회적 인물 유형으로 간주된다. 이야기 속에서 득거리는 하인에 대한 인간적 배려가 없는 이기적인 주인을 재치와 말솜씨로 거듭 속여서 자신

의 욕구를 충족한다. 득거리의 유쾌한 장난을 통해 똑똑한 척하면서 바보가 되는 주인과 어리석은 듯 행동하면서 잇속을 챙기는 하인의 대결이라는 해학적인 이야기 구도가 형성된다. 이 작품은 문자로 기록된 문헌 설화로서, 작자 미상의 야담집인 『거면록』에 '노만상전(奴瞞上典: 종놈이 상전을 속이다)'이라는 제목으로 수록되어 있다.

주제 거짓말로 상전을 속여 자신이 원하는 것을 얻은 하인의 재치

전체 줄거리 '득거리'라는 이름의 하인이 주인인 김 진사를 수행해 길을 가는데, 하루는 김 진사가 허기진 득거리를 생각지 않고 혼자서 푸짐한 저녁밥을 다 먹어 버렸다. 이에 화가 난 득거리가 다음 날 꾀를 내어 김 진사를 속이고는 김 진사의 아침밥을 빼어 먹는다. 그러고 나서 다시 길을 가는데 갈증이 난 김 진사가 득거리를 시켜 술을 사 오게 하자, 득거리가 다시 재치 있게 김 진사를 속여 그의 술을 빼어 먹는다.

01 작품의 내용 이해 답 ③

정답이 정답인 이유

③ (가)의 정승의 아들이 중국의 천자를 만나러 간 것은 나라가 처한 곤경을 해결하기 위해서였다. 즉 개인이 아니라 공동체의 문제를 해결하기 위해 천자를 만나 대화를 나눈 것이다. 반면 (나)의 하인은 꾀를 내어 주인을 거듭 속이는데 그러한 행동을 한 까닭은 밥 먹고 술 마시고 싶은 자신의 개인적 욕망을 충족하기 위해서였다. 따라서 (가)의 정승의 아들은 집단의 문제를 해결하기 위해, (나)의 하인은 개인의 욕망을 실현하기 위해 행동했다는 설명은 적절하다.

오답이 오답인 이유

① (가)의 정승의 아들에게는 '그러면 가마를 얼마나 크게 궈 주랴. 그러면 포장을 얼마나 크게 해 주랴?'라고 물으며 도움을 주려 하고, 자신의 요청에 따라 자와 주발을 마련해 주는 임금이 있다. 반면 (나)의 하인은 조력자의 도움 없이 자신의 꾀만으로 원하는 바를 이루었다. 따라서 (가)의 정승의 아들은 조력자의 도움을 받지 못했고, (나)의 하인은 조력자의 도움을 받았다는 설명은 적절하지 않다.

② (가)의 정승의 아들이 처한 곤경은 자신의 권위를 과시하기 위해 조선에 무리한 요구를 한 천자에게서 비롯한 것이다. 따라서 정승의 아들이 자신의 실수로 곤경에 처했다는 설명은 적절하지 않다. (나)의 하인이 처한 곤경이라면 김 진사에게 추궁당한 일 정도를 들 수 있을 텐데, 이는 하인 자신이 한 거짓말 때문에 초래된 것이다. 따라서 하인이 타인의 실수로 곤경에 처했다는 설명 역시 적절하지 않다.

④ (가)의 정승의 아들은 자원하여 천자를 만나기 위해 길을 떠났다. 반면 (나)의 하인은 '하루는 김 진사가 어디 긴히 볼일이 있어 득거리에게 말고삐를 잡히고 길을 떠나'에서 알 수 있듯이 김 진사가 시켜서 길을 떠나게 된 것이다.

⑤ (나)의 하인은 목적을 이루기 위해 김 진사 앞에서 거짓말로 어리석은 척했다. 그러나 (가)의 정승의 아들은 그리하지 않았다.

02 대화의 특징 파악 답 ④

정답이 정답인 이유

④ ⓓ에 해당하는 발화가 제시되었다면 그 내용은 '중국 땅의 크기와 두만강 물의 양을 재는 것이 불가능하다면, 중국 땅을 모두 덮을 포장과 두만강 물을 모두 담을 가마를 만드는 것도 불가능하다. 그러므로 당신은 불가능한 일을 남에게 요구하는 모순된 행동을 하고 있다.'일 것이다. 하지만 ⓓ에 해당하는 발화는 제시되지 않았는데, 그 이유는 천자가 이미 ⓑ에서 자신의 요구가 모순된 것임을 깨달았기 때문이다. 이 단계에서 천자는 자신의 요구가 지닌 모순을 인정했으므로 ⓒ는 제시될 필요가 없었고, ⓒ가 제시되지 않으니 ⓓ로 반박할 이유도 없게 된 것이다. 따라서 상대방이 ⓒ에 해당하는 발화를 유보하며 자신의 모순을 인정하지 않았다는 설명은 적절하지 않다.

오답이 오답인 이유

① 중국 땅 전체를 덮을 '포장'과 두만강 물 모두를 담을 '가마'를 만드는 것은 불가능한 일이다. 불가능한 일을 가능하게 하라는 것이 중국 천자의 요구인데, 중국 천자가 그러한 요구를 할 수 있는 까닭은 그가 조선의 임금보다 우위에 있기 때문이다. 따라서 이 요구는 ⓐ(자신의 높은 지위를 이용한 비합리적인 주장이나 요구)에 해당한다.

② ⓑ에서 정승의 아들은 천자의 요구에 곧바로 응답하지 않고 새로운 요구를 하고 있다. 이로써 담화 주제를 '조선에서 포장과 가마를 만들어 왔는가?'에서 '(포장과 가마를 만들기 위한 기본 전제로서) 중국에서 중국 땅의 크기와 두만강 물의 양을 측량할 수 있는가?'로 전환하여 문제 해결의 책임을 조선에서 중국으로 돌려놓음으로써 상황을 자신에게 유리하게 바꾸고 있다.

③ 만약 ⓒ에 해당하는 발화가 이루어졌다면 그 내용은 '중국 땅의 크기와 두만강 물의 양을 어떻게 잴 수 있겠는가?(=중국 땅의 크기와 두만강 물의 양은 잴 수 없다.)'였을 것이다. 하지만 그 말은 ⓐ에 해당하는 천자의 요구와 정면으로 배치된다. ⓐ에 해당하는 천자의 요구(중국 땅 전체를 덮고, 두만강 물 모두를 담을 포장과 가마를 만드는 것)는 '중국 땅 전체의 크기와 두만강 물 전체의 양을 측량하는 일'이 가능할 때 성립하는 요구이기 때문이다. 다만 ⓑ에서 천자가 이미 자신의 요구가 지닌 모순을 깨달았으므로 ⓒ에 해당하는 발화가 이루어지지 않았던 것이다.

⑤ 천자가 '아, 조선도 인재가 있구나!'라고 말한 것은 정승의 아들의 말이 옳고, 자신의 말(요구)이 틀렸음을 인정했기 때문이다. 따라서 이 말은 ⓔ(자신의 주장이나 요구가 비합리적인 것이었음을 인정)에 해당한다.

03 외적 준거에 따른 작품 감상 답 ④

정답이 정답인 이유

④ 정승의 아들이 지닌 능력은 세속적 권력관계의 우위에 있는 인물(천자)과의 대결에서 승리할 수 있었던 원인과 조건이지, 대결에서 승리한 결과로 얻게 된 것은 아니다.

오답이 오답인 이유

① 정승의 아들이 대결에서 승리한 것은 자신의 능력을 입증한 것이고, 이로써 얻은 벼슬은 세속적 성공이라고 할 수 있다.
② 〈보기〉에 따르면, 지혜로운 아이가 등장한다는 점에서 서로 유사한 민담과 신화를 비교할 때 신화에서 아이와 대결하는 신적 존재는 민담에서 세속적 권력관계에서 우위에 있는 인물과 대응할 때가 많다. 이 점을 참고할 때 (가)에서 정승의 아들과 대결하는 천자는 신화에서 어린 영웅과 대결하는 신적 존재와 대응한다고 볼 수 있다.
③ 천자가 무리한 요구를 했던 이유는 표면적으로는 조선에 인재가 있는지 확인해 보려는 욕구 때문이고, 실질적으로는 자신의 권력을 과시하고 싶은 욕구 때문이다. 따라서 정승의 아들에게 주어진 대결 상황은 천자의 사적이고 세속적인 욕망에서 비롯했다고 할 수 있다.
⑤ 정승의 아들은 민담에 등장하는 지혜로운 아이에 해당하며, 조정에서도 해결하지 못한 문제를 해결하는 남다른 능력을 지닌 존재라는 점에서 영웅 신화에 등장하는 영웅의 어린 시절 모습과 유사성이 있다.

04 외적 준거에 따른 작품 감상 답 ④

정답이 정답인 이유

④ ㉣은 득거리가 김 진사를 속이기 위해 한 거짓말이지, 자신의 거짓말이 탄로 나서 억지를 쓰느라 한 말이 아니다. 김 진사가 ㉣이 거짓말임을 인지했는지 여부는 이 글에 제시된 내용만으로는 판단하기 어렵다.

오답이 오답인 이유

① ㉠에는 김 진사의 행동에 화가 난 득거리의 내면 심리가 나타나 있다. 득거리가 화를 낸 까닭은, 자기만 진수성찬을 먹고 득거리에게는 '단 한 숟가락도 베풀어 주지 않'은 김 진사의 이기적이고 몰인정한 태도 때문이다. 따라서 득거리가 김 진사를 속여 음식을 빼어 먹겠다고 다짐을 하는 데에 김 진사의 부적절한 행동이 영향을 미쳤다는 설명은 적절하다.
② ㉡은 득거리가 여점 아낙에게 한 거짓말이다. 김 진사를 골탕 먹이기 위해서는 자신이 하려는 행동이 여점 아낙에게 김 진사를 배려한 행동처럼 비치게 해야 했기 때문이다. 아낙은 득거리의 거짓말을 참말로 믿었는데, 이는 '날씨가 몹시 추워 수저에도 얼음이 붙어 있'는 상황이 수저가 찬 것을 싫어하는 주인을 위해 수저를 따뜻하게 데우려 한다는 득거리의 말에 신빙성을 부여했기 때문이다.
③ 김 진사는 뜨거운 숟가락에 손을 데어 '드거라(뜨겁다)!'라고 외친 것인데 득거리는 짐짓 그 소리를 '득거리'라는 자기 이름을 부른 것으로 오해한 척하고 ㉢처럼 대답한 다음 김 진사의 밥상을 가로채 음식을 먹었다. 김 진사가 손을 데어 소리를 친 것, 득거리가 이에 맞춰 그 소리를 잘못 들은 척하면서 음식을 빼어 먹는 데 성공한 것은 모두 득거리가 김 진사가 사용할 '수저를 숯불에 묻었다가 상에 올'릴 때 이미 계획했던 일이다. 득거리가 김 진사의 '드거라!' 하는 외침을 잘못 들은 척할 수 있었던 까닭은 '드거라'라는 소리와 '득거리'라는 자신의 이름의 말소리가 서로 비슷했기 때문이다. 이는 〈보기〉에 언급된 트릭스터의 말하기 특징 가운데 두 번째 특징과 연관된다.
⑤ ㉤은 김 진사가 술 마시기를 포기하게 한 다음 그 술을 자기가 먹으려는 의도에서 득거리가 지어낸 거짓말이다. 술에 콧물을 떨어뜨렸다는 득거리의 거짓말에 구역질이 난 김 진사가 '네놈이나 실컷 처먹어라.'라고 말함으로써 그 술은 비로소 득거리의 것이 되었다. 그러므로 득거리가 ㉤의 거짓말을 통해 김 진사에게 기대했던 반응을 이끌어 내고, 결국 술을 빼어 먹겠다는 목표를 성취했다는 설명은 적절하다.

02 고전 산문

본문 122~126쪽

01 ③	02 ②	03 ④	04 ⑤

(가) 천군 소설

해제 이 글은 천군 소설의 개념과 서사 구조의 특징에 대해 설명하고 있다. 천군 소설이란 '마음'이나 '감정'의 변화를 의인화한 소설로, 천군(天君)은 인간의 마음을, 신하는 사단(四端)과 관련된 마음씨나 칠정(七情)의 감정을 의미한다. 천군 소설은 사단과 칠정의 감정과 관련된 인물의 대립 구도를 중심으로 마음의 '화평 – 혼란 – 회복'의 서사 구조를 이루고 있다. 천군 소설인 「수성지」에서도 이러한 서사 구조를 확인할 수 있다. 「수성지」는 전례와 고사를 활용하고 있으며, 의도적으로 동일한 음이 있는 한자를 사용하였기 때문에 의미가 중의적으로 해석되는 구절이 많다. 따라서 각 구절의 의미를 정확하게 파악하기 위해서는 전고(典故)에 대한 배경지식뿐만 아니라 동일한 음이 있는 한자가 어떤 맥락에서 사용되었는가를 파악해야 한다.

주제 천군 소설의 개념과 서사 구조의 특징

구성
- 1문단: 천군 소설의 개념과 서사 구조의 특징
- 2문단: 「수성지」의 줄거리 및 작품에 대한 평가
- 3문단: 「수성지」 작품 감상 시 유의점

(나) 임제, 「수성지」

해제 이 작품은 임제가 지은 한문 단편 소설로, 작품의 제목인 '수성지'는 '근심의 성에 관한 기록'이란 뜻이다. 임금인 천군에게 근심이 생긴 과정과 그 귀결을 허구적으로 구성하여 서술한 작품으로, 전통적인 의인체 서사인 가전(假傳)의 양식을 계승했지만, '마음'을 의인화한 것이 특징이기에 '천군 소설'로 분류된다. 천군은 인간의 마음을, 신하는 인·의·예·지와 같은 사단과 관련된 마음씨나 기쁨·노여움·슬픔·즐거움·사랑·미움·욕심과 같은 칠정의 감정을 의미하며, 칠정과 같이 마음을 혼란하게 하는 인물들과 사단과 관련된 마음씨와 같이 혼란한 마음을 회복시켜 화평하게 하는 인물들의 대립을 통해 사건이 전개된다.

주제 인간의 심적 조화의 필요성

전체 줄거리 천군이 다스리는 나라는 그의 신하인 인(仁)·의(義)·예(禮)·지(智)·희(喜)·노(怒)·애(哀)·낙(樂)·시(視)·청(聽)·언(言)·동(動) 등이 제각기 맡은 임무를 잘 수행하여 태평성대를 누리고 있었다. 하지만 예전의 충신, 의사로서 무고하게 죽은 이들이 찾아와 천군에게 허락을 받아 수성을 쌓고 항상 불안과 수심에 싸여 살게 되자, 그 세력이 천군에게까지 미치게 된다. 중대한 위기에 처한 천군에게 주인옹은 수성을 뿌리째 없애 버릴 수 있는 방책을 제안하면서 국양(술)을 추천한다. 국양 장군이 천군의 명을 받고 군사를 거느려 수성을 쳐서 마침내 항복을 받으니 온 성안은 화기가 돌고 수심이 일시에 없어졌다. 이렇게 천군의 나라는 다시 평온을 되찾게 된다.

01 작품의 내용 이해 답 ③

정답이 정답인 이유

③ 공방은 국양이 자신을 백안으로 대하며 무시하자 '아침저녁으로 장군이 오기를 바라며 임금을 올바른 길로 인도해 달라는 부탁을 내리고자 하시오. 내가 장군과 대대로 교분이 있기에 특별히 보내 맞아 오게 하셨거늘, 어찌 이처럼 무례하오?'라고 말하며 국양의 무례함을 질책하고 있다.

오답이 오답인 이유

① '내가 비록 부덕하지만 간언에 대해서만은 물 흐르듯이 따르고자 한다. 국 장군을 영접하는 일을 모두 주인옹에게 일임하니'라는 말에서 알 수 있는 것처럼, 천군은 자신이 부덕해도 간언에 대해서는 물 흐르듯이 따르고자 한다고 말하며 국양을 영접하는 일을 주인옹에게 일임하고 있을 뿐, 자신의 부덕함을 감추기 위해 주인옹에게 국양을 영접하는 일을 맡기고 있지는 않다.

② '공방이 국 장군과 친분이 있으니 불러올 만합니다.'라는 말에서 알 수 있는 것처럼, 주인옹은 공방이 국양과 친분이 있다는 점을 내세우며 공방을 천군에게 추천하고 있을 뿐, 자신과 국양의 친분을 내세우고 있지는 않다.

④ '옛날 이정이 고구려를 공격할 때 산이 험준해서 제갈공명의 팔진법을 쓸 수 없었으므로 육화진법을 대신 썼던 것인데'라는 구절에서 알 수 있는 것처럼, 국양이 육화진법을 쓴 것은 이정의 진법을 따라 한 것일 뿐, 군사들의 사기를 북돋기 위한 것과는 관련이 없다.

⑤ '성안 가득한 사람들이 모두 항복할 마음이 생겼지만, 오직 굴원만이 굴복하지 않고 머리를 풀어 헤치고 달아나 어디로 갔는지 알 수 없었다.'라는 구절에서 알 수 있는 것처럼, 국양이 성을 공격하자 굴원은 머리를 풀어 헤치고 홀로 달아났을 뿐, 훗날을 위해 무리와 함께 달아난 것은 아니다.

02 인물의 심리, 태도 파악 답 ②

정답이 정답인 이유

② ⓐ에서 국양은 '현인을 등용하면 대적할 자가 없고, 근심을 공격하는 데에는 방책이 있습니다.'와 '가슴속에 일만 병사를 간직한 범중엄의 위엄을 따르고자 합니다.'라고 말하며 '근심의 성'을 정벌하는 임무 수행에 대한 자신감을 드러내고 있다. 이러한 국양의 자신감은 ⓑ에서 '초나라에서 홀로 취하지 않은 굴원쯤이야 개의할 게 무엇 있겠느냐? 격문을 받는 날로 어서 백기를 들라!'라고 하며 굴원에게 항복을 권유하는 행위로 이어지고 있다.

오답이 오답인 이유

① ⓐ에서는 '제 행동이 예법에 맞지 않아 오랫동안 강호에 떠다니는 신세였거늘, 전하께서 저를 버리시지 않고 정벌의 임무를 맡기실 줄 어찌 알았겠습니까? 저 같은 광생이 어찌 큰 벼슬을 감당할 수 있겠습니까?'라는 말을 통해 국양의 겸손함을 확인할 수 있으나, 이 겸손함이 ⓑ에서 굴원의 행적을 비판하는 근거로 전환되고 있지는 않다.

③ ⓐ에서는 '마침내 벼슬을 내리시는 은택을 입게 되었으니'라는 말을 통해 국양이 천군에게 고마움을 느끼고 있음을 확인할 수 있으나, 이 고마움이 ⓑ에서 천군의 명에 대한 당위성을 주장하는 근거가 되고 있지는 않다.

④ ⓐ에서는 '왕탄지와 사안을 따라 노닐며 강동의 풍류를 뽐냈고, 혜강과 유령의 풍치를 함께 즐겨 한적한 정을 죽림에 깃들였습니다.'라는 말을 통해 과거를 회고하는 국양의 모습을

확인할 수 있다. 그러나 ⓑ에서 국양이 자신의 삶에 대해 한탄하고 슬퍼하는 모습은 나타나지 않는다.

⑤ ⓐ에서는 '저는 곡식을 먹지 않고 정기를 단련하며 병 속의 해와 달을 길이 보전하고, 어지러움을 평정할 성인을 기다리다'라는 말을 통해 정기 수행을 위한 국양의 방책을 확인할 수 있으나, 이러한 국양의 방책이 ⓑ에서 병사를 통솔하고 장수를 등용하는 방책으로 확장되고 있지는 않다.

03 외적 준거에 따른 작품 감상 답 ④

정답이 정답인 이유

④ 굴원은 천군의 마음에 근심을 유발한다는 점에서 칠정을 의인화한 인물로 볼 수 있다. 그러나 국양은 '술'을 의인화한 인물로, (가)에서 언급한 '사단 이외에도 마음을 화평하게 하는 작가의 방안'에 해당하는 인물이다. 따라서 국양은 마음의 혼란을 회복하는 역할을 하는 사단을 의인화한 인물과는 관련이 없으므로, 국양과 굴원이 대치하는 상황이 사단의 마음과 칠정의 감정을 의인화한 인물이 대립하는 것이라는 진술은 적절하지 않다.

오답이 오답인 이유

① (가)에서 '칠정을 의인화한 인물은 천군의 마음을 혼란하게 하'며 천군은 굴원이 쌓은 '근심의 성'을 나라의 우환으로 지목했다고 하였으므로, 천군을 힘들게 하는 '근심의 성'에서 저항하는 굴원은 칠정의 감정과 관련된 인물에 해당한다고 볼 수 있다.

② (가)에서 '칠정을 의인화한 인물은 천군의 마음을 혼란하게 하고, 사단과 관련된 마음씨를 의인화한 인물은 천군을 도와 천군이 겪는 마음의 혼란을 회복하는 역할을 수행한다.'라고 하였으므로, '근심의 성'으로 인해 어려움을 겪는 천군을 위해 글을 올린 후 국양을 영접하는 일을 주도하여 천군이 겪는 마음의 혼란을 회복하게 하는 주인옹은 사단과 관련된 마음씨를 의인화한 인물에 해당한다고 볼 수 있다.

③ (가)에서 「수성지」의 천군은 굴원이 쌓은 '근심의 성'을 나라의 우환으로 지목한 후 국양을 보내 '근심의 성'을 평정하며, 이 과정에서 마음을 화평하게 할 수 있는 작가의 방안을 확인할 수 있다고 하였다. 국양은 술을 의인화한 인물이며, 이러한 국양에 의해 천군의 마음이 회복된다는 점을 고려한다면 술을 마시는 것은 마음을 화평하게 하기 위한 작가의 방안에 해당한다고 볼 수 있다.

⑤ (가)에서 천군 소설은 '마음의 '화평 – 혼란 – 회복'의 서사 구조를 이루'고 있다고 하였으므로, 국양이 '근심의 성'을 함락하자 슬퍼하던 자가 기뻐하고, 괴로워하던 자가 즐거워하는 것은 마음의 혼란이 사라지고 평온함이 회복된 것이라 볼 수 있다.

04 외적 준거에 따른 작품 감상 답 ⑤

정답이 정답인 이유

⑤ 〈보기〉에서 장자의 꿈에 나타난 '해골'은 죽은 자의 세계에는 신분의 고하나 수고로운 일이 없어 즐겁기만 하다고 말하고 있는데, 이는 죽은 자의 세계가 산 자의 세계보다 낫다는 의미로 해석할 수 있다. '근심의 성'의 안이나 밖 모두 산 자의 세상이므로, '근심의 성' 밖에서 인생의 즐거움을 찾을 수 있다는 의미로 '해골의 즐거움'을 해석하는 것은 적절하지 않다.

오답이 오답인 이유

① '백안'이 '싫은 사람은 눈의 흰자위를 드러내고 맞이했다는 고사에서 유래한 말'이라는 점을 고려한다면, ㉠은 국양이 공방의 방문을 꺼려 했다는 의미로 해석할 수 있으며, 이를 통해 국양의 말을 들은 공방이 국양을 꾸짖는 이유를 알 수 있다.

② '고주'를 '외로운 군주', '병'을 '군인이나 군대'의 의미로 해석하면 ㉡은 천군이 병사를 이끌고 자신을 도우러 온 국양을 환대했다는 의미로 해석할 수 있다. 또한 '고주'를 '시장에서 파는 술', '병'을 '액체를 담는 데 쓰는 그릇'의 의미로 해석하면 ㉡은 병에 술을 담아 왔다는 의미로 해석할 수 있다.

③ '병'을 '군인이나 군대'의 의미로 해석하면 ㉢은 천군이 국양에게 '근심의 성'에 있는 세력들의 토벌을 맡긴다는 의미로 해석할 수 있다. 또한 '병'을 '액체를 담는 데 쓰는 그릇'의 의미로 해석하면 ㉢은 마음속의 근심은 술을 통해 없앨 수 있다는 의미로 해석할 수 있다.

④ '유리종'과 '앵무잔', '습가지'와 '고양의 술꾼' 모두 술과 관련된 말들이므로, ㉣은 국양이 술을 마시며 세월을 보냈다는 의미로 해석할 수 있으며, 이를 통해 국양이 천군에게 등용되기 전까지 강호를 떠다니는 신세로 지냈다는 점을 알 수 있다.

03 고전 산문 본문 127~130쪽

01 ③	02 ③	03 ④	04 ①

■ **권필, 「위경천전」**

해제 이 작품은 명나라를 배경으로 청춘 남녀의 애절한 사랑과 비극을 그리고 있는 한문 소설이다. 비극적 애정 소설의 기본 구도를 충실히 따른 작품으로, 사랑만이 유일한 삶의 희망이라는 생각을 바탕으로 이별의 상황에서 죽음을 맞이하게 되는 주인공들의 슬픈 운명을 형상화하고 있다.

주제 청춘 남녀의 비극적이고 애절한 사랑

전체 줄거리 위경천은 친구와 함께 동정호로 유람을 갔다가 재상의 딸 소숙방을 만나 은밀하게 인연을 맺는다. 그 후 위경천과 소숙방은 이별을 맞이하게 되고 그리움으로 인해 병이 드는데, 두 사람의 사연을 알게 된 양가 부모는 두 사람을 혼인시킨다. 조선에서 임진왜란이 일어나자 위경천의 부친은 황제의 명에 따라 참전하고 위경천도 서기직을 맡아 부친과 함께 떠나게 된다. 위경천은 전쟁터에서 아내에 대한 그리움으로 그만 죽게 되고, 위경천의 죽음을 안 소숙방도 결국 죽음을 맞이하게 된다.

01 소재의 기능 파악 답 ③

정답이 정답인 이유

③ '편지 한 통'은 소숙방 부친이 위생의 부친에게 보낸 것으로, 편지를 통해 소숙방 부친은 자신의 관직 생활 등에 대한 정보를 겸손하게 전달하며 자녀의 혼례를 추진할 것에 대한 의견을 전하고 있다. 따라서 소숙방 부친의 삶의 내력을 요약하여 정보를 제시하고 있다는 설명은 적절하다.

오답이 오답인 이유

① 편지에 위생과 소숙방의 만남에 대해 자신의 탓이라고 말하는 내용은 있지만, 위생과 소숙방의 이별에 당위성을 부여하는 내용은 존재하지 않는다.

② 위생과 소숙방의 첫 만남 이후에 소숙방의 상태가 어떠한지를 말하고 있는 내용으로 위생과 소숙방의 첫 만남에 개연성을 높이고 있다는 설명은 적절하지 않다.

④ 초나라와 진나라를 언급하며 고사의 내용을 활용하여 혼례를 올리기를 원하는 마음을 전하고 있을 뿐, 역사적 사실의 정당성을 언급하고 있지는 않다.

⑤ 소숙방의 집안에 대한 정보가 제시되어 있고, 위생과 소숙방의 인연에 관한 소숙방 부친의 생각이 담겨 있을 뿐, 양가 집안의 갈등이 드러나고 있지는 않다.

02 인물의 심리, 태도 파악 답 ③

정답이 정답인 이유

③ 위생의 부모는 위생에게 진실을 듣고 급히 소상국 집에 하인을 보내 혼인을 청하려고 하였으나, 하인이 대문을 나서기도 전에 소숙방의 부친이 보낸 편지가 먼저 도착했다. 따라서 위생의 부모가 소숙방의 부친이 보낸 편지를 받은 후 마음을 돌려 위생과 소숙방의 만남을 허락했다는 진술은 적절하지 않다.

오답이 오답인 이유

① 위생이 부모님께 마음에 품고 있던 생각을 말하는 부분에서 부모님을 효성으로 봉양하지 못한 것에 대해 자책하며 소상국의 집에 들어가 경박한 행동을 한 자신의 잘못을 고백했음을 알 수 있다.

② 심부름꾼의 말을 통해 소숙방은 위생과 이별한 후부터 매일 꽃밭에서 기다리다가 병들어 일어나지 못했음을 알 수 있다.

④ 소숙방의 부친은 소숙방의 마음을 헤아리지 못하였는데 소숙방이 잠든 사이에 소숙방의 비단 상자를 들춰 보다가 그리움을 노래한 시를 발견하고 사정을 캐물어 알게 된다. 소숙방으로부터 사정을 듣고 난 후, 심부름꾼에게 혼인을 청하고 오라는 명을 내린다.

⑤ 상국의 심부름꾼은 위생과 이별 후 그리움에 병든 소숙방의 상황, 소숙방의 부친이 소숙방이 쓴 시를 통해 그 병의 원인을 알게 된 상황 등을 위생의 부친에게 말하며, 청혼의 뜻을 전달하기 위해 심부름을 오게 되었음을 밝힌다.

03 구절의 의미 이해 답 ④

정답이 정답인 이유

④ [A]는 꾀꼬리라는 자연물을 통해 임에 대한 그리움을 강조하고 있지만 고향에 대한 그리움을 드러내고 있지는 않다. [B]는 자연물인 기러기가 고향을 그리워하며 우는 모습을 제시하여 타지에서 고향을 그리워하는 위생의 정서를 드러내고 있다.

오답이 오답인 이유

① [A]는 금슬의 줄이 끊어진 상황에 빗대어 소숙방이 위생과 이별한 상황을 암시하고 있으나, 비밀이 알려질 것을 걱정하는 마음이 드러난다고 보는 것은 적절하지 않다.

② [B]에는 괴로움과 그리움의 정서가 제시되어 있으나 이별한 이후에 홀로 타지에서 소숙방을 그리는 마음인 것이지, 이별하던 당시에 느낀 비애감으로 보는 것은 적절하지 않다.

③ [C]는 비극적 상황에 놓인 위생과는 달리 군인으로서 적군을 무찌르고자 하는 김생의 마음이 담긴 것이지, 위생과 대조되는 상황에서 느끼는 우월감을 드러낸 것으로 보는 것은 적절하지 않다.

⑤ [C]는 격렬한 전투가 펼쳐지는 전쟁터의 상황을 묘사하고 있는 것이 아니라, 용검으로 누란을 물리치고자 하는 마음과 달리 기회를 얻지 못하는 상황을 감각적 표현으로 드러낸 것이므로 적절하지 않다.

04 외적 준거에 따른 작품 감상 답 ①

정답이 정답인 이유

① 위생이 친구와 함께 배를 타고 남쪽으로 유람을 간 것은 인물의 의지적 행동이라고 할 수도 있으나, ⓐ는 아름다운 경치를 따라 소상국 집에 우연히 들어가 이루어진 것이므로 위생과 소숙방의 첫 만남은 우연에 의한 것으로 볼 수 있다. ⓒ는 양가 부모의 동의를 얻고 정식으로 혼례를 올리게 된 것으로, 유교적 윤리 규범의 수용을 통해 이루어진 만남이지 예기치

못한 운명을 수용하여 이루어진 결과로 보기 어렵다.

오답이 오답인 이유

② ⓑ는 위생과 소숙방이 첫 만남 이후에 마주한 개인적 차원의 이별이다. 이에 비해 ⓓ에서 이별의 원인인 전쟁은, 개인의 의지로는 피할 수 없는 역사적 비극이므로 남녀 주인공의 비극적 사랑을 현실적으로 보여 주는 효과가 있다.

③ ⓒ는 혼례를 통해 위생과 소숙방이 사랑의 결실을 맺는 것인데, 위생은 부친의 요청에 따라 함께 전쟁에 참전하게 되면서 다시 소숙방과 이별하는 ⓓ의 상황을 마주하게 되고 이로 인해 병을 얻는다.

④ 소숙방의 부친이 위생의 부모에게 전한 편지에는 ⓑ의 상황에 놓인 위생과 소숙방을 다시 만나게 하여 정식으로 부부의 연을 맺게 해 주고자 하는 청혼의 뜻을 전달하는 내용이 있었다.

⑤ 위생은 소숙방과 이별한 상황에서 그리움에 몸져눕는다. 하지만 ⓓ와 달리 ⓑ의 상황에서는 부모가 혼례 날짜를 정하려 하고, 소숙방의 부친도 청혼의 뜻을 담은 편지를 보내는 등 양가 부모의 도움으로 소숙방과 혼인을 하게 된다.

04 고전 산문

본문 131~134쪽

01 ④ 02 ③ 03 ③ 04 ①

■ **윤계선, 「달천몽유록」**

해제 이 작품은 임진왜란 직후 윤계선(1577~1604)이 지은 몽유록계 소설로서 '꿈'을 매개로 당대의 현실에 대해 발언하는 우리나라 몽유록의 전통을 계승하고 있다. 이러한 몽유록의 전통은 임제의 「원생몽유록」에서 틀이 잡힌 이후에 이어져 내려온 것으로 알려져 있다. 이 작품은 해박한 역사 지식을 수준 높게 구사하고 있으며, 짜임새 있는 이야기 속에 임진왜란의 공과에 대한 치밀한 분석을 보여 주고 있다. 아울러 작품 서두에 제시된 전쟁터에 대한 음산한 묘사, 전사한 유령들의 참혹한 모습을 형상화한 장면은 임진왜란의 비극성을 집약적으로 보여 준다. 작가는 임진왜란 때 참전했던 조선 장수들을 하나씩 등장시켜 그들의 목소리로 전쟁의 공과에 대해 논하게 하는데 가장 높이 평가된 인물은 충무공 이순신이고, 가장 큰 과오를 범한 인물은 신립이다. 원균은 모두의 조롱거리가 되어 혼령들의 모임에 얼굴조차 내밀지 못한다. 그런데 작가는 신립에게 발언의 기회를 주어 그의 목소리를 통해 전쟁 실패의 근본 원인이 '어쩔 수 없는 운명'에 있었다고 이야기한다. 이러한 자기 합리화는 17세기 조선의 지배층이 당면했던 문제, 곧 '실패한 전쟁의 역사를 어떻게 극복할 것인가'에 대한 지배층의 생각이 반영된 것으로 이해된다. 당시 지배층은 전쟁 실패의 책임을 국가나 지배층 전체가 아니라 일부 개인이나 불가피한 운명에 돌리려는 태도를 보였기 때문이다. 이처럼 임진왜란 실패의 원인을 장수 개인의 전술 착오와 불가피한 운명에서 찾을 뿐 국가 제도의 차원에서 근본적인 원인을 찾지 못한 점은 이 작품의 한계로 지적된다.

주제 임진왜란의 참상 및 전쟁의 공과에 대한 역사적 평가

전체 줄거리 선조 33년(1600) 봄에 파담자는 호서 지방을 암행하라는 어명을 받고 임무를 수행하다가 어느 날 충주 달천에 이른다. 달천은 임진왜란 때 탄금대 전투가 있었던 격전장이다. 그곳에서 파담자는 느끼는 바가 있어 전쟁 패배를 안타까워하고 희생자의 영혼을 위로하는 시를 지은 뒤 잠이 들었는데, 꿈속에서 임진왜란 때 희생당한 병사와 장수들의 영혼을 만난다. 꿈속에서 파담자는 참혹한 형상을 한 병사들의 하소연과 전쟁 패배에 책임이 있는 신립 장군의 이야기를 듣는다. 아울러 왜적에 맞선 이순신 장군과 그 밖의 위대한 장수들을 만나 그들의 공을 기리고 원한을 위로하며, 전쟁의 공과에 대해 논한다. 꿈에서 깬 파담자는 정성껏 제문을 지어 올려 혼령을 위로한다.

01 서술자의 태도 파악 답 ④

정답이 정답인 이유

④ 이 글에 제시된 장면에서 파담자는 인물들(전쟁 희생자들의 영혼)의 이야기를 들어 주는 역할에만 충실하고 있으며, 직접 대화에 개입하여 대화 주제에 관한 자신의 주관적 견해를 제시하거나 특정 사안에 대해 논평하는 모습은 보여 주고 있지 않다. 이러한 점에서 파담자는 소극적 참여자로서 등장인물들의 이야기를 객관적으로 전달하는 존재라고 할 수 있다.

오답이 오답인 이유

① 이 글에 제시된 장면에서 배경 묘사를 통해 앞으로 일어날 일을 암시하는 내용은 찾아볼 수 없다. 죽은 병사들의 혼백들이 하는 말 가운데 전란 당시에 교전의 배경이 되었던 충주, 조령, 죽령 등의 장소에 관한 설명이 있기는 하지만, 이는 병법의 차원에서 해당 장소의 전술적 유불리를 분석한 것이지 장소를 묘사해 미래에 일어날 일을 암시한 것은 아니다.

② 파담자는 소극적 참여자로서 인물들의 말을 듣기만 할 뿐이다. 인물에 대한 논평을 가하지 않을뿐더러 문제의 원인을 밝히지도 않는다.

③ 이 글에 제시된 장면에 죽은 병사들의 혼백과 신 공의 혼백 사이에 의견 대립과 갈등이 나타나기는 하지만, 그 의견 대립과 갈등을 조정하기 위해 파담자가 나서고 있지는 않다. 역사적 사례를 근거로 들어 발언하고 있지도 않다.

⑤ 파담자가 인물들의 말을 충실히 듣고 있기는 하지만, 그 인물들의 말이 파담자의 질문을 받아 나온 것은 아니다. 따라서 파담자가 적절한 질문을 통해 인물들의 대화를 유도하고, 그

로써 사건을 새로운 국면으로 전환하고 있다는 설명은 적절하지 않다.

02 구절의 의미 이해 답 ③

정답이 정답인 이유

③ 죽은 병사들의 혼백이 신 공과 관련해 '불세출의 재주', '불세출의 공'을 언급한 이유는, 장수로서 신 공의 훌륭한 면을 짚어 내어 신 공에 대한 부정적 판단을 긍정적 판단으로 바꾸기 위해서가 아니다. 문맥상 '그렇게 훌륭한 장수라고 불리었던 사람이 어째서 지휘를 잘못해 전쟁에서의 패배를 초래했는가?'라는 힐난을 하기 위해, 다시 말해 전쟁 실패에 대한 신 공의 책임을 부각하기 위해 '불세출의 재주', '불세출의 공'을 언급한 것으로 보는 것이 적절하다.

오답이 오답인 이유

① 파담자는 귀신들의 이야기를 엿듣고 있었는데 ㉠을 계기로 귀신들 앞에 나아가 인사를 하고, 대화 자리에 동참하게 된다.

② 죽은 병사들의 혼백은 '김 종사의 청', '이 순변의 말'이 있었음에도 '신 공은 귀담아듣지 않고 감히 자기 억측만으로 결정했'다고 말한다. 이 내용이 바로 ㉡을 통해 말하고자 했던 사실이며, 그러한 신 공의 고집과 억측이 전쟁 패배의 원인이라고 죽은 병사들의 혼백은 주장하고 있다.

④ ㉣은 장수로서 신 공의 역량을 입증하는 사례에 해당한다. 북방에서 쌓은 ㉣과 같은 공로 때문에 신 공은 임금에게 칭찬을 받고 신뢰를 얻을 수 있었다. 훗날 신 공이 대장군의 권한을 받을 수 있었던 데에는 적으로부터 나라를 지키려는 그의 간절한 마음에 임금이 감동했기 때문이기도 하지만 장수로서 신 공이 지닌 능력에 대한 임금의 신뢰가 중요하게 작용했다고 보는 것이 적절하다.

⑤ ㉤에서 말하는 옛사람의 가르침은 '내 의견만 고집하면 작아진다'는 교훈이다. 신 공은 전쟁 실패의 원인을 따지면서 하늘의 도움을 받지 못한 것뿐만 아니라 자신의 의견만 고집하고 적을 가벼이 여긴 자신의 책임도 함께 언급하고 있다.

03 구성 및 서사 구조의 이해 답 ③

정답이 정답인 이유

③ [A]는 죽은 병사들의 혼백이 한 말이고, [B]는 신 공이 한 말이다. [A]와 [B]에서 발화의 소재가 되는 중심 사건은 전쟁에 실패한 일이다. [A]에서 죽은 병사들은 전쟁 실패의 책임이 장수인 신 공의 역량 부족과 전술 실패에 있다고 주장한다. 반면 [B]에서 신 공은 전쟁 실패에 자신의 책임도 있음을 인정하고 반성하면서, 동시에 자신은 능력도 뛰어나고 최선을 다했지만 하늘이 돕지 않아 패배할 수밖에 없었다고 주장하며 전쟁 실패의 근원적 원인을 불운한 운명으로 돌리고 있다. 따라서 [A]는 전쟁 실패의 책임자인 신 공에 대해 비판하는 내용을, [B]는 [A]에서 비판의 대상이 된 신 공이 자신에게 쏟아지는 비판에 대해 반성하고 해명하는 내용을 담고 있다고 할 수 있다.

오답이 오답인 이유

① [A]와 [B]는 모두 파담자가 꿈속에서 듣는 말이다.

② [A]와 [B]는 모두 전쟁 실패의 원인에 초점을 맞춘 이야기이다. [A], [B] 모두 전란이 발발하게 된 원인에 대해서는 언급하고 있지 않으므로, '[A]는 전란의 원인에 대해 하는 말'이라는 설명은 적절하지 않다. 전란이 야기한 전란 이후의 사회 변화뿐만 아니라 전란의 승패도 넓은 의미에서 전란의 결과에 해당하므로 '[B]는 전란의 결과에 대해 하는 말'이라는 설명은 적절하다고 볼 수 있다. [B]에서 신 공은 전쟁이 패배로 귀결되었음을 언급하고 있기 때문이다.

④ [A]는 전쟁 실패의 책임자인 신 공에 대해 비판하는 말이지 의문점에 대한 답을 얻기 위해 질문하는 말은 아니다. [B] 역시 신 공의 자기 해명에 해당하는 말일 뿐, 누군가의 질문에 답변하기 위해 한 말은 아니다.

⑤ [A]와 [B]의 발화자는 각각 전쟁에서 희생당한 병사들과 전쟁에서 스스로 목숨을 끊은 신 공으로, 모두 전란으로 인해 목숨을 잃은 이들이다.

04 외적 준거에 따른 작품 감상 답 ①

정답이 정답인 이유

① '우리의 목이 베인들 억울할 게 없'다는 '죽은 병사들'의 발언은 국가, 임금, 지휘관에 대한 헌신을 강조하기 위해서가 아니라 자신들의 억울한 죽음을 호소하려는 의도에서 비롯한 것이다. '죽은 병사들'은 장수가 현명하지 못하여 자신들이 전쟁에서 패배하고 목숨도 잃게 되었다고 생각하기 때문이다. '병사는 장수 한 사람의 통제에 따르는 존재'라는 말도 여기서는 병사들이 지휘관인 장수에게 복종해야 함을 강조하기 위해서가 아니라 전쟁에서 장수의 책임이 매우 크다는 점을 부각하기 위해 언급한 것이다. 결국 '병사는 장수 한 사람의 통제에 따르는 존재'라는 말과 '우리의 목이 베인들 억울할 게 없'다는 말은 전쟁 실패와 병사들의 죽음에 관한 책임을 장수에게 묻기 위한 것으로 보는 것이 적절하다. 따라서 이러한 '죽은 병사들'의 발언이 국가주의적 전쟁 관념을 강조하는 17세기 소설의 특징을 보여 주는 사례라는 설명은 적절하지 않다.

오답이 오답인 이유

② 임진왜란처럼 규모가 크고 장기간에 걸쳐 진행된 전쟁이 실패로 귀결되었을 때 그 원인은 몇몇 개인에게도 있겠지만 근본적으로는 국가의 체계에서 찾을 수밖에 없다. 그런데 이 글에서 '죽은 병사들'의 발언을 보면, 전쟁 실패의 책임을 오로

지 신 공과 같은 장수 개인에게 돌리고 있음을 알 수 있다. 〈보기〉의 내용을 참고할 때, 이러한 작품의 양상은 전쟁 실패에 관한 국가의 책임을 회피하려는 17세기 소설의 특징과 관련이 있다고 할 수 있다.

③ 병사들이 전쟁터에서 핏덩이가 되고, 그 자식들이 고아가 되며 아내들이 과부가 되었던 것은 평범한 개인이 전쟁이라는 역사적 소용돌이에 휘말리면서 겪게 된 불행이다. 그러므로 전쟁이 야기한 개인과 가족의 고통에 관한 '죽은 병사들'과 '사내'의 발언은, 고통의 기억을 부각하여 전란의 경험을 문학적으로 수용하는 17세기 소설의 특징과 관련 있다고 할 수 있다.

④ 이 글에서 '사내'는 임금을 '현명한 임금'이라 부르고, '임금께서 수레를 밀어 주시니 싸움터에서 죽겠다고 결심했'다고 말하면서 임금에 대한 긍정적 인식을 드러낸다. 그리고 전쟁 실패의 책임을 자신의 잘못과 하늘에 돌리고 있다. 이는 전쟁 실패에 관한 군주의 책임을 회피하려는 17세기 소설의 특징을 보여 주는 것이라고 할 수 있다.

⑤ 이 글에서 '사내'는 '하늘이 그렇게 정한 일이니 인간의 힘으로 어찌하겠습니까?'라고 말하며 전쟁 실패의 근원적 원인이 인간의 잘못보다 하늘의 운명에 있음을 강조한다. 이는 전쟁 패배의 원인을 국가가 아니라 운명에서 찾는 17세기 소설의 특징을 보여 주는 것이라고 할 수 있다.

05 고전 산문

본문 135~138쪽

01 ③ 02 ⑤ 03 ② 04 ⑤

■ 작자 미상, 「조웅전」

해제 이 작품은 조선 후기에 쓰인 대표적인 영웅 소설로, 주인공의 영웅적인 활약을 그려 내고 있다. 중국 송(宋)나라를 배경으로 주인공 조웅이 간신 이두병 때문에 고난을 겪다가 이두병을 처치하고 황실을 바로잡는 과정을 담고 있는 창작 군담 소설이다. 전반부는 조웅의 고행담과 애정담, 후반부는 조웅의 영웅적 무용담으로 구성되며, 당대의 사회상과 민중의 심리를 사실적으로 반영하고 있다.

주제 나라에 충성하는 마음과 자유연애

전체 줄거리 중국 송나라 문제(文帝) 때 승상 조정인은 이두병의 참소를 받고 음독자살하고, 조 승상의 외아들 조웅은 어머니와 함께 이두병을 피해 도망 다닌다. 천자가 세상을 떠나자 이두병은 어린 태자를 계량도로 유배 보내고 스스로 천자가 된다. 이에 조웅 모자는 온갖 고생을 하며 유랑하다가 월경 대사를 만나 강선암에 들어가 살게 된다. 월경 대사로부터 술법과 글을 배운 조웅은 강선암을 떠나 강호의 화산 도사로부터 조웅검(삼척검)을 얻고, 철관 도사에게서 무술과 도술을 배운 뒤 용마를 얻는다. 조웅은 강선암으로 어머니를 만나러 가던 중 장소저를 만나 혼인을 약속한다. 이때, 서번이 위국을 침공하므로 조웅은 위국으로 달려가서 위왕을 도와 서번군을 격파한다. 그런 다음 태자를 구출하고, 중국으로 와서 이두병 일파를 처단한다. 조웅은 위왕과 연합하여 수십만 대군으로 황성을 쳐서 이두병의 목을 베고, 태자를 천자의 자리에 등극시킨다. 황실은 다시 회복되고 조웅은 서번의 왕이 된다.

01 인물의 심리, 태도 파악 답 ③

정답이 정답인 이유

③ 철관 도사가 웅에게 늙은 암말이 낳은 말의 행동을 말하며 '사람이 상할까 염려'라고 하는 부분을 통해 확인할 수 있다.

오답이 오답인 이유

① 철관 도사는 동자를 시켜서 웅에게 석반을 재촉하여 주지만 그 먹는 양을 보고 비범한 인물임을 알아차리고 있는 것은 아니다.

② 철관 도사는 웅이 벽에 쓴 글을 보고 놀라며 동자를 보내 웅을 불러들여 자신의 모습을 보였다. 웅의 정성이 부족해서 몸을 숨겼다고 보는 것은 적절하지 않다.

④ 웅이 철관 도사에게 말의 값을 묻는 부분은 있으나 철관 도사가 '이는 그대의 말이라.'라고 하며 값을 받지 않고 웅에게 주었다. 따라서 웅이 예상보다 높은 말의 값에 좌절했다고 보는 것은 적절하지 않다.

⑤ 말이 사람을 상하게 할까 걱정하는 사람은 웅이 아니라 철관 도사이다. 웅이 말의 목을 안고 굴레를 갖추어 마구간에 맨 것은 말이 자신을 보며 반기는 듯하여 기뻤기 때문이다. 그러므로 웅이 말이 사람을 상하게 할 때를 대비하여 마구간에 감금하였다고 보는 것은 적절하지 않다.

02 작품의 내용 이해 답 ⑤

정답이 정답인 이유

⑤ 웅은 ㉡을 배워서 의사 광활하고 눈앞의 일을 모를 것이 없게 되었고, ㉣을 배워서 일 년이 안 되어 신통 묘술을 달통하게 되었다.

오답이 오답인 이유

① 노옹은 기다리고 있던 웅이 오자 별다른 시험 과정 없이 ㉠을 주며 그대의 것을 전한다고 말한다. 따라서 ㉠을 주기 전에 고난을 통해 웅의 영웅성을 시험했다는 진술은 적절하지 않다.

② 철관 도사는 동자를 시켜서 험한 산길에 고생한 웅을 위해 밥을 대접한다. 따라서 ㉡을 전수하기 위해 밥상을 차려 주었

다는 진술은 적절하지 않다.

③ 철관 도사는 ㉢으로 인해 사람이 상할까 염려하고 있는 상황으로 ㉢을 웅에게 주는 것을 다행이라고 생각하므로, 웅에게 주기 위해 ㉢을 아끼며 키웠다는 것은 적절하지 않다.

④ ㉢이 웅에게 머리를 들고 굽을 치며 공순하게 행동한 것은 맞지만, 웅이 ㉡을 통해 ㉢을 공순하게 길들인 것은 아니다.

03 작품의 내용 이해 답 ②

정답이 정답인 이유

② 웅은 철관 도사를 찾아가 벽상에 남긴 글에서 자신을 '나그네'라고 표현하며 멀리서 찾아왔음을 알리고 있다. 따라서 철관 도사를 '나그네'라고 지칭하며 낮추고 있다고 이해하는 것은 적절하지 않다.

오답이 오답인 이유

① 노옹은 웅에게 '조웅검'이라고 적혀 있는 보검을 전해 주기도 하고, '대명'을 이루라고 하며 철관 도사를 만날 길을 알려 주기도 한다. 이러한 행위를 통해 웅이 하늘로부터 받은 사명을 수행하는 임무를 맡은 영웅임을 노옹이 알고 있었다고 이해할 수 있다.

③ 웅이 자신을 '용'에 비유한 것은 자신의 능력에 대한 믿음을 가진 표현으로 이해할 수 있다.

④ 철관 도사가 웅이 탈 말을 하늘이 낸 '용마'라고 하고, '보배'라고 하는 부분은 웅의 능력과 비범함을 인정하는 모습으로 이해할 수 있다.

⑤ 철관 도사가 자신에게 감사 인사를 하는 웅에게, 자신의 은혜가 아니라 모두 '그대의 운수'라고 한 부분을 통해 웅의 운수, 즉 하늘이 정한 운명을 알고 있는 모습이라고 이해할 수 있다.

04 외적 준거에 따른 작품 감상 답 ⑤

정답이 정답인 이유

⑤ 노옹과 철관 도사는 하늘의 명을 전하는 조력자의 역할로, 웅에게 각각 보검과 말을 넘겨준 것이다. 따라서 이를 조력자로서의 역할을 끝내겠다는 의미로 감상하는 것은 적절하지 않다.

오답이 오답인 이유

① 조웅의 행동을 초월적 존재와의 조응과 연결 지어 감상할 수 있다는 〈보기〉의 설명을 참고할 때, 노옹이 천기를 통해 웅이 처한 어려움을 짐작한 것은 초월적인 대상이 웅의 운명에 조응하고 있음을 보여 준다고 할 수 있다.

② 영웅 소설이 비범한 능력을 가진 인물이 성공에 이르는 과정을 그려 내는 이야기라는 〈보기〉의 설명을 참고할 때, 웅이 크게 소리를 지르자 길들지 않던 말이 머리를 들고 굽을 치며 순응하는 행동을 하는 것은 웅의 비범한 능력의 하나로 이해할 수 있다.

③ 웅이 외부 환경에만 의존하지 않고 스스로의 성장을 위해 자발적인 노력을 해 나가는 인물이라는 〈보기〉의 설명을 참고할 때, 웅이 철관 도사에게 적극적으로 배움을 청하고 받아들이고 있는 것은 자신의 성장을 위해 자발적으로 노력하고 있는 모습이라고 이해할 수 있다.

④ 웅이 개인적으로는 아버지를 자결에 이르게 한 원수이자 국가적으로는 왕위를 찬탈한 이두병과 그 일파를 처단하기 위해 능력을 갈고닦는다는 〈보기〉의 설명을 참고할 때, 보검과 말을 얻은 것은 적을 처단하기 위한 무력을 확보한 것으로 이해할 수 있다.

06 고전 산문 본문 139~142쪽

01 ④ 02 ③ 03 ⑤ 04 ③

■ **작자 미상, 「이대봉전」**

해제 이 작품은 제목이 남성 주인공의 이름으로 되어 있으나, 여성 주인공인 장애황의 활약이 크게 나타난다는 점에서 여성 영웅 소설로 평가받기도 한다. 여성의 사회적 진출이 제한되어 있었던 당시의 시대적 상황으로 인해 남장(男裝) 모티프를 활용하고 있는데, 남장한 장애황이 과거에 급제하여 벼슬길에 진출한 후, 외적이 난을 일으켰을 때 대원수로 출전하여 공을 세우는 모습은 당시 남성 중심의 사회에 대한 여성 독자의 반발 심리를 수용한 것으로 이해할 수 있다. 또한 이 작품의 전개가 어려서 한 남녀의 혼인 약속과 헤어짐, 시련 뒤의 재결합으로 구성되어 있다는 점에서, 인간의 일생에서 결혼의 중요성에 대한 의식이 담겨 있음을 알 수 있다.

주제 나라를 위기에서 구하고 사랑을 이루는 남녀 주인공의 활약상

전체 줄거리 명나라 때 이 시랑은 백운암에 시주하고 아들 대봉을 낳는다. 이 시랑의 죽마고우인 장 한림도 같은 시간에 딸 애황을 낳아 대봉과 정혼을 시킨다. 간신 왕희가 국권을 마음대로 휘둘러 나라가 위태로워지자 이 시랑은 직간하는 상소를 올리지만 왕희의 참소를 입어 백설도로 유배된다. 유배를 가던 중 왕희는 뱃사공을 매수하여 이 시랑과 대봉을 죽이려고 하지만 대봉 부자는 용왕의 도움으로 살아난다. 대봉 부자의 참변을 듣고 장 한림과 그의 부인은 탄식하다 병을 얻어 죽는다. 왕희는 애황의 미모가 출중하다는 말을 듣고 며느리로 맞이하려 하나, 애황은 남장을 하고 도주하여 이름을 계운으로 바꾸고 무예를 배운다. 과거에 장원 급제하여 한림학사를 제수받은 계운은 남선우가 중원을 침략하자 대원수로 출마해서 적을 크게 무찌른다. 한편 서해 용왕의 도움으로 살아난 대봉은 백운암에서 수련하면서 때를 기다린다. 마침 북흉노가 중원을 침범하여

황성을 점령하고 천자를 핍박하여 위급한 지경에 이르자, 이대봉은 필마단기로 흉노군을 격파하고 적군의 항복을 받아 낸다. 결국 이대봉은 왕희를 처단하고 장애황과 혼인한다. 이후 이대봉은 초왕이 되어 부귀영화를 누리며 일생을 마친다.

01 작품의 내용 이해 답 ④

정답이 정답인 이유

④ '내 몸이 규중에서 자라 능히 문밖을 알지 못하거늘 어디로 갈 바를 알리오? 차라리 내 방에서 죽으리라.'라는 애황의 말을 통해, 애황이 자신의 성장 환경을 이유로 남자 옷으로 갈아입고 후원을 넘어 피신하라는 난향의 제안을 수락하는 것을 주저하고 있음을 알 수 있다.

오답이 오답인 이유

① 왕희는 애황의 행방을 추적하지도 않았으며, 만좌 빈객의 만류로 자신을 속인 난향을 살려 보냈을 뿐이다.
② 난향은 하늘의 뜻이 아닌, 왕가 노복의 추격을 피할 수 없다는 점을 이유로 함께 도망가자는 애황의 제안을 거절하였다.
③ 석연은 애황이 자신과의 혼인을 거절하자 강제로 애황을 데려가기 위해 장미동을 찾아왔을 뿐, 애황이 매파의 청혼을 승낙한 것은 아니다.
⑤ 희 씨는 애황의 인물이 비범하고 풍채가 준수하기에 그녀에게 자신의 집에 머물 것을 부탁했을 뿐, 자신의 딸을 돌봐줄 것을 부탁하지는 않았다.

02 배경의 기능 파악 답 ③

정답이 정답인 이유

③ 난향은 애황을 대신하여 석연과의 혼인을 위해 장안에 있는 왕희의 집으로 향한다는 점에서 '장안'은 애황을 대신하여 난향이 향하는 곳이라 할 수 있다. 그러나 난향의 도움으로 집을 나온 애황은 정처 없이 가다가 수일 만에 여람 땅에 도착하게 된다. 따라서 '여람 땅'이 난향의 권유로 인해 애황이 향하는 곳이라는 진술은 적절하지 않다.

오답이 오답인 이유

① 애황은 난향에게 외당의 동정을 살피라고 한 후, 외당에 있는 사람들이 자신을 납치하러 온 사람이라고 말하고 있다. 따라서 애황의 '외당'은 애황을 향한 위협을 난향이 확인하는 공간이라 할 수 있다. 한편 난향은 왕희의 외당에서 만좌 빈객들에게 애황이 당한 억울한 일을 알리고 있다. 따라서 왕희의 '외당'은 애황을 향했던 위협을 빈객들이 확인하는 공간이라 할 수 있다.
② 애황과 혼인하기 위해 애황의 내정에 무단으로 들어와 애황을 데려가려 한 석연은 애황의 의복을 입은 난향이 애황인 줄 알고 데려간다. 따라서 애황의 '내정'은 애황에 대한 석연의 처분이 난향에 의해 좌절되는 공간이라 할 수 있다. 한편 왕희는 자신을 속인 난향을 죽이고자 하였으나 만좌 빈객들의 만류로 인해 어쩔 수 없이 난향을 놓아주게 된다. 따라서 왕희의 '내당'은 난향에 대한 왕희의 처분이 빈객들에 의해 좌절되는 공간이라 할 수 있다.
④ 집에서 나온 애황은 정처 없이 떠돌다가 여람 땅에 이른 후 밥을 빌어먹기 위해 최 어사 집을 찾게 된다. 따라서 '최 어사 집'은 '승상의 집'과 대비되어 고난을 피하기 위해 애황이 자발적으로 찾아간 곳이라 할 수 있다.
⑤ 애황은 최 어사 집의 서헌에서 희 씨를 만나고 자신의 집에 머물라는 그녀의 청을 수락한 후, 학업에 힘써 공명을 취하라는 희 씨의 말에 따라 서당에서 학업과 병법 공부에 힘쓰게 된다. 따라서 '서헌'은 애황이 희 씨의 제안을 수락하는 공간이고, '서당'은 애황이 희 씨의 당부를 실현하기 위해 노력하는 공간이라 할 수 있다.

03 대화의 특징 파악 답 ⑤

정답이 정답인 이유

⑤ [B]의 '네 무도불의를 행하여 깊은 밤에 노복을 보내어 가만히 사대부가의 내정에 돌입하여 규중처자를 납치함'이라는 구절을 통해 난향이 왕희와 그의 노복들의 행적을 요약적으로 제시하며 왕희에게 과거의 사건을 환기하고 있음을 확인할 수 있다. 그러나 [A]에서는 인물의 행적을 요약적으로 제시하며 애황의 과거를 환기하는 부분이 나타나지 않는다.

오답이 오답인 이유

① [A]의 '소저가 만일 목숨을 함부로 여기시면 부모 제사와 낭군의 원수를 누가 갚으리잇고?', '소저는 급히 남자 옷으로 갈아입으신 후 후원을 넘어 피신하옵소서.'라는 구절을 통해 난향이 가족 간의 인륜을 근거로 애황의 행동 변화를 촉구하고 있음을 확인할 수 있다. [B]에서는 가족 간의 인륜을 근거로 난향이 왕희의 행동 변화를 촉구한 부분이 나타나지 않는다.
② [A]의 '소저는 소비와 의복을 바꾸어 입고 소비가 소저 모양으로 앉았으면 저 사람들이 반드시 소비를 소저로 알지니, 소저는 급히 남자 옷으로 갈아입으신 후 후원을 넘어 피신하옵소서.'라는 구절을 통해 난향이 애황의 위기 상황에 대한 해결책을 제시하며 목숨을 끊으려는 애황을 만류하고 있음을 알 수 있다. 그러나 [B]에서는 난향이 위기 상황에 대한 해결책을 제시한 부분이 나타나지 않는다.
③ [B]의 '왕희는 나라의 녹을 받는 중신으로 명망이 일국에 으뜸이요, 부귀 천하에 제일이라.', '네 무도불의를 행하여'라는 구절을 통해 난향이 왕희의 신분을 언급하며 그의 잘못을 지적하고 있음을 확인할 수 있다. [A]에서는 난향이 애황의 신분을 언급하며 그녀의 잘못을 지적한 부분이 나타나지 않는다.
④ [A]의 '부모 제사와 낭군의 원수를 누가 갚으리잇고?'라는

구절을 통해 난향이 물음의 방식을 활용하여 애황에게 자신의 생각을 전달하고 있음을, [B]의 '규중처자를 납치함은 무슨 뜻이뇨?'와 '어찌 통분치 않으리오?'라는 구절을 통해 난향이 물음의 방식을 활용하여 왕희에게 자신의 생각을 전달하고 있음을 확인할 수 있다.

04 외적 준거에 따른 작품 감상 답 ③

정답이 정답인 이유

③ 난향이 목숨을 잃을 위기에 처한 것은 애황 행세를 하며 석연과 왕희를 속였기 때문이지, 애황이 남장을 한 것과는 관련이 없다. 따라서 난향이 목숨을 잃을 위기에 처하는 모습에서 남장 모티프가 새로운 사건이 발생하는 계기가 된다는 점을 확인할 수 있다는 진술은 적절하지 않다.

오답이 오답인 이유

① 애황이 석연과의 혼인을 거절하자 석연은 노복을 대동하여 강제로 애황을 데려가려 하고, 이로 인해 애황은 집을 나와 정처 없이 떠돌아다니게 된다. 따라서 왕희의 청혼은 여성 주인공의 위기를 초래하는 원인에 해당한다고 볼 수 있다.
② 애황은 남장을 하고 집을 떠나라는 난향의 제안을 수락한 후 집을 떠나 위기에서 벗어나게 된다. 이를 통해 남장 모티프가 여성 주인공의 위기 극복에 활용된다는 점을 확인할 수 있다.
④ 희 씨가 애황에게 학업에 힘써 공명을 취하라고 말한 것은 희 씨가 애황을 남성이라고 생각했기 때문이다. 이를 통해 여성의 사회 진출을 위한 수단으로 남장 모티프가 활용되고 있음을 확인할 수 있다.
⑤ 애황은 희 씨의 집에 머무르며 학업에 힘쓰고 병법을 익혀 풍운조화의 재주를 부리고 뛰어난 용력을 지니게 되는데, 이는 위기를 극복한 여성 주인공이 영웅성을 획득하는 과정이라 볼 수 있다.

07 고전 산문

본문 143~146쪽

01 ② 02 ③ 03 ⑤ 04 ⑤

■ **작자 미상, 「춘향전」**

해제 이 작품은 판소리계 고전 소설 「춘향전」의 대표적인 이본(異本)으로서, '열녀춘향수절가'라는 표제가 붙은 19세기 후반의 완판이다. 제시된 부분은 이몽룡이 서울로 떠난 후 신관 사또가 부임하여 기생 점고를 시행하며 춘향을 찾아내고 수청을 강요하자 춘향이 저항하는 장면이다. 이 작품은 춘향의 절개를 부각하되 '열(烈)'이라는 유교 윤리의 주제 의식을 단순하게 강조하지 않고, 불의에 저항하는 한 인간의 참모습으로 형상화하여 나타내고 있다. 또한 춘향의 신분이 남원 부사 성 참판의 후생으로 설정된 점, 춘향과 월매, 향단의 인간상이 특색 있게 부각된 점, 판소리의 명창들에 의해 다듬어진 사설을 잘 반영하여 예술성을 높인 점, 흥겨움과 한스러움의 정서가 적절하게 조화된 점 등을 이 판본의 주요 특징으로 꼽는다.

주제 춘향과 몽룡의 신분을 초월한 사랑

전체 줄거리 남원 부사의 아들 이몽룡은 단오에 광한루에서 그네를 뛰는 춘향을 만나고 그녀와 사랑을 나누게 된다. 남원 부사의 임기가 종료되어 몽룡의 부친이 서울로 올라가게 되자 몽룡도 부친을 따라가게 되면서 몽룡과 춘향은 재회를 기약하며 이별한다. 남원에 새로 부임한 사또가 춘향의 아름다움에 매료되어 춘향에게 수청을 강요하고, 춘향은 수청을 거부하다 옥에 갇혀 죽을 지경에 이른다. 그동안 몽룡은 과거에 급제하여 암행어사가 되어 남원으로 내려온다. 사또의 생일 잔칫날에 몽룡은 암행어사 출두를 외쳐 사또를 파직시키고 춘향을 구출하고, 춘향 모녀를 서울로 데리고 가 춘향을 정실부인으로 맞이하여 행복한 삶을 살게 된다.

01 시점 및 서술상의 특징 파악 답 ②

정답이 정답인 이유

② 이 작품은 판소리의 율문체가 강하게 나타난다. 특히 '해서 기생 농선이는 ~ 평양 기생 월선이도 충렬문에 들어 있고'와 같은 춘향의 발언과 '모반과 대역하는 죄는 ~ 함께 귀양을 보내느니라.'와 같은 사또의 발언에서 유사한 통사 구조가 반복적으로 사용되어 율격이 조성되는 한편 인물의 발화 의도가 강조됨을 확인할 수 있다.

오답이 오답인 이유

① 제시된 부분에는 춘향이 자신의 집에서 사또가 머무는 곳으로 이동함에 따라 공간 변화가 나타난다. 하지만 공간적 배경에 대한 묘사를 통해 사건의 전환된 분위기를 암시해 주는 서술은 나타나지 않는다.
③ 제시된 부분에서 춘향과 도령이 인연을 맺은 과거의 사건은 인물들의 대화에서 언급될 뿐 서사 속에 장면으로 삽입되어 역순행적으로 사건이 전개되는 방식은 나타나지 않는다.
④ '망측한 환을 당해 놓았으니 소리가 화평할 수 있으리오.'에서 서술자가 작품 속에 개입하고 있음을 확인할 수 있다. 하지만 이는 춘향의 처지에 대한 서술자의 편집자적 논평에 해당하는 것으로서, 서술자가 사령과 관노의 입장에 동조하고 공감하면서 건네는 말로 볼 수는 없다.
⑤ 제시된 부분에는 인물 간 갈등이 고조되고 있는 상황이 나타난다. 하지만 고사의 인물은 춘향의 대화에 언급되어 춘향의 절개를 강조하기 위한 것일 뿐, 사건 속에 비현실적인 사건 요소로 삽입되어 나타나지는 않는다.

02 인물의 심리, 태도 파악 답 ③

정답이 정답인 이유

③ '도련님 가실 때에 장가든 후에 데려가마 당부하고, 춘향이도 그렇게 알고 수절하'고 있다는 수노의 말과 '이수재 만날 때에 산과 바다를 두고 맹세한 굳은 마음'을 밝히는 춘향의 말에서 춘향은 도령이 자신에게 남긴 약속을 믿고 도령과의 재회를 기다리고 있는 중이라는 사실을 알 수 있다.

오답이 오답인 이유

① 회계 나리는 사또가 '서울 계실 때부터 '춘향 춘향' 하'였다고 말하고 있다. 이를 통해 사또는 기생 점고를 하기 전부터 춘향의 존재를 이미 알고 있었음을 확인할 수 있다.
② 사또가 춘향에게 수청을 요구하는 이유는 회계 나리가 말한 '사또 일생 소원이 천하의 일색이라.'에서 알 수 있듯이 춘향의 외모를 높이 평가하기 때문이며, 춘향이 지키려는 절개와 같은 그녀의 인격에 대해서는 비아냥거리는 태도를 취하고 있다.
④ 춘향은 '남편을 배반하는 것은 벼슬하는 관장님네 나라를 배반하는 것과 같'다고 말한다. 따라서 절개를 지키는 일과 나라에 충성하는 것 중 어느 하나를 더 중요하게 생각하기보다 둘을 같은 위치에 놓고 모두 중요하다고 생각한다.
⑤ 사또는 춘향에게 '관장을 조롱하'고 '관장을 거역하는' 큰 죄가 있다고 생각하기 때문에 관장의 권위를 내세워 춘향을 죄인으로 취급한다.

03 대화의 특징 파악 답 ⑤

정답이 정답인 이유

⑤ 춘향은 고사에 나오는 인물들의 행적을 거론하여 자신의 신념이 정당함을 주장하고 있다. 하지만 공명 선생의 고사는 '높은 재주로 동남풍은 빌었으되 일편단심 소녀의 마음은 굴복지 못하리라.'라고 하여 자신의 지조를 그 어떤 것도 꺾을 수 없다는 의지를 강조하기 위해 사용되었다. 따라서 춘향이 공명 선생의 행적을 본보기로 삼아 자신의 신념이 정당함을 주장하고 있다고 설명하는 것은 적절하지 않다.

오답이 오답인 이유

① 사또는 춘향에게 '정절을 지키다가 고운 얼굴 늙어 가고 ~ 가련한 게 너 아니면 누구랴?'라고 말하며 그녀에게 일어날 수 있는 불행한 일을 가정하여 춘향의 마음을 움직이려 하고 있다.
② 사또는 춘향이 자신을 섬겨야 한다는 답을 이미 정해 놓고서 '네 고을 사또에게 ~ 매인 게 옳으냐?'라며 춘향에게 마치 선택을 요구하는 듯한 질문을 하고 있다.
③ 회계 나리는 '신관 사또 영접함이 법도에 당연하고 사리에도 당연커든'이라고 말하면서 법과 제도에 근거하여, 춘향이 자기 의지를 꺾고 사또의 뜻에 순종하도록 설득하고 있다.
④ 춘향은 '충효 열녀'에는 상하가 없다는 자기 입장을 분명히 밝히고 있으며, '해서 기생 농선이는 ~ 기생 모함 마옵소서.'에서 다양한 사례를 근거로 하여 회계 나리의 주장을 반박하고 있다.

04 외적 준거에 따른 작품 감상 답 ⑤

정답이 정답인 이유

⑤ 춘향은 자신이 이상으로 추구하는 사회적·윤리적 가치의 근간이 되는 '열(烈)'이라는 이념에 기반한 '이념적 신분'의 정체성에 따라 '사람의 첩'으로서 남편에 대한 절개를 지키고자 하며, 수청을 거부한다. 한편 사또가 인식하는, 춘향의 '인식적 신분'은 기생인데, 이는 사또가 춘향에게 수청을 강요할 수 없게 만드는 것이 아니라, 지속적으로 요구하는 근거가 되며, 두 인물 사이에 갈등이 고조되는 주요 원인이 되고 있다.

오답이 오답인 이유

① 수노는 '춘향은 기생이 아'닌 '기생의 딸'이라고 인식한다. 이러한 춘향에 대한 수노의 신분 인식은, 춘향을 기생으로 생각하고 찾고 있는 사또가 수노에게 화를 내는 원인이 되고 있다.
② 이방과 호장은 '춘향이가 기생도 아닐 뿐 아니오라 전임 사또 자제 도련님과 맹세가 중하'다고 사또에게 의견을 말한다. 그들이 인식하는 춘향의 '인식적 신분'은 기생이 아니며, 그들은 사또 자제 도련님과 춘향의 맹세를 중하게 여김으로써 춘향이 추구하는 '열(烈)'과 관련된 '이념적 신분'에 동조하고 있다.
③ 회계 나리는 춘향에게 '너희 같은 천한 기생 무리'라고 말한다. 그가 인식하는, 춘향의 '인식적 신분'은 미천한 기생인데, 이는 이 도령을 향해 정절을 지키려고 애쓰는 춘향의 '이념적 신분'과 충돌함으로써 두 사람 사이의 갈등이 심화되는 원인이 되고 있다.
④ 사또가 인식하는, 춘향의 '인식적 신분'과 회계 나리가 인식하는, 춘향의 '인식적 신분'은 천한 기생으로 서로 일치를 보이고 있기 때문에 두 사람 사이에는 인식의 충돌도 없고 갈등도 없다.

08 고전 산문

본문 147~151쪽

01 ②	02 ⑤	03 ⑤	04 ④

■ **작자 미상, 「서대주전」**

해제 작자 미상의 송사 소설, 우화 소설이다. 이 작품은 서대주의 도둑질로 인해 벌어진 송사가 관리들의 불법적 횡포와 수탈, 부정과 비리, 무능 때문에 부당한 판결로 끝나는 과정을 드러내고 있다. 증거가 명백한 죄를 지어 놓고 사령과 옥졸을 매수하고, 교활한 말로 무죄 방면을 얻어 내는 서대주는 타락한 지방 토호들의 모습을 비유적으로 드러낸 것이다. 작품 전체에 조선 후기 서민들의 고달픈 삶과 당시 관리들의 부패한 모습이 잘 반영되어 있다.

주제 조선 후기 관리들의 부정부패와 무능(지방 관리와 결탁하여 재산과 권력을 유지한 토호 세력에 대한 비판)

전체 줄거리 농서 지방 소토산 절벽 아래 살던 서대주의 무리는 겨울나기를 위해 남악산에 사는 타남주(다람쥐)의 알밤을 훔쳐 간다. 알밤을 훔쳐 간 것이 서대주 무리임을 알게 된 타남주는 관가에 고소한다. 고소장을 접한 원님은 서대주를 잡아 오게 한다. 서대주는 관리들에게 뇌물을 바쳐 편의를 제공받는다. 다음 날 원님이 서대주를 국문하자, 서대주는 비논리적이지만 감정적인 호소를 펼쳐 자신의 잘못을 감추고 원님의 잘못된 판결을 이끌어 내려고 한다. 서대주에게 속아 넘어간 원님은 서대주를 석방하고, 타남주를 외딴섬으로 유배 보낸다. 그 뒤 서대주와 타남주의 자손들이 모두 번성했으나 서대주의 자손들은 사람들에게 미움을 받고, 타남주의 자손들은 사랑을 받는다.

01 인물의 성격, 유형 이해 답 ②

정답이 정답인 이유

② 소송 과정에서 피고가 무죄임이 증명될 수 있으므로 '형리'가 '서생'과 '타남주'를 모두 잡아들여서 상세히 조사하자고 말한 것은 소송의 공정성을 해치거나 형평성을 저해하는 일이 아니다. 이 글에서 '형리'는 '서대주'에게 뇌물이나 대가를 받은 적이 없으며, '서생'에게 유리한 상황을 일부러 유도한 것은 아니다.

오답이 오답인 이유

① '사령'은 피고인 '서대주'를 붙잡아 오는 역할을 하는데, 뇌물을 받은 후 피고의 편의를 봐주고 있다는 점에서 불공정한 인물로 볼 수 있다.
③ '옥졸'들은 소송이 진행되는 과정에서 옥에 갇힌 '서대주'에게 뇌물을 뜯어내거나, 뇌물을 받은 후 편의를 봐주고 있다는 점에서 부패한 관리의 특징을 드러내고 있다.
④ '서대주'는 대질 조사의 과정에서 자신의 무죄함을 주장하고 있다. 잘못을 저지르고도 수령을 속여 자신에게 유리한 판결을 얻어 내려는 것이다.
⑤ '원님'은 '서대주'의 말만 믿고 '타남주'를 외딴섬으로 유배 보내는데, 이는 재판관으로서 소송을 제대로 처리하지 못하고 잘못된 판결을 내린 것이라 평가할 수 있다.

02 작품의 맥락 이해 답 ⑤

정답이 정답인 이유

⑤ [A]에 제시된 '통영 서랍장'이나 '김해 동래의 좋은 담뱃대'는 당시 사람들에게 널리 알려졌던 상급 물품들로, '서대주'의 행렬이 화려하고 사치스러웠음을 드러내고 있다. 그러나 '서랍장'과 '좋은 담뱃대'는 원님께 바치는 뇌물로 활용되지 않고 있으므로 ⑤는 적절하지 않다.

오답이 오답인 이유

① [A]에서 '서생'은 다양하고 비싸며 화려한 물건들을 갖추고 행차 길에 오르고 있는데, 이는 영악한 '서생'이 자신의 부유함을 과시하기 위한 것이며, 훗날 뇌물로 사용하기 위해 미리 준비한 것으로 볼 수 있다.
② '서생'은 재판장에서 자신을 변호할 때 자신은 '본시 대대로 부유하'여 남의 재산을 탐할 이유가 없다고 주장하고 있는데, [A]와 같이 평소 사치스럽고 화려한 행색으로 의젓하게 행동하여 '부잣집의 자제와 같'은 모습으로 다녔다는 것을 근거로 들면 그러한 주장이 받아들여질 여지가 커진다.
③ '서생'은 [A]에서 기세당당한 모습을 보였지만, 막상 재판장에서는 겁을 먹고 두려워하는 모습을 보인다. 이러한 장면의 변화는 소송 당사자들이 재판장에서 직접 송사를 겪게 되면 결국 엄청난 부담감과 두려움을 느낄 수밖에 없음을 드러내는 장치가 되고 있다.
④ [A]에서 '서생'은 '심부름꾼'과 '어린 쥐'를 대동하고 행차에 나서고 있으며, 감옥에 갇혀서도 이들을 몸종처럼 부리고 있는데, 이는 죄를 짓고도 자신의 안락함을 포기하지 않으려고 하는 가진 자들의 행태를 빗대어 드러내는 것이기도 하다.

03 대화의 특징 파악 답 ⑤

정답이 정답인 이유

⑤ 서대주가 타남주야말로 '행실머리 없'는 인물임을 밝히며 거짓 송사를 꾀했다고 주장하는 것은 타남주의 성격적 문제를 근거로 삼는다는 점에서 '인신공격의 오류'를 범하고 있는 것이다. '자기가 저지른 잘못'을 인정하면서 '나도 잘못했지만, 타남주 또한 잘못을 했으므로 자기에게는 잘못이 없다.'라는 식의 논리를 펼친 것이 아니므로, '피장파장의 오류'를 저지른 것은 아니다.

오답이 오답인 이유

① 서대주는 원님 앞에서 자신과 가족이 불행한 처지에 놓여 있음을 강조하고 있는데, 이는 상대방의 감정을 자극하여 자신에게 유리한 결과를 얻어 내려고 한 것이므로 '동정에 호소하는 오류'를 저지른 것으로 볼 수 있다.
② 서대주는 '한스러움에 만념이 모두 재처럼 식'었다는 것을 자신이 '타인의 물건을 훔쳐 가'지 않았다는 주장의 근거로 제시하고 있다. 만념이 재처럼 식었다는 사실과 도둑질을 실제로 했는지 안 했는지는 직접적인 인과 관계가 없으므로 서대주는 재판의 논점을 흐리는 '논점 일탈의 오류'를 저지른 것

이다.

③ 서대주는 '흉년이 극심'한 상황이라 타남주가 '알밤'을 모으지 못했을 것이라 단정하고 있는데, 흉년이 극심하다 해도 타남주의 능력이나 노력에 따라 '알밤을 갈무리'하는 것이 가능할 수 있으므로, 그러한 주장은 적절한 증거가 충분히 마련되지 않은 '성급한 일반화의 오류'에 해당한다고 볼 수 있다.

④ 서대주는 타남주의 '평상시 소행'에 문제가 많았다고 주장하고 있는데, 그의 주장은 서대주가 도둑질을 했는지의 여부나 타남주가 실제로 무고를 했는지의 여부를 가려내는 것이 아니다. 서대주는 단지 상대방의 인성적 측면과 관련하여 문제를 제기하는 것이므로, '인신공격의 오류'를 범한 것으로 볼 수 있다.

04 서술상의 특징 파악 답 ④

정답이 정답인 이유

④ ㉠의 경우 서대주가 심란한 마음을 느끼고 있음을, ㉡의 경우 서대주가 억울하고 원통하며 애달픈 심정임을 드러내고 있지만, 그러한 표현이 서대주라는 인물에 대한 비판적 인식에 변화를 주는 것은 아니다. ㉠은 감옥에 갇혀서도 편의를 보장받는 모습, ㉡은 잘못을 저지르고도 억울함을 연기하는 모습에 해당하므로, ㉠과 ㉡을 통해 서대주라는 악한 인물에 대한 비판적 인식은 오히려 강화될 수 있다.

오답이 오답인 이유

① ㉠은 서대주를 포함하여 서대주의 무리가 한 행동들을 제시하고 있고, ㉡은 재판장에서 서대주가 보여 준 행동에 주목하고 있다.

② ㉠은 피고인 서대주가 감옥에 갇혔을 때 벌어진 일들과 그러한 상황을 인식한 사람들의 심리를 드러내고 있고, ㉡은 재판장 안에서 판결을 기다리는 서대주의 행동과 불안감, 그리고 그러한 상황을 인식한 사람들의 심리를 드러내고 있다.

③ ㉠은 동물을 의인화하여 부유하고 권세 있는 인간들의 행동을 구체적으로 드러내고 있다. ㉡은 의인화된 동물이 해당 동물, 즉 '쥐'가 평소 하는 행위, '뾰족한 입이 오물거리고 두 귀가 발쭉거리며 두 눈이 깜작거리'는 행위를 하는 것을 보여 주고 있다. ㉡은 판결을 기다리는 인물의 모습을 동물의 행위로 묘사하여 희화화한 것이라 볼 수 있다.

⑤ ㉠의 '보는 자가 ~ 없었다.'와 ㉡의 '보는 자가 ~ 것이었다.'는 서대주나 그의 무리의 행동을 지켜보는 사람들의 반응을 드러낸 것이다. 둘 다 '보는 자'를 활용하여 서대주와 같은 인물을 지켜보는 당시 사람들의 일반적인 반응이나 태도를 드러낸 것으로 볼 수 있다.

09 고전 산문

본문 152~155쪽

01 ③ 02 ② 03 ⑤ 04 ③

■ **작자 미상, 「정을선전」**

해제 이 작품은 남자 주인공 정을선과 여자 주인공 유추연이 만나 화목한 가정을 이루는 과정에서 일어난 가정 내의 불화와 갈등을 주로 다룬 가정 소설이다. 계모 노씨의 흉계로 추연이 죽음을 맞이했다가 다시 살아나는 앞부분은 계모형 가정 소설의 구조를, 정렬부인 조씨의 질투와 모함으로 인한 위기와 그 극복 과정을 다룬 뒷부분은 쟁총형 가정 소설의 구조를 보인다. 악행을 저지르는 정렬부인 조씨를 돕는 보조 인물들과 주인공을 돕는 보조 인물들이 서로 대응되는 것이 특징적이다.

주제 유추연의 계모 노씨와 정을선의 정렬부인 조씨로 인해 발생한 가정의 위기와 권선징악

전체 줄거리 정 승상의 아들 을선은 유 승상의 딸인 추연을 보고 상사병이 든다. 정씨 집안의 청혼으로 두 사람은 혼약을 하게 되는데, 계모 노씨가 추연을 시기하여 사촌 오빠를 시켜 추연을 모함한다. 을선이 떠나고 억울한 나머지 죽음에 이르게 된 추연은 혼령이 되어 배회하고, 추연이 살던 익주는 폐촌이 된다. 을선은 추연의 유모에게서 자초지종을 듣고, 추연의 혼령을 만나 추연을 회생시킨다. 추연은 충렬부인이 되어 을선의 사랑을 받으니, 을선의 또 다른 부인이자 조왕의 딸인 정렬부인 조씨가 이를 시기한다. 을선이 출정한 사이 정렬부인이 남장한 시비를 보내어 충렬부인을 오해받게 하니 시어머니가 충렬부인을 죽이려 한다. 시비의 도움으로 겨우 살아난 충렬부인은 을선에게 편지를 보내고 이것을 본 을선이 집에 돌아와 진상을 밝혀내고 정렬부인 조씨를 처벌한다. 을선은 충렬부인과 아들을 구한 후 행복한 가정을 꾸린다.

01 인물의 심리, 태도 파악 답 ③

정답이 정답인 이유

③ [A]의 '산모'는 충렬부인으로, 누명을 쓰고 죽을 위기에 처해 있으며, 여러 날 굶은 상태에 아이까지 낳은 후 탄식하며 괴로워하고 있다. [B]의 '왕비'와 '조 씨'는 진실이 밝혀진 상황에서 각각 부끄러움과 애달픔을 드러내고 있다. 승상은 '조 씨'가 저지른 죄상을 알고 그를 책망하며 나무라고 있으며, '조 씨'는 자신의 잘못이 모두 드러난 상황에서 '상공'에게 처결을 맡기고 있다.

오답이 오답인 이유

① [A]에는 주인공의 고통스러운 현실이 나타나지만, 그것을 견디기 위한 각오가 드러나지는 않고 있다. [B]의 경우, '조 씨'가 애달픔을 드러내고 있지만 누명을 쓰고 위기에 처한 억

울한 상황은 아니다.

② [A]에는 주인공의 참혹하고 고달픈 상황이 강조되고 있지만, 그것이 부군에게 버림받아 일어난 것은 아니다. [B]의 경우, 정렬부인의 죄상이 탄로 나면서 벌을 받는 상황이 나타나지만 그것이 하늘이 정한 운명을 거스를 수 없는 인간의 한계 때문은 아니다.

④ [A]의 경우, 자식을 생각하는 부모의 마음이 드러나 있지만, [B]의 내용이 윗사람으로서 왕비의 배려심을 부각하거나, 가족을 위해 자신의 잘못을 선뜻 인정하는 '조 씨'의 모습을 강조하는 것은 아니다.

⑤ [A]의 경우, 원수를 갚고 싶은 인물의 속내가 드러나지만, [B]의 '승상'이 부모를 위해서 사랑하던 여인의 죄상을 밝히기로 결심한 것은 아니다.

02 시점 및 서술상의 특징 파악 답 ②

정답이 정답인 이유

② ㉠은 '(중략)' 앞부분에 있었던 유 부인과 관련된 사건이나 상황을 요약적으로 설명하면서 유 부인의 곤란한 상황을 부각하고 있다. ㉡은 유 부인의 상황을 보고 느낄 수 있는 가련한 마음을 서술자의 개입을 통해 드러내고 있다.

오답이 오답인 이유

① ㉠에는 유 부인이 처한 상황이 견디기 어려운 것이라는 서술자의 가치 판단이 들어가 있지만, ㉡을 통해 미래에 일어날 사건을 암시하고 있는 것은 아니다.

③ ㉠의 경우, 서사의 흐름을 의도적으로 차단하려는 서술자의 의도가 드러나지 않는다. ㉡의 경우, 인물이 처한 상황에 대한 주관적 감정을 있는 그대로 표출하고 있을 뿐, 앞에서 벌어진 사건들을 정리하고 있지는 않다.

④ ㉠의 경우, '유 부인'이 처한 상황에 초점을 맞추고 있을 뿐, '유 부인'이나 '월매'의 행위를 직접적으로 평가하거나 판단하지는 않고 있다. ㉡ 또한 '유 부인'의 비참한 상황을 부각하고 있을 뿐, 이야기의 전개 속도를 조절하기 위한 목적이 두드러지지는 않는다.

⑤ ㉠을 통해 현재의 상황을 드러낼 뿐, 미래의 사건에 대한 언급을 하지 않고 있다. ㉡의 경우, '유 부인'이 처한 상황에 대한 감정을 드러낸 것이지, '월매'의 행위에 대한 감정을 드러낸 것이 아니다.

03 인물의 심리, 태도 파악 답 ⑤

정답이 정답인 이유

⑤ 조 씨는 국문 끝에 자신의 죄상이 드러나자 모든 처분을 승상에게 맡기고 있다. 조 씨가 '조왕의 딸이자 정렬부인인 자신이 처벌되지 않'을 것이라 예상하거나 기대하는 모습은 나타나지 않는다. 조 씨는 자신의 죄상을 인정하고 애달픔을 드러내고 있으며, 실제 처벌 과정에서 저항하는 모습도 보이지 않고 있으므로 ⑤와 같은 추측은 적절하지 않다.

오답이 오답인 이유

① 월매는 충렬부인을 위해 목숨을 내걸고 있다. 월매는 자신의 말에 따라 국문을 연 승상이 모든 진실을 밝혀, 충렬부인의 누명이 벗겨지기를 기대했을 것이다.

② 성복록은 자신이 저지른 잘못이 밝혀져 벌을 받을까 겁을 먹고 도주를 한다. 국문이 열리면 목숨이 위태로울 것이라 염려하여 바삐 도망친 것이라 짐작할 수 있다.

③ 옥졸들은 국문 과정에서 사실을 고해야 자신들에게 피해가 미치지 않을 것이라 판단하고, '금련'과 있었던 일을 승상에게 사실대로 고해바치고 있다.

④ 왕비는 국문의 과정을 본 후, 충렬부인에 대한 자신의 처분이 잘못되었다는 사실을 깨닫고 괴로워하고 있다. 집안의 어른으로서 그릇된 판단을 한 것에 대한 민망함을 느낄 것이라 추측할 수 있다.

04 외적 준거에 따른 새로운 가치 발견 답 ③

정답이 정답인 이유

③ 보조 인물인 '금섬'과 '금련'이 죽음을 맞이한다는 점에서는 유사하지만, '금련'의 경우 국문 과정에서 주인의 잘못을 고해바치는 것을 보면 주인을 위해 행동을 하는 인물은 아니다. 또한 노모의 서사촌인 '성복록'의 경우 충렬부인을 거짓으로 참소하였음이 확인되지만, 제시된 상황에서 '월매'는 죽기를 재촉하며 '조 씨'의 질문에 대해 답변을 피하고 있을 뿐 거짓을 말하고 있지는 않다.

오답이 오답인 이유

① '금섬'과 '월매'는 충렬부인의 시비로, '충렬부인'을 구명하기 위해 애를 쓰다 죽음을 맞이하거나 위기에 처했음이 드러난다.

② '금섬'과 '월매'는 착한 이의 편에 서서 신의를 지키는 긍정적 인물로 그려지지만, '금련'과 '성복록'은 악인을 위해 잘못된 행위에 동참한다는 점에서 부정적 인물로 그려진다.

④ 천자의 비답을 보면, 천자가 '금섬'과 '월매'를 직접 언급하며 칭찬하고 있음을 알 수 있다. '충렬문을 세워 후세에 이름이 나타나게 하라.'라는 비답의 내용에서 알 수 있듯이, 두 사람은 당시 사람들에게 본받을 만한 인물로 제시되고 있다.

⑤ '월매'는 신의를 지키고 충렬부인을 살렸다는 점에서 승상으로부터 많은 재물을 받게 된다. '금섬'의 경우, 이미 죽음을 맞이하였지만 '충렬문'으로 그 명예를 드높이고, 그 가족이 대신 보상을 얻게 된다. 이러한 결말을 통해 '권선징악'이라는 주제 의식을 강조할 수 있다.

10 고전 산문

본문 156~159쪽

01 ① 02 ④ 03 ③ 04 ①

■ 작자 미상, 「삼선기」

해제 이 작품에서 주인공 이춘풍의 삶은 전반부와 후반부가 파격적인 대비를 이룬다. 훗날 자신의 아내가 되는 두 기녀를 만나기 전까지는 고고하고 깨끗한 도학자의 삶을 살아온 이춘풍이 두 기녀에게 속아 그들과 연분을 맺게 된 이후에 삶이 180도 바뀌어 기생의 모가비(우두머리)가 되는 것이다. 겉모습만 보아선 삶이 타락한 것처럼 보인다. 그러나 여기서 중요한 것은 이춘풍이 도학자의 삶을 살 때나 기생 모가비의 삶을 살 때나 고결한 삶의 태도를 유지했다는 점이다. 그래서 이춘풍은 평양에서 교방(기생을 양성하고 관리하는 사설 기관)을 운영할 때 기녀들이 재능을 잘 기르고 품위를 지키도록 하여 평양의 교방 문화를 긍정적 방향으로 발전시킨다. 이러한 이춘풍의 모습은 전근대적 신분 질서가 흔들리고 근대적 시민 의식이 높아져 가던 사회상을 반영한 것으로 이해된다. 동명의 주인공이 등장하는 세태 소설로 「이춘풍전」이 잘 알려져 있는데, 여기에 나오는 이춘풍과 「삼선기」의 이춘풍은 아주 다른 인물이다. 「이춘풍전」의 이춘풍이 교만하고 위선적인 인물인 반면, 「삼선기」의 이춘풍은 고결한 정신을 지닌 인물로 그려진다.

주제 도학군자 이춘풍의 전락과 새로운 삶으로의 전환

전체 줄거리 이춘풍은 명문대가의 후손으로 부귀공명에 뜻을 두지 않고, 여색을 멀리하며 학문에만 전념한다. 한편 홍도화, 류지연은 평안도의 유명한 기녀로, 평생의 반려자가 될 이상적 남성을 찾아 한양에 간다. 한양에 도착한 두 여자는, 홍제원 한량들에게 곤욕을 치르는 이춘풍을 길에서 우연히 보게 되고 한눈에 그의 비범함을 알아본다. 그리하여 두 여자는 남장을 하고 이름도 홍영학, 류봉학으로 바꾼 다음, 이춘풍의 문하생으로 들어간다. 그 후 홍·류 두 여자는 꾸며 낸 이야기로 이춘풍을 속여 평양으로 데려가고, 거기서 선녀로 가장하여 이춘풍을 유혹해 훼절시킨다. 홍·류 두 여자가 이실직고하여 자초지종을 알게 된 이춘풍은 두 여자를 받아들여 인연을 맺는다. 이후 이춘풍은 도학자의 삶을 버리고, 홍·류 두 여자와 함께 평양에서 대규모로 교방을 운영하면서 학식과 덕을 바탕으로 교방 문화의 격을 높인다. 그러던 중 관아의 잡일을 보는 노영철과 기녀 심일청의 모함으로 이춘풍은 귀양을 가고, 교방은 폐쇄된다. 시간이 지나 신임 사또 홍 상서가 이춘풍의 무고함을 알아보고, 그를 귀양에서 풀려나게 한다. 그 후 이춘풍과 홍·류 두 여자는 대성산 아래에 초당을 짓고 아이를 낳아 기르며 행복하게 산다.

01 작품의 내용 이해 답 ①

정답이 정답인 이유

① 홍도화, 류지연 두 기녀는 이생(이춘풍)을 훼절시켜 자신들의 반려자로 삼기 위해, 그를 속이는 데 두 가지 방법을 사용한다. 첫 번째는 남장을 하여 이생의 문하생이 되는 것이다. 남장을 하고 문하생이 된 두 기녀를, 이생은 홍·류 두 문생(홍도화 → 홍영학 / 류지연 → 류봉학)으로 인지한다. 두 번째는 선녀로 변장하여 이생을 유혹하는 것이다. 선녀로 변장한 두 기녀를, 이생은 진짜 선녀로 인지한다. 다시 말해 홍도화, 류지연 두 기녀는 홍·류 두 문생이면서 동시에 두 선녀인 것이다. 그리고 '허황한 휼계로 선녀를 가탁하여 정대하오신 군자를 산 위로 유인하여 연분을 맺는다'는 두 낭자의 말에서, 두 낭자가 선녀로 변장한 목적이 이생을 산 위로 유인하여 연분을 맺으려고 했던 데에 있음을 알 수 있다.

오답이 오답인 이유

② 홍·류 두 문생으로 변장한 두 낭자는 각각 성천과 안주에 간다고 이생에게 말했지만 이는 이생을 속이기 위해 한 거짓말이다.

③ 두 낭자가 이생의 총애를 얻기 위해 이생의 다른 문생들과 경쟁했다는 내용은 이 글에 나오지 않는다. 두 낭자가 이생에게 '두 문생의 온화 정대하옴이 저희 두 첩과 어떠하니잇고?'라고 묻는 장면이 있는데, 여기서 두 문생은 남장을 하여 홍·류 두 문생으로 행세했던 두 낭자를 가리킨다. 그러므로 이 질문은 속임을 당하고 있는 이생에게 짐짓 던진 질문일 뿐, 두 낭자가 이생의 다른 문생들에게 경쟁심을 느껴 던진 질문은 아니다.

④ 두 낭자가 남장을 하여 홍·류 두 문생으로 행세했던 까닭은 이생과 '백 년을 함께 사는 일', 즉 부부가 되어 평생을 함께하는 일을 이루기 위해서였다. 이생에게 다가가기 위해 남장을 하고 이생의 문하로 들어갔던 것이다. 따라서 모함을 당한 이생을 돕기 위해 남장을 하고 그의 문생이 되었다는 설명은 적절하지 않다.

⑤ 두 낭자가 처음 지은 죄는 남장을 하고 이생을 속여 그의 문하생이 되었던 것이다. 그다음 지은 죄는 선녀로 분장해 이생을 유혹했던 것이다. 이 두 차례의 잘못에 대해 두 낭자는 처음 지은 죄는 '오히려 용서하심을 바라려니와', 그다음에 지은 죄는 '그 죄상이 만 번 죽어도 아쉽지 않으리라.'라고 말한다. 이 말은 첫 번째 지은 죄가 두 번째 지은 죄에 비해 심각성이 상대적으로 덜하다는 뜻이지, 첫 번째 지은 죄를 이생에게 이미 용서받았다는 뜻이 아니다. 따라서 이생에게 죄를 짓고 용서받은 적이 있다는 설명은 적절하지 않다.

02 작품의 맥락 이해 답 ④

정답이 정답인 이유

④ 이생이 말한 '선비 된 자의 조심하기 어려움'은 그가 평양

에 남아 홍도화, 류지연 두 여자와 함께 살기로 마음먹은 이유와 관련되어 있다. 이생은 선비가 지켜야 할 도리에 비춰 볼 때 선비인 자신이 두 여자를 데리고 집으로 돌아가는 것은 옳지 않다고 생각한다. 왜냐하면 그럴 경우 동생들도 곤란해지고 두 여자도 적막한 삶을 살게 될 것이기 때문이다. 도학자의 삶을 지속하면서 동시에 두 여자를 자신의 집으로 데려가 함께 사는 것이 이생에게는 힘든 일, 옳지 않은 일로 여겨지는데, 그 이유는 그가 '선비 된 자'이기 때문이다. 그래서 이생은 평양에 남아 두 여자와 함께 살 생각으로 '만일 너희들과 백 년을 함께할 지경에는 너희 생각에 어찌하고자 하는고?'라고 하며 두 여자의 생각을 물었던 것이고, '선비 된 자의 조심하기 어려움이 이러한 연고로다.'라고 말했던 것이다. 따라서 자신이 홍도화, 류지연이 찾던 이상적인 남성이 아니라고 판단해 선비 된 자의 조심하기 어려움을 언급했다는 설명은 적절하지 않다.

오답이 오답인 이유

① 이생이 두 낭자에게 '너희들과 백 년을 함께할 지경에는 너희 생각에 어찌하고자 하는고?'라고 의견을 묻자, 두 낭자는 자신들의 수천 석 재물을 그와 상의해서 적절히 사용하겠다고 대답한다. 그 이후 이생은 〈보기〉 중 〈뒤의 내용〉 [1]에 제시된 것처럼 두 낭자와 평양에서 교방을 운영하며 살아간다. 이로부터 교방을 운영하는 데 필요한 자금이 두 낭자의 재물에서 나왔을 것임을 짐작할 수 있다.

② 두 낭자가 이생에게 '중죄를 지었'다고 말하며 자신들의 잘못을 시인하고, 그 구체적 내용으로 '허황한 휼계로 선녀를 가탁하여' 군자를 유인해 연분을 맺었다고 말하는 부분과 〈보기〉 중 〈앞의 내용〉 [2], [3]을 참고할 때, 두 낭자가 이생에게 휼계를 사용한 이유가 이생을 이상적 남성이라 판단해 반려자로 삼기 위해서였음을 알 수 있다.

③ 〈보기〉 중 〈뒤의 내용〉 [1]에 제시된 것처럼 이생은 도학자의 삶을 버리고 기생의 모가비가 되지만, 완전히 타락한 삶을 사는 것이 아니라 자신이 지닌 학식과 덕을 바탕으로 교방 문화의 격을 높여 나간다. 그의 학식과 덕이 도학자의 삶을 버리기 이전의 삶에서 비롯한 것임을 감안할 때, 과거에 도학자로서 그가 행했던 독서와 수양이 도학자의 삶을 버린 이후에도 긍정적으로 작용했음을 알 수 있다.

⑤ '내 명색이 경학하던 선비로 기생첩을 엽렵히 세고 들어가면 우선 아우들의 모양이 어찌 되며, 또 ~ 너희들의 적막함은 고사하고'라는 말에서 알 수 있듯이, 이생은 두 낭자를 데리고 자신의 집에 들어가게 된다면 그것은 자신의 아우들과 두 낭자 모두에게 폐를 끼치는 일이 될 것이라고 생각한다. 이러한 생각에서 이생은 한양으로 돌아가지 않고, 평양에 남아 두 낭자와 함께 지낸다.

03 대화의 특징 파악 답 ③

정답이 정답인 이유

③ ㉢은 두 낭자가 이생에게 감추고 있던 사실을 들켜서 한 말이 아니라, 스스로 잘못을 시인하면서 이생에게 용서를 구하기 위해 한 말이다.

오답이 오답인 이유

① ㉠은 이생이 자신의 정체를 모르고 있기 때문에 할 수 있는 질문이다. ㉠에서 벽도 낭자는 자신과 함께하는 즐거움이 홍·류 두 문생과 함께하는 즐거움과 비교해 어떤 것이 더 나은가라는 질문을 하고 있다. 그런데 두 선녀와 홍·류 두 문생은 사실 홍도화, 류지연 두 기녀가 변장한 것으로 모두 같은 사람들이다. 이생이 그 사실을 모르고 있기 때문에 ㉠과 같은 질문을 할 수 있었던 것이다.

② ㉡은 ㉠에 대한 대답이다. 여기서 이생은 ㉠의 질문에 맞춰 두 대상을 비교하는 내용의 대답을 하는데, 이것은 상대방이 숨기고 있는 사실, 즉 벽도 낭자가 류생과 같은 사람이라는 것을 알았다면 나올 수 없는 대답이다.

④ ㉣에서 이생은 '말씀이 하도 맹랑하여 믿지 못하겠으니'라고 말하며, 상대방이 밝힌 사실을 믿지 못하겠다는 반응을 보인다.

⑤ ㉤ 앞에서 '사색을 내'렸다는 것은 어조와 낯빛이 고요해졌다는 말로, 두 낭자가 전후 사실을 밝힌 것 때문에 생겨난 이생의 심리적 혼란이 가라앉았음을 의미한다. 그래서 '만일 너희들과 백 년을 함께할 지경에는 너희 생각에 어찌하고자 하는고?'라는 질문을 하면서, 두 낭자와 앞으로 함께 살아갈 삶에 대해 논의하려는 태도를 보인다. 이것은 두 낭자가 감춰 왔다가 밝힌 사실을 이생이 수용했음을 보여 주는 대목이다.

04 외적 준거에 따른 작품 감상 답 ①

정답이 정답인 이유

① '조롱이 심하도다.'는 이생('속임을 당하는 자')이 실제로 조롱거리가 되어서 한 말이 아니라, 홍도화, 류지연 두 낭자('속이는 자')의 말이 믿기지 않아서 한 말이다.

오답이 오답인 이유

② 홍·류 두 낭자는 이생에게 접근할 때, 여화위남, 곧 남장을 하고 자신의 기녀 신분을 감추어서 이생을 속였다.

③ '첩들의 백 가지 휼계를 어찌 측량하시리잇고?'라는 홍·류 두 낭자의 말은, 자신들의 계략이 워낙 치밀하고 복잡하여 이생이 속아 넘어갈 수밖에 없었다는 의미를 담고 있다. 즉 이생의 훼절은 홍·류 두 낭자라는 타인의 의도가 작용해 일어난 것이라는 생각이 그 말에 함축되어 있는 것이다.

④ '누구를 원망하리오.'라는 이생의 말에는 자신의 훼절이 결

국 스스로가 부족했던 탓이라는 자책의 뜻이 담겨 있다. 이생은 자신의 훼절이 자신의 취약성('공부가 차지 못한 연고') 때문에 일어났다고 말하고 있는 것이다.
⑤ 이생은 훼절의 결과, '내 일(=학문)도 쓸데없는 짓이라.'라며 도학자의 삶을 그만두고, '너희들 편함이 곧 나의 편함이니 좋은 도리로 의논하라'라고 말하며 기생인 두 낭자의 뜻에 따라 그들과 함께하는 생활을 시작하려 한다. 이로부터 그가 훼절을 경험한 결과로 삶의 방식이나 태도를 바꾸려고 함을 알 수 있다.

11 고전 산문

본문 160~163쪽

01 ② 02 ④ 03 ① 04 ②

■ **이기발, 「송경운전」**

해제 이 작품의 주인공 송경운은 대략 16세기 말에서 17세기 전반까지 음악가로 활동했던 실존 인물이다. 그는 서울에서 비파의 고수로 이름을 날리다가 정묘호란(1627)을 만나 전주로 내려왔다고 전해진다. 이야기는 작중 인물로 등장하는 작가 이기발(1602~1662)의 목소리로 진술된다. 이기발은 송경운과 비슷하게 서울에서 관직 생활을 하다가 병자호란의 비극을 겪으면서 고향인 전주로 낙향해 여생을 보낸 인물이다. 이기발은 서울에 있을 때부터 송경운과 친분이 있었는데, 전주로 낙향해 살던 중 자신처럼 전주에 내려와 지내던 송경운과 길에서 우연히 마주친다. 이 만남을 계기로 이기발은 송경운의 생애를 회고하게 되고, 그와의 대화를 통해 송경운의 고매한 예술관에 대해 알게 된다. 이 작품은 한 빼어난 예술가의 생애를 기술하고 있지만, 그의 삶을 관통하는 확고한 예술관을 통해 '참된 예술이란 무엇인가'라는 진지한 질문을 독자들에게 던진다.

주제 음악가 송경운의 고매한 예술 정신과 빛나는 생애

전체 줄거리 송경운은 본래 서울에 살던 노비였으나 어려서부터 몹시 총명하여 주인의 아낌을 받아 일찍이 노비 신분에서 벗어났으며 군공(軍功)으로 벼슬도 한다. 특히 음악에 재능이 있어 열두어 살에 이미 비파 연주자로서 서울과 근방에 명성을 떨쳤으며 궁중 악사로도 크게 활약한다. 나이가 들어 궁중 악사 자리에서 물러난 후 전주로 내려와 살았는데, 그의 영향으로 전주 지역에는 전에 없던 음악 애호의 풍조가 자리 잡게 된다. 송경운은 높은 명성을 지닌 악사였음에도 음악을 듣기 위해 자신을 찾아오는 사람이 있으면 남녀노소, 지위 고하를 막론하고 성심껏 음악을 들려주었다. 그뿐 아니라 음악의 본령은 듣는 사람을 기쁘게 만들어 주는 데 있다는 예술적 신념에 따라, 음악에 대한 자신의 관점을 잃지 않되 청중의 취향에 대한 존중심을 바탕으로 다채로운 음악을 선보였다. 그는 73세의 나이로 세상을 떠났는데 임종 때 제자들에게 '나는 음악을 사랑하는 사람이니 장례식에서 나의 상여를 옮기는 길에 비파를 연주해 달라.'라는 유언을 남기고 숨을 거둔다.

01 작품의 내용 이해 답 ②

정답이 정답인 이유

② 송경운이 어릴 적부터 음악적 재능을 보였던 것은 사실이나 음악가의 집안에서 태어나지는 않았다. '옛날에 이 절도사의 노복이었는데'라는 구절에서 알 수 있듯이 송경운은 양반가의 노비 출신이다.

오답이 오답인 이유

① '송경운은 서울 사람이다.'라는 문장에서 그가 본래 서울에서 태어났음을, '경운이 전주에 와서 살고부터'라는 구절에서 그가 삶의 어느 시점에 전주로 이주했음을 알 수 있다.
③ '비록 별 볼 일 없는 하인 같은 사람들이 찾아와도 이렇게 응대하지 않는 경우가 없었다.'라는 문장에서, 송경운이 신분의 높고 낮음에 관계없이 자신의 음악을 듣고 싶어 하는 모두에게 동등하게 음악을 들려주었음을 알 수 있다.
④ '항상 수십 명의 제자를 거느리고 있었는데, ~ 그래서 그의 명성은 나이가 들수록 더욱 성대해졌다.'라는 구절에서, 제자들의 품행이 훌륭했던 것이 송경운이 나이가 듦에 따라 명성이 더욱 높아질 수 있었던 이유 중 하나임을 알 수 있다.
⑤ '(중략)' 바로 다음에 나오는 '전주는 큰 도회지이다. ~ 그런데 경운이 전주에 와서 살고부터 이곳 사람들은 그의 음악을 듣고 모두들 즐거워하게 되어'라는 구절을 보면, 전주가 원래 음악을 애호하는 분위기와 거리가 있었는데 송경운이 오면서부터 음악을 애호하는 분위기가 고조되었음이 언급되어 있다. 따라서 송경운의 음악 활동이 지역인들의 음악을 대하는 태도에 영향을 미쳤다는 설명은 적절하다.

02 서술자의 태도 파악 답 ④

정답이 정답인 이유

④ 주인공이 부른 노래는 서두에 나오는 시조를 말한다. '무심자'는 작품의 작가이자 서술자인데, 무심자가 송경운이 부른 노래의 가사를 인용한 이유는 가사의 내용에 주목해서라기보다는 노래를 부르는 송경운의 자유롭고 행복한 모습을 부각하기 위해서라고 보는 것이 적절하다. '그는 마음껏 노래하며 천천히 걸어가고 있었는데', '그렇게 마음껏 노래하는 건 어째서인가?'라는 표현에서 노래를 부르는 송경운의 모습이 무심자의 눈에 매우 즐겁고 행복해 보였음을 알 수 있다. 물론 송경운이 수많은 시조 중 해당 시조를 선택한 것은 전혀 이유가 없는 일은 아니다. 작중 송경운이 부른 시조는 조선 중기의 문신 정구가 지은 작품인데, 이 시조는 물러남과 나아감의 조화를

추구한 사대부의 보편적 정서를 드러내는 작품이다. 송경운이 이 노래를 부르고, 또 그 노래가 무심자의 귀에 들어온 것은, 송경운과 무심자 모두 각자 악사와 관리로서 서울에서 열심히 살다가 현재 전주로 내려온 사람이라는 사실과 무관하지 않을 것이다. 그러나 그 노래의 내용이건 노래를 부른 맥락이건 모두 송경운의 내적 갈등과는 상관이 없다.

오답이 오답인 이유

① 무심자는 송경운의 외양을 '체구가 훤칠하게 컸고, 풍채가 좋고 피부가 희었으며, 가느스름한 눈은 별처럼 빛나는 데다, 수염이 아름답고'라고 묘사하면서 '참으로 호남자였다.'라고 높이 평가했다. 그러므로 외양 묘사를 통해 주인공의 긍정적 면모를 부각했다는 설명은 적절하다.
② 무심자는 송경운과 관련한 서울에서의 일화, 전주에서의 일화를 제시하면서 예술가로서 그의 성격을 드러내고 있다.
③ 송경운이 서울에서 태어나 빼어난 음악가로 성장해 유명세를 얻기까지의 과정, 그가 전주에 내려와 전주의 지역 문화에 긍정적 영향을 미치기까지의 과정 등이 작중 서술자인 무심자의 언술을 통해 요약 제시되고 있다.
⑤ 이 글의 후반부에 송경운이 무심자와 함께 음악 이야기를 나누다가 했던 말이 인용되어 있는데, 여기서 송경운은 좋은 음악에 대한 자신의 생각을 피력한다. 송경운의 생애를 통해 '참된 예술이란 무엇인가'라는 질문을 던지는 것이 작품의 창작 의도이므로, 해당 대목은 작품의 주제 의식을 가장 잘 드러내는 부분이라고 할 수 있다.

03 구절의 의미 이해 답 ①

정답이 정답인 이유

① ㉠의 질문이 나오기 전, 무심자의 눈에 비친 송경운의 모습은 '허름하고 짤막한 베옷을 입은' 초라한 외관과 '마음껏 노래하'는 호탕한 기운의 대비로 특징지어진다. ㉠에서 무심자는 송경운에 대한 친근감을 담아 '초라한 행색을 하고서 뭐가 좋아 호탕하게 노래를 부르고 있는가?'라는 뜻으로 말을 건넨 것인데, 이 말은 일종의 간접 화행으로 표면적으로는 '질문'이지만 실질적으로는 송경운의 자유롭고 호탕한 멋에 대한 무심자의 긍정적인 감정을 표현한 것이다. 송경운도 무심자의 말이 자신에 대한 친근감과 우호적인 감정에서 비롯한 것임을 알고 있기 때문에 무심자의 질문을 유쾌하게 되받으며, 질의응답을 마치자 '마침내 서로 즐겁게 노닐며 한나절을 보냈던 것이다.' 따라서 무심자의 질문이 송경운의 초라한 행색을 보고 느낀 안타까운 마음에서 건넨 것이라는 설명은 적절하지 않다.

오답이 오답인 이유

② '북적거리는 연회석'에서 사람마다 ㉡처럼 말하며 송경운을 찾은 것은, 화려한 잔치에 가면 송경운을 보고 그의 음악을 들을 수 있을 것이라는 기대 심리가 사람들에게 있었기 때문이다.
③ ㉢은 송경운의 비파 연주 실력이 워낙 뛰어나고 사람들 사이에 널리 소문이 나서, '송경운의 비파 같다.'라는 말이 무언가를 훌륭하게 잘하는 것을 표현하는 일종의 관용구로 쓰이는 상황을 보여 준다. 그러므로 송경운의 비파 연주 실력이 훌륭하다는 사람들의 인식에서 ㉢의 표현이 비롯했다는 설명은 적절하다.
④ ㉣에서처럼 말을 이제 막 배우기 시작한 두어 살 아기들조차 송경운의 이름을 알고 있었다는 것은, 그만큼 그의 이름이 널리 알려져 있음을 보여 주는 사례라고 할 수 있다.
⑤ ㉤과 같이 전주 사람들이 이야기한 까닭은, 송경운처럼 대단한 악사가 '별 볼 일 없는 하인 같은 사람들'에게도 일일이 정성을 다해 연주를 해 주었기 때문이다. 그의 대단한 음악 실력에 모든 이에게 차별 없이 정성을 다하는 그의 태도가 더해져 전주 사람들을 감동시킨 것이다.

04 작품 간의 공통점, 차이점 파악 답 ②

정답이 정답인 이유

② 〈보기〉의 유우춘은 해금 연주로 '3년 만에 재주를 이루'어 '유우춘의 해금'이라는 말을 온 나라 사람들이 다 알 정도로 높은 예술적 경지에 도달한 인물이다. 그러나 거지가 몇 달 배워 연주하는 해금 소리는 사람들이 이해하고 기뻐하면서 정작 자신의 연주는 사람들이 이해하지 못하는 것에 대해 안타까워하고 있다. 유우춘은 문제의 원인을 자신의 연주가 아니라 청중에게서 찾고 있는 것이다. 반면 송경운은 '음악에서 중요한 건 사람을 기쁘게 하는 일인데 만약 음악을 듣고도 즐겁지 않다면 ~ 무슨 유익함이 있겠는가'라고 말하며 모름지기 음악가는 청중을 기쁘게 만들기 위해 노력해야 하고 이를 위해 자신의 음악에 변화를 줄 수도 있어야 한다고 주장한다. 송경운은 음악이 청중의 이해를 얻지 못하는 원인을 청중이 아니라 자신의 연주에서 찾고 있는 것이다. 두 사람의 이러한 관점을 고려할 때, 유우춘이 문제 삼고 있는 상황에 대해 송경운이 조언을 해 준다면 음악에서 중요한 것은 청중을 기쁘게 하는 데 있으니 청중이 변화하기를 바라기보다 자신이 청중에 맞춰 변화하여 그들을 기쁘게 하는 음악을 하라고 했을 것이다.

오답이 오답인 이유

① '사람들이 '유우춘의 해금'을 즐거워하지 않더라도 사람들의 이해를 구하려 하지 말'라는 말은 송경운의 생각과 거리가 멀다. 송경운은 사람들이 이해할 수 있고 기뻐할 수 있는 음악을 하는 것이 중요하다고 생각하기 때문이다.
③ ''유우춘의 해금'을 이해하지 못하는 평범한 사람들에게 맞추어 음악을 변화시키지 말'라는 말은 송경운의 생각과 거리가 멀다. 청중이 이해하고 즐길 수 있도록 하는 데 필요하다면 음

악에 변화를 줄 수도 있다는 것이 송경운의 생각이기 때문이다.
④ '음악에서 중요한 것은 음악가 자신의 만족감'이라는 말은 송경운의 생각과 거리가 멀다. 송경운은 음악에서 중요한 것이 음악가 자신의 만족감보다 청중이 느끼는 기쁨이라고 생각하기 때문이다. ''유우춘의 해금'이 사람들에게 널리 알려지지 않은 것을 슬퍼하지 말'라는 말도 〈보기〉의 내용과 어긋난다. '유우춘의 해금'은 온 나라에 모르는 사람이 없을 만큼 유명하다고 〈보기〉에 서술되어 있기 때문이다.
⑤ 송경운은 사람을 기쁘게 하는 것을 음악의 본령으로 생각했고, 그 때문에 '별 볼 일 없는 하인 같은 사람들이 찾아와도' 듣는 사람의 마음이 흡족해지도록 연주를 해 주었다. 이는 경제적으로 이익이 되는 음악을 중시했다면 하지 못했을 행동이다. 따라서 송경운이 유우춘에게 '음악에서 중요한 것은 경제적 보상'이고 '경제적 이익이 되는 음악을 하기 바'란다고 조언했을 것이라고 보는 것은 적절하지 않다.

01 현대 소설

본문 164~167쪽

01 ④ 02 ④ 03 ② 04 ②

■ **염상섭, 「만세전」**

해제 이 작품은 일제 강점기 지식인의 내면과 식민지 현실에 대한 인식을 형상화하고 있는 중편 소설로, 작품의 제목에서 드러나듯이 3·1 운동 직전의 암울한 시대 상황을 배경으로 하고 있다. 작품의 '나'는 동경에서 서울로 향하는 과정에서, 일제의 침탈을 당하면서도 여전히 전근대적 가치관에서 벗어나지 못하고 있는 조선 백성의 모습을 목격하고, 민족이 처한 현실을 희망이 없는 '공동묘지'로 규정한다. 한편 '나'는 이러한 현실로 고뇌하면서도 냉소적이고 무기력한 태도를 드러낸다. 이 작품은 '나'가 서울에서 다시 동경으로 돌아가는 원점 회귀형의 여로형 구조로 되어 있는데, 이는 현실에 대한 적극적인 대응으로 나아가지 못하고 현실 인식의 심화에 머무르고 마는 주인공의 의식 구조와도 관련이 있다고 볼 수 있다.

주제 일제 강점기 조선의 현실과 지식인의 내면

전체 줄거리 동경 유학생인 '나'(이인화)는 아내가 위독하다는 전보를 받고 귀국길에 오른다. '나'는 귀국 과정에서 일본 형사의 감시를 받고, 조선인을 멸시하는 일본인들의 발언을 들으면서 식민지 백성들이 처한 현실에 분개한다. 한편 조선 땅에서는 굴종적인 태도를 보이며 피폐하게 살아가고 있는 조선 백성의 모습을 목격하고 답답함을 느낀다. 집에 도착한 '나'는 죽음을 맞게 된 아내를 두고 인습에서 벗어나지 못한 모습을 보이는 가족들에게서도 괴리감을 느낀다. 결국 아내의 장례를 치른 뒤 도망치듯 무덤 속과도 같은 조선을 떠나 동경으로 향한다.

01 서술상의 특징 파악 답 ④

정답이 정답인 이유

④ [A]에서는 서술자가 갓 장수의 언행에 대한 주관적 판단을 드러내고 있으며, [B]에서는 서술자가 정자에게 편지와 함께 백 원을 부친 의도를 서술하고 있다.

오답이 오답인 이유

① [A]에서는 서술자가 갓 장수의 언행을 토대로 갓 장수와 갓 장수로 대표되는 조선 백성의 내면 상태를 추리하고 있다고 볼 수 있다. 그러나 [B]에서 서술자가 형님이나 정자의 외양과 행동을 묘사하고 있지는 않다.
② [A]에서는 서술자가 갓 장수와 만나 대화하는 현재 상황의 의미를 분석하고 있다고 볼 수 있다. 그러나 [B]에서 서술자는 미래에 대한 결심을 드러내고 있을 뿐 미래에 벌어질 상황을 비판하고 있지는 않다.
③ [B]에서는 서술자가 동경 가는 길에 정자에게 들르지 않겠다는 결심을 하고 가뜬한 몸이 되기를 바라는 마음을 드러냈다는 점에서 자신이 살아갈 방향에 대한 다짐을 드러내고 있다고 볼 수 있다. 그러나 [A]에서 서술자는 조선 백성의 생활 방식에 대해 설명할 뿐 자신이 살아온 이력을 설명하고 있지는 않다.
⑤ [A]에서 서술자는 갓 장수와 조선 백성에 대한 상념을 드러낼 뿐 과거에 자신이 저지른 과오를 고백하고 있지는 않다. 또한 [B]에서 서술자는 정자에게 편지와 함께 돈을 부친 일과 그 의도를 언급할 뿐 과거에 경험했던 혼란한 시대상을 회상하고 있지는 않다.

02 작품의 내용 이해 답 ④

정답이 정답인 이유

④ '궐자'는 머리를 깎더라도 '내지어'를 할 줄 모르기 때문에 '내지 사람을 만나도 말대답 하나 똑똑히 못 하면 관청에 가서 든지 순사를 만나서든지 더 성이 가신 때가 많'다고 하고 있다. 따라서 일인들에게 핍박을 받는 상황에서 내지어가 쓸모가 없다고 여긴다고 볼 수 없다.

오답이 오답인 이유

① '궐자'는 스스로가 갓 장사를 다니는 장돌뱅이라고 말하며 요새도 갓이 잘 팔리는지를 묻는 '나'의 물음에 촌에서는 여전히 갓을 쓴다고 답한다.
② '궐자'는 자신처럼 망건을 쓰고 있으면 잘못한 게 있더라도 요보라는 이유로 웬만한 것은 용서를 받을 수 있다고 하며, 요보라는 말을 들으며 무시당하는 것에 개의치 않는 태도를 보인다.
③ '궐자'는 '나'가 깃에 금글자 달린 학생복을 입은 것을 보며

'일본 갔다 오시는 분은 모두 그런 양복을 입'는다고 말한다.
⑤ '궐자'는 촌에서 머리만 깎은 사람의 경우 '나'와 같은 일본 유학생들처럼 내지어를 하거나 신식 학문을 갖추지 못했기에, 순사를 만나면 더 성가신 때가 많다는 생각을 드러낸다.

03 인물의 심리, 태도 파악 답 ②

정답이 정답인 이유

② ㉡의 '백주에 횡행하는 이매망량 같은 존재'에서 직유적 표현이 사용된 것을 확인할 수 있지만, 이를 통해 드러나는 것은 현재에 안주하려는 '나'의 모습이 아니라 조선의 암담한 실상과 이를 답답하게 여기고 있는 '나'의 모습이다.

오답이 오답인 이유

① ㉠에서 '과거 반년간의 쓰라린 체험'과 '오늘의 신생'의 대비를 통해 정자가 역경을 극복하고 이룬 성취를 치하하고 있다고 볼 수 있다.
③ ㉢의 '무덤 속에서 화석 되어 가는 구더기의 몸부림치는 질식'에서 시각적 이미지의 묘사를 통해 '나'가 느낄 깊은 절망감을 부각하고 있음을 확인할 수 있다.
④ ㉣의 '소학교 선생님이 사벨(환도)을 차고 교단에 오르는 나라'에서 '나'가 처한 현실의 폭압성이 드러나며, 정자에게 질문을 던지는 형식을 통해 이러한 폭압성을 부각하고 있다고 볼 수 있다.
⑤ ㉤에서 '고민하고 오뇌하는 사람을 존경하시고 편을 들어 주신다는'은 정자의 말을 인용한 것이고, '나'는 이 말에 담긴 호의에 대해 고마운 마음을 드러내고 있다.

04 외적 준거에 따른 작품 감상 답 ②

정답이 정답인 이유

② '나'는 갓 장수에게 식민 지배를 받는 백성으로서 천대받는 상황에 대응하는 방법으로 머리 깎는 것을 제안하고 있다. 갓 장수가 경계인으로서 겪는 정서적 불안에 대응할 수 있는 방법을 제안했다고는 볼 수 없다.

오답이 오답인 이유

① 〈보기〉를 참고하면 조선 사람이면서 ''내지어'도 할 줄 알고 시체 학문도 있'는 '일본 유학생'인 '나'는 식민 지배를 받는 민족의 일원이며 일본에서 근대 문물을 경험한 지식인이라는 점에서 두 이질적인 사회의 영향을 함께 받는 인물이라고 볼 수 있다.
③ '이러한 모든 것에 숨어 사는 것이 조선 사람의 가장 유리한 생활 방도'라는 서술에는 갓 장수와 같은 조선 사람들이 당장의 핍박과 모욕을 면하기 위해 취하는 태도를 비꼬는 '나'의 생각이 반영되어 있다. 〈보기〉를 참고하면 이러한 서술에서 조선 민중의 생활 방식에 대한 냉소적 태도가 드러난다고 볼 수 있다.
④ '발길과 채찍'에 억눌려 '숨이 죽어 엎디어 있는' 존재는 일제의 억압을 받는 조선 백성을 가리키는 말이다. 〈보기〉를 참고하면 지식인인 '나'가 자신도 이러한 존재임을 토로하는 모습에서, 식민 지배를 받는 민족의 일원일 수밖에 없음을 자각하고 고뇌하는 경계인의 자의식이 드러난다고 볼 수 있다.
⑤ '나'는 문학도로서 '이 나라 백성'과 '당신의 동포'의 자유롭고 진실된 생활을 모색해야 함을 역설하고 있다. 〈보기〉를 참고하면 '나'가 문학도라는 정체성, 즉 지식인으로서의 정체성을 바탕으로 내적 갈등 해소의 실마리를 모색하고 있는 상황이 드러난다고 볼 수 있다.

02 현대 소설 본문 168~170쪽

01 ① **02** ④ **03** ⑤ **04** ⑤

■ **김유정, 「만무방」**

해제 이 작품은 1930년대 일제 강점기 농촌 사회의 피폐한 실상을 고발하고 있는 소설이다. 응칠이나 응오는 모두 성실한 농군이었으나 소작료와 빚으로 응칠은 만무방(염치가 없이 막된 사람)으로 살아가게 되고, 응오는 자기 논에서 자기 벼를 훔치는 아이러니한 상황을 연출한다. 두 형제가 이러한 상황에 처하게 된 원인은 개인이 아니라 이들이 처한 식민지 농촌 현실의 구조적 모순에서 찾을 수 있다. 작가는 이러한 암담한 현실 속에서 나름대로의 선택을 하며 살아가는 이들에게 따뜻한 시선을 보내면서 그들의 모습을 해학적으로 그려 내고 있다.

주제 일제 강점기 농촌의 피폐한 실상

전체 줄거리 응칠은 원래 성실한 농군이었으나 몰락하여 도박과 절도를 일삼으며 살아가는 만무방이 된다. 그 동생 응오는 여전히 성실하게 농사일을 하며 살아가는데, 그런 그가 논에서 벼를 도둑질당하는 사건이 발생한다. 자신이 의심받을 것을 염려한 응칠은 직접 도둑을 잡으러 나섰다가 새벽에 응오의 논에 숨어든다. 응칠은 도둑질을 하러 온 자를 붙잡고 복면을 벗기는데, 범인이 바로 응오였음을 알게 된다. 응칠은 함께 황소를 훔치자고 제안하려는 자신을 뿌리치는 응오에게 홧김에 몽둥이질을 하고, 쓰러진 동생의 처지를 딱하게 여기며 그를 업고 고개를 내려온다.

01 서술상의 특징 파악 답 ①

정답이 정답인 이유

① [A]에서는 '산으로 올라간다', '고개 하나를 넘는다' 등에

서, [B]에서는 '눈에 쌍심지를 올린다', '논께로 내려온다' 등에서 현재형 어미를 활용하고 있는 것을 확인할 수 있으며, 이러한 표현들을 통해 응칠의 행동이 현장감 있게 드러나고 있다.

오답이 오답인 이유

② [A], [B]에서 모두 '밤'이라는 시간적 배경을 제시하고 있다고 볼 수 있지만, 이러한 시간적 배경이 사건을 둘러싼 시대적 맥락과 관련이 있다고는 볼 수 없다.
③ [A], [B]에는 모두 역순행적 장면 배치가 드러나지 않는다.
④ [A], [B]에서 응오의 논으로 향한 길과 응오의 논 주변을 시각적 이미지 혹은 청각적 이미지로 묘사하는 부분을 찾을 수 있다. 그러나 이러한 묘사를 통해서 도둑을 잡기 위해 나선 응칠의 긴박한 상황이 드러날 뿐, 응칠이 절망에 빠지게 된 계기가 부각되고 있다고는 볼 수 없다.
⑤ [A], [B]에는 모두 이야기 밖 서술자의 서술만 나타나며, 이야기 속 인물인 서술자의 서술은 나타나지 않는다.

02 인물의 심리, 태도 파악 답 ④

정답이 정답인 이유

④ ㉣에서 응칠이 허탈감을 느끼고 있는 이유는 응오의 논에서 도둑질을 한 자의 정체가 바로 동생 응오임을 알았기 때문이라고 볼 수 있다. 도둑으로 밝혀진 응오가 손쉽게 제압당한 것에 허탈함을 느끼고 있다는 내용은 적절하지 않다.

오답이 오답인 이유

① ㉠은 '자네들'이 자신에게 도적질을 하며 살아가는 이야기를 들으면서 부러운 빛을 보이자, 응칠이 그러한 반응을 의식하고 우쭐한 기분을 드러내면서 한 말이라고 볼 수 있다.
② ㉡에서 '물푸레 몽둥이'는 응칠이 응오의 논에서 '벼를 훔쳐 간 놈'에게 분함을 느끼고 그자를 응징하기 위해 가져간 물건이라고 볼 수 있다.
③ ㉢은 응오의 논에 접근하는 자가 도둑일 것이라 여기고 그 정체를 확인하기 위해 집중하는 응칠의 행동을 나타낸다고 볼 수 있다.
⑤ ㉤의 '팔자 드센 놈'은 제 논에서 도둑질을 하다가 들통이 나고도 정작 자신과 공모하기를 꺼리는 응오에게 동정심을 느끼는 응칠의 심리가 반영된 표현이라고 볼 수 있다. 또한 자신에게 매질을 당한 아우를 보고 마음 편치 않게 여기며 아우를 등에 업는 모습에서, 응오에 대한 응칠의 미안한 감정이 드러난다고 볼 수 있다.

03 작품의 내용 이해 답 ⑤

정답이 정답인 이유

⑤ 응칠은 응오가 훔친 벼가 담긴 봇짐을 '가뿐하니 끽 말가웃이나 될는지' 모르겠다고 여기면서 봇짐에 담긴 벼를 논에 도로 털어 버린다. 그리고 아우의 처지를 안타깝게 여기다가 '황소'를 떠올리면서 황소를 훔쳐 판 돈으로 아우를 도와주려고 마음먹는다. 따라서 응칠은 응오가 훔친 벼보다 황소가 응오에게 더 도움이 될 것이라고 여겼다고 볼 수 있다.

오답이 오답인 이유

① 응칠이 ⓐ를 훔치자고 설득할 심산으로 응오에게 말을 걸지만, 응오는 응칠을 뿌리치고 달아나 버렸으므로 함께 ⓐ를 훔치기로 공모했다고 볼 수 없다.
② 응칠은 응오가 자기 논에서 벼를 훔쳐야 할 정도의 힘든 상황에 놓인 것을 생각하고는 ⓐ를 훔쳐서 응오의 생계에 도움을 주고자 하고 있다. ⓐ를 기르지 않아 응오가 곤경에 처했다고 여겼다고는 볼 수 없다.
③ 응칠은 응오가 곤궁한 상황에 처했으면서 ⓐ를 훔쳐서라도 돈을 해 주려는 자신의 제안을 뿌리치는 것을 답답하게 여겨 화를 내었다고 볼 수 있다. 응오가 ⓐ의 가치를 이해하지 못하여 화를 내었다고는 볼 수 없다.
④ 응칠은 응오를 도와줄 방법으로 '시오 리를 남쪽 산속으로 들어가면 어느 집 바깥뜰에' 매여 있을 ⓐ를 훔칠 것을 떠올리고서 응오에게 자신과 함께 다녀오자는 말을 건넨다. 따라서 응칠이 ⓐ가 어디에 매여 있을지를 응오가 알 것이라고 짐작했다고 볼 수 없다.

04 외적 준거에 따른 작품 감상 답 ⑤

정답이 정답인 이유

⑤ 응오가 '일지 못할 만치 매'를 맞은 이유는 도움을 주려는 응칠의 권유를 뿌리친 데 대해 응칠이 화가 났기 때문이다. 따라서 응오가 매를 맞는 장면에서 성실하던 농군이 사회의 질서를 깨뜨렸다는 이유로 징벌을 받는 상황이 드러난다고 보는 것은 적절하지 않다.

오답이 오답인 이유

① 응칠은 '그 누구를 논에다 거꾸로 박아 놓고 달아나다가 붙들리어 경치던 이야기' 등의 '도적질'하던 일을 장한 일을 한 듯이 사람들에게 이야기하는 모습을 보인다. 〈보기〉를 참고하면 이러한 응칠은 사회에서 일탈적인 삶을 사는 사람이라고 볼 수 있다.
② 농군으로서 일하며 살아가는 마을 사람들은 도적질을 하며 살아가는 응칠에게 오히려 부러운 기색을 보이고 '우리 같은 농군에 대면 호강살이'를 한다며 술을 사 주고 담배를 사 주는 등의 행동을 한다. 〈보기〉를 참고하면 이와 같이 막되게 살아가는 응칠이 배척의 대상이 아닌 존경의 대상이 되는 상황에서 아이러니가 드러난다고 볼 수 있다.
③ 응칠은 응오의 논에서 벼를 훔쳐 간 범인을 잡기 위해 나선 상황에서 마을 사람 중 하나일 범인 역시 '격장에서 같이 굶

는' 처지에 있을 것임을 떠올린다. 〈보기〉를 참고하면 응칠의 이러한 생각을 통해 응칠이나 마을 사람들 모두 일제 강점하의 부조리한 농촌 질서 속에서 고통받고 있음을 짐작할 수 있다.
④ '내 걸 내가 훔쳐야 할 그 운명'은 성실하게 농사를 짓는 것만으로는 생계를 이어 갈 수 없어 자기 논의 벼를 훔칠 수밖에 없게 된 응오의 상황을 가리키는 표현이다. 〈보기〉를 참고하면 이러한 응오의 상황에서 윤리적으로 살고자 하던 사람도 일탈적인 선택을 할 수밖에 없게끔 하는 부조리한 현실이 드러난다고 볼 수 있다.

03 현대 소설

본문 171~174쪽

01 ⑤ 02 ④ 03 ③ 04 ②

■ **채만식, 「명일」**

해제 이 작품은 일제 강점기 지식인의 생활상을 형상화한 중편 소설이다. 특히 지식인이 제 역할을 할 수 없게끔 하는 사회 현실과 그러한 현실을 살아가는 지식인의 내면을 풍자적으로 그려 내고 있다. 주인공 범수는 고등 교육까지 받았으면서도 생활고를 겪으며 일자리를 구할 희망조차 없이 살아가는데, 이러한 그의 처지에서 당시 교육 제도의 기만성이 드러난다고 볼 수 있다. 또한 범수는 생활고 끝에 금은상에서 물건을 훔칠까 마음먹다가도 뜻대로 하지 못하는 자신을 조소하는 모습을 보이는데, 이러한 모습에서 지식인이 현실을 대하는 자기기만적 성향이 드러난다고 볼 수 있다.

주제 일제 강점기 무능력한 지식인의 삶에 대한 풍자

전체 줄거리 범수는 대학을 나오고도 직업을 얻지 못한 채 끼니 걱정을 하면서 살아가며, 자식들을 학교에 보내는 문제를 놓고 아내 영주와 갈등을 겪는다. 이후 외출을 하여 도둑질을 할 마음을 먹기도 하지만 실행에 옮기지 못하는 자신을 조소한다. 한편 영주는 삯바느질감을 받아 마련한 돈으로 저녁을 짓고 식구들을 기다리는데, 자식들이 두부를 훔치다 적발되는 사건을 겪고 충격을 받는다. 집에 돌아온 범수는 그런 자식들이 낮에 도둑질을 하지 못한 자신에 비해 낫다고도 생각한다. 이튿날 영주는 작은아들을 사립 학교에 입학시키러, 범수는 큰아들을 공장에 취직시키러 나선다.

01 서술상의 특징 파악 답 ⑤

정답이 정답인 이유

⑤ [A]에는 영주와 범수의 대화를 통해 자식을 학교에 보내는 문제를 놓고 벌이는 영주와 범수의 갈등 상황이 드러나 있다. 또한 [B]에는 범수의 내면에 대한 서술을 통해 금비녀를 훔칠지의 여부와 도적질을 하는 것이 왜 나쁜지에 대해 고민하는 내적 갈등의 상황이 드러나고 있다.

오답이 오답인 이유

① [A]에는 공간의 이동이 드러나지 않으며, [B]에는 '금은상'에서 '화신 앞'으로의 공간 이동이 드러나나 이를 통해 사건의 국면이 전환되는 양상이 드러난다고 보기 어렵다.
② [A]의 '선불리 공부를 ~ 가르치고 있었다.'를 범수의 과거 행위에 대한 요약적 설명으로 볼 수 있지만, 이를 통해 범수가 위기 상황에 처하게 된 계기가 드러나지는 않는다. 또한 [B]에는 범수의 현재 행위와 상념에 대한 서술이 나타날 뿐, 범수의 과거 행위에 대한 요약적 설명이 나타난다고 보기 어렵다.
③ [A]와 [B]에는 모두 이야기 밖 서술자의 서술을 통해 인물의 가치관이 드러나고 있다.
④ [B]에는 행동 묘사를 통해 도둑질을 할지 망설이는 인물의 심리가 간접적으로 드러난다고 볼 수 있다. 그러나 [A]에서 인물의 외양을 묘사하는 내용은 드러나지 않는다.

02 인물의 심리, 태도 파악 답 ④

정답이 정답인 이유

④ '일 원밖에 없는데 일 원짜리 지갑을 사'느냐고 하는 영주의 말에서 범수가 유도하는 대로 영주가 대답하게 된 상황이 나타나며, ㉣에서는 이런 상황을 흡족해하는 범수의 심리가 드러난다고 볼 수 있다. 영주가 자식들을 학교에 보내 공부를 시키는 것이 불필요하다고 생각하는 범수의 의견을 따르는 것은 아니므로, ㉣에서 아내가 자신의 생각을 따르기로 한 것에 흡족해하는 범수의 심리가 드러난다고 보는 것은 적절하지 않다.

오답이 오답인 이유

① ㉠은 저녁거리가 없느냐고 범수가 묻자 그런 사실이 뻔한데 물어서 무엇 하느냐고 책망하는 영주의 말로 볼 수 있다.
② ㉡은 남편의 취직에 대한 기대를 버리지 못하고 있는 영주가 '저 양복이라두 잡혀 오'라는 남편의 제안에 대해 거부감을 드러내는 말로 볼 수 있다.
③ ㉢은 남들은 공부를 해서 잘들 살아간다는 아내의 말을 들은 범수가, 자식들을 공부시켜 보아야 그들에게 별 도움이 되지 않는다는 자신의 생각을 고수하면서 아내를 설득하고자 한 말로 볼 수 있다.
⑤ ㉤은 범수가 금비녀를 훔칠 기회를 엿보면서 점원의 주의를 다른 곳으로 돌리기 위해 던진 물음으로 볼 수 있다.

03 작품의 내용 이해 답 ③

정답이 정답인 이유

③ 범수는 자식 교육을 위해 노력을 기울이는 것이 헛되다는 생각을 '일 원'과 '지갑'에 비유하여 드러내고 있다. 즉 '일 원' 밖에 없고 더 돈이 생길 가능성이 없는 상황에서 '일 원'을 넣

고 다니고자 '지갑'을 사는 행위가 어리석은 것처럼, 고등 교육을 받고도 끼니 걱정을 해야 하는 형편에 자식 교육을 위해 노력을 하는 것이 헛되다는 의견을 드러내고 있다.

오답이 오답인 이유

① 범수는 '일 원'으로 '지갑'을 사는 상황을 가정하고 있으므로, 범수에게 있어서 '일 원'은 '지갑'을 사기에 부족한 금액으로 볼 수 없다.

② 범수는 '일 원'으로 산 '지갑'이 쓸데가 없을 것이라고 생각하고 있다. 따라서 '지갑'의 쓸모가 여러 가지라고 생각했다고는 볼 수 없다.

④ 범수는 '일 원'으로 '지갑'을 사면 그 지갑을 채울 일이 생기지 않을 것이라고 생각하고 있다. 따라서 '지갑'을 채우기 위하여 '일 원'이 필요하다고 생각했다고는 볼 수 없다.

⑤ 범수는 '지갑'에 넣을 돈이 또 생길 가능성이 없다고 생각하고 있다. 따라서 '일 원'보다 적은 돈이라도 생길 가능성이 있다고 생각했다고는 볼 수 없다.

04 외적 준거에 따른 작품 감상 　답 ②

정답이 정답인 이유

② 범수는 자식들이 지식인으로 성장하는 것을 바라지 않아, 자식들을 학교에 보내지 않는 대신에 그들에게 집에서 '산술이니 일어니 또 간단한 지리 역사'를 가르친다. 따라서 범수가 '산술이니 일어니 또 간단한 지리 역사'를 자식들이 지식인으로서 자아를 실현하기 위해 갖추어야 할 소양이라고 판단했다고는 볼 수 없다.

오답이 오답인 이유

① '반가운 소식'을 기다리는 영주의 '한심한 기대'는 범수가 일자리를 얻을 수도 있다는 기대를 의미한다. 〈보기〉를 참고하면 이러한 영주의 기대는 범수가 일제 식민지 체제를 유지하는 데 기여하는 경우가 아니라면 이루어지기가 극히 어려울 것임을 짐작할 수 있다.

③ '나도 명색 대학을 마쳤'다는 말에서 범수가 고등 교육까지 받았다는 점이 드러나며, '임자도 여자 고보를 마쳤'다는 말에서 영주가 범수와 비교할 수 있을 정도로 높은 수준의 교육을 받았음을 알 수 있다. 〈보기〉를 참고하면 이들이 일제의 근대적 교육 제도하에서 높은 수준의 교육을 받은 것임을 짐작할 수 있다.

④ '남은 제가끔 공부를 해 가지구 잘들 살어'간다는 말을 하는 영주는 여전히 교육을 통해 자식들이 장래에 잘살 수 있다는 생각을 하고 있다. 〈보기〉를 참고하면 이러한 영주는 범수와 달리 당대의 교육 제도가 지닌 기만성을 간파하지 못한 인물로 볼 수 있다.

⑤ 범수는 지식의 무용함을 인식하고 있는 인물이다. 그런데 그는 자신이 '명색이 대학까지 마쳐 소위 교양이 있다는 사람'임을 떠올리면서 '도적질을 하려고 한 자기를 나무라'는 모습을 보인다. 〈보기〉를 참고하면 이러한 범수는 지식의 무용함을 인식하면서도 지식인으로서의 자존심과 윤리의식을 버리지 못하고 있다고 볼 수 있다.

04 현대 소설 　본문 175~178쪽

01 ④ 　02 ③ 　03 ⑤ 　04 ③

■ **이태준, 「해방 전후」**

해제 이 작품은 제목과 같이 해방을 전후로 한 시기의 작가 '현'에 대한 기록으로, '현'이 해방 전 일본의 패망을 생각하며 서울을 떠나는 상황, 강원도의 시골에서 세월을 기다리며 은거하는 모습 등이 구체적으로 제시되어 있다. 해방 후에는 문학 단체에 관여하는 등의 적극적인 변화와, 해방 전 그렇게도 존경해 마지않았던 김 직원의 설득에 대해 자신의 방향 전환을 피력하는 문학인의 면모 등이 잘 나타나 있다. 이태준의 자전적 소설이라는 평가를 받는 이 작품을 통해 해방을 전후한 작가의 구체적 행적 등을 살펴볼 수 있다.

주제 해방을 전후로 한 지식인의 갈등과 변화

전체 줄거리 일제 강점기 시국에 대해 소극적이던 현은 시국의 혼란을 피해 강원도 시골에서 생활하던 중 김 직원을 만나 교우하게 된다. 이후 서울 친구의 전보를 받고 상경하던 현은 일제의 패망과 조선 독립의 소식을 듣는다. 8월 17일에 서울에 도착한 그는 조선 문화 건설 중앙 협의회를 찾고, 그들의 선언문을 읽은 뒤 발기인으로 서명한다. 현은 신탁 통치에 대한 찬반 논쟁으로 혼란스러운 현실 속에서 자신의 정치적 기준으로 정세를 판단하고, 일정한 조직의 지도자가 되기도 한다. 이후 서울에서 다시 만나게 된 김 직원과 대화를 나눈 현은 김 직원과 자신이 이념적으로 서로 화해할 수 없는 사이임을 확인하게 된다.

01 서술상의 특징 파악 　답 ④

정답이 정답인 이유

④ [A]는 중심인물인 '현'과 관련된 인물인 공의, 김 직원 등의 특성을 언급하고 있으며, [B]는 낚시터에 가려다 들킨 상황을 중심으로 중심인물인 '현'의 행동과 내면 심리를 언급하고 있다.

오답이 오답인 이유

① [A], [B] 모두 인물들 간의 갈등 상황이 부분적으로 진술되어 있다고 볼 수 있으나, 그러한 진술을 통해 특정 인물에 대한 서술자의 반감이 드러나 있다고 보기 어렵다.

② [A]에는 상황에 따라 다르게 나타나는 중심인물의 구체적 행동이 드러나 있지 않으며 이를 통해 추후에 사건의 반전이

일어날 것임을 암시하고 있지도 않다. [B]에는 상황에 따라 중심인물의 행동이 달라지기는 하지만 이를 통해 추후에 사건의 반전이 일어날 것임을 암시하고 있다고 보기 어렵다.
③ [A], [B] 모두 대립 관계에 있는 인물들 간의 과거와 현재의 대비가 나타나지 않으며, 이를 통해 중심인물이 처한 현재의 상황을 부각하고 있지도 않다.
⑤ [A]에는 어떤 인물의 외모나 성격, 또는 사건이 의도적으로 우스꽝스럽게 묘사되거나 풍자하는 것과 같은 서술, 즉 희화화가 나타나지 않으며, [B]에는 인물의 행동에 대한 인과적 서술이 나타나기는 하지만 이를 통해 중심인물의 일관된 태도가 지닌 긍정적 측면을 강조하고 있다고 보기 어렵다.

02 구절의 의미 이해 답 ③

정답이 정답인 이유

③ ㉢은 혼자 낚시질을 갔다가 도로 돌아온 아버지 현에 대해 의아해하는 아이의 질문이다. 아버지와 동행했다가 아이 자신은 도중에 돌아온 것이라고 보기 어려우며, 이에 대해 못마땅하다는 감정을 표현하고 있다고도 볼 수 없다.

오답이 오답인 이유

① ㉠은 낚시터로 가다가 갑작스럽게 순사를 보고 낚시 도구를 감추고 난 이후, 놀란 마음을 진정시키고 순사의 모습 등을 관찰하는 행동이다.
② ㉡은 순사와 마주치지 않으려고 길을 돌아가다 순사 부장을 만난 후, 순사 부장으로부터 나무람을 듣는 것과 같은, 좋지 않은 상황에 놓일 것에 대해 겁먹은 데서 오는 반응이라고 볼 수 있다.
④ ㉣은 김 직원을 가까이할수록 현이 느끼게 되는 호감과 그에 대한 긍정적 평가가 커짐을 나타낸다고 볼 수 있다.
⑤ ㉤은 일제의 탄압이 극심한 상황에서는 부모로서 책망하기 어려운 상황, 즉 이해가 필요한 상황이 있을 수 있음에도 노상에서 조카자식을 매질한 행동은 정도가 지나친 것일 수 있다는 생각을 드러낸다고 볼 수 있다.

03 소재의 기능 파악 답 ⑤

정답이 정답인 이유

⑤ 현은 김 직원으로부터 문인 궐기 대회에 관련한 충고를 듣기는 하지만 이는 '시국에 태만한 증거물'인 낚시 도구와는 관련이 없다. 따라서 낚시 도구가 현이 김 직원으로부터 뼈아픈 충고를 듣게 되는 데 직접적 계기를 제공하는 대상이라고 보기 어렵다.

오답이 오답인 이유

① 현이 낚시터로 가며 순사를 피하려는 것이나 낚시 도구를 들고 낚시터로 향하다가 순사 부장을 보고 놀라는 것은 자신의 낚시질이 '시국'과는 어울리지 않는 행위로 여겨질 것이라고 생각했기 때문이다.
② 현은 '시국에 태만한 증거물'로 여겨질 수 있는 낚시 도구를 들고 가다 순사와 순사 부장을 마주치게 되고 이후 낚시터로 떳떳하게 가지 못하고 결국 집으로 돌아오게 된다.
③ 현이 강원도의 한적한 산읍을 임시 거주지로 택한 것은, 가까이 임진강 상류가 있어 낚시질을 하며 일제가 패망하기까지 이삼 년 정도의 세월을 기다릴 수 있다고 생각했기 때문이다. 따라서 '시국에 태만한 증거물'로 여겨질 수 있는 낚시 도구는 현이 일정한 때를 기다리는 데 도움이 된다고 생각한 낚시질이라는 행위와 관련이 있는 대상이라고 볼 수 있다.
④ '시국'은 일본 제국의 흥망이 절박한 당시의 상황을 가리키는 것이다. 현이 사용하는 낚시 도구는 소일거리인 낚시질을 위한 것이므로, 다른 사람들에게는 절박한 상황에 어울리지 않는, 다소 태만한 태도를 보이는 것으로 받아들여질 수 있다.

04 외적 준거에 따른 작품 감상 답 ③

정답이 정답인 이유

③ 김 직원이 조카자식을 매질한 것과 관련하여 '부들부들' 떨거나 '분해'하는 것을 볼 때 자신의 행동을 후회하고 있다고 볼 수 없다. 즉 김 직원이 살기 위해 후회할 행동이라도 어쩔 수 없이 하게 되었다고 보기 어렵다.

오답이 오답인 이유

① 현은 강원도의 한적한 산읍을 거주지로 택한 이유 중 하나로 잡곡의 소산지라는 점을 들며 식량 해결을 위해서라고 밝히고 있다. 이를 통해 현실적인 생활의 어려움을 나름의 방식으로 해결하고자 하는 모습을 보여 주고 있다고 볼 수 있다.
② 현은 김 직원과 자신이 불행한 족속이며 '간곡한 심정의 촉수만은 말하지 않아도 서로 굳게 잡히고도 남'는다고 언급하고 있다. 이는 일제 강점기의 상황에 대해 인물들이 공통적으로 느끼는 심정을 표현한 것으로 볼 수 있다.
④ 가네무라 순사는 현이 문인 궐기 대회에 참석하는지에 대해 관심을 갖고 직접 찾아와 묻기까지 한다. 이를 통해 일제 강점기 말의 감시와 압박이 심해진 상황을 알 수 있다.
⑤ 현이 문인 궐기 대회에 참석하면서 '살고 싶다'와 같은 '비명을 하'며 괴로워하는 것은, 대회 참석이 자발적인 것이 아니라, 불가피한 상황에서 어쩔 수 없는 선택이었다는 것, 그 때문에 현이 괴롭다는 것을 나타낸다고 볼 수 있다.

05 현대 소설

본문 179~182쪽

01 ① 02 ③ 03 ① 04 ⑤

■ 선우휘, 「단독 강화」

(해제) 이 작품은 극한 상황에서 이념의 대립을 초월하는 민족애를 통해 민족의식을 회복해 가는 두 병사의 모습을 보여 주고 있다. 수송기에서 떨어진 보급 식량을 나눠 먹던 두 병사가 대화 중 우연히 서로가 적군임을 알게 되고 적대감을 드러내지만 동굴에서 하룻밤을 함께 보내면서 서로의 절박한 처지를 이해하게 되고 서로에게 마음을 열기 시작한다. 소설의 결말 부분에서 둘이 힘을 합쳐 중공군에 대항하는 장면은 이념 대립이 빚은 전쟁 상황을 극복하고 외세에 저항하기 위해서는 무엇보다 우리 민족이 민족적 동질성을 회복해야 한다는 소설의 주제 의식을 선명하게 드러낸다. 특히 죽은 두 사람의 피가 엉기는 마지막 장면은 두 사람이 죽음을 통해서나마 한 민족으로서의 혈연적 동질성을 회복하는 모습을 보여 준다.

주제 민족애를 통한 이념 대립의 극복과 전쟁의 비극성 고발

전체 줄거리 무리에서 낙오되어 미군이 떨어뜨리고 간 식량을 나누어 먹던 국군 병사 '양'과 인민군 병사 '장'은 서로가 적군임을 알고는 긴장한다. 서로 적대감을 보이던 둘은 다음 날 아침 각자의 본대를 찾아 떠날 때까지 동굴에서 하룻밤을 지내며 서로 해치지 않기로 약속한다. 각자의 총을 함께 묶은 뒤 그것을 등지고 잠을 청하던 양은 잠결에 장이 심하게 뒤척인 것을 자신을 죽이려는 행동으로 오해하여 장을 때리고 곧이어 그것이 자신의 오해였음을 알아차리고는 미안해한다. 양은 앳되고 순수한 장의 모습에 연민을 느끼고 장은 양을 형이라 부르며 조금씩 마음을 열어 가지만 다음 날 아침이 되자 둘은 약속했던 대로 아쉽게 작별을 한다. 그러나 그사이 나타난 중공군과 양 사이에 총격전이 벌어지고, 장은 돌아와 양을 도와 중공군에게 맞서다 둘은 끝내 죽음을 맞이한다.

01 서술상의 특징 파악 답 ①

정답이 정답인 이유

① [A]는 양이 장을 때린 후, 양이 레이숀 곽 조각에 불을 붙여 장의 얼굴을 확인하고, 불길을 의식한 장이 얼굴을 찡그리며 신음 소리를 내는 장면이다. 이와 같이 [A]는 인물들의 행동을 순차적으로 제시하고 있다고 볼 수 있다. [B]는 '날이 밝자'와 같은 해가 뜬 아침으로의 변화를 언급하는 서술을 통해 시간적 배경의 변화를 나타낸다고 볼 수 있다.

오답이 오답인 이유

② [A]에는 사건의 인과 관계가 나타나기는 하지만, 인물의 태도가 변화하는 계기를 제시하고 있지 않으며, [B]에는 시간의 역전적 구성이 나타나지 않는다.

③ [A]에는 공간적 배경에 대한 묘사가 나타나지 않으며, [B]에는 시간 설정이 나타난다고 볼 수 있으나 이를 통해 사건이 벌어진 상황의 시대적 맥락을 제시하고 있다고 보기 어렵다.

④ [A]는 인간의 내면 심리를 구체적으로 서술하고 있지 않으며, [B]는 인물의 행동을 객관적으로 언급하고 있으나 이를 통해 사건에 대처하는 인물의 행동을 희화화하고 있다고 보기 어렵다.

⑤ [A]에는 장의 외양에 대한 간략한 묘사가 나타나며, 이를 통해 장의 고달픈 현재 처지가 부각된다고 볼 수 있으나 양의 외양에 대한 묘사는 나타나지 않는다. [B]에는 짧은 문장이 나타나기는 하지만, 이를 통해 인물들이 경험한 다양한 사건들을 긴박감 있게 제시하고 있다고 보기 어렵다.

02 구절의 의미 이해 답 ③

정답이 정답인 이유

③ 악몽을 꾼 것으로 보이는 장의 입장에서 잠을 자는 도중 맞닥뜨린 양의 행동과 말을 곧바로 이해하기는 어려웠을 것이다. 장이 넋 없는 표정을 지은 것은, 갑작스러운 충격에 놀라서이므로 이를 양의 분노가 사그라든 것을 여러 번 확인한 후 안도하는 것으로 보기는 어렵다.

오답이 오답인 이유

① 잠을 자는 도중 양에게 충격을 가한 장의 행동은 양의 입장에서는 자신에 대한 공격이라고 생각할 수 있다. 이에 양은 장의 두 손을 날쌔게 뿌리치는 것으로 보아 갑작스러운 충격에 재빠르게 대응하고 있다고 볼 수 있다.

② 악몽을 꾼 것으로 보이는 장의 입장에서는 잠을 자는 도중에 당하게 된 양의 행동이 갑작스럽고 놀라운 것일 수 있다. 장이 양의 행동과 말에 대해 놀라 어리둥절하다가 겨우 정신을 차린 것이므로 어리둥절한 장의 눈빛을 흩어진 시선으로, 겨우 정신을 차리는 것을 시선을 모으는(모두는) 것으로 볼 수 있다.

④ 양이 잠을 자는 도중 받게 된 갑작스러운 공격은 불시에 벌어진 상황이라고 볼 수 있으며, 이에 매우 놀라고, 감정이 흥분된 것을 알 수 있다. 이후 흥분이 가라앉으며 몸이 떨리는 것은 그러한 양의 감정이 진정되고 있음을 의미한다.

⑤ 잠을 깨우는 양을 장이 보고 멋쩍은 듯 미소를 지어 보이는 것은 양을 대하며 멋쩍은 듯, 즉 어색하고 쑥스러운 듯 웃음을 보이는 것으로 볼 수 있다.

03 구절의 의미 이해 답 ①

정답이 정답인 이유

① ⓐ는 갑작스러운 공격을 당하고 장의 잘못을 따지려는 모습을 드러낸다고 볼 수 있으며, ⓑ는 장에 대한 양의 오해가 풀린 후 장에 대한 양의 호의를 드러낸다고 볼 수 있다.

오답이 오답인 이유

② ⓐ가 장의 언행을 직접 응징하려는 모습을 보여 준다고 보기 어려우며, ⓑ는 상대방에 대한 오해가 해소된 후 장에 대한

양의 호의를 표현하는 말이므로, 상대방에 대한 오해를 보여 준다고 보기 어렵다.
③ ⓐ는 자신의 가슴을 쥐어박았던 장의 잘못을 따지려는 데 목적이 있다는 점에서, ⓑ는 장을 배려하며 호의를 베풀려는 데 목적이 있다는 점에서 양이 자신의 정치적 신념을 적극적으로 드러내려는 목적을 표현하고 있다고 보기 어렵다.
④ ⓑ는 장에 대한 양의 호의를 나타내고 있다는 점에서 특정한 상황에 놓인 상대방을 위로하려는 태도를 나타낸다고도 볼 수 있다. 그러나 ⓐ는 양이 장의 잘못을 따지려는 모습을 보여 준다는 점에서 특정한 상황에 놓인 상대방을 위로하려는 태도를 나타낸다고 보기 어렵다.
⑤ ⓐ와 ⓑ는 모두 미래에 대한 긍정적 전망을 상대방에게 전달하려는 의도를 제시하고 있다고 보기 어렵다.

04 외적 준거에 따른 작품 감상 답 ⑤

정답이 정답인 이유

⑤ 양이 장에게 '안 만났던 것만 못하군'과 같이 얘기한 것은 장을 오해하고 때린 것에 대한 미안함과 더불어 장과의 헤어짐이 내심 아쉬웠기 때문이라고 볼 수 있다. 따라서 양의 말을 통해 처음에 서로를 만나 대립하던 상태를 상기하며 적대감을 드러내고 있다고 보기 어렵다.

오답이 오답인 이유

① 장이 아주 무서운 꿈을 꾸고 그에 놀라는 것은 전쟁에 참전한 군인으로서 인물이 느끼는 불안을 보여 주는 것으로 볼 수 있다.
② 양이 장의 코피를 닦아 주는 것, 헤어질 때 장이 시무룩해 하는 것은 공존의 과정에서 서로를 적군이 아닌, 그저 한 명의 인간으로 대하며 따뜻한 정을 느꼈기 때문이다. 이를 통해 두 병사 간의 화해와 공존의 상황이 나타난다고 볼 수 있다.
③ 양이 장의 악몽에 대한 이야기를 들은 후 신음 소리와 같은 목소리로 전쟁을 일으킨 놈들을 죽이고 싶다고 말한 것은 전쟁 상황 속에서 양이 느끼는 괴로움과 불만을 표현한 것으로 볼 수 있다.
④ 양과 장만 있는 고립된 공간인 동굴 속에서 둘은 서로를 해치지 않는다는 약속을 지켰으며 솔직한 모습으로 서로를 대하고 '아침'까지 함께 먹게 된다. 따라서 동굴을 통해 이념의 대립보다는 인간으로서의 공존이 우선시되는 공간이 제시되고 있다고 볼 수 있다.

06 현대 소설

본문 183~186쪽

01 ⑤	02 ⑤	03 ④	04 ②

■ **김승옥, 「서울 1964년 겨울」**

해제 이 작품은 1960년대 서울을 배경으로 일면식도 없던 세 남자가 우연히 만나 하룻밤을 보내면서 벌어지는 일을 서술하고 있다. 이들은 피상적이고 단절된 인간관계, 고독과 소외 등 도시에서 살아가는 사람들의 특징을 형상화하고 있다. 아울러 1964년의 정치적 상황과 관련하여 당대 지식인들의 무력감과 시대 현실에 대한 회의가 드러나 있다. 이 작품은 이러한 주제 의식 외에도 도시와 도시인을 바라보는 '나'의 감각적인 시선과 문체 또한 뛰어나다고 평가받고 있다.

주제 현대 도시인들의 심리적 방황과 인간적 연대감의 상실

전체 줄거리 '나'는 '안'이라는 대학원생을 우연히 포장마차에서 만나 의미 없는 대화를 나누며 술을 마신다. 그런 둘에게 낯선 사내가 다가와 함께하기를 부탁하는데, 사내는 오늘 아내가 죽어 아내의 시체를 병원에 팔았다고 한다. 그는 아내를 사랑하지만 아내에 대해 아는 것은 거의 없다. 세 사람은 소방차를 따라가 불구경을 하는데, 사내는 아내의 시체를 팔고 받은 돈을 불 속으로 던지고 '나'와 안에게 오늘 밤 같이 있어 달라고 부탁한다. 세 사람은 여관으로 가고, 안의 제안으로 각자의 방에 들어가 밤을 보낸다. 다음 날 아침, 사내가 자살한 것을 확인한 안은 '나'를 깨우고 두 사람은 다른 사람들이 알기 전에 여관을 나와서 헤어진다.

01 서술상의 특징 파악 답 ⑤

정답이 정답인 이유

⑤ [A]에서는 밤의 선술집에서 찬 기운에 발이 얼어 가는 인물의 상황을 통해 공간에서 느끼는 인물의 불편한 심리를 드러내고 있고, [B]에서는 중국집에서 나온 후 거리의 풍경과 인물들의 행동 등을 짧은 문장들을 연결하여 다양하게 보여 줌으로써 상황을 입체적으로 형상화하고 있다.

오답이 오답인 이유

① [A]는 대체로 시간의 순서에 따라 사건이 서술되어 있다. 하지만 [B]는 공간의 상황을 연속적으로 서술하고 있을 뿐, 인과적 순서에 따라 사건을 배열하고 있지는 않다.
② [A]의 서술자는 등장인물인 '나'이므로 인물의 심리가 서술자의 서술로 드러나는 것은 맞는다. 하지만 서술자와 인물이 동일하므로, 인물의 심리 상태를 서술자가 추측하여 전달하고 있다는 진술은 적절하지 않다. [B]의 경우 '한쪽 눈으로는 울고 다른 쪽 눈으로는 웃고 있'는 사내의 모습에 대한 묘사나 '도망갈 궁리를 하기에도 지쳐 버렸다'고 '나'에게 말하는 안의 행동을 통해 각각의 성격이 드러나고 있다고 볼 수 있다.
③ [A]에서는 밤의 선술집에 대한 묘사가 나타나고, 그 선술집이라는 공간의 특성을 통해 인물들 사이의 소통과 연대의 부재라는 사건의 방향을 암시한 것으로 볼 여지는 있지만, [B]에는 특별한 인물 사이의 갈등이 서술되어 있지 않다.

④ [A]에 '나'의 내면적 갈등이 나타나 있다고 볼 수도 있지만, [B]에는 요약적 진술을 통한 인물의 과거 행적을 나타내는 서술이 제시되어 있지 않다.

02 작품의 내용 이해 답 ⑤

정답이 정답인 이유

⑤ 시골 출신에 대학을 가지 못한 채 구청 병사계에서 일하고 있는 '나'는 '상상이 되지 않는 전공을 가진 대학원생'이자 '부잣집 장남'인 안을 비슷한 삶을 살고 있다고 생각하기보다는 전혀 다른 삶을 살고 있다고 생각하고 있음을 알 수 있다.

오답이 오답인 이유

① '대학 구경을 해 보지 못한 나로서는', '고등학교는 나오고 육군 사관 학교를 지원했다가 실패하고 나서 군대에 갔다가 임질에 한 번 걸려 본 적이 있고 지금은 구청 병사계에서 일하고 있다는 것'을 통해 알 수 있다.
② '마음씨 좋은 아저씨가 말하기 시작했다.'를 통해 짐작할 수 있다.
③ '아내와 나는 참 재미있게 살았습니다. 아내가 어린애를 낳지 못하기 때문에 시간은 몽땅 우리 두 사람의 것이었습니다. 돈은 넉넉하진 못했습니다만, 그래도 돈이 생기면 우리는 어디든지 같이 다니면서 재미있게 지냈습니다.'를 통해 확인할 수 있다.
④ 아내의 시체를 팔고 나서 한동안 병원 주위를 떠나지 못했던 사실과, 그 이야기를 누군가에게 하지 않고는 견딜 수 없다고 말한 것, 그리고 그렇게 번 돈을 하룻밤에 다 써 버리려고 하는 점 등으로 미루어 볼 때, 사내는 죽은 아내의 시체를 병원에 팔았다는 사실에 괴로워하고 있음을 짐작할 수 있다.

03 배경의 기능 파악 답 ④

정답이 정답인 이유

④ 선술집에서 '나'와 안과 사내는 처음 만나게 되었고, 중국집에서는 사내가 '나'와 안에게 자신의 아내가 죽은 사실과 그 시체를 팔아 돈을 번 일과 같은 자신의 이야기를 털어놓고 있다.

오답이 오답인 이유

① 선술집에서 '나'와 안이 사내와 갈등하는 모습은 제시되어 있지 않고, '나'와 안이 사내와 특별히 갈등 관계에 있지 않았기 때문에 중국집에서 '나'와 안이 사내와 화해를 하고 있지도 않다.
② 선술집에서 '나'와 안은 파리가 날 수 있으면서 손에 붙잡힐 수 있는 것이라는 점에서 의견 일치를 보여 주고 있지만, 중국집에서 '나'와 안이 의견 차이를 보이는 부분은 나타나지 않는다.
③ '나'와 안과 사내가 선술집에서 외로움을 느꼈는지는 확인할 수 없고, 중국집에서 '나'와 안이 사내의 이야기를 들어 주고는 있지만 '안이 손가락으로 내 무릎을 찌르며 우리는 꺼지는 게 어떻겠느냐는 눈짓을 보냈다. 나 역시 동감이었지만'을 보면 두 사람이 사내에게 동질감을 느끼고 있지는 않음을 알 수 있다.
⑤ '그의 정체를 알고 싶다는 생각은 조금도 나지 않는'을 보면 선술집에서 '나'가 사내에게 인간적 유대를 느끼고 있지는 않음을 알 수 있고, 중국집에서 사내가 '나'와 안에게 자신의 사연을 털어놓고 있으므로 두 사람에게 소외감을 느끼고 있다고 보기 어렵다.

04 외적 준거에 따른 작품 감상 답 ②

정답이 정답인 이유

② 사내가 '나'와 안을 억압하고 있는 존재는 아니므로, 사내의 말 때문에 자리를 피하지 못하고 눌러앉아 있는 '나'와 안의 모습이 억압받는 당대 민주 인사들의 모습을 환기한다고 보는 것은 적절하지 않다.

오답이 오답인 이유

① 누군가의 정체를 알고 싶지 않다는 것은 타인에 대해 무관심한 것이므로, 이와 같은 진술은 적절하다.
③ 아내를 잃었다는 슬픔과 아내의 시체를 병원에 돈을 받고 팔았다는 죄책감을 느끼고 있는 사내가 '나'와 안에게 함께 있어 줄 것을 부탁하는 것을 통해 내면적 교감과 연대라는 당대의 시대적 요구를 떠올리는 것은 적절하다.
④ 현실을 바꾸거나 현실에서 위로를 얻을 수 없는 사내가 '여전히 힘없는 음성'으로 말을 하고 있다는 것은 〈보기〉에서 설명하고 있는 당대 사람들의 내면적인 무력감을 상징적으로 제시하는 것으로 이해할 수 있다.
⑤ 술을 먹고 나선 거리의 풍경을 '식민지의 거리'로 인식하는 것은 정부의 굴욕 외교와 그를 바탕으로 한 당대 사람들의 시대 현실에 대한 짙은 회의를 보여 주는 것이라 할 수 있다.

07 현대 소설

본문 187~190쪽

01 ④	02 ③	03 ④	04 ③

■ 윤흥길, 「날개 또는 수갑」

해제 이 작품은 한 회사에서 갑작스럽게 제복 제도를 도입하면서 벌어지는 일련의 사건을 통해 1970년대 개인의 자유보다 국가주의를 앞세워 국민을 통제하던 국가 권력을 우회적으로 비판하고 있다. 준비 위원회라는 절차를 거치지만 결국 사원들의 의견을 묵살하여 제복 제도를 실시하는 회사 운영진의 모습은 절차적 정당성을 형식적으로만 갖춘 채 국가의 통제를 합리화하는 현실을 우회적으로 비판하고 있고, 제복 착용에 반발하던 사원들이 결국은 모두 흩어져 어쩔 수 없이 회사의 지시를 따르는 모습은 현실의 부당함에 대한 비판 의식은 있으나 이를 실천으로 옮겨 저항 행동으로 표출하지 못하는 소시민의 면모를 풍자하고 있다.

주제 구성원을 획일화하고자 하는 전체주의 문화 비판

전체 줄거리 동림 산업 운영진은 어느 날 갑자기 사원들이 모두 제복을 입는 제도를 도입할 예정이라고 전달하고, 민도식, 장상태, 우기환 등의 직원이 일하고 있는 부서의 부장은 직원들의 불만을 묵살하며 준비 위원회라는 절차를 거칠 것이라고 말한다. 하지만 준비 위원회에서는 반대 의견을 묵살한 채 일방적 태도로 제복 제도를 통과시킨다. 민도식, 장상태, 우기환 등은 다방에 모여 불만스러운 의견을 나누는데, 이때 그들 사무직과는 달리 생산부 공원 복장을 한 권 씨가 그들에게 옷과 같이 사소한 일에 불만을 표하는 것에 이질감을 느끼고 있음을 표현한다. 결국 일은 운영진의 뜻대로 진행되어 회사 창업 기념일 행사를 앞두고 모든 직원들은 제복을 맞추지만 민도식과 우기환은 이를 거부한다. 사장과 면담을 거치지만 그들의 의견이 받아들여지지 않자 우기환은 제복 도입에 불복하여 회사를 그만둔다. 회사 창업 기념일, 민도식은 늑장을 피우다가 행사 장소에 뒤늦게 도착하는데 전 사원이 제복 차림으로 질서 정연하게 도열해 있는 모습에서 외로움을 느끼며 행사에 참여하지 못한 채 우두커니 서 있는다.

01 서술상의 특징 파악 답 ④

정답이 정답인 이유

④ [A]에서는 준비 위원회에서 사원들의 의견을 관철시키지 못했던 상황을 제시한 후 그 사정을 설명하고 있다. 이것은 준비 위원회 참석자로서의 책임에 대해 질책받지 않기 위해 자신을 변호하는 것이라고 볼 수 있다. [B]에서는 [A]에서 설명한 준비 위원회의 논의 상황이 가지는 의미를 분석하여 설명한 후, 지금 사원들이 취할 수 있는 태도에 대한 자신의 의견을 담아 주장하고 있는 것이라고 볼 수 있다.

오답이 오답인 이유

① [A]는 준비 위원회에서 사원들의 의견을 관철시키지 못했던 개인적 처지를 위원회 불참자들 앞에서 설명하고 있다. 반면 [B]는 사안의 진행 과정을 분석하며 제복 사안에 대한 대응을 결정하자고 말하고 있다.

② [A]에서는 실장의 행동을 비판적 어조로 묘사하고 있으나 이 묘사는 회의에서 무기력할 수밖에 없었던 것에 대한 변명에 가깝고, 이것이 타인을 비판하는 근거로 사용된다고 보기는 어렵다. [B]는 '우릴 비웃고' 있는 사람에 대해 묘사했다고 볼 수는 있으나 이것은 다른 화제를 제시하는 것에 가깝고, 타인을 비판하는 것이라고 보기는 어렵다.

③ [A]는 자신이 참여한 회의에서 취한 태도를 변호하기 위해 지나간 일에서 자신이 무기력할 수밖에 없었던 상황을 설명하고 있어, 윤리적 정당성을 말하고 있다고 보기 어렵다. [B]는 지금까지의 상황을 분석한 후 모두 함께 취할 수 있는 선택지를 제시하고 있는데, 상황적 판단이 앞선 것일 뿐 윤리적 정당성을 논하고 있다고 보기는 어렵다.

⑤ [A]는 자신에 대한 변호를 하고 있을 뿐, 일의 책임 소재를 제시하며 분석하고 있다고 보기 어렵다. [B]는 앞으로 의논할 새로운 화제를 제시하고 있는데, 체면 유지의 중요성을 말한 것이라 보기는 어려우며, 강요하는 어투라고 보기도 어렵다.

02 작품의 내용 이해 답 ③

정답이 정답인 이유

③ ㉢은 인물의 체구에 대해 언급하고 있어 외모를 설명하고 있다고 볼 수 있으나, 이를 장상태와 권 씨와의 갈등 해결의 실마리가 암시된 것이라고 보기는 어렵다.

오답이 오답인 이유

① 장상태가 '사내'를 보며 보인 반응을 '화를 벌컥 내면서 큰 소리로'라고 묘사하였다. 이것은 '사내'에 대한 불편한 심리를 드러낸 것이라고 볼 수 있다.

② 민도식이 '사내'를 보고 내린 판단을 언급하며 사원들과의 대화 중에 새롭게 등장한 '사내'와 '장상태' 간의 갈등이 이어질 것임을 암시하고 긴장감을 고조시키고 있다.

④ 민도식의 아내는 민도식의 입장을 이해해 주거나 공감해 주지 않고 그를 의심하는 태도를 취하고 있다. 그래서 민도식은 결국 억지 출근을 선택하게 된다.

⑤ '재촉에 이렇게 큰소리로 대거리는 했'다고 하고 있는 것은 타인에게 보인 반응을 묘사하고 있는 것이고, 이것은 아내와의 갈등 상황에 대처하는 민도식의 태도를 제시한 것이라고 볼 수 있다.

03 인물의 심리, 태도 파악 답 ④

정답이 정답인 이유

④ 사무직들의 논쟁에 왜 관심을 갖느냐는 추궁에 '권 씨'는 생산직 공원으로서 산업 재해를 입은 동료의 권리를 위해 싸우는 처지와 사무직 직원들의 의복의 자유를 위해 싸우는 처지를 대비하며 지켜보고 있었음을 말하고 있다.

오답이 오답인 이유

① '권 씨'가 '자진해서 먼저 일어'선 것은 장상태의 말이 자신을 두고 한 말임을 먼저 간파한 것이다. 하지만 이를 두고 거부감을 간파하고 상대방에게 그 거부감을 확인한 것이라고 보기는 어렵다.

② '권 씨'는 사무직 직원들의 적대적인 감정을 느끼고 있고 모두가 듣도록 갈등 상황에서의 대화를 이어 가고 있으나, 이를 두고 적대적 감정을 문제 삼고 있는 것이라고 보기는 어렵다.

③ 제복 논쟁의 의미를 다시 생각해 볼 것을 요구하는 질문을 던지며 반대하는 태도를 취하고 있으나, 비굴한 태도에 대한 판단은 '권 씨'가 내리는 판단이라 보기 어렵다.
⑤ '권 씨'가 면담을 요구한 것은 확인할 수 있으나, 사장을 협박했다고 판단하기는 어렵다.

04 외적 준거에 따른 작품 감상 답 ③

정답이 정답인 이유

③ 민도식은 뒤늦게 도착한 창업 기념식에서 제복을 입고 도열한 직원들을 보며 자신이 야유당하고 있다고 느낀다. 그것은 회사의 문화가 점차 전체주의적 문화로 경직될 것을 두려워한 결과이며, 반발심을 느낀 심리적 반응이라고 볼 수 있다. 그러나 회사의 결정에 반발심을 지닌 것은 이미 그 이전부터이므로, 기념식에서 품기 시작한 것이라고 보기는 어렵다.

오답이 오답인 이유

① 제복을 입고 일사불란하게 도열해 있는 사람들은 전체주의적 문화를 시각적으로 드러냈다고 볼 수 있고, 이를 보고 숨이 막힌다고 표현한 것은 그에 대한 거부감을 표현한 것이라고 볼 수 있다.
② 사원들은 제복 착용 결정에 대해 불만을 가지고 있었음이 묘사되어 있으나, 결국 모두 제복을 착용한 결과로 드러난 것은 결국 그들이 복종하였음을 드러내고 있는 것이다.
④ 민도식은 사원들과 제복 착용 결정에 대한 불만을 함께 나눈 바 있다. 하지만 결국은 사원 체육 대회가 모두 제복을 입은 채로 진행되는 것을 눈앞에서 확인하며 외로움을 느낀다.
⑤ 사원들이 제복에 대해 가졌던 불만에도 불구하고 집단적 저항 없이 제복을 착용한 체육 대회가 개최된 것, 그리고 그것을 바라보고 있는 민도식의 모습을 묘사한 것은 개인의 저항에 대한 무력감을 표현한 것이라고 볼 수 있다.

08 현대 소설

본문 191~194쪽

01 ③ 02 ⑤ 03 ③ 04 ④

■ **송기숙, 「개는 왜 짖는가」**

해제 이 작품은 언론 통폐합이라는 시대 현실을 비판하고 있는 소설이다. 어두운 시대 현실을 그리고 있음에도 불구하고 작품의 분위기가 가볍고 유쾌한 것은 해학과 풍자의 방식으로 현실의 문제를 풀어냈기 때문이다. 동네 어르신들의 거침없는 언사와 의기는 과장되어 우스꽝스럽기도 하지만 한편으로는 불의한 시대에 대한 국민의 요구를 담고 있어 풍자적이다. 아울러 표현의 자유를 억압당한 언론의 무기력함과 그에 대한 성찰이 비유적이고 효과적으로 형상화되고 있다.

주제 언론의 자유를 억압하는 불의한 시대에 대한 비판

전체 줄거리 한때 특종을 여러 개 터뜨릴 만큼 유능한 기자였던 박영하는 최근 들어 어쩐지 사회 현실에 흥미를 잃어 취재도 기사 쓰기도 시큰둥하다. 변두리 동네로 이사 온 박 기자는 동네일에 사사건건 간섭을 해 대는 동네 어르신들을 보고 그들과 엮이지 않으려 피해 다닌다. 그러던 차에 동네 어르신들이 박 기자를 불러 동네의 불효자의 악행을 신문에 내 줄 것을 부탁하고, 이야기 중 당사자가 나와 어르신들과 말다툼이 일어난다. 박영하는 끝내 동네 어르신들의 기사화 요구를 거절했지만 집에 와서 이내 그에 대한 기사를 작성한다. 하지만 신문사 편집실에서 어느 기사를 거절당한 선배의 모습을 보고 자신이 써 놓은 기사를 버려 버린다. 그날 밤 박영하는 술에 취해 동네에서 소리를 고래고래 지르다 순경의 도움을 받아 집에 돌아온다.

01 서술상의 특징 파악 답 ③

정답이 정답인 이유

③ 이 글의 서술자는 이야기 밖 서술자이지만 '저 오동나무는 통새암거리 노인들 같다는 생각이 들었다.'에서 알 수 있듯이 작중 인물인 영하의 시각에서 사건을 관찰하고 사고하고 있다.

오답이 오답인 이유

① 이 글의 서술자가 이야기 밖의 서술자이기는 하지만 '영감 말이 옳다는 소리 같았다.'와 같이 서술자의 생각을 서술하고 있으므로, 객관적인 위치에서 사건을 관찰하고 서술하고 있다는 진술은 적절하지 않다.
② 이 글의 서술자가 이야기 밖의 서술자이기는 하지만 이야기 속 인물인 영하의 시선에서 관찰하고 서술하고 있기 때문에 모든 인물의 내면을 인지하고 서술하고 있지는 않다.
④, ⑤ 이 글의 서술자는 이야기 속 인물이 아니라 이야기 밖의 서술자이다.

02 인물의 심리, 태도 파악 답 ⑤

정답이 정답인 이유

⑤ 영하는 사내와 영감들의 갈등을 지켜보고 있을 뿐, 그에 대한 자신의 감정을 드러내고 있지는 않다.

오답이 오답인 이유

① '~ 박 기자, 어떻소. 이런 사람을 신문에 안 내면 뭣을 신문에 낸단 말이요?', '털보 영감이 이번에는 영하를 물고 들어갔다.'를 보면 털보 영감이 사내와의 갈등에 영하를 끌어들이고 있음을 알 수 있다.
② '잡것', '배때기'를 보면 사내는 비속어를 사용하여 자신의 이야기를 신문에 내지 않도록 영하에게 위협을 가하고 있음을 알 수 있다.

③ 좁쌀영감은 개에게 사내의 이름을 지어 부름으로써 사내를 조롱하고 있다.
④ '~ 도대체 이런 법도 있습니까?', '사내는 순경을 돌아보며 입에 거품을 물었다.'를 보면 사내가 순경에게 자신의 억울한 상황에 대해 호소하고 있음을 알 수 있다.

03 소재의 기능 파악 답 ③

정답이 정답인 이유

③ ㉠을 보고 영하는 오동나무에 비길 수 있는 통새암거리 노인들에 비해 자신의 존재가 분재와 같지는 않은지 비판적으로 성찰하고 있고, ㉡의 소리를 듣고는 그것이 절실한 삶의 표출인 것처럼 느끼고 '그 기사'를 써야겠다는 의욕을 느끼고 있다.

오답이 오답인 이유

① ㉠이 인물 사이의 갈등을 조장하고 있지도 않고, ㉡이 인물 사이의 갈등을 해소하게 하지도 않는다.
② ㉠은 영하가 자신을 성찰하게 하는 매개일 뿐 선망의 대상이 아니고, ㉡은 영하로 하여금 특정 행동을 하도록 자극하는 대상이지 극복의 대상이 아니다.
④ ㉠은 갈등이 일어난 공간의 분위기와 관계없는 소재이고, ㉡은 갈등이 일어난 시간이 여름임을 알 수 있게 하는 소재이다.
⑤ ㉠은 영하의 자기 성찰을 불러일으킬 뿐 앞으로 일어날 사건의 방향을 암시하고 있지 않고, ㉡은 영하의 행동을 자극할 뿐 이전에 일어난 사건 이해에 단서를 제공하고 있지 않다.

04 외적 준거에 따른 작품 감상 답 ④

정답이 정답인 이유

④ 사내의 이름을 개한테 지어 부른 것은 언론의 자유를 억압하는 것과 관계가 없으므로, 사내의 이와 같은 항변을 언론의 자유를 억압하는 부정적 현실과 연결 짓는 추론은 적절하지 않다.

오답이 오답인 이유

① 사내는 불효를 저질렀음에도 불구하고 오히려 그것을 비판하는 노인들에게 큰소리를 치고 있다는 점에서 불의한 세력을 상징하는 인물이라고 할 수 있다.
② 신문 기자인 자신에게 기사를 쓰지 말라고 사내가 협박하고 있음에도 불구하고, 적극적으로 저항하거나 분노하지 않고 그저 헤프게 웃고만 있는 영하의 모습은 무기력한 당대 언론의 모습을 형상화한 것으로 이해할 수 있다.
③ '꼭 짖을 놈만 찾아 짖'는 것은 비판해야 할 부분에 소리 내어 비판하고 있는 모습이라는 점에서 권력을 견제해야 하는 언론의 책무를 상기시키는 것이라 할 수 있다.
⑤ 통새암거리 노인들의 요구는 불의한 일을 언론에서 다루어 바로잡아 달라는 것으로, 이는 정의로운 사회를 갈망하는 국민의 모습을 형상화한 것으로 이해할 수 있다.

09 현대 소설 본문 195~198쪽

01 ④ 02 ③ 03 ② 04 ③

■ **양귀자, 「비 오는 날이면 가리봉동에 가야 한다」**

해제 이 작품은 광복절 휴일 하루 동안 한 가족이 겪는 일을 통해 중산층 서민들의 오만과 불신을 꼬집은 소설이다. 어렵게 소도시에 마련한 연립 주택에서 이어지는 집수리 공사로 형편이 쪼들려 마음에 여유를 갖지 못하고 타인을 믿지 못하는 부부 두 사람이 정직하고 성실한 하층민 노동자 임 씨를 통해 스스로의 삶을 돌아보게 되는 과정을 담았다. 이를 통해 작가는 1980년대의 경제 성장과 풍요 속에서 소외되어 있던 평범한 사람들의 아픔을 그리고, 어려운 상황 속에서도 서로에 대한 존중과 신뢰를 잃지 말아야 함을 말하고 있다.

주제 도시 중산층의 소시민성과 타자 이해를 통한 자기반성

전체 줄거리 주인공 '그'의 가족인 은혜네 가족은 셋방살이를 전전하던 서울에서의 생활을 청산하고 부천 원미동 연립 주택에 정착하기로 한다. 하지만 서울에 자리 잡지 못했다는 아쉬움, 한 달이 멀다 하고 이어지는 집수리로 겪는 경제적 곤란 탓에 경제적으로도 심리적으로도 여유롭지 못한 생활을 하고 있다. 그러던 어느 날 목욕탕 하수관에 문제가 생겨 광복절 휴일 아침부터 인부들을 불러 공사를 하게 된다. 목욕탕 공사를 위해 급하게 연탄장수 임 씨를 소개받았지만, 임 씨와 그가 데려온 젊은 인부가 영 마땅찮아 보인 '그'와 '그'의 아내는 임 씨가 일한 값보다 부풀린 값을 비용으로 청구하려고 한다고 의심한다. 임 씨가 농촌을 떠나와 도시로 와서 기나긴 고생의 나날을 보내고 있음을 들으면서도 은혜네 부부는 자신들이 거짓 비용을 지불하게 될 것에 대한 걱정이 앞선다. 그러나 '그'는 임 씨의 일손을 도와 함께 일하게 되면서 점차 임 씨의 정직함과 일솜씨를 인정하게 되고, 결국 공사가 마무리되고 임 씨가 어려운 자신의 경제적 처지에도 불구하고 손해에 가까운 정직한 비용을 청구하자 은혜네 부부는 부끄러움을 느낀다. 계산 후 이어진 술자리에서 임 씨는 연탄값 80만 원을 떼여 비가 올 때마다 가리봉동에 가서 떼인 돈을 받으려 하고 있다는 말을 하고, 그 돈을 받으면 도시 생활을 청산하고 농촌으로 돌아가려 한다고 말한다. '그'는 자신이 임 씨를 도시에서 몰아내는 사람 중 하나일 수도 있다고 여긴다.

01 인물의 심리, 태도 파악 답 ④

정답이 정답인 이유

④ [B]에서 '그'가 스웨터 공장 사장의 외모를 부정적 이미지

로 상상하는 모습이 서술되어 있는 것은, 임 씨와 스웨터 공장 사장 간의 내력을 듣고 임 씨의 분노에 공감하는 '그'의 모습을 드러내는 것이다. [A]에서 임 씨에게 공감하는 '그'의 모습은 찾을 수 없다.

오답이 오답인 이유

① [A]에는 '그'가 임 씨의 도덕성을 의심하는 모습, 임 씨의 과거 행적을 들으며 의구심을 품는 모습이 드러나 있다. 그러나 임 씨가 '그'와 대립하고 있는 것은 아니기 때문에 대립 관계를 드러낸다고 보기는 어렵다. [B]에는 '그'의 행동이 묘사되어 있거나, 대립 관계가 드러나 있다고 보기 어렵다.

② [A]의 임 씨의 말 속에는 그가 처한 경제적 형편에 대한 정보들이 드러나 있으나, '그'를 의심하는 모습은 드러나 있지 않다. '그'는 임 씨를 부도덕한 인물일 것이라고 예단하고 진의를 의심하고 있다. [B]에서도 '그'에 대한 의심은 찾아볼 수 없다.

③ [A]의 임 씨의 말 속에 가치관이 드러나 있으나 '그'와의 가치관의 대비가 드러나 있다고 보기는 어려우며, '그'는 자신이 품고 있는 임 씨의 도덕성에 대한 선입견으로 임 씨의 발화 내용을 의심하고 있어 '그'가 자신을 성찰하고 있다고 보기는 어렵다. [B]에도 두 사람의 가치관이 대비되어 드러나 있다고 보기는 어렵다.

⑤ [B]에서 '그'가 하는 말은 임 씨의 처지가 어려운 이유와 상황을 자세히 알게 되고 임 씨의 마음에 공감하여 가리봉동 공장 사장에게 부정적 감정을 느끼고 있음을 표현하고 있다.

02 구절의 의미 이해 답 ③

정답이 정답인 이유

③ '그'가 임 씨의 가리봉동행에 의심을 품었던 것은 아니며, 의문을 품기 시작한 시점도 ㉢에 명시되어 있지는 않다.

오답이 오답인 이유

① 밥 먹는 모습과 일하는 모습을 비교하여 받은 인상을 '밥그릇 비우는 솜씨도 일솜씨 못지않'다고 말하고 있다.

② '아직도 요 모양 요 꼴'이라고 언급한 것은 임 씨의 처지에 대해, '견적에서 돈 남기고 공사에서 또 돈 남기는 재주'는 임 씨의 성격에 대해 추측한 것을 서술하고 있는 것이다.

④ 임 씨에게로 잔을 돌려 건네지 못한 이유를 '술이 너무 과하지 않나 해서'라고 밝히고 있다.

⑤ 말을 맺지 못한 이유를 '임 씨의 기세에 눌려'라고 밝히고 있다.

03 인물의 심리, 태도 파악 답 ②

정답이 정답인 이유

② '그'는 자신이 살고 있는 현재의 집에 집수리가 필요한 상황이 반복적으로 실제로 발생했음을 말하려 한 것이다. 임 씨는 이번 목욕탕 수리에 관여했을 뿐이고, 임 씨의 수고에도 불구하고 다시 하자가 발생했다고 볼 수는 없다.

오답이 오답인 이유

① '그'는 자신의 집을 '저런 것'은 '집 축에 끼'지 않는다고 말하려 하고 있으므로, 자신이 소유한 집에 만족하지 못하고 불만족스럽게 여기는 것이라고 볼 수 있다.

③ 임 씨는 '보증금 백오십만 원에 월세 삼만 원짜리 지하실 방'으로 자신의 집을 설명하며 그곳에서 자신의 식구가 어렵게 함께 살고 있는 처지임을 드러내고 있다.

④ 공장 사장이 부유할 것이라고 추측하며 임 씨는 '곧 죽어도 맨션아파트'라고 말하고 있다. 임 씨의 이 발화는 자신의 연탄값을 떼어먹은 부도덕한 공장 사장의 처지가 임 씨의 처지보다 훨씬 나을 것이라는 사실을 말하고 있는 것이다.

⑤ 임 씨는 '그'에게 '집이 있으니 걱정할 것 없'다고 말하고, 곧이어 '난 말요.'라고 하며 자신의 처지를 '그'의 것과 비교하여 말하고 있다.

04 외적 준거에 따른 작품 감상 답 ③

정답이 정답인 이유

③ 임 씨가 주먹을 흔들며 맨션아파트를 외치는 것을 보고 '그'가 '맨손'을 떠올리는 것은 비도덕적 선택과 연결 짓기 어렵다. 임 씨는 비도덕적 선택을 한 인물이 아니며, 오히려 '그'는 이 장면에서 임 씨의 삶에 안타까움을 느끼고 있다.

오답이 오답인 이유

① 임 씨는 농사꾼보다 나은 삶을 살 수 있다고 생각하고 도시에 몰려 있는 것으로 보이는 돈을 벌기 위해 도시로 왔다고 진술하고 있으므로, 부를 기대하고 도시로 왔던 인물이라고 볼 수 있다.

② 임 씨는 자신에게 지불해야 할 연탄값을 주지 않은 채 도망친 인물인 '스웨터 공장 사장' 때문에 괴로워하고 있다. 그는 도망친 후 더 크게 공장을 세우고 이윤을 도모하고 있으면서도 여전히 임 씨에게 연탄값을 주지 않아 임 씨는 그에게서 계속해서 피해를 보고 있는 처지이다. 이를 두고 스웨터 공장 사장과 같은 인물들의 윤리적 마비로 인한 사회 문제를 그려 낸 것이라고 연결 지을 수 있다.

④ 아무리 참아도 '두터운 벽'을 극복하기 어려울 것이라고 생각하는 '그'는 빈부 격차라는 사회 문제를 개인이 극복할 수 있는 것이 아니라는 생각을 하고 있는 것이다.

⑤ '그'는 임 씨의 계산서를 받기 전까지 공사 비용을 과하게 지불하게 될까 봐 전전긍긍하는데, 이는 임 씨의 의도에 대한 억측에서 비롯된 것으로 스스로의 쪼들리는 사정 때문에 타인을 쉽게 믿지 못하고 의심하던 소시민의 모습을 그려 낸 것이라고 볼 수 있다.

10 현대 소설

본문 199~202쪽

01 ⑤ 02 ① 03 ③ 04 ③

■ 김원일, 「마당 깊은 집」

해제 이 작품은 작가의 자전적 소설로 6·25 전쟁 직후의 세태를 사실적으로 그려 내고 있다. '마당 깊은 집'은 주인집을 포함해서 6·25 전쟁으로 피란해 온 가족들이 세 들어 함께 살고 있는 공간으로 당시 우리 사회를 축소해 놓은 공간이라고 할 수 있다. 이 작품은 이 공간에서 살아가는 사람들의 삶을 어린아이인 '나'의 시선으로 그림으로써 6·25 전쟁 직후 우리 사회의 모습을 섬세하게 보여 준다. 또한 어린아이인 '나'의 시점과 함께 어른이 된 '나'의 시점을 교차하여 성장 소설적 성격도 드러내고 있다.

주제 6·25 전쟁 이후, 서민들의 힘겨웠던 삶의 모습

전체 줄거리 '나'는 시골에서 허드렛일을 하는 중노미로 살면서 초등학교를 마친 후에, 대구 장관동의 '마당 깊은 집'에서 세 들어 살고 있던 가족들과 함께 지내게 된다. 이 집에는 '나'의 가족 외에 6·25 전쟁으로 피란 온 두 가족과, 상이군인 가족이 세 들어 살고 있다. 어머니는 '나'가 아버지의 역할을 해야 한다며 엄하게 기르는 한편, 중학교 입학이 미뤄진 '나'에게 신문팔이를 시킨다. 늦가을 주인집은 세를 든 가족들 중 한 가족을 내보내기로 하는데 '나'의 가족이 제비뽑기에서 뽑힌다. 경제적 형편 때문에 한겨울에 이사 가기가 어려운 어머니는 새로 들어오기로 한 정 기사와의 계약으로 '마당 깊은 집'에서 계속 살게 된다. 3월 말에 집주인은 세를 주었던 곳을 허물고 집을 새로 짓겠다고 하여 세 들어 살던 가족들은 모두 흩어지게 된다.

01 서술상의 특징 파악 답 ⑤

정답이 정답인 이유

⑤ 이 글의 서술자는 1인칭 주인공 서술자인 '나'인데, 사건에 대한 서술은 주로 주요 사건이 일어난 시점인 과거의 시점을 중심으로 이루어져 있으나 '지금 생각해 보면', '나는 지금도 기억하고 있다.'에서처럼 현재의 시점에서 서술이 이루어지고 있기도 하다.

오답이 오답인 이유

①, ④ 이 글의 서술자는 이야기 속 인물인 '나'로 설정되어 있다.
② 이 글의 서술자는 '나' 한 사람으로, 복수의 서술자로 설정되어 있지 않다.
③ 이 글의 서술자인 '나'는 자신의 이야기를 자신의 주관을 바탕으로 서술하는 1인칭 주인공 서술자이다.

02 인물의 성격 이해 답 ①

정답이 정답인 이유

① 어머니는 '나'에게 엄격하고 냉정하게 대하셨으나 이는 결국 '나'를 '사람 구실' 하고 살 수 있도록 성장시키고자 한 것이고, 안 씨는 '나'의 잘못된 행동을 혼내는 대신 따뜻하게 타이름으로써 '나'가 바르게 성장할 수 있도록 도움을 주고 있다.

오답이 오답인 이유

② ⓑ가 남의 부엌에서 음식을 훔쳐 먹는 '나'의 잘못된 행동을 개선하게 하는 데 도움을 주고 있으나, ⓐ가 '나'에게 돈을 벌어 오라는 요구를 한 것은 한 집안의 장자로서 '나'를 강하게 키우고자 한 것이지 '나'가 잘못을 뉘우치고 이를 개선하도록 하려는 이유 때문은 아니므로 이와 같은 진술은 적절하지 않다.
③ ⓐ가 자식으로서 '나'를 신뢰하고는 있겠으나 교육을 위해 엄격하게 대하고 있는 것으로 보아 '나'의 생활 태도에 대한 신뢰를 보이는 것은 아니라 할 수 있고, ⓑ는 '나'의 잘못된 행동을 지적하고는 있으나 다시는 그러지 말라고 타이르고 있는 것으로 보아 '나'의 행동에 의구심을 나타내고 있다고 보기는 어렵다.
④ ⓐ가 '나'에게 장자로서의 역할을 강조하고 있기는 하지만 그것은 '나'가 사람 구실을 하고 살았으면 하는 바람 때문이지 자신을 부양하라고 강요하고 있는 것은 아니며, ⓑ는 '나'에게 나쁜 행동을 하지 말도록 타이르고는 있지만 꿈을 가질 수 있도록 격려하고 있지는 않다.
⑤ ⓐ는 '나'의 잘못을 다른 사람들에게 폭로하고 있지 않고, '내 아무한테도 이 말 안 하꾸마.'를 보면 ⓑ는 '나'의 잘못을 다른 사람들에게 은폐하고 있음을 알 수 있다.

03 구절의 의미 이해 답 ③

정답이 정답인 이유

③ ㉢은 장애인임에도 불구하고 먹고살기 위해 부지런하게 생활하는 사람의 예를 들어 자신의 의견에 '나'가 동조하기를 바라는 질문이지 상대의 말에 자신이 동조함을 나타내고 있는 것이 아니다.

오답이 오답인 이유

① ㉠은 가뭄 심한 농사철에 농사꾼이 하늘만 쳐다본다고 양식이 그저 생기지 않는 것처럼 가진 것 없는 처지인 자신들은 부잣집인 위채만 쳐다보고 있지 말고 할 수 있는 노력을 해야 한다는 의미로, 자신들의 처지와 유사한 사례를 들어 자신이 말하고자 하는 의도를 강조하고 있다.
② ㉡은 어머니의 외양이 많이 늙었다는 의미로, 서너 해 사이에 일어난 변화라는 점에서 외양의 변화를 통해 어머니가 처

한 고단한 현실을 드러내고 있다.
④ ㉣은 '술집 중노미'나 '장돌뱅이'와 같이 부정적으로 인식하는 대상이 되는 미래 상황을 가정함으로써 어머니가 자신의 요구를 관철하고자 하는 의도를 나타내고 있다.
⑤ ㉤은 자신에게 엄격하고 냉정한 어머니의 평소 성격을 고려하여 그 상황에서 자신에게 할 수 있는 말을 예측하여 말하고 있는 것이다.

04 외적 준거에 따른 작품 감상 답 ③

정답이 정답인 이유

③ '지만 열심히 공부하모 좋은 대학 졸업하고 좋은 직장을 가지겠제.'는 경제적 여유가 있어 다른 데 신경 쓰지 않고 공부에만 힘쓰면 성공할 수 있다는 의미이므로, 이를 전후의 부조리한 실태와 연결 지어 이해하는 것은 적절하지 않다.

오답이 오답인 이유

① '나'에게 아버지가 없는 상황은 곧 가족의 상실을 나타내는 것으로, 이는 전후에 나타난 가족의 상실과 가족 관계의 왜곡과 같은 사회 문제를 보여 주는 것이라 할 수 있다.
② 가난한 사람들에게 세상이 야박하게 대한다는 것은 전후의 각박한 시대에 대한 현실 인식을 보여 주는 것이라 할 수 있다.
④ '나'가 주인집 남은 밥을 뒤져 먹은 것은 배가 고팠기 때문이긴 하나 도덕적으로 잘못된 것이므로, 이는 궁핍으로 인해 도덕적으로 타락한 전후의 인간 모습을 단적으로 보여 주는 것이라 할 수 있다.
⑤ 배고프지만 참아야 하는 이유는 '사나이 대장부'가 되기 위한 것이므로, 이는 큰사람이 되기 위해서 바람직한 가치관을 정립하기 위해 노력해야 한다는 의미로 이해할 수 있다.

11 현대 소설

본문 203~207쪽

01 ① 02 ③ 03 ② 04 ④

■ **최윤, 「속삭임, 속삭임」**

해제 이 소설은 민족 분단과 이념 갈등을 소재로 두 속삭임, 즉 ''나'가 딸에게 하는 속삭임'과 '아버지와 아재비가 나눈 속삭임'이 대립을 초월하는 화해와 공존의 방식이 될 수 있음을 형상화한 작품이다. '나'는 여름휴가를 맞이하여 지인의 과수원에서 휴가를 보내게 되는데, 가족이 과수원을 운영하던 어린 시절에 자신을 아껴 주던 어른인 '아재비'와의 일을 떠올리며 아재비를 가족으로 보살펴 준 자신의 부모의 선택이 가치 있는 것이었음을 말하고 있다.

주제 대화를 통한 분단의 상처 회복 가능성

전체 줄거리 '나'는 여름휴가를 맞이하여 남편, 어린 딸과 함께 지인의 과수원에서 지내게 된다. 어린 시절 과수원을 하던 가족이 떠올라 흔쾌히 그곳을 선택하게 된 '나'는 휴가 동안 자신의 어린 시절을 떠올리게 되고, 가족과 함께 지냈던 '아재비'와의 일을 소개한다. 아재비는 남로당 간부였던 인물로, 검거되어 호송되던 중 우연히 '나'의 가족의 집으로 도피하여 내내 그곳에서 머물게 된 인물이다. 나이가 어려 자세한 사정을 모르던 '나'는 그의 지극한 사랑을 받으며 지내다가 차차 그의 사연을 이해하게 된다. 그리고 어른이 되어 아재비를 다시 떠올리며 그가 자신을 아껴 주던 마음의 소중함, 아재비를 가족 안으로 받아들였던 부모의 두터운 정의 가치를 깨닫게 된다. 그리고 자신의 어린 딸을 바라보며 그 모든 사연을 언젠가는 전할 수 있기를 기원한다.

01 작품의 내용 이해 답 ①

정답이 정답인 이유

① [A]에는 전달하고자 하는 이야기인 '과수원의 이야기', '아재비의 이야기'가 드러나 있어 전달하고자 하는 이야기가 다루는 내용을 최대한 숨기고 있다고 보기 어렵다.

오답이 오답인 이유

② [A]에서 '나'는 과거를 떠올리게 될 때 '울먹거림'이 마음속에서 올라온다고 말하고 있다. [B]에서는 이야기를 전달할 방법을 고민하고 있고, 이야기를 전달하고 싶다는 마음과 '너'로 인해 일어나는 심리적 변화를 말하고 있지만 떠오르는 이야기가 불러일으킨 감정을 표현하고 있는 것이라고 보기는 어렵다.
③ [B]는 [A]와 달리 '이애'라고 대상을 부르며 상념을 털어놓고 있는 부분으로, '자꾸 수다를 떨고 싶'다고 하며 이야기를 하고자 하는 욕구가 생겨나고 있음을 표현하고 있다.
④ [A]에서는 '커튼의 미동', '화초의 그림자' 등이 과거의 이야기를 떠올리는 단초가 된다고 언급하고 있고, [B]에서는 '너의 양미간'을 보며 호수를 떠올리게 되어 과거의 이야기를 회상하고 있다고 언급하고 있다.
⑤ [A]에서 '나'는 '어떤 어조로 말해야 하는 것일까'라고 말하고 있고 [B]에서도 '어떻게 얘기를 해 주랴'라고 말하고 있으므로 이야기 전달의 적절한 방법을 알 수 없어 어려움을 느끼는 심정이 드러나 있다고 볼 수 있다.

02 인물의 심리, 태도 파악 답 ③

정답이 정답인 이유

③ 아재비는 월북하려다가 검거된 상태에서 도망하였고 '나'의 아버지는 그를 자신의 과수원지기로 일하게 하고 신원 보증을 하며 보호해 주었다. 아재비는 죽기 전까지 '나'의 집에

서 지낸 것으로 진술되어 있으므로 '나'의 아버지가 평생 보듬고 지낸 인물이라고 할 수 있다. '나'는 이런 과정에 대해 성장 후에 전말을 알고 놀라움을 표현하고는 있지만 옳지 않은 일이라고 여기거나 회의적 태도를 취하고 있는 것은 아니다.

오답이 오답인 이유

① 아재비는 '나'의 어린 시절의 중요한 추억과 관련된 인물이다. '나'는 아재비가 주었던 사랑을 느끼고, 그가 세상을 떠나기 전 그것에 보답하지 못했음에 아쉬움을 느끼고 있다.

② '나'는 아재비와 시간을 보냈던 때 어린아이였던 터라 그의 자세한 사정을 모른 채로 함께 지낸다. 또, 앞뒤 정황을 잘 모른 채로 아재비의 부탁을 들어주기도 한다. 아재비가 세상을 떠나고 나서 복잡한 감정에 사로잡힌 '나'는 어머니로부터 아재비의 사연을 자세히 듣고 나서 미움의 감정을 느끼기도 했다.

④ 아재비는 도망자로서 신분을 숨기고 살아갔으므로 존재를 드러내지 않고 비밀스럽게 살아간 인물이라고 볼 수 있다. '나'는 남편에게 아재비에 대해 설명하였지만 모든 것을 다 이야기했다고 볼 수 없다고 말하며, 아재비의 삶을 잘 설명할 방법이 찾기 난감하다고 생각한다.

⑤ 아재비는 '나'의 가족이 운영하던 과수원지기로 지낸다. '나'는 그 과수원이 팔리자 뒤처리를 하기 위해 과수원에 갔다가 아재비와 아버지의 일을 떠올린다.

03 소재의 기능 파악 답 ②

정답이 정답인 이유

② ㉠ '과수원'은 아버지와 아재비의 끈끈한 관계를 '나'가 여러 번 목격했던 곳이고, ㉡ '채송화 화분'은 '나'에 대한 아재비의 애정을 표현했던 사물로, 인물과의 유대감을 표현하는 것이다.

오답이 오답인 이유

① ㉠ '과수원'은 아버지와 아재비의 대화가 곳곳에 깃들어 있다고 진술되어 있으므로 두 인물의 소통을 상징하는 공간이라고 볼 수 있다. ㉡ '채송화 화분'은 아재비가 '나'에게 정표로 선물한 것인데 이를 두고 인물의 행적을 표현한다고 할 수는 없다.

③ ㉠ '과수원'은 아버지와 아재비가 끊임없는 대화를 나눈 공간으로 두 사람 사이의 갈등 관계를 드러낼 만한 내용은 서술되어 있지는 않다. ㉡ '채송화 화분'은 정표로 주고받은 것이므로 이해관계와는 관련이 없다.

④ ㉠ '과수원'은 아버지와 아재비가 대화를 나눈 기억을 불러일으키는 공간이지만 두 인물에 대한 서술자의 평가가 드러나 있다고 보기는 어렵다. ㉡ '채송화 화분'은 아재비에 대한 서술자의 그리움과 관련이 있다.

⑤ ㉠ '과수원'은 서술자 '나'가 아재비와 어린 시절을 보낸 기억이 담긴 공간이지만, ㉡ '채송화 화분'과 서술자의 오해를 연관 짓기는 어렵다.

04 외적 준거에 따른 작품 감상 답 ④

정답이 정답인 이유

④ '해 줄 속삭임이 이다지도 많'다는 것은 다음 세대에게 전해야 할 이야기가 많다고 언급한 것으로, 이를 다음 세대가 져야 할 책임이 더 막중해지고 있다는 의미라고 보기는 어렵다.

오답이 오답인 이유

① '나'는 아버지가 아재비를 보듬어 돌보아 준 것, 아버지와 아재비가 늘 대화가 많았던 것을 아름다웠다고 말하고 있다. 이것은 서로 다른 사상을 가진 두 사람이 대화를 통해 서로를 이해할 수 있었던 모습을 제시함으로써 대화를 통한 갈등 해결의 가능성을 말하고 있는 것이라고 볼 수 있다.

② 아재비의 공책을 통해 '나'는 아재비가 과수원에서 아버지와 지내면서도 자신의 사상을 바꾸지 않은 채로 여생을 보냈음을 알게 된다. 그것을 통해 두 사람 사이에는 근본적인 차이가 있었다는 것을 안 '나'는 그럼에도 불구하고 두 사람이 끊임없는 대화를 나누었다는 사실에 놀라고 있다. 이는 대화로 서로를 이해한 두 사람을 통해 이념 갈등을 극복할 수 있는 가능성을 본 것이라고 연결 지을 수 있다.

③ 딸과 자신의 연결을 언급하며 딸에게 자신의 이야기를 전하고자 하는 모습은 다음 세대와의 대화를 통해 역사에 대한 기억을 공유하고자 하는 모습이라고 볼 수 있다.

⑤ 기성세대가 이념 갈등으로 얼룩진 상처 입은 세대라면, 이 상처의 기억을 다음 세대에게 어떻게 잘 전달할지 고민함으로써 새로운 미래를 만들어 가기 위해 노력하는 모습이라고 볼 수 있다.

01 극 · 수필

본문 208~211쪽

01 ② **02** ④ **03** ④ **04** ⑤

■ **오영진, 「살아 있는 이중생 각하」**

(해제) 이 작품은 해방 직후의 혼란한 시대적 상황을 배경으로 기회주의적인 인물을 풍자적으로 형상화한 희곡이다. 주인공 이중생은 친일 행위를 통해 얻은 기득권을 해방 이후에도 유지하고자 수단과 방법을 가리지 않던 친일 세력의 전형이라고 할 수 있다. 그는 재산을 지키기 위해 죽음을 가장하기까지 하는 기상천외한 일을 벌이다가 결국 자신의 꾀에 넘어가 몰락하고

마는데, 그 과정에서 주변 인물인 사위 송달지와 아들 하식은 주인공에게 동조하지 않고 양심을 지키는 모습을 보인다. 작가는 이러한 극적 전개를 통해 당대의 사회 문제를 고발하는 한편, 일제 잔재의 청산과 새로운 시대의 도래에 대한 염원을 드러내고 있다.

주제 해방 직후 기회주의적인 인물에 대한 풍자

전체 줄거리 이중생은 일제 강점기에 외아들 하식을 징용에 보내면서까지 친일 행위를 하여 막대한 재물을 모은 인물이다. 그는 해방 이후에도 미군정에 빌붙어 권세를 이어 가려 하지만, 비리 혐의로 체포되어 재산을 몰수당할 위기에 처한다. 특별 보석으로 풀려나온 그는 최 변호사와 모의하여 죽음을 위장하고, 거짓 유서를 통해 재산 관리인으로 세운 사위 송달지로 행세하며 살아갈 계획을 세운다. 그런데 이중생의 초상이 치러지던 중 특별 조사 위원인 김 의원이 찾아와 상속받을 재산으로 무료 병원을 설립할 것을 권하고, 송달지는 이를 수락해 버린다. 계획이 수포로 돌아간 이중생은 최 변호사와 송달지를 원망하다가 그들에게 외면받고, 징용에서 돌아온 하식에게마저 비판을 받는다. 자포자기한 이중생은 스스로 삶을 마감한다.

01 작품의 내용 파악 답 ②

정답이 정답인 이유

② 최 변호사는 '또 좋은 방법이' 설 것이라며 이중생을 위로하였으나, 이중생이 화를 내며 계획이 실패한 책임을 자신에게 돌리자 태도를 바꾸어 맞대응을 한다. 그리고 그의 죄가 '무슨 죄에 해당'하는지 궁금하다고 하며 이중생을 협박하고 있다. 법에 따라 처벌받게 하고자 이중생을 속였다고 밝히고 있지는 않다.

오답이 오답인 이유

① 이중생이 최 변호사를 향해 '저 사람에게 책잡힐 유서는 왜 쓰랬'느냐고 따지는 대목을 고려하면, 이중생이 최 변호사의 권유에 따라서 유서를 작성한 일이 있음을 알 수 있다.

③ 이중생이 '네 남편 놈이 내 돈으로 종합 병원을 세우고 싶다구 했'다고 말하는 대목에서, 송달지가 무료 병원 설립에 돈을 쓰려 한다는 사실을 이중생이 하주에게 알리고 있음을 확인할 수 있다.

④ 최 변호사가 '영감, 왜 노망이슈. 누가 당신 서사구 머슴인 줄 아슈. 누구에게 욕설이구 누구에게 패담이야!', '영감 사위께 내 수수료를 청구하리까?'라고 말하며 '내일 사무원 해서 청구서를 보내 드릴 테니 잘 생각'하라고 하는 대목에서, 모멸감을 드러내며 이중생에게 자신이 받아야 할 수수료를 청구하겠다고 하고 있음을 확인할 수 있다.

⑤ 하식이 '일본 놈에게 끌려가' '화태에서 십 년이나 고역을 치르고 돌아'왔다고 하는 대목, '아버지의 의상을 보고' 놀라는 대목, 그런 아버지에게 '구차스러운 수의를 벗으'라고 하는 대목 등을 고려하면, 그가 일제에 끌려가 고역을 치르다가 집에 돌아와 수의를 입은 아버지를 만나고 있음을 확인할 수 있다.

02 대사의 특성 이해 답 ④

정답이 정답인 이유

④ [A]에는 이중생이 집 재산을 보전하려고 죽음을 위장하다가 '소송할 데두 없구 말 한마디 헐 수도 없게' 된 억울한 처지에 놓였음을 하식에게 장황하게 토로하는 상황이 드러나 있다. 그리고 이 대사가 연출하는 상황을 통해 이중생의 혼란스러운 심리가 드러난다고 볼 수 있다.

오답이 오답인 이유

① [A]에는 이중생이 재산을 모두 잃어버림으로써 잘못의 대가를 치르게 된 상황이 드러난다. 그러나 이러한 상황이 이중생이 회심하는 계기가 되지는 않는다.

② [A]에서 이중생이 궁지에 몰리자 송달지를 탓하는 말을 하는 상황을 확인할 수 있으나, 이러한 상황을 통해 이중생의 우유부단한 성격이 드러나지는 않는다. 비록 실패했더라도 자신의 이익을 지키기 위한 계획을 세우고 이를 실행에 옮기는 모습으로 보아, 이중생이 우유부단한 성격을 지녔다고 볼 수는 없다.

③ [A]에는 몰락한 상태에 있는 이중생이 하식을 상대로 말하는 상황이 드러난다. 그러나 하식이 이중생의 조력자 역할을 하지는 않는다.

⑤ [A]에서 이중생이 집안의 재산을 지키기 위해 죽음을 위장했음을 가족들에게 설명하고 있다. 그러나 이러한 상황을 통해 이중생의 내적 갈등이 해소되는 국면이 드러나지는 않는다.

03 연극 연출의 방법과 효과 추리 답 ④

정답이 정답인 이유

④ ㉣이 연출되는 상황에서 무대에는 '이중생 혼자 넋 잃은 사람처럼 서 있'으므로, 아범이 이중생 곁에 있다고 볼 수 없다. 또한 '중건' 역할을 맡은 배우도 단지 '후원'으로 설정된 곳에서 목소리만을 내는 것이 적절하며, 무대에 등장했다가 퇴장하는 것은 적절하지 않다.

오답이 오답인 이유

① ㉠은 이중생이 자신의 계획이 수포로 돌아가자 함께 일을 꾸몄던 최 변호사에게 원망을 쏟아 내면서 취하는 행동이다. 따라서 ㉠이 연출되는 상황에서 '이중생' 역할을 맡은 배우는 상대방에 대한 원망감과 분노가 드러나도록 행동하는 것이 적절하다.

② ㉡은 이중생이 계획이 좌절된 데 따른 분노를 쏟아 내자,

주변 인물들이 침묵을 지키는 상황을 드러낸다고 볼 수 있다. 따라서 ㉡이 연출되는 상황에서 '이중생'과 '최 변호사' 둘을 제외한 역할을 맡은 배우들은 험악한 분위기 속에서 눈치를 보는 상황을 연출하는 것이 적절하다.

③ ㉢은 일제에 끌려갔다가 고역을 치르고 돌아온 하식을 송달지가 마중하는 상황을 보여 준다. 따라서 '송달지' 역할을 맡은 배우는 하식을 향해 반가운 표정을 지으며 달려가는 것이 적절하다.

⑤ ㉤은 재산을 잃고 자식에게마저 외면을 받은 이중생이 홀로 남겨졌다가 퇴장한 상황에서 환기되는 무대의 분위기를 보여 준다. 따라서 ㉤이 연출되는 상황에서 무대 연출을 맡은 사람은 이중생의 쓸쓸한 처지가 부각되도록 음향과 조명을 조절하는 것이 적절하다.

04 외적 준거에 따른 작품 감상 답 ⑤

정답이 정답인 이유

⑤ 박 씨는 하식이 '자기 아버지 장사 전에' 돌아온 일을 가리켜 '천우신조로 하느님이 인도하였'다며 다행스럽게 여기는 마음을 드러내고 있으며, 이러한 맥락에서 '형님은 참 유복두 허시'다고 말했다고 볼 수 있다. 따라서 '형님은 참 유복두 허시'다는 말에서 이중생이 부당하게 축적한 재산이 막대하다는 사실이 드러난다고 보는 것은 적절하지 않다.

오답이 오답인 이유

① 이중생은 최 변호사에게 그의 권유에 따라 '목 따는 시늉까지 하구 나흘 닷새를' 고생했다고 하는데, 이는 그가 재산을 지키기 위해 죽음을 위장한 일을 나타낸다. 〈보기〉를 참고하면 이러한 이중생의 행위는 자신에게 닥친 위기를 극복하기 위해 세운 계획에 따른 것이라고 볼 수 있다.

② 하식은 일제에 끌려가 고생을 하다 돌아와서 '아버지 같은 사람이 떠밀다시피 보낸 젊은이'가 아직도 강제 노동을 하고 있다고 말한다. 〈보기〉를 참고하면 이러한 하식의 말은 이중생과 같은 친일 인사들이 일제 강점기에 저지른 비윤리적 행태에 대한 폭로로 이해할 수 있다.

③ 하주는 송달지 때문에 재산을 지키려는 계획이 틀어졌다는 이중생의 말을 듣고, 이중생의 편에 서서 송달지에게 '당신은 뭣이 잘났다구 챙견했'느냐고 따져 묻는다. 이를 고려하면 하주는 〈보기〉에 제시된 '주인공에게 동조하지 않는 인물들'에 속한다고는 볼 수 없다.

④ 송달지는 이중생의 뜻에 따르지 않고 그가 지키려던 재산을 타인에게 '털꺼덕 내주'어 '무료 병원' 설립에 쓰게 하였다. 그리고 이중생과 하주가 그런 행동을 탓하자 자신은 '의견두 없구 생각두 없는 천치 짐승이란 말이'냐며 반발한다. 〈보기〉를 참고하면 이러한 모습을 보이는 송달지는 주인공에게 동조하지 않고 자신의 양심을 지킴으로써 주인공의 계획을 좌절시키는 역할을 하는 인물이라고 볼 수 있다.

02 극 · 수필

본문 212~216쪽

01 ⑤ 02 ⑤ 03 ⑤ 04 ④

■ **황석영 원작, 김석만 · 오인두 각색, 「한씨 연대기」**

해제 황석영의 「한씨 연대기」라는 동명의 소설을 희곡으로 각색한 작품이다. 이 작품은 한영덕의 개인사 사이사이에, 사회 정치적 상황을 보여 주는 막간극(다큐멘터리)을 삽입하여 한국 현대사의 소용돌이에서 몰락해 가는 한 개인의 삶을 생동감 있게 풀어내고 있다. 한영덕의 일대기는 우리 민족의 수난사를 그대로 상징하는 것으로, 개인적인 비극에서 더 나아가 정치 이데올로기가 빚어낸 사회적 비극으로 그려져 있다.

주제 분단의 상황에서 겪게 되는 개인과 민족의 비극

전체 줄거리 북한 대학 병원의 산부인과 교수인 한영덕은 6·25 전쟁 당시 특별 병동 담당 의사이지만 자신의 소신에 따라 일반 병동 환자를 치료하는 데 더 몰두한다. 이로 인해 반동분자로 낙인찍혀 사형당할 위기에 처하지만 사형장에서 기적적으로 살아나게 되고 가족을 북에 남겨 둔 채 혼자 월남한다. 이후 생계를 위해 자신의 의사 면허를 박가에게 빌려준 후 낙태 수술 문제로 양심의 가책에 시달리는 등 박가와도 갈등을 겪는다. 무면허 의사인 박가는 한영덕을 배신하고 그에게 간첩 누명을 씌워 정보대에 고발한다. 한영덕은 기관에 끌려가 모진 고문을 겪은 후 어렵게 간첩 누명을 벗지만, 불법 낙태 수술을 한 혐의로 결국 실형을 살게 된다. 형을 살던 중 월남 후 재혼한 아내인 윤미경으로부터 휴전이 되었다는 소식을 듣고 절망한다. 만기 출소한 한영덕은 온전한 삶을 살지 못하고 집을 나가 떠돌다가 지방 소도시에서 장의사로 삶을 마감하게 된다. 한영덕의 딸인 한혜자는 아버지의 장례식에 찾아오지만 아버지의 매장은 아직 끝나지 않았다고 말하며 빈소를 떠난다.

01 작품의 내용 파악 답 ⑤

정답이 정답인 이유

⑤ 강 노인이 한영덕에게 '무슨 기막힌 사연'이 있을 것이라고 생각한 시기는 한영덕이 강 노인의 장의사를 처음 찾아왔을 때부터이다. 따라서 한영덕이 장의사를 찾아오기 전부터 강 노인이 한영덕의 사연에 대해 짐작하고 있었다고 보기 어렵다.

오답이 오답인 이유

① 한영덕을 면회하며 한영숙이 '박가, 이놈의 새끼.'라고 말하며 무고죄로 고소하겠다고 말하는 부분을 통해 한영숙이 한영덕의 수감을 박가와 관련된 것으로 생각하고 있음을 알 수 있다.
② 한영덕은 수감된 상태에서 자신을 면회 온 윤미경을 통해 휴전 사실을 알게 되었다.
③ 장의사에서 한영덕은 시신에 수의를 입힌 다음, 베나 이불 따위로 싸는 일인 염하는 일을 하고, 전직 목수였던 강 노인은 관을 만드는 일을 한다.
④ 한혜자는 한영덕이 집을 나가 지방 대학 기숙사 관리인 노릇을 하던 중 한영덕을 고모와 함께, 그 이후에는 자기 혼자, 총 두 번을 만났다.

02 대사의 특성 이해 답 ⑤

정답이 정답인 이유

⑤ [A]에서 한영숙은 면회를 통해 한영덕을 대면한 후 울분을 터트리고 있으나 이는 한영덕의 상황에 대한 안타까움과 속상함으로 인한 것이다. 면회를 통해 보게 된 한영덕의 행동이 과장되었다고 보기 어려우며, 한영숙이 그에 대해 한영덕에게 화를 내고 있다고 보기도 어렵다.

오답이 오답인 이유

① 한영숙은 발화 상황에서의 상대방인 한영덕에게 '오라바니, 저야요, 영숙이야요.', '나 영숙이야요.'와 같이 말함으로써 자신의 존재를 인식시키려 하고 있다.
② 한영덕은 발화 상황에서의 상대방인 한영숙을 자신의 동생으로 인식하지 못하고 다른 존재로 착각하여 몸을 사리거나 직접적인 관련이 없는 말들을 하고 있다.
③ 한영숙은 면회를 통해 한영덕의 처지를 알게 된 후 '오라바니가 무슨 죄를 졌다고 이 모양입네까'와 같이 말하며 안타까움과 속상함을 드러내고 있다.
④ 한영덕은 한영숙과의 만남에서 한영숙을 알아보지 못한 채 한영숙의 발언과는 직접적 관련이 없는 '난 피난민이오', '난 피난민일 따름이오.' 등과 같은 내용들을 반복적으로 말하고 있다.

03 극적 형상화 방식의 이해 답 ⑤

정답이 정답인 이유

⑤ 첫 번째 '망치 소리'는 한영덕에 대한 판결을 확정 짓는 것으로 인물의 안타까운 운명을 형상화하고 있다고 볼 수 있다. 그러나 두 번째 '망치 소리'는 나이가 든 한영덕이 자신의 죽음 이후에 대한 이야기를 하는 장면에서 들려오는 것으로 이를 인물이 미래에 대해 품고 있는 희망을 의미한다고 보기는 어렵다.

오답이 오답인 이유

① '소리'는 한영덕에 대한 판결과 관련한 정보를 제공하고 있으므로 사건 전개에 일정한 기여를 하고 있으며 이는 일정한 역할에 따라 사건 전개에 참여하는 인물과 기능적으로 유사하다고 볼 수 있다.
② 윤미경의 면회, 한영덕에 대한 판결 내용이 제시되고 난 후 '조명'이 암전되는 것, 이후 라디오 뉴스가 나오며 장면이 끝나는 것 등으로 보아 '조명'의 암전을 통해 해당 장면이 마무리되었음을 알려 주고 있다고 볼 수 있다.
③ '라디오 뉴스'는 한영덕과 윤미경의 대화 속에 등장하는 휴전에 대한 내용으로, 효과음과 같이 기능하며 인물의 대사를 통해 알 수 있는 역사적 사실 등을 현실성 있게 제시하는 것으로 볼 수 있다.
④ '차트 14'에 적힌 내용은 '1972년 서울'이다. 따라서 '차트 14'를 통해 시간의 흐름이나 공간을 명시적으로 제시함으로써 관객들이 이를 뚜렷하게 인식하도록 돕고 있다고 볼 수 있다.

04 외적 준거에 따른 작품 감상 답 ④

정답이 정답인 이유

④ '그럼, 내 관은 누가 짜 줍네까?'라는 한영덕의 말은, '갈라면 이 늙은이가 먼저 가야지.'라고 말하며 자신이 죽고 난 이후 염을 해 주고 뒤따라와도 늦지 않는다는 강 노인의 말에 대한 반응이다. 강 노인과 한영덕이 나누는 대화로 보아 한영덕이 예전에 강 노인에게 염과 관에 대한 약속을 한 적이 없다는 것을 알 수 있다. 따라서 한영덕의 말을 통해 약속을 상대방인 강 노인에게 상기시키고 있다고 보기 어렵다.

오답이 오답인 이유

① 자신이 '피난민'이며, '간첩이 아니'라는 말을 맥락 없이 하는 한영덕의 모습을 통해 자신이 체제에 반하는 존재가 아니라는 점을 강조하려 애쓰고 있음을 알 수 있다.
② 오열하는 한영숙을 앞에 두고 더욱 겁에 질린 채 두려움에 떨고 있는 한영덕의 모습에서 한영덕이 받은 정신적 상처와 충격이 매우 컸음을 알 수 있다.
③ 감옥에 갇힌 한영덕의 상황을 마주한 채 자신들이 남으로 내려온 점을 언급하면서, '우린 누굴 믿고 어드메로 가서 살란' 것이냐고 말하는 한영숙을 통해 집단 내에 소속되지 못하고 쉽게 뿌리내리지 못한 채 심리적 유민의 상태에 놓인 인물들의 처지를 알 수 있다.
⑤ 아버지의 사망 소식을 들은 후 아버지가 '살았던 시대를 새롭게 실감'했다는 한혜자의 말을 고려할 때, 전쟁, 이념의 갈등과 같은 현대사의 소용돌이 속에서 시대의 불행을 그대로

드러내는 인물인 한영덕의 삶을 통해 독자들이 역사를 보다 구체적으로 인식할 수 있다고 볼 수 있다.

03 극 · 수필

본문 217~220쪽

01 ② 02 ⑤ 03 ⑤

■ 이강백, 「북어 대가리」

해제 이 작품은 서로 다른 가치관을 지닌 두 명의 창고지기 자앙과 기임을 통해, 분업화하고 획일화한 노동의 인간 소외를 비롯한 현대 자본주의 사회의 문제를 비판적으로 다룬 희곡이다. 대량 생산과 유통을 위한 산업 시스템의 대규모 조직 속에서 하나의 부품과도 같은 삶을 살아가는 현대인들의 모습을 창고라는 상징적 공간에서의 삶으로 형상화한 것이다.

주제 인간적 관계와 존엄이 사라진 현대인의 삶과 인간 소외

전체 줄거리 창고지기 자앙은 새벽마다 트럭에 실려 온 상자를 내리고 분류해서 쌓고 다시 실어 보내는 일을 성실하고 꼼꼼하게 처리한다. 반면 그의 동료인 기임은 창고 속에서의 생활에 염증을 느끼며 아무렇게나 상자를 처리하고 놀러 다니기에 바쁘다. 트럭 운전수의 딸 미스 다링을 만난 기임은 술에 취해 그녀의 부축을 받아 창고로 돌아오고, 다링은 자앙을 유혹하지만 자앙은 넘어가지 않는다. 이후 자앙은 기임에게 잔소리를 하면서도 북어로 해장국을 끓여 준다. 기임은 상자 하나를 고의로 바꿔 트럭에 실어 보내고 나서 이를 자앙에게 이야기한다. 자앙은 상자 주인에게 편지를 써서 잘못을 바로잡으려고 하지만 기임은 창고를 떠날 생각만 한다. 트럭 운전수는 딸인 다링이 아버지가 누구인지 모르는 아이를 임신한 것을 알고 기임과 다링의 결혼을 서두르면서 기임에게 함께 떠날 것을 권한다. 자앙은 상자 주인에게 쓴 편지를 전달해 달라고 운전수에게 부탁하지만, 운전수는 소용없는 일이라며 편지를 찢는다. 기임은 운전수, 다링과 함께 떠나고, 혼자 남은 자앙은 북어 대가리를 바라보며 성실한 삶을 지속할 것을 새롭게 다짐한다.

01 인물의 심리, 태도 파악 답 ②

정답이 정답인 이유

② 자앙이 기임의 바지를 다려 주면서 그에게 '사람이란 하나를 보면 열을 알 수 있다구. 네 바지는 너무 더러워. 아무렇게나 상자를 다루듯이, 옷을 함부로 입기 때문이지.'라고 말하는 것으로 볼 때, 자앙은 기임의 차림새가 단정하지 못한 것은 그가 조심성 없는 생활 태도를 지닌 것과 관련이 있다고 생각하고 있음을 알 수 있다.

오답이 오답인 이유

① 자앙은 자신이 쓴 편지가 사람들의 손을 거쳐 상자 주인에게 전달되기를 바라고 있다.
③ 운전수가 아내의 죽음을 오랫동안 관청에 신고하지 않은 것은 맞지만, 그가 그로 인해 자책하고 있다는 설명은 적절하지 않다. 운전수는 자신이 아내의 사망 신고를 안 했기에 서류상으로는 아직 아내가 살아 있는 것으로 나온다며 서류가 믿을 만한 것이 아님을 주장하고 있을 뿐이다.
④ 다링은 떠나려는 기임에게 '무조건 다 가져가요.'라고 말하며 '둘이서 함께 쓰던 물건'은 '반절로 나눌 수도 없'으니 두고 갈 필요 없다고 주장하고 있다.
⑤ 기임은 자신이 '여자를 쫓아다니는' 이유가 '늙기 전에 결혼해서 이 창고 속을 빠져나가고 싶은 거'라고 자앙에게 말하고 있다. 따라서 그가 결혼이라는 제도에 얽매이지 않은 채 창고에서 벗어나고자 하는 욕망을 토로한 것은 아니다.

02 극적 형상화 방식의 이해 답 ⑤

정답이 정답인 이유

⑤ ㉤은 자앙을 설득하려던 노력이 소용없게 된 상황에서 실망한 마음을 드러낸 말이 아니라, 바뀐 상자 속 물건들로 잘못 만들어질까 걱정하는 것이 '굉장한 기계'라고 했다가 '기계가 아니라 폭탄'이라고 했다가 하는 다링의 말이 도무지 이해가 안 되어서 하는 말이다.

오답이 오답인 이유

① 여자의 이름이 다링인 이유가 '모두들 그 여자를 보면 마이 다링'이라고 부르기 때문이라는 기임의 대답을 들은 자앙은 '다링'이 본명이 맞는지 미심쩍어서 ㉠과 같은 질문을 던진 것이다.
② 자신이 만나기로 한 여자에 대해 캐묻는 자앙의 질문에 알 것 없다고 대답하던 기임이 이름을 얘기해 주었지만 자앙은 그 말에 의심을 표한다. 이는 기임이 불쾌감을 느낄 만한 상황이므로 ㉡은 짜증 섞인 억양으로 연기하면 적절할 것이다.
③ 잔소리가 심해진 게 나이 탓이라는 자앙의 말에 반박하기 위해 기임은 ㉢과 같이 말하는 것이므로 부정의 의사가 분명히 드러나는 억양으로 연기하는 것이 적절하다.
④ 맥락으로 보아 운전수는 자신이 운반하는 상자 속에 무엇이 들었는지 전혀 알지 못한다. 따라서 그것이 바뀐 일 때문에 뭔가가 잘못 만들어질 수 있다는 자앙의 말이 이해되지 않아 의아해하며 ㉣ 같은 말을 하는 것이라고 할 수 있다.

03 외적 준거에 따른 작품 감상 답 ⑤

정답이 정답인 이유

⑤ 운전수가 자앙에게 '이 조그만 창고 속에서 모든 걸 성실하

게 잘했다는 것이, 창고 밖에서는 매우 큰 잘못'일 수도 있다고 하는 것은 자신들의 소외된 노동이 의도와 무관한 결과를 초래할 수도 있기 때문에, 상자가 바뀐 정도의 일에 '배짱이 약'하게 너무 신경 쓰지 않아도 된다는 의미로 하는 말이다. '무슨 일이 생겨도 창고 밖으로 알릴 필요는 없'다고 말하는 것도 그 때문이다. 따라서 이는 노동과 생산 수단 소유 간의 분리 상태를 인정하는 일의 무용성과는 아무 관련이 없다.

오답이 오답인 이유

① 이 작품 속의 창고는 〈보기〉에서 설명한 소외된 노동이 끊임없이 이루어지는 상징적 공간이라고 할 수 있다. 자앙이 이 창고가 '조그만 창고 속에 들어 있는 수많은 창고 중에 하나의 아주 작은 창고'일 뿐이라고 말하는 것은 우리가 속한 현대 사회 전체가 모두 그런 공간이라는 뜻이고, '완전하게 창고 밖으로 빠져나간다는 건 불가능'하다는 말은 그처럼 노동의 인간 소외 문제를 지닌 현대 자본주의 산업 체제로부터 쉽사리 벗어날 수 없다는 생각을 드러낸 것이라고 할 수 있다.

② 〈보기〉에서 설명한 대로 현대 자본주의 산업 체제에서 노동자는 분업화, 단순화한 자신의 작업이 전체와 어떤 관계를 맺는지 알지 못한다. 이 작품에서 운전수가 자신의 노동을 '뭐가 뭔지도 모르고 그냥 싣고 왔다가 그냥 실어 가는 거'라서 '어떻다고 확실하게 알 수는 없'다고 말하는 것이 이에 해당한다고 할 수 있다.

③ 이 작품에서 운전수와 동료들은 서로를 '딸기코', '외눈깔', '노름꾼' 같은 호칭으로 부르는데, 〈보기〉 내용을 참고할 때 이는 현대 자본주의 산업 체제의 대규모 조직 안에서 개인이 본래의 이름을 잃고 익명화되어 별명으로 불리는 것이라고 볼 수 있다.

④ 운전수의 말에 따르면 '딸기코와 외눈깔' 두 사람은 '같은 정거장에서 둘 다 상자를 취급하'는 노동자이면서도 '서로 얼굴 한번 볼 수조차 없'다. 이는 마치 직장 동료와도 같은 관계인 두 사람이 서로 어떠한 유대도 맺지 않는 것이므로, 노동 현장에서 인간적인 관계가 사라진 것을 의미한다. 또 상자들이 '중간중간에서 여러 갈래로 수없이 나눠'진다는 것은 공정이 분업화, 단순화한 노동의 양상을 환기하므로, 개별 노동자가 자신의 일이 전체와 맺는 관계에 대해 정확히 알지 못하는 상황과 관련이 있다고 볼 수 있다.

04 극·수필

본문 221~224쪽

01 ④	02 ③	03 ②	04 ④

■ **송혜진·박흥식, 「인어 공주」**

해제 이 작품은 2004년 개봉한 영화 「인어 공주」의 시나리오이다. 시간 여행이라는 환상적 요소를 통해 젊은 날의 엄마의 모습을 지켜보게 된 딸의 이야기로, 딸은 이 과정을 통해 현실에서 도저히 이해할 수 없었던 엄마의 삶을 연민의 눈으로 받아들이게 된다.

주제 모녀간의 갈등과 이해

전체 줄거리 우체국 직원으로 일하는 나영은 쪼들리는 생활 속에서 억척스럽게 살아온 어머니(연순)와 생계를 어렵게 만들었던 무능한 아버지(진국)와의 생활에서 벗어나고 싶다고 여기며 연인 도현과의 관계에서도 미래를 설계하기 두려워한다. 아버지의 병이 깊어진 것을 알면서도 동정하지 않는 어머니, 가족들로부터 멀어지고자 사라져 버린 아버지를 외면한 채 해외여행을 떠나려던 나영은 결국 아버지를 찾아 고향인 제주로 향하는데, 그곳에서 젊은 시절의 어머니를 만나 함께 생활한다. 주워 온 아이로 자라 배우지 못하고 해녀가 된 채 어린 나이에 동생을 혼자 돌보며 살아가는 어머니 연순의 앳되고 씩씩한 모습, 젊은 우체부 진국과 사랑을 키워 가는 풋풋한 모습을 보며 나영은 현실에서의 부모의 모습을 이해하고 연민을 느끼게 된다. 결국 현실로 돌아온 나영은 아버지를 만나 어머니와 함께 아버지의 임종을 맞이하고, 세월이 흘러 자신도 어머니가 되어 또 하나의 가정을 꾸려 살아가게 된다.

01 소재의 기능 파악 답 ④

정답이 정답인 이유

④ 버려진 서랍장을 집 안으로 가져오는 일을 두고 나영과 연순이 갈등하고 있고, 우체부 진국을 만나고 싶어 하는 연순을 돕기 위해 나영은 전보 부치는 일을 연순이 할 수 있도록 전달하고 있다.

오답이 오답인 이유

① ⓐ는 두 인물이 운반 여부를 놓고 갈등하고 있는 소재이고, ⓑ는 나영이 우체부 진국과 연순을 연결하기 위해 나서서 전달하는 소재이기 때문에 갈등을 예고하고 있다고 보기 어렵다.

② ⓐ는 현재 운반 여부를 놓고 갈등하고 있는 소재이기 때문에 해소의 노력과 관련이 있다고 보기 어렵다. S# 53에서의 일을 연순과 나영의 갈등으로 볼 경우 ⓑ는 그 갈등의 원인을 연순의 짝사랑으로 인한 내적 갈등이라고 파악한 나영이 연순의 내적 갈등을 해소하기 위해 전달한 것이라고 볼 수 있다. 연순이 S# 53에서의 갈등 해소를 위해 노력하고 있는 것이라고 보기는 어렵다.

③ 두 소재 모두 내적 갈등을 직면하는 내용과는 관련이 없다.

⑤ ⓐ를 운반하기 위해 발맞추어 움직이는 장면은 협력하고 있다고 볼 수 있으나, ⓑ를 전하려고 하는 것은 우체부 진국을

만나기 위해서이기 때문에 연순이 나영을 도우려는 것이라고 보기 어렵다.

02 지시문의 의미와 기능 파악 답 ③

정답이 정답인 이유

③ ㉢에서는 연순의 구령에 따라 두 사람이 협력하여 서랍장을 옮기기 시작한다. 다음 장면에서는 서랍장을 나영의 방에 두는 일을 놓고 대립하는데, ㉢이 이를 암시하는 것이라고 보기는 어렵다.

오답이 오답인 이유

① '어머니하고 똑같'다는 말을 들은 것에 나영이 불쾌감을 느껴 사진을 그만 보게 하도록 행동할 것을 표현하는 지시문이다.
② 연순이 화면에 보이지 않는 상태에서 통화가 갑작스레 끊겼음을 표현하기 위해서는, 나영이 표정이나 행동으로 그것을 인지한 반응을 표현하여야 한다. 함께 통화를 하던 나영이 일방적으로 끊긴 통화에 당황스러움을 표현할 수 있도록 요청하는 지시문이다.
④ 나영이 질문을 했음에도 대답하지 않고 돌아눕는 행동을 지시한 것은 대화를 이어 가지 않겠다는 의사를 표현하도록 한 것이다.
⑤ 우체부 진국과 연순이 만날 수 있도록 돕기를 바라다가 우체부 자전차를 찾는 해녀를 만나 연순을 도울 수 있는 기회가 생겼음에 반가움을 표현하도록 하고 있다.

03 작품의 맥락 이해 답 ②

정답이 정답인 이유

② S# 8에서 발이 맞지 않는 모습은 서랍장을 둘러싼 갈등과 불화를 행동으로 표현한 것이다. S# 9에서 연순은 나영이 집에 늦게 귀가한 것과 '남의 방'이라고 말하는 것을 못마땅하게 여기고 비난하는데, 그것이 서랍장을 두고 나영이 보인 반응 때문이라고 보기는 어렵다.

오답이 오답인 이유

① S# 8에서 나영은 연순을 만나자마자 연순의 행동에 불쾌감을 표현하고 있다. 이를 통해 S# 7의 통화 내용이 서랍장을 둘러싼 갈등과 관련이 있었음을 알 수 있다.
③ 나영은 연순이 우체부 진국에 대한 짝사랑으로 가슴앓이를 하고 있음을 알고 있기 때문에, 연순이 짓던 한숨의 의미를 느끼고 그녀를 도와 진국과 연순이 만날 수 있도록 하기 위해 진국에게 말을 걸고 있다.
④ 나영이 우체국 용무를 자원하고 나서 연순을 찾는 이유는 연순이 우체부 진국을 만날 수 있도록 연결하기 위해서이므로, 관련이 있다고 볼 수 있다.
⑤ 나영이 연순을 부르는 모습은 전날 밤 연순의 한숨을 지켜보고 연순을 염려한 것과 관련이 있다고 볼 수 있다.

04 외적 준거에 따른 작품 감상 답 ④

정답이 정답인 이유

④ 젊은 진국과 연순이 인연을 맺기 시작하는 과정을 나영이 곁에서 지켜보도록 한 설정은 시간 여행 전 현실에서 노년을 보내고 있는 부모에 대한 애틋함과 연민을 느끼게 하는 설정이다. 잠적한 아버지를 찾을 수 있는 실마리와 관련된 것은 아니다.

오답이 오답인 이유

① 환상성 요소 없이 부모의 젊은 날을 곁에서 지켜보며 직접 보는 것은 불가능한데, 시간 여행 모티프를 통해 이를 가능하도록 하여 연순의 삶을 이해하도록 하고 있다.
② S# 7에서 도현이 나영과 연순의 외모가 많이 닮았음을 언급하였기에 나영과 연순이 1인 2역으로 등장하는 것에 대해 개연성이 확보되고 있다.
③ 나영이 엄마 연순에게 퉁명스러운 반응을 보이고 짜증스러운 태도를 표현하도록 한 것은 모녀 관계의 갈등 때문에 인물이 느끼는 어려움을 표현한 것이다.
⑤ 젊은 날의 연순과 딸 나영을 맡은 배우의 역할을 1인 2역으로 맡긴 것은 연순에게도 나영과 같은 청춘 시절이 있었음을 느끼고 동질감을 느낄 수 있도록 한 설정이다.

05 극·수필

본문 225~229쪽

01 ⑤	02 ④	03 ①	04 ①

■ **장진, 「웰컴 투 동막골」**

해제 이 작품은 6·25 전쟁 당시 강원도의 한 산골 마을인 동막골에 국군과 인민군, 그리고 미군 조종사가 함께 오면서 벌어지는 사건을 다루고 있다. 서로 적대시하던 군인들이 동막골 사람들의 순수하고 인정 넘치는 삶에 감화되어 친밀하게 지내는 모습을 통해 전쟁과 이데올로기 대립의 허구성을 깨우쳐 준다. 또한 동막골을 폭격으로부터 지키기 위해 희생하는 군인들을 통해 인간애와 평화가 소중한 가치라는 것을 전달하고 있다.

주제 이념 대립을 넘어선 순수한 인간애와 희생정신

전체 줄거리 강원도 산골 마을 동막골에 미군 조종사 스미스가 추락하게 된다. 곧이어 국군과 인민군 일행도 동막골로 들

어와 이들은 서로 대립한다. 이렇게 모인 군인들은, 전쟁이 무엇인지도 모르고 순수하게 살아가는 동막골 사람들에게 동화되어 서로 친밀하게 지내게 된다. 그러나 동막골에 추락한 미군기가 적군에 의해 폭격됐다고 오인한 연합군이 마을을 집중 폭격하기로 한다. 이 사실을 알게 된 국군과 인민군 일행은 동막골을 지키기 위해 동막골과는 다른 위치에 가짜 적군 기지를 만들어 연합군의 폭격을 유도하고, 자신들은 그곳에서 죽음을 맞이한다.

01 극적 형상화 방식의 이해 답 ⑤

정답이 정답인 이유

⑤ 이 글의 전반은 현실에 기반한 장면들이지만 수류탄이 터져 '곡간'에 있던 옥수수가 팝콘 비가 되어 떨어지는 장면은 신비한 음악 소리와 함께 환각에 휩싸인 인물들의 모습을 그려 냄으로써 동막골이라는 공간이 지닌 신비로움을 부각하고 있다.

오답이 오답인 이유

① 이 글은 시간의 순서에 따라 장면이 배열되어 있다.
② 장면 곳곳에 해학적인 표현들이 사용되고 있지만, 기본적으로 이 글에 등장하는 인물 중에 비판의 대상이 되는 부정적 인물로 볼 만한 대상이 없으므로 이와 같은 진술은 적절하지 않다.
③ 이 글에서의 사건은 6·25 전쟁 중 강원도의 동막골이라는 공간에서만 일어나고 있으므로 서로 다른 시간과 공간을 대비하여 현실의 문제점을 나타내고 있다는 진술은 적절하지 않다.
④ 강원도 방언, 북한 말, 서울말 등이 사용되어 다양한 지역 방언이 사용된 것은 사실이지만 그것을 통해 언어적 소통의 어려움을 드러내고 있지는 않다.

02 대사의 특성 이해 답 ④

정답이 정답인 이유

④ '그보다 짐 난리 났어요!'는 감자밭에 멧돼지가 길을 낸 사실에 대한 말인데, 이는 현재 자신의 눈앞에 벌어지고 있는 인민군과 국군의 대치로 자신을 포함한 마을 사람들이 위험에 빠진 상황을 인지하지 못한 것이지, 그 상황에 대한 긴장감을 드러낸 것은 아니다.

오답이 오답인 이유

① ㉠을 보면 치성(상위 동지)이 이곳에 군대가 없다며 그들을 데려왔으나 인민군의 입장에서 적군인 국군과 대치하게 되었음을 알 수 있다. '결정하는 것마다 와 이렇네까?'라는 말을 보면 이와 같은 상황을 초래한 치성을 원망하고 있음을 짐작할 수 있다.
② 뒤에 이어지는 '죄 없는 부락 사람들 피해 주지 말고 일단 나가자…!'라는 말을 통해 짐작할 수 있다.
③ 앞선 석용의 말은 대치 중인 인민군과 국군을 배려하는 말처럼 보이지만, 실상은 둘 사이의 긴장 완화, 혹은 갈등 해결에 도움이 되지 않을 뿐 아니라, 자칫 마을을 위기에 빠뜨릴 수 있는 말이다. 따라서 촌장은 '석용'의 이름을 '지긋이' 부르며 석용을 제지하고 있는 것이다.
⑤ 마당에 송장 길이 생긴다는 것은 마을 사람들이 죽을 수 있다는 이야기이므로, 자극적인 말을 사용하여 마을 사람들을 위협함으로써 그들을 통제하려는 의도를 나타내는 것으로 볼 수 있다.

03 작품 간의 공통점, 차이점 파악 답 ①

정답이 정답인 이유

① 〈보기〉에서 마을 사람들이 국군과 인민군을 중재하려는 모습은 나타나 있지 않다.

오답이 오답인 이유

② [A]에서는 처음에 총을 들고 대치를 하다 수류탄을 빼 들지만 〈보기〉에서는 첫 등장부터 동치성과 서택기의 손에 수류탄이 들려 있음을 알 수 있다.
③ 〈보기〉에서는 '작가'라는 인물이 마치 소설의 서술자처럼 장면 속의 사건에 대해 설명하고 있지만, [A]에서는 그와 같은 인물이 설정되어 있지 않다.
④ [A]의 '영희와 택기도 눈치챘다… ~ 그저 수군거리고만 있다.'라는 부분과 〈보기〉의 첫 부분의 '곧… 그 뒤에 나타난 동치성과 장영희, ~ 표현철과 문상상 곧 총을 겨누며 대치하고 있다.'라는 부분에서 마을에 모인 인물들의 행동과 심리를 지시문을 통해 설명하고 있다.
⑤ [A]에서 영희가 '상위 동지 ~ 와 이럽네까?'와 같이 말하는 부분과 〈보기〉에서 영희가 '국방군도 있구만…….'이라고 말하는 부분을 보면 두 글 모두 국군이 인민군보다 먼저 마을에 들어와 있는 것으로 설정되어 있음을 알 수 있다.

04 소재의 기능 파악 답 ①

정답이 정답인 이유

① '평상'이 갈등하고 있는 인물들인 국군과 인민군을 공간적으로 분리해 주는 것은 맞는다. 하지만 그것을 가운데 두고 국군과 인민군이 여전히 대치하고 있으므로, '평상'이 둘 사이의 긴장을 해소해 주는 기능을 한다고 보기 어렵다.

오답이 오답인 이유

② 서로 '총'을 겨누고 있는 것은 서로의 목숨을 빼앗을 수도 있는 상황이므로 총이 인물들 사이의 갈등 상황을 부각하는 기능을 하는 것으로 볼 수 있다.
③ '총'을 '수류탄'으로 바꿔 쥠으로써 갈등의 상대뿐만 아니라 국군과 인민군 사이에 놓인 마을 사람들까지도 위험에 빠

뜨릴 수 있다는 점에서 수류탄은 장면의 긴장감을 더 고조시키는 기능을 함을 알 수 있다.
④ '멧돼지'는 마을 밖 존재로, 마을 사람들의 감자밭을 망쳐 그들에게 피해를 주었으므로, 이를 바탕으로 국군과 인민군과 같이 외부인이 마을 사람들을 위험에 빠뜨릴 수 있음을 예상하게 한다.
⑤ '팝콘 비'가 내리고 나서 대치하고 있던 사람들이 모두 같은 행동, 즉 잠에 빠지게 된다. 잠에 빠지는 것은 긴장의 이완을 의미하므로, 팝콘 비는 긴장 상태에서 대치하고 있던 이들 사이의 긴장 관계를 변화하게 하는 기능을 함을 알 수 있다.

06 극·수필

본문 230~232쪽

01 ① 02 ⑤ 03 ⑤

■ **조위, 「규정기」**

해제 이 글은 글쓴이가 의주로 유배를 가서 정자를 짓고 이름을 '규정'이라고 붙인 이유를 밝힌 한문 수필이다. 글쓴이는 '손님'이 정자 이름에 해바라기를 뜻하는 '규(葵)'를 붙인 이유를 묻는 질문에 자신이 해바라기와 닮았기 때문이라고 답한다. 자신이 해바라기처럼 보잘것없다고 멸시당하지만, 충성과 지혜가 있는 존재임을 우회적으로 드러낸 것이다. 이를 통해 글쓴이는 유배지에서도 임금에 대한 충정이 변치 않음을 드러내려 한 것이다.

주제 정자의 이름을 '규정'이라고 한 이유

구성
- 기: 정자의 이름을 '규정'이라고 지음.
- 서: 정자의 이름에 대한 손님의 질문과 글쓴이의 답변
- 결: 글쓴이의 답변을 듣고 깨달음을 얻은 손님

01 시점 및 서술상의 특징 파악 답 ①

정답이 정답인 이유

① '내가 소나무나 ~ 되지 않겠습니까?'에서 설의법을 사용해 소나무나 대나무와 같은 것으로 이름을 지을 수 없다는 주장이 타당함을 강조하고 있다. 또 '지금 내가 ~ 근거도 없다 하겠습니까?'에서 설의법을 사용해 해바라기로 이름을 지은 것이 근거 있다는 주장이 타당함을 강조하고 있다.

오답이 오답인 이유

② 과거 자신이 의주로 귀양을 간 일을 언급하고 있기는 하지만 과거에 자신이 한 일에 대한 회한의 정서는 나타나 있지 않다.
③ '심휴문'과 '사마군실'이라는 역사적 인물이 나오지만 이는 자신의 충성심을 드러내기 위해 활용한 것으로, 글쓴이의 낙천적 가치관을 강조하고 있지는 않다.
④ 이 글에서 '세 든 집이 낮고 좁아서 덥고 답답함을 참을 수가 없었다.'처럼 공간적 배경을 통해 글쓴이의 처지를 드러내기는 하지만, 계절에 따라 달라지는 공간적 배경을 묘사하고 있지는 않다.
⑤ 이 글에서 글쓴이는 옛사람이 한 말을 인용하고 있지만 성현의 말을 인용하여 현재 자신의 삶에 대해 성찰하고 있지는 않다.

02 작품의 내용 이해 답 ⑤

정답이 정답인 이유

⑤ '나'가 유배지에서 정자를 지은 이유는 세상 사람들과 거리를 두고 살기 위해서가 아니라 유배지의 세 든 집에서 사는 것이 불편하여 이를 해소하기 위해서이다.

오답이 오답인 이유

① '사물이 한결같지 않은 것은 그리 타고나서 그런 것입니다.'는 사물의 품성이 태생적임을 드러낸 것이다.
② '사람들은 천히 여겨 사람대접을 하지 않고, 식물도 나를 서먹서먹하게 내치는 형편'이라는 말을 통해 그가 유배지에서 멸시를 당했음을 알 수 있다.
③ '천하에 버릴 물건도 없고 버릴 재주도 없다'는 세상 모든 존재가 제 나름의 가치를 지니고 있음을 나타낸 것이다.
④ 손님은 옛사람들이 식물을 볼 때 풍치와 향기를 기준으로 평가한다고 하였다. '소나무, 대나무, 매화, 국화, 난초, 혜초는 식물 가운데 굳고도 세어서 특별한 풍치가 있거나 향기를 지닌 것들입니다.'라는 글쓴이의 말을 통해 그가 옛사람들의 식물 평가 기준을 수용하고 있음을 알 수 있다.

03 외적 준거에 따른 작품 감상 답 ⑤

정답이 정답인 이유

⑤ '그대 정자의 이야기를 듣고 보니 더할 것이 없어졌'다는 손님의 말은, 유배지에서 정자를 짓고 해바라기와 관련한 이름을 정하는 과정에서 바람직한 삶의 자세에 대한 깨달음을 얻었다는 글쓴이의 말에 공감하고 있음을 드러낸 것이지 해바라기와 관련하여 글쓴이가 얻은 깨달음에 동의하지 못하겠다는 생각을 나타낸 것이 아니다.

오답이 오답인 이유

① 손님은 '저 해바라기는 식물 가운데 보잘것없는 것입니다.'라고 하였는데, 이는 해바라기를 '소나무, 대나무, 매화, 국화, 난이나 혜초' 등에 비해 하찮게 여기는 일반인의 인식을 드러낸 것이다.

② '당신은 해바라기에서 무엇을 높이 사신 것입니까?'라는 손님의 말은 정자의 이름에 궁금증을 표현한 것이고, 이에 글쓴이가 답하는 방식을 통해 정자 이름을 '규정'이라고 한 이유를 제시하고 있다.
③ '지금 황량하고 머나먼 적막한 바닷가로 쫓겨'난 글쓴이의 신세는 유배를 당한 자신의 신세를 나타낸 것으로, '천한 식물로 짝하'겠다는 것은 이런 자신이 해바라기와 같은 처지임을 나타낸 것이다.
④ '충성이라고 해도 괜찮을 것'이고 '지혜라고 해도 괜찮을 것'이라는 것은 해바라기의 덕성을 나타낸 것인데, 이는 글쓴이가 비록 유배지에 있지만 여전히 충성스럽고 지혜로운 신하라는 뜻을 나타낸 것이다.

07 극·수필

본문 233~235쪽

01 ③ 02 ① 03 ①

■ 윤오영, 「참새」

해제 이 작품은 한국 전통의 정서를 회고적인 필치로 그려 내고 있는 수필이다. 과거의 전통적인 농촌 마을에서는 매우 흔한 새였으나 지금은 씨가 져서 보호 대책이 시급해진 참새에 대한 상념이 글쓴이의 체험을 바탕으로 나타나고 있다. 작고 보잘것없는 자연물일지라도 따뜻한 애정을 가지고 바라보는 태도가 돋보인다고 할 수 있다. 또한 참새와 관련하여, 참새를 대하는 우리 민족의 후덕한 정서와 풍요로운 마음을 자연스럽게 드러내고 있다. 우리의 것에 대한 글쓴이의 관심, 사라져 가는 옛것에 대한 그리움의 정서, 삭막해져 버린 현대 사회에 대한 비판 등을 담담하게 그려 내고 있다.

주제 잃어버린 어린 시절을 떠올리게 하는 참새에 대한 상념

구성
- 처음: 잠결에 들은 듯한 참새 소리에 잠에서 깨어남.
- 중간: 참새에 대한 상념을 떠올리며, 참새가 사라져 가는 세상에 대해 비판함.
- 끝: 어린 시절을 떠올리게 해 준 참새 소리를 생각하며 상념에 잠김.

01 표현상의 특징 파악 답 ③

정답이 정답인 이유

③ 첫 번째 문단에서는 글쓴이가 잠결에 참새 소리를 들은 자신의 경험을 언급하고 있으며, 두 번째 문단에서는 참새의 특징을 제시하고 있다. 이를 통해 글의 중심 소재인 참새를 부각하고 있다고 볼 수 있다.

오답이 오답인 이유

① [A]에 길이가 짧은 문장이 사용되고 있으나 과거형보다 현재형 진술이 대부분이며, 과거형의 문장을 통해 상황을 속도감 있게 서술하고 있지 않다.
② [A]에는 특정 대상과 말을 주고받는 방식은 제시되어 있지 않으며, 이를 통해 대상과의 교감을 나타내고 있지 않다.
④ [A]에서 대상들 간의 공통점들을 다양하게 나열하고 있지 않으며, 이를 통해 교훈적 깨달음을 이끌어 내고 있지 않다.
⑤ [A]에서 상황의 문제점으로 제기될 만한 내용을 의문형의 방식으로 언급하고 있지 않으며, 이에 대한 해결책을 제시하고 있지도 않다.

02 소재의 기능 파악 답 ①

정답이 정답인 이유

① 글쓴이는 잠결에 참새 소리를 듣고 난 이후 참새가 흔했던 과거를 떠올리게 되므로, 참새 소리는 과거에 대한 회상을 가능하게 하는 매개체로 볼 수 있다.

오답이 오답인 이유

② 참새 소리가 과거에 꿈을 통해서만 들을 수 있었던 소리로 보기 어려우며, 이를 통해 글의 환상적 분위기가 형성된다고 보기는 어렵다.
③ 글쓴이가 참새 소리와 관련하여 특정 인물인 목단이를 회상하고는 있으나 목단이가 일정한 사건을 후회하고 있지 않으며, 참새 소리가 그 사건과 관련 있는 소재라고도 보기 어렵다.
④ 참새 소리는 글쓴이로 하여금 사라져 가는 옛것에 대한 그리움의 정서, 삭막해진 현대 사회에 대한 비판 등을 떠올리게 하는 것으로, 인간이 맞이하게 되는 노년의 삶에 대해 긍정적인 인식을 갖게 하는 것과 관련이 없다.
⑤ 참새 소리를 통해 글쓴이가 느끼는 안타까움은 옛것이 사라져 가는 오늘날에 대한 감정이므로, 학문에 힘쓰지 못했던 자신의 과오에 대한 안타까움을 참새 소리를 통해 환기하고 있다고 보기 어렵다.

03 외적 준거에 따른 작품 감상 답 ①

정답이 정답인 이유

① '미물들도 우리와 친분이 같지가 않다.'는, 부엉새나 까마귀와 달리 제비, 까치, 참새 등이 인간의 삶과 가까웠으며, 이에 따라 달리 느낄 수 있었던 친밀감의 정도를 서술한 것이다. 따라서 이를 통해 자연의 효율적 이용에 대한 비판을 드러내기 위해 자연의 규칙이나 작동 원리를 잘 아는 것이 중요하다는 점을 강조하고 있다고 보기 어렵다.

오답이 오답인 이유

② '저녁때는 다 같이 집으로 돌아온다.'는 저녁이 되어 귀가하는 상황을 드러낸 것으로, '다 같이'라는 표현을 통해 참새와 같은 자연과 인간의 거리를 매우 가까운 것으로 인식하고 있음을 알 수 있다.
③ '꽃가지를 꺾어 방 안에서 시들리'게 하거나 '돌을 방구석에 옮겨 놓고 먼지를 앉혀 이끼를 말리'는 행위는 다른 생명체인 자연물을 함부로 다룰 수 있다는 발상을 내포한 행동이다. 이는 생존을 위해 다른 생명체인 자연물을 활용하는 것을 넘어서는 것으로, 글쓴이는 그러한 행동이 지닌 위험성을 고려하고 있다고 볼 수 있다.
④ 다른 생명체인 자연물을 함부로 취급하는 것을 두고 '악취미', '살풍경'이라고 비판적으로 평가하는 것은, 자연의 질서를 따르고 조화를 이루는 것이 보다 도덕적인 행위라는 점을 부각하는 것이라고 볼 수 있다.
⑤ '인간의 행복'이 참새와 같은 자연물과도 관련 있다는 점을 제시하는 것에는 모든 생물들이 서로 영향을 주고받는 공동체라는 인식이 전제되어 있다고 볼 수 있다.

08 극 · 수필

본문 236~238쪽

01 ② **02** ② **03** ②

■ **유경환, 「두물머리」**

해제 이 작품은 글쓴이가 두물머리를 볼 수 있는 운길산을 여행하고서 여행의 감상을 담아 쓴 기행 수필이다. 글쓴이는 두물머리에서 두 물줄기가 만나는 모습에 주목하고 만남의 의미에 대해 생각한다. 우주 만물이 만남의 이치를 따름을 인식하고서 그러한 이치가 인간에게 어떻게 적용되는지를 떠올리고, 인간에게 비추어 볼 때 물이 얼마나 큰 미덕을 지녔는지에 대한 깨달음을 얻는다. 또한 이러한 깨달음의 결과 두물머리의 모습이 더욱 아름답게 다가온다는 미적 체험의 내용을 진솔하게 형상화하고 있다.

주제 두물머리를 바라보며 떠올린 삶의 이치

구성
- 처음: 두물머리라는 지명이 주는 느낌과 두물머리를 잘 볼 수 있는 장소
- 중간: 두물머리를 바라보며 떠올린 만남의 의미와 물이 지닌 미덕
- 끝: 두물머리를 바라보며 느끼는 황홀함.

01 표현상의 특징 파악 답 ②

정답이 정답인 이유

② [B]에서 두물머리를 바라보면서 얻은 깨달음을 드러내고 있다고 볼 수 있으나, 역설적 표현이 나타나 있다고 볼 수 없다.

오답이 오답인 이유

① [A]에서 '다산 선생의 유적지', '수종사', '세미원', '종합 영화 촬영소' 등과 같은 두물머리 주위의 구체적인 장소를 열거하여 두물머리의 위치와 관련된 정보를 드러내고 있음을 확인할 수 있다.
③ [C]의 '두 물줄기가 서로 껴안듯 만나', '서로가 서로를 편안하게 받아들이는 모습'을 하고 있다는 서술에서, 두 물줄기에 인격을 부여하여 그것이 주는 조화로운 인상을 드러내고 있음을 확인할 수 있다.
④ [D]의 '사람이 그 어떤 ~ 다물어야 옳다.'에서 당위성을 드러내는 표현을 통해 물이 숭고하다는 인식을 드러내고 있음을 확인할 수 있다.
⑤ [E]에서 '산전수전 다 겪은 사람이 지닌 인품의 향기'에 빗대어 물이 지닌 유연한 속성을 드러내고 있음을 확인할 수 있다.

02 작품의 내용 파악 답 ②

정답이 정답인 이유

② 글쓴이는 ㉠을 견디면서 참아 내느라 반성과 성찰, 사색을 하게 되고, 계속된 사색의 과정을 통해 '자기와의 만남이 가져오는 성숙'을 경험할 수 있다는 생각을 드러내고 있다.

오답이 오답인 이유

① 글쓴이는 '하나가 다른 하나를 만나서 새로운 하나를 만들지 못하면' 외로울 수밖에 없다고 하고 있다.
③ 글쓴이는 '하나가 다른 하나를 만나서 새로운 하나를 만들지 못하면' 외로울 수밖에 없다고 하면서 인간은 반성과 성찰, 명상을 통해 '자기와의 만남'을 경험할 수도 있다고 하고 있다.
④ 글쓴이는 ㉠을 견디면서 참아 내는 과정에서 반성과 성찰의 기회가 오며 명상도 따르게 마련이라고 하고 있다.
⑤ 글쓴이는 물은 인간과 달리 '개체라는 것을 만들지 않는다.'라고 하고 있다. 또한 물이 아닌 인간이 다른 하나와의 만남을 기다리는 과정에서, ㉠에서 비롯된 물음의 '해답을 찾는 노력의 사색'으로서 명상을 한다고 하고 있다.

03 외적 준거에 따른 작품 감상 답 ②

정답이 정답인 이유

② '계절의 틀을 벗어날 능력이 사람에겐' 있다는 말은 사람의 경우 '서로 만나서 하나 되는 기간'이 일반적인 우주 만물에 비해 길고, 그래서 외로움을 겪으며 사색을 하게 된다는 것을

의미한다. 사람도 사색 끝에 '자기와의 만남'을 경험하며, 사람보다 더 긴 시간을 거쳐 '큰 하나'를 이루는 '물'도 순환하는 만물의 이치를 따른다는 점을 고려하면, 글쓴이가 인간의 삶이 순환하는 만물의 이치에서 벗어나 있다고 여긴다는 내용은 적절하지 않다.

오답이 오답인 이유

① 글쓴이는 두물머리를 시원스럽게 보기 위해 '물가가 아닌 산 중턱' 즉 '운길산에 이르는 산길'을 여행했음을 밝히고 있다. 〈보기〉를 참고하면 이 장소는 글쓴이가 두물머리에 대한 개성적 체험을 할 수 있게 하는 곳이라고 볼 수 있다.

③ 글쓴이는 사람이 사색을 통해 성숙에 이를 수 있지만, 아무리 길고 긴 사색을 한다 해도 '물이 바다에 이르기까지 맞고 또 겪는 것에 비하면' 물의 경지에까지는 이르기 어렵다는 생각을 드러내고 있다. 그러면서 물이 '상선약수의 본'을 지니고 있다고 생각하는데, 〈보기〉를 참고하면 이러한 물의 가치는 인간이 본받아야 할 대상으로서 글쓴이가 떠올린 것이라고 볼 수 있다.

④ 글쓴이는 물이 지닌 속성에 비추어 인간이 추구해야 할 가치를 이끌어 낸다. 그리고 '오늘 보니 두물머리는 그 이상이'라고 하면서, 두물머리에서 숲에서 느끼는 아름다움보다도 더 큰 아름다움을 느끼게 되었음을 드러내고 있다. 〈보기〉를 참고하면 글쓴이가 두물머리라는 자연물을 매개로 사색을 한 결과, 그 자연물에서 이러한 아름다움을 느끼게 되었음을 파악할 수 있다.

⑤ 글쓴이는 물의 '편안한 흐름'이 '그 위의 모든 것 다 받아 안을 수 있는 넉넉한 품'을 열고 있다고 하면서, 물의 '이런 수용이 얼마나 황홀한지'를 다 전하기 어렵다고 표현한다. 〈보기〉를 참고하면 이러한 표현에서 만물을 끌어안는 물의 형상을 보며 글쓴이가 느낀 감동의 깊이가 드러난다고 볼 수 있다.

01 갈래 복합

본문 239~243쪽

01 ③ **02** ① **03** ④ **04** ③ **05** ② **06** ④

(가) 신헌조, 「벌의 줄 잡은 갓을 ~」

해제 이 작품은 작가가 강원 감사로 있을 때, 선정을 다짐하고 지은 시조이다. 백성의 뜻을 바르게 알아야 선정을 베풀 수 있는데, 아전들의 고압적인 자세에 백성이 위축되어 할 말을 제대로 전하지 못하는 안타까운 현실을 비판하고 있다.

주제 백성의 뜻이 제대로 전달되지 못하는 현실 비판

구성

- 초장: 전할 뜻이 있어 공사문에 와 있는 초라한 백성의 모습
- 중장: 형방과 나졸들이 윽박질러 뜻을 제대로 전하지 못하는 백성의 모습에 대한 안타까움
- 종장: 도달민정을 위한 평이근민의 태도의 중요성

(나) 김창협, 「착빙행」

해제 이 작품은 엄동설한에 얼음을 채취하는 노동에 시달리는 백성들의 모습과 무더위 속에서 얼음을 즐기는 양반들의 모습을 대조적으로 그려 내고 있다. 이를 통해 고통받는 백성들의 삶을 사실적으로 드러내고 부조리한 현실을 비판하고 있다.

주제 고통받는 백성들의 현실 고발

구성

- 1~12행: 겨울에 얼음을 채취하는 부역에 시달리는 백성들
- 13~20행: 무더위 속에서 얼음을 즐기는 양반들

(다) 이옥, 「유광억전」

해제 이 작품은 유광억이라는 인물을 통해 과시를 파는 행위가 만연한 사회의 타락상을 비판하고 있다. 작가는 가난하고 지위가 낮은 주인공이 남의 과거 시험 답안을 대리로 작성해 살아가는 처지를 드러내면서 이 세상에 팔지 못할 물건이 없게 된 상황을 풍자하고 있다. 작가의 별호인 '매화외사'와, '외사씨'를 등장시켜 과거에 부정행위가 만연한 당시 세태와 유광억에 대한 논평을 덧붙이고 있다.

주제 과거 시험의 부정과 타락한 사회상 비판

전체 줄거리 유광억은 일찍이 영남 향시에 급제하여 서울로 시험을 치르러 올라가다가 은밀하게 어느 부잣집으로 인도된다. 유광억은 부잣집 주인의 아들을 위해 과거 시험의 답안을 대신 작성해 주는데, 이로 인해 주인의 아들이 진사가 되자 유광억은 후한 대가를 받게 된다. 유광억은 그 후에도 계속해서 다른 사람의 과거 시험 답안을 대리로 작성해 이익을 취한다. 그러던 중 경상 감사와 경시관이 유광억의 글을 찾아내는 것으로써 글에 대한 안목이 있음을 입증하는 내기를 하는데, 경시관이 과장에서 뽑은 시험 답안들에는 유광억이라는 이름이 나오지 않는다. 그래서 경시관이 몰래 알아보니, 시험 답안들은 모두 유광억이 돈을 받은 액수에 따라 차등을 두고 지어 준 것이었다. 경시관은 감사와 내기를 한 터였으므로 죄를 범한 사실을 증거로 얻기 위해 유광억을 잡아 오게 한다. 유광억은 지레 겁을 먹고 잡혀가면 죽음을 면할 수 없다고 생각하고 술을 마신 뒤 강물에 빠져 죽는다.

01 표현상의 특징 파악 답 ③

정답이 정답인 이유

③ [B]는 백성들이 노동을 하는 시간적 배경을 '낮은 짧고 밤은 길어 밤에도 쉬지 않고'라고 제시하여 겨울밤에도 고된 노동을 하는 백성들이 처한 상황을 강조하고 있다. 그러나 [A]에

는 공간적 배경만 언급되었을 뿐, 시간적 배경이 제시되어 있지 않다.

오답이 오답인 이유

① [A]에는 백성이 소지를 들고 공사문을 지나 형방과 나졸을 만나는 모습이 시각적으로 제시되어 있다. [B]에는 백성들이 짧은 옷과 맨발 차림으로 일을 하는 모습이 시각적으로 제시되어 있다. 또한 매서운 강바람을 맞으며 손가락이 얼 정도로 고생스럽게 노동하는 모습이 촉각적 이미지로 제시되어 있다.
② [A]는 형방을 '쥐'에 비유하고 나졸을 '범'에 비유하여 간사하고 무서운 성격을 드러내고 있다. 따라서 [B]가 아니라 [A]에서 대상의 성격을 비유적으로 제시하고 있다.
④ [A]에는 '아뢰어라'고 한 나졸과 형방의 발화가 인용되어 있으나, [B]에서는 발화를 인용한 부분을 찾을 수 없다.
⑤ [A]와 [B]는 유사한 의미를 지닌 단어를 나열하고 있지 않다.

02 배경 및 소재의 기능 파악 답 ①

정답이 정답인 이유

① ⓐ는 고당 위에서 얼음을 꺼내 오는 미인의 손을 가리키는 표현으로, 노동을 하지 않은 고운 손의 이미지를 시각적으로 제시한 것이다. ⓑ는 얼음을 깨는 과정에서 흩날리는 얼음 부스러기를 가리킨다. 따라서 ⓐ와 ⓑ는 모두 무더위로 인한 백성들의 고통과 대비되는 상황을 부각한다고 이해할 수 있다.

오답이 오답인 이유

② ⓐ와 ⓑ는 현실 상황인 고당 위의 모습과 관련 있는 이미지이다. 따라서 현실과는 다른 이상적 세계의 몽환적 분위기라고 보는 것은 적절하지 않다.
③ ⓐ는 무더위와 관계없이 즐거움으로 가득한 고당 위에서 얼음을 내어 오는 미인의 손을 나타낸 것이다. 따라서 미인의 정갈함을 상징한다고 이해하는 것은 적절하지 않다. ⓑ는 차가운 얼음과 관련된 표현으로 불확실한 미래의 상징으로 이해하는 것은 적절하지 않다.
④ ⓐ는 고당 위에서 얼음을 내어 오는 미인의 손을 가리키는 표현으로, 맑은 얼음의 속성을 강조한다고 이해하는 것은 적절하지 않다. ⓑ는 차가운 얼음을 깨면서 나오는 얼음 부스러기를 의미하므로 대낮의 밝음을 강조한다고 이해하는 것은 적절하지 않다.
⑤ ⓐ는 무더위와 관계없이 즐거움으로 가득 찬 고당 위에서 얼음을 내어 오는 미인의 손의 이미지이다. 따라서 ⓐ를 생기를 잃은 백성들의 모습을 시각화한다고 이해하는 것은 적절하지 않다. ⓑ는 얼음을 깨는 과정에서 나오는 얼음 부스러기와 관련된 표현일 뿐, 유흥에 취한 관리들의 모습을 시각화하는 것이라고 이해하는 것은 적절하지 않다.

03 인물의 심리, 태도 파악 답 ④

정답이 정답인 이유

④ 경시관은 감사와 유광억의 글을 알아내느냐 못 하느냐로 내기를 한 사람이다. 심지어 유광억이 다른 사람들의 글을 대신 써 주었다는 사실을 알고도 감사가 자신의 글 보는 안목을 믿지 않을 것을 먼저 걱정하는 인물이다. 따라서 경시관은 능력 있는 자가 쓴 글을 제대로 알아볼 수 있다고 자신하는 사람인 것이지, 인재를 등용하기 위해 공정한 시험이 이루어져야 한다고 생각하는 사람이라고 이해하는 것은 적절하지 않다.

오답이 오답인 이유

① 유광억은 '나는 과적이라 가더라도 역시 죽을 것'이라고 생각하고 있으므로 자신의 죄가 큼을 인식하고 있음을 알 수 있다.
② 유광억은 과거의 글에 득의해 늙었는데도 나라에 소문이 날 정도로, 장원부터 삼등까지 차등을 두고 답안을 써 줄 수 있을 정도로 과체에 능하였다.
③ 감사는 경시관이 시제를 내기 전부터 유광억이 글을 잘 쓴다는 것을 알고 있었기 때문에 영남의 인재 중 누가 제일이냐는 경시관의 질문에, 유광억이라고 답을 한 것이다.
⑤ 주인은 아들을 진사에 합격시키기 위해 자신의 아들 대신에 글을 써 주는 유광억을 부모 모시듯 하며 매일 다섯 번의 진수성찬을 바치고, 공경히 대하였다.

04 서술상의 특징 파악 답 ③

정답이 정답인 이유

③ '광억이 죽어 없어지는 것이 마땅하다.'라는 군자의 말을 인용하여, 팔지 않아야 하는 것을 매매의 수단으로 여기는 유광억의 태도를 비판하며 그의 죽음이 마땅한 것이라는 당대의 논평을 소개하고 있다. 돈에 따라 글의 수준에 차등을 둔 것에 대해 공평하지 않은 유광억의 태도를 비판한다고 보는 것은 적절하지 않다.

오답이 오답인 이유

① 〈보기〉에서 「유광억전」이 인물의 내력을 기록하는 일반적인 인물전의 형식을 따르지 않고 있다고 설명한다. 이는 유광억의 내력을 먼저 기술하기 이전에 이끗을 추구하는 행위를 경계하는 말로 글을 시작하고 있는 점과 연결 지어 이해할 수 있다.
② 〈보기〉에서 「유광억전」이 인물의 행적에 초점을 맞추어 서술하고 있다고 설명한다. 이는 다른 사람의 과거 시험 답안을 대신 써 주며 이익을 챙긴 유광억의 행적을 중심으로 이야기가 기술되고 있다는 점과 연결 지어 이해할 수 있다.
④ 〈보기〉는 「유광억전」이 '매화외사'의 말이라고 하여 저자의 평결을 싣고 있다고 설명한다. 이는 매화외사가 유광억을 마음까지 판 자라며 비판하는 부분과 연결 지어 이해할 수 있다.

⑤ 〈보기〉는 「유광억전」이 인물을 비판하는 것에 그치지 않고 당대 사회를 향한 비판도 함께 제시한다고 설명한다. 이는 법전의 내용을 제시하며 글을 파는 것과 사는 것이 죄가 같다고 하면서 글을 팔고 사는 것이 만연한 사회에 대해 비판적 시각을 드러낸 부분과 연결 지어 이해할 수 있다.

05 작품 간 비교 감상 답 ②

정답이 정답인 이유

② (가)의 화자는 백성의 목소리가 제대로 전달되려면 편안한 통치로 백성을 가까이하는 것이 선행되어야 한다고 생각한다. 이와 같은 (가)의 화자의 관점에서 (나)를 이해하면, 통치자가 '얼음을 깎아 내'는 고된 노동에 시달리는 백성들의 목소리에 귀를 기울여야 나라가 바로 설 수 있다고 생각할 것임을 알 수 있다.

오답이 오답인 이유

① (가)의 화자는 백성을 혼비백산하게 하는 주체를 '쥐 같은 형방 놈과 범 같은 나졸들'이라고 말하고 있다. (나)에서 한겨울 강가에 나온 '천 사람 만 사람'은 뒤이어지는 '쩡쩡 도끼 휘두르며 얼음을 깎아 내'는 모습과 연결 지어 볼 때, 얼음을 깎는 일을 하는 사람들이라고 할 수 있다. 이들을 백성을 괴롭히는 존재로 이해하는 것은 적절하지 않다.

③ (가)의 화자는 통치자가 평이근민해야, 즉 백성을 가까이 해야 백성의 뜻이 올바로 전달될 수 있다고 하였다. (다)에서 광억의 글을 알아내는 것을 두고 경시관과 감사가 '내기'를 하는 것은 글을 보는 경시관의 안목을 부각하기 위해서이므로 이를 백성을 가까이하는 태도로 이해하는 것은 적절하지 않다.

④ (가)의 화자는 형방과 나졸들이 억울한 백성을 혼비백산하게 하여 그들의 뜻이 통치자에게 제대로 전달되지 못하게 하는 상황을 비판하고 있다. (다)에서 광억의 재능을 아까워하는 '사람들'은 광억의 능력을 인정하는 사람들인 것으로, 억울한 사람들의 뜻이 제대로 전달되는 것을 방해하면서 혼비백산하게 만드는 존재라고 이해하는 것은 적절하지 않다.

⑤ (가)에서 화자는 통치자에게 제대로 백성의 소리가 전달되지 못하도록 막고 있는 중간 관리들에 대해 비판하고 있다. 하지만 (다)에서 군자는 광억의 죽음에 대해 '광억이 죽어 없어지는 것이 마땅하다.'라고 말한 인물로, 글을 파는 행동이 매우 잘못되었고 그것에 대한 책임을 지는 것이 마땅하다는 입장을 보인다. 이러한 군자의 평을 백성이 할 말을 제대로 하지 못하게 만든 관리에 대한 책임을 묻는 것으로 이해하는 것은 적절하지 않다.

06 외적 준거에 따른 작품 감상 답 ④

정답이 정답인 이유

④ (가)에서는 백성의 목소리가 형방과 나졸 등 중간 관리들로 인해 제대로 전달되지 않는 현실을 풍자하며 도달민정이 가능한 사회를 지향하고 있다. 이와 같은 현실은 통치자의 '평이근민'의 자세가 전제되어야 하는 것으로, 백성 스스로가 현실을 개선하기 위한 노력 여부와는 관계가 없다.

오답이 오답인 이유

① (가)에서 비판적으로 인식하고 폭로하고 있는 것은 형방과 나졸이 제대로 된 송사를 막고 있는 현실이므로 적절하다.

② (나)에서 비판적으로 인식하고 폭로하는 것은 추운 겨울 힘들게 얼음을 캐던 백성들이 정작 무더위 속에서는 더위에 죽어 가는 현실이므로 적절하다.

③ (다)에서 비판적으로 인식하고 폭로하고 있는 것은 과거 글을 사고파는 현실이므로 적절하다.

⑤ (다)에서 진정으로 이루어야 할 당위적 현실은 마음만큼은 사고파는 대상이 되어서는 안 되는 현실이므로 적절하다.

02 갈래 복합 본문 244~248쪽

01 ③ 02 ⑤ 03 ② 04 ③ 05 ① 06 ④

(가) 이광사, 「늙은 소의 탄식」

해제 이 작품은 늙은 소의 행태에 대한 묘사를 통해 평생 동안 고난을 겪은 화자가 느끼는 인생무상을 표현한 한시이다. 이광사는 대대로 고관대작을 지낸 명문가 출신으로서 서화에도 이름이 높았으나, 영조 대에 이르러 당쟁의 여파로 집안도 몰락하고 본인도 유배를 당하였고 유배지에서 죽음을 맞이하였다. 화자가 늙은 소를 보면서 자신을 투사하여 읊은 작품일 수도 있고, 늙은 소를 화자로 내세워 자신의 삶을 형상화한 작품일 수도 있다.

주제 늙은 소와 같은 신세가 된 삶에 대한 탄식

구성
- 1, 2행: 늙어서 힘이 빠진 소의 고난
- 3, 4행: 일이 없는 늙은 소의 소외
- 5, 6행: 수척해진 현재와 건장했던 과거의 대비
- 7, 8행: 무기력한 현재의 삶에 대한 한탄

(나) 유몽인, 「노비 반석평」

해제 이 작품은 유몽인이 편찬한 『어우야담』에 실린 이야기로서 재능이 뛰어난 노비의 삶을 통해 그 재능을 알아보는 재상의 안목과 끝까지 은혜를 저버리지 않는 노비의 진실한 마음을 아울러 보여 준다. 이 지문에서는 유몽인의 논평을 생략하였는데, 원문에서는 이 논평을 통해 유몽인은 신분을 절대적인 기준으로 삼는 인재 등용 제도에 대해 비판도 하면서 재상과 노비의 아름다운 마음을 고평하였다.

주제 능력 있는 노비의 성취와 진실한 처신

구성
- 도입: 재상의 배려로 배움에 힘쓴 반석평
- 전개: 사회적으로 성공한 반석평
- 절정: 몰락한 재상가의 후손들을 깍듯하게 예우한 반석평
- 결말: 과거를 자백하고 국가의 인정을 받은 반석평

(다) 김용준, 「게」

해제 이 작품은 게를 그림의 소재로 즐겨 선택하는 까닭을 풀어내는 과정에서 번잡한 세상사에 대한 글쓴이의 은근한 비판을 드러낸 수필이다. 글쓴이 김용준은 화가이자 미술 평론가, 미술사학자로서 해방 전후에는 특정 이념 중심의 당대 문화 예술계와 비판적인 거리를 두면서 활동해 왔다. 이 작품은 그의 예술관을 드러내면서 게의 생태적 속성을 인간사에 비추어 보는 발상을 바탕으로 당시의 우리 민족이 처한 현실과 이에 대응하는 인간들의 다양한 면모를 함축적으로 그려 내고 있다.

주제 그림을 그릴 때 게를 화제로 삼는 이유

구성
- 처음: 작가의 청고한 심경이 담긴 예술의 가치
- 중간: 게를 화제로 즐겨 선택하는 이유
- 끝: 게의 생태적 특성과 그에 대한 복합적 감회

01 시상 전개 방식 파악 답 ③

정답이 정답인 이유

③ 제5행에서 갈까마귀가 소가 수척한 것을 슬퍼한다고 한 것은, 갈까마귀가 소의 등에 붙은 등에를 쪼아 먹다가 오히려 소를 측은히 여긴다는 뜻으로, 그 정도로 소가 야위었다는 점을 강조한 표현이다. 제6행에서는 강한 힘을 발휘했던 젊은 시절과 대비되는 현재의 수척해진 처지를 보여 준다. 여기에서 화자가 소를 측은하게 여기는 연민의 마음을 확인할 수 있다. 만일 시의 화자가 늙은 소라면 자기 연민이라 할 수 있다.

오답이 오답인 이유

① 제1, 2행은 고된 노동을 감당해 낼 수 없을 정도로 늙어 버린 소의 고난을 묘사한 것이다. 소의 가치에 대한 시선이 함축되어 있다고 하더라도 소가 천대받고 있다는 비판적 시선은 나타나지 않는다.

② 제4행에서는 배곯으며 밤을 보내는 소의 모습이 나온다. 따라서 이는 소의 평온한 안식으로 보기 어렵다. 이를 이상적인 것으로 보는 인식도 확인할 수 없다.

④ 제7, 8행에는 늙어서 쓸모가 없어지면 버림받는다는 이치를 당연하게 여기면서도 이에 대한 회한이 표현된다. 화자와 소의 인연이 파탄 난다는 뜻을 담은 표현은 나타나지 않는다.

⑤ 제2행에서는 무거운 짐을 끄는 소의 모습이, 제6행에는 쟁기를 달고 밭을 가는 소의 모습이 나오지만, 이에 대해 고마워하는 마음은 나타나지 않는다. 그것이 가능했던 과거와 대비되는 현재의 상태를 강조하기 위해 제시된 소의 형상이다.

02 인물의 심리, 태도 파악 답 ⑤

정답이 정답인 이유

⑤ 조정에서 재상의 아들에게 관직을 내린 것은 반석평이 예전의 벼슬을 그대로 유지하도록 한 조치의 연장선상에 있다. 이러한 조치의 근거는 재상과 반석평의 의로움이었다. 그러므로 재상의 아들에게 관직을 내린 것은 재상의 의로움을 높이 산 결과라 할 수 있다. 조정이 재상 아들의 타고난 능력을 감지했음을 알 수 있는 단서는 어디에도 없다.

오답이 오답인 이유

① '종적을 감추고'라는 말을 볼 때, 재상이 반석평을 다른 사람에게 주면서 주인집과 통하지 못하게 한 것은 인연을 끊기 위해서였고, 이는 반석평이 자신과 인연을 이어 가는 한 노비 신분이 드러나지 않을 수 없다고 판단한 결과로 볼 수 있다.

② 하필 아들 없는 사람을 택하여 반석평을 내어 준 것은 그가 아들이 이미 있는 사람에 비해 반석평을 아들로 받아들이기 쉬운 조건임을 고려한 결과라 할 수 있다.

③ 법적으로 노비에게 금지된 과거에 응시하기 위해서는 반석평은 반드시 노비 신분에서 벗어나 있어야 한다. 그렇다면 시골의 아들 없는 사람은 양반으로 추정되고 그가 반석평을 가족으로 받아들였기에 과거에 응시할 수 있었다는 추론이 가능하다. '아무도 그것을 알지 못했다.'를 고려하면 이는 더욱 합리적인 추론이 된다.

④ 높은 벼슬에 있었던 반석평이 재상의 자손들에게 자신의 존재를 굳이 스스로 노출하면서 예의를 갖춘 것은, 재상에게 입은 은혜를 잊지 않고 있음을 보여 준다.

03 작가의 관점, 주제 의식 파악 답 ②

정답이 정답인 이유

② 이 작품은 노비 반석평과 그의 주인인 재상의 아름다운 마음을 그려 내고 있지만, 사회적 맥락에 초점을 맞추어 보면 신분 차별로 인한 인재 손실을 문제의식으로 삼고 있는 작품으로 볼 수도 있다. 따라서 인재 등용에서 가장 가치 있는 기준은 무엇인가 하는 질문, 구체적으로는 인재 등용에서 신분과 개인의 능력 중 어떤 것이 더 바람직한 기준인가 하는 질문이 가장 적절한 것으로 볼 수 있다.

오답이 오답인 이유

① 사실을 자백한 반석평을 위해 국법을 파기했다고 했지만 이것은 법을 달리 해석한 것이 아니므로 적절한 질문으로 보

기 어렵다.
③ 재상이 노비인 반석평의 신분을 은폐하는 데 기여하긴 했지만 이로 인해 그 자손들이 몰락한 것도 아니고 그들에게 어떤 책임을 묻고 있는 것도 아니다.
④ 반석평이 신분 상승의 욕구를 바탕으로 국법을 어기고 벼슬에 나아갔다고 하더라도 이것이 공동체의 피해를 낳았다고 보기 어렵다. 또한 이러한 질문은 재상과 반석평의 의로운 행동에 높은 가치를 부여하고 있는 작품의 주제 의식과도 모순된다.
⑤ 이 글에서는 이타적인 행동은 나타나지만 이로 인해 어떤 그릇된 결과가 나왔다는 내용이 없다.

04 구절의 의미 파악 답 ③

정답이 정답인 이유

③ 뿌리의 일부가 흙 밖에 있을 수는 있지만 뿌리가 아예 흙 속에 묻히지 않은 난초가 있을 리가 없다. 그런데도 글쓴이가 이 그림에 가치를 부여한 것은 우선 '사물의 형용을 방불하게 하는 것만으로 장기로 치는 데 그치지 않고'에서 확인되듯이 사실적으로 그리는 것을 중요하게 여기지 않는 관점의 소산으로 보인다. 그리고 작가의 청고한 심경을 중요시하고 있는 관점에서 조국이 이민족에 짓밟힌 현실과 타협하지 않으려는 정소남의 기개에 찬 의지를 예찬한 결과로 볼 수 있다. 결국 글쓴이는 정소남이 사실과 다르게 난초를 그림으로써 오히려 작가의 현실 인식을 더욱 잘 드러내고 있다는 데 주목하고 있는 것으로 볼 수 있다.

오답이 오답인 이유

① 해당 구절의 다음 문단에서 '사물의 형용을 방불하게 하는 것만으로 장기로 치는 데 그치지 않고'라고 하여 사물을 있는 그대로 묘사하는 것과는 거리를 두고 있다.
② 난초의 형상을 실제와 다르게 그렸다는 점에서 왜곡이라 할 수 있지만, 시대를 초월하여 인간이 누구나 겪는 생존 경쟁을 상징화했다는 평가는 사실에 어긋난다.
④ 흙에 묻지 않은 난초 뿌리를 그린 것을 미화라고 하기 어렵고, 따라서 그 아름다움을 과장했다고 보기도 어렵다.
⑤ 난초의 잎과 뿌리가 지닌 가치의 우열을 드러낸 것으로 볼 근거가 없고, 따라서 난초에 대한 통념을 전복했다고 볼 수도 없다.

05 작가의 관점, 주제 의식 파악 답 ①

정답이 정답인 이유

① 글쓴이는 환과 예술을 가르는 기준 또한 작품이 작가의 청고한 심경을 담아내고 있는지 여부에 있다고 했다. 따라서 예술 작품은 작가의 심경을 담고 있어야 한다고 보는 것이 글쓴이의 예술관임을 알 수 있다. 이러한 예술관에 따라 글쓴이는 게의 생태적 특성 때문에 글쓴이 자신의 심경을 다양한 의미로 담아내기에 적절하다고 한 것으로 볼 수 있다.

오답이 오답인 이유

② 게가 글쓴이 자신만이 아니라 우리 민족 중의 많은 인사를 닮은 모습을 보인다고 한 데서 자신과 우리 민족에 대한 어느 정도 자조적인 태도가 나타나지만, 역사적 애환을 사실적으로 드러내는 것과는 거리가 있다.
③ 글쓴이가 낚시를 하러 가는 것은 알 수 있지만, 이것이 게가 좋은 화제가 되는 이유는 아니다.
④ 창자가 없는 게의 생태적 특성 때문에 게를 화제로 선택한다고 했지만, 단장의 비애는 비유적 표현에 해당할 뿐만 아니라 그것을 피하려 하는 것을 삶의 이치로 보는 관점은 나타나지 않는다.
⑤ '뻔뻔스럽고 염치없는 친구에게도 그려 보낼 수 있는' 좋은 화제라고 했지만, 받는 이를 비웃고자 하는 의도를 감추지는 못할망정 그것을 드러내어 전한다는 것은 사리에 맞지 않는다.

06 외적 준거에 따른 작품 감상 답 ④

정답이 정답인 이유

④ (나)에서 반석평이 주인집 아들과 조카들에게 관직을 줄 것을 청한 것은 과거에 자신이 받았던 재상의 은혜를 조금이라도 갚고자 하는 개인적 보은의 의지 때문이라 할 수 있다. 만일 반석평이 충성스러운 신하의 입장에서 소외감을 느끼고 있는 사회적 약자들을 구제하겠다는 의지가 있었다고 한다면, 주인집의 아들과 조카들만을 특정해서 관직을 내려 달라는 요청을 한 이유를 설명할 수 없다.

오답이 오답인 이유

①, ② 무거운 짐을 끌 만한 힘이 없어진 늙은 소는 화자이자 작가 자신을 우의적으로 드러내는 소재이다. 불우했던 인생사를 가진 작가는 사회적 권력으로부터 멀어진 자신의 처지를 늙은 소가 한탄하는 목소리를 빌려 표현한 것이다. 이런 맥락에서 명성만 남았다는 것은 젊은 시절 얻었던 명성을 염두에 둔 것이고, 실속도 없다는 것은 결국 사회적 권력을 온전히 행사해 보지도 않았다는 의미로 이해된다.
③ 반석평이 노비가 과거에 응시하는 것이 법적으로 금지되어 있다는 것을 알면서도 신분을 숨기고 과거에 응시한 것은, 노비의 신분으로서 느끼는 위화감에 대한 대응으로 볼 수 있다. 이를 통해 그는 자신의 능력을 사회적으로 입증하려고 했던 것으로 볼 수 있다.
⑤ 글쓴이는 게와 자신의 모습과 닮은 점을 발견하고 있는데, 이는 게를 화제로 즐겨 선택하는 이유 중의 하나이다. 이런 맥락에서 보면 약고 영리하게 처세할 줄 모른 채 사회적 권력으

로부터 거리를 두고 있는 현재 자신의 처지에 대한 자조가 나타난다.

03 갈래 복합

본문 249~254쪽

01 ② **02** ① **03** ② **04** ③ **05** ④ **06** ④

(가) 김상용, 「훈계자손가」

해제 이 작품은 조선 중기 때의 문신인 김상용이 지은 총 9수로 이루어진 연시조이다. 작가는 병자호란 때에 왕족을 모시고 강화도로 피난했다가 강화 산성이 함락되자 자결한 것으로 알려져 있다. 이 작품은 대의명분을 중시한 유학자인 작가가 유교의 도덕적 가치관과 규범에 기반하여 후손들에게 올바른 삶을 살 것을 권고할 목적으로 지은 것이다.

주제 바람직한 삶에 대한 가르침

구성
- 제1수: 어버이께 효도하고 어른을 공경할 것을 권고함.
- 제2수: 남을 험담하지 말고 자신의 허물을 먼저 돌아볼 것을 권고함.
- 제3수: 바른 언행을 할 것을 권고함.
- 제5수: 남과 싸움하지 말 것을 권고함.
- 제6수: 허물을 고쳐 어진 사람이 될 것을 권고함.
- 제8수: 욕심을 버리고 악행을 금할 것을 권고함.
- 제9수: 부모를 잘 섬기고 학업에 충실할 것을 권고함.

(나) 이정작, 「옥린몽」

해제 이 작품은 조선 후기의 문인 이정작이 지은 것으로 알려졌으며, 한글본과 한문본이 모두 전해지고 있는 고전 소설이다. 이 소설은 중국 송나라를 배경으로 범(范) 공자와 그의 두 처인 유(柳) 부인과 여(呂) 부인 사이의 갈등과 화해가 주요 내용을 이룬다는 측면에서 「사씨남정기」와 같은 쟁총형 가정 소설로 구분되기도 하며, 일련의 사건들이 가문 간의 관계와 연결된다는 점에서 가문 소설의 앞선 형태로 보기도 한다. 이 작품의 서사는 종국적으로 유원(柳原)의 입신양명과 가정의 화평을 강조하는데, 이는 작가가 유교 이념에 기반한 덕목의 실천을 철저히 구현한 결과로 볼 수 있다.

주제 혼인에 의한 인물의 갈등 극복과 가정의 화평 추구

전체 줄거리 범경문과 유 소저는 양가 부모들의 약속에 의해 정혼을 맺었으나, 부마 여 씨가 황제를 동원하여 범경문을 자신의 딸과 먼저 혼인시킨 후에 유 소저와 혼인하게 한다. 범경문이 여 부인보다 유 부인을 편애하자 여 부인은 질투심을 못 이겨 유 부인을 제거하려고 한다. 한편, 유 부인의 동생 유원은 높은 벼슬에 오르고, 범경문은 호국(胡國)과 화의를 맺기 위해 사절로 간 곳에서 정변이 일어나 구금된다. 경문이 부재한 틈에 여 부인은 일을 꾸며 유 부인을 집에서 떠나게 한다. 유원도 여 부인이 보낸 자객의 습격을 받아 죽게 될 위기를 겪지만, 모 부인의 간호로 회복한 후, 호국이 침범해 오자 대원수가 되어 호군을 격파하고 구금되었던 범경문을 구하여 돌아온다. 유 부인의 시비인 운홍의 역할로 여 부인의 죄악이 밝혀지자 유 부인은 유배지에서 돌아오고 여 부인은 귀양을 가게 된다. 이에 여 부인의 악행으로 흩어졌던 유원의 가족들이 모두 모이게 되고, 여 부인도 잘못을 뉘우쳐 유 부인의 탄원으로 죄를 용서받고 풀려남으로써 양가 모두 영화와 화평을 누린다.

01 작품의 종합적 이해와 감상 답 ②

정답이 정답인 이유

② 〈제2수〉에서는 '남의 말'을 하는 행위를, 〈제5수〉에서는 '남과 싸우'는 행위를 하지 않게 권하고 있지만, 그러한 행위가 가져다줄 수 있는 이점과 해악을 대조하여 그 행위의 실천을 강조하고 있지는 않다.

오답이 오답인 이유

① 〈제1수〉에서는 '아이들'이라는 청자를 명시하고, '~ 배워스라', '~ 얻어라'와 같은 청자에게 명령하는 방식을 사용하여 교훈의 대상과 내용인 '어버이 효도', '어른을 공경', '효제(부모에 대한 효도와 형제간의 우애)를 닦'는 일을 분명히 제시하고 있다.

③ 〈제3수〉에서는 '내 몸이 착하지 않으면'과 같은, 〈제6수〉에서는 '그른 일'을 '알고도 또 하면'과 같은 화자의 바람에 반하는 상황이 일어나는 것을 가정하여 그러한 부정적인 행위에 대해 경계하고 있다.

④ 〈제8수〉에서는 '몹쓸 일'을 하여 '한 번 악명을 얻으면' 어떤 물로도 씻기 어렵다는 것을 강조하고 있다. 즉, 욕심으로 몹쓸 일을 하는 행위가 돌이킬 수 없는 결과를 가져온다는 것을 비유적으로 환기하며 악행을 경계하고 있다.

⑤ 〈제9수〉에서는 〈제1수〉의 주제인 부모에 대한 효도라는 내용을 공유하되 청자가 일상생활에서 해야 할 '문안', '공경하여 섬기'기, '글 배워 읽'기와 일들을 구체적으로 밝혀 나열하고 있다.

02 서술상의 특징 파악 답 ①

정답이 정답인 이유

① '소저가 입으로 말하지는 아니하나 기쁜 빛이 얼굴에 가득하더라.', '정 부인이 쓸쓸하게 얼굴빛을 바꾸고 눈썹을 찡그리며'와 같이 인물의 표정을 묘사하여 해당 인물의 심리 상태를 드러내고 있다.

오답이 오답인 이유

② (나)에서는 자연물의 특성을 활용하여 인물들 간에 친밀하

거나 소원한 관계를 비유적으로 나타내는 표현을 사용하지 않고 있다.

③ (나)에서는 장소의 변화는 나타나지만, 사건을 평면적으로 제시하고 있을 뿐, 동시에 일어나는 사건들을 병치하여 입체적으로 제시하고 있지는 않다.

④ 조정, 범생의 집, 유가의 집 등으로 공간의 이동은 나타나지만, 그 공간에 대한 배경 묘사를 통해 갈등 진행의 상황을 상징적으로 드러내고 있지는 않다.

⑤ 대화에서 범생과 유 씨의 정혼에 대해 언급될 뿐, 과거에 일어난 사건의 장면이 반복적으로 제시되고 있지는 않다.

03 인물의 성격 이해 답 ②

정답이 정답인 이유

② 황제가 경완의 아우와 공주의 딸의 혼인을 추진하려고 하자 경완은 거듭 사양하지만 황제는 '짐의 뜻은 이미 결정되었으니 다시 물리쳐서 내치지 말라.'라고 말한다. 이에 경완은 '마지못하여' 황제의 뜻을 수용한 것이다. 따라서 경완이 가문의 명예를 드높이기 위해 자신의 아우와 여 씨의 혼례를 추진한 것은 아니다.

오답이 오답인 이유

① 공주는 황제에게 나아가 '황상께서 권고하지 않으시면 일이 진실로 이루어지지 못할 것 같'다고 말한다. 이로부터 공주는 황제의 권력에 의지하면 자신이 원하는 대로 자신의 딸과 범생의 혼인을 이룰 수 있다고 생각함을 알 수 있다.

③ 황제는 범생이 '뛰어난 재주가 있는데 어찌 과거에 급제하지 못할까 근심하겠는가?'라고 말한다. 이로부터 황제는 범생이 과거 시험을 통과할 만한 학문적 재능을 갖추었다고 추측하고 있음을 알 수 있다.

④ 유가의 정 부인은 여 씨가 '현명한 사람을 시기하여 상대방을 재해에 빠지게 한다면 어찌 너의 일생이 가련할 뿐이겠는가?'라고 말한다. 이는 딸이 혼인한 후 여 씨의 질투로 인해 겪게 될 수 있는 고초에 대한 우려를 나타내는 것으로 볼 수 있다.

⑤ 유 씨는 '이것은 모두 팔자에 있는 앞날의 운수입니다. 사람의 힘으로 어찌할 수 있는 것이 아닙니다.'라고 말한다. 이는 유 씨가 자신과 범생의 혼례에 앞서 여 씨와 범생의 혼례가 먼저 추진되는 것을 운명으로 간주하여 수용하고 있음을 보여 준다.

04 구절의 의미 파악 답 ③

정답이 정답인 이유

③ ㉢은 남들이 항상 보고 있으므로 사람들은 자신의 행동을 조심해야 한다는 맥락에서의 '내 모습'이다. 따라서 청자가 타인들로부터 자신의 언행을 평가받는 상황 속에 놓여 있음을 이른 것이라 할 수 있다.

오답이 오답인 이유

① ㉠은 화자가 청자에게 인용하여 전하는 타인의 말이 아니라, 남에 대해 비판적으로 말하는 것을 가리킨다.

② ㉡은 화자가 현재 자신의 몸가짐과 마음가짐을 가리켜 청자에게 이른 것이 아니라, 일반적인 사람들 그 자신을 뜻하는 표현이다.

④ ㉣은 대화의 상대방인 경완의 말은 맞지만, 그 말이 발화자인 황제 자신의 뜻과 일치되는 것이 아니라 그 뜻에 반하는 것이다.

⑤ ㉤은 발화자인 황제가 자신의 결심이 확고하다는 의미를 담고 있다. 상대방의 걱정에 대한 발화자의 공감이나 상대방을 격려하는 마음으로 볼 수는 없다.

05 외적 준거에 따른 작품 감상 답 ④

정답이 정답인 이유

④ 황제가 제안한 혼인을 경완이 사양한 것은 아버지가 맺은 정혼을 지키기 위해서이다. 이러한 경완의 모습은 사대부 가문과 황실 사이의 신분 차이에 따른 상하 명분을 엄격히 지키려는 모습이 아니라, 왕의 명령에 대해 거절 의사를 표시할 만큼 사대부 가문 간의 약속을 중시하는 행위에 해당한다고 볼 수 있다.

오답이 오답인 이유

① 범생과 유 씨가 부모들이 약속한 정혼을 실행하지 못한 것은 황족의 개입으로 인한 것이며, 이는 사대부 가문의 남녀가 혼인 관계를 맺는 과정에서 겪는 고난에 해당한다고 볼 수 있다.

② 공주가 딸의 혼례를 추진하기 위해 '예의에서 금하는 것을 어기'면서까지 황상의 개입을 청원하는 것은 원하는 바를 이루려고, 해서는 안 될 행동을 감행하는 것이다. 이는 일부 황족이 도덕적 결함을 가진 모습으로 그려지고 있는 것에 해당한다고 볼 수 있다.

③ 조정의 모든 관리들이 황제에게 '소년의 문장이 당대에 제일인가 합니다.'라고 범생의 문장 능력에 대해 칭찬한다. 이 말은 범생이 〈보기〉에 설명된 학문적 교양이나 글재주와 같은, 사대부가 갖추어야 할 자질을 지닌 인물로 묘사되고 있음을 짐작하게 한다.

⑤ 태 부인은 혼례일에 여 씨를 맞으면서 남편의 유언인 정혼을 이루지 못하고 다른 며느리를 맞는 것으로 인해 불편한 마음을 가지고 근심한다. 그리고 '황제의 은혜가 도리어 좋은 일에 방해가' 된 상황에 대한 서술자의 편집자적 논평이 이어진다. 이러한 맥락에서 볼 때, 태 부인의 태도는 늑혼, 즉 강제적 혼인을 이행한 황족에 대한 사대부 가문의 부정적 인식에서 비롯되어 나타난 것임을 알 수 있다.

06 외적 준거에 따른 작품 감상 답 ④

정답이 정답인 이유

④ (나)에서 유 씨는 여 씨가 '좋은 가문에서 생장하였'다는 가정 환경을 근거로 하여 그 성품의 수준을 가늠해서 말하고 있다. 이때 유 씨는 여 씨의 몸가짐과 어른 섬기는 법도가 자기보다 뛰어날 것이라고 칭찬하며 긍정적으로 말한다. 따라서 (가)의 기준에서 '남의 말', 즉 남의 허물(흉)을 들추어내면서 '내 몸을 살'피지 않고 말한 것에 해당하지 않으며 선이 아닌 것을 행한 것으로 볼 수도 없다.

오답이 오답인 이유

① (나)에서 범생은 유 씨와 정혼하였으므로, 범가에서는 공주의 구혼에 대해 거절 의사를 밝혔다. 그럼에도 딸의 모습을 안쓰러워하여 범생을 사위로 맞으려고 황제의 권력에 기대어서 수를 쓰는 공주의 모습은, (가)의 기준에서 볼 때 '욕심이 난다고 몹쓸 일을' 한 것에 해당하므로 선이 아닌 행위를 감행한 것으로 볼 수 있다.

② (나)에서 '임금의 명령으로써 아버지의 명령을 어그러지게 할 수 있겠'냐고 말하기까지 한 황제가 결국에는 공주가 청한 여 씨의 중매를 추진한다. 이는 (가)의 기준에서 볼 때 황제가 '그른 일'을 '알고도' 감행한 것이므로 선이 아닌 행위를 행한 것으로 볼 수 있다.

③ (나)에서 경완은 아우의 '재주와 학문이 얕고 짧'다고 인식하고 있으며, 돌아가신 아버지께서 남긴 말씀을 지키기 위해 아우가 과거 급제를 하려면 학문에 더욱 매진해야 한다고 생각한다. 이는 (가)의 〈제9수〉에 나타난 '글 배워 읽어 못 미칠 듯하여' 효를 실천한다는 것과 같은 맥락이라 할 수 있으므로 (가)를 기준으로 볼 때 선행을 실천한 것으로 볼 수 있다.

⑤ (나)에서 유 씨는 정혼을 못 이루게 된 자신의 처지는 미뤄두고, 어머니가 딸에 대한 걱정으로 몸을 상하는 일을 막기 위해 여 씨의 성품에 대해 긍정적으로 말하며 어머니를 안심시키고 있다. 이러한 노력을 하는 유 씨는 (가)의 기준에서 볼 때 어버이에게 효도함으로써 '어진 이름 얻'을 만한 행위를 한 것이므로 선행을 실천한 것으로 볼 수 있다.

04 갈래 복합

본문 255~259쪽

01 ① 02 ④ 03 ③ 04 ⑤ 05 ④ 06 ③

(가) 백광홍, 「관서별곡」

해제 이 작품은 1555년에 작가가 평안도 평사가 되어 관서 지방을 순찰하면서 그곳의 경치를 노래한 기행 가사이다. 평안도 평사가 되어 부임지로 가는 심정을 노래하는 것으로 시작하는 이 작품은 관서 지방을 순찰하면서 본 자연 풍경의 아름다움과 흥취를 읊은 후, 마지막으로 이 아름다운 경치를 임금에게 전하고 싶은 심정을 노래하고 있다는 점에서 임금에 대한 충정을 드러내기 위해 지어진 것이라 볼 수 있다. 우리나라 기행 가사의 효시로 알려진 작품으로, 정철의 「관동별곡」에 직접적인 영향을 준 것으로 평가받고 있다.

주제 관서 지방의 아름다운 경치 소개와 임금에 대한 충절

구성
- 서사: 부임지인 관서 지방으로 떠나는 심정
- 본사 1: 부임하는 도중 마주한 자연 경물에 대한 감탄
- 본사 2: 부임지를 순시하면서 바라본 풍경에 대한 소개와 감회
- 결사: 아름다운 풍경을 임금에게 전하고 싶은 마음

(나) 정비석, 「산정무한」

해제 이 작품은 금강산 기행 과정에서 바라본 금강산의 아름다움과 그에 따른 여정을 다채로운 표현 방식을 사용하여 나타낸 현대 수필이다. 금강산의 등정 과정에서 마주한 금강산 계곡의 풍경과 정상에서 바라본 모습, 그리고 마의 태자에 얽힌 이야기 등을 다양한 비유적 표현과 설의적, 영탄적 표현 등을 통해 감각적으로 드러냄으로써 금강산의 아름다움을 절묘하게 표현했다는 평가를 받고 있다. 특히 마의 태자에 대한 추모를 통해 인간의 삶과 역사에 대한 성찰을 이끌어 내고 있다는 점에서 수필 문학의 성찰적 기능도 확인할 수 있는 작품이다.

주제 금강산 기행에서 접한 자연의 풍경과 그에 따른 감회

구성
- 처음: 은제와 금제에서 바라본 절경
- 중간 1: 비로봉 절정의 찻집에서 바라본 풍경
- 중간 2: 비로봉 최고점에서 바라본 운해
- 끝: 비로봉 동쪽의 자작나무 숲과 마의 태자의 무덤에 대한 상념

01 작품 간의 공통점, 차이점 파악 답 ①

정답이 정답인 이유

① (가)는 왕명을 받고 임지로 가는 과정에서 화자가 마주하는 자연의 모습을 시간의 흐름에 따라 제시하며 자연에 대한 우호적 태도를 드러내고 있다. (나)는 비로봉 중허리에서 비로봉 최고봉, 그리고 다시 마의 태자의 무덤에 이르는 과정에서 글쓴이가 마주하는 자연의 모습을 시간의 흐름에 따라 제시하며 자연에 대한 우호적 태도를 드러내고 있다.

오답이 오답인 이유

② (가)와 (나) 모두 인간의 삶과 자연의 이치를 연결 짓고 있지 않으며, 삶의 목표에 대한 인식이 전환되었다는 내용은 나타나 있지도 않다.

③ (가)에서 '황주는 전쟁터라 가시덤불 우거졌도다'는 과거의 황주의 모습과 현재의 황주의 모습을 대비하며 삶의 무상함을 드러낸다고 볼 수 있다. 그러나 (나)에서는 과거의 자연과 현재의 자연의 모습을 비교하고 있지 않다.
④ (가)와 (나) 모두 정적인 자연의 속성과 동적인 인간의 속성을 대비하고 있지 않으며, 인간이 지향해야 할 가치를 부각하고 있지도 않다.
⑤ (가)는 '백두산 내린 물이 향로봉 감돌아' 흘러가는 모습을 '굽이굽이 늙은 용이 꼬리 치'는 모습에 빗대어 표현하고 있다. (나)는 '은제와 단풍'을 '짜 놓은 비단결'에, 찻집에서 바라본 '밖에서는 몰아치는 빗발'을 '용호가 싸우는 것'과 '산신령이 대로하신 것'에, '자작나무'를 '수중 공주'에 빗대어 표현하고 있다. 그러나 (가)와 (나) 모두 인간과 자연이 서로에게 미친 영향을 강조하고 있지는 않다.

02 작품의 종합적 이해와 감상 답 ④

정답이 정답인 이유

④ [B]에서는 '삼각산 제일봉이 웬만하면 보이겠네'라는 구절을 통해 화자가 임금을 그리워하고 있다는 점을 알 수 있다. 그러나 [A]에서는 '임지로 가고픈 마음에 고향을 생각하랴'라는 구절을 통해 화자가 임지로 가고 싶은 기대감에 고향에 대해 생각할 겨를이 없음을 알 수 있다. 따라서 [A]의 고향 생각이 [B]에서는 임금을 그리워하는 마음으로 교체되었다는 진술은 적절하지 않다.

오답이 오답인 이유

① [A]에서의 '관서'와 [B]에서의 '관동 팔백 리'는 모두 화자가 임금의 명을 받고 부임하는 지역에 해당하는데, [B]에서는 임금의 명을 받기 전 '강호에 병이 깊어 대숲에 누웠'다는 화자의 행적이 추가되었다.
② [A]에서의 '연조문', '모화 고개', '벽제'와 '천수원', [B]에서의 '평구역', '흑수', '치악산' 등은 모두 화자가 부임하는 지역으로 가면서 들렀던 곳이다. 그런데 [B]에서는 '연추문 달려들어 경회 남문 바라보며 / 하직하고 물러나니'와 같이 화자가 부임지로 출발할 때 임금을 향해 하직하는 모습이 추가되었다.
③ [A]에서의 '벽제에 말 갈아 임진에 배 건너 천수원 돌아드니'와 [B]에서의 '평구역 말을 갈아 흑수로 돌아드니'는 모두 부임지로 떠나는 과정을 속도감 있게 제시한 부분에 해당한다. 그런데 [B]에서는 '서울 떠난 외로운 신하 백발도 많고 많다'와 같이 늙은 나이에 부임하는 화자의 외양적 특징이 추가되었다.
⑤ [A]에서의 '개성은 망국이라 ~ 가시덤불 우거졌도다'와 [B]에서의 '궁예왕 대궐터에 까막까치 지저귀니'는 모두 화자가 방문한 지역의 모습을 제시한 부분에 해당하며, 두 부분은 각각 '가시덤불'과 '까막까치'라는 자연물을 통해 방문한 지역의 현재 모습을 나타내고 있다.

03 작품의 내용 파악 답 ③

정답이 정답인 이유

③ '오를수록 우세는 맹렬했으나'라는 구절을 통해 비로봉에 가까워질수록 기상 상황이 악화되고 있음을 알 수 있으며, '광풍이 안개를 헤칠 때마다 농무 속에서 홀현홀몰하는 영봉을 영송하는 것도 가히 장관이었다.'라는 구절을 통해 글쓴이가 궂은 날씨에도 불구하고 간헐적으로 아름다운 풍경을 만날 수 있는 상황에 대해 긍정적으로 평가하고 있음을 알 수 있다.

오답이 오답인 이유

① '자꾸 깊은 산속으로만 들어가기에, 어느 세월에 이 골을 다시 헤어나 볼까 두렵다. 이대로 친지와 처자를 버리고 중이 되는 수밖에 없나 보다고 생각하며 고개를 돌이키니'에서 알 수 있는 것처럼 글쓴이는 깊은 산속으로 들어가는 것을 두려워하고 있을 뿐, 자신의 가족과 헤어지는 것에 대한 두려움을 느끼고 있지는 않다.
② '우장 없이 떠난 몸이기에 그냥 비를 맞으며 올라가노라니까'에서 알 수 있는 것처럼, 글쓴이는 비로봉 등반 과정에서 기상 상황의 변화로 어려움을 겪는 것을 어쩔 수 없는 것이라 여기고 있을 뿐, 이에 대해 대비하지 못한 것을 자책하고 있지는 않다.
④ '벌겋게 타오른 장독 같은 난로를 에워싸고 둘러앉았던 선착객들이 자리를 사양해 준다. 인정이 다사롭기 온실 같은데'에서 알 수 있는 것처럼, 글쓴이는 자신에게 난로 옆의 자리를 양보한 사람들을 보며 따뜻한 인정을 느끼고 있을 뿐, 낙오한 이들에게 난로 옆의 자리를 양보하고 있지는 않다.
⑤ '설 자리를 삼가 구중심처가 아니면 살지 않는 자작나무는 무슨 수중 공주이던가?'에서 알 수 있는 것처럼 글쓴이는 산속 깊은 곳에서만 자라는 자작나무를 높이 평가하고 있을 뿐, 자작나무가 비로봉 동쪽에 수해를 이루듯이 자라고 있다는 사실에 의아해하고 있지는 않다.

04 구절의 의미 파악 답 ⑤

정답이 정답인 이유

⑤ '소복한 백화는 한결같이 슬프게 서 있고'와 '눈물 머금은 초저녁 달이 중천에 서럽다.'를 통해 글쓴이가 백화와 초승달에 감정을 이입하고 있다는 것은 확인할 수 있으나, 이러한 감정 이입이 글쓴이의 감정 변화나 공간을 이동하는 이유가 되는 것은 아니다.

오답이 오답인 이유

① ㉠에서 화자는 '붉은 입술'과 '흰 이'라는 색채어와 '신선이

연잎 배 타고 옥빛 강으로 내려오는 듯'이라는 직유법을 사용하여 대동강 위에 화선이 떠 있는 풍경에 대한 예찬적 태도를 드러내고 있다.
② ㉡에서 화자는 '풀'과 '꽃'이 '봄빛을 자랑한다'와 같이 자연물을 의인화하여 봄날 풍경의 아름다움을 제시하고 있다.
③ ㉢에서 글쓴이는 '이랑이랑으로 엇바꾸어 가며', '골짜기로 퍼덕이며 흘러내리는 듯'과 같이 움직임을 나타내는 어휘를 사용하여 은제와 단풍의 모습을 생동감 있게 나타내고 있다.
④ ㉣에서 글쓴이는 '~ 싸우는 것일까?', '~ 대로하신 것일까?'라는 물음의 방식을 활용하여 몰아치는 빗발이 우박으로 변하는 기상 현상에 대한 경이로움을 표출하고 있다.

05 시어, 시구의 의미와 기능 파악 답 ④

정답이 정답인 이유

④ (가)의 화자는 구름 낀 하늘이 끝없이 펼쳐진 풍경을 보며 감탄하고 있다는 점에서, ⓐ는 '약산동대'에 올라온 화자가 자연의 장엄함을 느끼는 풍경이라 할 수 있다. (나)의 글쓴이는 뭉게이는 운해로 인해 삼금강을 굽어 살필 수 없는 점을 안타까워하였지만, 돌이켜 생각해 보니 만학천봉을 발밑에 꿇어엎드리게 했다는 점에서 더 바랄 것이 없다는 점에서 비로봉 정상에 오른 것에 대해 자부심을 느끼게 된다. 따라서 ⓑ는 '비로봉 최고점'에 올라온 글쓴이가 금강산 등정의 의미를 자신의 시각에서 생각하는 계기가 되는 풍경이라 할 수 있다.

오답이 오답인 이유

① ⓑ는 글쓴이가 비로봉 최고점의 경치를 바라보는 것을 방해하는 풍경으로, '비로봉 최고점'에서 볼 수 있는 뛰어난 풍경이라는 설명은 적절하지 않다.
② ⓐ는 화자가 '약산동대'에 올라온 후 바라본 풍경으로, 화자가 '진영'에서 '약산동대'로 이동하는 원인과는 관련이 없다.
③ ⓐ는 화자가 '약산동대'의 아름다움을 느끼는 풍경으로, 화자로 하여금 '약산동대'를 찾아온 이유를 탐색하게 하는 풍경과는 관련이 없다.
⑤ ⓐ는 화자가 '약산동대'의 아름다움을 느끼는 풍경으로, '약산동대'에서 바라본 경치들의 차이를 인식하게 되는 풍경과는 관련이 없다. ⓑ는 글쓴이가 비로봉 최고점의 경치를 바라보는 것을 방해하는 풍경으로, 글쓴이가 '비로봉 최고점'에서 바라본 경치와 다른 곳에서 바라본 경치의 차이를 인식하게 되는 풍경과는 관련이 없다.

06 외적 준거에 따른 작품 감상 답 ③

정답이 정답인 이유

③ (가)의 화자는 백 리에 벌여 있는 '구름에 닿은 성곽'과 사면에 뻗은 '여러 겹 산등성이'를 바라보며 '팔도에 으뜸'이라고 말하고 있다. 따라서 (가)의 화자가 높고 길게 뻗은 성곽과 사면으로 뻗은 산등성이를 높게 평가한다는 점을 알 수 있다. 그러나 이러한 평가가 작가의 기존 생각이 바뀌었기 때문인지는 확인할 수 없다.

오답이 오답인 이유

① (가)의 화자는 대동강에 떠 있는 화선을 바라보며 임금의 명을 받아 관서 지방으로 부임해야 하는 자신의 직분을 떠올리며 슬프다고 말하고 있다. 이를 통해 '대동강'이 왕명을 수행해야 하는 작가의 직분과 아름다운 풍경을 즐기고 싶은 바람 사이의 갈등을 유발하는 장소임을 알 수 있다.
② (가)의 화자는 '약산동대' 앞을 지나가는 물이 백두산에서 내려 향로봉을 감돌아 천리를 비껴 왔다고 말하며, 그 모습이 '늙은 용이 꼬리 치며 바다로 흐르는' 것 같다고 표현하고 있다. 이를 통해 '약산동대'는 작가가 멋진 풍경으로 인해 특별한 인상을 받게 된 장소라 할 수 있다.
④ (나)의 글쓴이는 붉은 진달래 단풍이 연무 사이로 나타난 풍경을 바라보며 '진달래는 꽃보다 단풍이 배승함을 이제야 깨달았다.'라고 말하고 있다. 이를 통해 '붉은 진달래 단풍'을 바라보는 곳은 작가가 새로운 사실을 깨닫게 되는 장소라 할 수 있다.
⑤ (나)의 글쓴이는 철책도 상석도 없고, 풍림에 시달려 비문조차 읽을 수 없는 화강암 비석이 오히려 처량하다며 마의 태자의 무덤은 능이라고 하기에는 너무 초라하다고 말하고 있다. 이를 통해 '마의 태자의 무덤'은 작가가 마의 태자에 대한 처량함과 슬픔을 느끼는 장소라 할 수 있다.

05 갈래 복합

본문 260~264쪽

01 ② 02 ② 03 ⑤ 04 ⑤ 05 ④ 06 ⑤

(가) 정몽주, 「홍무 정사년 일본에 사신으로 가서 지음」

해제 이 작품은 사신의 임무를 수행하기 위해 고국을 떠나 일본으로 간 정몽주가 고향과 가족에 대한 그리움을 표현하고 있는 한시이다. 화자는 봄을 맞이하여 고향에 대한 그리움을 더욱 절절하게 느끼는데, 하늘에 떠 있는 달이 고향을 비출 것이라 생각하고, 매화 핀 창가에서 판잣집에 내리는 빗소리를 들으면서 고향을 그리워하는 마음을 표출하고 있다.

주제 타지에서 느끼는 고향에 대한 그리움

구성

• 제3수: 고향에 대한 그리움과 대장부의 큰 뜻
• 제4수: 사신으로서의 괴로움과 고향에 대한 그리움

(나) 이수복, 「봄비」

(해제) 이 작품은 곧 다가올 아름다운 봄날의 모습을 상상하면서, 사별한 임에 대한 애잔한 슬픔과 그리움을 노래하고 있다. 1연에서 화자는 풀빛이 서럽다고 말하는데, 4연에서 그 이유가 나타난다. 봄이 오면 따뜻한 날씨와 함께 아지랑이가 피어오를 터이지만, 그 아지랑이는 '임 앞에 타오르는' 향불의 연기와도 같은 것으로 여겨지기 때문이다.

주제 봄비가 내리는 날에 느끼는 애상감

구성
- 1연: 서러운 풀빛이 짙어 올 강 언덕
- 2연: 종달새 지껄일 보리밭길
- 3연: 처녀애들 짝하여 설 고운 꽃밭
- 4연: 아지랑이 타오를 땅

(다) 강은교, 「다락」

(해제) 이 작품은 아파트가 들어서면서 사라져 가고 있는 다락에 대한 추억과 그리움을 담고 있다. 글쓴이는 다락에 얽힌 다양한 추억을 회상하고 있다. 그리고 기억 속에 남아 있는 다락의 모습과 특징들을 감각적 표현과 비유를 통해 구체적으로 설명하고 있다. 끝부분에서는 한옥의 다락과 아파트의 다용도실을 비교함으로써 점점 사라져 가고 있는 다락의 의의를 효과적으로 드러내고 있다.

주제 사라져 가는 다락에 대한 추억과 안타까움

구성
- 처음: 우리의 삶을 품어 주는 공간인 다락
- 중간: 다락에 얽혀 있는 유년 시절의 추억
- 끝: 다락을 잃고 살아가는 현대인의 삶에 대한 안타까움

01 작품 간의 공통점, 차이점 파악 답 ②

정답이 정답인 이유

② (가)에서는 '봄빛', '풀', '매화'와 같은 소재를 통해 봄이라는 계절을 맞이하여 고향으로 돌아가고 싶은 마음을 표출하고 있으며, (나)에서도 '풀빛', '푸르른 보리밭길' 등의 소재를 통해 만물이 생동하는 봄이라는 계절에 이 세상을 떠난 임을 그리워하는 화자의 마음을 표출하고 있다. 따라서 두 작품 모두 계절감을 환기하는 소재가 화자의 정서에 영향을 미치고 있다고 볼 수 있다.

오답이 오답인 이유

① (가)와 (나)에서는 자연의 변화가 나타나 있기는 하지만, 이를 통해 화자의 미래를 암시하고 있는 것은 아니다.
③ (가)의 화자는 '달'을 보고 '달'은 현재 자신이 있는 곳과 자신이 떠나온 고향 모두를 밝게 비추고 있다는 속성을 파악한 후 고향에 대한 그리움이라는 정서를 심화하고 있으나, 화자가 이를 자신의 삶과 비교하고 있지는 않다. 또한 (나)의 화자는 '봄비'를 보고 만물을 소생시키는 '봄비'가 내리면 '아지랑이'가 땅에서 피어오를 것이라고 생각하는 동시에 '아지랑이'처럼 타오를 '향연'을 떠올리며 임에 대한 그리움이라는 정서를 심화하고 있으나, 이를 자신의 삶과 비교하고 있지는 않다.
④ (가)의 화자는 고향으로 돌아가고자 하는 마음과 그렇지 못한 현실 사이에서 괴로워하고 있기는 하지만, 화자가 지향하는 세계는 고향이므로 이를 초월적 세계를 지향하는 것으로 해석하는 것은 적절하지 않다. (나)의 화자 역시 임과 함께 있지 못한 현실의 아픔을 이야기하고 있을 뿐, 이상과 현실을 대비하여 초월적 세계를 지향하는 의지를 드러내고 있지는 않다.
⑤ (가)와 (나) 모두 시각적, 청각적 이미지 등 다양한 감각적 이미지를 활용하여 화자가 처한 상황이나 시적 대상의 모습을 형상화하고 있기는 하지만 시적 대상에 대한 예찬적 태도를 표출하고 있지는 않다.

02 배경 및 소재의 기능 파악 답 ②

정답이 정답인 이유

② (가)의 화자는 판잣집에 내리는 '빗소리'가 크게 난다고 하면서 집 생각의 괴로움을 어떻게 견디겠느냐고 말하고 있는데, 이는 빗소리가 화자의 괴로운 심경을 반영하는 자연물이라는 것을 보여 준다. (나)에서 싱그러운 봄을 배경으로 지저귀고 있는 종달새의 소리는 임을 잃은 슬픔에 빠져 있는 화자와 대비되고 있으므로 '종달새'는 화자의 슬픔을 부각하는 자연물로 볼 수 있다.

오답이 오답인 이유

① '빗소리'를 들으며 화자는 고향에 대한 그리움을 더욱 절실하게 느끼고 있는 상황이므로, '빗소리'는 화자의 내면의 갈등을 심화하는 자연물로 볼 수 있다. 하지만 (나)의 화자가 '종달새'의 울음을 들으면서 내면의 갈등을 해소하는 것은 아니다.
③ (가)의 화자가 '빗소리'를 들으면서 과거의 삶에 대해 성찰하고 있지 않을 뿐만 아니라 (나)의 화자가 '종달새'의 울음을 들으면서 미래의 삶에 대해 기대를 하고 있지도 않다.
④ '빗소리'와 '종달새' 모두 교감의 대상이 아닐 뿐만 아니라 (가)나 (나)의 화자에게 깨달음을 주는 자연물도 아니다.
⑤ '종달새'는 화자가 위치한 공간의 평화로운 정경을 부각하는 자연물로 볼 수 있으나, '빗소리'는 이러한 기능을 하는 자연물로 볼 수 없다.

03 작가의 관점, 주제 의식 파악 답 ⑤

정답이 정답인 이유

⑤ 글쓴이는 아파트의 집들을 방문할 때 집의 내부를 한꺼번에 노출하는 아파트의 구조를 보면 그 집의 나신과 만나는 것

같다고 말하며 부정적으로 평가하고 있다. 따라서 집의 내부를 드러내어 보여 주는 것은 한옥이 아니라 아파트이다.

오답이 오답인 이유

① 글쓴이는 가족으로부터 소외감을 느껴서 몰래 다락에 숨어 들어 갔지만 어머니의 손에 이끌려 다락을 내려올 때 버려지지 않았다는 안도감을 느꼈다고 말하고 있다.

② 글쓴이는 다락에서 몰래 감춰 둔 수밀도 캔을 발견했다고 말하며, 복숭아 깡통이 준 거부의 경험 때문에 결혼하자마자 자신의 돈으로 맨 처음 실컷 사 먹은 것이 수밀도 캔이었다고 말하고 있다.

③ 글쓴이는 다락에서 아버지와 어머니의 젊은 시절을 찍은 사진첩을 보며 뒤통수라도 한 대 맞은 듯 놀랐던 기억이 있다고 말하고 있다.

④ 글쓴이는 누군가에게는 오랫동안 방치된 다락에서 풍기는 향내가 악취가 아니라 아무 데서도 맡을 수 없는 향내가 될 수 있다고 말하고 있다.

04 작품의 내용 파악 답 ⑤

정답이 정답인 이유

⑤ [A]에서 글쓴이는 다락에 기어 올라가 많은 것들을 찾아내곤 했는데, 그중에는 아버지의 새 모자나 어머니와 아버지의 젊은 시절을 찍은 사진첩 등이 있었다. 이는 글쓴이가 그동안 알지 못했던 것들을 발견한 장소로서의 다락의 성격을 보여 주는 것으로 볼 수 있다. [B]에서 글쓴이는 가족들로부터 소외감을 느껴 다락에 숨게 된다. 따라서 다락은 힘든 상황으로부터 벗어나고자 한 글쓴이에게 도피처가 되는 공간이었음을 알 수 있다.

오답이 오답인 이유

① [A]에서 어머니는 아버지의 중절모를 발견하고 한 번도 쓰지 못한 것이라 말하며 눈물을 훔치는 모습을 보이고 있으므로, 다락은 가족 간의 사랑이 드러나는 장소의 성격을 지닌다. 이를 가족 간의 갈등이 사랑으로 승화되는 장소로 이해하는 것은 적절하지 않다. [B]에서 화자는 가족으로부터 소외감을 느끼고 다락에 숨었지만 어머니로부터 이끌려 내려오면서 안도감을 느꼈으므로, 다락은 유년 시절의 추억이 서려 있는 곳으로 볼 수 있다.

② [A]에서 다락에 아버지의 중절모, 수밀도 캔, 아버지와 어머니의 사진첩 등이 있다는 것을 알 수 있다. 이는 우리의 삶과 친밀한 것들로 볼 수 있다. [B]에서 글쓴이는 가족으로부터 소외감을 느껴 다락에 숨었다고 말하고 있으므로, 다락을 억압에서 벗어나 자유와 해방감을 느끼게 하는 공간으로 해석하는 것은 적절하지 않다.

③ [A]에서 발견한 물건들이 남들에게 보여 줄 수 없는 것들이라고 보는 것은 지나친 비약이므로 적절하지 않다. [B]에서 글쓴이는 가족으로부터 소외감을 느꼈을 때 다락에 숨었다고 말하고 있으므로, 다락을 외로움을 해결하기 위해 글쓴이가 찾았던 공간으로 보는 것은 적절하지 않다.

④ [A]에서 글쓴이가 다락에서 따뜻한 위로를 받았다는 내용은 확인할 수 없다. 그리고 [B]에서는 글쓴이 가족의 궁핍한 모습을 확인할 수 없다.

05 시어, 시구의 의미와 기능 파악 답 ④

정답이 정답인 이유

④ (나)의 화자는 임을 잃고 서러워하는 자신의 마음을 '강나루 긴 언덕에 / 서러운 풀빛이 짙어오'는 것으로 빗대어 표현하고 있다. 따라서 '강나루'는 실제 존재하는 공간이라기보다는 자신의 마음을 나타내는 관념적 공간으로 볼 수 있다. 또한 '강나루'는 전통적으로 이별의 공간이라는 의미가 부여되어 있기 때문에 임과의 사별을 경험한 화자의 심적 상태를 나타내기에 적절한 공간이다. 작품에서 화자는 임과의 사별로 인한 슬픔을 극복하려는 모습을 보이지 않고 있으므로, '강나루'를 화자가 봄을 맞이하여 생명력을 발현하는 만물을 보며 이별로 인한 슬픔을 극복하게 되는 공간이라고 해석하는 것은 적절하지 않다.

오답이 오답인 이유

① '풀은 천리 잇달아 푸르러'에서 (가)의 화자는 자신이 있는 일본에서 '천리'나 떨어져 있는 고향에도 마찬가지로 풀빛이 푸를 것이라고 생각하면서 고향에 대한 그리움을 표출하고 있다. 여기서 '천리'는 화자가 위치한 곳과 고향 사이의 공간적 거리감을 드러내는 것으로 볼 수 있다.

② (가)의 화자는 '유세에 황금 죄다 써 없어지고 / 고향이 그리워서 흰머리 나네'라고 말하고 있다. 여기서 '흰머리'는 화자가 일본 땅에서 사신으로서의 임무를 수행하느라 고생을 하기 때문에 생긴 것이자 화자가 고향으로 돌아가고자 하는 간절한 마음 때문에 생긴 것으로 해석하는 것이 적절하다.

③ (나)의 화자는 봄에 내리는 '비'를 바라보면서 생동하는 자연과 대비되는 서러움을 느끼고 있다. 따라서 '비'는 시상을 촉발하는 자연물로 볼 수 있으며, 화자가 느끼는 서러움이나 슬픔의 정서를 유발한다는 점에서 애상적 분위기를 조성하는 자연물로 볼 수 있다.

⑤ (다)의 글쓴이는 다락을 '자궁'에 비유하고 있는데, 3문단에서 '그 안온함은 마치 생명이 품어지는 자궁과도 같다고나 할는지.'라고 말하고 있다. 따라서 다락을 '자궁'에 비유한 까닭은 다락이 누군가로부터 보호받는 듯한 안온함을 느끼게 하는 공간이기 때문이라고 할 수 있다.

06 외적 준거에 따른 작품 감상 답 ⑤

정답이 정답인 이유

⑤ (다)의 글쓴이는 아파트에도 다락과 같은 역할을 일정 부분 하는 공간인 다용도실이 있지만 온몸을 일시에 노출하기 마련인 아파트의 다용도실과 다락을 비교할 수 없다고 말한다. 따라서 다용도실이 다락이 없는 아파트에 대한 아쉬움을 달랠 수 있는 공간으로 보기에는 부족하다는 생각을 표출한 것으로 보는 것이 적절하다. 다용도실을 통해 다락이라는 공간의 부재에 대한 결핍감을 극복할 수 있다고 보는 것은 작품의 맥락을 고려할 때 적절하지 않다.

오답이 오답인 이유

① (가)의 화자는 사신의 임무를 수행하느라 일시적으로 고향을 떠난 상황이다. (가)의 화자는 달을 보며 화자가 바라보는 달을 고향에서도 볼 수 있겠다고 생각하며 고향에 대한 그리움을 표출하고 있으므로, '달'은 화자로 하여금 일시적 부재의 대상인 고향을 떠오르게 하는 매개체로 볼 수 있다.

② (가)의 화자는 고향을 떠나 사신의 임무를 수행하느라 고향으로 돌아가지 못하고 있는 자신의 처지를 '외로운 배'에 빗대고 있으므로, 이는 화자의 처지가 투영된 사물로 볼 수 있다.

③ (나)의 화자는 봄에 땅에서 피어오르는 아지랑이를 '향연'에 빗대고 있다. 향연은 향불에서 피어오르는 연기를 의미하는데, 향불은 제사를 지낼 때 사용하는 것이다. 따라서 '향연'은 임의 부재로 인한 슬픔이 임의 죽음에서 비롯된 것이므로 부재의 상황이 영원히 지속될 것임을 보여 주는 소재로 볼 수 있다.

④ (다)의 글쓴이는 다락이 단지 집 안의 잡동사니들을 보관하는 장소로서의 의미를 지닌 것이 아니라 자기의 삶을 숨기고 홀로 충만한 존재감을 느낄 수 있는 구석이라고 말하고 있다. 이는 정서적 측면에서 다락이라는 공간에 부여한 가치를 드러내는 것으로 볼 수 있다.

06 갈래 복합 본문 265~269쪽

01 ② 02 ⑤ 03 ③ 04 ⑤ 05 ④ 06 ②

(가) 이이, 「낙지가」

해제 이 작품은 자연에 묻혀 사는 즐거움을 표방하는 은일 가사이다. 화자는 세속적 욕망을 초탈한 내면 의식과 속세를 버리고 자연에 은거하여 신선과 같은 정신적 자유를 누리고 싶은 소망 등을 드러내면서 아름다운 자연 속에서 안빈낙도하며 편안하고 한가롭게 지내고자 하는 삶의 자세를 노래하고 있다.

주제 자연 속에 은거하며 누리는 삶의 즐거움

구성
- 1~3행: 물을 통해 드러나는 평안한 마음
- 4~11행: 탐욕과 고통으로 가득 찬 세속의 삶을 되돌아봄.
- 12~19행: 세속을 멀리하고 자연 속에서 소박하게 살아감.
- 20~23행: 세속을 떠나 살아가는 삶의 한가로움과 만족감

(나) 이기철, 「청산행」

해제 이 작품은 속세를 떠나 '청산'에 들어온 화자가 점점 청산에 동화되어 가는 과정을 보여 주고 있는 시이다. 화자는 속세를 떠나온 이후 자신이 버린 세속의 가치에 미련이 없다고 하면서도 실제로는 미련을 완전히 버리지 못하고, 속세에서의 삶의 모습을 반추하며 번잡한 심정을 느끼곤 한다. 하지만 결국 화자는 속세의 고뇌와 갈등을 떨쳐 버리고 자연에 동화되어 살고 싶다는 소망을 드러내면서 시상을 마무리하고 있다.

주제 자연에 동화되고 싶은 소망

구성
- 1~3행: 속세를 떠나 청산으로 옴.
- 4, 5행: 속세에 대한 미련
- 6~14행: 청산에서 내려다본 속세의 풍경과 지난날에 대한 반추
- 15~18행: 자연과 동화되고 싶은 소망

(다) 최일남, 「서울 사람들」

해제 이 작품은 문명화된 사회에 편입되어 도시에서 생활하고 있는 도시인들의 허위의식을 개성적 문체, 사실적 배경과 인물을 통해 표현하고 있다. 이 작품에 등장하는 '나'와 친구들은 모두 시골 출신으로 서울이라는 도시 공간에 정착해 각박한 삶을 살아가며 시골에 대한 막연한 동경을 가지고 있는 인물들이다. 그들은 각박한 도시 생활에서 벗어나 시골에서 마음의 안식과 즐거움을 누리고자 여행을 떠나게 되지만 그들의 생각과 다른 시골의 모습과 익숙해져 버린 도시의 생활 습관을 그리워하며 계획보다 일찍 상경하게 된다. 이러한 여행의 경험은, 마음의 고향마저 상실하게 된 도시인들의 비극적 현실을 드러낼 뿐만 아니라, 도시의 생활 습관에 젖어 있으면서도 시골(고향)을 막연히 아름답고 여유로운 공간으로 동경하지만 정작 그곳의 생활을 며칠도 견디어 내지 못하는 도시인의 허위의식을 드러내는 데 기여하고 있다.

주제 문명화된 사회의 각박함과 도시인들의 허위의식

전체 줄거리 '나'와 국영 기업 비서실장 김성달, 고교 교사 윤경수, TV 가게를 하는 최진철은 모두 시골 출신으로 서울에 정착해 살고 있는 친구들이다. 그들은 각박하고 현기증이 나는 서울에서 벗어나 시골로 함께 여행을 떠나기로 결정한다. 이윽고 나와 친구들은 여행을 떠나 버스를 타고 강원도에 있는 읍

으로 향하게 되고, 흥이 난 일행들은 종착지에서 백 리나 더 깊은 산골로 들어간다. 나와 친구들은 자신들을 수상히 여기는 이장 집에서 머물기로 하고, 처음에는 김치와 우거짓국뿐인 밥상에 흥겨워하지만 그들의 흥은 곧 깨지기 시작한다. 커피를 먹고 싶어 하는 김성달, 맥주 타령을 하는 최진철, TV 쇼를 보고 싶어 하는 윤경수 등, 일행은 떠나온 서울의 삶을 그리워하며 조기에 상경하기로 한다. 상경하는 차를 놓친 일행은 산행을 하게 되는데, 산 중턱의 초가집에서 술 취한 작부들과 마주치게 된다. 이로 인해 일행은 모두 씁쓸한 감정을 느끼게 되고 숨이 막힐 듯 답답한 시골을 떠나 서울로 돌아와 커피와 생맥주를 마시며 안도감을 느낀다.

01 작품 간의 공통점, 차이점 파악 답 ②

정답이 정답인 이유

② (가)의 '사시의 내 즐김이 어느 때 없을런가.', '남은 생이 얼마런고 이 아니 즐거운가.'에서 의문형 표현을 활용하여 화자가 자연 속에서 느끼고 있는 만족감을 나타내고 있음을 알 수 있다. 그러나 (나)에서는 의문형 표현이 사용되고 있지 않다.

오답이 오답인 이유

① (가)의 '맑고 깨끗이'는 '연못의 잔물결'이 지닌 속성을 드러내는 감각적 이미지가 사용된 부분이라고 볼 수 있다. 또 (나)의 '청산', '저녁 연기' 등에서 감각적 이미지가 활용된 부분을 확인할 수 있으며, 이를 통해 대상이 지닌 속성이 드러나고 있다.
③ (가)의 '남가의 한 꿈', '황량', '누항', '단표' 등은 화자의 처지를 드러내는 비유적 표현이라고 볼 수 있다. 또 (나)의 '청산에 와 발을 푸니' 역시 자연 속에 들어와 있는 화자의 처지를 드러내는 비유적 표현이라고 볼 수 있다.
④ (가)의 '속인'과 '신선'은 대조적 속성을 지닌 시어이며, 이를 통해 주제 의식이 부각되고 있다. 또 (나)에서도 '청산', '인가'와 같이 대조적 속성을 지닌 시어가 사용됨으로써 주제 의식의 형상화에 기여하고 있다.
⑤ (가)와 (나)에서 음성 상징어가 사용된 부분을 찾아볼 수 없다.

02 시어, 시구의 의미와 기능 파악 답 ⑤

정답이 정답인 이유

⑤ 문맥상 ㉤의 '관습들'은 '길을 가다가 자주 뒤를 돌아보게 하는' 것으로, 과거 여러 차례 결심했다가도 포기한 경험이 있다는 것을 의미한다. 그러므로 이는 자연에 귀의하고자 하는 화자의 정서를 좌절시켰던 과거의 반복적인 경험을 의미하는 것이라고 볼 수 있다. 따라서 ㉤은 화자가 자연에 귀의하는 것을 주저하게 했던 것들을 의미할 뿐, 화자가 가지고 있는 운명론적 세계관이 나타나 있다고 보기는 어렵다.

오답이 오답인 이유

① 맑고 깨끗이 흘러가는 '연못'의 '잔물결'은 속세를 뜻하는 '고해'에서 나타나는 '욕심'의 '거센 물결'과 '탐욕'의 '샘물'과 대비를 이루는 것으로, 번잡한 속세를 떠나 화자가 느끼고 있는 심리적 안정감이 투영된 대상이라고 볼 수 있다.
② (가)의 화자는 평생을 살아도 백 년이 되지 못한다는 사실을 언급하면서 세속적 욕망을 추구하는 것이 허망한 일임을 밝히고 자연을 즐기는 소박한 삶을 살아가고 있다. 그러므로 평생을 살아도 백 년이 되지 못한다는 화자의 인식은 화자가 자연을 즐기며 소박하게 살아가는 현재의 삶의 태도를 갖게 된 이유로 작용했다고 볼 수 있다.
③ (가)의 화자는 세속이 가까이 있지만 그러한 지척이 '천리'와 같다고 언급하고 있다. 그리고 이와 같은 표현에는 복잡한 세상살이와 거리를 두고자 하는 화자의 심리와 세속을 바라보는 화자의 부정적 인식이 담겨 있다고 볼 수 있다.
④ (나)의 화자는 청산에 있는 동안에도 속세의 삶을 완전히 잊지 못하며 청산의 삶에 온전히 적응하지 못하고 있다. 그러므로 화자에게 청산은 아직 익숙한 세계가 아니라는 것을 알 수 있다. 따라서 화자가 남방으로 가는 길을 놓친 것은 화자가 청산이라는 공간에 익숙해지지 않았음을 나타내는 것이라고 볼 수 있다.

03 시어, 시구의 의미와 기능 파악 답 ③

정답이 정답인 이유

③ ⓐ는, (가)의 화자가 공명과 명성을 좇는 세속의 세계를 돌아보자 탐욕이 거세게 일어나는 것을 구체화하여 표현하는 과정에서 사용된 대상이라고 볼 수 있다. 하지만 ⓑ는 (나)의 화자가 청산에서 직접 마주하며 경험한 자연물이라고 볼 수 있다.

오답이 오답인 이유

① ⓐ로부터 역동적 이미지가 느껴지는 것은 맞지만, ⓑ는 '허우적거리는'이라는 표현을 고려할 때 고요한 상태를 부각하는 자연물은 아니다.
② ⓐ는 세속적 욕망을 나타내는 것으로, 화자가 살아가는 자연 속의 소박한 삶과는 관련이 없다. 또 ⓑ는 화자가 살아왔던 과거의 삶과는 관련이 없다.
④ ⓑ에서 화자의 심리 상태를 확인할 수는 있으나, 화자의 심리 상태가 전환되는 양상은 확인할 수 없다.
⑤ ⓐ와 ⓑ를 통해 화자가 인간 세상의 이치를 깨닫고 있지는 않다.

04 작품의 내용 파악 답 ⑤

정답이 정답인 이유

⑤ (다)에 따르면, '나'와 친구들은 서울에서 도망치듯 빠져나

온 것이 아니라 여행을 간 시골에서 도망치듯 조기에 상경하게 되었음을 알 수 있다. 그리고 '나'는, '나'와 친구들 모두 이처럼 조기 상경을 하게 된 것에 대해 부끄러움을 느끼고 있을지도 모른다고 하였다.

오답이 오답인 이유

① '나'와 친구들 사이의 대화 내용 중 '우리끼리 이렇게 만나면서도 한 번도 여행을 해 본 적이 없군그래.'라고 말한 내용을 확인할 수 있다. 그러므로 '나'와 친구들은 여행과 관계없이 모임을 갖기도 했음을 알 수 있다.

② '나'와 친구들이 나눈 대화 중 '서울 바닥에서 비비적거리고 살다 보니까 고단해 죽겠어.'라고 말한 부분과 '우리들 넷이 모두 산골 촌놈들 아니니.'라고 말한 부분을 통해 '나'와 친구들은 모두 산골에서 성장하였으며 서울로 이주해 살고 있음을 알 수 있다.

③ '최진철'은 '언제 날을 잡아서 우리끼리 여행이나 한번 갔다 오면 어떨까?'라고 말하며, 친구들에게 여행을 함께 떠나자고 제안하였음을 알 수 있다.

④ '나'와 친구들은 여행을 위한 모임에서 여행의 목적지를 정하지 않고 버스 터미널에 모여 가장 멀리 가는 버스를 집어타고 가자는 원칙을 세웠음을 알 수 있다.

05 작품 간 비교 감상 답 ④

정답이 정답인 이유

④ (다)의 '나'는 여행 전에 시골의 삶에 대해 '배부른 여담'을 한 것에 대해 부끄러워하고 있다. 그러나 (나)의 화자가, 인가에서 식사를 준비하는 연기를 보고 먹고사는 문제에서 자유롭지 못한 속세의 삶에 대해 생각한 것은 맞지만 삶의 현실적인 문제를 외면한 채 자연에 온 것에 대해 부끄러워하고 있지는 않다.

오답이 오답인 이유

① (다)에서 '나'와 친구들은 각박한 서울 생활에서 벗어나 잠시라도 자연의 품을 느껴 보기를 원했음을 알 수 있다. 또 (나)의 화자도 '청산', 즉 자연 속에서 세상을 앓아 보지 않은 것들과 함께 살아가기를 희망하고 있음을 알 수 있다.

② (다)의 '나'와 친구들은 여행지였던 시골의 삶을 경험하며 만족감을 느끼지 못한 반면, 조기 상경하여 커피와 생맥주를 마시며 '안도감'을 느끼고 있다. 그러므로 '나'와 친구들은 서울로 돌아와 커피와 생맥주를 마시며 '안도감'을 느꼈던 경험을 긍정적으로 인식했다고 볼 수 있다. 반면 (나)의 화자는 세속이 아닌 '청산'에 와 머무르며 그동안 잘 보이지 않았던 '산길이 잘 보'이는 긍정적인 경험을 했다고 볼 수 있다.

③ (다)의 '우리'는 서울 생활에 익숙해진 사람들로서 며칠이라도 고향과 유사한 시골로 내려가기를 희망하고 있음을 알 수 있다. 하지만 (나)의 화자는 '청산', 즉 자연에 머무르며 '이 세상을 앓아 보지 않은 것들'과 함께 잠들기를 희망하고 있음을 알 수 있다.

⑤ (다)에서 '나'와 친구들은 그들이 동경했던 시골 생활을 견디지 못하고 조기 상경하였음을 알 수 있다. 따라서 '나'와 친구들은 도시 문명으로부터 일시적이나마 벗어나고 싶다는 목적을 온전히 달성하지 못했음을 알 수 있다. 그리고 (나)의 화자 역시 속세에 대해 '미련은 없'으며 '청산'에 머무르고 싶다고 말하고 있지만, '인가를 내려다보'는 등 두고 온 세계로부터 완전히 벗어나지 못하고 있다.

06 외적 준거에 따른 작품 감상 답 ②

정답이 정답인 이유

② (가)의 '세상 길에 발을 끊어'라는 시구는 화자가 번잡한 세속과 단절하였음을 의미하는 것으로 볼 수 있다. 하지만 (나)의 '모든 야성을 버리고 들 가운데 순결해지'는 주체는 화자가 아니라 때까치이다. 그러므로 이 시구는 화자가 탈속의 삶이 불가능하다는 것을 자각했음을 의미하는 것이라고 볼 수 없다.

오답이 오답인 이유

① (가)의 화자는 누항에 안거하고 단표에 시름이 없는 안빈낙도의 삶을 즐기고 있음을 알 수 있다. 또 (다)의 '나'와 친구들은 조기 상경하여 안도감을 느끼며 자신들이 얼마나 세속의 삶에 익숙해져 있는지를 확인하고 있다.

③ (가)에서 '뜬구름이 시비 없고 날아다니는 새가 한가하다.'는 자연을 즐기며 소박한 삶을 살아가고자 하는 화자의 태도가 투영된 표현이라고 볼 수 있다. 또 (나)의 '맨살 비비는 돌들'은 자연 속에서 화자가 함께 살아가고 싶어 하는 자연물이라고 볼 수 있다.

④ (나)의 화자는 세속과 완전히 단절하지는 못했지만, 번잡한 세속으로부터 벗어나 청산에 머무르고자 하는 소망을 가지고 있다. 그러므로 화자가 '청산에 와 발을 푸'는 행위에는 경쟁적이고 복잡한 세속으로부터 벗어나려는 화자의 심리가 반영되어 있다고 볼 수 있다. 또 (다)의 내용을 통해, '우리'는 번잡한 세속인 도시에서 벗어나 며칠이라도 자연의 품에 안기고 싶은 마음에 '여행'을 떠나기로 하였음을 알 수 있다.

⑤ (나)의 화자는 청산에 있으면서도 '쓰다 둔 편지 구절과 버린 칫솔'을 생각하며 세속의 삶으로부터 완전히 벗어나지 못하고 있다. 또 (다)의 '우리'는 세속을 뜻하는 서울로 돌아와 안도감을 느끼며 '커피'와 '생맥주'를 마시고 있다. 그러므로 (나)의 화자와 (다)의 '우리'가 보인 이러한 행위들은 화자와 '우리'가 세속과의 단절에 성공하지 못했음을 나타낸다고 볼 수 있다.

07 갈래 복합

본문 270~274쪽

01 ④ 02 ④ 03 ③ 04 ③ 05 ⑤

(가) 문정희, 「찔레」

해제 이 작품은 아름답지만 가시가 있는 찔레에 빗대어 사랑의 아픔과 그것을 극복하는 태도를 형상화하고 있다. 찔레의 가시는 사랑의 아픔을 상징하며, 가시가 있음에도 봄날 흰 꽃을 피우는 찔레는 사랑의 아픔을 아름답게 승화하려는 화자를 의미한다고 할 수 있다. 특히 '무성한 사랑으로 서 있고 싶다'라는 구절에는 지난날의 아픈 사랑을 아름답게 승화시키겠다는 화자의 다짐이 집약되어 있다.

주제 이별의 아픔을 승화시킨 성숙한 사랑

구성
- 1연: 찔레로 서 있고 싶은 소망
- 2연: 이루지 못한 사랑의 아픔을 담고 있는 찔레꽃
- 3연: 아팠던 사랑의 추억을 털어 내고 싶은 마음
- 4, 5연: 사랑의 아픔 속에서 살았던 날들
- 6연: 사랑의 아픔을 아름다운 사랑으로 승화하려는 의지
- 7연: 아픔을 승화시킨 성숙한 사랑의 태도

(나) 김선우, 「낙화, 첫사랑」

해제 이 작품은 떨어지는 꽃에 빗대어 사랑하는 사람과의 이별을 통해 얻게 된 정신적 성숙을 형상화하고 있다. 첫사랑에 실패한 화자는 그러한 상황을 담담히 수용하고, 사랑하는 사람을 위해 이별의 고통마저 기꺼이 감내하겠다는 의지를 드러내고 있다. 특히 떨어지는 '나'를 온몸으로 받겠다는 것은 진정한 사랑을 위해서는 자신부터 먼저 구원해야 한다는 깨달음을 드러낸 것이라 할 수 있다.

주제 첫사랑의 실패를 통해 깨달은 사랑의 본질

구성
- 1연: 이별의 수용과 사랑의 완성에 대한 의지
- 2연: 이별을 통해 얻게 된 깨달음과 정신적 성숙

(다) 심노숭, 「아내의 무덤에 나무를 심으며」

해제 이 작품의 원제는 '신산종수기(新山種樹記)'로, 1792년 아내를 사별한 슬픔과 이를 이겨 내려는 의지를 그린 한문 수필이다. 글쓴이는 아내와 함께 자신의 고향인 파주로 돌아가 집을 짓고 꽃나무를 가꾸는 일을 꿈꾸어 왔는데, 정작 집이 완성되었을 때는 아내가 죽어 꿈을 이루지 못한다. 글쓴이는 아내의 무덤이 있는 파주의 산에 나무를 심어 꿈을 이루려 한다. 둘 사이에 살아온 삶은 짧지만 자기가 죽어 아내와 무덤 속에서 누릴 시간은 영원하다는 믿음으로 나무를 가꾸었던 것이다.

주제 사별한 아내에 대한 영원한 사랑의 다짐

구성
- 기: 파주에 돌아가 살겠다는 글쓴이의 생각에 동조하는 아내
- 서: 아내의 죽음과 아내의 무덤 근처에 나무를 심는 글쓴이
- 결: 글쓴이가 아내의 무덤 근처에 나무를 심는 이유

01 표현상의 특징 파악 답 ④

정답이 정답인 이유

④ (가)는 서술어 '서 있고 싶다'를 반복하여 사랑의 아픔을 성숙한 사랑으로 승화시키고자 하는 화자의 소망을 강조하고 있고, (나)는 서술어 '않겠습니다'를 반복하여 이별을 담담히 수용하겠다는 화자의 의지를 강조하고 있다.

오답이 오답인 이유

① (가)와 (나) 모두 이별의 상황을 나타내고 있지만, 의성어를 사용하여 이 상황을 생생하게 묘사하고 있지는 않다.

② (가)에는 '초록'과 '흰 찔레꽃'의 색채 대비가 나타난다고 볼 수 있다. 그러나 이를 통해 사랑의 아픔을 승화하려는 모습을 부각할 뿐, 화자의 비극적 처지를 부각하지는 않는다. (나)에는 색채 대비가 나타나지 않는다.

③ (가)와 (나) 모두 담담한 어조로 정서를 표현할 뿐, 영탄적 표현을 사용하고 있지 않다.

⑤ (가)에는 과거에 이별로 절망했던 적도 있었음을 드러내고 있지만 공간의 이동이 나타나 있지 않다. (나)에는 시간의 흐름에 따라 애상적 정서가 고조되고 있지 않다.

02 작품의 내용 파악 답 ④

정답이 정답인 이유

④ 아내는 파주로 이사하기 위해 공사를 하던 중에 병들었고, 공사가 끝날 무렵 위독해지자 자신이 죽게 되면 파주에 묻어 달라고 부탁한다. 이 글에서 아내가 '나'에게 자신의 병을 치료한 후에 파주로 이사 가자고 부탁했다는 내용은 확인할 수 없다.

오답이 오답인 이유

① '나'는 남원에 살 때 게으르기도 했지만, 집이 낡아서 손봐야 할 것이 많은데, 하물며 꽃나무까지 가꾸는 것까지는 할 여력이 없다고 여겼다.

② '나'는 아내에게 함께 고향에 돌아가 집을 짓고 꽃나무를 심어 꽃을 구경하며 여생을 보내자고 하였다.

③ 아내는 '나'가 남원의 삶을 정리하고 고향인 파주에 새집을 짓는 계획을 말하자 즐거워했고, 실제 새집을 짓기 시작하자 기뻐하였다.

⑤ '나'는 아내의 무덤 옆에 나무를 심는 것이 자신의 꿈을 보상받고 아내와의 이별로 인한 슬픔을 달래는 일임을 나의 자손과 후인들이 알아주기를 바랐다.

03 배경 및 소재의 기능 파악 답 ③

정답이 정답인 이유

③ (가)의 화자는 '예쁘고 뾰족한 가시'를 단 '찔레'처럼 서 있겠다고 하였다. 이는 사랑하는 사람과의 이별로 인한 아픔을 극복하겠다는 마음을 나타낸 것이다. (다)의 글쓴이는 아내의 무덤 옆에 봄가을로 계속 '나무'를 심겠다고 하였다. 이 행위는 아내를 잃은 '슬픔을 실어 보내'기 위한 것, 즉 이별의 아픔을 극복하겠다는 마음을 나타낸 것이다.

오답이 오답인 이유

① ⓐ는 과거에 했던 사랑을 나타내는 소재이지만, 이를 통해 이루지 못한 사랑을 한 것에 대해 후회하는 태도를 나타내지는 않는다.
② ⓑ는 아내에 대한 글쓴이의 사랑을 상징하는 소재로, 사랑하는 사람과의 이별로 인한 상처를 상징한다고 볼 수 없다.
④ ⓐ에는 사랑의 아픔을 이겨 내려는 태도가 담겨 있을 뿐, 다시는 사랑하지 못할 것이라는 절망감이 담겨 있지 않다. 또 ⓑ에는 아내와의 사랑을 끝내지 않겠다는 의지가 담겨 있을 뿐, 다시는 사랑하지 못할 것이라는 절망감이 담겨 있지 않다.
⑤ ⓐ는 이별의 아픔을 수용하겠다는 태도를 나타낼 뿐, 사랑하는 사람과 이별할지 모른다는 두려움을 드러내지는 않는다. ⓑ도 결국 사랑하는 사람과 이별하고 말았다며 허무해하는 태도를 드러내고 있지는 않다.

04 외적 준거에 따른 작품 감상 답 ③

정답이 정답인 이유

③ (나)에서 '내 사랑의 몫'이므로 '그대의 뒷모습을 마지막 순간까지 지켜보겠'다는 것은 이별을 담담히 수용하겠다는 뜻을 밝힌 것이 맞지만, 언젠가 떠난 이가 돌아올 것이라는 믿음까지 드러낸 것은 아니다.

오답이 오답인 이유

① (가)에서 '내겐 우는 날이 많았'고, '아픔이 출렁거려 / 늘 말을 잃어 갔다'는 것은 가시에 찔린 것처럼 사랑으로 인해 괴로워하고 실의에 빠져 있었던 과거 자신의 모습을 회상한 것이다.
② (가)에서 '슬퍼하지 말고' 이제 '무성한 사랑으로 서 있고 싶다'는 것은 아픈 사랑을 성숙한 사랑으로 승화시키겠다는 다짐을 드러낸 것이다.
④ (나)에서 '내 생을 사랑하지 않고는 / 다른 생을 사랑할 수 없음을 늦게 알았'다는 것은 누군가를 진정으로 사랑하기 위해서는 무조건적 희생보다 자신에 대한 사랑이 우선해야 한다는 점을 드러낸 것이다.
⑤ (다)에서 '죽어서는 영원히 파주의 산에서 서로 살 수 있기에 그 즐거움이 그지없다'는 것은 이승에서 아내와 나눈 사랑의 시간은 짧았지만, 저승에서도 아내와 사랑하겠다는 마음, 즉 영원한 사랑을 드러낸 것이다.

05 작품 간 비교 감상 답 ⑤

정답이 정답인 이유

⑤ ㉤은 글쓴이가 지금 살아갈 방도를 생각하지 않고 죽은 아내를 위해 매년 나무를 심겠다는 계획을 세운 것에 대해 누군가가 비판하자 이에 대해 글쓴이 자신이 반박한 말이다.

오답이 오답인 이유

① ㉠은 '추억을 털며'처럼 관념을 사물처럼 표현하고 있는데, 이는 사랑의 아픔으로 인한 방황을 끝내겠다는 태도를 나타낸 것일 뿐, 사랑의 유한성에 대한 서글픔을 드러낸 것은 아니다.
② ㉡은 사랑의 아픔마저 아름답게 여기겠다는 태도를 드러낼 뿐, 사랑으로 인한 내적 갈등의 상황을 부각하고 있지는 않다. 또 반어적 표현도 쓰이지 않았다.
③ ㉢은 '내 생을 사랑하지 않고는 / 다른 생을 사랑할 수 없음'을 깨달은 후에 보인 반응으로, '아기를 받듯'의 직유법을 사용하여 누군가를 사랑하려면 자신부터 먼저 사랑해야 한다는 인식을 드러내고 있다.
④ ㉣은 왜 꽃나무를 가꾸지 않느냐는 아내에게 변명하는 말로, 설의법이 쓰인 것은 맞지만, 문제의 책임을 아내에게 돌리고 있지는 않다.

갈래 복합

본문 275~280쪽

01 ④ 02 ⑤ 03 ① 04 ③ 05 ⑤ 06 ②

(가) 함세덕, 「무의도 기행」

해제 이 작품은 1941년에 발표된 2막의 희곡으로, 무의도라는 가난한 섬마을을 배경으로 일제 강점기 어부들의 빈곤한 삶을 소학교 교사인 '나'의 시선으로 담담하게 전하고 있다. 이 작품의 중심에는 고기잡이배를 타지 않으려는 천명과 그를 바다로 내보내려는 부모와의 갈등이 있다. 천명은 배를 타지 않기 위해 마을을 떠나지만, 천명이라는 이름이 암시하듯이 그도 다른 어부들의 운명처럼 배를 타고 바다로 나가고, 결국 그곳에서 죽음을 맞는다. 어른들의 욕망에 희생당하는 천명의 삶을 통해 작가는 자연이나 운명의 절대적인 힘 앞에서 무기력하게 패배할 수밖에 없는 인간의 비극성을 형상화하고 있다.

주제 일제 강점기를 살아가는 무의도 어민들의 처참한 현실과 천명의 비극적인 삶

전체 줄거리 강원도에서 농사를 짓다가 여의찮게 무의도로 옮겨 와서 바다에 삶의 터전을 잡은 공 씨는 두 아들을 모두 바다

에서 잃었다. 공 씨의 셋째 아들인 천명은 형들의 죽음으로 인해 바다를 죽음의 공간으로 인식하며 배를 타는 것을 피한다. 천명의 부모는 생계 문제를 해결하기 위해 천명에게 공주학의 배에 탈 것을 강권하고, 천명은 어부의 삶을 살기보다 기술을 배워 뭍에 정착하기를 갈망한다. 결국 천명은 부모의 강권과 애원을 이기지 못하고 배를 타게 되고, 고기를 잡고 돌아오는 길에 풍랑을 만나 파선하여 죽게 된다.

(나) 김정한, 「모래톱 이야기」

해제 이 작품은 1966년에 발표된 단편 소설로, 1943년 이후 한동안 작품을 발표하지 않았던 작가의 복귀작이다. 작품은 조마이섬을 배경으로 하여 격동의 근현대사에서 삶의 터전을 일구고 지키려는 하층민의 연대와 저항의 의지를 담은 소설이다. 조마이섬의 사람들은 선조에게 물려받은 삶의 터전을 일제 강점기에는 총독부 권력에 의해, 광복 후에는 유력자에 의해 빼앗기는 수난을 당한다. 섬사람들은 발을 붙이고 살아오던 자신들과는 무관하게 소유자가 뒤바뀌는 이러한 모순적 현실에 대해 분노를 느끼고 힘을 모아 저항한다. 작품은 저항에 앞장선 갈밭새 영감이 투옥되고 건우의 행방도 묘연해지는 것으로 끝을 맺는데, 이러한 결말을 통해 모순된 현실의 문제와 억압받는 사람들의 고통이 여전히 계속되고 있음을 고발하고 있다.

주제 부당한 권력에 맞서 삶의 터전을 지키려는 섬사람들의 시련과 저항 의지

전체 줄거리 '나'는 K 중학교의 교사로 재직하면서 나룻배 통학생인 건우에게 관심을 가지게 되고 가정 방문차 그의 집을 방문한다. 그곳에서 '나'는 윤춘삼과 건우 할아버지인 갈밭새 영감을 만나고 그들이 들려주는 조마이섬 사람들의 비참한 삶에 관한 이야기를 들으며 안타까움을 느낀다. 어느 날, 폭풍우로 인해 홍수가 나면서 조마이섬 주민들은 고립되어 죽음의 위기에 빠진다. 그때 갈밭새 영감은 섬사람들과 함께, 힘 있는 자들이 섬 매립을 목적으로 만들어 놓은 둑을 허물려 하는데, 그것을 막는 사람들과 마찰을 빚다가 한 사람을 물속에 집어 던진다. 그리고 이 일로 갈밭새 영감은 경찰에게 붙들려 간다. 폭풍우가 끝났으나 갈밭새 영감은 기약 없이 감옥에 갇히고, 새 학기가 되어도 건우는 학교에 오지 않는다. 그리고 군대가 조마이섬의 땅을 반반하고 고르게 만들고 있다는 소문이 들린다.

01 작품의 내용 파악 답 ④

정답이 정답인 이유

④ 젊은 어부가 '어지간히 손등이 또 터질걸요.'라고 말한 것은 절이는 양이 상당할 정도로 물고기 떼가 많다는 점을 강조하는 것으로, 이를 물고기 떼를 잡는 과정에서 부상당할까 봐 걱정하는 것으로 이해하는 것은 적절하지 않다.

오답이 오답인 이유

① '공 씨, 말은 모질게 하나, 눈에서는 눈물이 펑펑 쏟아진다.'라는 지시문을 통해 공 씨는 천명에게 연민을 느껴 눈물을 흘리지만 그가 바다로 가도록 일부러 모진 말을 하고 있음을 알 수 있다.

② '우리가 그 밥값 장만하느라구 얼마나 애쓴 줄 아우? 내년 봄에 팔랴든 새우젓을 모두 미리 팔아서 변통을 했었소.'라는 대사를 통해 공주학과 공주학의 아내는 천명의 밥값을 위해 새우젓을 미리 팔아 돈을 마련하였음을 알 수 있다.

③ '노틀 할아범 외 여러 동사들은 모두 행방불명이었다고 한다.'라는 낭독을 통해 노틀 할아범이 다른 어부들과 바다로 나갔다가 사고를 당하고 그 행방을 알 수 없게 되었음을 알 수 있다.

⑤ '어렸을 때부터 일하면서 한 번이라두, 투정한 적 있었어요?'라는 대사를 통해 천명이 어린 시절부터 힘든 일들을 했으나 부모에게 투정하지 않으려 했음을 알 수 있다.

02 외적 준거에 따른 작품 감상 답 ⑤

정답이 정답인 이유

⑤ ㉤은 천명의 무사 귀환을 기원하며 공 씨가 올린 '물'로, 운명에 순응하고 바다에서 일하는 천명의 안위를 걱정하는 공 씨의 마음을 상징하는 소재라는 점에서 이를 운명과 대립한 천명의 순수한 내면과 연계하여 이해하는 것은 적절하지 않다.

오답이 오답인 이유

① ㉠은 천명이 항구로 갈 때 챙긴 '보퉁이'로, 섬을 떠나기 위한 행장이라는 점에서 운명에서 벗어나려는 천명의 의지를 상징하는 것으로 볼 수 있다.

② ㉡은 천명의 누나가 천진으로 떠날 때 한 말로, 사공이 되지 말라는 당부는 뱃사람의 운명에서 벗어나려는 천명의 의지를 대변한다고 볼 수 있다.

③ ㉢은 '나갈 테니?' 하고 묻는 공주학의 물음에 '꺼질 듯한 소리로' '나가요.'라고 답하는 천명의 말로, 뱃사람의 길을 거부하던 천명이 자신의 태도를 바꾸는 지점이라는 점에서 운명에 순응하는 천명의 체념을 엿볼 수 있다.

④ ㉣은 공주학이 신던 '헌 고무장화'로, 천명이 뱃사람인 공주학이 신던 신을 물려받았다는 점에서 뱃사람이 된 천명의 처지를 상징한다고 볼 수 있다.

03 배경 및 소재의 기능 파악 답 ①

정답이 정답인 이유

① '와 처음부터 없기싸 없었겠소마는 죄다 뺏기고 말았지요.'와 '다시 국회 의원, 다음은 하천 부지의 매립 허가를 얻은 유력자…… 이런 식으로 소유자가 둔갑되어 간 사연들'이라는 부분을 통해 '조마이섬 이야기'가 조마이섬의 소유권이 어떻게 변화하였는지를 설명하고 그 부당성을 고발하는 이야기임을 알 수 있다.

오답이 오답인 이유

② '조마이섬 이야기'는 건우 할아버지와 윤춘삼 씨가 조상으로부터 듣거나 자신들이 경험한 내용을 담고 있다는 점에서 건우에게 들은 내용을 전하고 있다고 이해하는 것은 적절하지 않다.

③ 건우가 지각을 하고 꾸중을 듣던 것은 '나'가 경험한 것으로, 이를 섬사람들이 겪은 '조마이섬 이야기'의 내용으로 이해하는 것은 적절하지 않다.

④ '조마이섬 이야기'는 '언젠가 건우가 써냈던 '섬 얘기'에 몇 가지 기막히는 일화가 붙은 것'이라는 점에서 '몇 가지 기막힌 일화'를 '조마이섬 이야기'와 '섬 얘기'의 공통점으로 이해하는 것은 적절하지 않다.

⑤ 을사 보호 조약, 한일 신협약 등 역사적 사건의 내용은 '나'가 '조마이섬 이야기'를 들으며 떠올린 생각이라는 점에서 이를 '조마이섬 이야기'의 내용으로 이해하는 것은 적절하지 않다.

04 인물의 심리, 태도 파악 답 ③

정답이 정답인 이유

③ '상대방은 '아이고' 소리도 못 해 보고 탁류에 휘말려 가고, 지레 달아난 녀석의 고자질에 의해선지'라는 부분을 통해 '청년 두 명' 중 탁류로 휘말린 사람은 한 명이며 다른 한 명은 달아났다는 것을 알 수 있다.

오답이 오답인 이유

① '갈밭새 영감이 설두를 해서 미리 무너뜨렸기 때문에 다행히 인명에는 피해가 없었다는 것'이라는 부분을 통해 '갈밭새 영감'이 둑을 무너뜨린 것은 인명 피해를 막기 위함임을 알 수 있다.

② '정말 우리 조마이섬을 지키다시피 해 온 영감인데…… 살인죄라니 우짜문 좋겠능기요?'라는 말을 통해 '윤춘삼'은 살인죄로 처벌을 받게 될 갈밭새 영감의 앞날을 걱정하고, 그래서 눈물을 흘렸음을 알 수 있다.

④ '섬사람들의 애절한 하소연에도 불구하고 육십이 넘는 갈밭새 영감은 결국 기약 없는 감옥살이로 넘어갔다.'라는 부분을 통해 '섬사람들'은 갈밭새 영감의 감옥살이를 막기 위해 하소연하는 등 진심으로 노력하였음을 알 수 있다.

⑤ '법과 유력자의 배짱과 선량한 다수의 목숨……'이라는 부분을 통해 '나'는 어제 있었던 일에서 선량한 섬사람들의 목숨을 아랑곳하지 않은 유력자의 태도에 대해 생각하였음을 알 수 있다.

05 작품 간 비교 감상 답 ⑤

정답이 정답인 이유

⑤ [A]에서는 '이 섬을 찾았을 때', '천명의 집을 찾아가니'처럼 앞서 다른 사건 이후에 있었던 '나'의 행적을 구체적으로 들려주고 있으나, [B]에서는 '나'의 행적에 대한 구체적 서술을 찾을 수 없다.

오답이 오답인 이유

① [A]에서는 '이 섬을 찾았을 때, 도민들은 여전히 고기를 잡으러 나갔고 동리에는 부녀자와 노인들만 있었다.'와 같이 무의도에 대한 정보를 들려주고 있으며, [B]에서는 '조마이섬을 군대가 정지를 하고 있다는 소문이 들렸다.'와 같이 조마이섬에 대한 정보를 들려주고 있다.

② [A]에서는 '나'와 사제 관계에 있는 천명을, [B]에서는 '나'와 사제 관계에 있는 건우를 언급하고 있다.

③ [A]에서는 동아 떼를 잡기 위해 섬사람들이 출항한 이후의 일을, [B]에서는 폭풍우가 쏟아진 '어제 있은 일' 이후의 일을 들려주고 있다.

④ [A]에서는 배가 파선되면서 천명이 당한 비극적 죽음을, [B]에서는 갈밭새 영감이 결국 긴 감옥살이를 하게 된 일을 요약하여 들려주고 있다.

06 외적 준거에 따른 작품 감상 답 ②

정답이 정답인 이유

② ⓑ는 천명의 형들이 겪은 불행이 많은 섬사람이 경험한 것임을 설명하는 것으로, 이는 공주학의 아내가 바다를 향한 천명의 거부감에 공감하는 것이 아니라 거리를 두는 말이다.

오답이 오답인 이유

① ⓐ는 천명이 바다에서 죽은 형들에 대해 언급하는 말로, 이를 통해 바다에 대한 천명의 거부감과 두려움이 형들의 죽음과 관련되어 있음을 엿볼 수 있다.

③ ⓒ는 긴긴 겨울의 생계를 대비하는 것이 중요함을 강조한 공 씨의 말로, 이를 통해 공 씨가 천명과 달리 바다를 생계의 공간으로 인식하고 있으며 이러한 인식이 천명의 입장과 대립하고 있음을 알 수 있다.

④ ⓓ는 빼앗겨 자기 땅이 없는 조마이섬 사람들의 처지에 대해 개탄하는 건우 할아버지의 말로, 이를 통해 그는 조마이섬을 '권력자들에게 죄다 뺏기고 마는' 수탈의 공간으로 인식하면서 분노하고 있음을 알 수 있다.

⑤ ⓔ는 건우 할아버지가 끌려간 사연에 대해 설명하는 윤춘삼 씨의 말로, '엉터리 둑을 막아 놓고 섬을 통째로 집어삼키려던 소위 유력자', '눈이 약간 치째진 친구가 되레 갈밭새 영감의 괭이를 와락 뺏더니 물속으로 핑 집어 던졌다' 등을 통해 유력자가 섬을 소유의 공간으로 간주하고 있으며, 그를 대변하는 인물이 조마이섬의 사람들을 위험에 빠트리고 있음을 알 수 있다.

09 갈래 복합

본문 281~285쪽

01 ④ 02 ④ 03 ② 04 ④ 05 ③ 06 ⑤

(가) 안수길, 「제3 인간형」

해제 이 작품은 1953년에 발표된 전후 소설로, 6·25 전쟁을 겪으며 삶의 궤적이 변화한 세 인물의 삶을 그리면서, '어떻게 살아야 하는가'의 문제를 탐구하고 있다. 이 작품에는 한때 세속적 가치에 초연한 작가였으나 운수업을 통해 경제적으로 성공하면서 정신적 가치를 잊고 타락한 조운, 그를 따르던 명랑한 문학소녀였으나 전쟁으로 집안이 몰락한 이후 시대적 사명을 깨닫고 정신적으로 성숙한 미이, 그리고 생계의 문제를 해결하기 위해 교직에 종사하며 작가로서의 삶을 포기한 채 미련만 갖고 있는 석 등 세 인물이 등장한다. 작가는 이 세 가지 삶의 유형을 통해, 인간성이 황폐해지고 생존 자체가 지상 과제가 되는 전쟁의 비극적 상황에서 바람직한 삶의 방향이 무엇인지를 독자에게 묻고 있다.

주제 사명과 생활 사이에서 방황하며 삶의 방향을 고민하는 지식인의 고뇌

전체 줄거리 6·25 전쟁 전에 작가였던 석은 피란지인 부산에서 교사로 일하고 있다. 석은 교직을 통해 생계의 문제를 해결하면서 안정감을 느끼지만, 곧 생활에 치여 잡문 하나 쓸 수 없다는 사실에 초조함과 공허함을 느낀다. 그러던 어느 날, 동료 작가였다가 전쟁 때 소식이 끊기고 온갖 소문만 무성하던 친구 조운이 그를 찾아온다. 석은 조운이 타고 온 고급 차에 동승하고, 술을 마시며 궁금했던 것들을 물었으나, 조운은 종이 꾸러미를 꺼내며 미이에 대해 이야기한다. 미이는 부유하게 자란 명랑한 성격의 문학소녀로, 세속적 가치에 초연했던 조운을 따르던 사람이다. 전쟁의 와중에 자동차 운수업을 통해 경제적으로 성공한 조운은 전쟁으로 인해 집안이 풍비박산이 난 미이를 부산에서 우연히 만나게 되고, 그녀를 돕고자 한다. 조운은 미이에게 다방을 차려 주겠다고 제의하지만, 미이는 생각할 여유를 달라고 한다. 며칠 후 조운을 만나기로 한 날 미이는 간호장교에 지원하여 시험을 보러 간다는 내용의 편지와 검정 넥타이를 담은 종이 꾸러미를 다방에 남겨 두고 떠난다. 이를 계기로 조운은 자신의 정신적 타락을 뼈저리게 느끼며 석을 찾은 것이다. 석은 조운의 이야기를 들으면서 미이에게 강한 인상을 받게 되고, 그날 밤 집으로 돌아와 잠을 이루지 못하며 자신의 삶을 돌아본다.

(나) 김광규, 「희미한 옛사랑의 그림자」

해제 1979년에 발간한 작가의 첫 시집 『우리를 적시는 마지막 꿈』에 실린 시로, 기성세대가 된 중년의 화자가 18년 전의 순수했던 청년 시절을 회상하고 현재의 소시민적 삶을 반성하는 내용을 담고 있다. 젊은 시절의 화자와 친구들은 세상을 바꿀 수 있다는 꿈을 품고 노래를 목청껏 불렀지만, 18년이 흐른 후의 그들은 세속적 가치를 좇으며 현실 순응적인 소시민의 삶을 영위하고 있다. 4·19가 불러일으킨 이상과 열정, 순수함을 의미하는 '옛사랑'은 이제 '희미한 그림자'로만 남아 화자를 부끄럽게 만들고 있다.

주제 젊은 날의 순수와 열정을 잃고 소시민의 삶을 영위하는 4·19 세대의 자기 성찰

구성
- 1~19행: 4·19를 겪은 젊은 시절의 순수한 이상과 열정
- 20~37행: 이상과 열정을 잃고 현실에 순응하며 사는 중년의 세속적인 모습
- 38~49행: 변함없는 플라타너스 가로수를 바라보며 느끼는 소시민의 삶에 대한 부끄러움

01 서술상의 특징 파악 답 ④

정답이 정답인 이유

④ [A]에서 서술자는 등장인물이 아닌 이야기 밖의 존재로, '석'의 내면을 드러내면서 '조운'의 과거를 요약하여 설명하고 있다.

오답이 오답인 이유

① [A]의 서술자는 이야기 속의 인물이 아닌 존재라는 점에서 여러 인물을 서술자로 내세웠다는 설명은 적절하지 않다.
② [A]에서 인물 간 대화가 제시되고 있으나, 이러한 대화가 상반된 입장을 드러내지 않고 있고, 갈등 해결의 실마리 역할을 하지 않는다는 점에서 적절하지 않은 설명이다.
③ [A]의 서술자는 이야기 속의 인물이 아닌 존재라는 점에서 특정한 인물을 서술자로 설정했다는 설명은 적절하지 않다.
⑤ [A]는 인물의 과거를 요약적으로 서술한 것으로, 겉 이야기와 속 이야기로 짜인 액자식 구성과는 거리가 있다.

02 작품의 내용 파악 답 ④

정답이 정답인 이유

④ 미이의 행동은 대화의 맥락이나 그녀의 말을 고려할 때 자신의 사명이 무엇일지 고민하고 찾으려는 마음과 관련이 있다는 점에서, ㉣을 조운에 대한 미이의 불신으로 보는 것은 적절하지 않다.

오답이 오답인 이유

① ㉠에서 '기적'은 석이 본 조운의 모습이 사변 전의 '초라한 몰골'과 비교할 때 '풍부하고 기름이 흐르'게 변한 것임을 부각한 표현이다.
② ㉡에서 '신음하면서 찾아 얻으려는 사람'은 문장이 어렵더라도 그 뜻을 이해하려는 사람을 가리키는 표현으로, 그러한 태도를 지닌 사람을 자신의 독자로 인정하려는 조운의 신념을 드러내는 표현이다.

③ ㉢은 '선생님은 살아가는 것을 즐겁다고 생각하세요?'라는 미이의 말에 대해 조운이 뜨끔한 마음을 감추기 위해 기분을 꾸며 말하는 모습에 해당한다.
⑤ ㉤에서 '천야만야한 낭떠러지를 굴러떨어지는 듯'하다는 것은 간호 장교가 되겠다는 미이의 편지와 검정 넥타이를 보고 조운이 자신의 삶을 직시하면서 그가 느낀 충격을 표현한 것이다.

03 표현상의 특징 파악 답 ②

정답이 정답인 이유

② 화자는 '부끄럽지 않은가'와 같은 의문형 표현을 통해 현재 삶에 대한 성찰적 태도를 부각하고 있다.

오답이 오답인 이유

① (나)에서는 화자의 상실감을 강조하기 위해 가정의 상황을 반복하여 제시하고 있지 않다.
③ 수미상관의 구조는 첫 번째 연이나 행을 마지막 연이나 행에 다시 반복하는 구조라는 점에서 (나)의 구조와는 관련이 없다.
④ (나)는 '과거 – 현재'의 순으로 시상을 전개하며 화자의 변화를 드러내고 있으며, 여로형 구조에 따라 시상을 전개하고 있지 않다.
⑤ (나)는 '과거 – 현재'의 순으로 시상을 전개하고 있으며, 화자의 상황에 관한 독자의 호기심을 자극하기 위해 역순행적으로 시상을 전개하고 있지 않다.

04 구절의 의미 파악 답 ④

정답이 정답인 이유

④ (나)의 '돌돌 말은 달력'은 매년 회사나 은행 등에서 배포하는 새해의 달력으로, 세속적인 가치와 관련이 있는 일상의 생활용품이라는 점에서 이 소재를 순수했던 과거의 가치나 이를 계승하려는 의지로 이해하는 것은 적절하지 않다.

오답이 오답인 이유

① (나)의 '차가운 방'은 젊은 시절의 '우리'가 겨울임에도 불구하고 불도 없이 있어야 했던 공간이라는 점에서 이 공간을 젊은 시절의 열악하고 가난했던 처지와 관련하여 이해하는 것은 적절하다.
② (나)의 '누구도 흉내 낼 수 없는 노래'는 때 묻지 않은 고민을 하는 '우리'가 부르는 노래라는 점에서 이 소재를 기성세대가 따라 할 수 없는 젊은 시절의 순수한 열정과 관련하여 이해하는 것은 적절하다.
③ (나)의 '적잖은 술과 비싼 안주'는 젊은 시절의 '우리'가 마신 대포와 대비되는 풍족하고 값비싼 먹거리라는 점에서 이 소재를 경제적으로 안정된 현재의 삶과 관련하여 이해하는 것은 적절하다.
⑤ (나)의 '늪'은 바람의 속삭임을 외면하는 '우리'가 향하는 곳이라는 점, 빠져나오기 힘든 상태나 상황을 비유적으로 이르는 단어라는 점에서 이 공간을 현실에 순응하는 삶과 그러한 삶에서 벗어나기 어려운 현실과 관련하여 이해하는 것은 적절하다.

05 배경 및 소재의 기능 파악 답 ③

정답이 정답인 이유

③ (가)의 검정 넥타이는 조운이 미이에게 받은 것으로, 이 소재는 조운의 뒤통수를 때리면서 현재의 삶이 타락한 삶임을 일깨웠다는 점에서 현재의 삶을 반성하게 되는 계기로 볼 수 있다. (나)의 넥타이는 혁명이 두려운 기성세대가 된 '우리'가 착용한 것으로, 이 소재는 '우리'가 경제적 안정을 위해 직장인이 되면서 과거의 이상이 아닌 현재의 생활에 구속된 현실을 상징하는 것으로 볼 수 있다.

오답이 오답인 이유

① (가)의 검정 넥타이는 조운이 정신적으로 타락하지 않았던 과거에 착용했던 것이라는 점에서 소유자의 순수했던 과거와 관련이 있다. (나)의 넥타이는 18년이 지난 우리가 매는 것이라는 점에서 순수했던 과거를 상징하는 것으로 이해하는 것은 적절하지 않다.
② (가)의 검정 넥타이는 조운을 반성하게 하는 것이고, (나)의 넥타이는 직장인으로서 생활에 속박된 현실을 상징한다는 점에서 이를 자신의 성취에 대한 소유자의 자부심으로 보는 것은 적절하지 않다.
④ (가)에서 조운이 궁핍한 처지가 된 미이를 돕고자 하나 검정 넥타이는 그러한 행위와는 관련이 없다. (나)에서 넥타이는 경제적 안정을 좇으며 현실에 안주하는 삶을 상징하는 것으로 볼 수 있다.
⑤ 검정 넥타이는 고인에 대한 애도의 상징으로서 착용되지만 (가)에서 검정 넥타이가 고인에 대한 애도의 의미로 사용된 것은 아니다. (나)에서 넥타이는 혁명이 두려운 기성세대가 매는 것이라는 점에서 미래 세대의 등장을 희망하는 바람과는 거리가 있다.

06 외적 준거에 따른 작품 감상 답 ⑤

정답이 정답인 이유

⑤ 〈보기〉에 따르면, 두 작품은 신념의 지향과 생활의 순응 사이에 놓인 소시민의 성찰적 내면을 그린다는 공통점이 있다. 이러한 관점에서 (가)에서 '조운'이 자기 삶의 변화를 규정하는 '타락'은 소시민적 생활에 대한 '조운'의 비판적 인식을 담고 있다. 하지만 (나)에서 '개탄'은 진지함과는 무관하게 세상을 즐겁게 개탄하는 것이라는 점에서 이를 속물화된 사회에

대한 '우리'의 진지한 성찰로 이해하는 것은 적절하지 않다.

오답이 오답인 이유

① 〈보기〉에 따르면, 두 작품은 우리 역사의 중요 사건을 배경으로 삼아 소시민의 삶을 재현하는 공통점이 있다. (가)에서는 6·25 전쟁에 해당하는 '사변'을, (나)에서는 4·19 혁명에 해당하는 '4·19'를 작품의 배경으로 설정하고 있다.
② 〈보기〉에 따르면, (가)는 역사적 사건을 겪는 과정에서 삶의 태도를 바꾼 인물들을 대조하는 특징이 있다. 이러한 특징은 (가)에서 '사명'을 포기하고 부유해진 '조운'의 삶과 가난해졌으나 '사명'을 찾은 '미이'의 삶이 대조되는 것을 가리킨다.
③ 〈보기〉에 따르면, (나)는 역사적 사건이 일어난 과거와 오랜 시간이 흐른 현재를 대조하는 특징이 있다. 이러한 특징은 (나)에서 '때 묻지 않은 고민'을 했던 4·19 시기의 '우리'와 '치솟는 물가를 걱정'하는, 18년이 지난 현재의 '우리'가 대조되는 것을 가리킨다.
④ 〈보기〉에 따르면, 두 작품은 신념의 지향과 생활의 순응 사이에 놓인 소시민의 성찰적 내면을 그린다는 공통점이 있다. 이러한 관점에서 (가)에서 '조운'이 '미이'의 말을 회상하며 느끼는 '부끄러움'과 (나)에서 '우리'가 동숭동 길을 걸으며 느끼는 '부끄러움'은 모두 현재의 소시민적 생활을 반성하며 느끼는 감정으로 볼 수 있다.

10 갈래 복합

본문 286~290쪽

01 ② 02 ③ 03 ③ 04 ③ 05 ② 06 ②

(가) 김남조, 「설일」

해제 이 작품은 대상에 대한 관찰과 사색을 통해 너그러운 삶의 태도를 다짐하며 새해를 맞는 화자의 모습이 드러난 시이다. 화자는 외로이 서 있는 겨울나무를 보고 있다가 그 나무도 바람과 함께 있는 것이라는 생각을 하게 된다. 이어서 화자는 이러한 인식을 확장·심화하여, 어떤 존재도 혼자인 것은 아니며 황송한 마음과 너그러운 태도로 인생을 살아야 한다는 생각을 드러내고 있다. 하늘 아래 홀로 서 있을 때도 하늘만은 함께 있어 준다는 생각과, 삶과 사랑이 은총과 섭리라는 진술에는 경건한 종교적 관점과 태도가 반영되어 있다.

주제 긍정적인 태도로 삶을 영위하려는 다짐

구성
- 1연: 겨울나무와 바람이 함께라는 인식
- 2연: 어느 누구도 혼자가 아니라는 깨달음
- 3연: 삶과 사랑을 은총과 섭리로 여기는 생각
- 4연: 너그러운 삶에 대한 다짐
- 5연: 새해를 맞는 순수한 마음

(나) 고정희, 「상한 영혼을 위하여」

해제 이 작품은 시련에 굴하지 않고 강인한 의지로 어려움을 극복해 나가는 삶의 태도를 노래한 시이다. 화자는 '상한 갈대', '부평초 잎' 등이 그러하듯, 얼핏 절망적으로 보이는 상황에 처할지라도 삶의 고난을 직시하고 적극적인 자세로 수용하면 그 고통과 설움을 이겨 낼 수 있으며 암담한 현실에서도 연대할 동반자를 만나게 된다는 생각을 상징적인 시어들을 통해 전달하고 있다.

주제 고통을 대면하고 수용하는 성숙한 삶의 태도

구성
- 1연: 고통을 직시하려는 각오
- 2연: 고통에 맞서 현실을 수용하는 자세
- 3연: 성숙한 삶의 태도와, 자신이 연대할 존재에 대한 기대

(다) 이청준, 「아름다운 흉터」

해제 이 작품은 어린 시절 손에 생긴 흉터에 대한 인식의 변화를 통해 인생의 참된 가치와 올바른 태도에 관한 생각을 드러낸 수필이다. 글쓴이는 자기 손의 흉터를 부끄럽게 여기던 사춘기를 지나, 청년 시절에 직장 선배의 말을 들으며 흉터에 대한 자부심을 갖게 된다. 글쓴이는 이런 경험을 통해 사람은 누구나 시련을 겪기 마련이며, 흉터는 그 극복 과정에서 더욱 단단해진 삶을 보여 주는 흔적이라는 점을 깨닫고 이를 독자들에게 전달하고 있다.

주제 시련과 고통을 성실히 극복해 가는 삶의 가치

구성
- 처음: 어린 시절 손에 생긴 세 군데 흉터와 그로 인한 열등감
- 중간: 청년기에 직장 선배의 손을 보고 갖게 된, 자기 흉터에 대한 자부심
- 끝: 고난을 극복하는 참된 삶의 가치에 대한 예찬

01 표현상의 특징 파악 답 ②

정답이 정답인 이유

② (나)에는 '상한 영혼이여', '고통이여'처럼 청자를 호명하여 소통의 대상을 드러낸 부분이 있지만, (가)에서는 그런 부분을 찾을 수 없다.

오답이 오답인 이유

① (가)는 '삶은 언제나 / 은총의 돌층계의 어디쯤이다 / 사랑도 매양 / 섭리의 자갈밭의 어디쯤이다'에서 대구를 활용하여, (나)는 '이 세상 어디서나 개울은 흐르고 / 이 세상 어디서나 등불은 켜지듯', '외롭기로 작정하면 어딘들 못 가랴 / 가기로 작정하면 지는 해가 문제랴', '영원한 눈물이란 없느니라 / 영

원한 비탄이란 없느니라'에서 대구를 활용하여 리듬감을 형성하고 있다.
③ (가)는 '하늘 아래 외톨이로 서 보는 날도 / 하늘만은 함께 있어 주지 않던가'라는 설의적 표현을 통해 고독감을 극복할 수 있는 깨달음을 강조하고 있다. 또 (나)는 '외롭기로 작정하면 어딘들 못 가랴 / 가기로 작정하면 지는 해가 문제랴'라는 설의적 표현을 통해 적극적으로 현실에 맞서는 태도와 관련한 화자의 생각을 강조하고 있다.
④ (가)는 '혼자는 아니다 / 누구도 혼자는 아니다'에서 유사한 시구를 반복하여, 어떤 존재도 혼자가 아니기 때문에 외로워할 필요가 없다는 의미를 부각하고 있다. 한편 (나)는 '충분히 흔들리자 ~ / 충분히 흔들리며 고통에게로 가자'에서 유사한 시구를 반복하여, 흔들리는 상태를 수용하고 고통스러운 현실과 맞서자는 의미를 부각하고 있다.
⑤ (가)는 '~ 이 생명을 살자'와 '~ 한세상을 누리자'에서, (나)는 '~ 고통에게로 가자'와 '~ 살 맞대고 가자'에서 청유문을 통해 삶에 대한 다짐의 내용을 구체화하고 있다.

02 시어, 시구의 의미와 기능 파악 답 ③

정답이 정답인 이유

③ ㉢은 삶의 고통이나 슬픔도 하늘로 올라가 신의 은총을 얻은 뒤에 깨끗하고 순수한 백설이 되어 내려오는 것에 대한 진술이므로, 슬픔을 잊어 보려는 노력의 덧없음과는 관련이 없다.

오답이 오답인 이유

① ㉠은 바람을 빨래에 빗댄 직유이며, 이는 눈에 보이지 않는 바람을 마치 가지에 매달린 빨래인 것처럼 보는 것으로 표현한 시구이다.
② 뒤에 '은총'이나 '섭리' 같은 시어들이 등장하는 맥락을 고려할 때, ㉡의 '하늘'은 절대자, 즉 초월적 존재를 상징하는 것으로 해석할 수 있다.
④ '개울'이 '이 세상 어디서나' 흐른다는 ㉣은 '물 고이면 꽃은 피'는 '부평초 잎'에 꽃이 피어날 수 있는 조건이 충족되어 있음을 환기한다고 볼 수 있다.
⑤ ㉤은 '고통과 설움의 땅'을 지난다는 내용이므로 시련에 찬 현실을 넘어서는 상태에 대한 희망과 관련된다고 볼 수 있다.

03 작품의 내용 파악 답 ③

정답이 정답인 이유

③ (다)의 앞부분에 나오는 회상에 따르면, 세 종류의 흉터는 각기 첫 소풍을 앞두고 누렁이 이빨에 물린 상처, 남의 산에 나무를 하러 갔다가 입은 상처, 고등학교 때까지 부모님 농사를 거들며 낫질을 하다 생긴 상처에 의한 것이다. 따라서 이것들이 무모한 용기를 드러내려다가 생겼다는 것은 적절한 이해가 아니다.

오답이 오답인 이유

① '시골에서 광주로 중학교 진학을 나오면서부터'를 통해 확인할 수 있다.
② '나의 두 손등과 손가락들에는 세 종류의 흉터가 선명하게 남아 있다.'에서 말한 그 흉터들이 바로 어린 시절에 생겨 어른이 된 후까지 남아 있는 흉터이다.
④ '세월이 흘러 직장 일을 다니는 청년기가 되었을 때 그 흉터들과 볼품없는 손꼴이 거꾸로 아름답고 떳떳한 사랑과 은근한 자랑거리로 변해 갔다.'를 통해 확인할 수 있다.
⑤ '요즘 사람들 가운데엔 작은 상처나 흉터 하나 지니지 않으려 함은 물론, 남의 아픈 상처 또한 거기 숨은 뜻이나 값을 한 대목도 읽어 주지 못하는 이들이 흔해 빠진 현상'에 대해 아쉬움을 표현하는 부분을 통해 확인할 수 있다.

04 외적 준거에 따른 작품 감상 답 ③

정답이 정답인 이유

③ (나)에서 '상한 갈대'가 '한 계절 넉넉히 흔들리'는 모습을 화자가 긍정적으로 평가했다는 설명은 가능하다. 그러나 '뿌리 없이 흔들리는'이라는 시구는 비록 그처럼 열악한 상황에 있는 부평초라고 할지라도 조건만 충족되면 꽃을 피울 수 있다는 희망적인 진술을 하기 위해 사용된 것일 뿐, 그 자체로 화자 자신에게 결여되어 있는 바람직한 행동의 준거로 제시한 것은 아니다.

오답이 오답인 이유

① 풍경을 관찰하던 (가)의 화자는 외로워 보이는 겨울나무도 실상은 바람과 함께 있는 것이라는 깨달음을 얻게 되고, 이를 확대·심화하여 외톨이로 서 있는 인간도 하늘과 함께 있는 것이며 나아가 모든 존재는 혼자가 아니라는 보편적인 진술을 도출하고 있다.
② (가)의 화자는 삶이 '은총의 돌층계의 어디쯤'이고 사랑이 '섭리의 자갈밭의 어디쯤'이라는 인식을 심화함으로써 삶이란 '황송한 축연'이기에 더 너그러운 태도로 살아야 한다는 생각을 드러내고 있다.
④ (나)의 화자는 '상한 갈대'가 '밑둥 잘리어도 새순은 돋'는다는 사실을 인간의 삶에도 확대 적용함으로써 '캄캄한 밤'이 상징하는 암담한 현실에서도 '마주 잡을 손', 즉 연대할 동반자가 존재하기에 섣불리 좌절할 필요가 없다는 생각을 드러내고 있다.
⑤ (다)의 글쓴이는 자기 손의 흉터에 대해 직장 선배가 해 준 이야기를 듣고 과거의 시련을 이겨 낸 자기 삶에 대해 자부심

을 갖게 된다. 이는 비단 손의 흉터처럼 눈에 보이는 외형상의 흉터만이 아니라 '눈에 보이게든 안 보이게든 삶의 쓰라린 상처들'을 겪을 수밖에 없는 것이 인생이라는 생각을 드러내고 있다.

05 소재의 기능 파악 답 ②

정답이 정답인 이유

② ⓐ는 '캄캄한 밤'이 상징하는 고통스러운 현실에서도 자신을 향해 다가오고 있다고 믿어야 하는 '마주 잡을' 대상이므로, 화자가 고통을 견디기 위해 연대할 수 있는 대상이다. ⓑ는 글쓴이의 손에 있는 흉터를 보고 그것이 생긴 이유를 안다며 보여 준 선배의 손이므로, 글쓴이가 '많은 상처 자국들이 수놓여 있'다는 점에서 동질감을 느낄 만한 손이다.

오답이 오답인 이유

① ⓐ에 대해 화자가 연민을 느끼는 것은 아니며, ⓑ에 대해 글쓴이가 자신의 회한, 즉 뉘우침이나 한탄을 토로하는 것도 아니다.
③ ⓐ는 화자가 간절히 기다리는 대상이라고 할 수도 있지만, ⓑ는 글쓴이가 비판적으로 평가하는 대상이 아니다.
④ ⓑ를 통해 글쓴이는 삶의 본질적 가치에 대해 새로운 깨달음을 얻었다고도 할 수 있지만, ⓐ에 대해 화자가 의구심, 즉 믿지 못하고 두려워하는 마음을 갖는다는 설명은 근거가 없다.
⑤ ⓐ는 화자가 연대할 대상이므로 소유하기를 욕망한다고 말하는 것은 적확한 설명이 될 수 없고, ⓑ는 애초에 글쓴이에게 용서받아야 할 이유가 없는 대상이다.

06 외적 준거에 따른 작품 감상 답 ②

정답이 정답인 이유

② (가)에서 '이적진 말로써 풀던 마음 / 말없이 삭이고'라고 한 것은 지금까지는 살면서 느낀 불평과 불만, 남에 대한 원망 등을 말로 내뱉었지만, 앞으로는 삶에 대해 긍정적으로 인식하고 자신을 성찰하며 관용적인 태도로 살겠다는 다짐을 드러낸 것이다. 따라서 외로움 때문에 절망한 독자가 이 시구를 읽고 사회관계의 적극적인 확대를 문제 상황의 해결 방안으로 삼을 것이라는 추론은 적절하지 않다.

오답이 오답인 이유

① (가)의 '사랑도 매양 / 섭리의 자갈밭의 어디쯤이다'를 〈보기〉에 적용하여 해석해 보면, 사랑에 관한 일들도 자갈밭을 걷듯 어려울 때가 있지만 그것 역시 신이 마련한 섭리의 일환이기에 삶의 본질적인 부분이라는 것이다. 따라서 이 시구를 통해, 사랑으로 인한 상처를 입은 독자가 그 아픔 또한 삶의 본질 중 일부라고 이해하게 되리라는 추론은 적절하다.
③ (나)의 '가기로 작정하면 지는 해가 문제랴'는 아무리 먼 길이라도 기어이 가기로 마음만 먹는다면 해가 지는 것이 걸림돌이 될 수는 없다는 의미이다. 따라서 악조건으로 인해 고난을 겪는 독자가 이 시구를 읽고 암울한 현실을 극복할 의지를 떠올릴 수 있을 것이라는 추론은 적절하다.
④ (나)의 '영원한 비탄이란 없느니라'에서 '비탄'은 몹시 슬퍼하면서 하는 탄식을 가리키는 말이다. 따라서 이 시구는 어떤 슬픔도 영원하지는 않다는 의미이다. 그렇다면 이 시구를 읽은 독자가 자신의 슬픔이 언젠가는 끝날 것이라는 의미를 이해함으로써 미래를 낙관하게 되는 계기를 경험할 수 있으리라고 추론할 수 있다.
⑤ (다)의 글쓴이는 직장 선배와의 대화를 통해 자기 손의 흉터가 '떳떳하고 자랑스런 내 삶의 한 기록'이라고 생각하게 되었다. 이는 어린 시절 가난에서 비롯된 고통의 흔적을 긍정적으로 수용하는 태도를 환기하는 것이다. 따라서 그와 비슷한 경험이 있는 독자는 이러한 긍정적 수용 태도를 본받을 수 있으리라는 추론은 적절하다.

11 갈래 복합

본문 291~296쪽

01 ③ 02 ④ 03 ⑤ 04 ② 05 ④ 06 ③

(가) 구상, 「초토의 시 · 8 – 적군 묘지 앞에서」

해제 이 작품은 1956년에 발간된 시집 『초토의 시』에 실린 15편의 연작시 중 여덟 번째 시로, 시인이 6 · 25 전쟁의 휴전 직후에 친구가 지휘하는 포병 부대를 방문했다가 목격한 장면에서 얻은 감동을 시로 창작한 것이다. 이 작품은 6 · 25 전쟁으로 황폐해진 분단의 현실을 초토로 표현하면서 전쟁의 상처를 인간성의 회복으로 치유하려는 의지를 드러내는 시이다. 전사자의 묘지는 전쟁의 참상을 환기하는 곳이다. 화자는 이 장소에서 적개심과 미움이 어린, 적군과 아군이라는 이분법을 넘어 적군 전사자의 원한을 자신의 바람에 담고 그들의 넋을 추모한다. 이러한 모습에서 연민과 사랑으로 전쟁의 비극을 넘어서려는 화자의 의지를 엿볼 수 있다.

주제 적군 묘지 앞에서 느낀 전쟁의 아픔과 치유의 의지

구성

- 1연: 눈을 감지 못한 적군 묘지의 넋들
- 2연: 죽음 앞에서 숙연해지는 적군의 묘지
- 3연: 분단으로 인해 고향으로 돌아가지 못하는 '나와 너희'
- 4연: 분단된 현실에 대한 답답함
- 5연: 적군의 풀지 못한 원한에 대한 연민과 이해
- 6연: 분단의 아픔과 대비되는 자연의 풍경
- 7연: 추모와 애도를 통한 현실 극복의 의지

(나) 임철우, 「아버지의 땅」

해제 이 작품은 1984년에 발표된 단편 소설로, 동족상잔의 비극인 6·25 전쟁 전후로 우리 민족에게 생긴 상처와 그 치유 과정을 형상화하고 있다. 이 작품은 야영 훈련 중인 부대가 야전 진지를 구축하기 위해 참호를 파다 유골을 발견하면서 일어나는 사건에 한 번도 본 적 없는 아버지와 그를 기다리는 어머니와 관련한 '나'의 기억과 생각을 겹치는 방식으로 이야기를 전개한다. 유골 수습을 계기로 어린 시절부터 막연히 가졌던 아버지에 대한 증오에서 점차 벗어나 이해와 연민에 이르게 되는 인물의 심리 변화를 주로 다루고 있다. 이를 통해 이데올로기의 차이로 인한 갈등과 대립, 그리고 민족사의 앙금으로 남아 여전히 고통을 초래하고 있는 전쟁의 상흔을 해소하려는 작가의 노력을 확인할 수 있다.

주제 전쟁과 분단의 상처와 이해와 연민을 통한 치유

전체 줄거리 '나'는 홀어머니와 살고 있는 군인으로, 공산주의자였던 아버지로 인해 피해 의식을 갖고 살아온 인물이다. '나'와 오 일병은 야전 진지를 구축하기 위해 참호를 파는 과정에서 이름 모를 유골을 발굴하고, 유골의 주인이 누구인지 확인하기 위해 인근 마을을 방문한다. 그 마을에서 '나'와 오 일병을 따라온 노인은 유골이 묻힌 곳과 그 인근이 6·25 전쟁의 막바지에 숱한 시신이 묻혔던 곳임을 알려 준다. 노인은 군인들과 함께 유골을 수습하고 술과 안주로 간단한 제사를 지낸다. '나'는 노인을 집으로 모셔다드리게 되고 노인으로부터 전쟁의 와중에 실종된 그의 형님에 관한 이야기를 듣는다. '나'는 첫눈을 맞으면서, 아버지를 애타게 기다렸던 어머니를 회상하며 그녀의 슬픔을 이해하고, 얼어붙은 땅 밑에 웅크리고 누운 아버지의 모습을 상상하며 그의 고통과 죽음에 연민을 느낀다.

01 표현상의 특징 파악 답 ③

정답이 정답인 이유

③ 거리와 관련된 '삼십 리'라는 시어는 화자와 적군이 돌아가고 싶으나 그럴 수 없게 하는 휴전선과의 거리를 가리키는 것으로, 이를 대상과 다시 만나고자 하는 화자의 소망으로 이해하는 것은 적절하지 않다.

오답이 오답인 이유

① '오호'라는 감탄사를 사용하여 '줄지어 누웠는 넋들'을 향한 화자의 슬픔을 부각한다.

② '너희'라는 이인칭 대명사를 활용하여 그들에게 화자의 마음을 직접적으로 토로하는 듯한 어조를 취한다.

④ 은혜와 원한이 결합된 '은원(恩怨)'이라는 시어를 활용하여 무덤에 묻힌 적군에 대한 화자의 복합적인 감정을 드러내고 있다.

⑤ 2연에서 상대의 목숨을 빼앗은 '방아쇠를 당기'는 행위와 시신을 추려 수습하는 행위를 순차적으로 제시하여 대상과의 적대적 관계를 넘어서려는 화자의 의지를 드러내고 있다.

02 배경 및 소재의 기능 파악 답 ④

정답이 정답인 이유

④ ⓑ인 '구름'은 아무 장애 없이 북쪽으로 갈 수 있지만, ⓐ인 '나'는 그럴 수 없다는 점에서 서로 대비를 이루어 ⓑ는 ⓐ가 처한 분단의 문제를 부각하는 소재로 볼 수 있다.

오답이 오답인 이유

① ⓑ인 '구름'은 ⓐ인 '나'의 처지와 대비된다는 점에서 ⓑ가 ⓐ가 겪은 사건을 상징하는 것으로 이해하는 것은 적절하지 않다.

② ⓑ인 '구름'이 북으로 간다는 점에 주목하면 ⓐ인 '나'의 염원을 대변한 것으로 해석할 수 있으나, ⓑ를 ⓐ의 체념적 태도를 드러내는 소재로 이해하는 것은 적절하지 않다.

③ ⓑ인 '구름'이 북으로 간다는 점에 주목하면 ⓐ인 '나'의 미래를 암시하는 것으로 해석할 수 있으나, 그러한 암시가 ⓐ의 부정적 현실 인식을 드러내는 것은 아니라는 점에서 적절하지 않다.

⑤ ⓑ인 '구름'은 ⓐ인 '나'의 처지와 대비되나 대립하는 것은 아니라는 점에서 ⓐ와 ⓑ를 갈등 관계로 이해하는 것은 적절하지 않다.

03 작품의 내용 파악 답 ⑤

정답이 정답인 이유

⑤ '예전에 여기서 무슨 유명한 전투가 있었다는 말은 듣지 못한 것 같은데.'라는 말을 통해 알 수 있듯이, 소대장은 노인의 말을 듣고 '여기'에 어떤 전투가 있었다는 사실에 호기심을 느끼고 있다. 이런 점에서 소대장이 노인의 말에서 육이오의 유명한 전투를 회상하고 애통함을 느낀 것으로 이해하는 것은 적절하지 않다.

오답이 오답인 이유

① '노인은 밤새 총소리가 어지럽던 다음 날엔 들녘이며 산기슭에 허옇게 널린 시체를 모아다 묻는 일을 해야 했다는 것'이라는 부분을 통해 과거에 노인은 치열한 전투로 죽게 된 사람들을 매장하는 일을 했음을 알 수 있다.

② '그걸 누가 압니까. 그때야 워낙 피차에 서로 죽고 죽이던 판인데…….'라는 말을 통해 인사계가 유해의 정체를 '빨갱이'라고 생각한 소대장의 추론에 선뜻 동의하지 않고 있음을 알 수 있다.

③ '오 일병이 노파가 준 북어를 내놓았고, 덕분에 작은 술판이 벌어졌다. 음복인 셈이었다.'라는 부분을 통해 오 일병이 노파에게 받은 북어를 내놓으며 음복하는 노인의 행위를 돕고 있음을 알 수 있다.

④ '노인의 음성은 낮았지만 강하고 무거웠다. 그러면서도 노인은 고개를 숙인 채 뼛조각에 묻은 흙을 정성스레 닦아 내고 있었다. 무슨 귀한 물건마냥 서두르는 기색도 없이 신중히 손질하고 있는 노인의 자그마한 체구를 우리는 둘러서서 지켜보았다. 모두들 한동안 입을 다물었고'라는 부분을 통해 군인들은 노인의 질책 이후에 대화를 멈추고 노인의 행동을 지켜보았다는 점을 알 수 있다.

04 인물의 심리, 태도 파악 답 ②

정답이 정답인 이유

② '놀란 눈으로 풀밭에 앉아 나는 그들을 지켜보고 있었다.'라는 장면은 '나'가 환영으로 본 장면으로, 아버지는 '나'가 태어나기 전 떠나 다시 보지 못했다는 점에서 이 장면을 어린 시절의 회상으로 이해하는 것은 적절하지 않다.

오답이 오답인 이유

① '그가 허공을 향해 그것을 멀리 내던지는 순간'과 '그녀가 아침마다 소반 위에 떠서 올리곤 하던 하얀 물사발이 눈앞에 떠올랐다'를 통해 '나'는 줄 묶음을 내던지는 노인의 모습에서 남편의 귀환을 기다리는 어머니를 떠올렸음을 알 수 있다.
③ '나'가 음복에 참여하며 떠올린 어머니의 말은 '저것 봐라이. 날짐승도 때가 되면 돌아올 줄 아는 법이다.'인데, 이 말에는 때가 되면 돌아오는 날짐승처럼 자신의 남편도 가족에게 돌아오기를 간절히 기원하는 어머니의 그리움이 깃들어 있다.
④ '나'는 유해를 수습한 후 '퀭하니 열려 있는 그 사내의 눈은 잔뜩 겁에 질려 있는' 아버지의 모습을 상상하는데, 이러한 상상은 최후를 맞이하는 아버지의 두려움과 고통에 '나'가 공감하고 있음을 의미한다.
⑤ '나'는 '어느 버려진 밭고랑, 어느 응달진 산기슭에 무덤도 묘비도 없이 홀로 잠들어 있을' 아버지를 떠올리며 탄식하는데, 이는 유해를 여전히 찾을 수 없는 아버지의 비극적 죽음에 대해 '나'가 연민하고 있음을 의미한다.

05 외적 준거에 따른 작품 감상 답 ④

정답이 정답인 이유

④ (나)에서는 '벼랑'이 병풍처럼 둘러쳐져 있다고 묘사하는데, 이는 전쟁 중 그런 지리적 환경으로 인해 낯선 사람들이 모여들면서 마을 사람들이 불행을 겪게 되었음을 설명하기 위한 것이지 전쟁의 결과인 분단된 국토를 상징하는 것으로는 보기 어렵다.

오답이 오답인 이유

① (가)에서 '적군 묘지'는 전쟁을 통해 죽게 된 많은 사람을 떠올리게 한다는 점에서 전쟁의 참상을 환기한다.
② (가)에서는 '무인공산의 적막'이 '천만근 나의 가슴을 억누르는데'라고 표현하고 있는데, 이는 '천만근'이라는 무게감을 나타내는 시어를 사용하여 전쟁으로 인해 고착화된 분단의 현실에 대한 화자의 답답함을 드러낸다.
③ (나)에서는 노인이 이 마을에서 '사람 죽는 꼴을 지겹도록 지켜본' 일에 대해 증언하는데, 이는 전쟁의 폭력으로 많은 사람이 희생된 사건을 고발하는 성격을 지닌다.
⑤ (나)에서는 시신들을 묻은 '밭'에 한동안 감자나 무 따위를 심지 않았던 마을 사람들의 행위를 서술하면서 전쟁에서 받은 사람들의 상처를 암시한다.

06 외적 준거에 따른 작품 감상 답 ③

정답이 정답인 이유

③ 〈보기〉에 따르면 (가)에서는 적군의 마음을 연민하는 모습이 제시된다. ㉢에서 포성을 울리는 것은 남북의 대립이 지속되고 있음을 의미한다는 점에서 포성을 전사자를 추모하거나 적군의 고통에 연민하는 마음을 드러내는 것으로 이해하는 것은 적절하지 않다.

오답이 오답인 이유

① 〈보기〉에 따르면 (가)에서는 적군의 마음을 헤아리는 모습이 제시된다. ㉠은 '줄지어 누웠는 넋들은 / 눈도 감지 못'할 것이라며 그들의 원통함을 이해하는 모습이라는 점에서 〈보기〉의 설명에 부합한다고 볼 수 있다.
② 〈보기〉에 따르면 (가)에서는 적군을 애도하는 모습이 제시된다. ㉡은 적군의 무덤을 정성을 들여 경건하게 조성하는 모습으로, 이는 적군을 전쟁의 희생자로서 애도하는 모습이라는 점에서 〈보기〉의 설명에 부합한다고 볼 수 있다.
④ 〈보기〉에 따르면 (나)에서는 적군과 아군이라는 전쟁의 이분법을 극복하려는 의지를 드러낸다. ㉣은 유해의 정체가 '이쪽과 저쪽' 중 어디인지를 따지는 군인들의 행위를 나무라면서 전쟁의 이분법적 사고를 비판하는 말이라는 점에서 〈보기〉의 설명에 부합한다고 볼 수 있다.
⑤ 〈보기〉에 따르면 (나)에서는 유해를 수습하는 과정을 통해 훼손된 인간성을 회복하는 모습이 제시된다. ㉤은 유해를 수습하는 행위를 산 사람들의 도리로 간주하는데, 이는 전쟁으로 원통하게 죽은 사람들의 넋을 기리는 행위를 통해 전쟁의 폭력으로 훼손된 인간성을 회복하고자 하는 말이라는 점에서 〈보기〉의 설명에 부합한다고 볼 수 있다.

3부 실전 학습

실전 학습 1회

본문 298~313쪽

01 ③	02 ③	03 ⑤	04 ④	05 ②
06 ④	07 ④	08 ②	09 ④	10 ④
11 ⑤	12 ⑤	13 ⑤	14 ③	15 ③
16 ②	17 ⑤			

[01~06] 갈래 복합

(가) 정민, 「그림과 시」

해제 한시의 감상 방법을 소개하는 예술 이론으로 현대 수필의 일종이다. 시와 그림이 공통적으로 가지고 있는 회화적 성질에 주목하여 경물의 묘사를 통한 정의의 포착을 중시하는 한시의 성격을 설명하고 있다. 객관적 물상에 지나지 않는 경물에 자신의 마음을 얹어 표현해 내는 것이 시와 그림의 공통적 수법임을 밝히고 있다.

주제 시와 그림이 지닌 유사성

구성
- 처음: 경물의 묘사를 통해 정의를 포착하는 방법
- 중간 1: 입상진의의 구체적인 예 ❶
- 중간 2: 입상진의의 구체적인 예 ❷ (중략)
- 끝: 말하지 않고 말하는 그림과 시의 수법

(나) 이달, 「불일암 인운 스님에게」

해제 이 작품은 조선 선조 때 이달이 지은 한시로 오언 절구에 해당한다. 속세와 떨어져 있는 절에 묻혀 살아가는 스님을 중심으로 탈속의 경지를 드러내고 있다. 구름 속에 묻혀 길도 쓸 필요가 없는 고요하고 한적한 절에서 수양을 하던 스님이 손이 오고 난 후에야 계절의 변화를 깨달은 상황을 드러내고 있다. 회화적 풍경 속에 속세를 벗어난 스님의 삶을 투영하고 있다.

주제 자연 속에 묻혀 수양하는 스님과 탈속의 세계

구성
- 기: 속세와 떨어진 깊은 산속의 절
- 승: 흰 구름을 쓸지 않는 스님
- 전: 손님이 온 후에야 문을 열어 보는 스님
- 결: 시간의 흐름에 얽매이지 않는 탈속의 경지

(다) 정철, 「재 너머 성 권농 집에 ~」

해제 조선 시대 유명한 작가인 정철이 지은 시조로, 성 권농 집에 도달하기까지의 과정을 경쾌하게 서술하고 있다. 시적 화자인 '정 좌수'는 정철의 분신과 같은 존재로 '술 익단 말'을 듣고 누구보다 빠르게 대응하고 있다. 술과 벗을 좋아하는 작가의 풍류와 멋스러움을 생동감 있게 드러낸 작품이다.

주제 전원생활의 풍류와 술을 즐기는 삶

구성
- 초장: 성 권농의 집에 술이 익었다는 소식을 들음.
- 중장: 소를 발로 박차 일으켜 허둥지둥 성 권농의 집을 찾아감.
- 종장: 친구 집에 도착하여 아이에게 자신이 성 권농을 찾아 왔음을 알림.

(라) 김수장, 「서방님 병들어 두고 ~」

해제 이 작품은 김수장이 지은 사설시조로, 병든 남편을 위해 화채를 만들어 주려는 여성을 화자로 삼고 있다. 여인은 자신이 가진 '다리'를 팔아 화채의 재료를 구입하는데, 오화당을 잊은 것을 깨닫고 한숨을 짓는다. 병든 남편을 위하는 여인의 정성과 사랑을, 맛있는 화채를 만들려고 준비하다가 빠진 재료를 떠올리며 안타까워하는 상황과 관련지어 효과적으로 구현해 낸 것이 특징이다.

주제 병든 남편을 위하는 아내의 정성과 사랑

구성
- 초장: 병이 든 서방님을 위해 해 줄 것을 고민함.
- 중장: 저자에 나가 다리를 팔아 화채를 만들 재료를 사 왔으나, 오화당을 잊어버린 것을 깨달음.
- 종장: 수박에 숟가락을 꽂은 채로 한숨을 지으며 안타까워함.

01 작품의 종합적 이해와 감상 답 ③

정답이 정답인 이유

③ 글쓴이는 송나라 휘종 황제의 화제와 『형설총설』의 이야기를 '상세한 설명 대신 형상을 세워 뜻을 전달'하는 데 성공한 사례로 제시하고 있다. 그림을 그릴 때 '경물'이 직접 말하게 하는 것이 중요함을 강조하고 있지만, 그것이 불가능에 가까운 일임을 드러내려는 것은 아니다.

오답이 오답인 이유

① (가)의 글쓴이는 시와 그림의 연관성을 설명하며 모두 '경물의 묘사를 통한 정의의 포착을 중시한다.'라고 밝히고 있다.
② (가)의 글쓴이는 시는 곧 '소리 있는 그림'이라고 말하며, '사의전신'이나 '입상진의'가 두 예술 갈래의 공통적 특징이라는 생각을 드러내고 있다. 또한 그러한 표현 방법의 효과를 강조하고 있다.

④ (가)의 글쓴이는 마지막 문단에서 '화가가 그리지 않고 그리는 방법'과 '시인이 말하지 않고 말하는 수법' 사이의 공통점을 이야기하고 있다. 글쓴이는 시가 객관적 상관물의 원리로써 독자와 훌륭하게 소통할 수 있다고 밝히고 있는데, 이러한 원리나 방식이 그림을 그릴 때에도 유사하게 적용될 수 있다고 생각하는 것이다.
⑤ (가)의 글쓴이는 시와 그림이 '대상 속에 응축시켜' 하고 싶은 말을 전달하는 특징을 지니고 있으므로, 시를 읽거나 그림을 감상할 때 응축시키고 감추어 둔 부분을 찾아내는 것이 중요하다고 생각하고 있다.

02 문학 이론 및 비평의 이해와 적용 답 ③

정답이 정답인 이유

③ (나)에서 ⓒ '손님'은 스님이 문을 열 수 있는 계기를 만들어 주는 역할을 하고 있는데, 이를 통해 스님은 '온 골짜기의 송화꽃'이 '벌써 쇠었'음을 깨닫게 된다. '손님'이 '스님'이 기다리던 인물이었는지는 확인할 수 없으며, '송화꽃'의 변화를 확인하는 것이 스님의 염원이라고 보기는 어렵다. '손님'은 '스님'이 계절의 변화도 모른 채 탈속의 경지에 있었음을 드러내는 역할을 하고 있지만, 스님이 더 높은 수준의 깨달음을 원하고 있음을 드러내는 장치로 보기는 어렵다.

오답이 오답인 이유

① '물동이를 지고 올라가는' (가)의 ⓐ '중'을 통해 감상자는 그림에 등장하지 않은 '절'의 모습을 떠올리게 된다. '절'을 그리지 않고 '절'을 그려 낸 사례라 할 수 있다.
② (가)의 ⓑ '나비 떼'가 말을 따라가는 그림을 본 감상자는 말의 어딘가에서 꽃향기가 나고 있을 것이라는 상상을 하게 된다. 화제에 제시된 '향내 나네'라는 후각적 이미지를 '나비 떼'의 모습이라는 시각적 이미지로 드러낸 것이다.
④ (다)의 ⓓ '소'는 화자인 '정 좌수'가 '성 권농'의 집에 가기 위해 탄 운송 수단이다. 화자가 누워 있는 소를 발로 걷어차 일으키는 행위를 드러냄으로써 한시라도 빨리 '성 권농'의 집에 가고 싶은 속마음을 효과적으로 드러내고 있다.
⑤ (라)의 ⓔ '오화당'은 화자가 '종루 저자'에서 깜빡하고 사지 못한 물건으로, 화채의 단맛을 돋우는 데 필요한 재료를 넣지 못하는 화자의 아쉬움과 안타까움을 드러내기 위해 활용한 소재이다.

03 표현상의 특징 파악 답 ⑤

정답이 정답인 이유

⑤ (다)의 경우 화자가 지내는 곳에서 '재 너머 성 권농'의 집까지 화자가 이동하는 상황이 압축적으로 드러나 있고, (라)의 경우 화자가 '종루 저자'를 다녀온 후 집에서 '화채'를 준비하는 상황이 압축적으로 드러나 있다. 두 작품 모두 과감한 생략을 통해 화자의 이동과 공간적 배경의 변화가 잘 나타나고 있다. 하지만 (나)의 경우 시간의 단절과 변화는 느껴지지만, 화자의 이동이나 공간적 배경의 변화는 강조되지 않고 있다.

오답이 오답인 이유

① (다)에는 '아이야'와 같이 부르는 말이 사용되었지만, 감탄사에 해당하지는 않는다. (나)에는 감탄사가 보이지 않는다.
② (나)에는 스님이 지내는 '절'이라는 공간이, (라)에는 '종루 저자'라는 공간이 주로 제시되고 있다. (라)에서 화자의 집이라는 공간을 연상할 수 있지만, 해당 공간이 가진 상징적 의미가 부각되지 않는다.
③ (나)에는 절에서 지내는 '스님'과 절을 찾아온 '손님'이, (다)에는 재 너머 사는 '성 권농'과 '정 좌수'가, (라)에는 '서방님'과 시적 화자로 보이는 여성이 등장하지만, 두 인물이 처한 상황을 대비적으로 드러내어 해학적 분위기를 연출하지는 않았다.
④ (나)의 경우 화자가 누구인지 명시적으로 드러나지 않고 있으며, (라)의 경우 화자의 행위에 대한 인물의 대응 방식이 제시되지 않고 있다. (나)와 (라) 모두 화자의 행위에 대한 인물의 대응 방식을 통해 갈등이 심화되는 양상이 나타나는 작품은 아니다.

04 작품의 내용 파악 답 ④

정답이 정답인 이유

④ (나)의 '스님'은 '온 골짜기의 송화꽃'이 '벌써 쇠었'다는 것을 알고 시간의 흐름과 계절의 변화를 확인하게 된다. 이는 '문'을 닫고 수행한 시간이 오래되었음을 드러내는 것이며, 그 시간 동안 속세와 무관하게 살아왔음을 드러내는 것이다. 전구의 '문이 열리니'에서 스님이 마주한 것은 시비로 가득 찬 속세의 모습이 아니라 시간의 흐름에 따라 변화한 골짜기의 모습이다.

오답이 오답인 이유

①, ②, ③ 기구에서 '절'은 '흰 구름 속에 묻혀' 찾기 힘든 곳으로 묘사되고 있고, 승구의 '쓸지도 않네'를 통해 '스님'이 바깥의 상황, 즉 속세의 번뇌와 잡념에 관심이 없고 크게 관여하지 않으려 한다는 것을 확인할 수 있다. 또한 '손님이 와서야 비로소 문이 열리'는 상황을 볼 때 '스님'은 '절'에서 오랜 시간 지내며 수양을 해 왔음을 짐작할 수 있다. 이처럼 기구부터 전구까지는 구도자로서 스님의 모습을 형상화하기 위한 것임을 이해해야 한다.

⑤ 결구에 제시된 '송화꽃'의 변화는 봄이 지나고 여름이 오고 있음을 드러낸다. 계절의 변화를 통해 오랜 시간이 경과하였음을 드러내는 것이다. 따라서 '송화꽃 벌써 쇠었네'는 '스님'이 보낸 구도의 시간이 길고도 깊었음을 짐작하게 하는 표현으로 볼 수 있다.

05 작품의 맥락 이해 답 ②

정답이 정답인 이유

② (다)에서 화자는 '술 익단 말 어제' 들은 후 '성 권농' 집에 급하게 찾아가고 있는데, 이를 통해 화자가 진정으로 하고 싶은 것은 '성 권농'과 함께 '술'을 마시며 풍류를 즐기는 것임을 알 수 있다. (라)의 화자는 '병'이 든 '서방님'을 위한 음식을 준비하다가 재료를 다 사지 못한 것을 아쉬워하고 있는데, 이를 통해 드러내고자 하는 것이 결국 '서방님'에 대한 애틋한 사랑의 마음임을 알 수 있다.

오답이 오답인 이유

① (다)의 화자가 '성 권농'을 만나고 싶어 하는 것은 시적 상황을 통해 잘 드러나지만, 그것이 '오해를 풀어야' 해서 그런 것인지는 확인되지 않는다. 또한 (라)의 시인이 진정으로 하고 싶은 말이 단지 '음식을 만들 때에 재료를 잘 챙'기라는 것은 아니다.
③ (다)의 화자가 친구인 '성 권농'을 바로 만났는지 못 만났는지는 작품의 결말 부분에서 확인되지 않고 있다. 따라서 (다)를 '만나지 못하고 돌아온 화자의 아쉬움'을 표현한 작품으로 보기는 어렵다. 또한 (라)의 시인이 진정으로 표현하고자 하는 것이 '오화당'이라는 재료를 빼고 음식을 만들었을 때의 결과나 그에 대한 아쉬움과 관련된 것은 아니다.
④ (다)의 경우, '성 권농'과 '정 좌수'의 친분 관계가 어떻게 깊어졌는지에 대해서는 확인할 수 없다. 다만 시적 상황을 통해 화자가 '성 권농'에게 '술'을 얻어먹을 수 있을 것이라 기대하고 있음이 확인될 뿐이다. (라)의 경우 '오화당'을 사지 못한 상황이 드러나고 있는데, 시상의 전개 과정을 고려할 때 '오화당'을 일부러 사지 않은 것이라 볼 수는 없다.
⑤ (다)에서 화자가 '누운 소 발로 박차' 일으킨 것은 '성 권농' 집에 가서 술을 먹기 위한 것임을 짐작할 수 있다. 따라서 그 까닭을 굳이 감추고 있는 것은 아니다. 또한 (라)에서 여성 화자는 '다리'를 팔아 음식을 준비하고 있는데, 이를 통해 화자가 부유한 형편이 아님을 짐작할 수 있다. 시인은 '다리'를 파는 행위를 언급해 화자의 경제적 형편에 대해 드러내고 있지만, 그로 인해 재료를 구할 수 없었던 것은 아니므로 ⑤는 적절하지 않다.

06 외적 준거에 따른 작품 감상 답 ④

정답이 정답인 이유

④ (라)는 작가인 김수장이 여성 화자를 활용하여 서방님에 대한 화자의 정서와 심리를 드러내고 있는 작품이다. 중장에 제시된 '아차아차 ~ 잊어버렸구나'는 화자의 혼잣말로 볼 수 있으며, 특정한 청자를 등장시켜 말을 거는 방식은 사용되지 않았다.

오답이 오답인 이유

① (나)에는 '스님'과 '손님'이라는 인물이 언급되어 있지만, 시적 화자나 시적 청자의 역할을 하는 것은 아니다. '스님'과 '손님'은 시인이 지켜보는 시적 대상에 가깝다. 〈보기〉에 따르면 (나)는 작품 표면에 시적 화자를 등장시키지 않고 시적 상황이나 분위기만을 중심으로 시상을 전개한 경우에 해당한다.
② 〈보기〉에 따르면 '정 좌수'와 '성 권농'은 작가인 정철과 그의 친구를 대변하는 인물로 볼 수 있다. 특히 '정 좌수'는 (다)의 시적 화자이자 작가의 분신으로서, 바람이나 기대를 드러내며 '아이'에게 말을 건네고 있다.
③ (다)에는 '성 권농'이 언급되지만, 작품 속에서 대화를 나누는 주체가 되지는 않는다. 화자인 '정 좌수'는 종장에서 '성 권농'의 하인으로 짐작되는 '아이'에게 말을 건네고 있다. 따라서 작품 속에서 청자의 역할을 하는 것은 '아이'이다.
⑤ (라)의 '아차아차 ~ 잊어버렸구나'는 시적 화자의 혼잣말로 볼 수 있는데, 이 화자는 '병'이 든 '서방님'을 위해 자신의 '다리'를 팔아 음식의 재료를 구하고 있다. '다리'는 여자들이 쓰던 가체를 이르는 말이므로, (라)의 시적 화자는 여성임을 알 수 있다.

[07~10] 고전 산문

■ 김시습, 「만복사저포기」

해제 이 작품은 김시습의 『금오신화』 5편 중 한 편이다. 한문으로 지어졌으며 내용상 명혼(冥婚) 소설, 애정 전기 소설로 구분된다. 양생이 한스럽게 죽은 여인의 원혼을 만나 생사를 초월하여 사랑을 나누다가 운명으로 인해 이별하게 된다는 것이 주요 서사를 이룬다. 이 소설은 중국이 아닌 우리나라를 배경으로 하고 있다는 점과 남녀의 강렬한 사랑이 세계의 횡포 앞에 좌절되는 비극을 잘 보여 준다는 점에서 우리나라 소설사에서 그 의의가 매우 큰 작품으로 평가된다.

주제 삶과 죽음을 초월한 남녀 간의 사랑

전체 줄거리 전라도 남원에서 외롭게 살던 양생은 짝이 없어 슬퍼하다가 만복사의 불상과 저포 놀이를 하며 좋은 배필을 만나게 해 달라고 기도한다. 잠시 후 아름다운 한 여인이 나타나 자신의 한스러운 사연과 운명적 인연과의 만남을 위한 기원을 담은 축원문을 불상 앞에 바친다. 양생과 여인은 인연을 맺고 행복한 시간을 보낸다. 며칠 후 여인은 양생에게 은그릇을 주며 재회를 기약하고 헤어진다. 다음 날 양생은 여인이 말한 대로 딸의 대상을 치르기 위해 보련사로 가는 여인의 부모를 만나게 된다. 양생은 여인의 부모로부터 여인이 왜구의 침입 때 죽은 원귀임을 알게 되고, 양생과 여인은 절에서 재회한 뒤 운명에 따라 이별한다. 그 후 양생은 지리산에 들어가 약초를 캐며 지냈는데, 이후 양생이 어떻게 생을 마쳤는지 아무도 모른다.

07 작품의 내용 이해 답 ④

정답이 정답인 이유

④ 여인의 부모는 여인과 양생이 이별할 때, 시 읊는 '소리가 차츰 잦아'든 뒤에야 '그동안의 일이 사실임을 깨닫고 다시는 의심하지 않았다.' 따라서 여인의 부모가 양생과 여인이 식사하는 소리를 듣고서야 죽은 딸이 귀신으로 나타나 일어나게 된 일을 사실로 믿고 의심을 거두게 되었다는 이해는 적절하지 않다.

오답이 오답인 이유

① 양생은 여인의 말에 따라 보련사로 가는 길가에서 여인의 장례 행렬을 기다리고 있었으며, 은그릇을 지닌 경위에 대한 물음에 전날 여인과 약속한 그대로 여인의 부모에게 대답하였다. 이를 통해 양생은 여인이 사전에 언급한 사람을 만나게 될 것을 미리 알았음을 확인할 수 있다.

② '나에게는 오직 딸아이 하나만이 있었'다는 여인의 부모가 한 말과 여인이 '어려서 『시경』과 『서경』을 읽었으므로 예의가 무언지 조금이나마' 안다고 한 것으로부터 여인이 귀족 집안의 외동딸로 태어나 경전을 통해 예법을 익히면서 살았음을 확인할 수 있다.

③ 보련사에서 여인이 흰 휘장 안으로 들어갔을 때, '여인의 친척들과 절의 승려들은 모두 그것을 믿지 않았다. 오직 양생만이 혼자 볼 수 있을 뿐이었'으므로 양생은 여인의 모습을 볼 수 있었으나 다른 사람들은 여인의 모습을 볼 수 없었음을 확인할 수 있다.

⑤ 양생은 여인과 이별한 후 '여인에 대한 애정과 슬픔을 이기지 못하였'으며 장가들지 않고 혼자 지내다가 '지리산에 들어가 약초를 캐며 살았는데 그가 어떻게 생을 마감했는지 아무도 알지 못'하였다. 이로부터 양생은 여인에 대한 그리움과 실연으로 인한 슬픔에 사무쳐 살았으며, 결혼도 하지 않고 지내다가 종적을 감추었음을 확인할 수 있다.

08 소재의 기능 파악 답 ②

정답이 정답인 이유

② 여인의 부모는 양생으로부터, 여인이 양생에게 알려 준 '은그릇을 지니게 된 경위'를 듣게 되었다. 이를 통해 여인이 은그릇을, 자신과 양생이 맺은 인연을 여인의 부모가 인식하게 만드는 매개로 사용했음을 알 수 있다.

오답이 오답인 이유

① 여인의 부모가 은그릇 때문에 양생이 여인의 배필로서 자격을 갖추지 못했다고 의심하지는 않았다.

③ 여인의 부모는 양생이 은그릇을 가지게 된 경위를 듣고 난 뒤 놀랍고 의아하게 생각했을 뿐이며, 나중에는 은그릇을 양생이 갖게 해 주었다. 따라서 은그릇이 그 소유권을 두고 양생과 여인의 부모 사이에 갈등을 심화하는 장치로 작용한다는 설명은 적절하지 않다.

④ 은그릇은 양생과 인연을 맺은 여인이 양생에게 준 것이다. 따라서 여인의 부모가 양생과 여인에게 인연을 맺게 되는 기회를 제공하기 위한 도구로 사용한다는 설명은 적절하지 않다.

⑤ 여인의 부모는 양생이 가지고 있던 은그릇이 여인의 것임을 알고 있었다. 따라서 여인의 도움을 받아 양생이 여인의 부모에게 자신의 경제적 능력을 증명하는 수단으로 은그릇을 사용한다는 설명은 적절하지 않다.

09 구절의 의미 이해 답 ④

정답이 정답인 이유

④ 여인은 '업보는 피할 수가 없'으며, '저승길이 기한 있어' 이별한다고 했다. 이로부터 양생과의 이별은 여인의 운명으로부터 비롯된 것임을 우회적으로 밝히고 있음을 확인할 수 있다.

오답이 오답인 이유

① 여인이 '작별을 당'하여 저승길이 기한이 있다며 양생과의 이별을 수용하는 이유를 시간의 한계성 속에서 밝히고 있을 뿐 이별을 거부하는 이유를 드러내고 있지는 않다.

② 여인은 자신이 저승으로 가게 되어 양생과 '훗날 다시 만나기를 기약'할 수 없는 상황에 놓인 것을 '저승길'로 가야 하는 기한 때문이라고 했을 뿐, 부모의 탓으로 돌리고 있지는 않다.

③ '우리 임께 바라오니, 저를 멀리 마옵소서.'에서 여인은 양생과 '멀리'하고 싶지 않은 소망을, 신이 아니라 양생을 청자로 하여 양생에게 직접 기원하는 어조로 나타냈음을 확인할 수 있다.

⑤ 여인은 이별을 앞두고 '정신이 아득하기만' 하였으며 이별 후 겪게 될 심리 상태를 '아득한 저승에서, 마음에 한 맺히리.'라고 직설적으로 말하고 있을 뿐, 인격을 부여한 자연물에 의탁하여 제시하고 있지는 않다.

10 외적 준거에 따른 작품 감상 답 ④

정답이 정답인 이유

④ ㉢: 여인은 귀신이 되어서라도 사랑하는 낭군의 아낙으로 절개를 바치고, 한평생 지어미로서의 도리를 닦아 즐거움을 다 누림으로써 원한을 풀려고 했었다. 하지만 여인은 '한스럽게도 업보는 피할 수가 없'다고 하였고, '즐거움을 다 누리지도 못했는데 슬픈 이별이 갑작스레 닥쳐왔'다고 했다. 이는 자신이 소원하던 바를 완전히 이루지는 못하고 한스럽게 저승길로 떠나게 되었음을 뜻하므로, ④의 진술은 '원한 해소의 과정과 결과'가 들어가야 할 ㉢의 내용으로 적절하지 않다.

오답이 오답인 이유

① ㉠: '지난번에 절에 가서 ~ 인연을 만나게 되었지요.'에서 여인은 귀신의 모습으로 양생과 인연을 맺게 되었음을 알 수 있다. 이는 원혼이 양생에게 나타난 것으로 '원혼의 출현'에 해당하기 때문에 ㉠에 해당하는 내용으로 볼 수 있다.

② ㉡: 여인은 왜구가 침입했을 때 적에게 해를 입어 죽게 되었으며 장례도 없이 그 시신이 묻혔다. 이러한 비극을 겪은 일로 인해 여성은 원한을 품은 귀신, 즉 원혼이 되었다. 이는 '원한 형성의 배경'과 관련된 것이므로 ㉡에 해당하는 설명으로 볼 수 있다.

③ ㉡: 여인은 가매장되어, 오랫동안 쑥 덤불 우거진 곳에서 외롭게 지냈다. 그리하여 여인은 사랑하는 남성과 인연을 맺어 보지도 못한 채 자신의 일생 운수가 박복하다는 것으로 인해 원한을 품게 되었다. 이 역시 선지 ②의 내용과 중첩을 이루며 원한 형성의 배경과 관련된 것이므로 ㉡에 해당하는 설명으로 볼 수 있다.

⑤ ㉢: 여인은 삼세의 인연으로 생각한 남자, 즉 양생을 만나 사랑을 나누었다. 이별 후에도 양생은 여인을 그리워하며 자신의 밭과 집을 모두 팔아 계속 재를 올렸으며, 그런 지성을 드린 결과적 혜택으로 여인은 다른 나라에서 남자의 몸으로 다시 태어나게 되었다. 이는 '원한 해소의 과정과 결과'와 관련된 것이므로 ㉢에 해당하는 설명으로 볼 수 있다.

[11~13] 현대시

(가) 김춘수, 「꽃을 위한 서시」

해제 이 작품은 꽃을 통하여 존재의 본질을 탐색한 시이다. 여기에서 '꽃'이란 화자가 그 본질을 탐색하고자 하지만 쉽게 그 본질에 가닿을 수 없는 존재를 의미한다. 이것은 마지막 행의 '얼굴을 가리운 나의 신부'라는 이미지로 집약된다. 화자는 '꽃'의 내면적 의미의 실상을 파악해 보려고 '추억의 한 접시 불을 밝히고', '한밤내' 치열한 노력을 계속한다. 하지만 '나의 손이 닿으면 너는 / 미지의 까마득한 어둠이 된다.'에서처럼 이러한 노력은 끝내 실패로 돌아가게 된다. 어떤 존재의 진정한 의미를 파악하기란 이처럼 매우 어려운 일인 것이다. 하지만 '미지의 까마득한 어둠'은 존재의 세계로 진입할 수 있는 역설적인 통로가 될 수도 있다는 가능성을 함께 제시했다고도 볼 수 있다.

주제 존재의 본질 탐색에 대한 염원

구성
- 1연: 존재의 본질 탐색에서 마주하는 한계
- 2연: 존재의 본질을 탐색하기 위한 노력과 고통
- 3연: 존재의 본질 탐색을 위한 간절한 염원과 기대
- 4연: 미지의 존재에 대한 설렘

(나) 오세영, 「등산」

해제 이 작품은 산을 오르며 느끼고 깨달은 바를, 진리를 추구하는 삶으로 확장하고 있는 시이다. 화자는 무명을 더듬는 벌레로 비유되어 있는데, 이를 통해 빛, 즉 진리를 탐구하는 진지한 열정을 형상화하고 있다. 등산을 하며 좀처럼 흔들리지 않을 것 같았던 인생의 믿음조차 심하게 흔들릴 수 있음을 느낀 화자는 인생이란 쉼 없이 빛을 찾아가는 과정임을 깨닫게 된다. 또한 화자는 등산을 하며 세상의 모든 것이 내 것이 아니라는 것과 행복과 불행 등 여러 가지 요인에 의해 흔들리지 않고 묵묵히 목표를 향해 나아가는 것 자체가 인생임을 깨닫고 있다.

주제 빛(진리)에 도달하기 위한 노력

구성
- 1연: 흔들리는 삶의 무게
- 2연: 쉼 없이 빛을 찾으려는 노력
- 3연: 세상의 모든 것에 대한 깨달음
- 4연: 암벽을 오르는 바람직한 자세
- 5연: 목표를 향해 가까이 가려는 노력

11 작품 간의 공통점, 차이점 파악 답 ⑤

정답이 정답인 이유

⑤ (가)에는 '된다', '피었다 진다', '운다'와 같은 현재형 표현이 사용되고 있으며, 이를 통해 존재의 본질을 탐구하는 과정에서 느끼는 화자의 긴장감이 드러나고 있다. 또 (나)에는 '흔들린다', '더듬는다', '않는다'와 같은 현재형 표현이 사용되고 있으며, 이를 통해 화자가 산을 오르는 긴장감이 드러나고 있다.

오답이 오답인 이유

① (가)의 4연에서 영탄적 표현이 사용된 것으로 볼 수 있지만 (나)에서는 담담한 독백적 어조가 사용되고 있을 뿐 영탄적 표현이 사용된 부분을 찾아볼 수 없다.

② (가)에서는 화자가 본질을 규명하고자 하는 대상에 대해 의인법을 사용하고 있음을 확인할 수 있다. 하지만 (나)에서는 의인법을 통해 대상에 대한 화자의 친근감을 표현한 부분을 찾아볼 수 없다.
③ (나)에서는 정상을 향해 화자가 공간을 이동하고 있다고 볼 수 있지만, (가)에서는 화자가 공간의 이동을 통해 변화하는 심리를 드러낸 부분을 찾아볼 수 없다.
④ (가), (나) 모두에서 의도적으로 불가능한 상황을 설정한 부분을 찾아볼 수 없다.

12 시어, 시구의 의미와 기능 파악 답 ⑤

정답이 정답인 이유

⑤ ㉠은 화자가 규명하고자 하는 존재의 본질을 밝히지 못한 상태를 나타내는 것으로, 화자는 ㉠ 속에서 '한밤내 운다'라고 표현하고 있다. 그러므로 ㉠은 화자가 처해 있는 부정적 상황을 나타낸다고 볼 수 있다. 또 ㉡은 어둠 속에서 빛을 찾고 있는 화자의 모습을 비유적으로 드러낸 것으로, 이는 화자가 지향하고자 하는 곳에 접근하기 위해 노력하는 모습을 나타낸 것이라고 할 수 있다. 그러므로 ㉡은 빛이 없는 현재의 부정적 상황에서 벗어나려는 화자의 태도를 나타낸다고 볼 수 있다.

오답이 오답인 이유

① ㉠은 화자가 존재의 본질을 밝히지 못한 상태를 표현한 것이므로, ㉠을 현실에 무기력하게 대응하는 화자의 모습으로 보기는 어렵다. 또 ㉡은 화자가 빛을 찾기 위해 노력하는 모습을 드러내고 있으므로, ㉡을 현실에 대해 무기력하게 대응하는 화자의 모습을 나타낸 것으로 이해하는 것은 적절하지 않다.
② ㉠은 화자가 규명하고자 하는 존재의 본질을 규명하지 못한 상태로, 화자가 마주하고 있는 암울한 현실로 이해할 수 있다. 그러나 ㉡은 빛을 찾기 위해 노력하는 화자의 모습을 비유적으로 드러낸 것이므로, ㉡이 화자의 본질적인 가치가 드러나지 않는 암울한 현실을 나타낸다는 진술은 적절하지 않다.
③ ㉠은 화자가 본질을 규명하지 못한 부정적 상황을 의미하는 것으로, 화자는 ㉠으로 인해 고통을 경험하고 있다. 그러므로 ㉠이 화자가 느끼는 불안함을 나타낸다는 진술은 적절하지 않다. 또 ㉡은 빛을 찾기 위해 노력하는 화자를 비유적으로 드러낸 것이므로, ㉡이 화자가 느끼고 있는 좌절감을 나타낸다는 진술은 적절하지 않다.
④ ㉠은 화자가 존재의 본질을 규명하지 못한 상태를 나타내며, 언젠가는 화자의 노력으로 인해 존재의 본질을 규명할 수 있을 것이라는 기대를 드러내고 있다. 그러므로 ㉠이 화자가 깨닫게 된 태생적 한계를 드러낸다는 진술은 적절하지 않다. 또 ㉡은 빛을 찾기 위해 노력하는 화자를 비유적으로 드러낸 것이므로, ㉡이 화자가 느끼게 된 심리적 모멸감을 나타낸다는 진술은 적절하지 않다.

13 외적 준거에 따른 작품 감상 답 ⑤

정답이 정답인 이유

⑤ (가)의 '얼굴을 가리운 나의 신부여'는 화자가 그 본질을 규명하기 위해 노력하고 있는 대상이자, 아직까지 그 본질을 규명하지 못하고 있는 대상을 의인화하여 나타낸 것이라고 볼 수 있다. 그러므로 이 시구를, 화자가 목표를 이루는 것이 장담할 수 없는 일임을 나타내는 진술로 보기는 어렵다.

오답이 오답인 이유

① (가)의 '나의 울음'은 존재의 본질을 규명하기 위한 화자의 노력과 고통을 의미한다. 그리고 이러한 노력이 '돌개바람이 되어' '금이 될 것이'라는 표현에는 언젠가는 자신의 이러한 소망과 목표가 이루어질 것이라는 화자의 기대가 담겨 있다고 볼 수 있다.
② (나)의 화자는 등산의 과정 속에서 그가 지향하고 있는 정상을 '함부로 올려다보지' 않으며 그가 지향하는 곳과 정반대 방향인 아래를 '내려다보지도' 않는다고 하였다. 그리고 이러한 화자의 행위는 화자가 자신의 지향을 향해 신중하고 조심스러운 자세로 정진하고 있음을 의미하는 것이라고 볼 수 있다.
③ (가)의 화자는 존재의 본질을 규명하는 과정에서 '울음'을 울며 고통을 경험하고 있다. 또 (나)의 화자는 자신이 지향하는 바에 가까이 가기 위해 휴식 없이 정진하여야 하는 어려운 과정을 감내하고 있다.
④ (가)의 화자가 '한밤내' 우는 행위는 존재의 본질을 규명하기 위한 노력이자 고통이라고 이해할 수 있다. 또 (나)의 화자가 '암벽을 더듬는' 행위 역시 자신이 지향하는 바에 가까이 가고자 하는 화자의 노력으로 이해할 수 있다.

[14~17] 현대 소설

■ **최인호, 「모범 동화」**

(해제) 최인호의 초기 단편에 속하는 작품으로 순수한 아이들의 세계만큼은 보호되어야 한다는 당위를 전제로 깔고 있다. 결코 모범적이지 않은, 다소 사기성이 농후한 행동을 일삼는 어른과 이를 추종하는 아이들, 어른들 세계의 위선과 타락 등을 간파하고 폭로를 서슴지 않는 소년의 모습을 통해 1970년대

산업화 시대의 사회상을 비판하고 있다. 특히 어린이에 대한 일반적 이미지인 생기와 발랄함, 순수함과는 달리 늘 피곤한 표정으로 어른들에게 냉소를 드러내는 아이 같지 않은 아이, 애어른과 같은 소년의 모습을 통해 현실의 부조리함과 모순을 보여 준다.

주제 아이답지 않은 아이를 통해 드러나는 현실의 부조리

전체 줄거리 피란민 출신으로 D 국민학교 앞에서 아이들을 상대로 장사를 하는 강 씨는 아이들을 잘 닦인 동전과 같이 물질적 대상, 돈을 벌게 해 주는 대상쯤으로 생각한다. 학교 앞 장사를 독점하다시피 했던 강 씨는 다른 장사치들을 얼씬도 못 하게 막았고, D 국민학교 아이들 역시 강 씨 이외의 장사꾼들을 허용하지 않는다. 강 씨가 D 국민학교 아이들로부터 인정받을 수 있었던 것은 경험에서 우러나온 처세와 교묘한 그의 연기력 때문이었다. 그는 아이들의 모범이 되기 위해 학교 앞을 손수 비로 쓸거나 수재 의연금을 내는 등의 연기를 펼쳐 아이들의 신뢰를 얻는다. 강 씨는 그런 점을 이용하여 온갖 사행성 짙은 놀이를 통해 아이들을 상대로 돈을 벌어 나간다. 그러던 중 전학을 온, 아이답지 않은 아이를 만나게 되는데, 그 아이는 학교 선생님, 마술 쇼의 마술사 등을 조롱하며 어른들 세계의 위선과 거짓을 폭로한다. 강 씨 역시 전학생 소년에게 자신이 돈벌이로 활용하던 사행성 짙은 놀이를 통해 농락 아닌 농락을 당하는 등의 큰 상처를 입고 좌절을 겪게 된다.

14 서술상의 특징 파악 답 ③

정답이 정답인 이유

③ 요술의 원리를 설명하며 속아서는 안 된다는 전학생의 발언 이후 아이들은 큰 소리로 기침을 하는 행동, 수군거리는 행동, 휘파람을 날리는 행동 등을 하기 시작한다. 이와 같은 인물들의 행동을 서술함으로써 요술에 대한 아이들의 부정적 분위기가 퍼져 나가고 있는 것을 제시하고 있다고 볼 수 있다.

오답이 오답인 이유

① 대상의 외양 묘사는 나타나지 않으며 이를 통해 인물이 처한 현실을 나타내고 있지 않다.
② 전학생의 발언이 반복적으로 제시되고는 있으나 이를 통해 발화 주체인 전학생을 희화화하고 있지 않다.
④ 아이들이 기침을 하는 것이나 휘파람을 날리는 것에서 청각적 이미지를 사용했다고 볼 수 있으나 이는 요술을 진행하던 여인에 대한 조롱을 의미하는 것으로, 이를 통해 대상에 대한 인물들의 호의를 표현하고 있다고 보기 어렵다.
⑤ 서술자가 이야기 속 인물로 등장하고 있다고 볼 수 없으며 이에 따라 이야기 속 인물인 서술자의 관찰자적 시선이 나타난다고 보기 어렵다. 또한 이를 통해 인물의 행동과 사건 정황을 객관적으로 서술하고 있지 않다.

15 구절의 의미 이해 답 ③

정답이 정답인 이유

③ 원판 경기에서 소년이 이긴 것은 급우의 도움 덕분이 아니라 소년 스스로의 판단에 의한 것이다. 따라서 ㉢이 원판 경기에서 이긴 것을 두고 급우에게 고마움을 직접적으로 드러내고 있는 것이라고 보기 어렵다.

오답이 오답인 이유

① ㉠에서 아이들이 요술은 속임수이며 어릿광대는 죽은 것이 아니라는 것을 확실하게 믿게 되었음을 알 수 있다.
② ㉡에서 다섯 배의 꿈은 이상으로, 사탕 두 알은 현실로 나타낸 것으로 보아, 아이들이 꾸었던 다섯 배의 꿈, 즉 원판 경기를 통해 사탕 열 개를 얻는 것이 어려운 일임을 알 수 있다.
④ ㉣에서 소년이 두 개의 동전으로 스무 개의 사탕을 획득했다는 것을 통해 소년이 한 개의 동전으로 얻을 수 있는 사탕 개수의 다섯 배에 해당하는 사탕, 즉 보상을 얻었다는 것을 알 수 있다.
⑤ ㉤에서 아이들에게 사탕을 모조리 나누어 주는 행동은 소년이 사탕에 집착하여 그것을 반드시 얻고자 원판 경기에 참여한 것이 아닐 수도 있음을 의미한다고 볼 수 있다.

16 구절의 의미 이해 답 ②

정답이 정답인 이유

② '동전'은 아이들이 원판 경기에서의 승리를 기대하며 손에 쥐고 있다가 내어놓게 되는 사물로, 열 개의 사탕을 얻는 것과 같은 요행에 대한 기대감을 나타낸다고 볼 수 있다. '비명'은 강 씨가 악몽에서 깨어나며 지르는 것으로, 아이들의 호기심을 이용하여 돈을 벌려고 했던 강 씨가 원판 경기를 통해 접하게 된 소년의 행동과 태도에 대해 느끼는 불쾌감을 내포하고 있다고 볼 수 있다.

오답이 오답인 이유

① '동전'은 아이들이 원판 경기에서의 승리를 기대하며 내어놓는 사물로, 열 개의 사탕을 얻는 것과 같은 목적 달성에 대한 열망을 나타낸다고 볼 수 있다. '비명'은 소년으로 인해 악몽을 꾸던 강 씨가 깨어나며 지르는 것으로, 소년에 대한 강 씨의 불쾌감을 내포하고 있다. 소년이 원판 경기를 휩쓸고 간 후 경기를 접고 가게 문을 닫은 강 씨가 원판 경기로 돈을 벌려고 했던 본래의 목적을 달성했다고 보기 어려우므로 '비명'이 목적 달성 이후의 허망함을 드러낸다는 것은 적절하지 않다.
③ 아이들이 요행을 기대하며 내어놓는 '동전'이 통제가 어려운 상황에 대한 불안을 나타낸다고 보기 어려우며, 소년으로 인해 악몽을 꾸던 강 씨가 깨어나며 지르는 '비명'이 통제 가능한 상황에 대한 인식을 나타낸다고 보기도 어렵다.

④ '동전'은 요행에 대한 아이들의 열망이나 기대감을 나타내는 것으로, 계획한 바를 이루기 어렵다는 절망을 나타낸다고 보기 어렵다. '비명'은 소년으로 인해 불쾌감을 느낀 강 씨가 악몽에서 깨어나며 지르는 것으로, 계획한 바를 이룰 수 있다는 의지를 나타낸다고 보기 어렵다.
⑤ '동전'은 아이들이 요행에 대한 기대감으로 유혹을 따르는 것을 의미하므로, 유혹을 물리친 것에 대한 자부심을 나타낸다고 보기 어렵다. '비명'은 원판 경기를 손쉽게 이긴 소년의 행동과 태도로 인한 강 씨의 불쾌감을 내포한 것이므로 유혹을 떨치지 못한 것에 대한 자괴감을 보여 준다고 보기 어렵다.

17 외적 준거에 따른 작품 감상 답 ⑤

정답이 정답인 이유

⑤ 강 씨가 소년의 '힐책하는 눈초리'를 떠올리는 것은 자신의 행동에 대한 죄책감의 발로라고 할 수 있다. 이러한 강 씨의 내면을 통해 순수함을 간직하기 어려운 세계의 부조리함을 강 씨가 인지하고 있다고 보기는 어려우며, 세계의 부조리함을 개선하려 애쓰기로 강 씨가 결심했다고도 보기 어렵다.

오답이 오답인 이유

① 소년이 요술을 관람하던 중 '저것보다 신기한 요술일지라도 속아서는 안 된다.'라고 말하는 것은 세계가 지닌 비밀을 폭로하는 것이라고 볼 수 있다.
② '두 가지 이유를 강 씨 자신도 미리 계산에 넣지 못한 바'가 아니라는 것은 아이들이 원판 경기 자리를 뜨지 못하는 두 가지 이유, 즉 가능성의 유희에 말려드는 것과 이익에 대한 막연한 기대를 강 씨도 이미 알고 있었음을 의미한다. 이를 통해 강 씨가 아이들의 섣부른 욕망을 자신의 돈벌이에 이용하고 있음을 알 수 있다.
③ 강 씨가 '어딘가 겁먹은 말투로 대답'하는 것은 원판 경기에서 이긴 후 '한 번 더 하겠'다며 '이번에도 맞으면 열 개 주는 거죠?'와 같은 소년의 당당한 물음 이후의 반응이다. 이를 통해 강 씨가 소년에 대해 내심 놀라워하면서 당황하고 있음을 알 수 있다.
④ 원판 경기에서 두 번이나 승리한 후 스무 개의 사탕을 얻었음에도 얼굴이 '매우 피로하고 지쳐 있는 것처럼 보'이는 것에서 일반적으로 어린이에게 부여하는 이미지와는 다른 모습을 소년이 지니고 있음을 알 수 있다.

실전 학습 2회

본문 314~328쪽

01 ③	02 ⑤	03 ①	04 ②	05 ④
06 ②	07 ⑤	08 ②	09 ③	10 ③
11 ①	12 ⑤	13 ④	14 ⑤	15 ③
16 ③	17 ③			

[01~04] 고전 산문

■ **작자 미상, 「설홍전」**

해제 이 작품은 명나라를 배경으로 하여 주인공 설홍의 고난과 영웅적 일대기를 다루고 있는 영웅 소설이다. 국문으로 쓰인 이 소설은 '군담', '변신', '환혼', '연애', '계모와의 갈등', '주인과 노비의 갈등' 등, 조선 후기 통속 소설의 다양한 성공 전략을 두루 적용하고 있어 흥미롭다. 이는 18세기 이래 세책점(도서 대여점)을 중심으로 한 상업적 독서 문화가 형성되고, 상업적 목적의 방각본 소설이 출현함에 따라 독자의 통속적 취향에 적극적으로 영합하려 했던, 당시 고전 소설의 경향에 따른 결과로 생각된다. 이 작품은 크게 두 부분으로 나누어 볼 수 있다. 전반부는 주인공 설홍이 고난을 극복하고 영웅적 능력을 갖추게 되기까지의 과정을 다룬다. 후반부는 영웅적 능력을 지닌 설홍이 그 능력을 세상에 펼쳐 부귀공명을 얻게 되기까지의 과정을 다룬다. 제시된 부분은 설홍이 고난을 겪는 장면에서 시작해 운담 도사를 만나 영웅적 능력을 갖게 되기 직전까지의 상황을 담고 있다.

주제 설홍이 겪은 고난과 영웅적 일대기

전체 줄거리 덕망 높은 처사 설희문과 그의 아내 맹 씨는 부처님의 점지로 늦은 나이에 아들 설홍을 얻는다. 그러나 맹 씨가 병을 얻어 죽고, 아내 잃은 슬픔에 설희문도 세상을 떠나자 설홍은 어린 나이에 고아가 되어 설희문의 첩 진 숙인에게 맡겨진다. 그러나 악인인 진 숙인은 시비 운섬을 시켜 설홍을 산중에 내다 버린다. 버려진 설홍은 저승으로 가, 그곳에서 죄를 지은 사람은 벌을 받고 착한 일을 한 사람은 복을 받는 모습을 본다. 염라왕의 명으로 인간 세상으로 돌아오지만 다시 진 숙인의 핍박을 받아 그가 준 독약을 먹고 곰으로 변한다. 진 숙인은 곰처럼 변한 설홍을 '인곰'이라 부르며 학대하다가 강물에 버린다. 이후 설홍은 북산도의 응백에게 구조되지만, 탐욕스러운 명선에게 납치되어 여기저기 끌려다니며 명선을 위한 돈벌이 수단이 된다. 소주 땅의 왕 승상이 우연히 인곰이 된 설홍을 보고 측은히 여겨 구해 주고, 설홍은 꿈에서 만난 노승에게 약을 받아먹고 원래의 모습을 되찾는다. 다시 인간이 된 설홍은 운담 도사에게 병법과 도술을 배워 영웅의 능력을 갖춘다. 그사이 왕 승상은 강포한 하인 돌쇠에게 피살되고, 그의 딸 윤선은 위기에 빠지지만 설홍이 나타나 돌쇠를 죽이고 윤선을 구한 뒤 혼인을 약속하고 헤어진다. 한편 진 숙인은 설홍을 핍박한 죄로 천벌을 받아 거지 신세가 된다. 설홍과 윤선은 각자 여러 차례의 험난한 위기를 극복하고 나서 재회한다. 이후 설홍은 대원수가 되어 가달국과의 전쟁에서 승리를 거두고 위기에 빠진 천자를 구한다. 그 공으로 강동왕이 되고, 덕으로 백성을 다스려 태평성대를 이룬다.

01 서술상의 특징 파악 답 ③

정답이 정답인 이유

③ [A]에서 서술자는 설홍을 괴롭히고 해치려고 하는 진 숙인의 모습을 그의 말과 행동을 통해 구체적으로 보여 줌으로써 진 숙인의 악랄하고 잔인한 성격을 드러내고 있다.

오답이 오답인 이유

① 진 숙인이 시비 운섬에게 한 말을 보면, 어린 설홍을 '산중에 버려 죽게 하였'던 자신의 과거 행동에 대해 전혀 반성하지 않았음을 알 수 있다. 그러므로 특정 사건에 대한 인물의 반성적 인식을 중심으로 서술하고 있다는 설명은 적절하지 않다.
② [A]에서 서술자는 진 숙인에 대한 부정적 태도를 드러내고 있으나 비유적 표현을 사용하여 그러한 태도를 나타내고 있지는 않다. 되레 '포악하고 잔학한 자라'라는 직설적 표현을 통해 진 숙인에 대한 부정적 태도를 드러내고 있다.
④ 배경이 감각적으로 묘사된 장면은 나타나 있지 않다.
⑤ 진 숙인의 간계로 설홍이 곰처럼 변하고 이로부터 진 숙인에게 모진 괴롭힘을 당하게 된 과정을 요약적으로 제시하고는 있으나, 요약 제시된 내용을 바탕으로 설홍과 주변 인물들이 앞으로 맞이하게 될 결말을 짐작할 수는 없다. 따라서 사건의 결말을 예고하고 있다는 설명은 적절하지 않다.

02 구절의 의미 이해 답 ⑤

정답이 정답인 이유

⑤ 명선은 왕 승상의 요청을 수락함으로써 곰이 된 설홍을 은전 백 냥을 받고 왕 승상에게 바친다. '명선이 생각하니 은전 백 냥도 적지 아니하거니와 승상의 말씀을 어찌 거역하리오.'라는 표현에서 알 수 있듯이 명선이 왕 승상의 요청을 수락한 까닭은 자신보다 지위가 높은 승상의 제안을 거절하기 힘든 면도 있지만 승상이 값으로 치르기로 한 은전 백 냥이 또한 만족할 만한 금전적 보상이었기 때문이다. 따라서 은전 백 냥의 이익을 포기하고 있다는 설명은 적절하지 않다.

오답이 오답인 이유

① 진 숙인은 점쟁이의 말을 듣고 나서 '몸이 노곤하여 피골이 상접하고 몸에 살 한 점이 없'게 된 자신의 변화가 설홍의 원혼 때문이라고 생각한다. 과거 자신이 산중에 버렸던 어린 설홍이 목숨을 잃고, 원혼이 되어 자신을 괴롭힌다고 생각한 것이다. 그렇게 생각한 이후 진 숙인은 설홍의 유골을 수습해 제 부친의 묘 아래 묻어 주기로 결정하는데 이는 설홍의 원혼을 풀어 주기 위해 내린 결정이다. 이처럼 자신의 몸에 일어난 병적인 변화의 원인을 설홍의 원혼에서 찾고, 문제를 해결하기 위해 원혼을 풀어 주어야 할 필요성을 느끼는 진 숙인의 내면 심리가 '설홍의 원귀로구나'라는 표현에 담겨 있다.
② 시비 운섬은 진 숙인의 명령을 받아 설홍의 유골을 찾기 위해 흑운산 당월굴 아래로 가지만 아무것도 발견하지 못한다. 이에 속으로 '설홍은 어린아이라 필연 무슨 짐승이 잡아먹었으리라'라고 생각하며 유골이 발견되지 않는 이유를 추측하고 있다.
③ 시비 운섬은 설홍에게 '저는 공자 댁의 시비 운섬'이라고 말하면서 자신이 설홍과 관련이 있는 사람임을 밝힌다. 그러고 나서 '부인께서 공자를 데려오라 하옵기로 왔나이다'라고 말하며 자신이 흑운산으로 온 이유를 설명하는데 이는 운섬이 흑운산으로 오게 된 애초의 이유가 아니다. 운섬은 진 숙인의 명령을 받아 설홍의 유골을 찾으러 왔기 때문이다. 그러나 생존해 있는 설홍의 모습을 본 운섬은 이 사실을 감춘다.
④ 시비 운섬은 자신의 주인인 진 숙인의 명령에 따라 설홍의 유골을 수습해 오려고 했지만 애초의 목적과 달리 살아 있는 설홍을 데리고 오게 되었다. 이는 설홍이 이미 죽었을 것이라고 생각한 진 숙인의 예상에서 벗어난 상황이다. 그렇기 때문에 운섬은 예상 밖의 상황이 전개된 까닭을 진 숙인에서 설명하기 위해 자신이 흑운산에 갔다가 생존해 있는 설홍을 만나 그를 데리고 오게 되기까지의 과정을 요약해 언급하고 있다.

03 구성 및 서사 구조의 이해 답 ①

정답이 정답인 이유

① '명선과 이별하고 그곳에 와 있으니, 즐겁기는 측량없'다라는 표현에서 알 수 있듯이 설홍은 악당 명선에게서 벗어나 북산도에 버려진 것을 기쁘게 여긴다. 따라서 북산도에 버려진 것에 대해 슬퍼하고 있다는 설명은 적절하지 않다. [B]에 나오는 '슬프다'는 표현은 서술자의 편집자적 논평으로, 설홍이 슬퍼하는 것이 아니라 설홍이 배고픔을 겪는 상황에 대해 서술자가 보인 정서적 반응이다.

오답이 오답인 이유

② '(설홍이) 배고픔을 이기지 못하여 풀로 머리를 고이고 수목 사이에 누웠으니 홀연 몸이 노곤하여'라는 표현에서, 설홍이 잠들기 직전에 허기와 피곤함을 느끼고 있었음을 알 수 있다.
③ 잠이 들기 전까지 설홍은 아직 짐승의 상태에 있었기 때문에 말을 할 수 없었다. 그러나 꿈속에서 설홍은 아직 사람으로 되돌아오기 전임에도 노승과 대화를 나누고 있다.

④ '문득 뒷동산의 뻐꾹새가 울음을 운다. 뻐꾹뻐꾹 우는 소리에 깨어나니 남가일몽이라.'라는 표현에서 뻐꾸기의 울음소리가 각몽(覺夢)을 제시하는 서사적 장치로 쓰임을 알 수 있다.
⑤ 꿈에서 깬 후 설홍은 자신이 곰에서 다시 인간의 형상으로 되돌아오게 된 것을 알게 된다. 설홍이 변신을 통해 인간으로 되돌아올 수 있었던 까닭은 꿈속에서 노승이 준 약을 먹었기 때문이다. 따라서 [다]에서 설홍이 겪은 일(노승이 준 약을 먹음.)과 [마]에서 설홍에게 일어난 변화(사람으로 되돌아옴.)가 각각 원인과 결과로 대응한다는 설명은 적절하다.

04 작품의 종합적 이해와 감상 답 ②

정답이 정답인 이유

② ⓐ는 진 숙인이 먹인 '독약'으로 설홍이 인간에서 곰으로 변신하게 만든다. ⓑ는 노승이 준 '약'으로 설홍이 곰에서 인간으로 변신하게 만든다. ⓐ를 통해 설홍의 변신을 실현시킨 인물은 진 숙인으로, 그는 노승과 달리 속세의 인간일 뿐 초현실적 존재는 아니다. 따라서 진 숙인과 노승이 둘 다 초현실적 존재라는 설명은 적절하지 않다.

오답이 오답인 이유

① 설홍이 인간에서 곰으로, 곰에서 다시 인간으로 변신한 것은 자신의 의지와 무관하게 진 숙인의 적의(敵意), 노승의 선의(善意)에 따라 일어난 일이다. 따라서 설홍이 겪은 두 번의 변신이 자신의 의지와 상관없이 이루어졌다는 설명은 적절하다.
③ 설홍은 독약을 먹고 곰이 되어 수난을 당한다. 독약을 먹게 된 사건뿐만 아니라 그 사건 이후에 이어지는 일들이 설홍에게는 모두 가혹한 시련이다. 반면 설홍은 노승에게 약을 받아 먹고 사람의 모습으로 돌아온다. 노승과의 만남, 노승에게 약을 얻게 된 일 모두 설홍이 조력자를 만나 구조되는 일에 해당한다.
④ 설홍이 독약을 먹고 곰으로 변한 것은 현실에서 일어난 사건이다. 반면 설홍이 약을 먹고 사람으로 돌아온 것은 꿈속에서 겪은 사건을 통해 이루어진다.
⑤ 독약을 먹은 설홍은 곰의 모습으로 변해 사람의 말을 할 수 없게 되고, 다른 사람들도 설홍을 '세상에 보지 못하던 짐승'으로만 여긴다. 이는 주인공이 인간 세계에서 소외된 것이다. 그러나 설홍은 노승이 준 약을 먹은 뒤에 본래의 인간 형상을 되찾고, 사람의 말도 할 수 있게 된다. 이는 인간 세계로의 회귀를 뜻한다.

[05 ~ 07] 고전 시가

■ 조존성, 「호아곡」

해제 이 작품은 초장의 첫 구가 '아이야'로 시작하기 때문에 '호아곡(아이를 부르는 노래)'이라고 불린다. 작가인 조존성은 광해군이 자신의 생모인 공빈 김씨를 왕비로 추존하는 것에 반대하다 파직당한 후 은거하게 되는데, 이 작품은 그 당시에 지어진 것으로 추정된다. 각 수에 등장하는 '서산'과 '동쪽 골짜기', '남쪽 논밭', '북쪽 마을'에서 화자가 하는 행위는 작가의 은자적 삶의 모습과 관련이 있는데, 특히 작품에 활용된 고사를 통해 농사를 지으며 은거하면서도 현실 정치에 대한 관심을 놓지 않았던 작가의 모습을 확인할 수 있다.

주제 전원에서 즐기는 은거 생활의 즐거움

구성
- 제1수: 서산에서 고사리를 캐며 즐기는 삶
- 제2수: 동쪽 골짜기에서 낚시를 하며 즐기는 삶
- 제3수: 남쪽 논밭에서 농사를 지으며 즐기는 삶
- 제4수: 북쪽 마을에서 술을 마시며 즐기는 삶

05 표현상의 특징 파악 답 ④

정답이 정답인 이유

④ 〈제2수〉에서는 '내 흥 겨워 하노라'라는 영탄적 표현을 통해 자연에서의 삶을 즐기는 화자의 만족감을 드러내고 있고, 〈제4수〉에서는 '어즈버 희황상인을 오늘 다시 보는구나'라는 영탄적 표현을 통해 술을 마시며 삶을 즐기는 화자의 만족감을 드러내고 있다.

오답이 오답인 이유

① 〈제1수〉에서는 '서산에 날 늦겠다'라는 시간적 배경을 제시하며 '구럭 망태'를 찾는 이유를 밝히고 있다. 그러나 〈제2수〉에서는 시간적 배경이 나타나지 않는다.
② 〈제1수〉의 '벌써 아니 자랐으랴', '끼니 어이 이으랴'에서 물음의 방식을 활용하고 있으나 이를 통해 대상에 대한 화자의 경외감을 드러내고 있지는 않다. 〈제3수〉에서도 '누구와 마주 잡을꼬'에서 물음의 방식을 활용하고 있으나 이 역시 대상에 대한 화자의 경외감을 드러내는 것과는 관련이 없다.
③ 〈제2수〉의 '저 고기 놀라지 마라'는 '고기'를 감정 표현이 가능한 청자로 설정하고 있다는 점에서 자연물을 의인화하고 있다고 볼 수 있다. 그러나 '고기'와 화자의 동질성을 강조하고 있지는 않다. 〈제3수〉에서는 자연물을 의인화하고 있지 않으며, 자연물과 화자의 동질성을 강조하고 있지도 않다.
⑤ 〈제4수〉에서는 '희황상인'이라는 중국 고사와 관련된 인물을 언급하고 있으나 이를 통해 과거와 달라진 화자의 처지를 부각하고 있지는 않다. 〈제3수〉에서는 역사적 인물을 언급하

고 있지 않다.

06 시어, 시구의 의미와 기능 파악 답 ②

정답이 정답인 이유

② 〈제1수〉에서 화자는 밤이 지났기에 서산의 고사리가 자랐을 것이라며 구럭과 망태를 어서 준비하자고 말하고 있다. 따라서 ㉠은 서산의 고사리를 얼른 뜯으러 가자는 화자의 마음을 드러낸다고 볼 수 있다. 〈제3수〉에서 화자는 남쪽 밭에 할 일이 많은데 '따비'를 다루는 것이 서툰 자신이 누구와 마주 잡고 따비를 다룰 수 있겠느냐고 묻고 있다. 따라서 ㉡은 따비를 다루는 상황에 대한 화자의 마음을 드러낸다고 볼 수 있다.

오답이 오답인 이유

① 〈제1수〉에서 고사리의 모습에 대한 화자의 평가는 드러나지 않으며, 〈제3수〉에서 화자의 모습에 대한 주위 사람들의 평가 역시 드러나지 않는다.
③ 〈제1수〉에서 고사리는 화자가 캐고자 하는 대상일 뿐, 화자가 소외감을 느끼는 대상과는 관련이 없다. 〈제3수〉에서 화자가 자신을 성찰하는 모습이 나타나지 않는다.
④ 〈제1수〉에서 화자는 서산에 해가 지고 있으므로 고사리를 캐기 위해 구럭과 망태를 챙기라고 말하고 있다는 점에서 ㉠은 대상과 관련된 화자의 현실 인식과 관련된다고 볼 수 있다. 그러나 〈제3수〉에서 화자가 현실을 극복하기 위해 노력하는 모습은 나타나지 않는다.
⑤ 〈제1수〉에서 화자는 고사리가 자랐을 수 있다고 생각하고 있을 뿐, 고사리의 외양이 변한 것에 대한 놀라움을 드러내고 있지 않다. 〈제3수〉에서 화자가 자신의 주변 환경이 변한 것에 대한 놀라움을 드러낸 부분은 나타나지 않는다.

07 외적 준거에 따른 작품 감상 답 ⑤

정답이 정답인 이유

⑤ 〈보기〉에서 공자가 장저와 걸닉의 권유에 대해 사람의 무리와 함께 살지 않고 누구와 함께 살겠느냐고 말했다는 고사가 이 작품과 관련 있다고 한 것과 〈제3수〉에서 화자가 태평한 세월에 자기가 직접 농사를 짓는 것 역시 임금의 은혜라고 말하고 있다는 점에서, 화자는 현실 정치에 관심을 두고 있다고 볼 수 있다. 그러나 〈제4수〉에서 화자는 달빛 아래에서 술에 취한 자신의 모습을 태평하게 숨어 사는 사람인 '희황상인'에 비유하고 있을 뿐, 현실 정치에 대한 관심을 보이고 있지는 않다.

오답이 오답인 이유

① 〈보기〉에서 백이와 숙제가 지조를 지키기 위해 고사리만 뜯어 먹다가 굶어 죽었다는 고사와 연관 지어 볼 때, 〈제1수〉에서 화자가 고사리를 캐는 행위는 자신의 지조를 지키려는 것으로 해석할 수 있다.
② 〈보기〉에서 여상이 자신의 능력을 알아줄 군주를 기다리며 미끼를 끼우지 않은 곧은 낚싯바늘을 물에 드리웠다는 고사와 연관 지어 볼 때, 〈제2수〉에서 화자가 '미늘 없는 낚시'를 하는 것은 자신의 능력을 펼칠 때가 오기를 기다리는 것으로 해석할 수 있다.
③ 〈보기〉에서 장저와 걸닉이 자연에 은거하며 한가롭게 밭을 갈았다는 고사와 연관 지어 볼 때, 〈제3수〉에서 화자가 남쪽 논밭에서 하는 일은 은거한 화자가 하는 행동이라 볼 수 있다. 또한 화자는 이러한 삶도 '역군은이시니라'라고 말하고 있는데, 이를 통해 화자는 힘겨운 농사일마저도 임금의 은혜라 여기며 전원생활을 하고 있다고 볼 수 있다.
④ 〈보기〉에서 작가의 구체적인 삶의 모습은 화자의 행위를 통해 확인할 수 있다고 하였다. 〈제4수〉에서 화자는 '북쪽 마을'에서 술을 마신 뒤 '잔뜩 취한 얼굴을 달빛에 실어' 온다고 말하고 있는데, 이를 통해 화자는 은거적 삶을 살면서도 자연과 조응하며 유유자적하게 지낸다고 볼 수 있다.

[08~13] 갈래 복합

(가) 신석정, 「들길에 서서」

해제 이 작품의 화자는 저문 들길에 서서 자신의 생활을 돌아보며 삶에 대한 밝고 건강한 의지를 다지고 있다. 이 작품은 주제를 효과적으로 드러내기 위해 두 세계를 대립시키고 있는데, 하나는 '시적 자아가 존재하는 현실'이다. 이곳은 이미 어두워진 공간이고, 뼈에 저리도록 생활이 슬픈 곳이기도 하다. 그러나 그 속의 '나'는 결코 연약하지 않아 푸른 산과 같이 든든하게 지구를 디디고 살고 있다. 두 번째 세계는 '푸른 하늘과 푸른 별이 있는 세계'이다. 이 세계는 미래에 다가올 것이기에 고달픈 현재가 결코 비관적인 것만은 아니다.

주제 굳센 삶의 의지와 이상 추구

구성
- 1, 2연: 푸른 하늘을 우러르며 사는 숭고한 삶
- 3, 4연: 지구를 디디고 사는 기쁜 삶
- 5, 6연: 푸른 별을 바라보며 사는 거룩한 삶

(나) 송수권, 「등꽃 아래서」

해제 이 작품은 등나무 아래에서 등꽃을 바라보며 느낀 화자의 정서와 화자가 얻은 깨달음을 드러내고 있는 시이다. 넝쿨진 '등꽃송이'의 모습을 통해 화자는 삶의 슬픔과 기쁨의 복합적인 정서를 느끼고, 타인과 더불어 살아가는 삶의 의미를 깨닫고 있다.

주제 등꽃을 통해 발견하는 삶의 의미와 가치

구성
- 1연: 등꽃을 보며 삶의 슬픔과 기쁨의 복합적 정서를 느낌.
- 2연: 등꽃을 통해 조화로운 삶의 의미를 깨달음.
- 3연: 화자가 발견한 '등꽃송이'의 아름다움

(다) 정여울, 「그때 알았더라면 좋았을 것들」

해제 이 작품은 꿈을 포기하는 습관을 가졌던 자신의 아픈 경험을 솔직하게 진술하고, 이러한 경험을 통해 얻게 된 깨달음과 함께 꿈을 찾는 젊은이들에 대한 당부를 전하고 있는 글이다. 글쓴이는 어린 시절 피아니스트가 되려는 꿈을 포기한 이후 여러 가지 이유로 쉽게 꿈을 포기하는 버릇을 습관화해 왔다. 하지만 소중한 벗과의 대화를 통해 자신의 치명적인 허점을 아프게 확인하며, 꿈을 찾는 젊은이들이 자신과 같은 실수를 하지 않기를 당부하고 있다.

주제 꿈을 향해 도전하는 자세의 중요성

구성
- 처음: 어린 시절 피아니스트의 꿈을 포기하게 된 사연
- 중간 1: 꿈을 쉽게 포기하는 습관이 형성된 과정
- 중간 2: 소중한 벗과의 대화를 통해 깨닫게 된 치명적인 허점
- 끝: 꿈을 찾는 젊은이들에 대한 당부

08 작품 간의 공통점, 차이점 파악 답 ②

정답이 정답인 이유

② (가)는 '푸른 산', '흰 구름', '푸른 하늘', '푸른 별'과 같은 자연물을 활용하여 꿈과 희망을 간직한 채 살아가는 삶의 태도에 대한 화자의 지향을 노래하고 있다. 또 (나)는 '등나무'의 줄기, 둥치, 꽃송이와 같은 자연물을 바탕으로 부정적 상황을 극복하고 더불어 살아가고자 하는 화자의 지향을 노래하고 있다.

오답이 오답인 이유

① (가)와 (나)에서 화자가 자신의 지나온 삶을 성찰하고 있는 부분은 찾아볼 수 없다.
③ (가)에는 '얼마나 ~ 일이냐'와 같은 유사한 시구가 반복적으로 사용되고 있지만 (나)에는 유사한 시구가 반복적으로 사용되고 있지 않다.
④ (가)에는 화자의 인식과 사고의 흐름이 드러나 있을 뿐, 공간 이동에 따라 화자의 인식이 변화하는 과정은 나타나 있지 않다. 또 (나)에는 화자의 인식이 변화하는 과정이 제시되어 있기는 하지만 공간의 이동에 따라 화자의 인식이 변화하는 과정은 나타나 있지 않다.
⑤ (가)와 (나)에는 모두 현실에 대응하는 화자의 긍정적 인식이 드러나 있다. 그러므로 (가)와 (나)의 화자가, 관찰한 내용을 바탕으로 인간 사회를 비판적으로 인식하고 있다는 진술은 적절하지 않다.

09 시어, 시구의 의미와 기능 파악 답 ③

정답이 정답인 이유

③ ㉢에는 혹독한 상황 속에서도 그것을 참고 견디며 꿈과 희망을 간직한 채 살아가고자 하는 화자의 태도가 드러나 있다. 그리고 화자는, 이러한 태도를 자신뿐만 아니라 이 시를 읽고 공감하는 독자들이 함께 지향하며 살아갈 것을 희망하고 있다. 그러므로 ㉢에, 타인의 삶을 위한 화자의 자기희생의 의지가 표현되어 있다는 진술은 적절하지 않다.

오답이 오답인 이유

① (가)의 화자는 비록 부정적인 상황일지라도 마치 푸른 산이 흰 구름을 지니고 살 듯 꿈과 희망을 가지고 살아갈 것을 강조하고 있다. 그러므로 ㉠에는 꿈과 희망을 지닌 채 살아가자는 화자의 생각에 유의미한 영향을 미친 자연물이 제시되어 있다고 볼 수 있다.
② ㉡에서 화자는 비록 연약한 두 다리이지만 이를 젊은 산맥으로 삼으라고 언급하고 있으며, 이러한 태도를 바탕으로 현실을 긍정적으로 인식하고 살아가자는 주제 의식을 전달하고 있다.
④ ㉣은 등나무 아래에서 등나무 줄기가 꼬여 넝쿨져 뻗는 모습을 본 후, 화자가 보인 주관적 반응이라고 볼 수 있다.
⑤ ㉤은 화자가 경험하고 있던 슬픔이 기쁨과 희석되어 함께 녹아 흐르기 시작한 것을 나타내고 있다. 그러므로 ㉤은 화자의 부정적 인식이 개선되고 있음을 나타내는 것이라고 볼 수 있다.

10 이미지의 특징과 효과 이해 답 ③

정답이 정답인 이유

③ (다)의 '사금파리'는 '사기그릇의 깨어진 작은 조각'을 지칭하는 것이다. '사금파리'는 글쓴이가, 오래도록 자신과 함께해 온 소중한 벗으로부터 받은 질문이 자신의 허점을 정확하게 건드림으로써 느끼게 된 심리적 고통을 표현하는 어휘이다. 그리고 '사금파리'는 날카로운 외형과 이로부터 연상되는 섬뜩한 촉각적 이미지를 환기하며 글쓴이가 느낀 심리적 고통을 감각적으로 형상화하는 기능을 하고 있다.

오답이 오답인 이유

① (가)의 3연에서는, '부절히 움직'이는 '둥근 지구'를 젊은 산맥과 같은 두 다리로 밟고 서 있는 모습을 드러내고 있으므로 상황을 긍정적으로 인식하려는 화자의 태도가 드러나 있다고 볼 수 있다. 그러므로 '둥근 지구'를 '부절히 움직'이는 이미지와 연결하여 화자가 처한 부정적 상황을 형상화하고 있다는 진술은 적절하지 않다.
② (나)의 '구슬 같은 소리'와 '은은한 소리'는 모두 화자가 가지고 있던 부정적 심리 상태가 점진적으로 해소되고 있음을

나타내는 것이다. 그러므로 '구슬 같은 소리'가 '은은한 소리'로 이어지며 화자의 내면세계가 외부 세계로 확장되고 있음을 나타낸다는 진술은 적절하지 않다.
④ (가)의 '든든하게 지구를 디디고'는 자신이 처한 상황을 긍정적으로 인식하고자 하는 화자의 태도가 반영된 것일 뿐 화자가 지닌 인고의 정신과는 관련이 없다. 또 '든든하게 지구를 디디고'의 주체는 화자를 비롯해 이 시를 읽고 공감하는 독자들로 생각할 수 있는데, 이를 통해 화자와 독자의 강인한 이미지가 환기되고 있는 것도 아니다. 한편 (나)에서 '튼튼한 줄기가 꼬여'의 주체는 등나무로 이러한 시구가 등나무의 강인한 이미지를 환기하는 것으로 볼 수도 있지만 화자가 지닌 인고의 정신을 드러낸 것으로 보기는 어렵다.
⑤ (나)에서 '지등의 불빛'이 흔들리는 것은 화자의 심리가 과거의 상태에서 변화하게 된 것을 나타내는 것일 뿐 화자의 심리가 고조되는 양상을 표현하는 것은 아니다. 또 (다)에서 글쓴이는 '꿈의 불꽃'이 언제 타올랐는지에 대해 잘 기억하지 못하는 반면 그러한 불꽃이 사그라지던 순간만을 정확하게 기억하고 있다. 그러므로 '꿈의 불꽃'은 글쓴이의 심리가 고조되는 양상과는 거리가 먼 것이라고 볼 수 있다.

11 작품 간 비교 감상 답 ①

정답이 정답인 이유

① (다)의 '나'는 실패를 두려워하지 않고 꿈을 향해 도전하는 사람들에게 질투와 존경을 느낀다고 하였다. 즉 '나'는 실패와 관계없이 자신의 꿈을 위해 도전하는 사람들을 높이 평가하고 그들의 도전을 숭고한 것으로 인식하고 있음을 알 수 있다. 그러므로 (가)에서 꿈과 희망을 상징하는 하늘을 향해 두 팔을 드러낼 수 있는 것은 실패와 관계없이 꿈을 위해 도전하는 숭고한 일이라고 볼 수 있다.

오답이 오답인 이유

② (가)의 화자는 '하늘 아래 사는 거룩한 나의 일과'를 희망을 잃지 않고 자신이 처한 부정적 상황을 견디어 내는 것이라고 생각하고 있다. 그러나 (다)의 '나'는 이모와 수다를 떨고 나서 피아니스트의 꿈을 포기하고 연습을 게을리하였음을 알 수 있다. 그리고 '나'는 그때 피아노를 더 뜨겁게 사랑하지 못했던 것을 후회하고 있다. 그러므로 (가)의 '하늘 아래 사는 거룩한 나의 일과'가 (다)의 '나'가 '피아노'를 '뜨겁게 사랑했'던 것에 대응된다는 진술은 적절하지 않다.
③ (다)에서 '나'는 꿈을 너무 쉽고 빨리 포기하였다고 언급하고 있으며, 오히려 '꿈을 향해 도전하며 처절하게 실패'한 사람들을 동경하고 있다. 그러므로 '나'가 '꿈을 향해 도전하며 처절하게 실패'하는 것을 보며 슬픔을 느끼게 되었다는 진술은 적절하지 않다.
④ (나)의 화자는 '가닥가닥 꼬여 넝쿨져 뻗는' 등나무 줄기의 모습을 보며 슬픔으로 가득했던 심리 상태에서 긍정적인 변화를 일으키고 있다. 그러므로 화자가 '등나무'가 '가닥가닥 꼬여 넝쿨져 뻗는 것'을 경계하였다는 진술은 적절하지 않다.
⑤ (다)의 '나'가 언급하고 있는 '녹'은 자신의 꿈을 쉽게 포기하는 내면화된 습성이라고 볼 수 있다. 한편 (나)의 '밑뿌리'는 화자가 의미를 부여하고 있는 중요한 대상은 아니지만 화자의 원래 모습조차 알 수 없게 하는 '녹'과 같은 대상은 아니다.

12 작가의 관점, 주제 의식 파악 답 ⑤

정답이 정답인 이유

⑤ (다)에서 글쓴이는 자신의 글을 읽는 젊은이들은 자신과 같은 실수를 반복하지 말았으면 한다고 당부하며, 진로를 생각할 때 실현 가능성부터 생각하지 말았으면 한다고 하였다. 그러므로 글쓴이는 진로를 생각할 때 실현 가능성을 전혀 고민하지 않아야 한다고 한 것이 아니라, 실현 가능성을 우선적으로 고려하지는 말았으면 한다는 생각을 밝힌 것이라고 볼 수 있다.

오답이 오답인 이유

① 글쓴이는 자신의 꿈에 도전해 보지도 않고 포기하는 것보다 꿈을 위해 도전하고 처참하게 실패하는 것이 더 가치가 있는 것이라고 말하고 있다. 그러므로 글쓴이는 오래도록 간직했던 꿈을 쉽게 포기하는 것을 바람직하지 않다고 생각하고 있음을 알 수 있다.
② 글쓴이는 꿈을 이루는 데 실패하더라도 삶에서 실패하는 것은 아니라는 사실을 배웠다고 언급하고 있다.
③ 글쓴이는 자신이 꿈을 쉽게 포기하는 버릇을 내면화하였으며, 이러한 버릇은 아주 어릴 때부터 자신도 모르게 생긴 버릇이라 쉽게 고칠 수 없었다고 언급하고 있다.
④ 글쓴이는 자신에게 주어진 현실을 실제 상황보다 훨씬 나쁘게 인식하여 꿈을 포기했던 자신의 지나온 삶에 대해 후회하고 있다.

13 외적 준거에 따른 작품 감상 답 ④

정답이 정답인 이유

④ (나)의 화자는 '등꽃송이'를 본 이후부터 슬픔과 같은 부정적인 마음의 상태가 개선되는 것을 느끼고 꿈과 희망을 가지고 살아가는 삶에 대한 긍정적인 인식에 도달하고 있다. 이에 반해 (다)의 글쓴이가 이모와 수다를 떨었던 경험은 글쓴이가 꿈을 포기하게 된 계기가 되고 있다. 그러므로 (다)의 '이모와 수다를 떨'었던 경험을, 글쓴이가 고통스러운 현실을 극복하기 위한 삶의 태도를 지향하게 된 계기로 이해하는 것은 적절하지 않다.

오답이 오답인 이유

① (가)의 화자는 힘들고 어려운 상황 속에서도 '푸른 하늘'과 '푸른 별'을 생각하며 꿈과 희망을 가지고 살아갈 것을 강조하고 있다. 또 (나)의 화자 역시 슬픔을 극복하고 새로운 삶의 희망을 지향하며 살아갈 것을 강조하고 이처럼 슬픔이 극복되는 상황을 '파란 옥빛 구슬'을 '꺼내드는 은은한 소리가 들'리는 것으로 표현하고 있다.

② (가)의 '저문 들길'은 푸른 하늘이 보이지 않는 어둠과 관련이 있는 것이므로 부정적 상황이나 여건을 의미하는 것으로 볼 수 있다. 또 (나)의 '슬픔'은 화자가 등꽃과 등나무 넝쿨을 보며 인식을 전환하기 이전에, 삶의 과정에서 경험했던 고통을 의미한다고 볼 수 있다.

③ (가)의 화자는 부정적 현실에서도 꿈과 희망을 간직한 채 긍정적인 태도로 살아갈 것을 강조하고 있다. 그런 의미에서 '기쁜 일이냐'는 부정적 상황을 긍정적으로 인식할 것을 바라는 화자의 마음이 드러나 있는 표현으로 볼 수 있으며, '바라보자' 역시 꿈과 희망에 대한 지향을 가지고 살아갈 것을 바라는 화자의 마음이 드러난 표현으로 볼 수 있다. 또 (다)의 '말았으면 한다'는, 글쓴이가 이 글을 읽는 젊은이들에게 실현 가능성이나 직업, 생활의 안정 등을 먼저 생각하지 말라는 의미를 전달하고자 한 것이므로, 독자들이 꿈과 희망을 간직하고 살아가기를 바라는 글쓴이의 마음이 드러난 표현으로 이해할 수 있다.

⑤ (나)의 화자는 등나무 줄기가 꼬이며, 슬픔과 같은 부정적 요소들이 녹아내린 후 '좋은 꽃들'이 피어날 것이라고 기대하고 있다. 또 (다)의 글쓴이는 '무언가에 몰두해 본' 것이야말로 우리들의 가슴을 뛰게 하는 것이자 자신의 진정한 꿈이라고 생각하고 있다. 그러므로 '좋은 꽃들'과 '무언가에 몰두해' 보는 것은 꿈과 희망을 지향함으로써 인간의 삶이 고양된 결과로 이해할 수 있다.

[14~17] 현대 소설

■ **이문구, 「장곡리 고욤나무」**

해제 이 소설은 한 농촌 노인이 세상을 등지며 일어난 사건들과 그의 생전의 모습을 통해 정부의 농촌 정책 실패를 꼬집고 있는 작품이다. 농산물 관세 인하를 요구하는 강대국의 압력에 수입 농산물이 쏟아져 들어오게 되었던 1990년대, 도시화, 산업화의 물결 속에 개발에 소외되었던 농민들의 어려움은 더욱 커져 갈 수밖에 없었다. 농지 보호라는 허울 좋은 명분 속에 농민들이 그나마 가지고 있던 땅의 가치조차 하락하게 되자, 농촌에서 희망을 포기하게 된 젊은이들은 농촌을 점차 떠나고, 이 과정에서 농촌은 세대 갈등까지 겪게 되어 공동체는 와해되고 파편화되어 간다. 소설 속에서 아버지의 장례에서조차 유산의 권리만을 주장하는 자녀들의 모습은 그 자체로 씁쓸하면서도 정부의 농촌 정책 실패를 방증하는 것이며, '수고가 뭔지도 모르는 것이 수단은 워디서 나와서'라고 일갈하는 주인공 기출의 모습은 세상의 근본인 노동과 농업의 가치를 무시한 채 물질만을 추구하는 현 세태에 대한 날카로운 비판이다.

주제 개발에 소외된 농촌의 황폐한 현실

전체 줄거리 이봉출은 사촌 형인 기출이 스스로 세상을 하직했다는 소식을 듣고 장례에 참석하기 위해 버스에 오른다. 버스 안의 사람들은 기출의 죽음에 의아함을 느끼며 두런거리고, 봉출은 며칠 전에 정부의 농업 정책을 투덜거리는 기출과 만나 술자리를 가졌던 일, 기출이 자신의 생일에 자식들과 다투었던 일 등을 떠올린다. 장례가 치러지는 기출의 집에 도착하자 이번에는 기출의 아내인 형수가 아비의 사망 소식에도 자녀들은 유산을 둘러싼 권리만 주장하고 있다며 한탄을 한다. 봉출은 그 이야기를 듣고 농지를 팔아 사업 자금을 달라는 큰아들과 기출이 입씨름하던 모습과 고욤나무의 쓸모를 개탄하던 그의 말을 겹쳐 회상한다. 여기까지 떠올려 본 봉출은 기출이 세상을 떠난 것은 마지막까지 기대했던 선거용 농지 정책마저 그의 기대를 저버렸기 때문이라고 생각한다.

14 서술상의 특징 파악 답 ⑤

정답이 정답인 이유

⑤ ㉯에서 경찰관을 친 것을 두고 법을 친 것이라고 주장하는 기출의 언급은 앞에서 경찰관이 '내가 아저씨를 민 게 아니라 법이 민 거예유.'라고 한 표현을 흉내 낸 것으로, 경찰관들이 스스로 '법'임을 자처한 것을 빈정대면서 동시에 자신의 행동이 농촌 정책에 대한 불만을 담은 정당한 행동임을 말하고 있다.

오답이 오답인 이유

① ㉮와 ㉯는 모두 풍자적 성격을 띤 어조이기는 하지만 상대방의 행동을 풍자한다고 보기 어렵고, 성찰을 유도하는 것이라 보기도 어렵다.

② ㉮와 ㉯ 모두 상대방인 경찰관의 말에 응수하고 있는 것이나 논지에 대한 반박이 아닌 자신의 행동에 대한 핑계에 가깝다고 볼 수 있다.

③ ㉮와 ㉯에 두 대상을 대비한 부분은 찾아볼 수 없다.

④ ㉮의 '억'은 돈의 액수를 뜻하는 '억(億)'과 비명을 뜻하는 '억'이 동음이의어임에 착안한 것이나, ㉯는 앞서 경찰관이 자신의 등을 밀어 놓고 '법이 민 거'라고 말한 것을 되받아 한 말로 동음이의어를 언급한 것은 아니다. ㉮에서는 정부의 정책에 의해 농촌이 점차 빈곤해지는 현실을 비판하며 자신의 행동이 정당한 것임을 말하고 있다. ㉮와 ㉯ 둘 다 상대방의 행동 변화를 요구하고 있지는 않다.

15 작품의 내용 이해 답 ③

정답이 정답인 이유

③ 봉출은 기출과의 마지막 만남을 회상하면서 평소와 달랐던 기출의 행동이 심상치 않아 당시 느꼈던 불안감을 토로하고 있다.

오답이 오답인 이유

① 기출과 봉출이 함께 겪었던 과거의 일을 봉출의 입장에서 묘사하고 있고, 상대방인 '두 사람'에 대해 짐작하는 바를 밝히고 있으나 기출이 이후에 트집을 잡는 행동을 하는 것의 이유를 밝히고 있는 것은 아니다.

② 경찰관과 기출이 갈등했던 일을 봉출의 입장에서 회상하고 있으나 봉출이 기출의 행동을 저지하지 못했던 것을 후회하는 내용은 찾아볼 수 없다.

④ 해당 부분은 자녀들과의 갈등 중 중요한 사건인 큰아들과의 언쟁을 봉출이 떠올리는 부분이다. 다음 부분에 인용된 고욤나무를 보며 한탄하는 기출의 말은 정부로부터 외면받아 쓸모없어진 농민들의 신세 또는 자녀들로부터 괄시받는 자신의 처지를 암시하는 것으로 볼 수 있으나, 나무의 가격 하락을 걱정한 것이라고는 볼 수 없다.

⑤ 기출이 본인의 생일 아침에 아들과 언쟁을 벌인 것을 봉출이 기억하고 이를 회상하고 있다고 볼 수 있으나, 이것이 생일에 땅 거래가 있었음을 설명하는 것은 아니다.

16 인물의 성격 이해 답 ③

정답이 정답인 이유

③ 이 장면은 기출이 자녀들과 겪었던 갈등의 대표적인 사례로 제시된 것으로, 자녀들에게 크게 실망할 수밖에 없었던 상황이 드러나는 장면이다. 기출은 땅이 팔리더라도 그 돈을 '너 같은 늠헌티는 못' 준다고 했으나 그것이 다른 아들에게 돈을 준다는 것을 의미하지는 않는다.

오답이 오답인 이유

① 기출은 효근이 평소 일을 무서워하고 열심히 하지 않았음을 언급하며 그에게 사업 자금을 줄 수 없다고 말하고 있다.

② 효근은 자신이 '예비 상속자'임을 밝히면서 아버지 사후(死後) 어차피 받을 돈이라면 지금 아버지로부터 받는 것이 좋다고 피력하고 있다.

④ 기출의 '논 팔구 밭 팔아서 나간 늠은 넘덜 되듯이 되는 것두 못 봤'다는 말은 땅을 팔고도 실패한 경우를 말하는 것이며 땅을 판 값으로 아들의 사업 자금을 대지는 않겠다는 것이다.

⑤ 기출은 효근이 과거 '개같이 벌어두 정승같이 쓰기만' 하면 된다고 말한 것을 다시 언급하며 이와 같은 사고방식에 불만이 크다는 것을 표현하고 있다.

17 외적 준거에 따른 작품 감상 답 ③

정답이 정답인 이유

③ 아버지의 부고를 받은 자녀들이 재산의 권리부터 주장하는 것은 물질 중심주의적 가치관으로의 변화를 보여 준다. 봉출과 기출의 아내가 한탄하는 것은 이와 같은 자녀들의 변화한 모습에 대한 한탄이라고 보아야 한다. 농촌 경제의 어려움에 대한 한탄이라고 보기는 어렵다.

오답이 오답인 이유

① 기출은 농지 매매 증명제와 토지 거래 허가제로 농토의 가치가 도시에 비해 상대적으로 하락하게 된 상황에 대해 불만을 가지고 있다. 이는 정부의 농촌 정책에 대한 불만이자 불신이라고 볼 수 있다.

② 기출이 촌에서 억 소리가 나지 않는다고 투덜대는 것은 농지 매매 증명제와 토지 거래 허가제 등의 정책으로 농토의 값이 헐값이 되어 상대적으로 예전보다 더 빈곤한 상황에 놓이게 된 농민들의 모습을 반영한 것이다. 이것은 도시로 부(富)가 집중되고 있던 현실에서 느끼는 박탈감을 보여 주는 것이라고 볼 수 있다.

④ 땅은 농민들의 중요한 생산 수단으로 기출에게는 매우 중요한 가치이나, 더 이상 농업을 자신의 미래로 생각하지 않는 기출의 아들에게 땅은 어서 팔아 자신의 사업 자금을 마련해야 하는 수단일 뿐이다. 이것은 도시에서의 미래를 설계하던 당시 젊은이들의 모습과 관련이 있다고 볼 수 있다.

⑤ 기출은 아들을 향하여 수고의 가치를 모른다며 비난한다. 이것은 기출이 농사일이 지닌 본질적 가치를 외면한 아들에게 실망감을 느꼈음을 보여 주며, 이 가치에 공감하지 못하고 땅을 자금 마련의 수단으로만 생각하는 아들과 가치관 차이로 갈등을 겪고 있는 것이라고 볼 수 있다.

한눈에 보는 정답

1부 교과서 개념 학습

1강	01 (1) ○ (2) × (3) ○ (4) ○ 02 ⓐ: 공장의 지붕은 흰 이빨을 드러내인 채 03 ②
2강	01 ㉠: (가) × (나) ×, ㉡: (가) × (나) ○, ㉢: (가) ○ (나) ○, ㉣: (가) ○ (나) × 02 ② 03 ②
3강	01 ⑤ 02 (1) × (2) × (3) ○ 03 그분의 망가진 정신, 노추한 육체만 보았지 한때 얼마나 아름다운 정신이 깃들었었나를 잊고 있었던 것이다.
4강	01 ① 02 ㉠: 해진 짚신, ㉡: 사랑, 애정 03 ㉠: 비난, ㉡: 두려운, 두려워하는, 미안한
5강	01 ③ 02 (1) ○ (2) × (3) ○ 03 '만선'은 어부 곰치의 소망과 욕망을 나타내는 것이지만 그에 대한 집착으로 인해 오히려 가족의 비극과 파멸이 초래된다는 점에서 아이러니를 보여 주는 것이라 할 수 있다.
6강	01 (1) × (2) ○ (3) ○ (4) ○ (5) × 02 ③ 03 비판 없이 남의 것만을 새롭고 곱게 보려는 풍조
7강	01 ⑤ 02 ⑤ 03 위태로운 상황(상태)
8강	01 (1) ○ (2) ○ (3) × 02 ② 03 ⓐ: 온달과 공주의 아름답지만 슬픈 사랑, ⓑ: 공주가 궁에서 보낸 병사에 의해 죽임을 당하는 장면
9강	01 (1) × (2) ○ (3) × (4) ○ 02 ② 03 ⓐ: 남자가 뭐 이런 일을 하고 있느냐고 놀린 일, ⓑ: 50원짜리 갈비

2부 적용 학습

고전 시가	
01	01 ④ 02 ③ 03 ⑤
02	01 ④ 02 ⑤ 03 ①
03	01 ② 02 ⑤ 03 ④
04	01 ④ 02 ① 03 ③
05	01 ④ 02 ④ 03 ②
06	01 ② 02 ⑤ 03 ② 04 ⑤
07	01 ① 02 ③ 03 ⑤
08	01 ⑤ 02 ⑤ 03 ④
09	01 ⑤ 02 ⑤ 03 ③
10	01 ⑤ 02 ④ 03 ①
11	01 ⑤ 02 ④ 03 ⑤ 04 ⑤

현대 시	
01	01 ④ 02 ④ 03 ⑤
02	01 ⑤ 02 ② 03 ③
03	01 ③ 02 ② 03 ③ 04 ⑤
04	01 ② 02 ④ 03 ④
05	01 ② 02 ⑤ 03 ⑤ 04 ①
06	01 ⑤ 02 ① 03 ④ 04 ③
07	01 ① 02 ④ 03 ② 04 ②
08	01 ③ 02 ⑤ 03 ①
09	01 ③ 02 ③ 03 ③
10	01 ⑤ 02 ① 03 ②
11	01 ① 02 ④ 03 ③ 04 ③

고전 산문	
01	01 ③ 02 ④ 03 ④ 04 ④
02	01 ③ 02 ② 03 ④ 04 ⑤
03	01 ③ 02 ③ 03 ④ 04 ①
04	01 ④ 02 ③ 03 ③ 04 ①
05	01 ③ 02 ⑤ 03 ② 04 ⑤
06	01 ④ 02 ③ 03 ⑤ 04 ③
07	01 ② 02 ③ 03 ⑤ 04 ⑤
08	01 ② 02 ⑤ 03 ⑤ 04 ④
09	01 ③ 02 ② 03 ⑤ 04 ③
10	01 ① 02 ④ 03 ③ 04 ①
11	01 ② 02 ④ 03 ① 04 ②

현대 소설	
01	01 ④ 02 ④ 03 ② 04 ②
02	01 ① 02 ④ 03 ⑤ 04 ⑤
03	01 ⑤ 02 ④ 03 ③ 04 ②
04	01 ④ 02 ③ 03 ⑤ 04 ③
05	01 ① 02 ③ 03 ① 04 ⑤
06	01 ⑤ 02 ⑤ 03 ④ 04 ②
07	01 ④ 02 ③ 03 ④ 04 ③
08	01 ③ 02 ⑤ 03 ③ 04 ④
09	01 ④ 02 ③ 03 ② 04 ③
10	01 ⑤ 02 ① 03 ③ 04 ③
11	01 ① 02 ③ 03 ② 04 ④

극·수필	
01	01 ② 02 ④ 03 ④ 04 ⑤
02	01 ⑤ 02 ⑤ 03 ⑤ 04 ④
03	01 ② 02 ⑤ 03 ⑤
04	01 ④ 02 ③ 03 ② 04 ④
05	01 ⑤ 02 ④ 03 ① 04 ①
06	01 ① 02 ⑤ 03 ⑤
07	01 ③ 02 ① 03 ①
08	01 ② 02 ② 03 ②

갈래 복합	
01	01 ③ 02 ① 03 ④ 04 ③ 05 ② 06 ④
02	01 ③ 02 ⑤ 03 ② 04 ③ 05 ① 06 ④
03	01 ② 02 ① 03 ② 04 ③ 05 ④ 06 ④
04	01 ① 02 ④ 03 ③ 04 ⑤ 05 ④ 06 ③
05	01 ② 02 ② 03 ⑤ 04 ⑤ 05 ④ 06 ⑤
06	01 ② 02 ⑤ 03 ③ 04 ⑤ 05 ④ 06 ②
07	01 ④ 02 ④ 03 ③ 04 ③ 05 ⑤
08	01 ④ 02 ⑤ 03 ① 04 ③ 05 ⑤ 06 ②
09	01 ④ 02 ④ 03 ② 04 ④ 05 ③ 06 ⑤
10	01 ② 02 ③ 03 ③ 04 ③ 05 ② 06 ②
11	01 ③ 02 ④ 03 ⑤ 04 ② 05 ④ 06 ③

3부 실전 학습

1회	01 ③ 02 ③ 03 ⑤ 04 ④ 05 ② 06 ④ 07 ④ 08 ② 09 ④ 10 ④ 11 ⑤ 12 ⑤ 13 ⑤ 14 ③ 15 ③ 16 ② 17 ⑤
2회	01 ③ 02 ⑤ 03 ① 04 ② 05 ④ 06 ② 07 ⑤ 08 ② 09 ③ 10 ③ 11 ① 12 ⑤ 13 ④ 14 ⑤ 15 ③ 16 ③ 17 ③

어제의
대학과
언팔하라!
용인예술과학대학교
YONG-IN ARTS & SCIENCE UNIVERSITY
교재 광고의 수익금은 콘텐츠 품질 개선과 공익사업에 사용됩니다.
요강(mdipsi.com)을 통해 용인예술과학대학교의 입시정보를 확인할 수 있습니다.